Heinz B. Heidt

Fahneneid und Menschlichkeit

Kriegstagebuch 1942 - 1945
116. Panzerdivision („Windhund-Division")

Frankreich – Hürtgenwald – Ardennen
Niederrhein – Ruhrkessel

Bibliografische Information der Deutschen Nationalbibliothek

Die Deutsche Nationalbibliothek verzeichnet diese Publikation in der Deutschen Nationalbibliografie; detaillierte bibliografische Daten sind im Internet über www.dnb.de abrufbar.

1. Auflage 2005
2. Auflage 2012

© 2005 Germania-Verlag
Postfach 10 11 17, D-69451 Weinheim
www.Germania-Verlag.de

Herstellung: Books on Demand GmbH, Norderstedt

Alle Rechte vorbehalten.

ISBN 978-3-934871-04-5

Zur Erinnerung
an meinen viel zu früh verstorbenen Freund

Martin Schmidt

* 02.08.1925   † 14.11.1985

und andere gute Kameraden

der „Windhund-Division" (116. Panzerdivision)

Nicht ruhmlos ist's,
für das Vaterland kämpfend,
unterzugehen.

Homer, Ilias

Inhalt

Warum dieses Buch? 5
Aus Schülern werden wehrfähige Männer 6
Grundausbildung bei der Heeresflak in Hamm 10
Optische Erprobung in Dänemark 50
Lehrgänge und Warten auf den Fronteinsatz 69
Besatzer oder Besucher? – Als deutscher Soldat in Frankreich ... 95
Deutsch-französische Freundschaften in Chambors 122
Die Flucht aus Frankreich 184
Rückkehr zur alten Einheit 213
Luftschutzeinsatz und als „bewegliche Reserve" hinter der Rur-Front 222
Im Hürtgenwald 235
Die Ardennenoffensive 271
Die Schlacht am Niederrhein 323
Der Ruhrkessel 351
Anhang 1: Abschußerfolge der Heeresflakabteilung 281 376
Anhang 2: Veteranentreffen in den Ardennen 378
Anhang 3: „1944-2004. Niemals, nimmermehr!" 384
Schlußgedanken 390

Warum dieses Buch?

In Ostbelgien ist die deutsche Ardennenoffensive vom Dezember 1944, die den Krieg erneut in das Land brachte, in so lebhafter Erinnerung, daß darüber zum 60. Jahrestag eine umfangreiche, sehr objektive Fernsehdokumentation erstellt worden ist, die am 15.12.2004 über den TV-Sender „*arte*" ausgestrahlt wurde.

Darüber hinaus wurden einfache Soldaten als Zeitzeugen gesucht, die sich noch gut an diese Zeit erinnern konnten. Da vor allem die 116. Panzerdivision – „Les Lévriers" („die Windhunde") – noch heute in Belgien einen guten Ruf genießt, wurden dazu zwei Soldaten dieser Einheit ausgesucht und am 02. und 03.12.2004 interviewt. Das Ergebnis wurde am 16.12.2004 im belgischen Rundfunk ausgestrahlt und am gleichen Tage in einer 32seitigen Beilage zu der Zeitung „*La Libre Belgique*" veröffentlicht.

Bei diesem Interview ging es weniger um den Kriegsverlauf als vielmehr darum, wie wir die Ereignisse „verkraftet" haben und was wir bei bestimmten Gelegenheiten gedacht und gefühlt haben, also um die Spannung zwischen Fahneneid und Menschlichkeit und damit um Punkt 7 der „Zehn Gebote für die Kriegführung des deutschen Soldaten", wo es heißt:

„Die Zivilbevölkerung ist unverletzlich. Der Soldat darf nicht plündern oder mutwillig zerstören. Geschichtliche Denkmäler und Gebäude, die dem Gottesdienst, der Kunst, Wissenschaft oder der Wohltätigkeit dienen, sind besonders zu achten. Natural- und Dienstleistungen von der Bevölkerung dürfen nur auf Befehl der Vorgesetzten gegen Entschädigung beansprucht werden."

Dadurch, daß wir vor dem Einsatz darauf verpflichtet wurden, daß die Amerikaner der zu bekämpfende Feind, die Zivilbevölkerung aber „unverletzlich" sei, und uns – im Gegensatz zu den amerikanischen „Befreiern" – auch daran gehalten haben, wurde der gute Ruf der „Windhunde" begründet. Das kam auch bei dem vierstündigen Interview zur Sprache.

Die Reporterin war sehr interessiert und stellte ganz gezielte Fragen. Sie ließ sich auch meine Tagebücher und den Erinnerungsband zeigen, den ich für meine Enkel zusammengestellt habe. Anschließend meinte sie, daß es schade sei, wenn meine Erlebnisse nur in der Familie bekannt blieben, und empfahl mir, sie einer größeren Öffentlichkeit zugänglich zu machen und ein Buch darüber herauszugeben. Das habe ich mir einige Zeit durch den Kopf gehen lassen und bin diesem Vorschlag schließlich gefolgt, zumal ich bereits mein *„Tagebuch einer Kriegsgefangenschaft"* veröffentlicht habe, das sich zeitlich an diese nun vorliegenden Kriegserlebnisse anschließt.

Im Frühjahr 2005   Heinz B. Heidt

Aus Schülern werden wehrfähige Männer

Bisher haben wir uns in der Klasse 6b der Oberschule für Jungen in Warburg herzlich wenig um unsere gesellschaftspolitischen Verpflichtungen gekümmert, und sicher hat niemand bisher etwas von dem Wehrgesetz vom 21. März 1935 gehört. Doch das ändert sich schlagartig, als wir kurz vor den großen Ferien, am **Montag, dem 29. Juni 1942,** morgens in die Schule kommen.

Unsere Klassen-, Deutsch- und Geschichtslehrerin, Dr. Annelinde Esche, empfängt uns nämlich mit der Mitteilung, daß der Schulleiter einen Anruf der Stadtverwaltung erhalten habe, bei dem es um die „Wehrerfassung" ginge. Zwar würden die schriftlichen Aufforderungen erst am Nachmittag mit der Reichspost zugestellt, doch sähe man es gerne, daß sich die 1925 geborenen Schüler bereits heute morgen im Rathaus in die „Wehrstammrolle" eintragen ließen. Herr Oberstudienrat Bachmann habe sich einverstanden erklärt und der Stadtverwaltung zugesagt, die betroffenen Schüler in der großen Pause zum Rathaus hinüberzuschicken.

Also wandert die halbe Klasse nach der zweiten Stunde über den Brüderfriedhof zum Rathaus, um ihre „vaterländische Pflicht" zu erfüllen. Dort liegt auf Zimmer 2 bereits für uns die „Wehrstammrolle" bereit. Dabei handelt es sich um eine einfache Namensliste all derer, die im Jahre 1925 geboren wurden.

Unser persönliches Erscheinen hat den einzigen Zweck, festzustellen, ob es uns wirklich gibt. Wir müssen nämlich nur unseren Namen nennen, der wird in der Liste abgehakt, und damit sind wir in den Kreis der „wehrfähigen Männer" aufgenommen. Der gesamte Vorgang geht so schnell vonstatten, daß wir noch während der Pause enttäuscht zur Schule zurückkommen, denn wir hatten gehofft, daß wenigstens ein Teil der dritten Stunde für uns ausfallen würde.

Wesentlich ernster wird es dann, als mich vier Wochen später ein Brief der Stadtverwaltung Warburg erreicht, in dem ich aufgefordert werde, mich am **3. August 1942** um 9 Uhr zwecks „Musterung" in der Neustädter Volksschule einzufinden.

So mache ich mich denn an diesem Montagmorgen bereits um 8.15 Uhr auf den Weg zu der Schule, wo ich auf dem Schulhof mehrere Mitschüler treffe, die dasselbe Ziel haben.

Wir gehen nun gemeinsam in das Gebäude hinein und treffen im Flur auf einen Angestellten der Stadtverwaltung, der an einem Tisch sitzt und unsere Namen in einer Liste abhakt, um so die Vollzähligkeit der Vorgeladenen festzustellen. Danach müssen wir warten, bis alle vollzählig erschienen sind. Erst dann werden wir in ein Klassenzimmer gebracht, das für die Musterung hergerichtet worden ist.

An der einen Querwand sind die weggeräumten Schulbänke aufgestapelt, über den Raum verteilt stehen mehrere Tische, an denen jeweils zwei Personen sitzen, offensichtlich der Untersuchende und ein Protokollführer.

Nur der letzte Tisch ist mit drei Personen besetzt: einem Major der Wehrmacht, einem Oberstabsarzt und einem Schreiber.

Hier im Musterungsraum müssen wir zunächst in alphabetischer Reihenfolge unserer Namen antreten. Ein Sanitätsfeldwebel meldet uns dem Major, der die Musterungskommission leitet. Er erklärt uns in wenigen Sätzen die Bedeutung und den Verlauf der Musterung, und dann befiehlt der Feldwebel: *„Ausziehen!"*

So fangen wir an, uns zu entkleiden, und legen unsere Sachen auf die Schulbänke. Als wir mit der Unterwäsche aufhören wollen, faßt er nach und befiehlt nun mit Nachdruck: *„Los, alles aus, und zwar etwas plötzlich!"* – Wir sehen uns etwas ratlos an, doch dann wird der Befehl ausgeführt, und wir stehen alle da, wie Gott uns geschaffen hat.

Nun wird jedem eine schwarze Tafel um den Hals gehängt, auf der dann mit Kreide bestimmte Untersuchungsergebnisse vermerkt werden sollen. Dann beginnt der eigentliche Musterungsmarathon.

Splitternackt müssen wir an den einzelnen Stationen vorbeidefilieren und vor jedem Tisch in einen Kreidekreis treten, der auf den Fußboden gemalt worden ist.

Die Untersuchung wird von Ärzten und Sanitätern durchgeführt. So werden wir gemessen und gewogen, Augen, Ohren, Zähne und Mandeln werden untersucht, Körperbau und Füße werden begutachtet, in den Leisten werden wir auf Bruch untersucht, dann müssen wir uns bücken, damit der Arzt sehen kann, ob wir Hämorrhoiden haben, anschließend in ein Glas pinkeln, dann wird uns aus dem Ohrläppchen und der Armbeuge Blut entnommen, Herz und Lunge werden abgehorcht, dann müssen wir zehn Kniebeugen machen, vor und nach denen der Puls gezählt und der Blutdruck gemessen wird, dann dürfen wir uns auf einen Hocker setzen, damit mit einem Schlag vor die Kniescheibe die Reflexe geprüft werden können, der Leib, die Leber und die Nieren werden abgetastet, kurzum: Wir werden von Kopf bis Fuß durchkontrolliert, und alle Ergebnisse werden in vorbereiteten Listen vermerkt. Auf die schwarze Tafel kommen außer der Größe und dem Gewicht nur einige wenige Informationen wie *„Z"* für Zucker im Blut oder *„E"* für Eiweiß im Urin.

Nachdem wir alle Stationen durchlaufen haben, kommen wir zum Tisch der eigentlichen Musterungskommission, wo inzwischen auch die Listen mit den Untersuchungsergebnissen eingetroffen sind. Hier werden die gesammelten Daten ausgewertet, kurz besprochen und in einem „Musterungsentscheid" zusammengefaßt.

Wer einigermaßen normal gebaut ist und keinen erheblichen Körperschaden aufzuweisen hat, bekommt das Prädikat „kv" (kriegsdienstverwendungsfähig), und das wünschen wir uns ja auch, denn wer als „nicht kv" eingestuft wird, wird von den Leuten scheel angesehen und kommt leicht in den Verdacht, nicht ganz vollwertig oder ein Drückeberger zu sein. Er kann seinen Ruf dann nur dadurch retten, daß er sich freiwillig zu irgendeiner Waffengattung meldet. Denn nicht Soldat zu werden, wird als schwerer Mangel empfunden, dessen man sich schämen muß.

Mein Musterungsentscheid lautet: „*Nicht Fußtruppe – Erste Tauglichkeit: Leichte Artillerie mot. – Zweite Tauglichkeit: Nachrichtentruppe – Dritte Tauglichkeit: leichte Frontflak – kv – Ersatzreserve I.*" Damit bin ich voll einsatzfähig und kann mit dem Musterungsergebnis durchaus zufrieden sein.

Mit der Bekanntgabe des Musterungsentscheides werden uns die vorbereiteten Wehrpässe ausgehändigt. Mein Paß trägt die „*Wehrnummer: Paderborn 25/31/8*" und erhält den Stempel „*Zurückstellung vom RAD*". Was das zu bedeuten hat, ist mir im Augenblick nicht ganz klar, aber als im November aus der Stadt die ersten unseres Geburtsjahrgangs zum RAD (Reichsarbeitsdienst) einberufen werden und im Januar und März 1943 die nächsten folgen, aber zu diesen Terminen niemand aus unserer Klasse dabei ist, wird mir klar, welchen Vorzug wir Schüler genießen: Wir sollen möglichst lange zur Schule gehen, damit wir den „Reifevermerk" (im Volksmund: „das Notabitur") erlangen können.

Eine Musterung ist seit alters her auch ein Grund zum Feiern. Auf dem Schulhof hat „Berendes Fritzchen", der sonst auf der Kirmes Süßigkeiten verkauft, eine Bude aufgebaut, wo uns seine Frau nun bunte Bänder und Kokarden, mit Bändern umwickelte Stöcke, Plaketten mit eingravierter Waffengattung, Hütchen oder Schiffchen, aber auch Erinnerungsaschenbecher oder -bierseidel verkauft. Wie die meisten, so kaufe auch ich mir ein paar bunte Bänder fürs Knopfloch und eine Plakette mit dem eingeprägten Wort „*Artillerie*" für das Revers.

Dann ziehen wir mit viel Tamtam in die Stadt und kehren an der Hauptstraße in „Iden Leos Waschküche" ein. Die Gaststätte heißt zwar anders („Zur guten Quelle"), wird aber – wahrscheinlich wegen der geringen Raumhöhe und der Rauchschwaden – nur „Waschküche" genannt, und Leo Ide hat sich mit der Zeit daran gewöhnt.

Hier hält Frau Ide für uns ein deftiges „Stammgericht" bereit, das es ohne Lebensmittelkarten und heute auch recht preiswert zu erwerben gibt. Dazu bestellen die meisten gleich ein großes Bier. Da ich aber kein Bier mag, begnüge ich mich mit einer Limonade, auch wenn die anderen darüber ihre Witze machen.

Nach dem Essen wird natürlich weitergezecht; doch während die anderen erst richtig in Stimmung kommen, bleibe ich mit meiner Limonade stocknüchtern. Als dann die Stimmung ausufert und es mir zu laut wird, verdrücke ich mich unauffällig und schleiche mich durch die Piepenbrinkgasse nach Hause.

Meinen Vater interessiert es natürlich, wie bei mir die Musterung ausgefallen ist, und er freut sich, daß ich für die Artillerie gemustert worden bin, bei der er vor dem Ersten Weltkrieg in Breisach und während des Krieges in Frankreich als Geschützführer gedient hat.

Tatsächlich komme ich später jedoch zu keiner der Truppenteile, für die ich gemustert worden bin, sondern zur schweren Heeresflak, bei der ich im Fronteinsatz die längste Zeit als Fernsprecher tätig sein werde.

—

Am **Montag, dem 14. September 1942,** werden die meisten von uns in die Klasse 7b versetzt, die wir mit 22 Schülern beginnen, von denen aber Anfang 1943 immer wieder einige – vor allem aus dem Geburtsjahrgang 1924 – zum RAD oder zur Wehrmacht einberufen werden.

Im Mai versendet das Wehrbezirkskommando in Paderborn dann in drei Schüben die Einberufsbescheide zum RAD an die Schüler des Geburtsjahrgangs 1925. Dabei gehöre ich zur letzten Gruppe, deren Einberufungsbefehl vom 10. Mai datiert. Darin werde ich aufgefordert, mich am **17. Mai 1943** bis 16 Uhr bei der RAD-Abteilung 2/165 in Oppenwehe Kreis Lübbecke zum Dienstantritt zu melden.

Am 13. Mai endet für uns der Unterricht, so daß wir uns im Sekretariat unseren „Reifevermerk" abholen und dann als Schulentlassene nach Hause gehen können.

Grundausbildung bei der Heeresflak in Hamm

Die vorgeschriebene Dienstzeit im RAD beträgt zwölf Wochen, von denen die erste Hälfte der Grundausbildung und die zweite dem Kriegseinsatz vorbehalten ist. Diesen versehen wir in Schwerte, wo wir zusammen mit drei anderen RAD-Abteilungen einen für die Wasserversorgung von Dortmund wichtigen Bach von dem Unrat befreien, der durch die Bombardierung der Möhnetalsperre am 17. Mai herangespült worden ist.

Am **13. August 1943** kehre ich nach Hause zurück, wo ich drei Tage später meinen „Gestellungsbefehl" erhalte, in dem ich aufgefordert werde, mich am **26. August 1943** beim WBK in Paderborn zu melden.

Zu dieser Zeit hat das Kriegsglück Deutschland längst verlassen. Nach dem Untergang der 6. Armee bei Stalingrad befindet sich die Deutsche Wehrmacht nur noch in verlustreichen Rückzugskämpfen. Noch steht sie zwar tief auf russischem Boden an einer Linie, die in weitem Bogen vom Finnischen Meerbusen südlich von Leningrad am Wolchow entlang zum Ilmensee, westlich an Wjasma und Orel vorbei bis nach Charkow und von dort am Donez und Mius entlang bis in die dürre Salzsteppe am Asowschen Meer verläuft, doch die sowjetischen Armeen rennen pausenlos gegen die deutschen Linien an und zwingen die Wehrmacht, immer wieder ihre Frontlinien zurückzunehmen. Auch der Bombenterror der Alliierten auf die deutschen Städte hat stark zugenommen, wobei es kaum noch wirksame deutsche Abwehrmaßnahmen gibt.

Daß es bei dieser Kriegslage keine große Begeisterung gibt, in die Deutsche Wehrmacht einzutreten, ist verständlich. Andererseits aber wird der Aufenthalt in der Stadt in Zivil langsam zu einer Art Spießrutenlaufen, denn man merkt es den Leuten an, daß sie meinen, daß man eigentlich an die Front gehöre und junge Männer in meinem Alter, die keine Uniform tragen, für Drückeberger halten, die ihre staatsbürgerliche Pflicht nicht erfüllen. Auch wenn es nicht offen ausgesprochen wird, spürt man auf Schritt und Tritt, daß man in der Heimat nicht mehr gut gelitten ist.

So empfinde ich es geradezu als Befreiung aus diesem psychischen Druck, daß ich nun auch meine Sachen packen und in die Wehrmacht einrücken kann.

Damit ich am **Donnerstagmorgen (26.08.1943)** gleich auf den Bahnsteig gehen kann, besorge ich bereits am Mittwochabend die Fahrkarte nach Paderborn, die mir bei Vorlage des Gestellungsbefehls kostenlos ausgehändigt wird. Die Schaffnerin wünscht mir sogar alles Gute zu meinem Start in der Wehrmacht.

Selbstverständlich begleitet mich mein Freund Hermann Kirschner zum Bahnhof, aber wir können nicht mehr lange zusammenbleiben, weil er ja am anderen Morgen wieder früh zur Arbeit muß. Da er Bauingenieur werden möchte, steht er zur Zeit im Praktikum bei einer Baufirma.

Nach einer unruhigen Nacht mache ich mich mit dem sprichwörtlichen „Persilkarton", in dem die Zivilkleidung nach Hause geschickt werden soll, auf den Weg zum Bahnhof, um den ersten Zug nach Altenbeken mit Anschluß nach Paderborn zu erreichen.

Dort angekommen, gehe ich zu Fuß zum Wehrbezirkskommando, wo sich vor dem Gebäude bereits eine Traube junger Männer versammelt hat, die eifrig miteinander diskutieren. Nach einer Weile wird das Hoftor geöffnet, und wir können uns auf dem Hof, wo eine Reihe Holzbänke steht, hinsetzen und den weiteren Ablauf der Dinge abwarten. Da es bereits auf Mittag zugeht, als die letzten Einberufenen eintreffen, haben viele schon ihren mitgebrachten Reiseproviant verzehrt.

Mittlerweile hat sich der Hof fast vollständig gefüllt, als endlich ein Feldwebel erscheint und uns in Dreierreihen antreten läßt. Ein Gefreiter überreicht ihm eine dicke Mappe mit Papieren, die er nun aufschlägt.

Dann beginnt er auch gleich mit dem Verlesen der Namen für die einzelnen Waffengattungen. Zuerst kommen diejenigen an die Reihe, die zur Luftwaffe und zur Marine sollen. Dann folgen die Ausbildungseinheiten der Infanterie und Pioniere, und den Schluß bildet der größte Teil von uns, nämlich als Anwärter für die „vollmotorisierten Einheiten". Die Verlesenen verlassen sofort den Hof, so daß die Zahl der Wartenden immer kleiner wird.

Nach den Nachrichten-, Panzer- und Artillerieeinheiten ruft der Feldwebel endlich die Leute auf, die zur „Heeresflak-Ersatz- und Ausbildungsabteilung 276" nach Hamm kommen sollen. Und hierbei wird auch mein Name verlesen.

Als alle, die für diese Einheit bestimmt sind, benannt worden sind, ruft ein Unteroffizier, den wir bisher kaum beachtet haben: *„Alle, die zur Heeresflak kommen, bitte zu mir!"* – Es sind etwa 30 Mann, die sich kurz darauf um ihn scharen. Damit ist der Hof fast leer bis auf die wenigen Anwärter für den Sanitätsdienst, die als letzte übrig bleiben.

„Ich bin Unteroffizier Guth", stellt er sich vor und gibt uns auch gleich die ersten Informationen über die Truppe, zu der wir nun einrücken werden. Er erklärt uns, daß wir fortan mit der „blauen Flak" nichts zu tun haben, sondern feldgraue Uniformen mit roter Paspelierung wie die Artilleristen tragen, uns aber durch eingestickte rote geflügelte Granaten auf den Schulterklappen von diesen unterscheiden werden.

Außer der abweichenden Uniform, erklärt er uns weiter, gebe es auch tiefgreifende Unterschiede in der Organisation, Bewaffnung und Aufgabenstellung der beiden Flugabwehrtruppen.

So sei die zur Luftwaffe gehörende „blaue Flak" in Regimenter gegliedert, ausschließlich mit 10,5 und 12,5 cm-Kanonen ausgerüstet und allein zur Luftzielbekämpfung bestimmt. Die Heeresflak hingegen bestehe aus selbständigen Abteilungen, die einer Panzer- oder Panzergrenadierdivision unterstellt würden und dort sowohl im Luft- wie im Erdkampf eingesetzt werden könnten. Ihre Bewaffnung sei daher leichter, aber auf andere Weise wirkungsvoller als die schweren Kanonen der Luftwaffen-Flak, die fast ausschließlich in festen Stellungen oder auf Luftschutzbunkern stationiert seien. Die Bewaffnung der Heeresflak reiche von den leichten 2 cm-Kanonen über mittelschwere 3,7 cm-Geschütze bis zu den schweren 8,8 cm-Flugabwehrkanonen, die wegen ihrer enormen Durchschlagskraft oft zusammen mit der Feldartillerie zur Panzer- und Erdzielbekämpfung eingesetzt würden.

Man merkt es dem Unteroffizier an, daß er sehr stolz auf seine Einheit ist, und wir sind natürlich sehr gespannt darauf, wie sich diese Waffengattung in Wirklichkeit darstellen wird.

Nach dieser kurzen Einführung ziehen wir in lockerer Gruppe auf dem Bürgersteig – und nicht etwa in Marschkolonne auf der Straße – zum Paderborner Hauptbahnhof und fahren mit dem nächsten Personenzug nach Hamm. Einen vorbereiteten Wehrmacht-Fahrschein, in den er nur noch die Zahl der mitreisenden Personen eintragen muß, hat Unteroffizier Guth von Hamm mitgebracht, so daß wir beim Durchgang durch die Sperre lediglich gezählt werden.

In Hamm treten wir dann in Dreierreihen vor dem Bahnhof an und marschieren quer durch die ganze Stadt zur Argonnerkaserne am Alten Uentroper Weg im Nordosten der Stadt. Beim Marsch durch die Stadt werden wir von der Bevölkerung kaum beachtet. Sie ist es gewohnt, daß immer wieder junge Männer mit ihren Persilkartons in Richtung Bad Hamm, wo sich verschiedene Kasernen befinden, durch die Stadt marschieren.

Als wir den Alten Uentroper Weg entlangmarschieren und uns bei der Argonnerkaserne ein Gefreiter der Wache das große Tor öffnet, wissen wir, daß wir mit dem Durchschreiten unser ziviles Leben verlassen und ab jetzt ganz anderen Gesetzen zu folgen haben.

Daran bleibt uns auch nicht der geringste Zweifel, denn kaum haben wir das Kasernentor durchschritten, da brüllt vom Wachlokal aus jemand zu uns herüber: *„Trabt an, ihr Bullen! Laufschritt, marsch, marsch!"*

Doch statt loszulaufen halten wir im Marschieren inne und schauen uns erstaunt nach dem Brüller um. Da sehen wir vor dem Wachlokal einen Unteroffizier in typischer Schleiferstellung – breitbeinig mit in die Hüften gestemmten Händen – stehen, der uns mit grimmiger Miene beobachtet. Wahrscheinlich hat ihn unser „lahmarschiger" Gang gestört.

„*Was heißt hier 'Bullen'?*" fragt neben mir ein junger Mann, wobei das in sauerländischem Dialekt gerollte Doppel-Ell besonders lustig klingt.

Obwohl er nur so vor sich hin gesprochen hat, hat der Unteroffizier das wohl gehört, denn er tritt auf ihn zu und fragt: „*Name?*"

„*Karl-Heinz Baumgart*", lautet die Antwort.

Jetzt plustert sich der Unteroffizier erst richtig auf und brüllt ihn an: „*Das heißt: 'Kanonier Baumgart, Herr Unteroffizier!' – Verstanden?*" Damit zückt er ein Notizbuch und notiert sich den Namen.

Natürlich ist durch diesen Zwischenfall Unruhe unter uns entstanden. Wir sind völlig zum Stehen gekommen und müssen erst wieder Tritt fassen, bevor wir weitermarschieren können. Dabei geht ein Raunen durch unsere Reihen und Sprüche wie diese sind zu hören:

„*Was ist denn das für ein Idiot?*"
„*Was will der überhaupt von uns?*"
„*Hat der uns überhaupt etwas zu sagen?*"

Unteroffizier Guth bittet um Ruhe und führt uns zu einem Kasernenblock, in dem sich das Abteilungsgeschäftszimmer befindet. Bevor er aber hineingeht, meint er mit gedämpfter Stimme: „*Das ist Unteroffizier Renz, ein wildgewordener Berliner. Den dürft ihr nicht allzu ernstnehmen. Seine Ausbildung läuft hier allgemein unter ‚Zirkus Renz'.*"

Wir sind sehr verwundert, daß er sich so abfällig über einen „Kollegen" äußert, doch später können wir uns das erklären: Unteroffizier Guth ist kein Ausbilder, sondern ein „Bürohengst" und als „W&G-Unteroffizier" für Waffen und Geräte (im Landserjargon: „Waffen und Gerümpel") zuständig.

Nachdem uns Unteroffizier Guth im Geschäftszimmer angemeldet hat, gehen wir einzeln hinein, nennen unseren Namen und geben unseren Wehrpaß ab. Der Schreibstuben-Gefreite vergleicht die Namen mit denen in seiner Liste, hakt sie ab und entläßt uns mit einem freundlichen: „*Na, dann Hals- und Beinbruch!*"

Nach der Anmeldung bringt uns der Unteroffizier zu einem anderen Kasernenblock und weist uns im Erdgeschoß die Stuben an. Sie enthalten alle an der einen Wand sechs Etagendoppelbetten und gegenüber sechs Doppelspinde, dazu ein Einzelbett und einen Einzelspind für den Stubenältesten, sowie in der Mitte des Raumes zwei Tische und 13 Schemel. Auf einem Tisch steht eine große offene Aluminium-Kaffeekanne.

Unteroffizier Guth macht uns darauf aufmerksam, daß wir hier nur vorläufig untergebracht sind und die Spinde möglichst nicht benutzen sollen. Damit verabschiedet er sich und überläßt uns unserem eigenen Schicksal.

Kurz vor Mittag geht ein Gefreiter durch den Bau, besucht jedes Zimmer und drückt jedem von uns eine Essenmarke in die Hand. Durch das Fenster zeigt er uns, wo die Kantine ist, und sagt, daß wir dort ab 13.30 Uhr essen können.

Als wir uns dort einfinden, sehen wir an dem abgestellten Geschirr, daß die reguläre Truppe bereits gegessen hat. Deshalb ist auch niemand mehr in der Kantine, als wir sie betreten. Doch durch den Ausgabeschalter sehen wir, daß noch reichlich Wirsingeintopf und Grießpudding vorhanden ist, so daß niemand von uns hungrig vom Tische aufstehen muß.

Während des Nachmittags sehen wir durch das Fenster noch mehrere Gruppen von Zivilisten über den Hof gehen, die genau wie wir in die Kaserne einrücken. Sie kommen aus anderen Wehrbezirken des Wehrkreises VI (Münster).

Beim Abendbrot, das wir wieder nach der regulären Truppe einnehmen, ist die Kantine voller Neulinge, die hier die Gelegenheit zu einem ersten gegenseitigen Beschnuppern nutzen. Auf den Stuben werden dann die Gespräche fortgesetzt, denn es interessiert natürlich jeden, woher die anderen kommen, ob und wo sie im RAD waren, ob sie unmittelbar zur Wehrmacht einberufen wurden oder sich gar freiwillig zur Heeresflak gemeldet haben.

Danach haben wir dann Gelegenheit, unsere Matratzen auszuprobieren, denn hier gibt es keine Strohsäcke wie in den RAD-Lagern, wohl aber die gleichen Wolldecken und das blaukarierte Bettzeug.

—

Am **Freitagmorgen (27.08.1943)** ertönt um 7 Uhr auf dem Flur die Trillerpfeife zum Wecken, und der UvD (Unteroffizier vom Dienst) öffnet jede Stubentür und ruft *„Aufstehen!"* in die Zimmer hinein.

Kaum sind die ersten von uns im Waschraum verschwunden, da ertönt auf dem Flur das Kommando: *„Kaffeeholer raus!"* – Einer von uns ergreift die große Aluminiumkanne und rennt hinaus auf den Hof, wo sich die Kaffeeholer treffen. Gemeinsam marschieren sie dann in Doppelreihe unter dem Kommando des UvD zur Kantine, um sich dort die Kannen füllen zu lassen.

Hier wird nicht wie im RAD gemeinsam in einem Eßsaal, sondern getrennt auf den Stuben gefrühstückt. Dazu werden die Tischplatten umgedreht, also das Untere nach oben gekehrt, damit sie nicht bekleckert werden. Denn fester Bestandteil des Wehrmacht-Frühstücks ist Kunsthonig oder Rübenkraut, das zusammen mit dem Kommißbrot und der Margarine stubenweise in der Küche abgeholt werden muß.

Nach dem Frühstück geht der UvD noch einmal durch den Block und schickt uns nach Stubengemeinschaften geordnet zur Kleiderkammer. Dort erhalten wir als erstes einen „Bekleidungsnachweis", in dem alles vorgedruckt ist, was zu unserer Kleidung und Ausrüstung gehört, so daß bei der Ausgabe der Sachen nur ein Strich in die entsprechende Spalte einzutragen ist.

Von den Socken bis zum Brotbeutel werden uns alle Ausrüstungsgegenstände zugeworfen, so daß wir Mühe haben, mit dem Eintragen nachzukommen und die erhaltenen Sachen zu einem tragbaren Haufen zu stapeln.

Mit diesem Haufen „Klamotten", über den wir kaum hinwegsehen können, auf den Armen kehren wir in unsere Stuben zurück, wo wir zunächst alles auf das Bett packen. Erst dann können wir die empfangenen Sachen sortieren und mit den Eintragungen im Bekleidungsnachweis vergleichen.

Beim anschließenden Anprobieren der Wäsche und Kleidung gibt es manche Überraschung und viel zu lachen, denn die Größen sind einfach „über den Daumen gepeilt" worden. So bekommt der eine einen Pullover, der ihm fast bis zu den Knien reicht, der andere eine Hose, die viel zu eng, zu kurz oder mindestens drei Nummern zu groß ist.

Zu allem Überfluß stellt mancher fest, daß seine Ausrüstung nicht vollständig ist, weil er mit dem Berg Wäsche auf den Armen nicht bemerkt hat, daß beim Gang über den Hof dieses oder jenes Teil heruntergefallen istNachmittags ist dann in der Kleiderkammer ein Riesenandrang, denn nun findet das große Umtauschen statt, bis jeder einigermaßen passende Sachen hat. Für diese Tauschaktion ist zwar nur eine Stunde angesetzt worden, doch in so kurzer Zeit läßt sich der Andrang nicht bewältigen und es werden fast zwei Stunden daraus, so daß wir uns sputen müssen, um rechtzeitig zu dem um 16 Uhr angesetzten Antreten in unserem weißen Drillichzeug auf dem Kasernenhof zu kommen.

Natürlich sind wir sehr gespannt darauf, was man mit uns im Sinne hat, allerdings ziemlich enttäuscht, als wir es dann erfahren. Wir marschieren nämlich zu den großen Garagen am Ende des Kasernengeländes, wo der Hof mit Kopfsteinpflaster befestigt ist. Hier werden wir damit beauftragt, das Gras, das sich in den Ritzen und Fugen zwischen den Steinen angesiedelt hat, mit bloßen Händen auszureißen. Das einzige Arbeitsgerät, das man uns zur Verfügung stellt, ist ein großer Blockbesen, um damit das ausgerupfte Gras zusammenzufegen. Anschließend wird es dann in Eimern zur Müllgrube gebracht.

Während dieser Tätigkeit können wir beobachten, daß den ganzen Nachmittag immer neue junge Männer in die Kaserne einrücken. So wird uns langsam klar, daß das Grasrupfen nur eine Beschäftigungsmaßnahme ist, damit wir bis zum Eintreffen der letzten Einberufenen – die Einberufung erstreckt sich nämlich über drei Tage – nicht etwa auf dumme Gedanken kommen.

Auch am **Samstag (28.08.1943)** werden die frisch Eingekleideten zum Grasrupfen abkommandiert, so daß unsere Gruppe zwar immer größer, die Arbeit aber immer langsamer wird, denn wir werden den Verdacht nicht los, daß es überhaupt keine Rolle spielt, ob das Pflaster mit Gras bewachsen ist oder nicht.

Heute arbeiten wir mit Wehrpflichtigen aus dem Wehrbezirk Neuß zusammen, unter denen der Längste von ihnen auch das größte Wort führt. Noch ahne ich nicht, daß wir uns bei der Abstellung zur Front wiedersehen werden und sich aus der Bekanntschaft zwischen Martin Schmidt und mir eine Freundschaft für das ganze Leben entwickeln wird.

Nach dem Mittagessen und der anschließenden 90minütigen Bettruhe geht das Grasrupfen weiter bis zum Abendbrot. Dann sind endlich die letzten Einberufenen eingetroffen, die noch in Zivil am Essen teilnehmen, danach aber sofort eingekleidet werden. Insgesamt sind wir nun etwas über 200 junge Männer, die hier ihre Grundausbildung erhalten sollen.

—

Dazu haben sich am **Sonntagmorgen (29.08.1943)** nach dem Frühstück alle Neuen in der großen Exerzierhalle, einer früheren Reithalle, einzufinden.

Hier treten wir unter dem Kommando eines Hauptwachtmeisters zunächst der Größe nach in Dreierreihen an, werden aber nicht wie im RAD in entsprechende Einheiten aufgeteilt. Vielmehr versammeln sich hier die Batteriechefs, die Batteriewachtmeister und einige interessierte Offiziere, um uns wie bei einer Viehauktion in Augenschein zu nehmen.

Nachdem sich dieses „Empfangskomitee" kurz beraten hat, übernimmt der Hauptwachtmeister wieder das Kommando und befiehlt: *„Rekruten stillgestanden! – Abzählen!"* Dabei hat nur die erste Reihe die Zahlen von *„eins"* bis *„siebzig"* mit einer Wendung des Kopfes dem linken Nebenmann zuzurufen. Das zweite und dritte Glied wird nicht besonders gezählt.

Nach dieser Prozedur stellt der Kommandierende mit Befriedigung fest, daß wir vollzählig erschienen sind, so daß er dem dienstältesten Hauptmann melden kann: *„September-Rekruten vollzählig angetreten!"* Dieser bedankt sich kurz und befiehlt ihm: *„Weitermachen!"*

„Rekruten – rührt euch!" lautet das nächste Kommando, und dann befiehlt der Wachtmeister: *„Schüler und Kaufleute rechts raus, marsch!"*

Da er nicht *„Marsch, marsch!"* befohlen hat, brauchen wir nicht zu laufen. Dennoch entsteht ein Geschubse und Gedränge, bis sich etwa ein Drittel der gesamten Truppe am „rechten Flügel", also von den Offizieren aus gesehen links neben der Hauptkolonne eingefunden hat.

Auch hier müssen wir der Größe nach antreten. Dann kommt das Kommando: *„Kraftfahrer und Metallarbeiter links raus, marsch!",* und wieder entsteht unter den Angetretenen einige Unruhe, aber schließlich stehen wir – aufgeteilt in drei Blöcke – erwartungsvoll in der Halle.

Nun gehen die drei Batteriechefs die Front ab und suchen sich aus jeder der drei Gruppe Leute aus, die sie für die Brauchbarsten halten. Wir kommen uns vor wie auf dem Sklavenmarkt im alten Rom, hüten uns jedoch, dieses Vorgehen irgendwie zu kritisieren. Am Ende hat sich dann jeder Chef aus allen drei Gruppen eine Mannschaft für seine Batterie zusammengestellt.

Nur über einen von uns können sie sich nicht einigen. Es ist ein Riese von über zwei Metern Körpergröße und mehr als 100 Kilogramm Gewicht, athletisch gebaut und von Beruf Eisengießer, vor dem sich die drei Hauptleute versammeln und den jeder gerne für seine Batterie hätte. Doch wie gewöhnlich setzt sich auch hier der Dienstälteste durch, und das ist der Chef der 1. Batterie. Der neue Flügelmann bereitet ihm aber am Anfang einige Schwierigkeiten, denn auf der Abteilungskammer gibt es keine passenden Bekleidungs- und Ausrüstungsstücke für ihn. Erst von der Divisionskammer können sie besorgt werden, ein passender Stahlhelm ist selbst dort nicht vorhanden und muß erst beim Wehrkreis VI in Münster angefordert werden.

Auf jeden Fall weiß nun jeder von uns, bei welcher Batterie er seine Grundausbildung erhalten wird.

Ich komme bei dieser Aufteilung zur 2. Batterie, die Hauptmann Zeidler untersteht. Wie die anderen Batteriechefs, so läßt auch er im Anschluß an die große Musterung seine neuen Rekruten antreten, um uns innerhalb seiner Batterie nach den vorher festgestellten Berufsgruppen auf die „Meßstaffel" und die „Geschützstaffel" aufzuteilen. Danach werden dann auch die einzelnen Stubengemeinschaften zusammengestellt. Da ich zur Gruppe der „Schüler und Kaufleute" gehöre, komme ich zur „Meßstaffel".

Nach dieser Aufteilung verläßt uns der Chef und übergibt das Kommando seinem Batteriewachtmeister, der im Landserjargon allerdings durchweg *„Spieß"* oder humorvoll *„Mutter der Batterie"* genannt wird, weil er für unser Wohl und Wehe verantwortlich ist. Er marschiert mit uns zum Block der 2. Batterie und teilt uns die Zimmer zu, die wir bis zum Mittagessen zu beziehen haben.

Nach der Bettruhe sollen wir dann unsere Zivilkleidung einpacken und die Pakete spätestens bis zum Abendbrot bei der Stabsbatterie abgeben, wo sie am Montagmorgen von der Reichspost abgeholt werden. Alles Weitere – wie die Wahl des Kaffeeholers und des Stubendienstes – soll erst am Montag geregelt werden.

So entwickelt sich an diesem Morgen auf dem Kasernenhof eine lebhafte Tätigkeit, denn alle müssen ihre vorläufigen Unterkünfte verlassen und in die Gebäude der Batterie einziehen, der sie zugeteilt worden sind.

Als ich die mir zugewiesene „Stube 77" am Ende des Flures im ersten Stock des Blocks der 2. Batterie gefunden habe, gibt es die erste Überraschung, denn es handelt sich um eine frühere Unteroffizierstube. In dem schmalen Zimmer stehen links von der Tür drei Doppelbetten hintereinander, gegenüber zwischen den Fenstern befinden sich drei Doppelspinde und in der Mitte stehen ein Tisch und sechs Schemel.

Offenbar haben sich die Unteroffiziere, die hier untergebracht waren, Bettlampen gebastelt, denn die elektrischen Kabel hängen noch herum, vor allem am ersten unteren Bett gleich hinter der Tür. Doch dieses ist in unserem besonderen Fall für den Stubenältesten bestimmt, der kurz nach uns hier auftaucht. Er heißt Werner Demmer, ist ROB-Gefreiter (ROB = Reserveoffiziersbewerber) und stammt aus Siegburg.

Meine übrigen Stubenkameraden sind Herbert Koch aus Schötmar, Hans Ober aus Brackwede, Willi Ulrich aus Düsseldorf und Hermann Esdar aus Bielefeld, der leicht gehbehindert, trotzdem aber als „Ersatzreserve I" gemustert worden ist. Im RAD war außer mir nur Herbert Koch, die anderen sind unmittelbar zur Wehrmacht einberufen worden. Willi Ulrich ist der einzige Handwerker unter uns und wird wegen seiner Berufsbezeichnung „Universalhobler" natürlich sofort gehänselt: *„Er hobelt alles, was ihm vor die Flinte kommt."*

Der weitere Tagesablauf ist vorgegeben: Die Zivilkleidung ist schnell eingepackt. Etwas zeitaufwendiger ist es schon, die Briefe dazu zu schreiben. Schließlich möchten ja unsere Angehörigen wissen, ob wir gut angekommen sind und welches unsere ersten Eindrücke vom Kommiß sind.

Bis zur angegebenen Zeit haben wir dann aber unsere Pakete zur Stabsbatterie gebracht und finden noch Zeit genug, um uns zu unterhalten und etwas näher kennenzulernen.

Ein Gesprächsthema ist dabei auch der erneute schwere Bombenangriff auf Nürnberg in der Nacht zum **Samstag (28.08.1943)**, bei dem es auch zu schweren Gefechten zwischen den Bombern und deutschen Nachtjägern gekommen ist. Dabei konnten immerhin 33 britische Flugzeuge abgeschossen werden. Doch das ist nur ein geringer Trost, denn der Angriff erfolgte ohne vorherige Luftwarnung, so daß die Menschen in Panik direkt in die Schwerpunkte des Angriffs hineingelaufen sind. So kamen über 3.000 Menschen ums Leben und über 70.000 weitere wurden obdachlos.

Unter uns ist Willi Ulrich der einzige, der einen Bombenangriff miterlebt hat und uns von den Angriffen auf Düsseldorf und Köln nähere Einzelheiten berichten kann. Wir anderen kennen solche Angriffe nur vom Hörensagen und können uns kaum vorstellen, wie den Menschen in den Städten dabei zumute ist.

Am **Montagmorgen (30.08.1943)** hängt der erste Dienstplan für die „September-Rekruten", wie wir nun genannt werden, in der Kantine am Schwarzen Brett. Er gilt für die ganze Woche und ist für uns sehr enttäuschend, denn er enthält ausschließlich „Formaldienst", also Exerzieren auf dem Kasernenhof.

Als wir unseren Stubenältesten daraufhin ansprechen, erklärt er uns, daß die ersten beiden Wochen in allen Kasernen gleich ablaufen. Denn bevor die jungen Rekruten für die einzelnen Waffengattungen ausgebildet werden, müssen sie eine „Grundausbildung" absolvieren, um überhaupt zu lernen, was es bedeutet, Soldat zu sein. Und dazu gehört vor allem, das vorschriftsmäßige Stehen, Gehen und Grüßen zu lernen.

Wenn es im RAD eine Mischung von Exerzieren, Unterricht und Sport gab, so sind wir nun vor- und nachmittags auf dem Kasernenhof, um das An- und Wegtreten, die Wendungen im Stand, das Marschieren im Trupp und im Zuge, die Wendungen in der Bewegung und das Grüßen „durch Anlegen der rechten Hand an die Kopfbedeckung" zu lernen.

In der zweiten Hälfte der ersten Woche kommt das Exerzieren mit dem Gewehr hinzu. Bevor wir den „Karabiner 98k" genauer kennenlernen, lernen wir zuerst die verschiedenen Gewehrgriffe: *„Das Gewehr über!", „Gewehr ab!"* und *„Präsentiert das Gewehr!"*

Diese Formalausbildung ist für frühere RAD-Angehörige nichts Neues, dennoch müssen alle ohne Ausnahme am Exerzieren teilnehmen.

—

Der **Sonntag (05.09.1943)** ist zwar dienstfrei. Da wir aber weder die Kaserne verlassen noch Besuch empfangen dürfen, wird es ein langweiliger Tag, an dem wir uns nach dem Frühstück wieder auf die Betten legen, um vermißten Schlaf nachzuholen, um zu lesen oder auch einfach vor uns hinzudösen.

Erst nachmittags entwickeln sich einige Gespräche über die Kriegslage anhand einer Zeitung, die einer von uns aus der Kantine mitgebracht hat. Da lesen wir etwas über die schweren Bombenangriffe auf München-Gladbach in der Nacht zum vergangenen Dienstag und auf Berlin in der Nacht zum Samstag. Ferner erfahren wir, daß die Deutsche Wehrmacht seit dem 1. September Freiwillige ab sechzehneinhalb Jahren aufnimmt und die Einwilligung der Eltern hierzu nicht erforderlich ist.

Besonders bedenklich finden wir die Landung der Briten auf dem italienischen Festland am letzten **Freitag (03.09.1943)** und den gleichzeitig geschlossenen Waffenstillstand zwischen den Italienern und den Alliierten. Dazu lesen wir: *„In mondloser Nacht, allein geleitet vom schwachen Licht der Sterne, nahmen Hunderte von Schiffen und Landungsfahrzeugen Kurs auf die kalabrische Küste, und unter dem Schutze von Bombern und den Geschützen der alliierten Kriegsschiffe gingen am Freitag um*

4.30 Uhr zwei Divisionen der 8. Britischen Armee an der Spitze des italienischen Stiefels an Land und bildeten einen sicheren Landekopf. Damit begann die Invasion der Alliierten auf dem europäischen Festland. Am gleichen Tage schloß die italienische Regierung unter dem Ministerpräsidenten Pietro Badoglio in Cassibile auf Sizilien einen Waffenstillstand mit den Alliierten, der eigentlich geheimgehalten werden sollte, trotzdem aber schnell bekannt geworden ist."

Darüber sind wir sehr empört, denn nun hat uns Italien – genau wie im Ersten Weltkrieg – wieder einmal verraten und schmählich im Stich gelassen.

—

Die nächste Woche beginnt am **Montag (06.09.1943)** mit einer Röntgen-Reihenuntersuchung und der anschließend verabreichten ersten Schutzimpfung.

Danach fällt der übliche Fußdienst aus und wird im Hinblick auf unsere bevorstehende Vereidigung durch „Dienstunterricht" ersetzt, der den ganzen Vormittag ausfüllt und auch am Nachmittag noch fortgesetzt wird. Darin behandelt unser Meßoffizier, Leutnant Radschow, **„Die Pflichten des deutschen Soldaten"**, die wir nun ständig beherzigen sollen. Sie sind in acht Punkten zusammengefaßt und lauten im einzelnen:

1. *Die Wehrmacht ist Waffenträger des deutschen Volkes, sie schützt das Deutsche Reich und Vaterland, das im Nationalsozialismus geeinte Volk und seinen Lebensraum. Die Wurzeln ihrer Kraft liegen in einer ruhmreichen Vergangenheit, in deutschem Volkstum, deutscher Erde und deutscher Arbeit. Der Dienst in der Wehrmacht ist Ehrendienst am deutschen Volke.*

2. *Die Ehre des Soldaten liegt im bedingungslosen Einsatz seiner Person für Volk und Vaterland bis zur Opferung seines Lebens.*

3. *Höchste Soldatentugend ist der kämpferische Mut. Er erfordert Härte und Entschlossenheit. Feigheit ist schimpflich, Zaudern unsoldatisch.*

4. *Gehorsam ist die Grundlage der Wehrmacht, Vertrauen die Grundlage des Gehorsams. Soldatisches Führertum beruht auf Verantwortungsfreude, überlegenem Können und unermüdlicher Fürsorge.*

5. *Große Leistungen im Krieg und Frieden entstehen nur in unerschütterlicher Kampfgemeinschaft von Führer und Truppe.*

6. *Kampfgemeinschaft erfordert Kameradschaft. Sie bewährt sich besonders in Not und Gefahr.*

7. *Selbstbewußt und doch bescheiden, aufrecht und treu, gottesfürchtig und wahrhaft, verschwiegen und unbestechlich soll der Soldat dem ganzen Volk als Vorbild männlicher Kraft sein. Nur Leistungen berechtigen zum Stolz.*

8. *Größten Lohn und höchstes Glück findet der Soldat im Bewußtsein freudig erfüllter Pflicht. Charakter und Leistung bestimmen seinen Wert und Weg.*

Es ist schon eine ganze Menge, was man da von uns verlangt, und so sind wir dankbar dafür, daß der Unterricht am Nachmittag als Frage- und Antwortstunde aufgezogen wird. Zur Auflockerung des spröden Stoffes spricht Leutnant Radschow zusätzlich über das Benehmen eines Soldaten in der Öffentlichkeit und die Grußpflicht gegenüber allen Offizieren. Dabei schildert er an einigen Negativbeispielen, wie es nicht sein sollte.

Auf jeden Fall haben wir an diesem Abend allerhand Gesprächsstoff und manches, worüber wir ernsthaft nachdenken müssen.

—

Auch am **Dienstag (07.09.1943)** fällt der Formaldienst aus. Darüber sind wir sehr erleichtert, denn nach der Schutzimpfung sind bei den meisten die Lymphgefäße in den Achselhöhlen derart angeschwollen, daß bei diesem Zustand Gewehrgriffe recht schmerzhaft ausfallen würden.

Heute bestreitet der Führer des gesamten Rekrutenzuges, Leutnant Tröster, den Unterricht. Auch er teilt ihn in zwei Abschnitte: Im ersten erklärt er uns die Eidesformel und den Ablauf der Vereidigungszeremonie, und im zweiten beantwortet er Fragen, die sich aus dem ersten Teil ergeben haben. Zur Einleitung weist er darauf hin, daß der letzte Reichskriegsminister, Generalfeldmarschall Werner von Blomberg, wegen der „unstandesgemäßen Heirat" einer früheren Prostituierten entlassen wurde und Adolf Hitler am 4. Februar 1938 den Oberbefehl über die Deutsche Wehrmacht übernommen hat, so daß wir nun auf ihn mit der folgenden Formel vereidigt werden:

„Ich schwöre bei Gott diesen heiligen Eid, daß ich dem Führer des Deutschen Reiches und Volkes, Adolf Hitler, dem Oberbefehlshaber der Wehrmacht, unbedingten Gehorsam leisten und als tapferer Soldat bereit sein will, jederzeit für diesen Eid mein Leben einzusetzen."

Während der Fragestunde wird dann erörtert, ob man auch dann vereidigt ist, wenn man die Eidesformel nicht mitspricht, statt der drei Schwurfinger die geballte Faust erhebt oder mit der anderen Hand auf dem Rükken und den Schwurfingern zur Erde zeigend die Verpflichtung „ableiten" und damit unwirksam machen kann.

Es liegt sicher am kameradschaftlichen Verhalten dieses jungen Leutnants, daß wir es überhaupt wagen, solche Fragen zu stellen, denn bei dem älteren und daher von vornherein als strenger eingeschätzten Leutnant Radschow wären wir sicher zurückhaltender gewesen.

Das Ergebnis der lebhaften Diskussion, die unsere Fragen ausgelöst haben, ist allerdings, daß es weder Tricks noch Kniffe gibt, um sich den Verpflichtungen, die sich aus dem Fahneneid ergeben, zu entziehen. Wer zur Vereidigung antritt, wird auch vereidigt, ganz gleich, was immer er dabei denkt oder tut.

—

Am **Mittwoch (08.09.1943),** dem Vortag zu unserer Vereidigung, müssen wir wieder auf dem Kasernenhof exerzieren. Dabei geht es in der Hauptsache darum, für die morgige Vereidigung zu üben.

Da nach dem „Exerzieren unter dem Gewehr" viele über Folgeschmerzen der Schutzimpfung in der Brust und in den Armen klagen, haben wir nach der Bettruhe im Anschluß an das Mittagessen dienstfrei.

Inzwischen ist auch die erste Post eingetroffen, so daß wir Gelegenheit haben, sie in Ruhe zu beantworten. Natürlich unterhalten wir uns auch über die schweren Bombenangriffe in den Nächten zu Montag und Dienstag, zuerst auf Mannheim und Ludwigshafen und dann auf München, bei denen in Mannheim und Ludwigshafen über 2.000 Menschen den Tod gefunden haben und rund 127.000 weitere obdachlos geworden sind.

—

Am **Donnerstagmorgen (09.09.1943)** treten alle vier Rekrutenzüge um 10 Uhr in U-Form auf dem Kasernenhof an. Kurz darauf erscheint der Abteilungskommandeur, Major Müller, mit seinem Adjutanten.

Der Chef der 1. Batterie meldet ihm die zur Vereidigung angetretenen Rekruten, und der Kommandeur tritt hinter das kleine Rednerpult, das vor uns in der Mitte aufgestellt worden ist. Dann befiehlt der Hauptmann: *„Rührt euch!",* und die Offiziere stellen sich links und rechts vom Rednerpult auf.

Wir sehen unseren Kommandeur heute zum ersten Mal und sind gespannt, was er uns wohl zu sagen hat. Es hat sich nämlich bereits herumgesprochen, daß er Major der Reserve und im Zivilberuf evangelischer Pfarrer ist. So hält er auch keine martialische Rede, sondern eine Ansprache – man könnte fast sagen: eine Predigt – über den Gehorsam, die er in dem Kernsatz zusammenfaßt: *„Nur ein kleines bisselchen denken!"*

Er ruft uns dazu auf, nicht jeden Befehl bedenkenlos auszuführen, sondern immer dabei mitzudenken. Er erwarte von uns einen *„verantworteten"* und keinen *„Kadavergehorsam".* Die Ansicht, man möge das Denken den Pferden überlassen, weil sie größere Köpfe hätten, geißelt er als törichtes Gerede und macht uns darauf aufmerksam, daß es auch Befehle geben kann, die auf keinen Fall zu befolgen sind, dann nämlich, wenn sie unmoralisch, widersinnig oder schädlich für die Truppe sind. Insgesamt betont er weniger die Pflichten des Soldaten, sondern stellt vor allem seine Mitverantwortung bei allem, was er tut, heraus.

Nach der kurzen Ansprache des Kommandeurs verliest der Adjutant die Eidesformel zunächst im ganzen, und dann müssen wir sie mit erhobener Schwurhand abschnittsweise im Chor nachsprechen. Damit ist die eigentliche Vereidigung beendet.

Der Kommandeur und sein Adjutant kehren in den Block der Stabsbatterie zurück, und die einzelnen Züge werden in ihre Unterkünfte entlassen. Dort diskutieren wir eifrig die Ansprache des Kommandeurs, die uns sehr überrascht hat, weil wir eigentlich eine markige Aufforderung zu Tapferkeit und treuer Pflichterfüllung erwartet hatten. Statt dessen hat er einzig und allein, aber mit allem Nachdruck, an unser Verantwortungsbewußtsein appelliert.

Das Mittagessen ist heute ausgezeichnet, denn es gibt Rindsrouladen mit Rotkohl und Salzkartoffeln, dazu Schokoladenpudding mit Vanillesoße.

Die übliche Bettruhe fällt heute aus. Statt dessen versammelt sich unser Zug vor dem Kasernenblock, und die Unteroffiziere Willi Guth, Hans Gierlich, Kurt Knoll und Paul Krenz führen uns in Fünfzehnergruppen in die Stadt. Dabei erklären uns die Korporalschaftsführer, wie man vorschriftsmäßig grüßt, wenn man einem Offizier begegnet und üben es auch gleich an Ort und Stelle ein. Mancher Offizier antwortet uns mit einem Lächeln, wenn wir bei seinem Erscheinen „stramme Haltung" annehmen und, wie wir es gelernt haben, „zackig" grüßen.

Gleichzeitig erklären uns die Unteroffiziere auch die Rangabzeichen und die verschiedenen Uniformen, denn hier in der Stadt gibt es eine Menge Soldaten und in Bad Hamm auch viele Verwundete aller Ränge und Waffengattungen, die als lebendes Anschauungsmaterial dienen können. Daneben lernen wir aber auch die Kriegsauszeichnungen kennen, welche die Soldaten – oft in großer Zahl – an ihren Waffenröcken tragen.

Wir finden es zwar etwas eigenartig, wie Schulkinder ausgeführt zu werden, doch lernen wir bei dieser Gelegenheit die Stadt ein wenig kennen und erfahren vor allem, wo Geschäfte, Kinos oder auch Kirchen und Gaststätten sind.

Was die Gaststätten angeht, so werden wir gleich darauf aufmerksam gemacht, daß der sogenannte „Preßluftkeller" für „Militärpersonal" verboten ist. Wie wir später erfahren, ist dieses Lokal jedoch die Stammkneipe mancher Wachtmeister und Unteroffiziere. Doch die sind für uns kein Maßstab, denn aus dem Lateinunterricht wissen wir: *„Quod licet Iovi non licet bovi."* (*„Was dem Jupiter erlaubt ist, ist dem Ochsen noch lange nicht erlaubt"*). Und so kommen wir auch ganz gut zurecht, ohne jemals den „Preßluftkeller" aufzusuchen.

—

Am Freitag **(10.09.1943)** haben wir noch einmal Formaldienst wie vor der Vereidigung, und am Samstag ist großes Revierreinigen.

Bei der Stubenabnahme können sich diejenigen melden, die am Sonntag am Kirchgang teilnehmen möchten. Wir werden dann von Unteroffizier Guth zum katholischen und von Unteroffizier Knoll zum evangelischen Gottesdienst in die Stadt geführt.

Die Zahl der Interessierten ist größer als die Unteroffiziere vermutet haben; allerdings sind darunter auch einige schwarze Schafe, die nur die Gelegenheit nutzen, um in die Stadt zu kommen und während der Gottesdienste ihre eigenen Wege gehen.

Am Nachmittag gibt es dann eine willkommene Abwechslung in unserem eintönigen Soldatenalltag. Als wir nämlich vom Essen in unseren Kasernenblock zurückkehren, erfahren wir, daß drei von uns Besuch haben, den sie von der Wache abholen können.

Kurz darauf kommen Herbert Koch, Hans Ober und Willi Ulrich zurück und stellen uns anderen ihre Schwestern vor, die gekommen sind, um zu sehen, wie ihre Brüder untergebracht sind. Das bringt natürlich Leben in die Stube.

Aber wir unterhalten uns nicht lange im großen Kreise, denn Willi Ulrich holt seinen Fotoapparat herbei und schlägt vor, daß wir uns zur Erinnerung draußen ablichten lassen sollen. Sofort sind wir alle einverstanden und ziehen umgehend die „erste Garnitur", unseren bunten „Sarrasani-Rock", an.

Mit dem Kasernenzaun im Hintergrund fotografiert Willis Schwester zunächst die Stubengemeinschaft zusammen mit unserem Stubenältesten, dann nimmt Willi uns zusammen in bunter Reihe mit den drei jungen Damen auf, danach jeden einzeln und zum Schluß auch noch unseren Stubenältesten zusammen mit seinem Lehrgangskameraden, dem Stubenältesten vom Nachbarzimmer.

Damit wir sicher sind, daß die Erinnerungsfotos auch gelingen, werden die Aufnahmen mehrfach wiederholt, bis der ganze Film verbraucht ist und zum Entwickeln gebracht werden kann. Danach löst sich die Gruppe auf, die drei Geschwisterpaare gehen in die Stadt. Hermann Esdar und ich folgen ihnen, nachdem wir einen Brief nach Hause geschrieben haben, den wir nun in der Stadt in den Briefkasten werfen.

Obwohl wir bei diesem fröhlichen Zusammentreffen den Krieg beinahe vergessen konnten, holt er uns durch die Nachrichten von den Kriegsschauplätzen und aus der Heimat immer wieder ein. So hat es in der Nacht zum Dienstag einen schweren Bombenangriff auf München gegeben, und Willi Ulrichs Familie hat in der vorletzten Nacht einen Angriff auf Düsseldorf miterlebt, bei dem aber zum Glück die meisten Bomben in den Rhein gefallen sind.

Auch die Meldungen von der Ostfront geben keinen Anlaß zu besonderem Optimismus, denn dort spielt seit dem Scheitern des deutschen Unternehmens „Zitadelle" die Rote Armee die alles entscheidende Rolle.

Seit dem Zusammentreffen der Feldmarschälle Hans Günther von Kluge und Erich von Manstein mit Hitler im Führerhauptquartier „Wolfsschanze" in Ostpreußen am **03.09.1943** ist der deutsche Rückzug in vollem Gange: Zuerst wird die Heeresgruppe Süd über die Desna zurückgenommen, dann beginnt die 17. deutsche Armee mit der Räumung des Kuban-Brückenkopfes und verlegt ihre Einheiten über die Enge von Kertsch auf die Krim, und am **08.09.1943** gibt die Deutsche Wehrmacht die Stadt Stalino und damit das ganze Donezbecken auf.

Erich von Manstein versucht nun, eine neue Verteidigungslinie hinter den Flüssen Dnjepr und Desna aufzubauen. Dabei geht der deutsche Rückzug aus dem Donezbecken so schnell vonstatten, daß die Truppen ihr schweres Gerät und die Lebensmittel- und Munitionsdepots nicht mehr abtransportieren und oft auch nicht mehr vernichten können.

Deutsche Kraftfahrkolonnen, Panzerverbände, Artillerieregimenter, Trosse mit russischem Hilfspersonal, Geleitzüge der deutschen Gebiets- und Landwirtschaftsverwaltung, Verbände der „Organisation Todt" und Polizeieinheiten, alle fluten – durchsetzt mit unübersehbaren Flüchtlingszügen – nach Westen. Auch die Luftwaffe verliert ihre Landeplätze und verlegt ihre Bodenorganisationen sprungartig zurück.

Die Nachrichten aus Italien sind genau so unerfreulich. Am **Donnerstag (09.09.1943)** sind weitere alliierte Einheiten auf dem Festland gelandet: vier Divisionen der 5. US-Armee bei Salerno und Verbände der 8. Britischen Armee im Süden von Apulien, wo sie am Freitag Tarent und am Samstag Brindisi eingenommen haben.

Die Sensationsmeldung des Tages aber kommt in den Abendnachrichten und verbreitet sich wie ein Lauffeuer in unserer Kaserne: In einem Handstreich wurde der im Berghotel „Campo Imperatore" auf dem Gran-Sasso-Massiv in den Abruzzen internierte frühere italienische Ministerpräsident und Duce Benito Mussolini durch eine deutsche Fallschirmspringereinheit unter Leitung des SS-Hauptsturmführers Otto Skorzeny nach Überrumpelung der Wachen aus seinem Gefängnis befreit und mit einer Sondermaschine der Luftwaffe nach Wien geflogen.

Als unsere drei Zimmergenossen, die ihre Schwestern zum Bahnhof gebracht haben, zu uns zurückkehren, wollen wir sie mit dieser Nachricht überraschen, doch sie haben bereits im Wartesaal die neuesten Nachrichten gehört. Wir sind uns darüber einig, daß die Befreiung des Duce in Italien keinen Umschwung mehr bewirken kann, und sind froh, daß die Wehrmacht bereits am Freitag die römische Hauptstadt und verschiedene strategische Punkte in Italien besetzt hat.

—

Nach dem mit der Vereidigung beendeten Ausbildungsabschnitt „Formalausbildung" beginnt am **Montag (13.09.1943)** mit dem Abschnitt „Geschützausbildung" die eigentliche Ausbildung zum Flakartilleristen, dem sich alle ohne Rücksicht auf die spätere Verwendung unterziehen müssen.

Erst danach folgt die Spezialausbildung zum „Kanonier" (Geschützstaffel), „Beobachter" (Meßstaffel) oder „Funker" und „Fernsprecher" (Nachrichtenstaffel). In diesem zweiten Ausbildungsabschnitt stehen das Kennenlernen und die Bedienung der 8,8 cm-Flugabwehrkanone im Mittelpunkt.

Zu der praktischen Ausbildung am Geschütz – Geschützexerzieren auf dem Kasernenhof und Bedienung der Kanone in der Feuerstellung am Stadtrand von Hamm – gehört auch die theoretische Ausbildung im Unterrichtsraum mit den Unterrichtsfächern „Flugzeugerkennungsdienst" und „Flakschießlehre".

Auf dem Kasernenhof üben wir sowohl das „Abprotzen" und In-Stellung-bringen sowie das „Aufprotzen" und Fahrbereitmachen zum Stellungswechsel.

Beim In-Stellung-gehen müssen zuerst die beiden „Sonderanhänger" (das hintere und das vordere Fahrgestell) abgekoppelt und zu Boden gelassen werden, dann werden der rechte und der linke Seitenholm heruntergeklappt. Das damit entstandenen Lafettenkreuz wird mit Hilfe von Horizontierungsspindeln justiert, und die vier Holme werden dann mit stählernen Erdpfählen am Boden befestigt. Beim Exerzieren müssen sie allerdings nicht mit Vorschlaghämmern in die Erde getrieben werden, es genügt vielmehr, sie in die „sternförmigen Ausnehmungen" an den Enden der Holme zu setzen.

Danach werden die „Fernleitungskabel" zwischen den Geschützen und dem „Verteilerkasten" (dem Verbindungselement zum Feuerleitgerät) ausgelegt. Gleichzeitig werden die Verschlußkappe von der Rohrmündung und die Lederbezüge vom Schloß und der Zünderstellmaschine entfernt und das Rohr in Schießstellung und die Kurbel an der Zünderstellmaschine in Arbeitsstellung gebracht (seitwärts ausgeklappt). Damit ist die Kanone schußbereit.

Da diese verschiedenen Arbeiten überwiegend gleichzeitig verrichtet werden müssen, kommt es darauf an, daß jeder Kanonier – vom „K 1" bis zum „K 9" – genau weiß, was er zu tun hat. Deshalb werden die einzelnen Handgriffe immer wieder geübt, bis sie im Schlaf beherrscht werden. Zudem treten die einzelnen Geschützbedienungen miteinander in Konkurrenz, um festzustellen, welche Bedienung die schnellste ist.

Durch das ständige Wiederholen kommen wir am Ende der Ausbildung dahin, das Geschütz innerhalb von 28 Sekunden von der „Fahrstellung" in die „Schießstellung" zu bringen.

Bevor wir jedoch an die Kanone Hand anlegen dürfen, müssen wir die „fünf Hauptteile des Geschützes" aufzählen können, nämlich:
1. Rohr mit Verschluß,
2. Rohrwiege mit Rohrbremse, Luftvorholer und Ansetzer,
3. Oberlafette mit Ausgleicher, Richtmaschinen und Zielreinrichtung,
4. Sockel mit Horizontierung,
5. Lafettenkreuz.

Natürlich müssen wir auch die einzelnen Teile am Geschütz zeigen und ihre Funktion erklären können.

In der parallel zur praktischen Ausbildung unterrichteten „Flakschießlehre" werden uns die „Grundlagen der Lehre vom Schuß gegen Flugziele" beigebracht. Dabei geht es natürlich nicht ohne etwas Trigonometrie und graphische Darstellungen an der Tafel und in unseren Arbeitsheften ab.

Das ist denen, die von höheren Schulen kommen, wohl vertraut. Die anderen aber, die noch nie etwas von Koordinatensystemen und Winkelfunktionen gehört haben, haben große Mühe, dem Unterricht zu folgen, wenn er nicht „narrensicher" erteilt wird.

Die Stärke derer, die aus praktischen Berufen, vor allem aus Metallberufen kommen, liegt dafür in der praktischen Handhabung, zum Beispiel beim Aus- und Einbauen des Schlosses und beim An- und Abkuppeln der verschiedenen Leitungen und Kabel.

So sind wir darauf angewiesen, uns gegenseitig zu helfen und die eigenen Kenntnisse den anderen zu vermitteln, so daß am Ende eine Geschützbedienung entsteht, die wie eine verschworene Gemeinschaft zusammenhält.

Am Anfang ist das noch nicht möglich, weil jeder sämtliche Funktionen üben muß und dazu oft am Geschütz die Plätze gewechselt werden. Bei der Spezialausbildung im dritten Ausbildungsabschnitt aber bekommt jeder seinen festen Platz. Und eine Bedienung, bei der jeder auf den anderen angewiesen ist, hält mit der Zeit zusammen wie Pech und Schwefel. Das ist auch so gewünscht und wird dadurch gefördert, daß die Bedienungen immer wieder miteinander wetteifern müssen.

Während es im ersten Abschnitt unserer Ausbildung praktisch um eine infanteristische Grundausbildung ging, umfaßt der zweite Abschnitt ausschließlich die eigentliche flakartilleristische Ausbildung.

Dazu gehört nicht nur das Kennenlernen und der Umgang mit der 8,8 cm-Kanone, sondern auch das Wissen um den Sinn und Zweck einer Heeresflakeinheit. Dazu verhelfen die Unterrichtsthemen „Die schwere Flakartillerie, ihre Gliederung und Formen", „Der Aufbau einer Flakbatterie", „Die Flakartillerie auf dem Marsch", „Die Flakartillerie in Stellung" und „Die Feuerarten".

Zuerst erklärt man uns die drei Teile, aus denen sich eine Flakbatterie zusammensetzt: die „Gefechtsbatterie", der die Aufgabe zufällt, die eigentlichen Kampfaufgaben auszuführen, der „Verpflegungstroß" und der „Gefechtstroß", die dazu bestimmt sind, „der fechtenden Batterie Verpflegung und einen Vorrat an Gebrauchs- und Ausrüstungsgegenständen nachzuführen". Über die beiden letzteren Bestandteile einer Batterie werden wir lediglich informiert. Die eigentliche Ausbildung bezieht sich auf die „Gefechtsbatterie" und steht deshalb auch im Mittelpunkt des Unterrichts.

Für die spätere Besichtigung ist es wichtig, daß wir die einzelnen Gruppen aufzählen können, aus denen sich eine „Gefechtsbatterie" zusammensetzt, nämlich dem „Batterietrupp", der „Meß- und Nachrichtenstaffel", dem „leichten Flaktrupp", der „Geschützstaffel", der „Munitionsstaffel" und dem „Gefechtstroß".

Natürlich müssen wir auch die Zusammensetzung und Aufgaben dieser Untereinheiten einer Batterie kennen. So gehören zum „Batterietrupp" der Batteriechef und die gesamte Batterieverwaltung, also der Spieß, der Rechnungsführer, der Heilgehilfe und ein Kradmelder, der ein Motorrad mit Beiwagen fährt.

Zur „Meß- und Nachrichtenstaffel", die sich aus den Meßtrupps I und II mit ihren Feuerleitgeräten (Kommandogerät 40 und Kommandohilfsgerät 35/37) zusammensetzt, zählen auch der Funktrupp, der Fernsprechtrupp sowie fünf Kradmelder.

Der „leichte Flaktrupp" besteht aus zwei 2 cm-Flakgeschützen mit Bedienung, die den Schutz der Batterie gegen Tiefflieger übernehmen.

Das Kernstück der Batterie ist jedoch die „Geschützstaffel" mit vier 8,8 cm-Kanonen, die von Zugmaschinen gezogen werden. Ihr zugeordnet ist die „Munitionsstaffel" mit zwei Munitions-LKWs.

Der „Gefechtstroß" verfügt über zwei Werkstatt-LKWs und ist für die ganze Batterie zuständig, denn hier werden Reparaturen an sämtlichen Waffen und Geräten, aber auch an unserer Kleidung und Ausrüstung, durchgeführt. So gehören Kfz- und Waffenmechaniker, aber auch ein Schuster und ein Schneider zu dieser Untereinheit der „Gefechtsbatterie". Im Felde kommen noch der Fourier und die Feldküche mit Bedienung hinzu.

Unter dem Thema „Die Flakbatterie auf dem Marsch" lernen wir anhand von Schaubildern die Aufstellung der einzelnen Fahrzeuge und Gespanne „in Marschordnung" und „in Paradeform" kennen.

Bei „Die Flakbatterie in Stellung" geht es um die Verteilung der Geschütze, des leichten Flaktrupps, sowie der Befehlsstellen und Feuerleitgeräte im Gelände, und beim Thema „Feuerarten" lernen wir „Gruppenfeuer", „Feuerüberfall" und „Dauerfeuer" sowie die dazu nötigen „Führungszeichen" (kurze präzise Befehle mit dem Arm, Zeichenstab oder der Signalflagge) zu unterscheiden.

Es ist schon eine ganze Menge Stoff, den wir allein zu diesem Ausbildungskomplex beherrschen sollen. Das Verständnis wird allerdings durch Schautafeln und ständiges Wiederholen erleichtert. Auch kann man es – im Gegensatz zur Flakschießlehre – ohne Vorbildung ziemlich leicht begreifen.

Zur Abrundung der Ausbildung dient das Unterrichtsfach „Waffen- und Gerätelehre". Hier lernen wir die in einer Batterie außer den 8,8 cm-Kanonen noch vorhandenen Waffen und Geräte kennen, nämlich die 2 cm-Flak, den „Karabiner 98k", die „Pistole 38", die „Gasmaske 30" und den „Feldfernsprecher 33", aber auch die Feuerleitgeräte („Kommandogerät 40" und „Kommandohilfsgerät 35/37") und die Fahrzeuge und „Zugmittel" (Zugmaschinen, RSO-Schlepper – Raupenschlepper Ost). Die Aufstellung und der Einsatz dieser Ausrüstung wird uns am Sandkasten verdeutlicht, indem Gefechtsformationen nachgestellt und erläutert werden.

Politischen Unterricht wie im RAD gibt es bei uns nicht. Dafür ist der Tagesablauf aber sehr ähnlich. Allerdings kommen die Stubenmeldung am Morgen *(z.B.: „Stube 77 belegt mit fünf Mann, alle auf und gesund")* und das Kaffeeholen hinzu, weil wir nicht wie im RAD in einem Speiseraum frühstücken, sondern auf unseren Zimmern.

Da unser Rekrutenzug bis auf drei Kameraden unter 21 Jahre alt ist, gibt es zusätzliche „Jugendverpflegung": ab und zu eine Extrawurst, meist Rinderwurst, und Süßigkeiten.

Die drei älteren Männer, die in unseren Rekrutenzug eingegliedert worden sind, gehören dem Geburtsjahrgang 1906 an und heißen Ernst Grodschinski (Elektroschweißer aus Gelsenkirchen), Josef Kasan (Kohlenhändler aus Wuppertal) und Willy Kautz (Kaufmännischer Angestellter aus Dortmund). Sie haben keinerlei Vergünstigungen und müssen dieselbe Ausbildung absolvieren wie wir 18- und 19jährigen.

Jeden Mittwoch marschieren wir nach Heeßen zum Kleinkaliberschießen (später zum Scharfschießen mit dem Karabiner 98k), und samstags ist gewöhnlich Revierreinigen, bevor wir Ausgang in die Stadt bekommen.

Sonntags ist vormittags Gelegenheit zum Kirchgang und nachmittags von 14 bis 18 Uhr Besuchszeit in der Kaserne. Dabei ist es zwar erwünscht, daß wir uns mit unseren Besuchern in den in jedem Block vorhandenen „Besuchszimmern" treffen oder in die Stadt gehen, aber die meisten Besucher gehen mit auf die Stuben, um ihre Mitbringsel abzugeben, und natürlich auch, weil sie einmal eine Soldatenstube sehen möchten.

Für einen geregelten Tagesablauf sorgen die Unteroffiziere vom Dienst (UvD). Dazu werden aber nicht nur Unteroffiziere eingesetzt, sondern vor allem am Wochenende, wenn die Unteroffiziere in Kurzurlaub gehen, auch Gefreite und Unteroffiziersanwärter.

Unter ihnen gibt es einen Obergefreiten, der bei der Stubenabnahme gerne die Füße kontrolliert. Trifft er dabei jemanden mit schmutzigen Füßen an, so muß dieser sofort barfuß zum Waschraum laufen und sich die Füße waschen. Besondere Freude bereitet es ihm, wenn bei der Rückkehr die Fußsohlen wieder schmutzig sind und er den Delinquenten ein paarmal zum Waschraum jagen kann.

Er muß auch am Wochenende vom 18. zum 19. September wieder einmal Dienst tun, als unser Stubenältester seine zwei Tage Kurzurlaub nimmt.

Da die Gelegenheit günstig ist, beschließen wir, dem UvD einen Streich zu spielen, indem wir die nach dem Entfernen der Nachttischlampe lose herunterhängenden Elektrokabel an das erste Bett anschließen und dadurch sämtliche Metallbetten unter Strom setzen. Als wir ihn kommen hören, drehen sich alle bis auf den Stubendiensthabenden zur Wand und tun, als ob sie schliefen.

Kaum hat Herbert Koch die Stube abgemeldet, da brüllt der Obergefreite sein gewohntes *„Mauken raus!"* – Natürlich reagiert niemand, manche beginnen sogar hörbar zu schnarchen.

Als er dann an das erste Bett tritt, um die Decke wegzuziehen, kommt er mit dem Bettgestell in Kontakt und fliegt gleich bis zur gegenüberliegenden Wand.

Ob er einen starken Stromschlag oder nur einen gehörigen Schrecken bekommen hat, ist nicht sicher. Jedenfalls ist er kreideweiß im Gesicht, als er sich aufgerappelt und ein paarmal nach Luft geschnappt hat.

„Das hat Folgen!" stößt er dann hervor und verschwindet in Richtung UvD-Zimmer. Kaum hat er die Stube verlassen, da lösen wir die Drähte vom Bett und lassen sie wie vorher lose an der Wand herunterhängen.

Am Sonntagmorgen nimmt er dann zusammen mit dem OvK (Offizier vom Kasernendienst), einem Oberwachtmeister, die Stuben ab und veranstaltet mit uns einen „Maskenball": Wir müssen hintereinander in verschiedener Kleidung – Sportzeug, Drillichzeug, erste und zweite Garnitur – auf dem Lichthof in der Mitte des Flures antreten, und das in Rekordzeit. Damit wir es dabei nicht „ruhig gehen lassen", darf der erste, der im vorgeschriebenen Anzug eintrifft, jeweils ausscheiden.

Außerdem ist für uns alle der Sonntagsausgang gestrichen. Da die Gelegenheit zum Kirchgang jedoch nicht ohne „schwerwiegende Gründe" untersagt werden darf, gehen drei von uns in die Kirche, um wenigstens für ein paar Stunden aus der Kaserne zu kommen und für weitere „Sonderaktionen" nicht erreichbar zu sein.

—

An diesem **Sonntag (19.09.1943)** meldet sich der größte Teil unseres Rekrutenzuges zum Kirchgang, mancher bleibt jedoch in der Stadt, so daß der Koch soviel Essen übrig hat, daß er am Ende der Ausgabe „*Nachschlag!*" in den Saal hineinruft.

Natürlich springe ich sofort auf, um mir am Schalter noch etwas Schweinebraten und Rotkohl zu holen. Dabei denke ich nicht daran, meine Feldmütze mitzunehmen, die ich neben mir auf der Bank abgelegt habe. Und als ich vom Schalter zurückkomme, ist die Mütze verschwunden. – Schlagartig ist mir der Appetit vergangen und ich suche den ganzen Speiseraum ab, ohne jedoch mein „Schiffchen" zu finden.

Zum Glück hat unser Stubenältester mehrere Feldmützen, so daß er mir eine leihen kann, bis ich meine eigene wiedergefunden oder mir eine neue besorgt habe. Doch wie soll ich das anstellen? Schließlich bin ich erst 25 Tage hier und kenne mich nicht damit aus, was in einer solchen Situation zu tun ist. So vergeht ein Tag nach dem anderen, ohne daß ich an eine neue Mütze komme.

Schließlich wende ich mich an unseren Stubenältesten. Der berät sich mit seinem Kollegen vom Nachbarzimmer und rät mir dann, eine Verlustanzeige zu schreiben. Naiv und unerfahren wie ich bin, folge ich seinem Rat und reiche eine schriftliche Meldung über den Verlust meiner Feldmütze auf der Schreibstube ein. Am anderen Morgen muß ich 2,50 Reichsmark bezahlen und kann mir auf der Kammer eine neue Mütze holen.

—

Wenn ich allerdings dachte, daß damit der Fall erledigt sei, so habe ich mich gründlich geirrt. Da Hauptmann Zeidler in Urlaub ist, muß ich mich am **Donnerstagmorgen (23.09.1943)** bei seinem Vertreter, Leutnant Radschow, zum Rapport melden.

Nachdem ich ihm den Hergang geschildert habe, meint er nicht gerade unfreundlich: *„Das ist ja eine dumme Sache. Fragen Sie mal einen älteren Kameraden, was der an Ihrer Stelle getan hätte. Da Sie nun mal eine Verlustanzeige erstattet haben, bin ich gezwungen, Sie zu bestrafen. Ich werde mir noch überlegen, ob ich Ihnen zwei oder drei Tage gebe. Sie hören dann von mir."* – Damit bin ich entlassen.

Erst auf dem Rückweg zur Stube wird mir meine Lage richtig bewußt. Ich kann es kaum glauben, was ich da soeben gehört habe. Da wird also nicht der Täter, sondern das Opfer bestraft! So etwas hätte ich nicht für möglich gehalten.

Vor allem erwarte ich am folgenden Sonntag Besuch, und es fehlte gerade noch, daß ich dann im Bau sitze, zumal ich weiß, daß solche Strafen gewöhnlich an den Wochenenden verhängt werden, damit von der Ausbildung möglichst wenig verloren geht.

Also schreibe ich schnell einen Brief nach Hause, in dem ich bedauere, daß ich am Sonntag keinen Besuch empfangen kann, weil wir nach Heeßen zum Biwak ausrücken. Damit wäre wenigstens die Sache mit dem Besuch geregelt, vorausgesetzt, daß der Brief rechtzeitig in Warburg ankommt. Das ist zwar die Regel, aber keinesfalls absolut sicher.

Am Nachmittag wird mir dann durch den UvD das Urteil über die mir zugedachte Disziplinarstrafe mitgeteilt: *„Zwei Tage verschärften Arrest wegen Veruntreuung von Wehrmachtseigentum, anzutreten am Sonnabend um 13 Uhr."* – Ich fühle mich wie erschlagen.

So sieht es also mit der Gerechtigkeit in der Deutschen Wehrmacht aus: Während der Dieb unbehelligt bleibt und sich ins Fäustchen lacht, werde ich als der Bestohlene, obwohl ich den geradezu lächerlichen „Schaden" von 2,50 Reichsmark sofort ersetzt habe, *„aus erzieherischen Gründen"* – für meine Begriffe unnötig hart – bestraft. Das kann ich einfach nicht begreifen, denn um mir einen Denkzettel zu verpassen, hätte nach meinem Dafürhalten eine Verwarnung vollauf genügt.

Die beiden Arrestzellen der Abteilung befinden sich im Block der Meßbatterie gleich neben der Hauptwache am Kaserneneingang. Kurz vor 13 Uhr holt mich der wachhabende Unteroffizier am Samstag auf der Stube ab und begleitet mich nach „Stube 49b", wo ich die Strafe abzusitzen habe.

Ein Kommißbrot und eine Wolldecke sind alles, was ich mit in die Zelle nehmen darf, die als einziges Ausstattungsstück eine Holzpritsche mit einer dünnen Matratze enthält. Hier lege ich mich auf der Pritsche auf den Rücken, starre an die Decke und achte auf jedes Geräusch, das vom Wachlokal nebenan oder durch das kleine vergitterte Fenster von außen hereindringt.

Da ich mich in keiner Weise schuldig fühle, habe ich eine Mordswut im Bauch. Was kann ich denn dafür, daß mir irgend so ein Schwein die Mütze klaut, wenn ich einmal kurz vom Tisch aufstehe? Außerdem habe ich die Mütze ja bezahlt! Und nun muß ich wegen 2,50 Reichsmark, die ich auch noch ersetzt habe, zwei Tage brummen!

Immer wieder gehen mir die Worte des Leutnants Radschow durch den Kopf: *„Fragen Sie mal einen älteren Kameraden, was der an Ihrer Stelle getan hätte!"*

Auch die beiden ROB-Gefreiten haben dazu beigetragen, daß ich nun hier sitzen muß! Ich könnte heulen vor ohnmächtiger Wut!

—

Am **Sonntagmorgen (26.09.1943)** kommt der OvK, ein Wachtmeister in meine Zelle. Als ich ihn erwartungsvoll anblicke und darauf warte, daß er mir sagt, was er von mir will, brüllt er mich an, ob ich noch nie etwas von einer Meldung gehört hätte.

Wahrscheinlich weil ich ihn sprachlos, beinahe entsetzt ansehe, wird er etwas freundlicher und sagt in normaler Tonlage, daß er eigentlich eine Meldung von mir erwartet hätte, die er mir nun im Wortlaut vorspricht: *„Kanonier Heidt zu zwei Tagen Arrest verurteilt wegen einer Verlustanzeige."* So steht es jedenfalls im Wachbuch, das er eingesehen hat, bevor er zu mir kam.

Ich bete ihm also die Meldung so brav nach, daß er lächeln muß. Ja, er wird sogar recht freundlich und fragt nach den näheren Umständen, die zu meiner Bestrafung geführt haben.

Ich erzähle ihm also, daß ich zum September-Rekrutenzug der 2. Batterie gehöre und mir in der Kantine die Mütze gestohlen worden ist, als ich sie einen Augenblick unbeaufsichtigt ließ, um mir einen Nachschlag zu holen, und daß ich bestraft worden bin, obwohl ich den Schaden von 2,50 Reichsmark sofort ersetzt habe.

Kopfschüttelnd hört er mir zu und meint dann: *„Das gibt es auch nur bei der Zwoten! – Naja, dann weiterhin viel Spaß!"*

Beim Weggehen dreht er sich in der Tür noch einmal um und fragt: *„Haben Sie einfachen oder verschärften Arrest?"*

Als ich es ihm sage, meint er: *„Ach du Scheiße! Dann muß ich Ihnen auch noch die Matratze wegnehmen."*

Und schon tritt der Wachhabende, der hinter ihm gestanden hat, vor und nimmt die Matratze von der Pritsche. Dann verlassen beide meine Zelle, der Schlüssel dreht sich im Schloß, und ich lege mich – noch wütender als zuvor – auf die harte Pritsche.

Die Bemerkung des OvK *„Das gibt es auch nur bei der Zwoten!"* bringt mich erst richtig in Rage, bedeutet es doch nichts anderes, als daß ich in einer anderen Batterie mit einer Verwarnung davongekommen wäre.

Als ich dann gegen Mittag die ersten Besucher höre, werde ich immer unruhiger und hoffe inständig, daß mein Brief rechtzeitig zu Hause angekommen ist. Doch die Zeit vergeht und der Besucherstrom versiegt, ohne daß jemand meinen Namen erwähnt. So bleibt mir wenigstens die Blamage vor meinen Angehörigen erspart.

Die ganze folgende Nacht verzehre ich mich fast vor grimmiger Wut. Zwischendurch schlafe ich auch trotz der harten Unterlage vor Erschöpfung ein, werde aber ein paarmal wach und bin froh, als endlich der Morgen dämmert und die ersten Geräusche des Tages zu mir dringen.

Als ich höre, wie mein Rekrutenzug singend aus der Kaserne marschiert, tröste ich mich mit dem Gedanken, daß ich wenigstens die heutigen „Übungen im Gelände" nicht mitmachen muß.

Aber die Minuten schleichen nur so dahin, und die Geräusche, die ich höre, haben auch keinen rechten Unterhaltungswert. Da ich meine Armbanduhr im Wachlokal hinterlegen mußte, weiß ich nicht einmal, wie spät es ist, und schlafe schließlich vor Übermüdung ein.

Dann werde ich durch ein Rasseln an meiner Tür geweckt. Sie wird aufgeschlossen, und ein „Läufer" bringt mir einen Besen, mit dem ich die Zelle ausfegen muß.

Als ich nach der Uhrzeit frage, sagt er, daß es bereits 13.10 Uhr ist und ich schon seit zehn Minuten entlassen sein müßte. Daher frage ich den Gefreiten, wie es denn mit meiner Entlassung aussehe. Er zuckt lediglich mit den Schultern und nimmt mich mit zum Wachhabenden.

Der scheint heute nicht seinen besten Tag zu haben, denn er läßt mich erst gar nicht zu Worte kommen, sondern brüllt mich an, daß ich mich sofort wieder in meine Zelle verziehen und dort gefälligst warten soll, bis ich vom UvD der 2. Batterie abgeholt werde.

So liege ich wieder auf der Pritsche und fühle erneut eine Welle ohnmächtiger Wut in mir aufsteigen, denn ich sehe nicht ein, daß ich auch noch über die festgesetzte Zeit hinaus hier einsitzen muß.

Doch keine fünf Minuten später erscheint der UvD, um mich abzuholen. Ich erhalte mein Koppel und meine Armbanduhr zurück und kann mit ihm das Wachlokal verlassen.

Der UvD ist ganz erstaunt, daß ich von meinem Kommißbrot kaum etwas gegessen habe. Als ich ihm sage, daß ich vor Wut nichts essen konnte, meint er, bei ihm sei das gerade umgekehrt: wenn er wütend sei, habe er einen unheimliche Drang, irgend etwas in sich hineinzustopfen. Ob das stimmt oder ob er es nur erwähnt, um mich ein wenig zu trösten, mag dahingestellt sein, jedenfalls ist meine Wut mit einem Schlag verflogen und ich verspüre plötzlich einen Bärenhunger.

Auf seiner Stube muß ich meine Rückkehr in die Batterie im Tagebuch schriftlich bestätigen, dann schickt mich der UvD zum Rechnungsführer, weil er selbst keine Essenmarke mehr zur Hand hat. Dort bekomme ich eine Marke und eile im Geschwindschritt zur Kantine.

Der Ausgabeschalter ist zwar noch offen, doch die Köche sind schon dabei, Töpfe und Pfannen zu reinigen und nicht gerade begeistert, daß noch jemand nachgekleckert kommt und etwas essen will. Als ich ihnen aber sage, daß ich gerade aus dem Bau komme, haben sie wohl Mitleid mit mir, denn sie verabreichen mir eine Portion Schweinebraten und Wirsinggemüse, die mein „Picknapf" kaum fassen kann. Weil offenbar reichlich Fleisch übrig ist, packen sie mir noch zusätzlich ein paar besonders große Stücke obendrauf.

Da die Bänke und Schemel schon auf den Tischen stehen und der Eßraum bereits ausgefegt wird, beschließe ich, auf meiner Stube zu essen, überquere den Hof mit meiner Riesenportion und bin froh, daß mich auf dem Weg zum Wohnblock niemand sieht. Das ist auch kein Wunder, denn der Mittagsappell steht kurz bevor, und alle sind dabei, sich darauf vorzubereiten.

Auf dem Flur kommen mir meine Stubenkameraden bereits entgegen. Während sie auf dem Kasernenhof antreten, mache ich mich über meinen Picknapf her, und bei meinem Riesenhunger habe ich ihn in wenigen Minuten leer. Doch nach der Mahlzeit ist mein Magen so voll, daß ich kaum noch atmen kann. Trotzdem ist es ein gutes Gefühl, mal wieder so richtig satt zu sein. Mit dem Beginn der auf den Appell folgenden Bettruhe nehme ich dann wieder am laufenden Dienstbetrieb teil.

Was mir noch Sorge bereitet, ist die Frage, ob ich nun als „bestraft" gelte. Ich lasse noch ein paar Tage vergehen, dann wende ich mich an Wachtmeister Walter Hüsgen aus Essen, unseren Nachrichtenstaffelführer. Der setzt sich mit seinem Freund, unserem Spieß, Hauptwachtmeister Scheer, in Verbindung, und dieser erkundigt sich beim stellvertretenden Batteriechef, Leutnant Radschow.

So erfahre ich, daß es sich um eine „Disziplinarmaßnahme" handelt und nicht um eine „Strafmaßnahme", die in den persönlichen Papieren vermerkt werden müßte. Ich brauche mir daher keine Sorgen zu machen, meint der Wachtmeister, denn außer im Wachbuch gäbe es keine Eintragung in irgendwelchen und ganz sicher nicht in meinen persönlichen Unterlagen. Vor allem habe diese Disziplinarmaßnahme auch keinerlei Einfluß auf meine künftige Laufbahn als Anwärter für die Reserveoffizierlaufbahn, denn ich habe keinen Fleck in meine Personalakte bekommen.

Diese verbindliche Auskunft, die mir Walter Hüsgen erteilt, zerstreut meine diesbezüglichen Bedenken endgültig, und das Gefühl, ungerecht behandelt worden zu sein, tritt hinter die Beruhigung zurück, daß ich mir meine Personalakte durch den Vorfall nicht „versaut" habe.

Im Kameradenkreis wird das Thema auch nicht mehr berührt, zumal es alle als „Sauerei" empfinden, daß man als Unschuldiger für einen Schuldigen in den Bau wandern kann.

—

Während der Bettruhe erzählen mir meine Kameraden, daß eben beim Appell bekannt gegeben wurde, daß die ersten beiden Ausbildungsabschnitte – die Formal- und die Geschützausbildung – mit dieser Woche zu Ende gehen und am **Montag (04.10.1943)** die Spezialausbildung für die einzelnen Funktionen, die wir in der Batterie ausüben sollen, beginnen wird. Während die „Flakschießlehre" und der „Flugzeugerkennungsdienst" für alle weiterlaufen wird wie bisher, werden „Meßstaffel" und „Geschützstaffel" in der Praxis künftig getrennt ausgebildet.

So üben die Kanoniere auch weiterhin den Umgang mit der 8,8 cm-Flak und lernen dazu auch die Beseitigung von Störungen (Ladehemmung, Festbrennen der Kartusche im Rohr, Klemmen des Verschlusses u.a.), während wir von der Meßstaffel am Kommandogerät 40 und Kommandohilfsgerät 35/37 zu „Beobachtern" ausgebildet werden. Außerdem haben wir diese Woche zum letzten Mal Kleinkaliberschießen, denn zum dritten Ausbildungsabschnitt gehört auch das Schießen mit dem Karabiner 98k.

—

Mit dem dritten Ausbildungsabschnitt beginnt auch die getrennte Unterbringung von Kanonieren und Beobachtern. So müssen wir von der Meßstaffel am **Samstag (02.10.1943)** aus dem mittleren in den unteren Flur umziehen, wo die restliche Meßstaffel bereits von Anfang an ihre Zimmer hat. Jetzt erst stellen wir fest, daß zur Meßstaffel insgesamt 26 Mann gehören, die in zwei Meßtrupps aufgeteilt sind.

Ich komme bei diesem Umzug zum „Meßtrupp II", dem im Erdgeschoß die Stube 34 zugewiesen wird. Damit wohnt nun die gesamte Meßstaffel in zwei Stuben nebeneinander, die jeweils mit einem Stubenältesten und 13 Mann belegt werden.

Die Stube 34 ist mehr als doppelt so groß wie Stube 77 und deshalb auch ganz anders aufgeteilt. Die sieben Doppelbetten stehen nämlich nebeneinander an der linken Wand, die Spinde an der Wand gegenüber, Tische und Schemel in der Mitte des Raumes. Der Stubenälteste hat kein Einzelbett, sondern benutzt das untere Etagenbett am Fenster. Die Stube ist zentralbeheizt und mit Stabparkettfußboden versehen. Durch das viele Wasser beim Revierreinigen hat er sich vor den Spinden bereits nach oben gewölbt und einen Sockel gebildet, so daß man kaum noch mit einem Besen oder Schrubber unter die Spinde kommen kann.

Zur Besatzung der „Ju W 34", wie wir unsere „Stube 34" schon bald in Erinnerung an das von Hugo Junkers entwickelte und gebaute erste Ganzmetallflugzeug der Welt mit freitragenden Flügeln, das sich besonders als Post- und Übungsflugzeug bewährt hat, scherzhaft nennen, gehören nach dem Umzug außer dem ROB-Gefreiten Hans Mennicken aus Aachen folgende Rheinländer (Rh) und Westfalen (Wf): Günter Abs (Rh), Wolfgang Dittrich (Rh), Herman Esdar (Wf), Heinz Heidt (Wf), Josef Igges (Wf), Herbert Kissmann (Rh), Helmut Knapp (Rh), Rolf Küsters (Rh), Rudolf Plückebaum (Wf), Othard Raestrup (Wf), Willy Schemmerling (Wf), Willi Ulrich (Rh) und Horst Völh (Wf). „Otz" Raestrup war schon mit mir zusammen in Oppenwehe im RAD.

Im Unterrichtsraum behalten wir unsere früheren Plätze bei. Hier sitzen wir, getrennt durch den Mittelgang, auf Schemeln in zwei Blöcken zu je sechs Reihen mit jeweils fünf Plätzen. Ich sitze, von vorne aus gesehen, im rechten Block in der dritten Reihe von vorne auf dem zweiten Platz neben dem Gang. Neben mir am Gang sitzt der 37jährige Ernst Grodschinski.

Der bisherige allgemeine Unterricht wird auch im dritten Ausbildungsschritt fortgeführt und vertieft. Nachdem wir bisher „Die schwere Flakbatterie" behandelt haben, kommt nun „Die Heeresflak-Abteilung, ihr Aufbau und Ihre Aufgaben" an die Reihe, die sich auf beiden Gebieten deutlich von einer Heeresartillerie-Abteilung unterscheidet. Die Artillerie ist nämlich in Regimenter mit drei Abteilungen zu je drei Batterien gegliedert.

Bei der Heeresflak ist die Abteilung innerhalb einer Division ein selbständiger Kampfverband und gleichzeitig die größte Organisationseinheit dieser Waffengattung. Sie setzt sich zusammen aus dem Kommandeur mit einem kleinen Stab, zwei schweren und einer leichten Batterie und übernimmt als Hauptaufgabe den Schutz der Division gegen Luftangriffe (Bomber und Tiefflieger), kann daneben aber auch zur Unterstützung der Artillerie und der Infanterie wegen ihrer hohen Feuerkraft sehr wirksam im Erdkampf eingesetzt werden.

Eine „Ersatz- und Ausbildungsabteilung" wie die unsrige in Hamm hingegen hat ganz andere Aufgaben und ist auch ganz anders organisiert. Zwar nennen sich die Untereinheiten auch hier „Batterien", obwohl es keine einzige vollständige Batterie im Kasernenbereich gibt. So nennt sich die Kasernenverwaltung mit dem Abteilungskommandeur an der Spitze „Stabsbatterie". Ihr obliegt die Verwaltung der Gebäude sowie die Betreuung (Verpflegung, Bekleidung, Ausrüstung, Gesundheitsfürsorge) der Truppe, der Fahrzeuge, Waffen und Geräte. Sie ist also für die Ersatz- und Ausbildungsabteilung insgesamt zuständig. Deshalb unterstehen ihr auch das Revier (Krankenstation), die Werkstätten und Garagen.

Die „Ersatzabteilung" liefert den Ersatz für die kämpfende Truppe, sorgt aber auch für die Fort- und Spezialausbildung, indem sie selbst Lehrgänge durchführt, meistens aber Teilnehmer zu anderen Lehrgängen schickt, z.B. zum Funklehrgang in Paris, zum Scheinwerferführer-Lehrgang in Baden bei Wien, zum Entfernungsmesser-Lehrgang in Schongau am Lech oder – im Winter – zum Ski-Lehrgang in Eimelrod im nordhessischen Upland. Zu ihr gehören zwei „Marschbatterien" und eine „Genesenden-Batterie", in der sich Kranke und Verwundete erholen, bis sie wieder einsatzfähig sind.

Die „Ausbildungsabteilung" unterhält drei Ausbildungsbatterien mit je einem Batteriechef, einer „Schreibstube" (Geschäftsstelle), festen Ausbildern und zwei durchlaufenden Rekrutenzügen (zur Zeit sind es die Juli- und Septemberrekruten), die hier in 16 Wochen nach einem genauen Plan ausgebildet werden, außerdem eine „Meßbatterie", in der Funker und Fernsprecher ihre Fachausbildung erhalten.

Alle, die ihre Ausbildung beendet haben, gehören dann zur „Stammbatterie". Dies ist allerdings nur ein Verwaltungsbegriff und keine militärische Einheit. Sie vergibt auch die Erkennungsmarken mit der registrierten Erkennungsnummer (bei mir ist es die Nummer 1658).

Das anspruchvollste Unterrichtsfach ist zweifellos die „Flakschießlehre" mit vielen technischen Begriffen, die wir noch nie gehört haben. Dazu gehören die bei beweglichen Zielen zwischen „Meßpunkt" und „Treffpunkt" liegenden „Vorbehalte" (Entfernungsvorbehalt, Höhenwinkelvorbehalt, Seitenwinkelvorbehalt), die Maße der Flakartillerie (Hektometer, Winkelgrade) und die verschiedenen Richtverfahren (indirektes Richtverfahren, direktes Richtverfahren, Planfeuer).

Es gibt also eine ganze Menge zu lernen. Doch das muß auch für Volksschüler nicht unbedingt zur Qual werden. Voraussetzung ist jedoch, daß der Unterricht von einem verständnisvollen Offizier wie Leutnant Ruppendahl erteilt wird, dem es nichts ausmacht, alles – wenn nötig – ein dutzendmal zu erklären, bis es auch der Letzte begriffen hat.

Vorübergehend erteilt aber ein Oberleutnant der Reserve den Unterricht, der im Zivilberuf Studienrat ist, hier aber gegen alle Grundregeln einer vernünftigen Pädagogik verstößt. Er scheint eine geradezu sadistische Freue daran zu haben, diejenigen zu quälen, die nicht sofort verstehen, was er erklärt. Nicht nur, daß er sie auf eine gemeine ironische Weise abkanzelt, sondern er läßt sie in Kniebeuge auf einem Schemel sitzen, bis sich ihre Muskeln verkrampfen und sie zu wackeln beginnen oder ganz vom Schemel fallen.

Besonders niederträchtig finden wir, daß der Schemel seitlich hinter dem Unterrichtenden steht und er die Delinquenten durch eine schräg gestellte Fensterscheibe beobachten kann, ohne sich nach ihnen umzudrehen. Sie sollen sich nicht nur wie „der letzte Dreck" fühlen, der keines Blickes gewürdigt wird, sondern auch wissen, daß sie ständig beobachtet werden, denn sobald sich jemand bewegt oder eine Schwäche zeigt, wird er – ohne daß der Oberleutnant sich umdreht – mit Ausdrücken wie „Schlappschwanz", „Niete", „Versager" und ähnlichen Pöbeleien zur Ordnung gerufen. Der Erfolg dieser Schinderei ist natürlich, daß manche vor lauter Angst nicht mehr aufnahmefähig sind und bereits mit schlotternden Knien in den Unterricht kommen.

Zum Glück gibt dieser „Pädagoge" bei uns nur eine Gastrolle als Urlaubsvertretung. Und es gibt ein allgemeines befeites Aufatmen, als Leutnant Ruppendahl seinen Urlaub beendet hat und wieder den Unterricht übernimmt.

Leider wird er schon kurz darauf versetzt und für zwei Wochen erleben wir einen jungen Leutnant, der einem Buch für Landserwitze entsprungen sein könnte, weil man sich kaum vorstellen kann, daß es solche Leute wirklich gibt. Doch allen, die ihn erlebt haben, wird er sicher unvergeßlich sein.

Er hat nämlich einen schweren Sehfehler und schielt so gewaltig, daß niemand von uns ausmachen kann, ob er angeblickt wird oder nicht. – Mit der Zeit finden wir heraus, daß nie derjenige gemeint ist, der sich angeblickt fühlt, sondern sein linker Nebenmann. Das wäre an sich kein großes Problem und ohne Mühe zu lösen. Man brauchte ja nur seinen Nebenmann anzustoßen, wenn man sich angeblickt fühlt. Doch zu dieser Übung läßt er uns einfach keine Zeit, weil er jedesmal ruppig wird, wenn jemand antwortet, den er nicht gemeint hat und ihn mit dem stereotypen Satz anbrüllt: *„Sind Sie verrückt geworden oder schiel' ich?"*

Und wehe dem, der es wagen sollte, bei einer solchen Gelegenheit zu lachen. Er wird nach vorne befohlen und muß „Liegestütze" vorführen, bis er zusammenbricht.

Natürlich ist er für seinen Sehfehler nicht verantwortlich, wohl aber dafür, wie er mit ihm umgeht. Den Fehler würden wir ihm gerne nachsehen, nicht aber seine Neigung, sich groß aufzuspielen und seine miese Laune an hilflosen Rekruten auszulassen.

Dazu hat er sich vor allem unseren Kameraden Josef Kasan ausersehen, den wohl Hilflosesten aus dem ganzen Rekrutenzug. Er ist 37 Jahre alt, stammt aus Oberschlesien, hat nur die polnische Grundschule besucht und ist daher – besonders wenn er aufgeregt ist – nicht in der Lage, schnell die passenden Worte zu finden. So ist er ständig den Demütigungen des Leutnants ausgesetzt, den wir schon bald „Leutnant Delta Sigma" nennen, denn „Delta Sigma" ist die Bezeichnung für den „Seitenwinkelvorbehalt".

Als er wieder einmal unseren Kameraden Kasan im Visier hat und ihn peinigt, bis er in Tränen ausbricht, ist unsere Geduld am Ende. Ein solches Benehmen können und wollen wir nicht länger zulassen.

Also weihen wir zuerst unseren Nachrichtenstaffelführer, Wachtmeister Hüsgen, ein, den wir als unseren väterlichen Freund betrachten. Er schreit nämlich niemals herum, sondern sucht auf seine ruhige Art zu schlichten, wo immer es geht. Natürlich ist er empört über das Verhalten dieses „jungen Dachses" und trägt sogleich seinem Duzfreund, unserem Spieß, die Sache vor, und Hauptwachtmeister Scheer meldet die Angelegenheit dem Batteriechef.

Wie Hauptmann Zeidler die Sache sieht, erfahren wir nicht, wohl aber stellen wir erfreut fest, daß „Leutnant Delta Sigma" postwendend abgelöst und durch Leutnant Ruppert ersetzt wird.

Im Gegensatz zur „Flakschießlehre" haben wir beim „Flugzeugerkennungsdienst" während der ganzen Ausbildung nicht die geringsten Schwierigkeiten. Das liegt nicht zuletzt am Unterrichtenden, denn der Flugmeldeunteroffizier Richard Schwarz versteht es nicht nur, den Unterricht interessant und spannend zu gestalten, er lockert ihn auch durch das Erzählen eigener Erlebnisse auf, die er teilweise in seiner urbayerischen Mundart zum besten gibt. Bei ihm gibt es viel zu lachen, und bei seiner temperamentvollen Art schläft auch so leicht niemand ein.

Doch es gibt keine Regel ohne Ausnahme, denn der Kanonier Josef Igges aus Höxter hat dies glatt geschafft. Er ist extrem kurzsichtig und trägt eine Brille mit dicken Gläsern. Er sitzt im rechten Block in der vordersten Reihe in der Mitte, meldet sich nur, wenn er gefragt wird, und nutzt beim Verdunkeln des Raumes, damit die an eine Leinwand geworfenen Bilder besser zu erkennen sind, oft die Gelegenheit dazu aus, sich richtig zu entspannen und seinen Blick nach innen zu wenden. Wegen seiner dicken Brillengläser kann man nur aus der Nähe sehen, ob seine Augen dahinter offen oder geschlossen sind.

Nun hat der Unteroffizier aber einen Laut gehört, der ihm verdächtig vorkommt. Er unterbricht also seinen Vortrag, schleicht sich in gebückter Stellung an den Kameraden Igges heran und blickt ihm von unten hinter die Brille gerade in dem Augenblick, als Josef wieder einen vernehmlichen Schnarcher von sich gibt.

Leise flüstert der Unteroffizier uns zu: *„Er schläft! Tatsächlich: Er schläft!"* – Dann schlägt er mit dem Zeigestock auf sein Pult, daß es nur so kracht und Kanonier Igges fast vor Schreck vom Hocker fällt.

Damit ist der Ausspruch *„Hier schläft Igges!"* geboren, der auch später am Abschluß unserer Ausbildung in der Bierzeitung wieder auftaucht. Entlehnt ist er der „Leitungsprobe" beim Fernsprechen, wo sich zum Beispiel der Geschützführer des A-Geschützes mit den Worten melden muß: *„Hier spricht Anton!"*

Die Zahl der Flugzeug-Fotos, die mit einem einfachen Episkop auf eine Leinwand geworfen werden, ist begrenzt, es mögen etwa 80 Fotos fliegender Maschinen sein, die man sich mit der Zeit ganz gut einprägen kann.

Selbst wenn man ein Flugzeug nicht an seinen typischen Merkmalen erkennen sollte, so erinnert man sich sicher an das Bild. Allerdings gibt es in dieser Sammlung drei Flugzeuge, die sich sehr ähnlich sehen, und die man allein an ihren Seitenleitwerken unterscheiden kann, denn alle drei sind zweimotorige Bomber mit doppeltem Seitenleitwerk: die deutsche „Messerschmitt Me 110", die italienische „Caproni Ca 313" und die französische „Potez 63".

Während die Kameraden Grodschinski und Kasan von 75 gezeigten Flugzeugen in der Regel 15 bis 25 Maschinen richtig erkennen, bestehen die meisten von uns diese Prüfungen mit der Zeit fehlerfrei.

So sehr Unteroffizier Schwarz für jeden Scherz zu haben ist, so sehr verabscheut er es, wenn in seinem Unterricht vorgesagt wird. *„Irren ist menschlich"* ist sein Lieblingsausspruch, wenn jemand die gezeigte Maschine nicht auf Anhieb erkennt, und es macht ihm nichts aus, die besonderen Merkmale des Flugzeugs immer und immer wieder zu erklären. Wenn aber jemand vorsagt, muß er zehn Kniebeugen machen und dabei mit ausgestreckten Armen einen Schemel vor sich halten.

Eines Tages sticht ihn wohl der Hafer und er möchte sich einen besonderen Scherz erlauben. Dazu wirft er ein Bild auf die Leinwand, auf dem ich sofort die „Caproni 313" erkenne. Den Namen flüstere ich sofort meinem Nachbarn Ernst Grodschinski zu, noch bevor der Unteroffizier vom Bildwerfer aufblickt und sich uns zuwendet.

Ernst und ich sitzen kerzengerade und blicken stur zur Leinwand, als er mit verschmitztem Lächeln fragt: *„Na, was ist das für ein Brummer? Kanonier Grodschinski?"*

Wie aus der Pistole geschossen antwortet Ernst, ohne eine Miene zu verziehen, mit seiner Baßstimme: *„Caproni 313".*

Zuerst ist der Unteroffizier ganz verdattert, denn er kann wohl nicht recht glauben, was er da soeben gehört hat. Dann wird er quicklebendig und springt herum wie Rumpelstilzchen. Dabei schlägt er sich auf die Oberschenkel und ruft ein übers andere Mal: *„Da legst di nieder! Der kennt die! Naa, naa, dös gibt's net! Dös haut mi um!"*

Als er sich wieder beruhigt hat, fragt er etwas ernsthafter: *„Sagen Sie mal, Grodschinski, woher kennen Sie den Vogel?"*

„Den kenn' ich", antwortet Ernst mit bierernstem Gesicht.

Kopfschüttelnd nimmt Richard Schwarz das zur Kenntnis, doch seine Miene verrät, daß er dem Braten nicht recht traut und kaum glauben kann, daß es hier mit rechten Dingen zugegangen ist. *„Naa, naa",* sagt er abschließend noch einmal, *„der Grodschinski kennt die Caproni 313, dös glaub' i net, dös glaub' i oanfach net."*

Während ihm der Unterricht auf die Dauer zur Qual wird, ist Ernst Grodschinski am Geschütz in seinem Element. Hier blüht er richtig auf. Beim Aus- und Einbauen des Schlosses ist er nicht zu schlagen.

Dabei bildet er sich überhaupt nichts darauf ein, daß er mehr kann als wir anderen; ganz im Gegenteil: Er zeigt uns weniger technisch Begabten gerne, wie es geht und worauf man besonders achten muß. Später gehört er zu den besten Ladekanonieren der ganzen Abteilung.

Während die „Geschützstaffel" weiterhin die Handhabung der 8,8 cm-Flak übt, wird die „Meßstaffel" mit ihren eigenen Geräten bekanntgemacht. Dazu muß der „Meßtrupp I" an den Rand der Stadt marschieren, wo die Abteilung zum Schutze der Stadt eine Dauerstellung eingerichtet hat und das „Kommandogerät 40" im Einsatz ist, während der „Meßtrupp II" auf dem Kasernenhof am „Kommandohilfsgerät 35/37" ausgebildet wird.

Gleich zu Beginn werden beide Trupps darauf aufmerksam gemacht, daß wir es hier mit teuren technischen Geräten zu tun haben, die nur durch sachgerechte und liebevolle Pflege in ihrem hochwertigen Zustand gehalten werden können. Dazu müssen wir einen Satz auswendig lernen, der lautet: *„Schonungslose Behandlung und keine oder nur flüchtige Pflege des teueren Gerätes ist Diebstahl am Volksvermögen."*

In der Tat ist vor allem das „Kommandogerät 40" ein hochwertiger Apparat, der vollautomatisch arbeitet. Er rechnet die durch die Entfernungsmesser ermittelten „Eingangswerte" selbständig in die „Schlußwerte" um, die dann über ein Kabel an die Geschütze übertragen werden und dort „Hohlzeiger" in Bewegung setzen, die von den Richtkanonieren nur noch mit den „Folgezeigern" gefüllt werden müssen.

Das „Kommandohilfsgerät 35/37" arbeitet nur halbautomatisch. Es rechnet zwar auch die „Eingangswerte" in „Schlußwerte" um. Diese müssen dann aber fernmündlich an die Geschütze weitergegeben werden.

Wie beim Kommandogerät werden auch beim Kommandohilfsgerät die „Eingangswerte" durch „Raumbild-Entfernungsmesser" hereingeholt, die nur von Menschen mit der Befähigung zum räumlichen Sehen bedient werden können.

Diese Fernrohre sehen an den beiden Geräten jedoch sehr unterschiedlich aus. Während sie beim Kommandohilfsgerät wie Hörner an einem würfelförmigen Kasten hängen, verfügt das Kommandogerät über ein Riesenfernrohr, die sogenannte „Vier-Meter-Basis", die quer auf dem Gerätekörper sitzt und rundum gedreht werden kann. Das Licht fällt durch zwei Öffnungen am Ende des Rohres und wird von dort auf zwei „Sichtstutzen" geleitet, die in der Mitte des Rohres sitzen und wie ein angebautes normales Fernglas aussehen.

Die Entfernungsmesser werden getrennt von der übrigen Bedienung ausgebildet. Zuerst wird festgestellt, ob sie räumlich sehen können. Diese Fähigkeit ist nämlich angeboren und kann nicht erlernt werden. Dann beginnt ihre Schulung mit „Standmeßreihen", bei denen die Entfernung zu feststehenden Zielen (Schornsteine, Fördertürme) zu ermitteln ist, und endet mit „Flugzielmessungen", bei denen sich dann herausstellt, ob die künftigen „E-Messer" wirklich räumlich sehen können.

Zu einem Meßtrupp gehören außer dem Meßtruppführer jeweils drei E-Messer („E 1" bis „E 3") und zehn Bedienungsleute („Beobachter"), nämlich „B 4" bis „B 13". Beim Kommandohilfsgerät sind „B 11" bis „B 13" die Sprecher für Seite, Höhe und Entfernung des Zieles.

Da die Werte per Kehlkopfmikrofon übertragen werden, ist es um so besser, je tiefer die Stimmlage des Sprechers ist. Die Sprecher werden so ausgebildet, daß sie im Notfall auch am Kommandogerät eingesetzt werden können, wo sie dann als „B 14" bis „B 16" bezeichnet werden.

Der Schwerpunkt dieser Spezialausbildung ist das Zusammenwirken der „Feuerleitgeräte" mit den Geschützen. Dabei kennt die Flakartillerie verschiedene Arten, die Schießgrundlagen festzustellen und an die Geschütze zu übermitteln, die sie „Richtverfahren" nennt.

Beim „indirekten Richtverfahren" wird mit dem Kommandogerät oder Kommandohilfsgerät, beim „direkten Richtverfahren" nur mit einem E-Messer geschossen, während beim „Planfeuer" lediglich ein bestimmter Luftraum in schneller Schußfolge abgestreut wird.

Während das „Kommandogerät 40" schon wegen der Vier-Meter-Basis recht imponierend aussieht, macht das wesentlich kleinere „Kommandohilfsgerät 35/37" schon rein äußerlich nicht viel her. Es ist praktisch ein auf ein Gestell montierter Würfel mit angebauten Fernrohren.

An drei Seiten befinden sich Sichtfenster, an denen die Schlußwerte abgelesen werden können. Vor diesen Fenstern stehen die Sprecher und geben die Zahlen, die dort erscheinen, an die Geschütze weiter. Dabei habe ich als „B 11" die Seitenwerte durchzugeben, bin aber schon nach kurzer Zeit auch in der Lage, den „B 12" oder „B 13" zu vertreten.

Als im Oktober die Juli-Rekruten ihre Schlußbesichtigung haben und am Kommandohilfsgerät ein Sprecher fehlt, springe ich kurzerhand ein und bestehe schon jetzt meine Bewährungsprobe als „B 12".

Im dritten Ausbildungsabschnitt ziehen wir auch jeden Mittwoch nach Heeßen, wo wir mit dem „Karabiner 98k" auf 100, 150 und 200 Meter Entfernung schießen müssen. Dabei stelle ich fest, daß ich bereits bei 150 Metern Schwierigkeiten mit dem Sehen habe und bei 200 Metern Entfernung die Zielscheibe völlig vor meinen Augen verschwimmt, so daß ich nur noch einfach in die Mitte zielen kann und das Treffen reiner Zufall ist.

In der Regel haben wir auf jede Entfernung drei Schuß abzugeben, die dann sofort angezeigt werden. Wer die Zielscheibe völlig verfehlt, also „kein Wehrmachtseigentum beschädigt" hat, was durch Hochheben einer rechteckigen rotweißen Tafel angezeigt wird, die im Landserjargon „Fahrkarte" oder nach der bekannten Fußballmannschaft „Rot-Weiß-Essen" genannt wird , der bekommt einen mit Sand gefüllten Rucksack umgehängt, muß zehn Kniebeugen machen und bei jeder sagen: *„Ich bin an meinem Unglück selber schuld!"*

Wer zwar die Zielscheibe, aber nicht die Ringe trifft, was mit einer quadratischen weißen Tafel mit einem schwarzen Kreuz angezeigt wird, der darf fünf Kniebeugen derselben Art ausführen.

So sind – vor allem, wenn auf die größeren Entfernungen geschossen wird – immer einige am „Pumpen", während die anderen auf der Pritsche liegen und schießen oder herumstehen und darauf warten, daß sie an die Reihe kommen.

Nach der Rückkehr in die Kaserne findet dann regelmäßig Gewehrreinigen mit anschließendem Waffenappell statt.

Zum dritten Ausbildungsabschnitt gehört auch das Erlernen des Umgangs mit Kampfstoffen und der Gasmaske. Dabei müssen wir unter der Gasmaske marschieren und singen: *„Es ist so schön, Soldat zu sein, Rosemarie..."*

Beim Aufenthalt im Gasraum, wo einige Tränengaskapseln abgebrannt werden, müssen wir im Kreise herummarschieren und das Auswechseln der Maskenfilter üben. – Wenn die Gasmaske richtig angepaßt ist, gibt es im Gasraum kaum Schwierigkeiten, doch wenn wir ins Freie kommen, sitzt meistens noch soviel Gas in der Kleidung, daß uns im wahrsten Sinne des Wortes „die Tränen kommen".

Zur körperlichen Ertüchtigung findet der Fußdienst manchmal auch im Laufschritt statt. Vor allem beim Dienst in der Feuerstellung hat es sich eingebürgert, diejenigen, die unaufmerksam sind oder sonst irgendwie auffallen, um die Feuerstellung zu jagen.

Die vier Geschütze sind hier mit mannshohen Erdwällen umgeben, in die auch Splitterschutz-Unterstände eingebaut sind. Dabei habe ich an einem heißen Tage im Vorbeimarschieren in der gerade nicht besetzten Nachbarstellung zu der Stellung, in der wir Unterricht am Geschütz haben, auf einer Bank eine Flasche Bier stehen sehen und natürlich überlegt, wie ich am besten an sie herankommen könnte. Dazu muß ich nur auf eine Frage eine völlig falsche Antwort geben, dann wird es sicher heißen: *„Eine Runde um die Feuerstellung, marsch, marsch!"*

Gedacht, getan! Der Unteroffizier wundert sich zwar, warum ich plötzlich eine so „dämliche" Antwort gebe, schickt mich dann aber los, um die

Feuerstellung im Laufschritt zu umrunden. Damit ist der gesamte Bereich gemeint, auf dem die Geschütze stehen.

Ich laufe also los, umrunde die Nachbarstellung jedoch nicht, sondern laufe hinein, ergreife die Bierflasche und mache einen kräftigen Zug. Doch mit Entsetzen stelle ich fest, daß ich den Mund voller Schmieröl habe! Zum Glück habe ich nichts davon geschluckt, trotzdem aber alle Mühe, das klebrige Zeug wieder aus dem Mund zu bekommen.

Der Durst ist mir vor Schreck vergangen, aber ich bin total erledigt, als ich an das Ausbildungsgeschütz zurückkomme. Dort haben alle den Blick auf die Kanone und den Unterrichtenden gerichtet, so daß ich mich unauffällig wieder einreihen kann. Auch spreche ich mit niemandem über mein Mißgeschick. Ich würde ohnehin nur Schadenfreude ernten. Dafür nehme ich mir aber vor, mich nicht noch einmal an einer fremden Flasche zu vergreifen.

Auf der Stube diskutieren wir zu dieser Zeit gerade ein anderes Thema, mit dem wohl alle Rekruten irgendwann in Berührung kommen. Zum Frühstück gibt es nämlich „Kaffee", der in große Aluminiumkannen abgefüllt wird, die eher an Kohlenschütten als an Kannen erinnern. Dabei wird gemunkelt, daß der Koch dem braunen „Gesöff" Speisesoda – im Landserjargon „Hängepulver" oder „Hängolin" genannt – beifügen muß, um den Geschlechtsdrang der Rekruten herabzusetzen. Es ist sicher richtig, daß „Natrium carbonicum" in der Homöopathie gegen Kopfschmerzen und Unruhe erfolgreich eingesetzt wird, aber doch sehr zweifelhaft, ob man damit auch sexuelle Unruhe bekämpfen kann.

Vielleicht sind die verdächtigen Pakete, die Küchenhelfer beobachtet haben wollen, nur deswegen mit Natriumkarbonat gefüllt, weil man beim Keimfreimachen bestimmter Kochgefäße Soda verwendet, um die Desinfektionskraft des kochendes Wassers zu erhöhen. Es ist ja bekannt, daß in der Medizin beim Auskochen bestimmter Instrumente wie Spritzen, Pinzetten, Sonden und dergleichen in geringen Mengen Soda verwendet wird.

Verdächtig bleibt aber doch, daß der Kaffee beim Einfüllen schäumt und daß man so großen Wert darauf legt, daß wir ihn auch trinken. Wenn des Morgens nämlich *„Kaffeeholer raus!"* gepfiffen wird, kontrollieren die Unteroffiziere vom Dienst genau, ob auch aus jeder Stube ein Kaffeeholer dabei ist. Ist das nicht der Fall, so muß die ganze Stubenbesatzung antreten und mit dem Kaffeeholer in der Mitte zur Küche marschieren, um den Kaffee abzuholen, oder sie wird während der Frühstückszeit auf dem Flur hin und her gejagt, je nach Lust und Laune des betreffenden UvD.

Obwohl der Koch hartnäckig bestreitet, dem Kaffee irgend ein libidohemmendes Mittel beizufügen, wird das von vielen geglaubt und weitererzählt.

Doch wenn mit dem Kaffee auch irgend etwas nicht stimmt, so ist zumindest das Mittagessen durchweg ausgezeichnet. Meistens gibt es ein komplettes Menü – Fleisch, Kartoffeln, Gemüse, Nachtisch – und nur ein oder zweimal in der Woche ein Eintopfgericht. Auch des Abends gibt es in der Regel etwas Warmes wie Rühreier, Pfannkuchen oder Aufläufe.

Sonntags bekommen wir zum Kaffee regelmäßig Platenkuchen oder Hefeteilchen, und zur kalten Verpflegung erhalten wir – wie im RAD – auch hier Jugendverpflegung, so daß wir eigentlich keinen „Nachschub" von zu Hause nötig haben.

Jeden Sonntag ist von 14 bis 18 Uhr Besuchszeit in der Kaserne, und meine Angehörigen besuchen mich regelmäßig und bringen mir Pudding oder Obst mit.

Auch mein Vater, der selbst bei der Artillerie war, läßt es sich nicht nehmen, nachzusehen, wo und wie ich untergekommen bin. Bei einem seiner Besuche läuft uns Unteroffizier Renz über den Weg, der an diesem Sonntag UvD-Dienst zu versehen hat. Es ist erstaunlich, wie schnell mein Vater ihn einschätzen kann, obwohl wir nur wenige Worte mit ihm wechseln. Er fragt mich nämlich gleich, ob der nicht ein typisches Berliner Großmaul sei. Darauf erzähle ich ihm, wie er uns beim Einzug in die Kaserne empfangen hat und das erste, das wir von ihm gehört haben, *„Trabt an, ihr Bullen!"* gewesen ist.

Meistens besucht mich aber meine Schwester Mia allein oder zusammen mit meiner Mutter, einmal auch zusammen mit meiner älteren Schwester Hilde aus Paderborn.

So läßt sich die Rekrutenzeit in der Argonnerkaserne im großen und ganzen recht gut ertragen. Der Unterricht ist durchweg interessant, und die Ausbilder geben sich – zumindest in der 2. Batterie – alle Mühe, um uns in den für die Ausbildung vorgesehenen 16 Wochen alles beizubringen, was wir als Flakartilleristen wissen und können sollten. Allgemeine Schikanen und Schleifereien kommen praktisch nicht vor, sie würden auch dem Ausbildungskonzept unseres Kommandeurs zuwiderlaufen. Werden Beschwerden vorgetragen, so wird ihnen nachgegangen und der Mißstand, soweit wie möglich, sofort beseitigt. So hat unsere Kaserne im Wehrbezirk VI den Ruf erworben, daß die hier ausgebildeten Rekruten bei den Besichtigungen immer überdurchschnittlich gut abschneiden, so daß sich das humane Ausbildungskonzept des Majors Müller vollauf bewährt.

—

Gleich nach ihrer Besichtigung verlassen die Juli-Rekruten die Ausbildungsbatterien und ziehen in den Block der Marschbatterien hinüber, um für die November-Rekruten Platz zu machen, die ab dem **25. Oktober** einrücken.

Für uns September-Rekruten gibt es ab Mitte des Monats bereits Kurzurlaub, der allerdings – wie schon der Name sagt – nur 48 Stunden dauert und gerade dazu ausreicht, um zu Hause kurz vorzusprechen und sich in Uniform vorzustellen.

Ich bin vom **30.10. bis 01.11.1943, also von Samstag bis Montag,** an der Reihe. Obwohl ich auf der Hin- und Rückfahrt sowohl in Welver als auch in Altenbeken umsteigen muß, geht durch die Bahnfahrt nicht viel Zeit verloren, so daß ich Gelegenheit habe, mich mit Freunden und Bekannten zu treffen und auch ins Kino zu gehen.

Zu der bunten Ausgehuniform, die man uns verpaßt hat, kann ich auch das Lackkoppel und verchromte Seitengewehr meines Schwagers „Bella" benutzen. Am Seitengewehr fehlt nur die passende Troddel, die in Rot und Weiß gehaltene Quaste, an der man je nach Farbzusammenstellung die Zahl der Batterie erkennen kann. Und die zur 2. Batterie passende Troddel habe ich mir in einem Uniformgeschäft in Hamm bereits besorgt.

Wenn wir in dieser bunten Montur, die im Landserjargon „Sarrasani-Rock" genannt wird, und zu der kein Schiffchen, sondern eine Tellermütze gehört, wegen eben dieser Mütze auch als „Briefträger" gehänselt werden, so stellen wir uns zu Hause doch gerne als Soldaten vor, denn ein junger Mann, der ernstgenommen werden will, ist zu dieser Zeit Soldat.

Im wehrpflichtigen Alter Zivilist zu sein, ist geradezu eine Schande. Man wird nicht nur schief angesehen, sondern es wird auch gleich gemunkelt, wie man es wohl angestellt hat, sich vor dem Wehrdienst zu drücken.

So trage ich denn mit einem gewissen Stolz in Warburg meine Uniform spazieren. Vor allem macht es mir Spaß, wenn mich jüngere Schulkameraden danach fragen, was denn die geflügelte Granate auf meinen Schulterstücken zu bedeuten hat und ich sie mit einem *„Pst, Geheimwaffe!"* zum Narren halten kann.

Die meiste Zeit bin ich natürlich mit meinem Freund Hermann Kirschner zusammen, mit dem ich auch eifrig korrespondiere. Während dieses Kurzurlaubs halten wir uns meistens in der Stadt auf, damit sich möglichst viele Leute davon überzeugen können, daß ich kein Drückeberger bin, sondern als Soldat meine vaterländische Pflicht erfülle.

—

Am Abend des **8. November 1943** haben wir die einzige politische Veranstaltung während der ganzen Ausbildung. Im Speisesaal müssen wird der Rundfunkübertragung einer Rede beiwohnen, die Adolf Hitler am Vorabend des 20. Jahrestages des „Marsches zur Feldherrnhalle" im Münchner Löwenbräukeller hält.

Uns ist nicht recht klar, warum wir diese Rede hören sollen, die doch weniger mit uns Soldaten zu tun hat, sondern sich im wesentlichen mit der Opposition gegen den Nationalsozialismus befaßt.

Darin sagt Hitler nämlich: *„Ich weiß nicht, ob es im deutschen Volke Menschen gibt, die sich wirklich von einem Sieg der Alliierten irgend etwas erhoffen. Es könnten das nur (...) Verbrecher sein, die bereit wären, Henkersdienste an ihrem eigenen Volk zu leisten. (...) Aber darüber soll man sich keinem Zweifel hingeben: Mit diesen Verbrechern werden wir fertig. (...)*

In einer Zeit, in der so schwere Opfer von Hunderttausenden bravster Soldaten gefordert werden, (...) werden wir nicht davor zurückschrecken, Menschen, die diese Opfer nicht zu geben bereit sind, zur Raison zu bringen. Wenn an der Front Zehntausende (...) fallen, dann werden wir wirklich nicht davor zurückschrecken, einige Hundert Verbrecher zu Hause ohne weiteres dem Tod zu übergeben.

Im Weltkrieg allerdings war es anders. Im Weltkrieg war das Opfer der Soldaten eine Selbstverständlichkeit. Aber ebenso natürlich waren der reich verdienende Schieber, der Kriegsgewinnler und der Deserteur oder endlich der Mensch, der die ganze Nation zersetzte und dafür vom Ausland bezahlt wurde. Diese Elemente waren unangreifbar. (...) Das aber ist jetzt anders geworden.

Sie, meine alten Kämpfer, werden sich noch erinnern, wie wir uns im Weltkrieg über die Zustände empörten, wie wir damals sagten: ‚Es ist eine Schweinerei, daß so etwas überhaupt möglich ist, daß der brave Mann vorn fallen muß und zu Hause die Spitzbuben ihr Unwesen treiben'.

Diese Spitzbuben gibt es heute noch. (...) Aber (...) wenn wir einen erwischen, dann verliert er den Kopf."

—

Mitte November haben dann alle ihren Kurzurlaub genommen und wir können langsam an die Besichtigung denken, die kurz vor Weihnachten durch den General des Wehrkreises VI erfolgen soll.

Vorerst aber bereiten sich alle – vor allem unsere Ausbilder – auf das „Barbarafest" am **4. Dezember 1943** vor. Bekanntlich gilt die heilige Barbara (gestorben 306), eine zu den „Vierzehn Nothelfern" gerechnete Märtyrerin aus Nikomedien (östlich des Bosporus zwischen Marmara- und Schwarzem Meer; heute: Kocaeli Yarimadasi), von alters her als Patronin der Bergleute und der Artilleristen, die alljährlich ihr Fest mehr oder weniger feierlich begehen.

Im Gespräch mit unserem Meßstaffelführer habe ich schon mal erwähnt, daß ich zu den Versetzungen in der Schule „Bierzeitungen" verfaßt habe, und so spricht mich Walter Hüsgen eines Tages an und fragt, ob ich mich nicht an der Herausgabe einer Bierzeitung für die Barbarafeier der Unteroffiziere beteiligen möchte.

Natürlich bin ich sofort dazu bereit, und wenn künftig „Revierreinigen" auf dem Dienstplan steht, werde ich abkommandiert und verschwinde zusammen mit dem Kameraden Holesch vom Meßtrupp I, der gut zeichnen kann und daher für die Karikaturen zuständig ist, in der Geräteverwaltung, wo sonst der W&G-Unteroffizier Willi Guth seinen Arbeitsplatz hat.

Hier sind wir völlig ungestört, und Walter Hüsgen erzählt uns allerlei Begebenheiten aus dem Soldatenleben der einzelnen Unteroffiziere und Wachtmeister, die wir in Wort und Bild in der Zeitung möglichst hintergründig und geistreich darzustellen haben. Wir notieren uns also alles, was uns interessant und erwähnenswert erscheint, und ich setze es dann in Verse um, zu denen Walter Holesch lustige Karikaturen zeichnet.

Wir brauchen nur drei Sitzungen zu je zwei Stunden, dann ist die Zeitung im Entwurf fertig, und wir können sie unserem Meßstaffelführer zur Begutachtung vorlegen.

Wachtmeister Hüsgen ist vollauf begeistert und meint, da wir einmal so gut im Schwunge seien, könnten wir doch gleich auch eine Zeitung für den gesamten Rekrutenzug zusammenstellen, die dann bei der Abschlußfeier nach der Besichtigung vorgelesen werden könnte. Er sei sogar bereit, uns noch zwei Kameraden „mit dichterischer Ader" als Verstärkung zuzuweisen.

Natürlich greifen wir seinen Vorschlag mit Freuden auf, denn nun treffen wir vier uns immer, wenn die anderen „Revierreinigen" haben, im Besucherzimmer und basteln eine umfangreiche Bierzeitung für unsere Besichtigung zusammen.

Die Zusammenarbeit in diesem Team klappt ausgezeichnet, und bald können wir dem Wachtmeister eine Zeitung mit Gedichten, Karikaturen und umgedichteten Liedern vorlegen, wie er sie – nach seinen eigenen Worten – noch nie gesehen hat. Die Texte sollen dann von verschiedenen Sprechern verlesen, die Lieder von einer Vier-Mann-Schola, und die Kehrverse von allen gesungen werden. Mit diesem Meisterwerk im Rücken freuen wir uns schon jetzt wie die Kinder auf unsere Ausbildungsabschlußfeier.

Doch zuerst müssen wir die Barbara-Feier würdig begehen. Sie findet am **Samstag, dem 4. Dezember 1943,** statt und wird von den Offizieren und Unteroffizieren getrennt in ihren Casinos abgehalten. Für uns Mannschaften gibt es lediglich bessere Verpflegung und einige Süßigkeiten.

Am Sonntag auf dem Weg zur Kirche berichtet Walter Hüsgen ausführlich über den großen Erfolg der Bierzeitung, die bei den Unteroffizieren wie eine Rakete eingeschlagen ist und wahre Lachstürme ausgelöst hat. Alle waren ganz verdutzt, wie genau sie erkannt und karikiert wurden. Da er für die Zeitung verantwortlich zeichnete, hat er das volle Lob geerntet, das er nun aber gerne an uns Autoren weitergibt.

Optische Erprobung in Dänemark

Bevor es offiziell bekannt gegeben wird, erzählt er uns schon jetzt, daß wir September-Rekruten Mitte des Monats zur „optischen Erprobung" nach Dänemark fahren werden.

Hierzu macht er uns gleichzeitig darauf aufmerksam, daß wir, bevor wir ins Ausland gehen werden, die **„Zehn Gebote für die Kriegsführung des deutschen Soldaten",** die hinten in unserem Soldbuch vermerkt sind, zu lernen haben, damit wir uns in Dänemark danach richten können.

Bisher hat sich niemand um sie gekümmert, aber nun bleibt uns nichts anderes übrig, als diese zehn Gebote, die sicher im Unterricht zur Sprache kommen werden, zumindest ein paarmal genau durchzulesen, in denen es heißt:

1. *Der deutsche Soldat kämpft ritterlich für den Sieg seines Volkes. Grausamkeiten und Zerstörungen sind seiner unwürdig.*

2. *Der Kämpfer muß uniformiert oder mit einem besonders eingeführten, weithin sichtbaren Abzeichen versehen sein. Kämpfen in Zivilkleidung ohne ein solches Abzeichen ist verboten.*

3. *Es darf kein Gegner getötet werden, der sich ergibt, auch nicht der Freischärler und der Spion. Diese erhalten ihre gerechte Strafe durch die Gerichte.*

4. *Kriegsgefangene dürfen nicht mißhandelt oder beleidigt werden. Waffen, Pläne und Aufzeichnungen sind abzunehmen. Von ihrer Habe darf sonst nichts weggenommen werden.*

5. *Dum-Dum-Geschosse sind verboten. Geschosse dürfen auch nicht in solche umgestaltet werden.*

6. *Das Rote Kreuz ist unverletzlich. Verwundete Gegner sind menschlich zu behandeln. Sanitätspersonal und Feldgeistliche dürfen an ihrer ärztlichen bzw. seelsorgerischen Tätigkeit nicht gehindert werden.*

7. *Die Zivilbevölkerung ist unverletzlich. Der Soldat darf nicht plündern und mutwillig zerstören. Geschichtliche Denkmäler und Gebäude, die dem Gottesdienst, der Kunst, Wissenschaft oder der Wohltätigkeit dienen, sind besonders zu achten.*

Natural- und Dienstleistungen von der Bevölkerung dürfen nur auf Befehl von Vorgesetzten gegen Entschädigung beansprucht werden.

8. *Neutrales Gebiet darf weder durch Betreten oder durch Überfliegen, noch durch Beschießen in die Kriegshandlungen einbezogen werden.*

9. *Gerät ein deutscher Soldat in Gefangenschaft, so muß er auf Befragen seinen Namen und Dienstgrad angeben. Unter keinen Umständen darf er über Zugehörigkeit zu seinem Truppenteil und über militärische, politische und wirtschaftliche Verhältnisse auf der deutschen Seite aussagen. Weder durch Versprechungen noch durch Drohungen darf er sich dazu verleiten lassen.*

10. *Zuwiderhandlungen gegen die vorstehenden Befehle in Dienstsachen ist strafbar. Verstöße des Feindes gegen die unter 1 bis 8 angeführten Grundsätze sind zu melden. Vergeltungsmaßnahmen sind nur auf Befehl der höheren Truppenführung zulässig.*

Da Walter Hüsgen mehrmals in Dänemark war, gibt er uns auch Ratschläge und Tips und erzählt uns auch, was wir dort am vorteilhaftesten einkaufen können. Vor allem macht er uns darauf aufmerksam, daß Tabakwaren in Dänemark knapp sind und wir Zigarren, Zigaretten und Tabak sammeln sollen, um sie dort zu guten Preisen zu verkaufen.

Auch bei der nächsten „Gerätelehre", die Wachtmeister Hüsgen zu bestreiten hat, erzählt er dem gesamten Zug eigene Erlebnisse aus Dänemark. Er weiß genau, daß wir alle hochmotiviert sind und das Unterrichtspensum auch ohne ständiges Wiederholen fast im Schlafe herbeten können, so daß er schon mal eine Unterrichtsstunde als Plauderstunde gestalten kann. Überhaupt haben wir am liebsten bei ihm Unterricht, denn er ist sehr verständnisvoll und behandelt uns wie ein älterer Bruder, so daß mancher von uns im Stillen denkt: *„So müßten alle Ausbilder sein!"*

—

Am Nikolaustag – **Montag, dem 6. Dezember 1943** – hängt dann der Marschbefehl nach Dänemark am Schwarzen Brett, und am **Dienstagmorgen** beginnen wir mit den Vorbereitungen für das Verladen der Waffen und Geräte, obwohl der Ladebefehl noch gar nicht ergangen ist. Da wir aber stündlich mit ihm rechen können, verpacken wir schon einmal die Kleinteile in die bereitgestellten Transportkisten.

Als dann der Befehl erteilt worden ist, fährt die ganze Ausbildungsabteilung zum Bahnhof, wo auch die November-Rekruten mithelfen, die benötigten drei Geschütze, das Kommandohilfsgerät, die Fahrzeuge und Zugmaschinen, aber auch die Ausrüstung und Munition auf dem bereitstehenden Transportzug zu verstauen. Obwohl wir zügig arbeiten, dauert das Verladen bis zum späten Abend, und wir sind froh, daß wir mit LKWs in die Kaserne zurückgebracht werden und nicht durch die ganze Stadt laufen müssen.

Während der folgenden Nacht schlafen wir wie die Murmeltiere und haben den Eindruck, daß wir uns kaum niedergelegt haben, als das Pfeifen und Rufen auf dem Flur immer näher kommt.

Als dann der UvD seine Trillerpfeife und sein *„Aufstehen!"* vor unserer Tür ertönen läßt, gibt es kein Halten mehr. Vor allem Willy Schemmerling, der als Kaffeeholer an der Reihe ist, muß sich sputen, daß er in seine Uniform kommt, weil sofort auch das *„Kaffeeholer raus!"* ertönt.

Um Zeit zum Packen der Tornister zu gewinnen, halten wir uns heute nicht weiter mit dem Waschen auf, sondern wischen uns nur feucht den Schlaf aus den Augen. Dann nehmen wir hastig unser Frühstück: Kommißbrot mit Kunsthonig ein, und schon ertönt draußen der Befehl *„September-Rekruten raustreten zum Abmarsch!"*

Mit Gepäck treten wir vor dem Block an, und Unteroffizier Schwarz führt uns nach Bad Hamm. Von dort fahren wir mit der Straßenbahn zum Bahnhof, wo die Waggons bereits zugeteilt und mit Öfen, Brennmaterial und Stroh als Schlafunterlage ausgestattet sind, so daß das Einsteigen nur wenig Zeit in Anspruch nimmt.

Nachdem der Transportoffizier dem Lokführer *„Fertig!"* gemeldet hat, gibt dieser ein kurzes Pfeifsignal und schaltet den Regler auf „Fahrt".

Ächzend und knirschend setzt sich der lange Tarnsportzug in Bewegung. Zuerst donnert er über die zahllosen Weichen im Bahnhofsbereich, dann dampfen wir zügig durch das Ruhrgebiet und die Norddeutsche Tiefebene. Dennoch nimmt die Fahrt den ganzen Tag in Anspruch und es ist bereits Mitternacht, als wir einen Hamburger Bahnhof erreichen. Hier gibt es ganz in der Nähe ein Wehrmacht-Übernachtungsheim, wo wir warmes Essen und Kaffee bekommen können.

Dann fahren wir weiter nach Neumünster, wo wir nach Westen abbiegen und in zügiger Fahrt nach Heide dampfen. Dort gehen wir wieder auf Nordkurs, fahren über Husum, Bredstedt nach Niebüll und erreichen mit Tagesanbruch Süderlügum kurz vor der dänischen Grenze. Hier hält der Zug, bis es hell geworden ist, damit wir in Ruhe den ausgegebenen Kaffee trinken können.

Dann fahren wir weiter nach Norden. Die erste Station auf dänischem Boden ist Tønder (Tondern).

Obwohl sich die dänische Landschaft von der in Schleswig-Holstein in keiner Weise unterscheidet, spürt man sofort, daß man in Dänemark ist, denn überall begegnen uns die dänischen Nationalfarben Rot und Weiß.

Nicht nur die Bahnschranken und Signale sind rot-weiß gestrichen, auch die Gartenzäune bestehen aus weißen Latten mit roten Köpfen und sehen aus wie Riesenstreichhölzer. Die Häuser sind durchweg weiß gestrichen und haben hellrote Dächer, was gegenüber den grauen Reetdächern auf der deutschen Seite der Grenze besonders auffällt. An vielen Stellen, vor allem an Gartenlauben, flattert der Danebrog, die dänische Nationalflagge im Kleinformat oder als Wimpel.

Auf dem Bahnhof von Tondern fallen uns gleich die Automaten auf, aus denen man Schokolade und Süßigkeiten ziehen könnte – wenn man dänische Münzen hätte. Doch leider haben wir noch keine Dänenkronen bekommen, so daß wir uns einstweilen mit dem Anblick dieser in Deutschland selten gewordenen Köstlichkeiten begnügen müssen.

Allerdings ist der Aufenthalt hier nur von kurzer Dauer, damit die Lok ihren Wasservorrat auffüllen kann, dann geht die Fahrt nach Norden weiter. Wir fahren an der Westküste Jütlands entlang über Løgumkloster, Skærbæk, Ribe und Bramming nach Esbjerg, dem größten dänischen Nordseehafen. Vom Meer können wir zwar nichts sehen, dazu liegt der Bahnhof zu weit landeinwärts, aber riesige Möwenschwärme kreisen über der Stadt und dem Bahnhof.

Nachdem die Lok Kohlen gebunkert hat, fahren wir weiter über Varde, Janderup und Billum nach Oksbøl, wo wir mit der Abenddämmerung eintreffen. Hier gibt es eine lange Laderampe, so daß wir sogleich mit dem Entladen der Kanonen, Fahrzeuge und Geräte beginnen können.

Während unser Gepäck auf den Fahrzeugen transportiert wird, marschieren wir zu Fuß zum Truppenübungsplatz, der gleich am Nordrand des Ortes beginnt. Wie man uns erzählt, ist dieses Trainingslager für 20.000 Soldaten ausgelegt und wird hauptsächlich von der Heeresflak genutzt. Hier hält sich auch General Weidinger, der Inspekteur der Heeresflak, den größten Teil des Jahres auf.

Um zu unseren Unterkünften zu gelangen, müssen wir den ganzen Truppenübungsplatz durchqueren. Doch am Ziel werden wir angenehm überrascht, denn in den Baracken sind die Stuben geheizt, die Betten gebaut, und eine große Kanne mit duftendem Bohnenkaffee steht auf dem Tisch. Wir brauchen nur unser Gepäck vom LKW zu holen, und schon können wir es uns nach der langen Fahrt so richtig gemütlich machen.

Selbst die Waschräume sind geheizt, und wer will, kann sofort eine warme Dusche nehmen.

Die Baracken sind wesentlich komfortabler ausgestattet, als wir es vom RAD her kennen: Die Stuben sind groß und hell, die sanitäre Ausstattung ist erstklassig. Zudem haben wir reichlich Platz, so daß die Stubengemeinschaften aus der Argonnerkaserne zusammenbleiben können.

Unsere Unterkunft läßt wirklich keine Wünsche offen, und wir sind sehr gespannt, wie es mit der Verpflegung aussehen wird. Das Abendessen und morgige Frühstück wird noch aus mitgebrachten Lebensmitteln bestritten. Nur der echte Bohnenkaffee stammt aus Dänemark.

—

Am **Freitagmorgen (10.12.1943)** beginnen wir gleich nach dem Frühstück mit den Vorbereitungen für die „optische Erprobung".

Wir marschieren dazu hinaus zum Vejers Strand, wo drei 8,8 cm-Kanonen und das Kommandohilfsgerät in Stellung gebracht werden müssen. Dabei werden die Geschütze parallel zur Küste in einer Reihe nebeneinander aufgestellt und durch Kabel mit dem südwärts etwas weiter zum Strand hin stehenden Kommandohilfsgerät verbunden.

Für das Aufstellen der Geschütze und des Feuerleitgerätes ist der ganze Vormittag vorgesehen. Doch bietet der flache Sandboden keinerlei Schwierigkeiten, so daß wir viel früher fertig sind als vorgesehen und nach getaner Arbeit noch reichlich Zeit und Muße haben, um die schöne Aussicht bis zum Horizont im Westen zu genießen und auch bis unmittelbar ans Meer hinunter zu gehen.

Ich hatte die Nordsee noch nie gesehen und bin ganz überwältigt vom Anblick dieses schier endlosen Meeres, dessen Wellen mit kleinen weißen Gischtkronen ununterbrochen an den Strand rollen. Es herrscht trockenes Frostwetter und der Himmel über der See ist strahlend blau. Am Horizont kreuzen ein paar Patrouillenboote der Kriegsmarine, ansonsten bildet das Meer nur eine riesige graue, rauschende Fläche.

Leutnant Ruppert geht mit uns hinunter bis ans Meer und an der Küstenlinie entlang, so daß uns die Wellen fast bis an die Knöchel schlagen und unsere Fußabdrücke sofort mit Seewasser füllen. Er fordert alle diejenigen, die noch nie am Meer waren – und das sind fast alle von uns – auf, doch einmal einen Finger ins Wasser zu stecken, um dann zu schmecken, wie salzig das Meerwasser ist. Wir sind sehr überrascht, denn das Wasser schmeckt wesentlich salziger, als wir es uns vorgestellt haben.

Während dieses zwanglosen Strandbummels suchen wir uns noch ein paar schöne Muscheln als Andenken und kehren dann zu unseren Geschützen zurück, die etwas höher auf einer großen eingeebneten Düne stehen.

Zum Mittag fahren wir ins Lager zurück, wo ein deftiger Nudeleintopf mit reichlicher Fleischeinlage auf uns wartet. Als Nachtisch gibt es Schokoladenpudding mit einer Riesenportion Schlagsahne, wie wir sie weder im Arbeitsdienst noch in Hamm jemals erlebt haben. Hier in Dänemark, sagt man uns, sei das überhaupt nichts Besonderes.

Gleich nach dem Essen stehen die LKWs bereit, die uns an den Strand zurückbringen sollen, denn um 14 Uhr soll dort die optische Erprobung beginnen.

Die mit A(nton), B(erta) und C(äsar) bezeichneten Geschütze benutzen verschiedene Munition, damit man sehen kann, welche Bedienungsmannschaft ihre Geschosse am nächsten an das Ziel heranbringen kann. Dazu sind die Übungsgranaten mit wenig Sprengstoff, aber viel Farbpulver gefüllt. So verschießt das A-Geschütz „*Üb-Rot*", das B-Geschütz „*Üb-Weiß*" und das C-Geschütz eine Mischung, die „*Brisanz*" genannt wird und bei der Detonation ein schwarzes Sprengwölkchen erzeugt.

Für das Kommandohilfsgerät stehen zwei komplette Bedienungsmannschaften bereit, so daß jede Mannschaft auch einmal zuschauen und das Schießen beobachten kann.

Beim ersten Durchgang gehöre ich zur Einsatzmannschaft und habe als „B 11" per Kehlkopfmikrofon die am Sichtfenster erscheinenden Zahlen für die seitliche Ausrichtung der Geschütze in Zweier-, Fünfer- oder Zehnerabständen an die Geschützbedienungen durchzugeben. Da ich das Sichtfenster ständig im Blick haben muß, kann ich das eigentliche Schießen nur hören.

Zu Beginn der Vorführung ist der Himmel immer noch strahlend blau, das Meer ist spiegelglatt und die Sonne steht im Südwesten. Die Maschine, die zur Zieldarstellung eingesetzt wird, ist ein erbeuteter russischer zweimotoriger Bomber vom Typ „Petljakow Pe-2" (von uns einfach „*Pe-E-Zwo*" genannt). Er ist leuchtend gelb angestrichen und hebt sich deutlich vom tiefblauen Hintergrund ab, vor dem er weit draußen über dem Meer mit etwa 350 bis 400 km/h Geschwindigkeit von Norden nach Süden vorbeifliegt. An einem 1.000 Meter langen Stahlseil schleppt er einen schwarz-weiß-roten Windsack hinter sich her.

Einige Meter hinter den Geschützen ist eine Tribüne aufgebaut, von der aus eine Gruppe von Offizieren die Vorführung beobachten will.

Die als Schiedsrichter eingesetzten drei Unteroffiziere stehen neben den Geschützen, der Feuerleitoffizier hat seinen Platz auf einem Podest hinter ihnen. Alle vier tragen rote Binden um die Feldmützen und halten rote Signalflaggen in den Händen.

Kaum haben die Bedienungsmannschaften, die Schiedsrichter und Beobachter ihre Plätze eingenommen, da ertönt ein Motorengeräusch und am nördlichen Horizont taucht die gelbe „Pe-2" auf.

Kaum ist sie auf Schußweite herangekommen, da melden der „B 5" und „B 6" am Kommandohilfsgerät fast gleichzeitig: *„Ziel aufgefaßt!"*

Damit erscheinen auch sogleich die ersten Zahlen an den drei Sichtfenstern und wir Sprecher beginnen mit der Durchsage der Daten an die Geschütze. Das hört sich bei mir so an: *„Achtung Zehnerwerte! – Zwaan-zig, draai-ßig, viier-zig..."* Dabei kommt es darauf an, betont *„zig"* zu sagen, wenn die Zahl genau an der Markierung ankommt, damit der Richtkanonier am Geschütz den Folgezeiger im selben Augenblick auf die entsprechende Zahl an der Richtmaschine drehen kann.

„Feuer frei!" ertönt es sogleich von der Tribüne her. Das ist das Signal für den Feuerleitoffizier, daß er nun das Kommando zu führen hat. Er befiehlt auch sofort *„Gruppenfeuer!"* und hebt gleichzeitig seine Signalflagge. Die Schiedsrichter folgen seinem Beispiel.

„Gruppenfeuer" ist ein Vorkommando und bedeutet, daß alle Geschütze gleichzeitig feuern sollen. Es ist noch nicht der eigentliche Feuerbefehl. Der lautet *„Gruppe!"* und folgt kurz darauf; optisch wird er durch das Senken der Signalflaggen angezeigt.

Sogleich ertönen die Feuerglocken an den Geschützen, die Ladekanoniere schieben ihre Patronen ins Rohr und betätigen den Abzug zugleich mit dem Ausklingen der Feuerglocken. – Obwohl drei Kanonen abgefeuert wurden, hört man nur einen Knall, denn alle drei „K 3" haben gleichzeitig abgezogen, und die drei Granaten zischen parallel in den blauen Himmel. Da sie heiß sind, ziehen sie in der kalten Winterluft weiße Kondensstreifen hinter sich her, die dann – genau wie wir es im Unterricht gelernt haben – vollendete ballistische Kurven in den Himmel zeichnen. Dies alles geschieht binnen weniger Sekunden. An den Kondensstreifen kann man verfolgen, wie die Granaten zuerst in einer eleganten Kurve aufsteigen, sich dann nach unten wenden und schräg von oben ins Ziel gehen. Ein rotes, weißes und schwarzes Wölkchen erscheinen hart am Windsack, noch bevor man die Detonationen hört.

Die erste „Gruppe" lag sehr gut, und Leutnant Ruppert, unser Batterieoffizier, der bei uns am Kommandohilfsgerät steht, klopft sich vor Freude auf die Oberschenkel: Das sind die Leute, die er ausgebildet hat!

Wieder befiehlt der Feuerleitoffizier: *„Gruppe!"* und wieder zischen drei Granaten in den kalten Winterhimmel und zerplatzen dicht am Windsack.

Während die „Pe-2" ruhig weiterfliegt, schießen unsere Kanoniere in schneller Folge noch eine dritte und vierte „Gruppe". Die dritte liegt wieder hart am Windsack, nach der vierten ruft der Feuerleitoffizier: *„Er sinkt! Der Luftsack sinkt!"* Wahrscheinlich ist das Stahlseil getroffen worden, denn der Windsack segelt flatternd nach unten.

„Feuer auf den sinkenden Windsack!" befiehlt der Feuerleitoffizier und dann: *„Gruppe!"*

Wir Sprecher können gar nicht so schnell reden, wie sich die Zahlen an unseren Sichtfenstern ändern. Ich kann nur noch Fünfzigerwerte verwenden. Doch die durchgegebenen Werte reichen offensichtlich aus, denn die nächsten beiden Gruppen knallen mitten in den Windsack und bei der dritten ziehen die Granaten bereits bunte Furchen in die Meersoberfläche, wo der zerfetzte Windsack nun versinkt.

Alle Beteiligten atmen erleichtert auf, einige Offiziere auf der Bühne klatschen Beifall, und wir sind sehr stolz auf unsere Leistung, mit der wir unseren hohen Ausbildungsstand beweisen können.

Damit ist der praktische Teil der optischen Erprobung für heute beendet. Während die Offiziere von der Tribüne herunterkommen und noch mit dem Feuerleitoffizier und dem Batterieoffizier diskutieren, besteigen wir die LKWs, die uns zurück ins Lager bringen, wo ein üppiges Abendbrot mit Fleischbrühe, Grau- und Weißbrot, Käse und Schinken für uns vorbereitet ist. Die Stimmung ist ausgezeichnet, fast ausgelassen, und wir fühlen uns ganz unwahrscheinlich wohl.

Nach dem Abendessen wird uns der Wehrsold für 14 Tage in dänischen Kronen ausgezahlt. Das veranlaßt uns natürlich, zum ersten Mal die Kantine aufzusuchen, von der Wachtmeister Hüsgen so geschwärmt hat. Und tatsächlich kommen wir aus dem Staunen nicht heraus, denn hier betreten wir eine völlig andere, uns bisher unbekannte Welt.

Als erstes fallen uns zwei grell geschminkte Frauen auf, die dort hinter der Theke sitzen und sich unterhalten. Dabei pafft die eine in einem grauen Pullover und mit üppiger Oberweite eine gebogene Pfeife, während die andere genüßlich eine dicke Zigarre raucht. Das ist für uns ein völlig ungewohntes Bild, denn in den deutschen Gaststätten hängen seit einiger Zeit Schilder mit der Aufschrift: *„Eine deutsche Frau raucht nicht."*

Aber auch der Anblick dessen, was es hier zu kaufen gibt, verschlägt uns fast den Atem. Hier scheint es keine kriegsbedingten Einschränkungen zu geben, denn es gibt viele Dinge, die aus den deutschen Läden längst verschwunden sind: Da hängt seitenweise durchwachsener Speck, da gibt es Würste und Rollschinken, aber auch Fische jeder Art und Größe.

Auf der Theke stehen Süßigkeiten, Sahnetorten, belegte Brötchen, Sandwiches und Appetithappen in solcher Menge und Vielfalt, daß wir ganz verwirrt sind und nicht recht wissen, welche dieser Köstlichkeiten wir uns als erste leisten sollen. Schließlich nehmen sich die meisten unserer Stubenbesatzung ein paar daumendicke Räucheraale mit, die sie auf dem Rückweg ins Quartier bereits probieren. Wir staunen, wie gut sie schmecken, und daß sie so zart sind, daß sie fast auf der Zunge zergehen.

Der **Samstag (11.12.)** und **Sonntag (12.12.1943)** sind dienstfrei. Wir können an den Strand gehen und Muscheln suchen, durch die Dünen wandern oder uns auch einfach auf dem plattgetretenen Strandhafer oder auf mitgebrachten Unterlagen in die Sonne legen. Man kann es kaum glauben, daß es auf Weihnachten zu geht, denn jeden Tag scheint die Sonne von einem stahlblauen Himmel. Nur eine frische Brise, die ständig vom Meer her ins Land hineinweht, erinnert daran, daß es Winter ist.

Wir vom Meßtrupp II besuchen ein paarmal in Gruppen die Kantine, wo wir auch die mitgebrachten Zigaretten gegen dänische Kronen verkaufen. Bei Tage unternehmen wir ausgedehnte Spaziergänge am Strand entlang, nach Süden bis zum Leuchtturm am Blåvands Huk oder nach Norden über den Grærup Strand hinaus bis zum Henne Strand. Andere, die nicht erpicht aufs Wandern sind, bleiben im Quartier und spielen stundenlang Skat. Abends werden dann in munterer Unterhaltung die Tageserlebnisse ausgetauscht.

—

Von **Montag** bis **Mittwoch** ist am Vejers Strand die optische Erprobung für andere Einheiten, an der wir aber als Zuschauer teilnehmen können. Schließlich wollen wir uns ja mit ihnen messen und sehen, ob sie genau so gut sind wie wir selbst. So habe ich mehrfach Gelegenheit, das Schauspiel zu beobachten, ohne selbst dabei mitwirken zu müssen.

Zweimal kommt auch unsere Abteilung und einmal unsere Batterie mit anderen Bedienungsmannschaften an die Reihe. Bei allen Vorführungen zeigt sich der hohe Ausbildungsstand der Heeresflak aus Hamm, und unser Batterieoffizier, Leutnant Ruppert, ist so begeistert, daß er den ganzen Rekrutenzug zu einem Umtrunk in die Kantine einlädt, obwohl die Getränke hier ziemlich teuer sind.

—

Der **Donnerstag (16.12.)** und **Freitag (17.12.1943)** sind für die „Erdzielbekämpfung" vorgesehen. Dazu wurden in den Dünen bewegliche Figuren aufgestellt, die Soldatengruppen, Geschütze, Kraftfahrzeuge oder Panzer darstellen und an Stahlseilen hin und her bewegt werden können.

An diesen Zielen sollen unsere Kanoniere ihr artilleristisches Können im „direkten Beschuß" unter Beweis stellen. Das bedeutet, daß kein Feuerleitgerät eingesetzt wird und wir von der Meßstaffel zuschauen können.

Die Entfernung zu den Zielen ist so gewählt, daß diese teilweise von Dünen verdeckt werden oder in Mulden und hinter Hügeln verschwinden und woanders unverhofft wieder auftauchen können.

Auch bei der Erdzielbekämpfung gibt es einen Feuerleitoffizier, drei Schiedsrichter und eine Tribüne mit Offizieren als sachkundige Beobachter. Der Feuerleitoffizier ist fernmündlich mit den Soldaten verbunden, die die Figuren zu bewegen haben. Wo sie allerdings auftauchen, das bestimmt der zuständige Unteroffizier vor Ort.

Bei der Erdzielbekämpfung gibt es auch kein Gruppenfeuer, sondern jedes Geschütz handelt selbständig. Auch werden keine Farbgranaten verschossen, sondern Übungssprenggranaten mit stark herabgesetzter Sprengkraft, damit nicht etwa die Hilfsmannschaften in den Erdbunkern zu Schaden kommen, die mit den Stahlseilen die Ziele hin und her bewegen.

Panzergranaten kommen deswegen nicht in Betracht, weil sie auf eine harte Oberfläche auftreffen müssen, wenn sie zu voller Wirkung kommen sollen. Das Auftreffen auf eine Pappwand würde die panzerbrechenden Geschoßkerne nicht freisetzen.

„Panzeralarm!" ruft der Feuerleitoffizier gerade, als ich mit mehreren Kameraden aus unserer Stube in die Nähe der Geschütze komme. Da ich unmittelbar neben einem Scherenfernrohr stehe, läßt mich Unteroffizier Knoll, einer der drei Schiedsrichter, einmal hindurchsehen. Dabei kann ich klar erkennen, daß sich hinten in den Dünen eine Panzerattrappe bewegt.

„Ziel erkannt!" meldet da auch schon der „K 2" am Zielfernrohr, und kurz danach *„Ziel aufgefaßt!"*

„Feuer!" ruft der Geschützführer, der „K 3" schiebt die Patrone ins Rohr und zieht den Abzug durch. Ein dumpfer Knall zerreißt die Stille über den Dünen und der „Panzer" verwandelt sich fast im selben Augenblick in eine Staubwolke, aus der ein paar Latten- und Pappfetzen durch die Luft fliegen. – *„Ziel vernichtet!"* meldet der „K 2".

„Gut, mein Junge!" antwortet darauf Major Müller, der unbemerkt von der Tribüne herangekommen ist und nun neben dem Geschütz steht.

Auch die anderen Ziele werden Schlag auf Schlag vernichtet, so daß sich der Kommandeur vom hohen Stand unserer Ausbildung überzeugen kann, die ganz in seinem Sinne ohne Schikanen und Schleifereien gelungen ist. Vermutlich war sie vor allem deshalb so erfolgreich, weil sie human verlaufen ist.

Nach Dienstschluß gehen wir regelmäßig zum Einkaufen in die Kantine. Einige nehmen ihr Zwei-Liter-Kochgeschirr mit und lassen es sich für drei Kronen bis zum Rande mit Schlagsahne füllen, andere kaufen eine Sahnetorte für sechs Kronen und fangen bereits auf dem Wege ins Quartier damit an, sie aufzuessen. Auch ich hole mir meistens eine Sahnetorte, daneben aber auch schon mal ein halbes Dutzend Würstchen, zwei oder drei junge Räucheraale, ein paar Stück Kuchen oder Schokolade und Süßigkeiten. Die Kameraden, die aus den Großstädten kommen, bevorzugen deftigere Sachen und sind daher die besten Wurst- und Schinkenkunden.

Am **Samstag (18.12.1943)** ist dann die Schlußbesichtigung durch unseren Kommandeur und einige Stabsoffiziere vom Wehrkreis VI in Münster. Unter der Leitung von Leutnant Ruppert schneidet unser Zug bei allen Vorführungen und Prüfungen hervorragend ab.

Dazu lädt er uns am Abend zu einem Imbiß in die Kantine ein, wobei jeder essen und trinken kann, was er möchte. Dieser junge Leutnant versteht es ausgezeichnet, mit uns umzugehen und war von Anfang an der beliebteste Offizier von allen. So strengen wir uns nicht zuletzt auch deswegen besonders an, weil wir ihm eine Freude bereiten wollen. Dadurch sind der Zugführer und sein Zug im Laufe der Zeit im wahrsten Sinne des Wortes „ein Herz und eine Seele" geworden. Wir wundern uns nur, woher er so viele Dänenkronen hat.

Diese schöne Zeit in Dänemark, während der man den Krieg glatt vergessen könnte, zumal wir uns überall und ohne Waffen frei bewegen durften – unsere Karabiner haben wir nämlich in Hamm zurückgelassen – geht viel schneller zu Ende, als uns lieb ist.

—

Zum Abschluß unserer optischen Erprobung gibt es einen Tag dienstfrei, so daß wir den **Sonntag (19.12.1943)** bei anhaltend schönem klarem Winterwetter noch einmal in Ruhe genießen können.

Außer den üblichen Spaziergängen am Strand müssen wir natürlich auch unsere letzten dänischen Kronen umsetzen und uns mit den Dingen versorgen, die wir als Weihnachtsgeschenke mit nach Hause nehmen wollen. Schließlich haben wir bei unserem Wohlleben unsere Angehörigen in der Heimat nicht völlig vergessen, und hier gibt es Geschenke zu kaufen, die in Deutschland kaum noch zu haben sind. Ich erwerbe eine Packung Taschentücher für meine Mutter, mehrere Packungen erstklassiges Schreibpapier für meine Schwestern und mich, sowie einen Füllfederhalter mit Goldfeder für meinen Vater; mir selbst aber schenke ich ein Paar gefütterte Handschuhe aus grauem Nappaleder.

Am Abend besuchen wir noch einmal die Kantine, um unsere allerletzten Kronen loszuwerden, dann gehen wir daran, unsere Sachen für die Heimreise zu packen.

—

Am **Montagmorgen (20.12.1943)** steht schon in aller Frühe der Transportzug für die Fahrzeuge, Waffen und Geräte an der Rampe. Als Ladekommando werden ausschließlich Kraftfahrer eingesetzt, die mit dem Güterzug fahren. Da sie auch das Kommandohilfsgerät verladen, haben wir von der Meßstaffel uns ausschließlich um unsere eigenen Sachen zu kümmern.

Für die Kanoniere und uns wird ein Personenzug eingesetzt, der uns wiederum in Erstaunen versetzt, denn die dänischen Wagen und Coupés sind weitaus komfortabler ausgestattet als die der Deutschen Reichsbahn: Die Abteile sind sehr geräumig, die Bänke sind gepolstert, Heizung und Lüftung funktionieren einwandfrei.

Wir marschieren nach dem Frühstück mit Gepäck zum Bahnhof und beziehen zu je acht Mann ein Abteil. Dort ist sogar Platz genug zum Schlafen für alle. Sie sind nämlich so eingerichtet, daß zwei Männer auf dem mit Teppichen belegten Boden, vier auf den Bänken, und zwei in den breiten Gepäcknetzen wie in einer Hängematte liegen können. So können wir die beiden Nächte, die wir unterwegs verbringen werden, ganz bequem und ohne Schwierigkeiten hinter uns bringen.

—

Während der Fahrt gibt es mehrere Aufenthalte mit Kaffee- und Verpflegungsausgabe, und es ist noch nicht ganz dunkel, als wir am **Mittwochabend (22.12.1943)** wieder in Hamm eintreffen. Der Gütertransportzug, der Dänemark vor uns verlassen hat und wohl ohne unnötigen Aufenthalt durchgefahren ist, steht bereits entladen auf einem Abstellgleis.

Vom Bahnhof aus fahren wir mit der Straßenbahn nach Bad Hamm und legen die kurze Strecke bis zur Argonnerkaserne zu Fuß zurück. Unsere Stuben sind gesäubert und beheizt, eine Stubenabnahme gibt es heute nicht, so daß wir in Ruhe unsere Sachen in die Spinde einräumen können.

Auch wenn wir im Zuge recht bequem gelegen haben, so sind wir doch müde genug, um keine lange Unterhaltung mehr anzufangen. Wir suchen nur kurz den Waschraum auf, um dann sofort ins Bett zu gehen.

—

Am **Donnerstag (23.12.1943)** können wir etwas länger schlafen, denn der UvD pfeift erst um 6.30 Uhr zum Wecken. Einen Dienstplan gibt es für heute nicht. Am Schwarzen Brett ist lediglich angeschlagen, daß heute um 10.30 Uhr für die September-Rekruten die Schlußbesichtigung durch den General des Wehrkreises VI stattfinden soll. Eine Stunde vorher fahren wir mit LKWs nach Heeßen, um uns auf die Infanterieübungen vorzubereiten.

Da die Infanterieausbildung nur nebenher gelaufen ist, sind wir ziemlich aufgeregt, denn dadurch sind wir als Infanteristen ganz zwangsläufig nicht so gut wie als Flakartilleristen. Doch unsere Bedenken erweisen sich als unbegründet, denn die Besichtigung läuft weitaus glimpflicher ab, als wir erwartet haben.

Wahrscheinlich ist dem General inzwischen das gute Ergebnis der optischen Erprobung in Dänemark gemeldet worden, denn er läßt sich lediglich eine Stoßtruppangriff vorführen. – Nachdem wir mit dem vorgeschriebenen „Hurra!" gegen einen imaginären Feind angestürmt sind und seine

Stellung erobert haben, ist er schon zufrieden, bittet die Offiziere zu einer kurzen Besprechung zu sich, bedankt sich in einer kurzen Ansprache für unseren Einsatz und die Mühe, die wir uns bei der Ausbildung gegeben haben, wünscht uns für die Zukunft „viel Soldatenglück" und entläßt uns dann zur Rückkehr in die Kaserne.

In der Offiziersmesse nimmt der General mit seiner Begleitung, unserem Kommandeur und den hier stationierten Offizieren das Mittagessen ein, dann reist er nach Münster zurück. Auch für uns fällt das Essen heute besonders gut aus, denn es gibt Rindsrouladen mit Rotkohl und Salzkartoffeln und zum Nachtisch Vanillepudding mit Schokoladensoße.

Nach der Mittagspause versammeln sich alle, die bei der abendlichen Abschlußfeier mitwirken wollen, im Besucherzimmer, um die letzten Absprachen zu treffen. Auch die Bierzeitung, an der ich tatkräftig mitgewirkt habe, wird noch einmal vorgenommen, um die einzelnen Rollen der Vortragenden festzulegen.

Nach dieser Besprechung haben wir zwar dienstfrei, aber keinen Ausgang. Dazu wäre die Zeit auch wohl zu knapp, denn heute ist bereits am Nachmittag gemeinsames Kaffeetrinken und am Abend gibt es die große Abschlußfeier. Zum Kaffee gibt es Streuselkuchen und „Berliner", zum Abendbrot vor der Feier kalte Platten. Dann holen wir die erste Garnitur hervor, bürsten sie aus und überprüfen, ob auch alle Knöpfe fest angenäht sind.

Gegen 18.30 Uhr wird es dann bereits lebendig auf dem Kasernenhof, denn alle über 200 September-Rekruten haben heute ihre Abschlußfeier, wir von der 1. und 2. Batterie als die größere Gruppe in der Kantine, die Rekruten der 3. Batterie und der Meßbatterie, die nicht mit uns in Dänemark waren und ihre Schlußbesichtigung bereits am Mittwoch hatten, im Unteroffizierskasino.

Da die Feier am Vorabend des Heiligen Abends in weihnachtlichem Rahmen stattfinden soll, hat eine Gruppe die Kantine festlich geschmückt und einen Weihnachtsbaum aufgestellt. Die Tische sind mit Tannengrün und echten Kerzen dekoriert, und es wurde sogar ein Koffergrammophon aufgestellt, um einige alte deutsche Weihnachtslieder zu Gehör zu bringen. Bevor wir jedoch unsere Plätze einnehmen, müssen wir am Ausgabeschalter vorbeiziehen, um unsere Weihnachtstüten in Empfang zu nehmen.

Die Feier beginnt pünktlich um 19 Uhr mit einer kurzen Ansprache von Hauptmann Zeidler, in der er den hohen Stand unserer Ausbildung und die von uns gezeigte Disziplin besonders hervorhebt und den Spruch *„Tages Arbeit, abends Gäste! – Saure Wochen, frohe Feste!"* aus Goethes Ballade „Der Schatzgräber" auf unsere Ausbildung anwendet und damit begründet, daß wir als Anerkennung unserer während der Ausbildung und bei den Besichtigungen gezeigten Leistungen auch im Kriege einmal fröhlich sein und feiern dürfen.

Dann aber kommt der große Augenblick und unsere „Bierzeitung" wird verlesen. Dabei werden die Verse mit verteilten Rollen vorgetragen, die umgedichteten Liedertexte von einer Vier-Mann-Schola angesungen, und die Kehrverse dann von allen Anwesenden nachgesungen. Unsere Gedichte und Lieder, mit denen wir vor allem unsere Ausbilder auf die Schippe nehmen, ohne jedoch gehässig oder verletzend zu werden, kommen ausgezeichnet an, und unseren Kommandeur, der als Ehrengast unter uns weilt, habe ich noch nie so herzhaft lachen gesehen.

Nach dem Vortragen dieser Abschlußzeitung werden einige Trinksprüche ausgebracht, und von Rekruten der 1. Batterie, die keine Tischzeitung zusammengestellt haben und nicht ganz hinter uns zurückfallen möchten, werden spontan einige „Dönekens", zum Teil auf Münsterländer Platt, erzählt und kurze Sketche vorgetragen.

Danach geht die Feier nahtlos in den „geselligen Teil" über, zu dem nun Bier und Spirituosen auf den Tisch kommen. Darauf haben vor allem die Unteroffiziere und Wachtmeister gewartet, denn als sich der Kommandeur und die beiden Batteriechefs verabschiedet haben, beginnt das bei solchen Gelegenheiten übliche „große Besäufnis". Diese Art von Stimmung und Ausgelassenheit ist uns Jüngeren weniger geläufig, vor allem mir, der ich kein Bier mag und auch sonst kaum Alkohol, mit Ausnahme von Eierlikör, anfasse.

Wir scharen uns statt dessen um Leutnant Ruppert, der sich neben seinem pädagogischen Talent nun auch als fabelhafter Witzeerzähler entpuppt. Als er sich gegen 22 Uhr verabschiedet, kommen wir uns zunächst etwas verlassen vor, bis dann jemand auf die Idee kommt, die Weihnachtstüten der volltrunkenen Unteroffiziere zu plündern.

So klappern wir zu mehreren den ganzen Saal ab, um die herrenlos herumliegenden Tüten zu inspizieren. Zuerst sind wir noch zurückhaltend und nehmen hier einen Fruchtriegel und dort eine Rolle Drops oder ein paar Spekulatien aus den Tüten. Doch als es auf Mitternacht zugeht und die Unteroffiziere ihren Alkoholpegel auf einsame Höhen geschraubt und dabei ihre Tüten längst vergessen haben, gehen wir dazu über, diese einfach mitgehen zu lassen, wobei wir unser Gewissen damit beruhigen, daß Alkohol und Süßigkeiten nicht zusammen passen und ihnen ohnehin nur schlecht davon würde.

Während des ganzen Abends bleibe ich stocknüchtern und bedaure jetzt schon alle, die sich hier haben vollaufen lassen, wegen des Brummschädels, den sie morgen sicher haben werden.

Normalerweise werden die Rekrutenzüge am Tage nach der Besichtigung aufgelöst und die Ausgebildeten werden als „Alte Mannschaften" in die Marschbatterien übernommen, um in den Ausbildungsbatterien Platz für die nachrückenden neuen Rekruten zu machen. Bei uns geht es etwas anders, wahrscheinlich weil unsere Ausbildung kurz vor Weihnachten endet und die Januar-Rekruten erst in der zweiten Januarwoche erwartet werden.

—

Allerdings ist am **Freitagmorgen (24.12.1943)** noch nichts von einer Festtagsruhe oder Weihnachtsstimmung zu spüren, denn in den Kasernenblöcken geht es zu wie in einem Bienenkorb: Bis auf diejenigen, die einen Annahmeschein als Reserveoffizier-Bewerber haben, räumen alle ihre Stuben und ziehen in den Block der beiden Marschbatterien um. Die Offiziere, Wachtmeister und Unteroffiziere fahren fast alle in Urlaub, so daß mittags nur noch ein kleines Häuflein in den Unterkünften zurückbleibt.

So schrumpft auch unsere Stubengemeinschaft von 14 auf fünf Personen zusammen: Günter Abts, Rolf Küsters, Rudi Plückebaum, Othard Raestrup und ich; selbst unser Stubenältester läßt uns allein.

Nebenan beim Meßtrupp I bleiben nur vier Mann zurück. Der einzige Unteroffizier, der während der Feiertage bei uns bleibt, ist Wachtmeister Hüsgen. Er hat seine Ehefrau zu Besuch, die bis zum Jahreswechsel in einer verlassenen Unteroffiziersstube schläft.

Es ist ein seltsames Gefühl, sich plötzlich in einem fast leeren Kasernenblock wiederzufinden, in dem das emsige Treiben mit einem Schlage durch eine fast gespenstische Ruhe abgelöst worden ist. – So ähnlich erging es uns, als sich wegen unserer Einberufung der Klassenverband der Schule plötzlich auflöste. Wie damals in der Klasse, so haben wir uns auch als „September-Rekruten" in einer geschlossenen Gruppe geborgen gefühlt, die nun einfach auseinanderfällt.

Bis zum Jahreswechsel müssen wir mit einem ROB-Gefreiten als Wachhabendem die Kasernenwache übernehmen, ansonsten kommt es uns vor, als hätte man uns einfach vergessen. Pro forma gibt es zwar einen UvD, doch kein allgemeines Wecken und auch keine Stubenabnahmen. So sitzen wir in den halbleeren Stuben oder im Wachlokal herum und versuchen uns die Zeit zwischen den Essenszeiten mit Kartenspielen zu vertreiben.

Eher aus Langeweile als aus Interesse hören wir uns am Heiligen Abend im Besucherzimmer oder im Wachlokal, wo Volksempfänger stehen, die Weihnachtsansprache des Reichspropagandaministers an, in der Dr. Goebbels unter anderem ausführt: *„Während früher im Frieden Weihnachten das Fest der Familie war, ist es jetzt auf dem Höhepunkt des*

Krieges für Millionen von uns sozusagen das Fest der Getrennten geworden. Unzählige Deutsche müssen es in diesem Jahre fern von der Heimat und ihren Lieben begehen. (...) Trotzdem bleibt auch das diesjährige Weinachten für uns alle das deutscheste unter den deutschen Festen. (...)

Wir Volk der Deutschen sind in diesem schweren Krieg um unser Dasein hart und unsentimental geworden; aber die Poesie des Lebens, die nirgendwo so schön und erwärmend in Erscheinung tritt wie beim Weihnachtsfest, ist uns dabei gottlob nicht verloren gegangen. Um diese Stunde steigt sie wieder aus den tiefsten Tiefen unserer Volksseele auf.

Von den Fronten geht heute wie in einem Millionenchor der Ruf unserer Soldaten in die Heimat, und von der Heimat wird er wieder wie in einem Millionenchor an die Front zurückgegeben. Deutsche Herzen schlagen heute überall, wo Deutsche stehen, und der Zauber der Weihnacht umschlingt sie mit einem Band gemeinsamer Liebe und einer großen nationalen Hoffnung, die durch diesen Krieg und den kommenden Sieg endlich ihre Erfüllung finden wird. – Wer fragt angesichts eines so hohen Zieles nach den manchmal mehr als bescheidenen Umständen, unter denen wir in diesem Jahr das Weihnachtsfest begehen müssen? (...)

Wenn wir um diese Stunde nicht persönlich das Wort an die geliebten Menschen im Kreis unserer Familie richten können, das Kind an die Mutter, der Mann an die Frau oder der Vater an den Sohn, so müssen wir diesmal mit einer Stunde der Gemeinschaft unseres Volkes vorliebnehmen, die uns statt dessen über die Ätherwellen alle verbindet. Ich bin sehr glücklich, zu dieser kurzen Feier der Sprecher für alle Deutschen sein zu dürfen. (...)

Ich bin stolz, auch der Übermittler der Grüße des Führers sein zu dürfen. Wie er heute im Geiste bei seinem Volke ist, so ist sein Volk bei ihm. Keine Stunde vergeht, die er nicht dem Dienst an der Nation widmete. Das Leid unseres Volkes ist sein Leid, der Mut seines Volkes sein Mut und der Glaube seines Volkes sein Glaube. Unser Gruß an ihn ist zugleich auch unser Dank und unser Gelöbnis. (...)

Der feste Glaube an den kommenden Sieg ist die Waffe unserer Herzen, die niemals wanken. Leid hat unsere Kraft gestählt und Schmerz und Sorge unser nationales Schicksal geadelt. Die Härte der Zeit findet uns bereit. Wir werden ihr die Härte unseres Willens entgegenstellen. (...) Dazu gehört nur Geduld und Ausdauer, Festigkeit des Herzens, etwas Intelligenz und viel Mut. Alles sind wir gewillt auf uns zu nehmen, niemals aber die Schande, die aus der feigen Gesinnung entspringt. Das wollen wir bekennen in dieser weihnachtlichen Stunde, da wir als Volk zusammenstehen unter deutschem oder fremdem Himmel in der hohen Nacht der klaren Sterne."

Diese fünfte Weihnachtsansprache des Reichpropagandaministers in Folge ist zwar rhetorisch genauso ausgefeilt wie die vorhergehenden und wurde auch mit dem gleichen Pathos wie immer vorgetragen. Dennoch spendet sie uns weder Trost noch Zuversicht. Wir hocken schweigend um das kleine Weihnachtsbäumchen im Wachlokal und hängen auch während der folgenden Übertragung von Weihnachtsliedern und Berichten von Weihnachtsfeiern der Soldaten an den Fronten und auf hoher See unseren eigenen Gedanken nach.

—

Der Wachdienst für den Rest des September-Rekrutenzuges der 2. Batterie endet am **Samstagabend,** so daß wir am **Sonntag,** der gleichzeitig der zweite Weihnachtstag ist, mit Walter Hüsgen und seiner Frau zum Hochamt in die Sankt-Bonifatius-Kirche gehen können.

Auf dem Rückwege schlägt er vor, von unserer Bierzeitung einige Exemplare für die an der Herstellung Beteiligten drucken und auch ein paar als Geschenkexemplare – zum Beispiel für Leutnant Ruppert – binden zu lassen. Er habe Verbindung zu einer Druckerei und Buchbinderei in der Stadt, die das sicher preisgünstig für uns besorgen könnte.

Wir sind von seinem Vorschlag sofort begeistert und wollen auf jeden Fall mit ihm in Verbindung bleiben. Dabei gehen wir davon aus, daß er als Ausbilder auf jeden Fall in Hamm bleiben wird. Daß es ganz anders kommen wird, können wir nicht ahnen, denn wir verlieren uns völlig aus den Augen und erfahren nie, ob er seinen Vorschlag jemals in die Tat umsetzen konnte.

Nachmittags packe ich die in Dänemark eingekauften Geschenke in ein Päckchen, das ich am Montag mit zur Post gebe. Es kommt auch unbeschädigt in Warburg an, und die schönen grauen Lederhandschuhe leisten mir auch nach dem Kriege noch lange Zeit gute Dienste.

—

Vom **Montagabend (27.12.) bis Dienstagabend (28.12.1943)** sind wir wieder mit der Kasernenwache an der Reihe.

Im Radio hören wir Berichte über den schweren Luftangriff der Briten auf die Reichshauptstadt in der Nacht zum Heiligen Abend und die Versenkung des deutschen Schlachtschiffes „Scharnhorst" nordöstlich des Nordkaps am zweiten Weihnachtstag, als es zusammen mit fünf Zerstörern aus einem Fjord in Nordnorwegen zum Angriff auf einen alliierten Geleitzug ausgelaufen war. Wieviele Soldaten von der Sollbesatzung von 1.840 Mann bei der Versenkung des Schiffes an Bord waren, wurde nicht gemeldet, wohl aber, daß beim Untergang der „Scharnhorst" 1.803 Seeleute ums Leben kamen.

Auch in Rußland gab es alles andere als ein „Fest des Friedens", denn am Heiligen Abend begann die 1. Ukrainische Front der Roten Armee eine neue erfolgreiche Großoffensive an der Straße zwischen Kiew und Schitomir gegen die Stellungen der 4. deutschen Panzerarmee. Dabei gelang ihr der Durchbruch auf einer Breite von 30 Kilometern und die Sowjets konnten nach Süden bis zur Linie Belaja Zerkow–Berditschew vordringen.

Solche niederschmetternden Meldungen von der Ostfront sind wir mittlerweile gewohnt, obwohl die Propaganda alles tut, um in ihren Meldungen das Schrecklichste möglichst abzumildern. Tatsache bleibt aber, daß die Wehrmacht seit dem 7. September, als die 17. Armee mit der Räumung des Kuban-Brückenkopfes begann, unaufhaltsam auf dem Rückzug ist.

Am 8. September kam das gesamte Donezbecken mit der Eroberung der Stadt Stalino wieder in sowjetische Hand, am 21. September gelang es der Roten Armee, an der Pripjet-Mündung auf einer Breite von 80 Kilometern den Dnjepr zu überschreiten, tief in die deutsche „Panther-Stellung" einzudringen und die Stadt Tschernigow zu erobern.

Am 24. September mußte die Heeresgruppe Mitte die Stadt Smolensk aufgeben, am 25. September bildeten die Sowjets einen Brückenkopf über den Dnjepr bei Dnjepropetrowsk, am 28. September mußten die deutschen Truppen im Kuban-Brückenkopf die Stadt Temjurk räumen.

Am 6. Oktober begann die Rote Armee mit einer Offensive an der Nahtstelle der deutschen Heeresgruppen Nord und Mitte südlich von Welikije Luki, wobei die 2. deutsche Luftwaffenfelddivision sofort zerschlagen wurde und bei manchen Truppenteilen Panik ausbrach, während die Sowjets schon nach wenigen Stunden durch eine breite Frontlücke in die Tiefe der deutschen Linien stürmten und Newel eroberten. – Im September 1998 lernte ich im Detmolder Krankenhaus einen Angehörigen der 2. Luftwaffenfelddivision kennen, der diesen Tag miterlebt hat. Dabei berichtete Josef Jackisch glaubhaft, daß seine Kompanie, die morgens 115 Mann stark war, am Abend nur noch aus dem Hauptmann und drei verwundeten Soldaten bestand.

In der Kantine treffen wir immer wieder Angehörige der Genesenden-Batterie, die in Rußland verwundet oder krank wurden, und sich nun über das, was sie dort erlebt haben, unterhalten. Wir Jüngeren hören ihnen mit roten Ohren und steigender Beklemmung zu und hoffen im Stillen, daß uns ähnliche Erlebnisse erspart bleiben.

Auch die Meldungen aus Italien sind nicht sehr ermutigend, wenn auch noch zwei Drittel des Landes bis zur „Gustav-Linie" am Monte Cassino von den Deutschen gehalten werden konnte.

Außer der Gefahr aus dem Osten und Süden rechnet die deutsche Heeresleitung mit einer Invasion der Alliierten im Westen, so daß bei einer Lagebeurteilung am 12. Dezember Vorsorgemaßnahmen angeordnet werden, um einer Invasion begegnen zu können. Diese Lagebeurteilung des Oberkommandos der Wehrmacht endet mit den Worten: *"Wenn der Kampf im Westen entbrennt, muß sich jeder Soldat dessen bewußt sein, daß nunmehr die Entscheidung dieses Krieges fällt (...) und daß jeder auf dem Platz, der ihm angewiesen, zu kämpfen und, wenn notwendig, zu sterben hat. Ein Kapitulieren oder ein Zurückgehen gibt es nicht."*

Danach können wir uns leicht ausmalen, was uns und den Kameraden, die bereits in den Marschbatterien sind, wahrscheinlich bevorsteht. Und so drehen sich unsere Gespräche in der Hauptsache darum, was schlimmer ist: der Fronteinsatz im Osten oder im nächsten Jahre im Westen.

—

Da der anwesende Rest unseres Zuges mit der Kasernenwache erst wieder am Silvestertage an der Reihe ist, nutzen wir die freie Zeit am **Mittwoch (29.12.1943)** zu einem Kinobesuch in der Stadt, wo gerade der als „künstlerisch und volkstümlich wertvoll" ausgezeichnete Film *„Wir machen Musik"* läuft, der am 8. Oktober 1942 in Berlin uraufgeführt wurde.

In dieser von Helmut Käutner inszenierten Komödie um einen erfolglosen Opernkomponisten und die Musikerin in einer Damenkapelle spielen Ilse Werner, Viktor de Kowa und Grete Weiser die Hauptrollen, und das Titellied hört man in diesen Tagen auch bei uns, um die trüben Gedanken zu vertreiben, die zu dieser Zeit ganz unvermeidlich sind.

Lehrgänge und Warten auf den Fronteinsatz

Am **Donnerstagmorgen (30.12.1943)** werden dann am Schwarzen Brett die Namen der Teilnehmer an einem ROB-Lehrgang angeschlagen, der vom 10. Januar bis zum 3. März 1944 auf dem Truppenübungsplatz „Wahner Heide" stattfinden soll. Dazu gehören alle, die einen Annahmevermerk als „Anwärter für die Reserve-Offizierlaufbahn des Heeres" in ihrem Wehrpaß haben.

Unter der Hand erzählt uns Wachtmeister Hüsgen, daß wir alle mit Wirkung vom 1. Januar 1944 zum „ROB" (Reserveoffizierbewerber) ernannt werden und uns ruhig schon einmal in der Schneiderei den „doppelten Hoffnungsschimmer" (zwei zehn Millimeter breite Silberlitzen, die uns als ROB ausweisen) auf die Schulterklappen nähen lassen können. – Das lassen wir uns natürlich nicht zweimal sagen, und die Schneider freuen sich auf ein gutes Geschäft, weil sie von jedem für ihre Arbeit eine Packung Zigaretten bekommen.

—

Am **Silvestermorgen (31.12.1943)** werden wir dann zur Schreibstube befohlen, wo als erste Beförderung die Ernennung zum ROB in unsere Soldbücher eingetragen wird. So können wir unsere Silberlitzen bereits tragen, als wir um 18 Uhr die Kasernenwache antreten.

Um uns die Zeit zu vertreiben, lassen wir im Wachlokal leise das Radio laufen und hören auch den verlesenen Aufruf des „Führers und Reichskanzlers Adolf Hitler" zum Jahreswechsel, der mit der Erklärung endet: *„Im übrigen wird die Stunde der Vergeltung kommen. (...) Die nationalsozialistische Staatsführung ist daher entschlossen, diesen Kampf mit dem äußersten Fanatismus und bis zur letzten Konsequenz zu führen."*

Der Wachdienst, mit dem wir das alte Jahr beenden und das neue beginnen werden, läßt uns reichlich Zeit und Muße, über uns und die allgemeine Lage nachzudenken. Wenn wir noch einmal auf das vergangene Jahr zurückblicken, so müssen wir feststellen, daß es für die Deutsche Wehrmacht ein Jahr der Niederlagen war:

Am 2. Februar kapitulierte die 6. Armee bei Stalingrad, am 13. Mai ging der Afrikafeldzug mit einer Niederlage zu Ende, im selben Monat brach der deutsche U-Boot-Krieg praktisch zusammen, am 10. Juli landeten die Alliierten auf Sizilien und leiteten damit den Ausstieg Italiens aus dem Kriege ein und im September begann der große Rückzug der deutschen Armeen im Osten.

Zwar sucht die Reichsregierung in Berlin noch immer, die Bevölkerung mit schönfärberischen Durchhalteparolen bei der Stange zu halten und auch Adolf Hitler suchte in seiner „Neujahrsbotschaft", trotz allem Siegeszuversicht zu verbreiten und kündigte ein weiteres Mal die „*Stunde der Vergeltung*" an, die sich aber kaum noch jemand vorstellen kann, obwohl das Gerücht von deutschen Geheimwaffen um die Weihnachtszeit selbst von der britischen Presse aufgegriffen und kommentiert wird.

Insgesamt sind von den 210 September-Rekruten 16 (vier vom Meßtrupp I, fünf vom Meßtrupp II der 2. Batterie und sieben von der 1. Batterie) zum ROB ernannt worden, die nun jeden vierten Tag zu viert mit einem fremden Wachhabenden die Kasernenwache übernehmen müssen.

In der Silvesternacht sind wir von der Stube 34 mit Ausnahme von Günter Abts – also Rolf Küsters, Othard Raestrup, Rudi Plückebaum und ich – mit einem Wachhabenden aus der 1. Batterie an der Reihe.

Nebenbei hören wir eine Übertragung der Neujahrsbotschaft, die der Reichsminister für Volksaufklärung und Propaganda, Dr. Joseph Goebbels, über das Radio an das deutsche Volk gerichtet hat. Sie löst bei uns keinerlei Reaktion aus, denn er bestätigt nur das, was wir ohnehin schon ahnen, daß wir nämlich ein „hartes Jahr" vor uns haben.

Die kurze Botschaft lautet nämlich: *„Das Jahr 1943 ist für uns ein hartes, aber auch ein stolzes Jahr gewesen. Wir haben es bestanden. Das betrifft vor allem unsere Ostfront.*

Es ist erschütternd, sich vorzustellen, daß wir Deutschen in der Hauptsache allein mit wenigen kleinen, aber tapferen Bundesgenossen in diesen heißen und erbitterten Schlachten den Schutz eines Erdteils auf uns nehmen, der das zum großen Teil gar nicht verdient. Die Gefahr des Bolschewismus, die für ganz Europa droht, konnte auch im abgelaufenen Jahr gebannt werden. (...)

Wir vermuten, daß die Engländer und Amerikaner im kommenden Frühjahr in einer Westinvasion die Probe aufs Exempel machen wollen. Sie müssen das ja, weil Stalin, ihr oberster Herr und Gebieter, das so will. (...) Es ist wahrscheinlich, daß der Krieg damit in sein entscheidendes Stadium eintreten wird. Niemals hat die deutsche Führung kommenden Ereignissen mit einer so souveränen Ruhe entgegengeschaut wie diesmal."

Zugleich melden die Nachrichten, daß Generalfeldmarschall Erwin Rommel zum 1. Januar 1944 den Oberbefehl über die Heeresgruppe B in Frankreich übernimmt, deren Befehlsbereich sich von der deutsch-niederländischen Grenze bis hinunter zur Loiremündung erstreckt.

Da der Neujahrstag auf einen **Samstag (01.01.1944)** fällt, beginnt das neue Jahr bereits mit zwei Feiertagen. Das veranlaßt uns (mit Ausnahme von Othard, der als „Pimpfen-General" aus der Kirche ausgetreten ist und sich seitdem „gottgläubig" nennt), am Sonntag zusammen mit Wachtmeister Hüsgen nach Hamm zur Kirche zu gehen. Dabei richten wir es so ein, daß wir nach der Sonntagsmesse rechtzeitig zum Mittagessen in der Kaserne zurück sind.

Das Wetter ist alles andere als winterlich, es ist mild, feucht und diesig, aber kein ausgesprochenes Regenwetter, so daß man gut spazieren oder bummeln gehen kann. Allerdings ist weder in der Stadt noch bei uns in der Kaserne irgend etwas los. Alles scheint in einer Winterstarre zu verharren.

So ist in unserem Kasernenblock das gesamte Erdgeschoß, in das in wenigen Wochen die Januar-Rekruten einziehen werden, seit Weihnachten praktisch geräumt. Nur zwei Zimmer werden noch von uns neun Zurückgebliebenen bewohnt. Als einziger Ausbilder ist Walter Hüsgen, der seine Frau über die Feiertage zu Besuch hat, im Hause.

Während in den beiden oberen Etagen, wo die November-Rekruten untergebracht sind, allmählich wieder der normale Dienst beginnt, scheint man uns – seit unsere Abordnung zum Lehrgang „WUL VI" am Schwarzen Brett hängt – schon abgeschrieben zu haben, denn für uns gibt es weder Weck- noch Essenszeiten, keine Stubenabnahmen und keinen Appell, sondern nur den turnusmäßigen Wachdienst am Kasernentor.

So liegen wir meistens auf den Betten und diskutieren die Lage, lesen oder hören im Besucherzimmer Radio. Doch was wir da hören, hebt auch nicht gerade unsere Stimmung. Obwohl die Lage in den Wehrmachtsberichten geschönt und nicht in ihrer brutalen Realität geschildert wird, bleibt uns nicht verborgen, daß sie ziemlich trostlos ist.

Denn an der Ostfront sind unsere Truppen immer nur auf dem Rückzug, der mancherorts einer unkontrollierten allgemeinen Flucht gleichkommt, weil die Gefahr besteht, von den sowjetischen Truppen eingekesselt zu werden. Die Rote Armee hingegen dringt fächerförmig zu beiden Seiten der Linie Kiew–Schitomir vor, marschiert im Südabschnitt der Frontlinie auf den Bug zu und rückt im Norden gegen Witebsk und Nowgorod vor.

In Italien wird zwar die Gustav-Linie mit dem Benediktinerkloster Monte Cassino, die den Vormarsch der Briten und Amerikaner auf Rom verhindern soll, gehalten, aber von den alliierten Streitkräften unaufhaltsam bedrängt.

In den Nächten zum Sonntag und zum **Montag (03.01.1944)** fliegen 386 bzw. 311 britische Bomber schwere Angriffe gegen die deutsche Hauptstadt, bei denen in verschiedenen Stadtteilen gezielt die Wohnviertel bombardiert und neben Toten und Verletzten vor allem viele Menschen obdachlos werden.

Der am Schwarzen Brett angeschlagene Marschbefehl zum Truppenübungsplatz „Wahner Heide" lautet zwar auf **Sonntag, den 9. Januar 1944,** doch können wir schon am **Mittwoch (05.01.1944)** unsere Sachen auf der Kleiderkammer gegen neue eintauschen, denn für den Lehrgang werden wir von Kopf bis Fuß neu eingekleidet. Da wir vier von Stube 34 wieder Wachdienst haben, können wir nur während der Freiwache jeweils zu zweit zur Kammer gehen, um unsere Sachen umzutauschen.

Wir freuen uns natürlich, unsere alten Klamotten loszuwerden und kommen uns in der neuen Wäsche und Bekleidung selbst irgendwie neu vor. Doch auch das kann unsere gedrückte Stimmung nicht beflügeln, dazu sind die täglichen Nachrichten und Meldungen vom Kriegsgeschehen zu deprimierend.

So haben die Sowjets bereits am **Dienstag (04.01.1944)** die polnisch-sowjetische Grenze von 1939, die sogenannte Curzon-Linie, überschritten, und in Italien startet die 5. Britische Armee gerade einen Großangriff auf den Monte Cassino. Außerdem verliert die Kriegsmarine in diesen Tagen zwei aus Ostasien zurückkehrende Blockadebrecher: am Montag wird die „Weserland" durch einen US-Zerstörer und am Dienstag die „Rio Grande" durch einen US-Kreuzer versenkt. Während von der „Weserland" 133 Besatzungsmitglieder gerettet werden konnten, überlebt den Untergang der „Rio Grande" nur ein einziger Matrose. Und an diesem Mittwoch fliegt die Royal Air Force einen schweren Bombenangriff auf den größten deutschen Ostseehafen Stettin.

—

So ist unsere Stimmung genauso trübe wie das Wetter, als wir 16 Abgeordneten uns am **Sonntag (09.01.1944)** auf den Weg zum Bahnhof machen. Mit gepacktem Tornister marschieren wir bis Bad Hamm und fahren dann mit der Straßenbahn bis zum Bahnhof. Mit einem Wehrmacht-Sammelfahrschein fahren wir über Köln bis zum Bahnhof Wahn und marschieren dann zum Truppenübungsplatz.

Im Grunde sind wir froh, daß der unerfreuliche Aufenthalt in der halbleeren Kaserne in Hamm zu Ende ist und wir nicht ständig aus Langeweile schlimme Nachrichten von den Fronten hören, andererseits beschleicht uns aber ein mulmiges Gefühl, wenn wir daran denken, was uns nun hier bevorsteht, denn die Berichte der Kameraden, die bereits hier waren, klingen alles andere als ermutigend.

An der Wache erfahren wir, daß wir zur 8. Kompanie gehören werden und in welchen Kasernenblock wir einziehen sollen. Das Gebäude ist alt und scheint noch aus der Kaiserzeit zu stammen. Dort müssen wir uns auf dem Lichthof versammeln und warten, bis die Kompanie vollzählig ist. Da sich niemand weiter um uns kümmert, setzen wir uns auf unsere „Affen" und verzehren den Rest der Marschverpflegung.

Mit der Zeit füllt sich der Lichthof, und dann kommt der Spieß und befiehlt, das Gepäck hier zurückzulassen und zur Begrüßung durch den Kompaniechef vor dem Block anzutreten.

Schon während des Antretens erscheit ein Oberleutnant, dem wir gemeldet werden und der uns kurz darüber aufklärt, warum wir hier sind und was er von uns erwartet. So erklärt er uns, daß jemand, der einmal befehlen wolle, zunächst einmal das Gehorchen lernen müsse, und daß wir dazu hier seien. Da wir alle „Schüler" seien, also von höheren Schulen kämen, seien wir unseren Ausbildern hier zwar geistig überlegen, doch sollten wir uns hüten, das jemals zu erkennen zu geben; denn die hiesigen Ausbilder seien durchweg erfahrene und tapfere Soldaten und beherrschten perfekt alles, was sie uns hier beizubringen hätten. An seinen Auszeichnungen sehen wir, daß der Oberleutnant selbst ein alter „Haudegen" sein muß.

Nach dieser kurzen Einweisung kehren wir in das Gebäude zurück, wo uns der Spieß nun unsere Stuben zuweist. Dabei kommen wir von der Heeresflak in Hamm auf Stube 54 im Erdgeschoß.

Während wir noch beim Einräumen der Spinde sind, ruft Rudi Plückebaum plötzlich: *„Achtung!"*

Alle schrecken auf und erblicken im Türrahmen einen Unteroffizier, einen Giftzwerg mit einem Spitzmausgesicht unter einer zerknautschten „Feldmütze 43", aber mit etlichen Auszeichnungen auf seinem Waffenrock, bei dem das Eiserne Kreuz, das Infanterie-Sturmabzeichen und das silberne Verwundetenabzeichen besonders auffallen.

Rudi ergreift wieder das Wort und meldet: *„Stube 54, belegt mit 16 Mann, beim Einräumen!"*

Das scheint dem kleinen Männchen zu gefallen, denn ein befriedigtes Grinsen huscht über sein Gesicht, dann befiehlt er *„Rührt euch!"* und fährt mit krächzender Stimme in einem Dialekt, bei dem das gerollte „R" besonders auffällt, fort: *„Mein Name ist Unteroffizier Wahl, ich bin Ihr Korporalschaftsführer, und man sagt hier: 'Wer den Wahl hat, hat die Qual'. Also stellen Sie sich darauf ein: Sie sind hier, um etwas zu lernen, und dabei dulde ich nicht die geringste Schlamperei!"*

Dann blickt er triumphierend in die Runde, befiehlt *„Weitermachen!"*, dreht sich um und verschwindet.

Wie wir später erfahren, stammt er aus dem Sudetengau und erweist sich auch – wie sein Äußeres bereits verrät – als wahrer „Sudetengauner": verschlagen und hinterfotzig. Seine geringe Körpergröße sucht er durch besonders stramme Haltung und dadurch auszugleichen, daß er sich damit brüstet, jedes Wochenende „als echter Mann" – das heißt: mit Saufen und Huren – in Köln zu verbringen.

Wenn er beabsichtigte, uns mit seinem Auftritt irgendwie zu beeindrukken, so hat er das – allerdings im negativen Sinne – auch erreicht, denn die Rheinländer unter uns nennen ihn sofort „*ne fiese Möpp*" (‚ein widerlicher Hund' im Sinne von: ‚ein unangenehmer Zeitgenosse'), andere beurteilen ihn etwas milder als „*komischen Vogel*".

Von anderen Kameraden aus dem Rheinland, die schon vor einer Woche hier eingerückt sind, erfahren wir, daß unser Kompaniechef, Oberleutnant Göbel, aus Paderborn stammt und hier im Rufe steht, hart und unerbittlich zu sein. Sein Markenzeichen sind die „Eiserne Woche" und „Göbels Hakensprung".

Die „Eiserne Woche" wird bei Bedarf, mindestens aber einmal im Lehrgang, angeordnet und bedeutet, daß es während dieser Zeit „nur eine Gangart", nämlich Laufschritt, gibt.

Der Hakensprung wird vor allem beim hier üblichen Strafexerzieren und ausgesprochenen Schleifen eingesetzt. Er besagt, daß im Gelände auf dem Bauch liegende Soldaten, auf das Kommando: „*Sprung auf, marsch, marsch!*" nicht aufspringen und geradeaus rennen, sondern zuerst einen Haken schlagen müssen, angeblich, damit man bei einem Sturmangriff nicht sofort getroffen wird.

Neben dem Chef sind auch die Feldwebel und Unteroffiziere hier von besonderer Qualität: Sie könnten sämtlich für einschlägige literarische Figuren Modell gestanden haben, nämlich für den „Sergeanten Himmelstoß" in Erich Remarques Roman „*Im Westen nichts Neues*" oder für den von Hans Christian Blech gespielten „Schleifer Platzek" in Hans-Helmut Kirsts Roman-Trilogie „*08/15*", also genau die Gegentypen zu unseren Ausbildern in Hamm.

Die große Ausnahme, welche die Regel bestätigt, ja geradezu der „weiße Rabe" unter den hiesigen Ausbildern, ist unser Zugführer Leutnant Röcher. Leider erteilt er nur Unterricht und ist mit dem Geländedienst überhaupt nicht befaßt. Er ist wegen persönlicher Tapferkeit – ohne den üblichen Weg über die Kriegsschule zu nehmen – Offizier geworden und wesentlich älter als die übrigen Ausbilder. Seine „Kartenkunde" und sein „Unterricht am Sandkasten" sind bei dem sonst hier herrschenden Drill geradezu Stunden der Erholung.

Vom Wesen her ist er ruhig und ausgeglichen und hat es offenbar nicht nötig, sich durch Herumschreien Respekt zu verschaffen. Auch ist sein Wortschatz völlig frei von den üblichen Kraftausdrücken der Ausbilder hier. Er ist ein eher väterlicher Typ, der niemals herumbrüllt, trotzdem aber von allen besonders respektiert wird und nicht ohne Grund bei den Lehrgangsteilnehmern sehr beliebt ist. Vom Alter abgesehen erinnert er seinem Wesen nach an Leutnant Ruppert, unseren Batterieoffizier in Hamm.

Bevor die eigentliche Ausbildung beginnt, werden wir am **Montagmorgen (10.01.1944)** zum Friseur geschickt, der uns einen *„Militärschnitt radikal"* verpaßt und derart verunstaltet, daß wir uns wie kahlgeschorene Sträflinge vorkommen und in den verballhornten Text eines alten Liedes über den „Heldentod" einstimmen könnten: *„...dann kommst du kahl geschoren, siehst aus wie'n Arsch mit Ohren, zum himmlischen Appell!"* – Da wir uns alle mit normalem Haarschnitt kennen, müßten wir eigentlich lachen, die anderen so zu sehen, wenn wir über die eigene „Verstümmelung" nicht eine so grimmige Wut im Bauch hätten.

Wie man hier beim Friseur mit uns umgeht, so gestaltet sich auch die gesamte Ausbildung: hart und kompromißlos. Ein böses Erwachen gibt es auch, als wir erfahren, was „WUL VI" eigentlich bedeutet, nämlich „Unterführerlehrgang im Wehrkreis VI".

Weil man in Hamm allgemein von einem ROB-Lehrgang sprach, nahmen wir an, daß wir hier Führungsfähigkeiten für Aufgaben in der Heeresflak entwickeln sollten, und nun sehen wir, daß wir in einem reinen Infanterie-Lehrgang gelandet sind. Das ist für Leute wie mich, die ausdrücklich als *„nicht Fußtruppe"* gemustert worden sind, natürlich besonders enttäuschend.

Sieht man einmal von der wegen der großen Zahl der Lehrgangsteilnehmer nur selten – oder gar nur ein einziges Mal – gebotenen Gelegenheit ab, als Tagesgruppen- oder Tageszugführer eingesetzt zu werden, so geht es hier ausschließlich um die Ausbildung an den gängigen Infanteriewaffen und die Vorbereitung auf die typischen Infanterie-Kampfeinsätze.

So lernen wir, Handgranaten zu werfen, uns von Panzern in Deckungslöchern überrollen zu lassen und sie mit Minen und Hohlhaftladungen zu bekämpfen, mit dem Karabiner 98 k, der Pistole 08, der Pistole 38, der Maschinenpistole 38, dem Maschinengewehr 34 und dem modernen MG 42 umzugehen, und werden im Nahkampf Mann gegen Mann geschult, indem wir mit aufgepflanztem Bajonett unter Gebrüll auf Strohpuppen losrennen, in die wir das Seitengewehr hineinstoßen und „mit einer Vierteldrehung nach rechts" wieder herausziehen müssen.

Wir fragen uns allen Ernstes, was das alles mit der Ausbildung für eine Führungsaufgabe in der Heeresflak zu tun hat. Während es dort ausschließlich um die Bekämpfung von Flugzeugen und Panzern geht, wobei die darin befindlichen Menschen in der Regel überhaupt nicht wahrgenommen werden, sollen wir hier darauf getrimmt werden, leibhaftige Menschen im Nahkampf umzubringen.

Doch wie es sich im Laufe des Lehrgangs herausstellt, geht es nicht vorrangig darum, daß wir uns auf diesem Gebiet besondere Fähigkeiten aneignen, sondern vor allem sollen wir – wie Oberleutnant Göbel bereits bei seiner Antrittsrede verkündet hat – „gehorchen lernen". Und dazu muß zunächst einmal unser Wille gebrochen werden.

So kommt es, daß diejenigen, die sich den Ausbildern völlig unterwerfen und darum bemüht sind, sich auf jede nur erdenkliche Weise bei ihnen beliebt zu machen, am Ende die besten Beurteilungen bekommen.

Wer es sich dagegen leistet, eine eigene – und dazu noch abweichende Meinung zu haben und auch noch so unvorsichtig ist, diese zu äußern, muß dies schon bald bereuen, denn es gibt vielfältige Methoden, um jemanden „fix und fertig" zu machen.

Dabei ist eine Strategie besonders beliebt, die darin besteht, uns im morastigen Teil der Wahner Heide durch den Sumpf zu jagen, vor einer Pfütze *„Stellung!"* und wenn man im Schlamm oder Wasser liegt – *„Auf dem Koppelschloß kehrt!"* zu befehlen, so daß man völlig durchnäßt und verdreckt in die Kaserne zurückkehrt. Und wenn wir dann dreckig wie die Schweine vom Vormittagsdienst zurückkommen, können wir sehen, wie wir unsere Drillichanzüge wieder trocken und sauber bekommen.

Auf jeden Fall müssen wir in sauberer Uniform und mit sauberen Fingernägeln bei der Küche antanzen, Teller in Empfang nehmen und mit ihnen unterm Arm zur Offiziersmesse marschieren, wo wir dann gesittet essen lernen sollen. Das bedeutet nicht nur, beim Auffüllen der Speisen zurückhaltend zu sein, gerade zu sitzen und die Ellenbogen beim Essen am Körper zu halten, sondern vor allem, nicht eher mit dem Essen zu beginnen, bis der ranghöchste Offizier begonnen hat, und keinen Happen mehr zu sich zu nehmen, wenn er seine Mahlzeit beendet hat.

Dieses steife Zeremoniell steht nicht nur in krassem Gegensatz zu dem, was auf den Tisch kommt, denn die Verpflegung ist wesentlich schlechter als in Hamm, sondern auch zu unserer Ausbildung im allgemeinen. Während wir uns dort wie der letzte Dreck fühlen und uns den mehr oder weniger sittlich verkommenen Ausbildern unterwerfen sollen, sollen wir uns hier als angehende Offiziere als etwas Besseres fühlen und feine Umgangsformen lernen. Dabei reicht uns meistens die Zeit nicht aus, einigermaßen satt zu werden, und mancher muß hungrig vom Tisch aufstehen, weil er mit dem Tempo nicht mithalten kann, das der Ranghöchste beim Essen vorgibt.

Darüber hinaus verhindern die alten Kasernen, in denen wir untergebracht sind, jegliches Wohlbefinden. Die von uns verlangte Sauberkeit ist bei den alten Koksöfen und den primitiven Reinigungsmitteln (statt Besen, Schrubbern und Wischlappen gibt es nur Binsenbüschel) überhaupt nicht zu erzielen. Man kann den Dreck bestenfalls gleichmäßig verteilen. Vor allem die glatten Seitenstreifen der gefliesten Flure können nur vom gröbsten Schmutz gereinigt werden und bleiben immer schmutzig-grau.

Doch scheint das Ausbildungskonzept gerade darin zu bestehen, das Unmögliche zu verlangen, um das äußerst Mögliche zu erreichen.

Der reguläre Dienst bietet kaum eine Gelegenheit zum Erholen oder Ausspannen. Er dauert montags bis freitags von 6 bis 21 Uhr und samstags von 6 bis 13 Uhr. Täglich – auch sonntags – ist um 22 Uhr Zapfenstreich. Dabei werden wir während der Woche derart hergenommen, daß wir die Samstage und Sonntage durchweg zum Erholen und Schlafen nutzen.

Besonders unangenehm ist es, wenn während einer Nacht ein- oder zweimal Fliegeralarm ausgelöst wird. Dann müssen wir nämlich in voller Uniform mit Stahlhelm, Gasmaske und Karabiner den Keller aufsuchen, wo wir uns auf lange Holzpritschen legen können. – Und wehe dem, der es wagen sollte, bei Alarm im Bett oder nach der Entwarnung im Keller auf dem Strohsack – teilweise sind die Pritschen nur mit Heu bedeckt – liegen zu bleiben! Er kann sich auf mindestens eine Woche „Sonderbehandlung" gefaßt machen, während der er auch noch in den spärlichen Pausen beschäftigt wird.

Mit Strafen ist man hier ohnehin schnell bei der Hand. Für etwaiges „Nachkleckern" beim Kommando *„Stillgestanden!"* gibt es einen Tag Arrest. Zwei Tage bekommt man, wenn auf dem Gewehr oder Seitengewehr ein Rostfleck in der Größe eines Stecknadelkopfes entdeckt wird.

So geschieht es immer wieder, daß jemand den ständigen physischen und psychischen Druck nicht aushält, einfach durchdreht oder einen Selbstmordversuch unternimmt und sich in ärztliche Behandlung begeben muß. – Zustände, die in Hamm völlig undenkbar waren!

Wer also die acht Wochen heil überstehen will, muß sich entweder bedingungslos dem herrschenden Zwang unterwerfen oder den festen Vorsatz fassen, den Lehrgang hinter sich zu bringen, ohne seine Persönlichkeit brechen zu lassen. Der zweite Weg ist dabei der weitaus schwierigere, und mancher, der ihn zu gehen versucht, gibt letzten Endes doch auf und läßt sich – zumindest für die Zeit des Lehrgangs – zum willenlosen Befehlsempfänger machen. In vielen Spinden hängt deshalb ein Kalenderstreifen, an dem jeder Tag abgeschnitten wird, den wir hinter uns gebracht haben. Allerdings empfiehlt es sich, ihn vor jeder Spindkontrolle verschwinden zu lassen.

Das Ausbildungspensum ist auf sieben Wochen angelegt, und jede Übung wird in eine Teilnehmerkarte eingetragen. So sind für die Waffenausbildung jeweils sechs Übungen vorgesehen, also sechsmal MG-Schießen, sechsmal Pistolenschießen und so weiter.

Natürlich steht auch sechsmaliges Handgranatenwerfen auf dem Plan, wobei hölzerne Übungshandgranaten verwendet werden, die so schwer wie echte Handgranaten sind. Sie müssen aus einem Graben heraus auf eine angenommene gegnerische Stellung geschleudert werden.

Gleich bei der ersten dieser Übungen passiert mir ein Mißgeschick. Als ich die Handgranate abgezogen habe und sie anfängt zu zischen, bekomme ich einen Schrecken und lasse sie fallen. Sofort spritzen die Ausbilder auseinander und werfen sich im Graben auf den Boden. Ich aber bin plötzlich ganz ruhig, hebe die Handgranate auf und werfe sie in die Richtung der angenommenen feindlichen Stellung, die sie aber nicht erreicht, weil sie bereits in der Luft detoniert.

Natürlich ist die Sprengkraft einer Übungshandgranate nicht mit der einer echten zu vergleichen, aber auch durch die Holzsplitter, die bei der Explosion entstehen, kann man ganz erheblich verletzt werden.

Während ich ruhig dastehe und versonnen dem Knall in der Luft nachlausche, dringen die Ausbilder auf mich ein und schimpfen mich als *„Niete"* und *„Versager"* aus. Ich aber höre auf diese Schimpfkanonade überhaupt nicht hin und warte nur darauf, daß sie sich wieder beruhigen.

Da ich mich, wie unter Schock, völlig teilnahmslos verhalte, kommen die drei Ausbilder – ein Feldwebel und zwei Unteroffiziere – darin überein, mich nicht noch einmal eine Handgranate werfen zu lassen – weil dies lebensgefährlich sei und ich ein unkalkulierbares Risiko für sie bedeute – und bescheinigen sofort alle sechs Würfe auf meiner Kontrollkarte. Darüber bin ich nicht böse und erzähle auch niemandem, daß ich meine sechs Würfe bereits erledigt habe.

Etwas später wird mir dann aber bewußt, was hätte geschehen können, wenn ich einige Sekunden langsamer gewesen und die Handgranate unmittelbar neben mir im Graben explodiert wäre. Dabei fährt mir ein derartiger Schrecken in die Glieder, der mich bis heute traumatisiert hat und sich jedesmal bemerkbar macht, wenn ich heute eine Sektflasche öffnen soll.

In der Regel beginnt die Ausbildung jeweils nach dem Frühstück mit einer Stunde Unterricht, dann geht es ins Gelände, wo die Schießübungen mit der Pistole, Maschinenpistole, dem Karabiner oder dem Maschinengewehr stattfinden. Manchmal ist auch der ganze Vormittag von einer einzigen Aufgabe wie zum Beispiel Panzerbekämpfung oder das Erstürmen einer feindlichen Befestigungsanlage ausgefüllt.

Nachmittags ist Waffenunterricht oder Waffenreinigen auf den Stuben, wobei uns unser Unteroffizier Wahl gerne unverhofft aufsucht und Dinge aus der HDV (Heeresdienstvorschrift) abfragt, die wir erst für spätere Unterrichtsstunden lernen müssen, offenbar zu dem einzigen Zwecke, uns zu verunsichern und dabei zu ertappen, daß wir den zu lernenden Stoff nicht beherrschen. – Und wehe, wenn wir darauf hinweisen, daß wir das Pensum noch gar nicht beherrschen müssen! Jede Widerrede bestraft er unverzüglich durch „Sonderbehandlung" und erreicht dadurch nur, daß wir auf seine blöden Bemerkungen und Sticheleien überhaupt nicht mehr reagieren.

So gehen die ersten drei Wochen vorüber, ohne daß wir uns eine „Eiserne Woche" eingehandelt haben. Wir haben auf allen Gebieten Grundkenntnisse erworben, und die Kontrollkarten füllen sich langsam mit Eintragungen, so daß wir ständig sehen können, was uns noch bevorsteht.

Doch nun sollen wir offenbar kulturell gefördert werden, denn am 30. Januar fahren wir nach Bonn, wo wir das Theater besuchen und Verdis Oper *„Der Troubadour"* zu sehen bekommen. Für viele von uns – vor allem für solche, die wie ich vom Lande kommen – ist das der erste Theaterbesuch überhaupt. Nachher geben manche zu, einen Teil der Vorstellung verschlafen zu haben.

—

Am **Montag (31.01.1944)** geht dann der übliche Dienst weiter. Und zwar müssen wir nach dem Unterricht am Sandkasten an einem sandigen Platz im Gelände Panzerbekämpfung üben.

Hier sind auch einige Ein-Mann-Deckungslöcher, in die wir hineinkriechen müssen, um das Überrollen-Lassen zu simulieren. Bei der Berührung mit dem Erdboden stellen wir fest, daß es nach dem äußerst milden Jahresanfang empfindlich kalt geworden und der Sand zum Teil gefroren ist.

Anschließend üben wir dann das Säubern eines Wald-Heide-Teiles von Partisanen. Während wir in Schützenketten durch den lichten Bewuchs streifen, ruft der uns begleitende Unteroffizier Wahl diesem oder jenem von uns in der Nähe eines Baumes oder Gebüsches plötzlich *„Ein Russe!"* zu, um zu sehen, wie schnell der einzelne reagieren kann. – Daß er dabei mehr darauf ausgeht, uns durch seine plötzlichen Zurufe zu erschrecken und hereinzulegen, statt uns auszubilden, ist bei seinem Charakter nicht verwunderlich.

Der Rest der Woche verläuft mit dem üblichen Unterricht und den Schießübungen „ohne besondere Vorkommnisse".

—

Am folgenden **Montag (07.02.1944)** werden wir dann doch mit einer „Eisernen Woche" beglückt, nachdem wir uns im Gelände davor gedrückt haben, uns auf den Befehl *„Stellung!"* in die mit einer dünnen Eisdecke überzogenen Pfützen zu stürzen und statt dessen eine besondere Fertigkeit entwickelt haben, auf den nächsten Pflanzenstock zu springen. Wir müssen nun zwar alle Wege im Laufschritt erledigen, haben aber sehr bald eine kraftsparende Trabmethode entwickelt, bei der wir uns nicht verausgaben müssen.

Überhaupt ist der anfängliche Elan der Truppe, als viele noch aufgeschlossen und bereit waren, alles Mögliche zu lernen, einem sturen Einerlei gewichen. Auch das im Vergleich zum Januar elend kalte Wetter ist nicht dazu angetan, uns zu beflügeln.

Wir quälen uns nur noch so dahin und zählen die Tage, die wir hier noch verbringen müssen. So nimmt der Lehrgang seinen Fortgang und die Kontrollkarten werden mit der Zeit langsam voll.

—

Mit der letzten Februarwoche ist die Ausbildung dann praktisch abgeschlossen und am **Montag (28.02.1944)** gehen die Ausbilder daran, die Kontrollkarten und die Aufzeichnungen über die anderen Ausbildungsfächer auszuwerten, um anschließend die Noten zu vergeben und sie in einer Gesamtbeurteilung zusammenzufassen. Dazu sind sie mit ihren Beratungen die ganze Woche hindurch beschäftigt, so daß der Dienst im übrigen für Wahner Verhältnisse ziemlich ruhig verläuft.

Wir kommen uns vor wie Abiturienten, die ihre schriftlichen Prüfungsarbeiten hinter sich haben und an den Ergebnissen nichts mehr ändern können.

—

Eine Lehrgangsschlußbesichtigung ist nicht vorgesehen. Am **Freitag (03.03.1944)** werden lediglich die Ergebnisse bekanntgegeben, und dabei stellt sich heraus, daß ich mit zwei anderen aus Stube 54 *„das Lehrgangsziel nicht erreicht"* habe.

Das habe ich nicht zuletzt unserem Unteroffizier Wahl zu verdanken, der sicher an meinem Verhalten gemerkt hat, daß ich ihn zwar als Ausbilder geduldet, aber als Mensch zutiefst verachtet habe, denn ich habe ihn niemals angesprochen oder nach etwas gefragt und auf seine Fragen immer nur kurz und ohne Begeisterung geantwortet. Vor allem widerstrebt es mir, diesen Giftzwerg, den ich wegen seiner menschlichen Qualitäten völlig ablehne, mit *„Herr Unteroffizier"* anzureden.

Und nun bekomme ich auch die Quittung dafür, daß ich mich nie gemeldet habe, wenn er jemanden für kleine Botendienste oder dergleichen brauchte und *„Ein Mann aus Stube 54!"* über den Flur gerufen hat. Natürlich hat er mit dem Handgranaten-Zwischenfall auch eine Trumpfkarte in der Hand, die er nun genüßlich gegen mich ausspielen kann.

Ich fühle mich wie ein getretener Hund, denn bisher hatte ich noch nie in meinem Leben eine Prüfung nicht bestanden. Mein einziger Trost ist es, daß ich es schaffe, das Ergebnis mit völlig unbeteiligter Miene, als ginge es mich überhaupt nichts an, zur Kenntnis zu nehmen und dem „Spitzmausgesicht" nicht doch noch den Triumph zu gönnen, mich mit einem traurigen und zerknirschten Gesicht zu sehen.

Dennoch erlebe ich eine sehr unangenehme schlaflose Nacht: Nicht nur, weil uns die Briten mit einem längeren Fliegeralarm beglücken, sondern vor allem, weil ich es gar nicht fassen kann, versagt zu haben. Denn daß das für mein weiteres Soldatenleben eine ausgesprochen glückliche – vielleicht lebensrettende – Weichenstellung war, konnte ich in diesem Augenblick ja nicht ahnen.

—

Am **Samstagmorgen (04.03.1944)** muß der ganze Zug antreten, weil Leutnant Röcher sich von uns verabschieden möchte. Wir treten zunächst in Dreierreihen an, dann kommt der Befehl: *„Das erste Glied drei Schritte, das zweite Glied einen Schritt vortreten, marsch!"*

So kann der Leutnant die Reihen abschreiten und sich von jedem mit Handschlag verabschieden. *„Ja, mein lieber Heidt",* sagte er, als er bei mir ankommt und mir väterlich die Hand auf die Schulter legt, *„das Zeug dazu haben Sie wohl, ein guter Offizier zu werden. Aber Sie wissen ja selbst, warum es dieses Mal nicht geklappt hat. Zeigen Sie etwas mehr Interesse, wenn Sie wieder zu einem Lehrgang kommen, dann wird es schon klappen! – Wir haben uns verstanden, nicht wahr?"*

„Jawohl, Herr Leutnant", kann ich darauf nur sagen.

„Auf jeden Fall wünsche ich Ihnen alles Gute und recht viel Soldatenglück!" sagt er noch, reicht mir die Hand und wendet sich meinem Nebenmann zu.

Natürlich weiß ich ganz genau, warum ich *„das Lehrgangsziel nicht erreicht"* und *„zu wenig Führungseigenschaften gezeigt"* habe, wie es in meiner Beurteilung heißt. Vor allem liegt es sicher daran, daß zwischen dem Ausbildungskonzept der Heeresflak-Ersatz- und Ausbildungsabteilung 276 in Hamm und hier auf dem Truppenübungsplatz „Wahner Heide" Welten liegen, daß ich am Infanteriedienst überhaupt nicht interessiert bin und schließlich und hauptsächlich auch an den Ausbildern, von denen ich außer Leutnant Röcher niemanden respektieren konnte. Denn hier hatten wir es durchweg mit miesen Schleifertypen zu tun, die es darauf anlegten, unseren Willen zu brechen. Da braucht sich Leutnant Röcher nicht zu wundern, daß die Beurteilung, die ich von Hamm aus mitbekommen habe, sich von der hiesigen unterscheidet wie Licht und Schatten.

Obwohl er mich mit seinen warmen Worten zu trösten versucht, bin ich doch sehr niedergeschlagen und muß mich erst an den Gedanken gewöhnen, versagt zu haben.

Erst viel, viel später begreife ich, daß dieses Versagen ein wahres Glück für mich war. Denn nach dem Kriege treffe ich Rudi Plückebaum wieder, der diesen Lehrgang mit Bravour bestanden hat. Die mit dem Erfolgsdiplom ausgezeichneten Lehrgangsteilnehmer sind nämlich nicht zu ihren

Einheiten zurückgekehrt, sondern nach Paris zur Infanterie versetzt worden, wo ihnen als ROB stets besondere Leistungen abverlangt wurden, so daß sie die Silberlitzen von ihren Schulterstücken entfernt haben, weil sie es leid waren, ständig mit Sondereinsätzen behelligt zu werden. Viele von ihnen sind später gefallen und keiner ist mehr als Gefreiter geworden. Einen Aufbaulehrgang auf dem Wege zum Offizier hat es nie gegeben. Vielmehr sind alle mehr oder weniger als Infanteristen „verheizt" worden.

So hat sich das Soldatenglück, das Leutnant Röcher mir gewünscht hat, schon mit meiner Rückkehr nach Hamm zu verwirklichen begonnen.

Nach der Verabschiedung durch Leutnant Röcher können wir drei Durchgefallenen – Werner Neuhaus, Franz Peerenboom und ich – uns nämlich auf der Schreibstube den Marschbefehl nach Hamm und einen Wehrmacht-Fahrschein für drei Personen abholen, danach noch einmal am gemeinsamen Mittagessen teilnehmen und haben dann Gelegenheit, mit einem LKW zum Bahnhof Porz/Urbach zu fahren. Und während die anderen 13 Kameraden aus Stube 54 den erfolgreichen Abschluß des Lehrgangs feiern, dampfen wir mit der Reichsbahn über Köln/Hbf., Wuppertal, Hagen und Unna zurück nach Hamm.

Hier treffen wir allerdings so spät ein, daß wir es vorziehen, die Nacht lieber im Wehrmacht-Übernachtungsheim zu verbringen, als im Dunkeln quer durch die Stadt zur Argonnerkaserne zu marschieren.

—

Hier bekommen wir auch eine heiße Suppe und einen Kanten Kommißbrot als Abendverpflegung und am **Sonntagmorgen (05.03.1944)** einen Becher Kaffee, sowie Brot, Margarine und Kunsthonig zum Frühstück. Danach machen wir uns dann, da sonntags neuerdings keine Straßenbahn mehr fährt, mit auf den Rücken geschnalltem Tornister und umgehängtem Karabiner zu Fuß auf den Weg zur Kaserne.

Wenn wir allerdings dachten, zu unserer alten Einheit zurückzukehren, so werden wir schon an der Hauptwache bitter enttäuscht. Dort erfahren wir nämlich, daß die Ausbildungsabteilung nach Paris verlegt worden ist und sich hier in Hamm nur noch die Ersatzabteilung befindet.

In dem vertrauten Block unserer 2. Batterie finden wir lauter fremde Soldaten vor, denen die Namen unserer früheren Ausbilder nicht einmal bekannt sind. Darüber bin ich ganz besonders enttäuscht, denn ich hatte fest damit gerechnet, irgendeinen alten Bekannten zu treffen und durch ihn an ein Exemplar der Bierzeitung zu kommen, die ich im Dezember mitgestaltet hatte und von der Wachtmeister Hüsgen einige Ausfertigungen drucken und binden lassen wollte. Und nun gibt es niemanden, der mir sagen könnte, was daraus geworden ist.

Vor allem aber stellen wir drei fest, daß wir völlig in der Luft hängen, nirgendwo dazugehören und praktisch keine Bleibe haben, weil man wohl nicht damit gerechnet hat, daß vom Lehrgang in Wahn jemand nach Hamm zurückkehren würde.

Doch der Wachhabende weiß Rat, schickt uns zur Stabsbatterie und rät uns, dort bei der Abteilung II b vorzusprechen. Als wir uns dort melden, treffen wir lediglich einen Gefreiten an, der uns mitteilt, daß der für die Aufnahme und Zimmerverteilung zuständige Unteroffizier zur Zeit in Urlaub ist, und uns mit dem Hinweis wegschickt, in zwei Tagen – wenn der Unteroffizier aus dem Urlaub zurück sei – wiederzukommen.

Damit stehen wir draußen auf dem Hof und überlegen, was wir tun sollen. Auf jeden Fall wollen wir in der Kaserne bleiben, denn am Bahnhof könnten wir, da unser Marschbefehl abgelaufen ist, von der Feldgendarmerie aufgegriffen werden und einer Einheit zugeführt werden, zu der wir bestimmt nicht wollen.

Während wir noch unschlüssig darüber beraten, ob wir nicht versuchen sollen, im Wachlokal zu schlafen, wo es für die Freiwache mehrere Betten gibt, kommt ein Gefreiter mit einem Arm in der Schlinge auf uns zu und fragt, warum wir wie ein paar begossene Pudel herumständen. Als wir es ihm erzählt haben, meint er: *„Kommt doch einfach mit zur Genesenden-Batterie. Wir haben genug freie Betten, und es bleibt immer soviel Verpflegung übrig, daß ihr euch davon satt essen könnt."*

Das klingt sehr verheißungsvoll, und er braucht uns nicht erst zu überreden, sein Angebot anzunehmen. Außerdem bleibt uns auch gar keine andere Wahl.

Im Block der Genesenden-Batterie zeigt er uns ein leeres Zimmer in der zweiten Etage, das wir zunächst benutzen können. Hier stellen wir erst einmal unsere Tornister und Karabiner in eine Ecke, strecken uns erschöpft auf den Betten aus und überlegen, was wir nun weiter unternehmen sollen. Uns ist nämlich nicht recht wohl bei dem Gedanken, hier einfach als blinde Passagiere unterzuschlüpfen.

Also suchen wir, nachdem wir uns etwas ausgeruht haben, kurz vor Mittag das UvD-Zimmer auf, wo der diensthabende UvD, ein Obergefreiter mit silbernem Verwundetenabzeichen, gerade Kaffee trinkt. Er hört sich unsere Geschichte an und gestattet uns, zunächst auf dem bezogenen Zimmer zu bleiben. Dann kramt er aus einer Schublade drei Essenmarken hervor, die nicht abgeholt worden sind, und schickt uns damit zur Kantine, wo der Koch, der an ständig fremde Gesichter gewöhnt ist, uns bedient wie alle anderen aus der Batterie auch. Der UvD trägt uns auch bis Mittwochmorgen in die Verpflegungsliste der Batterie ein und sorgt sogar dafür, daß wir Jugendverpflegung bekommen.

Nachdem dies alles geregelt ist, fühlen wir uns erleichtert und frei und sind froh, daß wir dem Wahner Zwang entronnen sind und nun in die

Stadt und ins Kino gehen können, ohne auf bestimmte Termine achten zu müssen. So fällt es uns auch leichter, die eben in Wahn erlebte Niederlage zu verkraften.

—

Am **Mittwoch (08.03.1944)** ist dann der II b-Unteroffizier wieder da. Er nimmt uns den Marschbefehl und den Fahrschein ab und weist uns in die 2. Marschbatterie ein. Dabei gibt er uns als guten Rat mit auf den Weg, dort sofort Urlaub zu beantragen. Immerhin ständen uns mit der Beendigung der Ausbildung 16 Tage Erholungsurlaub zuzüglich zwei Reisetage zu.

Diesen Rat befolgen wir gleich bei unserer Anmeldung auf der Schreibstube, und der Spieß hat nichts dagegen, uns sofort in Urlaub zu schicken. Er läßt vom Schreibstubengefreiten auch gleich die Urlaubsscheine ausfertigen, versieht sie mit einem Faksimilestempel mit der Unterschrift des Batteriechefs und drückt dann noch den unvermeidlichen Dienststempel der Batterie darauf. Dann reicht er sie uns und meint mit einem Blick auf unsere Schulterklappen: *„Zu Hause könnt ihr ja eure Hoffnungsbalken noch einmal spazierentragen, denn wahrscheinlich werdet ihr sie wieder los."*

Das ist aber nicht der Fall, denn die Ernennung zum ROB wird in unseren Soldbüchern niemals gestrichen. Allerdings nehmen wir selbst unsere verzierten Schulterklappen ab und besorgen uns in der Kleiderkammer gegen eine Packung „R6"-Zigaretten neutrale neue.

In Warburg ist von den beiden Silberlitzen als einziger wohl ein russischer Kriegsgefangener beeindruckt, der im „Kornhaus Landfurtweg" arbeitet, denn er steht jedesmal stramm und grüßt, wenn ich vorbeikomme. Er scheint mich wohl für „etwas Höheres" zu halten.

—

Vorerst aber müssen wir noch einmal in der Argonnerkaserne übernachten, bevor wir am **Donnerstagmorgen (09.03.1944)** frohgemut mit der Straßenbahn zum Bahnhof fahren. Weil die beiden anderen in die entgegengesetzte Richtung fahren, trennen wir uns auf dem Bahnsteig, als unsere Züge fast gleichzeitig einlaufen.

Als ich dann entspannt im Zuge sitze, bin ich froh, daß ich nicht mehr den bunten „Sarrasani-Rock" tragen muß, an dem man sofort die Neulinge erkennt. Da ist mir die feldgraue Uniform der fertig ausgebildeten Soldaten schon lieber.

Zu Hause nehme ich sogleich Verbindung mit meinem Freund Hermann Kirschner auf, mit dem ich auch die meiste Zeit verbringe. Wir gehen ein paarmal ins Kino und, wenn es das Wetter erlaubt, auch mit unserem Schäferhund Argos spazieren.

An meinem 19. Geburtstag, der in diesem Jahre auf einen **Sonntag (12.03.1944)** – den „Heldengedenktag" – fällt, besuchen wir die Kranzniederlegung am Ehrenmal auf dem Burgfriedhof und gehen nachmittags ins Kino, wo der Film „*Das Bad auf der Tenne*" mit Heli Finkenzeller in der Hauptrolle läuft.

—

Als wir drei am übernächsten **Sonntag (26.03.1944)** wieder in der Marschbatterie eintreffen, werden wir sogleich zur Kasernenwache eingeteilt, die am Montag um 17 Uhr endet.

Beim Aufsuchen des Speisesaales zum Mittagessen fällt uns gleich ein Anschlag am Schwarzen Brett auf, in dem Interessenten für einen Ski-Lehrgang gesucht werden. Nach kurzer Beratung melden wir uns alle drei, weil wir der Meinung sind, daß wir gerade jetzt eine solche Abwechslung gebrauchen können. Nach Beendigung der Wache erfahren wir, daß der künftige Lehrgangsleiter bereits die benötigten 30 Leute zusammen hat und wir noch am selben Abend die erforderliche Winterkleidung (Mäntel und Handschuhe) und Ski-Hosen mit doppeltem Hosenboden in der Kleiderkammer empfangen können.

Am anderen Morgen treten wir dann mit gepacktem „Affen" vor dem Block zu einem Vollzähligkeitsappell an und werden anschließend mit einem LKW zum Bahnhof gebracht. Ausgestattet mit einem Wehrmacht-Sammelfahrschein fahren wir dann mit einem normalen Personenzug über Unna, Fröndenberg, Neheim-Hüsten, Arnsberg, Meschede, Brilon und Willingen nach Usseln im Hessischen Upland unweit der Diemelquellen. Von dort aus marschieren wir nach Eimelrod, wo wir im Saale einer Gastwirtschaft auf Strohsäcken schlafen werden.

Kaum haben wir uns hier niedergelassen, da werden bereits die Skier ausgegeben und der Lehrgangsleiter, ein Wachtmeister, sowie sein Stellvertreter, ein Unteroffizier, zeigen uns, wie sie richtig eingewachst werden. Zwischendurch gehen wir jeweils zu fünft zu einem Schuhmacher, der uns die für „Heeresflachlandskier" vorgeschriebenen Verbindungseisen unter die Sohlen schraubt.

—

Damit sind alle Vorbereitungen getroffen, und am **Mittwochmorgen (29.03.1944)** geht es bereits hinaus an die Hänge der 726 Meter hohen Seere nördlich von Usseln.

Zu dieser Zeit haben wir noch überall eine geschlossene Schneedecke, doch von nun an scheint täglich die Sonne und es kommt kein Schnee mehr nach. Dadurch wird die Schneedecke von Tag zu Tag dünner, und bald zeigen sich schneefreie Streifen im Gelände, die gefährliche Stürze verursachen können, wenn man sie nicht rechtzeitig sieht und statt auf

Schnee plötzlich auf Rasen gerät. Weil die Skier beim Auftreffen auf den Rasen schlagartig abgebremst werden, der Körper aber noch im Schwunge ist, ist ein schwerer Kopfübersturz die übliche Folge.

Davor werden wir als erstes gewarnt, als wir auf der Piste ankommen, und dann müssen wir neben dem Stehen und Gehen auf Skiern zunächst das richtige Fallen lernen, um Stürze mit Verletzungen von vornherein auszuschließen. Deshalb zeigen uns die beiden Ausbilder, wie man sich im Falle eines „Falles" schräg nach hinten fallen läßt, damit ein Sturz kopfüber nach vorne vermieden wird. Außerdem müssen wir gleich zu Anfang auch das Bremsen mit Hilfe der zum „Schneepflug" schräggestellten Skier lernen. Erst dann können wir kleine Strecken auf sanften Neigungen selbständig fahren. Und zwar ist die Ausbildung so geregelt, daß vormittags jeweils „Ausmarsch mit Skiern", also regelrechter Unterricht mit bestimmten Übungen unter Aufsicht der Ausbilder, stattfindet, während nachmittags „freies Jagen" ist, was bedeutet, daß wir ohne Aufsicht unter uns das üben und vertiefen können, was wir vormittags gelernt haben.

—

Am **Sonntag (02.04.1944)** werden wir dann von den Dorfbewohnern in unserer Gaststätte zum Essen und zum Gedankenaustausch eingeladen. Dabei geben sie sich alle Mühe, uns „friedensmäßig" zu bewirten.

Beim anschließenden Kaffee beschließen wir, uns am Abend durch einen „Bunten Abend" zu revanchieren und bitten die uns beim Essen bedienenden BdM-Mädchen (BdM = Bund deutscher Mädel) der Ortsgruppe Eimelrod, uns dabei zu unterstützen. Die sind natürlich sofort einverstanden, und während wir mit einem Akkordeon und improvisiertem Schlagzeug die Musik stellen wollen, lassen sie vom Bäcker zwei Platenkuchen backen und besorgen auch Kaffee und Tee. Alkohol ist nämlich bei allen Organisationen der Hitler-Jugend verpönt, und auch wir benötigen ihn nicht, um ausgelassen und fröhlich zu sein. Einige von uns haben Witze und kurze Sketche auf Lager, andere organisieren Pfänderspiele, und so wird der Abend auch ohne Alkohol mit Gesang und Tanz zu einer gelungenen Veranstaltung, die erst morgens gegen 4 Uhr zu Ende geht.

—

Dafür fällt am **Montag (03.04.1944)** die Vormittagsausbildung aus, so daß dieser oder jener von uns Gelegenheit hat, seine neue „Freundin", die er hier gefunden hat, zu besuchen. Nachmittags wird dann aber der Lehrgang mit „freiem Jagen" fortgesetzt.

So verleben wir hier in Eimelrod ein paar schöne, sorgenfreie und erholsame Tage, erlernen die Grundbegriffe des Skilaufens und bedauern es sehr, daß der Lehrgang – wegen der Osterfeiertage – bereits am Gründonnerstag zu Ende geht. Vor allem diejenigen, die hier zarte Bande geknüpft haben, sind traurig, daß der Lehrgang nur so kurz ist.

Damit wir die verbliebene Zeit bestmöglich nutzen können, wird am Mittwoch und Donnerstag kein Unterricht mehr erteilt, sondern vor- und nachmittags „freies Jagen" angesetzt. Es ist zwar sehr schön, daß wir uns nun frei entfalten können, doch bei dem strahlenden Sonnenschein werden die Schneeverhältnisse fast stündlich schlechter, die befahrbaren Flächen kleiner und die Grasflächen größer, so daß es uns am Ende nicht einmal schwerfällt, den Lehrgang zu beenden.

—

Am **Donnerstagabend (06.04.1944)** wollen wir uns noch einmal im Gastraum mit den Dorfbewohnern treffen, um uns bei einem Glas Bier von ihnen zu verabschieden. Doch bereits beim Abendbrot merke ich, daß mit mir irgend etwas nicht in Ordnung ist, denn ich bekomme Halsschmerzen und Schluckbeschwerden.

Während die anderen vorne fröhlich zechen, liege ich allein im Saale und werde zusätzlich noch von Schüttelfrost-Anfällen geplagt, und als sie später friedlich schlafen oder schnarchen, finde ich vor innerer Unruhe keinen Schlaf, so daß mir die letzte Nacht in Eimelrod fast zum Alptraum wird.

—

Auch das Zusammenpacken meiner Sachen und der Weg zum Bahnhof am **Karfreitagmorgen (07.04.1944)** werden für mich zu einer wahren Plage. Mein Hals schmerzt, mein Schädel brummt, ich friere und schwitze abwechselnd und bin daher heilfroh, als ich endlich im Zug sitze und in Richtung Hamm fahre. So habe ich mir die Rückkehr aus dem Skilehrgang gewiß nicht vorgestellt. Die Erkältung hat mich voll im Griff, so daß mir schon während der Fahrt die Unterhaltung der Kameraden, die ihre Erlebnisse während des Lehrgangs austauschen, auf die Nerven geht.

In Hamm fährt wegen des Feiertags keine Straßenbahn, so daß wir auch noch zu Fuß zur Argonnerkaserne marschieren müssen. Dabei schmerzen mir sämtliche Gelenke, der Tornister drückt, und die Tragriemen kneifen in den Schultern. So stolpere ich völlig erschöpft dahin und habe keinerlei Lust – selbst wenn es die Heiserkeit zuließe – während des Marsches die angesagten Lieder mitzusingen, die uns das Marschieren erleichtern sollen. Mein einziger Wunsch ist es, möglichst schnell die Kaserne zu erreichen und mich flachzulegen. Schon unterwegs male ich mir aus, wie ich es mir auf dem Bett bequem machen werde.

Als wir dann endlich angekommen sind und unsere Stuben aufgesucht haben, lasse ich zunächst alles stehen und liegen, knalle den Tornister vor meinem Spind auf die Erde, mache im Waschraum kurze Katzenwäsche und verschwinde sofort im Bett. Doch diese Nacht wird noch schlimmer als die letzte in Eimelrod.

—

Zu den Schmerzen und Schluckbeschwerden kommt auch noch Fieber, und als ich mich am **Samstagmorgen (08.04.1944)** im Revier krankmelde, stellt der Sani schon durch einen kurzen Blick in meinen Rachen eine akute Angina fest. Nach der Untersuchung verordnet er mir sofort strenge Bettruhe. Damit ich sie auch einhalte, muß ich gleich im Revier bleiben.

Dann wird mein Rachen mit einer ätzenden Tinktur eingepinselt, ich bekomme einen kühlenden Halswickel verpaßt, der jede Stunde erneuert wird, dazu Lutschtabletten und zwischendurch eine rote Lösung zum Gurgeln. Das einzig Angenehme ist für mich eine Flasche Apfelsaft, den ich tagsüber bei Bedarf schluckweise trinken soll. Da meine Verdauung nicht gestört ist, bleibt mir der sonst übliche Einlauf erspart. Für die Nacht bekomme ich noch einen Wadenwickel. Bei all dem fühle ich mich so elend, daß mir im Grunde alles egal ist, was mit mir geschieht.

—

Auch während der Ostertage werden die Mandeln eingepinselt und die Halswickel beibehalten. Da das Fieber kräftig gesunken ist, unterbleibt wenigstens der nächtliche Wadenwickel. Dabei fühle ich mich weiter wie gerädert, und bei der hauptsächlich aus Kompott bestehenden Schonkost kann ich auch keine neuen Kräfte sammeln.

Dennoch fühle ich mich am **Dienstag (11.04.1944)** fast beschwerdefrei und hoffe, am **Mittwoch** aus dem Revier entlassen zu werden.

Doch in der Nacht stellen sich Gliederschmerzen und unbestimmte Allgemeinbeschwerden ein. Ich fühle mich richtig krank. Dann treten auch noch Schmerzen in der Nierengegend auf, und der Harn nimmt eine braunrote Färbung an. Ich führe das auf die roten Lutschtabletten zurück, doch der Stabsarzt, der hier Visite macht, überweist mich kurzerhand ins Reservelazarett Hamm.

—

Dort stellt der Arzt am **Donnerstagmorgen (13.04.1944)** bei der Aufnahmeuntersuchung eine „Feldnephritis" fest. Wie er mir erklärt, handelt es sich dabei um eine entzündliche Nierenfunktionsstörung, die häufig als Folge einer eitrigen Hals- und Madelentzündung auftritt.

Aus gewissen weiteren Äußerungen entnehme ich, daß er die mir im Revier zuteil gewordene Behandlung für nicht umfassend genug hält, obwohl ich selbst den Eindruck hatte, daß man sich dort bestimmt genug um mich gekümmert hat.

Hier im Lazarett muß ich mich als erstes einer Nierenfunktionsprüfung unterziehen. Das bedeutet, daß ich unter Aufsicht schnell hintereinander drei 0,5-Liter-Krüge lauwarmen, widerlich schmeckenden Tee trinken und dann alle 30 Minuten Wasser lassen muß. Dazu stellt mir eine Schwester einen Karton voller Gläser unters Bett, in die ich dann der Reihe nach hineinpinkeln soll.

Nach der ersten halben Stunde geht der Harn noch ziemlich spärlich ab, die volle Stunde aber kann ich kaum erwarten, denn ich habe das Gefühl, als müßte mir jeden Augenblick die Blase platzen. Als es endlich soweit ist, kommt ein Strahl, der fast dem Glas den Boden ausschlägt. Das Glas wird restlos voll und ein weiteres noch zu zwei Dritteln. Die weiteren Proben verlaufen dann ruhiger, und am Abend lobt mich die Schwester, die den Karton abholt, daß ich es so gut gemacht habe. Gleichzeitig sagt sie mir, daß ich zunächst noch etwas fasten muß, ab **Freitagmittag (14.04.1944)** dann *„Nierendiät II"* bekommen werde.

—

Zunächst fällt mir das Fasten nicht schwer, doch als dann ein Slowake mit einem Servierwagen für die ganze Stube das Mittagessen bringt und mir der Essensduft in die Nase steigt, verspüre ich plötzlich Hunger und mein Magen knurrt wie ein wütender Fleischerhund.

Unter jedem Teller liegt ein Zettel mit dem Namen des Patienten, für den das Essen bestimmt ist. Wir liegen zu acht Mann in diesem Zimmer, in je vier Betten rechts und links von der Tür mit dem Kopfende zur Wand und einem Gang in der Mitte.

Der Älteste von uns liegt in meiner (der rechten) Reihe am Fenster. Er ist Major mit einer eindrucksvollen Ordensschnalle an seinem Waffenrock, der auf einem Bügel hinter dem Kopfende seines Bettes hängt. Zwischen ihm und mir liegt ein jüngerer Soldat, der aufgedunsen ist wie ein Luftballon und zur Entwässerung *„Obsttage"* bekommt. Uns gegenüber liegen vier Verwundete, von denen drei Vollkost bekommen. Alle anderen bekommen Nierendiät wie ich.

Meine erste Mahlzeit setzt sich zusammen aus Kartoffelpüree, Spinat und zwei Spiegeleiern. Das Essen sieht zwar gut aus, schmeckt aber äußerst fade, weil offenbar überhaupt kein Salz verwendet wurde. Als Nachtisch gibt es ein Schälchen Birnenkompott.

Nach etwa einer Stunde stelle ich enttäuscht fest, daß die Diät nicht nur nicht schmeckt, sondern auch nicht sättigt. Ich habe nämlich schon wieder ordentlichen Hunger, als um 15 Uhr ein Glas Tee und zwei Scheiben *„Nierenbrot"* gebracht werden, das wie Zwieback aussieht, aber nach fast gar nichts schmeckt. Medikamente bekomme ich nicht.

Das einzige Problem ist, bei der Diät einigermaßen satt zu werden. Doch mit Hilfe des menschenfreundlichen Slowaken ist auch dieses Problem schnell gelöst. Er hat nämlich ein Herz für junge Männer und daher immer ein paar „Nachschläge" für uns bereit. Die sind allerdings genauso fade wie die Hauptmahlzeit.

Dafür springen dann aber die Verwundeten ein und verlangen ihrerseits Nachschläge, die sie dann uns Diätlern zukommen lassen, sobald der freundliche Slowake das Zimmer verlassen hat. Oft ekelt meinen Bettnachbarn, der den Körper voller Wasser hat, das Essen derart an, daß er mir gerne seinen „*Obsttag*" rüberschiebt. So komme ich schnell dazu, regelmäßig rundum satt zu werden, denn mein Mittagessen setzt sich je nach Appetit zusammen aus zweimal „*Nierendiät II*", einmal Vollkost und oft genug dem „*Obsttag*" meines Nachbarn.

Bei dieser Verpflegung komme ich sehr schnell wieder zu Kräften, und weil ich auch keinerlei Schmerzen mehr verspüre, fange ich an, den Lazarett-Aufenthalt regelrecht zu genießen. Das ist mir auch schon deswegen möglich, weil ich – verglichen mit den anderen Nierenkranken – am leichtesten erkrankt bin.

Vor allem der Major scheint ernsthaft krank zu sein, denn er beteiligt sich kaum an der allgemeinen Unterhaltung. Wohl auch, weil er einer anderen Generation angehört als wir „jungen Hüpfer", liest oder döst er einfach vor sich hin. Mein Bettnachbar mit der Wasserintoxikation liegt fast nur apathisch da oder stöhnt leise vor sich hin. Bei ihm scheinen Herz und Nieren nicht richtig zu funktionieren. Dafür sind die drei Verwundeten im eigentlichen Sinne überhaupt nicht „krank" und bestreiten auch im wesentlichen die Unterhaltung. Sie berichten aber nicht nur von ihren Erlebnissen in Rußland, sondern überlegen vor allem, ob und wie sie einen nochmaligen Fronteinsatz verhindern können.

Am **Donnerstag, dem 20. April 1944,** wird der eintönige Lazarettalltag angenehm unterbrochen: Während Adolf Hitler auf seinem „Berghof" auf dem Obersalzberg bei Berchtesgaden die Glückwünsche der Wehrmacht, der Waffen-SS und Prominenter aus Partei und Regierung zu seinem 55. Geburtstag entgegennimmt, kommt eine Abordnung der „NS-Frauenschaft Hamm" zu uns ins Lazarett, um aus Anlaß von des „Führers Geburtstag" die kranken und verwundeten Soldaten zu besuchen und „Liebesgaben" an sie zu verteilen. So bekommt jeder außer Gebäck und Süßigkeiten auch etwas zum Lesen, zehn Zigaretten und eine Flasche französischen Sekt.

Natürlich überbringen uns die Damen auch Grüße und Genesungswünsche der örtlichen Parteileitung und versuchen, uns in einfühlsamen Gesprächen ein wenig aufzuheitern.

Sobald sie ihren Besuch beendet und unser Zimmer verlassen haben, tausche ich meine Zigaretten bei einem starken Raucher unter den Verwundeten gegen seine Flasche Sekt ein.

—

Am **Samstagabend (22.04.1944)** ertönen plötzlich auf dem Dach des Lazaretts und in der ganzen Stadt die Luftschutzsirenen und verkünden „Fliegeralarm". Alle, die aufstehen können, müssen unverzüglich den Keller aufsuchen, wo in den Fluren in langen Reihen Betten aufgestellt worden sind.

Zwischen 18 und 20 Uhr ist dann die Hölle los. Wir hören deutlich das Brummen der Flugzeugmotoren, das deutsche Flakfeuer und die Detonationen der berstenden Bomben. Das ganze Gebäude erzittert und bebt in seinen Grundmauern, die Unterhaltung ist verstummt und alle horchen gespannt auf die Geräusche des Infernos, das sich draußen abspielt, um in etwa abzuschätzen, ob die Bomben weiter entfernt oder in unserer Nähe niedergehen.

Als endlich „Entwarnung" kommt, dränge ich – wie viele andere auch – nach draußen, um frische Luft zu schnappen, aber auch, um zu sehen, was draußen geschehen ist. Wir erkennen riesige Rauchwolken über dem Westen der Stadt und dem Bahnhofsviertel. Doch mit der frischen Luft, die wir einatmen wollen, ist es nicht weit her, denn sie ist verpestet durch Qualm, Staub und Brandgeruch.

Bis in die Nacht hinein können wir von unseren Fenstern aus noch viele schwarzrote Feuersäulen am westlichen Horizont beobachten. Wie wir später erfahren, sind bei diesem ersten großen Bombenangriff auf Hamm 234 Menschen umgekommen.

—

Indessen schreitet meine Genesung, nicht zuletzt infolge der ausgezeichneten Ernährungslage, zügig fort, so daß ich bereits am **Mittwoch (26.04.1944)** aus dem Lazarett entlassen werden kann. Bei der Abschlußvisite bekomme ich in einem verschlossenen Briefumschlag meine Krankenpapiere ausgehändigt, mit denen ich mich dann in der Argonnerkaserne bei der Genesenden-Batterie melden soll.

Dort auf der Schreibstube sitzt ein Gefreiter, der mir den Brief abnimmt und mir dann ein Zimmer zuweist, in dem ich die nächste Zeit verbringen soll. Also hole ich meine Sachen von der 2. Marschbatterie herüber und ziehe in ein Sechs-Mann-Zimmer ein, in dem aber nur einer liegt, der sich freut, nun Unterhaltung zu bekommen. Er ist wegen Furunkulose im Genick im Lazarett operiert worden und hat noch immer Schwierigkeiten, seinen Hals zu bewegen.

Im übrigen mache ich die Erfahrung, daß es hier im Grunde niemanden interessiert, wovon man „genesen" möchte. Entscheidend ist lediglich, daß man im Lazarett war und dadurch den Anspruch auf eine gewisse Schonzeit erworben hat. Dazu gehört, daß die Genesenden von jeglichem Dienst befreit sind und sich die Zeit zwischen den Mahlzeiten nach eigenem Gutdünken vertreiben können.

Da man Ausgang nur nach einer vorhergehenden Untersuchung bekommen kann, bleiben die meisten in der Kaserne. Dabei ist Kartenspielen auf den Zimmern oder im Besucherraum die Hauptbeschäftigung. Daneben gibt es aber auch begnadete Erzähler, die ihre zwischen Dichtung und Wahrheit angesiedelten Kriegs- und Zivilerlebnisse zum besten geben.

—

Ein weiterer Vorteil dieser Einheit ist der Anspruch auf Genesungsurlaub, dessen Dauer sich weniger nach der Art der Erkrankung als nach der Dauer des Lazarettaufenthalts richtet. So kann ich am **Sonntag (30.04. 1944)** bereits einen zehntägigen Genesungsurlaub antreten.

Da ich morgens gleich mit dem ersten Zug losfahre, bin ich schon am frühen Nachmittag in Warburg und kann meinen Freund Hermann Kirschner aufsuchen. Wir gehen auf mein Zimmer und machen uns über die beiden Flaschen Sekt her, die ich mitgebracht habe. Natürlich muß ich ihm alles erzählen, was ich inzwischen erlebt habe.

Nachdem wir den Sekt getrunken haben, ziehen wir in die Stadt, wo wir ein paarmal die Hauptstraße rauf- und runterspazieren, aber keinen einzigen Bekannten treffen, wie wir eigentlich gehofft hatten.

Da Hermann als angehender Bauingenieur tagsüber als Maurerpraktikant arbeiten muß, treffen wir uns an den folgenden Tagen nur nach Feierabend und machen bei dem milden Frühlingswetter mit unserem Schäferhund Argos ausgedehnte Spaziergänge durch das Stiepen- und Klapperwäldchen, sowie zum Hainturm und an der Diemel entlang.

Am **Dienstag (01.05.)** und **Sonntag (07.05.1944)** gehen wir ins Kino und sehen uns den Heinz-Rühmann-Film *„Ich vertraue dir meine Frau an"* und das Lustspiel *„Johann"* mit Theo Lingen in der Hauptrolle an.

—

Am **Mittwoch (10.05.1944)** muß ich nach Hamm zurückkehren, wo ich zum Wochenende – am **Samstag, dem 13. Mai 1944** – von der Genesenden-Batterie wieder in die 2. Marschbatterie überstellt werde.

Hier sind wir in einem Block untergebracht, der nur wenige Meter von dem Zaun entfernt ist, der das Kasernengelände gegen eine große Wiese abgrenzt. Und in dieser Wiese befindet sich – keine zehn Meter vom Zaun entfernt – ein mit Wasser gefüllter Bombentrichter, der von Molchen und

Kröten, hauptsächlich aber vom Grünen Teichfrosch (Rana esculenta) bevölkert wird. Diese Froschart beginnt ihr Fortpflanzungsgeschäft erst, wenn der Frühling richtig begonnen hat, also erheblich später als die Erdkröte (Bufo bufo) und der Braune Grasfrosch (Rana temporaria), und ist jetzt offensichtlich voll dabei.

Wenn A.E.Brehm schon 1868 in seinem *„Tierleben"* schreibt: *„Kleine umbuschte Teiche, auf deren Spiegel sich Seerosen wiegen, Gräben, die wenigstens den größten Teil des Jahres über Wasser behalten, sind seine Lieblingssitze, nebst ihnen Sümpfe, Brüche und Moräste. An solchen Gewässern macht er sich nicht nur dem Auge, sondern auch dem Ohre sehr bemerkbar",* so hat er sich noch sehr zurückhaltend ausgedrückt, denn ausgerechnet des Nachts und im Morgengrauen veranstalten die Männchen mit ihrem Gequake einen Höllenlärm, der uns den Schlaf raubt und damit fast zur Verzweiflung bringt.

Wir nehmen schon alle möglichen Gegenstände, vor allem Holzstücke und Steine, mit aufs Zimmer, die wir, wenn es zu arg wird, voller Wut in den künstlichen Teich werfen. Dann ist es zwar einen Augenblick ruhig, doch anschließend geht das Gequake mit voller Lautstärke weiter, gerade so, als ob uns die Frösche verhöhnen wollten.

So kommt es, daß wir nie richtig ausgeschlafen sind, denn an den Froschlärm kann man sich einfach nicht gewöhnen. Zum Glück brauchen wir keinen regulären Dienst zu leisten und können uns tagsüber ausruhen, aber wir werden nervös und reizbar, weil uns ständig der Nachtschlaf entzogen wird.

Und wenn immer wieder Kommandos zusammengestellt werden, die in der Stadt Aufräumungsarbeiten leisten müssen, so nehmen wir nur widerwillig daran teil, denn eigentlich sind Marschbatterien dazu da, voll ausgebildete Soldaten bereit zu halten, um sie auf Anforderung der kämpfenden Truppe zur Verfügung zu stellen, und nicht, um Arbeitseinsätze zu leisten. Allerdings läßt sich angesichts der großen Zerstörungen in der Stadt die zwingende Notwendigkeit hierzu sicher nicht von der Hand weisen.

Solche Anforderungen und dazu die Listen der abzustellenden Soldaten werden täglich an das Schwarze Brett angeschlagen. Meistens sind es Anforderungen von der Ostfront, wo die deutschen Verluste zur Zeit besonders hoch sind. – Schon am 2. April hat die Rote Armee bei Jassy den Pruth überschritten und inzwischen fast ganz Rumänien besetzt, und seit dem 12. Mai ist die gesamte Krim wieder in russischer Hand.

Am 18. Mai ist mit der Besetzung des völlig zerstörten Klosters auf dem Monte Cassino durch die Alliierten die über vier Monate erbittert geführte Schlacht um die „Gustav-Linie" zu Ende gegangen, bei der 12.000 alliierte und 20.000 deutsche Soldaten den Tod gefunden haben. So ist es eigentlich verwunderlich, daß keine Gesuche um Truppenverstärkung aus Italien kommen.

Neben diesen Anforderungen der Fronttruppen werden auch ständig Interessenten für irgendwelche Sonderlehrgänge gesucht, und es gibt Kameraden unter uns, die sich für jeden Lehrgang melden, um dadurch einer Abstellung an die Feldtruppe zu entgehen.

So werden augenblicklich Teilnehmer für einen Lehrgang gesucht, in dem in Schongau am Lech Entfernungsmesser ausgebildet werden sollen. Daneben werden Leute gesucht, die in Baden bei Wien an einem Ausbildungslehrgang zum Scheinwerferführer am „60 cm-Werfer" teilnehmen wollen. Und ständig werden auch Unteroffizier-Lehrgänge angeboten, weil besonders viele Unterführer an den Fronten ausgefallen sind.

Mich reizt keiner dieser Lehrgänge: E-Messer kann ich nicht werden, weil ich nicht räumlich sehen kann, einen 60 cm-Scheinwerfer zu führen, strebe ich auch nicht an, wenn schon, dann müßte es ein „200 cm-Flakscheinwerfer" sein, und einen Unterführer-Lehrgang habe ich gerade hinter mir und noch in recht unangenehmer Erinnerung. So melde ich mich zu keiner Sonderausbildung, sondern warte einfach ab, was auf mich zukommt.

Besatzer oder Besucher? –
Als deutscher Soldat in Frankreich

Die Lage ändert sich schlagartig, als zu **Pfingsten (28./29.05.1944)** ein Anschlag am Schwarzen Brett erscheint, in dem die Anforderung von „Ersatz in großem Umfange" für eine Heeresflak-Abteilung angekündigt wird, die in Frankreich im Rahmen der neu aufgestellten 116. Panzerdivision aufgebaut werden soll.

Von nun an studieren wir die täglichen Anschläge am Schwarzen Brett besonders sorgfältig und können es kaum erwarten, nähere Einzelheiten hierzu zu erfahren. Denn wir hoffen inständig, daß wir in diesem Zusammenhang nach Frankreich und nicht nach Rußland abgestellt werden, und malen uns in den rosigsten Farben aus, wie gut wir es im besetzten Frankreich haben werden.

Da schlägt am 7. Juni die Nachricht von der Landung der Amerikaner, Briten und Kanadier in der Normandie wie eine Bombe ein und zerstört mit einem Schlage alle unsere Träume. Denn nun haben die Alliierten den Krieg nach Frankreich zurückgebracht, und da wird es statt des erwarteten Etappenlebens wohl bald einen Fronteinsatz geben.

Die Hochstimmung ist uns gründlich vergangen, und unsere Überlegungen gehen nun in eine andere Richtung. Wir haben keine Angst vor einem Fronteinsatz, denn wir fühlen uns gut ausgebildet und in der Lage, unsere Waffen und Geräte zu beherrschen. Auch sind wir es allmählich leid, hier in Hamm zwischen den Ruinen Aufräumarbeiten zu leisten. Zwar besteht theoretisch noch immer die Möglichkeit, daß wir nach Rußland abgestellt werden könnten, aber diese Alternative verdrängen wir einfach und ziehen sie nicht mehr ernsthaft in Erwägung.

—

Dann endlich – am **Fronleichnamstag, dem 8. Juni 1944** – erscheint der sehnlichst erwartete Anschlag am Schwarzen Brett mit einer langen Liste derer, die zur „Heeresflakabteilung 281" nach Frankreich abgestellt werden sollen. Dabei sind alle Soldaten nach den Funktionen aufgeführt, die sie bei der Feldabteilung ausführen sollen, nämlich als Kraftfahrer, Funker, Fernsprecher, Bedienungsleute für die 8,8 cm-Kanonen und 2 cm-Flakgeschütze, aber auch für das Kommandogerät und das Kommandohilfsgerät. Unter den letzteren sind auch Walter Feikes aus der 1. Batterie, den ich von der optischen Erprobung in Dänemark her kenne, und ich aufgeführt.

Während des Feiertags läßt man uns noch in Ruhe, doch am **Freitag** und **Samstag** kommt Hektik auf, denn wir müssen für den Fronteinsatz neu eingekleidet und ausgerüstet werden.

Unsere bunten Ausgehuniformen geben wir endgültig auf der Kammer ab und erhalten neue feldgraue Stoff- und Drillichuniformen. Auch Karabiner und 30 Schuß Munition werden an jeden ausgegeben, ferner neue Stahlhelme und Gasmasken, Seitengewehre, Brotbeutel und Feldflaschen.

Mit dieser Aktion wird die Zeit bis Samstagmittag voll ausgefüllt. Danach gibt es Ausgang und am **Sonntagmorgen** Gelegenheit zum Kirchgang. Der Rest des Sonntags ist als Ruhetag gedacht, doch einige können es sich nicht verkneifen, in die Stadt zu gehen.

Wir anderen – die meisten – liegen auf unseren Betten und diskutieren die Verhältnisse, die uns in Frankreich wohl erwarten. Ich selbst bin neugierig auf die Zivilbevölkerung und hoffe, bei dieser Gelegenheit meine Französischkenntnisse etwas aufbessern und erweitern zu können.

—

Als Abreisetag ist **Montag, der 12. Juni 1944,** vorgesehen. Morgens beim Frühappell gibt der Spieß nähere Einzelheiten dazu bekannt. Dann ist dienstfrei, damit wir in Ruhe unsere Sachen packen können. Erst um 18.30 Uhr sollen wir abmarschbereit vor unserem Kasernenblock antreten. Der Abmarsch zum Bahnhof ist für 19 Uhr vorgesehen, wo der Sammeltransportzug um 20.30 Uhr abfahren soll. Das Sachenpacken und Briefeschreiben nimmt aber bei weitem nicht den ganzen Tag in Anspruch, so daß reichlich Zeit zum Kartenspielen und Unterhalten bleibt.

Ab 18 Uhr tauchen dann die ersten vor dem Gebäude auf, als ob sie den Abmarsch nicht erwarten könnten, und kurz vor 18.30 Uhr stehen alle Abzustellenden in Dreierreihen angetreten vor dem Block: am rechten Flügel die Kraftfahrer, dann folgen die Funker und Fernsprecher, die Angehörigen der Meßstaffel, die 2 cm-Kanoniere und schließlich das Gros der Mannschaft, die 8,8 cm-Geschützbedienungen. Es sind fast alles Mannschaftsdienstgrade, nur etwa ein Dutzend Unteroffiziere und ein Stabswachtmeister als Transportführer gehören dazu. Er liest nun sämtliche Namen vor, um die Vollzähligkeit festzustellen.

Der Spieß der Marschbatterie, der mit einem Schreibstubengefreiten herausgekommen ist, um uns zu verabschieden, spricht noch ein paar aufmunternde Worte zu uns und wünscht uns „*Hals- und Beinbruch*", was im Landsersinne ja „*viel Glück*" bedeuten soll. Dann übernimmt der Transportführer das Kommando und befiehlt: „*Gepäck aufnehmen!*", „*Rechts um!*" und „*Im Gleichschritt, marsch!*", und schon marschiert der lange Zug über den Kasernenhof und verläßt durch das große Tor die Argonnerkaserne für immer.

Unter dem Lied „*Schwarzbraun ist die Haselnuß*" marschieren wir bei mildem Sommerwetter durch die teilweise zerstörte Stadt zum Güterbahnhof, wo der Transportzug schon für uns bereitsteht.

Es ist ein ziemlich langer Zug mit einem Gepäckwagen und einem Personenwagen für die Transportleitung gleich hinter der Lok, einer Reihe von Güterwagen für uns Soldaten, die bereits mit Strohballen und Getränkekisten ausgestattet sind, sowie einigen Spezialwagen für das Revier, den Fourier, die Feldküche und die Feldbäckerei am Ende des Zuges.

Unmittelbar nach unserer Ankunft werden wir auf die einzelnen Waggons verteilt, können sie auch gleich besteigen und unser Gepäck verstauen. Die Güterwagen werden so belegt, daß alle bequem auf dem Boden liegen können. Dabei stellt sich heraus, daß meine Waggonbesatzung ausschließlich aus Funkern, Fernsprechern und Meßstaffel-Leuten besteht.

Kurz nach 20 Uhr wird eine Lok angekoppelt, und pünktlich um 20.30 Uhr verläßt der Zug den Bahnhof von Hamm und bringt uns quer durch den „Kohlenpott" über Wiescherhöfen, Pelkum, Bergkamen, Beckinghausen, Lünen-Süd, Waltrop, Horneburg und Suderwig zunächst nach Recklinghausen, wo die Lok Wasser und Kohlen aufnimmt. Dann geht es in die einbrechende Nacht hinein weiter über Herten, Westerholt, Buer-Nord, Gladbeck-West, Bottrop-Süd und Osterfeld nach Oberhausen.

Obwohl es bereits dunkel ist, hat sich kaum jemand zum Schlafen niedergelegt. Fast alle stehen an den teilweise geöffneten Schiebetüren oder den Fenstern, weil sie die Überquerung des Rheines noch erleben wollen. Es gehen nämlich die tollsten Gerüchte darüber um, auf welchem Wege wir wohl nach Frankreich fahren werden.

Als wir in Duisburg-Hochfeld den Rhein überquert haben und sehen, daß es nun am Rhein entlang nach Süden weitergeht, übermannt uns doch die Müdigkeit und wir machen es uns im Strohlager so gemütlich wie möglich. So erlebt kaum noch jemand wachend die Durchfahrt durch die Bahnhöfe von Uerdingen, Osterath, Neuß, Norf und Nievenheim.

Als ich aus einem traumlosen Schlaf erwache, ist es bereits heller Tag, und ich stelle als erstes fest, daß unser Zug steht.

Ich klettere also über meinen Schlafnachbarn zum Fenster und suche mit den Augen den Bahnsteig ab. Gar nicht weit von unserem Waggon entfernt entdecke ich ein Schild mit der Aufschrift *„Dormagen".*

Sofort wecke ich den langen Funker, über den ich gerade gestiegen bin mit einem Tritt in die Seite. – Erschreckt wacht er auf und fragt schlaftrunken unter Gähnen: *„Wat is denn los?"*

„Sieh mal, wo wir sind!" fordere ich ihn auf.

„Wo denn?" fragt er schlaftrunken zurück.

„In Dormagen", antworte ich.

„Waaas?" ruft er aus und fährt hoch, wie von einer Tarantel gestochen. Gerade als er sich an den Türspalt drängt, ruckt der Zug an, um seine Fahrt fortzusetzen. So kann er noch gerade dem Fahrdienstleiter einen Gruß an seine Mutter zurufen, dann verläßt der Zug bereits den Bahnhofsbereich.

"Woher weißt du denn, daß ich aus Dormagen bin?" fragt er nun erstaunt. Doch als ich ihn daran erinnere, daß wir uns bereits am 27. August 1943 beim Grasrupfen getroffen und miteinander gesprochen haben, erinnert er sich, daß wir damals auch über unsere Heimatstädte geredet haben. Nun machen wir uns auch mit dem Namen bekannt und werden mit der Zeit die besten Freunde. – So beginnt praktisch mit einem Fußtritt im Transportzug eine lebenslange Freundschaft zwischen Martin Schmidt und mir, die Krieg und Gefangenschaft überdauert hat und erst mit seinem frühen Tode am 14. November 1985 zu Ende ging.

—

Von Dormagen aus fährt unser Zug weiter über Worringen und Longerich nach Köln-Nippes, wo er bis zum **Mittwochmorgen (14.06.1944)** stehenbleiben soll.

Da wir noch den ganzen Tag vor uns haben, können wir den Zug verlassen und in die Stadt gehen, müssen aber spätestens bis 22 Uhr wieder zur Stelle sein. Die Kameraden, die hier in der Nähe wohnen, rufen natürlich ihre Angehörigen an, und mit der Zeit füllt sich der Bahnsteig mit Besuchern, die dann mit ihren Soldaten in die Stadt gehen. Auch Martin trifft sich mit seiner Mutter zu einem Stadtbummel.

Ich selbst mache mich mit einigen Kameraden auf den Weg, um mir die Bombenschäden anzusehen. Zum Mittagessen, das von einer Kölner Kaserne herangebracht wird, sind wir jedoch wieder zurück und vertreiben uns den Nachmittag mit Kartenspielen, während der Küchen- und Fourierwagen mit Marschverpflegung aus einem Wehrmachtsdepot beladen werden. Bis spät in die Nacht hinein hält das Erzählen der Stadtbesucher an, die über ihre jüngsten Erlebnisse berichten.

Am anderen Morgen gegen 9 Uhr wird eine neue Lokomotive vorgespannt, und um 9.15 Uhr geht die Fahrt los, die über Köln-Hauptbahnhof, Köln-Ehrenfeld, Horrem, Sindorf und Buir zunächst nach Düren führt, wo wir kurzen Aufenthalt haben, damit wir die Bahnhofstoiletten benutzen können. Dann aber geht es in zügiger Fahrt weiter über Langerwehe, Nothberg, Eschweiler, Eilendorf und Burscheid nach Aachen, wo wir wieder kurz anhalten, damit die Lok Wasser aufnehmen kann. Von der Stadt selbst bekommen wir kaum etwas zu sehen, weil das Wetter trübe ist und wir lieber im Waggoninneren Karten spielen, statt an den Fenstern und Türen zu stehen und die vorbeigleitende Kulisse zu beobachten.

Unsere Fahrt geht indessen in südwestlicher Richtung auf die belgische Grenze zu, die wir bei Hergenrath überqueren. Über Herbesthal, Limbourg, Verviers, Pepinster und Herve erreichen wir Lüttich, fahren aber ohne Aufenthalt weiter durch das Maastal nach Namur, wo wir am späten Abend in den Bahnhof einlaufen.

Hier gibt es als erstes warmes Essen des Tages eine steife Erbsensuppe aus der eigenen Gulaschkanone und auch heißen Kaffee, um unsere Feldflaschen damit zu füllen. Nach dem Verpflegungsempfang wird der Zug auf ein Nebengleis umgesetzt, wo wir die kommende Nacht verbringen.

—

Am **Donnerstagmorgen (15.06.1944)** geht es bereits im Morgengrauen weiter. Zunächst fahren wir an der Maas entlang über Yvoir nach Dinant zur französischen Grenze, die wir bei Givet überqueren.

Über Fumay, Revin, Montherme, Braux und Nouzonville geht es weiter bis Charleville-Mézières, wo wir am frühen Nachmittag ankommen und auf einen Gefangenen-Transportzug treffen, der auf dem Nachbargleis steht.

In den Waggons, deren Türen verrammelt und deren Fenster mit Stacheldraht verbarrikadiert sind, befinden sich gefangengenommene Neger, die aber offenbar guter Laune sind, denn aus dem uns genau gegenüberstehenden Waggon ertönt Blasmusik, bei der wir sofort einen alten Song erkennen, den wir in der Schule gelernt haben: *„It's a long way to Tipperary".* Das wundert uns sehr, denn wir hatten gedacht, daß dieses Lied aus dem Ersten Weltkrieg längst vergessen worden sei, wohl aber nicht mit der britischen Traditionspflege gerechnet.

Jedenfalls versammeln sich nun einige von uns vor diesem Waggon und versuchen, mit den Insassen ins Gespräch zu kommen. Mit unseren primitiven Schulenglisch-Kenntnissen geben wir den Schwarzen zu verstehen, daß wir gerne ein paar Neger-Spirituals hören möchten. Doch die Farbigen sind nicht dazu zu bewegen, für uns zu singen.

Ein älterer Mann mit leicht angegrauten Haaren, der aus *„Onkel Tom's Hütte"* entsprungen sein könnte, gibt uns durch das Fenster in erstaunlich gutem Deutsch zu verstehen: *„Wir sein English soldiers. Amerikanisch Neger singen und tanzen. Wir kennen das nicht. Wir sein British soldiers."*

Als plötzlich eine „Ju 87" über uns hinwegfliegt, meint er: *„Das ist ein Stuka, nicht wahr?"*

„Das ist richtig", bestätigen wir und fragen: *„Woher kennst du den denn?"*

„Ich kennen alle deutschen Stukas", entgegnet er stolz. *„Junkers, Messerschmitt, Focke-Wulf, ich kennen sie alle."*

Wir sind erstaunt, daß er die deutschen Flugzeugbauer kennt, wenn er auch alle Modelle als „Stukas" (Sturzkampfbomber) bezeichnet. Bevor wir darauf antworten können, pfeift auch schon die Lokomotive und der Negerzug setzt sich in Bewegung.

Als er verschwunden ist und den Blick freigibt, sehen wir, daß wir unmittelbar über einer Straßenunterführung stehen. Unten auf der Straße fährt ein schwarzer Zivilist mit einem einspännigen Plateauwagen auf den

Straßentunnel zu. Als er uns erblickt, schüttelt er die geballte Faust gegen uns und macht dann mit der flachen Hand eine bezeichnende Bewegung quer über seinen Hals, die wir nicht anders deuten können, als daß man uns den Hals durchschneiden müßte. Bevor wir auf diese freundliche Geste reagieren können, ist er schon unter dem Bahndamm verschwunden. – Immerhin wissen wir nun, was man hier an der belgisch-französischen Grenze von uns hält, und bei manchem stellt sich ein mulmiges Gefühl ein.

—

Dasselbe erleben wir noch einmal, als wir am **Freitagmorgen (16.06.1944)** weiterfahren. Dieses Mal sind es einige Frauen, die nicht weit vom Bahndamm auf der Straße stehen und uns denselben „Gruß" entbieten.

Als wir auch während der Weiterfahrt dasselbe noch ein paarmal beobachten, sammeln wir beim nächsten Aufenthalt Schottersteine, um sie für die nächste Begegnung dieser Art bereitzuhalten. – Die läßt nicht lange auf sich warten. Als wir nun aber einen Franzosen, der uns wieder auf die gleiche Weise den Garaus wünscht, gleich mit einem Steinhagel eindecken, geht er sofort in Deckung und gibt es auf, uns weiterhin zu drohen.

Allerdings werden diese Meinungsbekundungen immer seltener, je weiter wir uns von der Grenze entfernen. Im Landesinnern kommen sie dann überhaupt nicht mehr vor.

„Typisch Grenzbevölkerung!" meint ein Kamerad aus Stolberg, *„die ist hier genau so gehässig wie drüben in Belgien. Das weiß ich aus Erfahrung."*

Unser Zug rollt indessen am Oberlauf der Vence entlang nach Laumois-sur-Vence und bringt uns dann in südlicher Richtung bis zum Mittag über Rethel und Reims nach Saint Hilaire. Hier verbringen wir den Rest des Tages und die folgende Nacht.

Bis zum Einbruch der Dunkelheit haben wir Ausgang, und eine ganze Reihe von uns gehen auch in die Stadt. Bevor Martin und ich uns dazu entschließen können, erleben wir einen unliebsamen Zwischenfall: Bei ihrem Stadtbummel haben einige von uns eine Kantine aufgesucht, die hier von der deutschen Ortskommandantur unterhalten wird. Während die einen den Kantinenwirt abgelenkt haben, haben andere ihn bestohlen und Spirituosen und Süßigkeiten mitgehen lassen. Das hat er natürlich bemerkt, als die Diebe den Laden kaum verlassen hatten, und durch einen Boten unserem Transportführer gemeldet.

Damit ist uns zunächst der freie Nachmittag verdorben, denn es beginnt eine allgemeine Befragung derer, die in der Stadt waren, durch ihn und seine Begleitung. Dabei kommt heraus, daß die Diebe wahrscheinlich in einem bestimmten Waggon zu finden sind, nämlich in dem der 2 cm-Kanoniere. Da sich der Verdacht erhärtet, wird der Waggon untersucht, ohne jedoch irgendwelches Diebesgut zu entdecken. Erst auf einen anonymen Tip hin wird die Masse der Sore im Waggon der Feldbäckerei gefunden und sichergestellt.

Mit der Rückgabe der Sachen an die Kantine ist der Fall aber noch nicht abgeschlossen, denn nun fertigt der Transportführer einen „Tatbestandsbericht" an, der dem „Transportbericht" als Anlage beigefügt wird. Dieser Sonderbericht enthält die Namen aller Beteiligten und wird von zwei Unteroffizieren als Zeugen gegengezeichnet. Er geht mit uns zur Feldeinheit, so daß die Betroffenen damit rechnen müssen, dort sogleich nach ihrer Ankunft disziplinarisch belangt zu werden.

—

Am **Samstagmorgen (17.06.1944)** verlassen wir Saint Hilaire, fahren zurück nach Reims und dann über Jonchery-sur-Vesle, Fismes, Soissons, Attichy und Lamotte nach Compiègne, wo wir eine Stunde Aufenthalt haben. Die benutzen wir nicht nur dazu, uns ein wenig die Füße zu vertreten, sondern vor allem, um uns zu verproviantieren. Denn nun gibt es zum ersten Mal landesübliche Verpflegung: Statt des gewohnten Kommißbrots gibt es nun französische Rundbrote (boules de pain), Bauernbutter, Mettwurst (saucissons fumés) und Tee.

Hier am Rande des geschichtsträchtigen „Forêt de Compiègne" erfahren wir nun, daß die Fahrt nach Paris gehen wird. Das ist für Martin Schmidt eine willkommene Gelegenheit, nun von seinem Funklehrgang in der französischen Hauptstadt zu erzählen und sich als „alter Pariser" zu profilieren. Wie weit es sich dabei um Dichtung oder Wahrheit handelt, können wir nicht abschätzen, aber er ist der einzige von uns, der bereits in Paris war, und seine Schilderungen verkürzen uns auf unterhaltsame Weise die Wartezeit.

Die Weiterfahrt geht dann über Creil, Montataire und Chantilly nach Saint Denis, und abends laufen wir in die „Gare du Nord" von Paris ein.

Unser Transportzug hält auf dem ersten (östlichsten) Gleis des großen Sackbahnhofs. Kaum ist der Zug zum Stehen gekommen, da müssen wir schon auf dem Bahnsteig antreten, um für den kurzen Aufenthalt hier die nötigen Hinweise und Anordnungen entgegenzunehmen. Dann wird am Küchen- und Fourierwagen die Abendverpflegung ausgegeben.

Während unser Transportführer unterwegs ist, um bei einer Frontleitstelle den Standort der Heeresflakabteilung 281 zu erfragen, dürfen wir den Bahnhof nicht verlassen. Wer Geld umtauschen möchte, kann das hier im Bahnhof tun. Allerdings ist der Umtausch auf 20 Reichsmark pro Person beschränkt, für die wir dann 400 französische Francs erhalten, um Süßigkeiten und Reiseandenken kaufen zu können. Bis spätestens 19.30 Uhr haben sich alle wieder im Zuge einzufinden.

Nach diesen kurzen Informationen werden wir uns selbst überlassen. Natürlich sind wir neugierig auf diese Weltstadt und treten zumindest aus dem Bahnhof heraus auf die „Rue de Saint Denis". Einige gehen sogar bis zur nächsten Straßenkreuzung in Richtung Innenstadt, um einen Blick in die berühmte Einkaufsstraße „Rue La Fayette" zu werfen, die von hier aus südwestlich zur Opéra, der berühmten Pariser Oper, und nordöstlich als Ausfallstraße zum Vorort Pantin führt. Dabei sind wir von dem Betrieb auf den Straßen und im Bahnhof selbst tief beeindruckt, denn hier geht es zu wie in Friedenszeiten. Immer wieder treffen Personenzüge der SNCF (Société Nationale de Chemin de Fer Française) ein, denen vor allem Zivilisten, und besonders viele schöne Frauen, entsteigen, die aber alle sofort den Bahnhof verlassen und in die Stadt hinaus eilen.

So vergeht die Zeit wie im Fluge. Gegen 19 Uhr ist der Transportführer zurück und teilt uns mit, daß die gesuchte Einheit in der Normandie liegt. Kurz nach 19.30 Uhr ist dann eine zweite Lokomotive da, die den Zug aus dem Bahnhof zieht.

Als wir im Schrittempo durch das XVIII. Arrondissement fahren, können wir noch ein wenig vom Flair der Seine-Metropole aufschnappen. Während wir zwei Métro-Strecken kreuzen, können wir einige Züge beobachten, die hier oberirdisch durch die Häuserschluchten flitzen.

Über Saint Denis, Montateire, Creil, Clermont, Saint Just-en-Chaussée und Longueau fahren wir fast immer nach Norden und erreichen gegen Mitternacht Amiens, die Hauptstadt des Départements Somme, das zur Großregion „Picardie" gehört. Unser Zug hält auf einem Nebengleis, wo es ziemlich ruhig ist, so daß wir ausschlafen können.

—

Erst um 9 Uhr wird die Morgenverpflegung ausgegeben, und um 10 Uhr geht die Fahrt an diesem schönen sonnigen **Sonntagmorgen (18.06. 1944)** weiter. Dieses Mal verläuft sie in südwestlicher Richtung über Poix-de-Picardie nach Aumale und endet in Formerie.

Hier ganz in der Nähe soll das Dorf liegen, in dem der Stab der Heeresflakabteilung 281 zur Zeit stationiert ist. Deshalb müssen wir den Zug verlassen und den Rest des Weges mit unserem Gepäck zu Fuß zurücklegen.

Das Problem ist nur, daß wir weder den genauen Standort, noch den Weg dorthin kennen und uns irgendwie durchfragen müssen. Entweder waren die Informationen der Frontleitstelle zu ungenau oder der junge Leutnant, der uns von dort als Zugbegleiter mitgegeben wurde, ist dieser Aufgabe einfach nicht gewachsen.

Jedenfalls läßt er uns am **Montagmorgen (19.06.1944)** nacheinander in drei verschiedene Richtungen losmarschieren, ohne daß wir jedoch den richtigen Weg finden. – Wir halten zwar jedes Wehrmachtfahrzeug an, das uns begegnet, erfahren aber immer nur, daß es in der Richtung, in der wir marschieren, keine Heeresflakabteilung gibt. Das ist auch gar kein Wunder, denn die Einheit ist fast ohne jede Ausrüstung und überhaupt nicht als Heeresflak zu erkennen.

Darüber ist es bereits später Nachmittag geworden. Wir sind müde und verärgert und weigern uns, dieses irrsinnige Spiel noch weiter mitzumachen. Statt dessen verlangen wir, freiwillige „Späher" auszusenden, während der Rest von uns im Zuge bleibt oder sich den Ort ansieht.

Dem Verantwortlichen bleibt keine andere Wahl als diesem Vorschlag zuzustimmen. Es melden sich auch gleich vier Mann, die bereit sind, diesen Auftrag zu übernehmen, allerdings unter der Bedingung, ein Fahrrad gestellt zu bekommen. Der französische Bahnbeamte hat zwar nur zwei Diensträder, gibt aber auf unser Drängen noch zwei weitere heraus, die von Reisenden hier abgestellt worden sind.

Während die vier losradeln, sehen wir anderen uns das Städtchen Formerie an. In der kleinen Stadt gibt es keine besonderen Sehenswürdigkeiten, wohl aber allerhand zu kaufen: Eis, Gebäck und Kuchen, Kämme und Seife. Auch gibt es einige Bauernhöfe, wo wir frische Eier und kiloweise Butter erwerben können. Die meisten haben noch das ganze in Paris umgetauschte Geld und durchstreifen nun sämtliche Straßen und Gassen auf der Suche nach Geschäften und Bauerngehöften.

Zum Abendessen sind unsere vier Späher zurück und haben tatsächlich die Heeresflak gefunden, was gar nicht so einfach war, weil sie nur wenige Fahrzeuge und überhaupt keine Kanonen, an denen man sie sofort erkennen könnte, besitzt.

Da wir ohnehin unsere Sachen gepackt haben, verzichten wir auf eine achte Nacht im Zuge und marschieren mit der Abenddämmerung in südwestlicher Richtung los. Nachdem wir etwa zwei Kilometer zurückgelegt haben, überqueren wir die Département-Grenze zwischen Oise und Seine inférieure (heute: Seine maritime) und erreichen nach einem Vier-Kilometer-Marsch die Ortschaft Grumesnil. Damit sind wir nicht mehr in der Picardie, sondern in der nördlichen Normandie („Haute Normandie"). Durch das Dorf verläuft eine Straße, die Beauvais im Südosten mit Neufchâtel-en-Bray im Nordwesten verbindet. Diese Straße überqueren wir und marschieren noch etwa vier Kilometer auf einer Landstraße nach Haussez, wo der Abteilungsstab Quartier bezogen hat.

Bei etwas besserer Ortskenntnis hätten wir uns den Umweg nach Norden sparen können, denn Haussez hat einen Bahnhof, liegt an der Eisenbahnstrecke Beauvais-Dieppe und ist von Paris aus unmittelbar zu erreichen. Statt die zehn Kilometer zwischen Formerie und Haussez zu Fuß zurücklegen zu müssen, hätten wir auch mit der Bahn in einem Bogen über Forges-les-Eaux nach Haussez gelangen können.

Doch nun sind wir am Ziel und es ist müßig, darüber nachzudenken, wie wir bequemer hierher hätten kommen können. Zudem sind wir müde und abgekämpft und froh, daß wir am Ortsrand einen Bauernhof finden, wo wir in einer Scheune den Rest der Nacht verbringen können.

—

Am **Dienstagmorgen (20.06.1944)** sind der junge Leutnant und unser Stabswachtmeister schon in aller Frühe auf den Beinen, um die Geschäftsstelle der Abteilung zu suchen. Offenbar sind sie schnell fündig geworden, denn nach der Verpflegungsausgabe zum Frühstück müssen wir, nach Funktionen getrennt, vor der Abteilungsschreibstube antreten, die nur wenige hundert Meter entfernt ist. Dabei stelle ich fest, daß Walter Feikes und ich die einzigen sind, die eine Ausbildung am Kommandohilfsgerät hinter sich haben.

Nach dem Wegtreten können wir uns am Straßengraben im Grase niederlassen und den schönen sonnigen Tag genießen, bis fast gleichzeitig die drei Batteriewachtmeister der Abteilung eintreffen, um sich ihre Leute auszusuchen. Dabei kommen Walter und ich, ebenso wie die beiden Funker Martin Schmidt und Karl-Heinz Baumgart, zur 1. schweren Batterie, die etwa zwei Kilometer südwestlich von hier in dem Dorfe Ménerval liegt.

Während der Spieß mit seinem PKW dorthin zurückfährt, marschieren alle, die zu dieser Batterie kommen, zusammen mit drei Unteroffizieren an der Spitze, zu Fuß zu unserem neuen Standort.

Am Ortsrand werden wir schon vom Spieß mit einer Quartierliste erwartet. Ich gehöre gleich zur ersten Gruppe, die in einem vor dem Dorf gelegenen einzelnen Bauernhof mit der Hausnummer 19 einquartiert wird. Zufällig sind wir auch 19 Personen, nämlich 16 Mannschaften und drei Unteroffiziere, die hier im Wirtschaftsteil des Hauses in einem großen Lagerraum ihr Sammelquartier beziehen. Dabei gelingt es mir, einen Platz an der Wand zu ergattern und Martin Schmidt als Nebenmann zu bekommen.

Eine Stunde später müssen dann alle Neuzugänge vor der Schreibstube antreten, wo uns der Spieß, der sich nun als Hauptwachtmeister Basedow vorstellt, in seiner Batterie willkommen heißt und mit den ersten Informationen versorgt, die unerläßlich sind.

So erklärt er uns, daß die Heeresflakabteilung 281 als selbständige Einheit zur neuen 116. Panzerdivision unter Generalleutnant Graf von Schwerin gehört, deren taktisches Zeichen ein rennender Windhund in einem ovalen Felde ist. Dieses Emblem tragen sämtliche Fahrzeuge der Division und die Soldaten als Mützenabzeichen.

Zugleich erfahren wir, daß die Division noch nicht vollständig mit Fahrzeugen, Waffen und Geräten ausgerüstet worden ist, daß die einsatzbereiten Kampfverbände aber bereits an der Invasionsfront im Einsatz sind. Bis wir die uns zustehende Ausrüstung erhalten, haben wir Ordnungsdienst wie eine normale Infanterieeinheit zu versehen.

Dazu gibt er auch gleich die Verhaltensregeln bekannt, die wir unbedingt zu beachten haben. Zuerst weist er auf die *„Zehn Gebote für die Kriegführung des deutschen Soldaten"* hin, die hinten in unseren Soldbüchern vermerkt sind und die wir vor unserer optischen Erprobung in Dänemark bereits lernen mußten, macht uns aber gleichzeitig mit darüber hinausgehenden Vorschriften bekannt, die speziell für unsere Einheit gelten und auf die neu ausgebrochenen Kampfhandlungen in Frankreich zurückzuführen sind.

So haben wir in der Öffentlichkeit stets unseren Karabiner, die Patronentaschen und das Seitengewehr mitzuführen. Die Unterhaltung mit Franzosen in der Öffentlichkeit ist auf das Notwendigste zu beschränken, und wer mit einer Französin anbandelt, hat „drei Tage Bau" zu erwarten.

Wir nehmen diese Einschränkungen schweigend entgegen und sind natürlich enttäuscht, weil wir uns – zumindest soweit wir über französische Schulkenntnisse verfügen – auf die Begegnung mit der Zivilbevölkerung gefreut hatten.

Dem Spieß bleibt natürlich nicht verborgen, welchen Eindruck seine Ausführungen auf uns gemacht haben. So fragt er nach einer kurzen Pause in etwas verbindlicherem Tone: *„Hat noch jemand Fragen oder möchte jemand in eine andere Einheit versetzt werden?"*

Erst entsteht allgemeines Geraune, dann meldet sich durch Erheben einer Hand ein kleiner Mann, der im ersten Glied dem Spieß genau gegenübersteht, und ruft: *„Ja, ich!"*

„Wie heißen Sie?", fragt der Spieß.

„Obergefreiter Eichel, Herr Hauptwachtmeister!" ist die Antwort.

„Und wohin möchten Sie?" fragt der Spieß weiter.

„Wo bessere Beförderungsaussichten sind", antwortet der Kleine.

Ein belustigtes Raunen geht durch die Reihen; auch der Spieß kann sich ein Lächeln nicht verkneifen.

„So, befördert werden wollen Sie", meint er dann etwas nachdenklich und fährt nach einer kurzen Pause fort: *„Dann bleiben Sie mal schön bei uns. Zu gegebener Zeit werden wir dann weitersehen."*

Damit wendet er sich wieder uns allen zu mit den Worten: *„Sonst noch Fragen?"*

Als sich niemand meldet, teilt er uns nur noch mit, daß wir um 13 Uhr Essen fassen können und entläßt uns damit in die Quartiere. Bevor wir aber auseinander gehen, sehen wir uns erst mal den ulkigen Vogel an, der die allgemeine Aufmerksamkeit auf sich gezogen hat.

Er ist nicht nur der Kleinste der ganzen Truppe, sondern unterscheidet sich von allen anderen auch durch seine Aufmachung. Während wir nämlich Schiffchen oder Skimützen tragen, ziert seinen schwarzen Haarschopf eine zerknautschte Tellermütze. Eine einen Zentimeter breite Silberlitze auf seinen Schulterklappen weist ihn als Unterführer-Anwärter aus. Im zweiten Knopfloch seines Waffenrocks trägt er das Band der Ostmedaille (im Landserjargon *„Gefrierfleischorden"* genannt) und am linken Ärmel das bronzene Kraftfahrerabzeichen. Und während wir anderen Skihosen, Schnürschuhe und Stoffgamaschen tragen, steckt er in einer Stiefelhose mit ledernem Reitflecken und kurzen Stiefeln, die länger und enger als die üblichen „Knobelbecher" der Landser, aber erheblich kürzer als die Reitstiefel der Offiziere sind. Er legt also Wert darauf, sich von allen anderen deutlich zu unterscheiden. – Fünf Monate später lerne ich ihn näher kennen, als ich zum Fernsprechtrupp komme, wo er den Fernsprechwagen fährt. Vorerst aber verliere ich ihn völlig aus den Augen.

Der „Patron" des Hauses Nummer 19, das inmitten von Wiesen und Weiden liegt, und unser derzeitiger Quartiergeber ist ein Bauer, der hauptsächlich Viehzucht betreibt. Er bewohnt das Haus mit seiner Frau, einer Tochter, einer kleinen Enkelin und einem Mädchen aus Polen, das bei ihm als Magd arbeitet. Sein Schwiegersohn ist als Kriegsgefangener in Deutschland, arbeitet dort bei einem Bauern und schreibt regelmäßig, daß es ihm gut geht.

So nehmen die Bewohner des Bauernhofs unsere Einquartierung gelassen hin und sind sogar freundlich und hilfsbereit, vor allem natürlich gegenüber denen von uns, die etwas Französisch sprechen: Unteroffizier Frieling, Gefreiter Held, Martin Schmidt und ich. Deshalb betätigen wir uns als Dolmetscher für alle anderen und nutzen jede sich bietende Gelegenheit, um mit den Leuten zu sprechen und unsere Sprachkenntnisse dadurch zu erweitern. So kommen wir mit der Zeit neben unserem Schulfranzösisch auch im Umgangsfranzösisch immer besser zurecht.

Gleich am ersten Abend vereinbaren wir, daß wir täglich einen Eimer frische Milch bekommen. Bei einem Literpreis von 5 Francs (= 25 Pfennige) ist das nicht nur ein gesundes, sondern auch recht preiswertes Vergnügen. Andererseits freut sich die Bäuerin über die 100 Francs, die sie jeden Tag von uns bekommt. Wenn sie Butter herstellt, können wir kostenlos soviel Buttermilch bekommen, wie wir wollen.

Da wir bemüht sind, uns möglichst unaufdringlich und als Gäste zu benehmen und den Wohnbereich des Hauses in der Regel nicht betreten, gestaltet sich das Verhältnis zu unseren Gastgebern schon bald recht familiär, fast freundschaftlich. – Vor allem Martin setzt seinen ganzen rheinischen Charme ein, um den Frauen zu imponieren und sich mit der kleinen Céline anzufreunden, die ihn schon bald mit *„Monsieur Martin"* anredet und offenbar stolz darauf ist, daß ihr Freund mit 1,94 Metern Länge und 100 Kilo Gewicht sicher die beeindruckendste Persönlichkeit der ganzen Einquartierung ist.

—

Natürlich kann sich ein so gutes Verhältnis zwischen uns und den Franzosen erst mit der Zeit und dem näheren Kennenlernen, zudem auch nur während unserer freien Zeit, entwickeln, und die wird uns von vornherein beschnitten, denn schon am ersten Morgen nach unserer Ankunft – es ist **Mittwoch, der 21. Juni 1944** und Sommeranfang – geht es los.

Wir werden nämlich davon in Kenntnis gesetzt, daß um das ganze Dorf herum ein Verteidigungsring gelegt werden soll und dazu zahlreiche Ein-Mann-Deckungslöcher ausgehoben werden müssen. Dabei entfallen auf unser Quartier drei Löcher, die wir bis zum Mittag ausgraben sollen, und zwar an der Hecke hinter und neben dem Hof sowie an der höchsten Stelle der Wiese vor dem Gehöft. Diese beginnt gegenüber dem Hohlweg, an dem der Hof liegt, und steigt sanft an bis auf eine Höhe, von der aus man einen freien Blick auf die ganze Umgebung hat.

Wie befohlen, können wir beim Mittagsappell bereits „Vollzug melden" und erfahren nun, daß sämtliche Löcher nur des Nachts zu besetzen sind, bei Tage lediglich das Loch auf der Wiese, weil man von dort den Verkehr auf den Straßen und Wegen zwischen den verstreut liegenden Gehöften am besten beobachten kann, obwohl es ganz selten vorkommt, daß sich hier überhaupt einmal ein Zivilfahrzeug blicken läßt.

Nach der Mittagspause haben wir in der Dorfgaststätte eine Stunde Flugzeugerkennungsdienst durch unseren Batterieoffizier Leutnant Werthmann.

Danach ist bei der Feldküche allgemeines Kartoffelschälen. Das ist kein besonderes Vergnügen, weil es sich um alte Kartoffeln handelt, die irgendwo eingelagert waren und eine Menge Abfall verursachen. Dafür hat unser Koch die Ruhe weg und denkt nicht daran, uns anzutreiben. Er raucht genüßlich seine Pfeife und schaut uns zu, damit die „*Tiften*", wie sie in seiner pommerschen Heimat genannt werden, ordentlich und sauber geschält werden. Trotzdem ist es für uns ein mühseliges Geschäft und wir sind heilfroh, als er endlich sagt, daß es genug sind.

—

Am **Donnerstagmorgen (22.06.1944)** beim Frühappell erleben wir die nächste unangenehme Überraschung. Der Spieß hat nämlich einen regulären Dienstplan aufgestellt, und auf dem steht täglich von 10 bis 11 Uhr „Formaldienst". – Und wir dachten, daß der Kasernenhofdrill endgültig vorbei sei und es „im Einsatz" etwas lockerer zuginge!

Nun aber marschieren wir mit geschultertem Gewehr zum Dorfsportplatz, wo ein Wachtmeister mit uns Antreteübungen, Wendungen, Gewehrgriffe und Bewegungsübungen in der Gruppe und im Zuge veranstaltet, genauso wie wir es während der Grundausbildung in Hamm erlebt haben. Zweck der Übung ist es angeblich, herauszufinden, wie es mit unserer Disziplin bestellt ist. Hier bei der Heeresflak herrsche nämlich „eiserne Disziplin", läßt uns der Spieß mitteilen. Duzbrüderschaften gebe es nur innerhalb der einzelnen Ränge oder zwischen Leuten, die sich schon länger kennten, und wie in der Kaserne seien auch hier die Unteroffiziere mit *„Herr Unteroffizier"* und die Wachtmeister mit *„Herr Wachtmeister"* anzureden.

Nach der Rückkehr vom Formaldienst lernen wir dann unseren Batteriechef kennen. Er heißt Hans Wilhelm, stammt aus dem Rheinland, ist Oberleutnant der Reserve und gelernter Ingenieur. Nach dem Krieg lehrt er als ordentlicher Professor an der Technischen Hochschule in Aachen und macht etliche Erfindungen, die er sich patentieren läßt.

Jetzt aber erteilt er uns im Dorfgasthof Dienstunterricht zum Thema *„Die augenblickliche Kriegslage"*. Dabei erfahren wir vor allem Näheres über die zur Zeit an der Invasionsfront tobenden schweren Abwehrkämpfe, in die auch große Teile unserer Division verwickelt sind.

Er erzählt uns aber auch etwas über die früheren Einsätze der 16. Panzergrenadierdivision, aus der die 116. Panzerdivision hervorgegangen ist, in Südrußland und von der Barsoihündin Sascha, die als Maskottchen der Division aus der Kalmückensteppe mit nach Frankreich gekommen und zum Vorbild für das Windhundabzeichen der Division geworden ist.

Zur augenblicklichen Lage unserer Einheit verweist er darauf, daß die Batterien unserer Abteilung zwar als Großkampfbatterien ausgerüstet werden sollen, zur Zeit aber nur wenige Fahrzeuge und überhaupt keine Kanonen vorhanden sind.

Im zweiten Teil des Unterrichts spricht der Chef dann über Spionage, Sabotage und Landesverrat und gibt im Zusammenhang damit einen Überblick über das gesamte Militärstrafrecht.

Beim Mittagsappell werden Martin Schmidt, Karl-Heinz Baumgart und ich zum Streifendienst in Ménerval eingeteilt. Die anderen Kameraden müssen zur Probe die neuen Deckungslöcher rund um das Dorf besetzen. So versucht man offenbar, die Zeit bis zur Ausrüstung der Batterien möglichst sinnvoll zu überbrücken.

Wir drei ziehen also mit schußbereit umgehängten Karabinern los, patrouillieren aber nicht nur im Dorfe selbst, sondern kontrollieren auch die Feldwege zwischen den Gehöften, Wiesen und Weiden und besuchen dabei auch unsere Kameraden, die sich in den Deckungslöchern langweilen.

Bei dieser Gelegenheit stellen wir zu unserer Belustigung fest, daß unser Bauer allen Jungbullen, die auf der Weide sind, einen Sack unter den Bauch gebunden hat, der wie eine Schürze herunterhängt und die Tiere daran hindern soll, die Kälber und jungen Färsen zu bespringen. Natürlich muß Martin darüber seine Witze machen und die Bullen necken und in Bewegung bringen.

Als wir ins Quartier zurückkehren, duftet es nach „*Wurstesuppe*", denn der Bauer hat ein Schwein geschlachtet. Vor dem Abendbrot fragt uns die Bäuerin, ob sie uns etwas Fleisch braten soll, da sie soviel auf einmal nicht verarbeiten könne. Natürlich nehmen wir ihren Vorschlag begeistert an, und so gibt es frischen Schweinebraten und Stangenweißbrot („flûtes de pain"). Obwohl das Fleisch nur ein paar Stunden abgehangen hat und eigentlich zu frisch zum Braten ist, schmeckt es uns vorzüglich.

Die Bäuerin betont zwar, daß sie uns zu diesem – von uns als Festmahl empfundenen – Essen eingeladen hat und kein Entgelt verlangt. Doch das möchten wir so nicht annehmen und sammeln einen Betrag, den sie zuerst nicht annehmen will, es dann aber doch tut, als Martin ihr charmant erklärt, daß wir ihn ihr *„au lieu d'un bouquet"* und nicht als Bezahlung für das Essen schenken möchten.

—

Am **Freitagmorgen (23.06.1944)** habe ich von 4 bis 6 Uhr Wache in dem Loch auf dem Hügel. Hier stelle ich mich zuerst ganz einfach hinein, lehne mich an eine Querwand und beobachte die langsam verblassenden Sterne. Doch dann wird mir das Stehen zu lästig und ich setze mich auf eine „Bank", die irgendein Vorgänger durch quer eingerammte Äste in das Loch hineingebaut hat. Das ist bedeutend bequemer als das öde Herumstehen, und es dauert auch nicht lange, bis ich in dieser bequemen Haltung eingenickt bin.

Wie lange ich so geschlummert habe, kann ich nicht sagen, wohl aber, daß ich durch ein verdächtiges Geräusch plötzlich geweckt wurde. Noch im Wachwerden sehe ich den OvD (Offizier vom Dienst), einen Oberwachtmeister, den Hang heraufkommen. Das Geräusch hat er wohl beim Steigen über den Weidenzaun verursacht. Als er mich erreicht hat, stehe ich aufrecht im Loche und melde: *„Keine besonderen Vorkommnisse!"*

Er bedankt sich kurz für die Meldung und verabschiedet sich mit einem Blick auf seine Armbanduhr und der Bemerkung: *„Na, Sie haben es ja bald geschafft!"* Also hat er nicht bemerkt, daß ich eingenickt war, und das Herzklopfen, das sein plötzliches Auftauschen verursacht hat, konnte er ja nicht wahrnehmen.

Als er verschwunden ist und meine Ablösung auftaucht, merke ich erst, daß ich vor Aufregung ordentlich ins Schwitzen gekommen bin und nun zu frösteln beginne. Eine Bestrafung wegen Wachvergehens hätte mir so kurz nach der Ankunft beim neuen Truppenteil gerade noch gefehlt.

Im Quartier sind die meisten bereits dabei, sich im Stall zu waschen oder unser Strohlager für den Tag in Ordnung zu bringen, so daß ich mich nicht mehr hinlegen kann, um den versäumten Schlaf nachzuholen.

—

Am **Samstagmorgen (24.06.1944)** liegt eine gewisse Unruhe in der Luft, denn das Frühstück wird um eine Stunde vorverlegt und beim Frühappell werden wir in „erhöhte Alarmbereitschaft" versetzt. Das bedeutet vor allem, daß sämtliche Löcher rund um das Dorf besetzt werden müssen. Dabei wird mir für die Zeit von 8 bis 10 Uhr wieder das Loch auf der Wiese zugeteilt.

Es ist ein schöner Sommertag und völlig ruhig, als ich die Wache antrete, so daß ich die schöne Aussicht auf eine friedliche Umgebung regelrecht genießen kann. Doch dann, so gegen 9.30 Uhr, höre ich hinter mir von Süden her ein Motorengeräusch, das schnell näher kommt und sich schlagartig zu einem unangenehmen, aufreizenden Brummen verstärkt.

Dann brausen auch schon zwölf amerikanische Jagdbomber vom Typ „North American P-51 Mustang" über mich hinweg nach Norden. Sie fliegen so niedrig, daß ich die vier 12,7 cm-Maschinengewehre in den Tragflächen und die Piloten in ihren Kanzeln ebenso gut erkennen kann wie die beiden unter dem Rumpf hängenden Bomben.

Offenbar haben es die Jabos auf das Dorf Haussez abgesehen, wo unser Abteilungsstab liegt. Tatsächlich drehen sie auch einige Runden über dem Ort und stoßen dann wie Raubvögel nach unten, wobei sie ihre Bomben ausklinken und aus allen Rohren auf den kleinen Bahnhof und seine Umgebung feuern. – Sofort steigen hohe schwarze Rauchpilze auf und markieren so die Bombentreffer. Die Maschinen aber schrauben sich nach vollbrachter Tat in die Höhe und sind so schnell verschwunden, wie sie gekommen sind.

Der Angriff hat zwar höchstens ein paar Minuten gedauert, uns aber nachdrücklich daran erinnert, daß wir uns im Kriege befinden und nicht zur Erholung hier sind.

Als ich nach der Wache ins Quartier zurückkehre, treffe ich dort einen „Kraftradmeldefahrer" (im allgemeinen Sprachgebrauch kurz „Kradmelder" genannt) an, der sich gerade einen großen Becher Milch zu Gemüte führt.

Er hat den Überfall auf Haussez vor Ort miterlebt und berichtet, daß der Angriff einem auf dem Bahnhof stehenden Güterzug gegolten hat, von dem durch den Luftdruck, den die Bomben erzeugt hätten, einige Waggons aus den Schienen geworfen seien und nun brennend herumlägen.

Ein Teil des Zuges sei mit Munition beladen gewesen, die noch immer explodiere.

Während wir uns noch unterhalten, kehren die zwölf Jabos zurück und nehmen den Zug noch einmal aus allen Rohren unter Feuer. Sie kreisen etwa eine Viertelstunde über dem Ort und drei oder vier von ihnen greifen immer wieder an. Die Maschinen müssen Unmengen von Munition an Bord haben, denn das Geknattere dauert die ganze Zeit fast ununterbrochen an. Dann ist es plötzlich ruhig, die Flugzeuge drehen in große Höhen ab und verschwinden bald am Horizont.

—

Auch der **Sonntag (25.06.1944)** ist sonnig und schön. Das nutzen die Amerikaner zu einem erneuten Luftangriff auf Haussez. Nur sind es dieses Mal 16 Jagdbomber vom Typ „Republic P-47 Thunderbolt", die den Bahnhofsbereich mit Bomben und Bordwaffen beharken. Sie fliegen auch die Eisenbahntrasse ab und werfen ihre Bomben auf den Bahnkörper, als ob sie die ganze Strecke von Beauvais nach Dieppe zerstören wollten. Zumindest gilt das für den Abschnitt zwischen Haussez und dem zwei Kilometer westlich gelegenen Bahnhof von Saumont.

Wieder dröhnen die Maschinen so niedrig über uns hinweg, daß wir die drei Bomben unter ihrem Rumpf und die sechs 12,7 cm-MGs in den Tragflächen deutlich erkennen können. Mit Bomben und Bordwaffen greifen sie den Bahnhof und die Gleisstrecke an, und wieder steigen überall schwarze Rauchsäulen auf.

Bei diesem Anblick dämmert es uns langsam, daß wir ganz bewußt nach Formerie und nicht direkt nach Haussez gefahren sind. Es war wohl in der Frontleitstelle bekannt, daß diese Eisenbahn-Hauptstrecke ein beliebtes Ziel der amerikanischen Luftwaffe ist.

So ein Jabo-Angriff auf unseren Transportzug hätte glatt zu einer Katastrophe führen können. So sind wir rückblickend froh, daß man uns lieber den Zehn-Kilometer-Marsch zugemutet hat, als uns der Gefahr eines Luftangriffs auszusetzen.

—

Die folgende Woche habe ich noch sehr lebhaft in Erinnerung. Auch Martin Schmidt wird sie zeitlebens wohl nicht vergessen haben.

Am **Montagmittag (26.06.1944)** hat unsere Bäuerin wieder einmal gebuttert und uns wie üblich einen kleinen Eimer Buttermilch gebracht, in der sogar noch Butterklümpchen schwammen. Draußen war eine wahre Gluthitze, die uns aus allen Poren schwitzen ließ. So kam uns diese kühle Erfrischung wie gerufen. Natürlich langen alle richtig zu, so daß das Eimerchen schnell geleert ist.

Während wir uns alle mit diesem Umtrunk zufrieden geben, meint Martin, er sei erst richtig auf den Geschmack gekommen, und bittet die Bäuerin, für ihn das Sechs-Liter-Eimerchen noch einmal zu füllen.

Gerne erfüllt sie seine Bitte und unter ein paar flotten Sprüchen trinkt er zu unser aller Erstaunen den Eimer in wenigen Minuten leer. Dann blickt er triumphierend in die Runde, als ob er sagen wollte: *„Na, wie habe ich das gemacht?!"* und legt sich mit dem prall gefüllten Bauch – wie der Wolf im Märchen, nachdem er die sieben Geißlein verschluckt hat – ins Stroh, wo er nach wenigen Augenblicken sanft entschlummert ist.

Da er zur Abendbrotzeit immer noch schläft und ich ihn nicht wecken will, bringe ich seine Verpflegung mit. Doch als ich das Haus betreten will, rennt er mich fast um. – Sein Ziel ist das Häuschen mit dem Herz in der Tür, das hinter dem Hause auf dem Hofe steht.

Nach geraumer Zeit kehrt er dann schweißgebadet zurück, ächzt und stöhnt und massiert sich den Unterleib. Wie er nun berichtet, hat er von der vielen kalten Buttermilch einen schlimmen Durchfall bekommen. Dazu plagen ihn nicht nur kolikartige Bauchschmerzen, sondern auch der Spott der Kameraden, die ihn nun mit schadenfrohen Bemerkungen traktieren.

Nach einer knappen Viertelstunde rennt er wieder los. Als er dann völlig erschöpft zurückkehrt, läuft ihm gerade „Madame" über den Weg. Ihr klagt er sein Leid und fragt, ob er nicht die Toilette im Hause benutzen kann, da er fürchtet, nicht schnell genug nach draußen zu kommen, wenn es wieder soweit ist. Natürlich hat die Bäuerin nichts dagegen, denn im Grunde verspürt sie wohl Mitleid mit dem Zwei-Zentner-Mann, der nun wie ein Häufchen Elend im Stroh liegt.

Das Trockenklosett im Hause liegt zwischen dem Wohn- und Wirtschaftsteil und ist von unserem Schlafraum aus zu erreichen, ohne die Hausbewohner zu stören. Wie im Häuschen auf dem Hofe steht auch hier eine Holzkiste mit rundem Ausschnitt, der durch einen passenden Deckel verschlossen werden kann. Nur wird der Abtritt im Hause vom Stall her mit Stroh versorgt und auch gereinigt, wenn es nötig wird, während im Häuschen draußen unter der Holzkiste ein Fäßchen steht, in dem bei ständiger Benutzung aus den Exkrementen ein „Matterhorn" entsteht (so haben die Landser das Gebilde jedenfalls schon bald genannt). Damit dessen Gipfel nicht bis zur Sitzfläche hinaufreicht, muß das Fäßchen von Zeit zu Zeit in die Dunggrube entleert werden.

Der Hauptunterschied zwischen den beiden Toiletten ist jedoch die Anzahl der Fliegen, die sich dort einfinden. Während es im Hause nur einzelne Stubenfliegen gibt, die sich dorthin verirren, ist das Häuschen auf dem Hofe ein wahres Fliegenparadies, denn hier treffen sich ganze Myriaden von Fliegen verschiedener Arten, von der Hausfliege bis zu den Schmeiß- oder Brummfliegen, die hier in zwei Arten, nämlich als Tiere mit rotgelben, schwarzbehaarten Backen und mit schwarzen rotbehaarten Backen vorkommen und durch ihr Brummen ein Geräusch wie in einem Bienenkorb hervorrufen. Das Gros des Fliegenheeres bilden aber die prächtig metallisch-goldgrün schillernden Goldfliegen, die vorwiegend von und auf Menschen- und Tierkot leben.

In einem sind sich aber alle Fliegen einig: Sobald man sich auf die Kiste setzt, verlassen sie das „Matterhorn" und gehen in so großer Zahl auf den Körper über, daß man sie einzeln nicht mehr unterscheiden kann und sich wie am Allerwertesten gestreichelt fühlt, wie ein Kamerad aus unserem Quartier treffend festgestellt hat. Einige meinen, daß der menschliche Geruch die Fliegen anzieht, andere vermuten, daß sich die Tiere am Schweiß berauschen. Jedenfalls kommt von uns niemand durch die Fliegen zu Schaden, sie beißen und stechen nicht, und an das „Streicheln" gewöhnt man sich mit der Zeit.

Doch Martin wird nicht nur von der Bäuerin, sondern auch von den beiden anderen Frauen in seinem Elend gebührend bedauert. Er ist ihnen wohl nicht nur wegen seiner Körperlänge sofort aufgefallen, sondern auch wegen seines unverwüstlichen rheinischen Humors bereits ans Herz gewachsen. Immer wieder hat er sie durch das ihm eigene „Französisch" (eine Mischung aus wirklichem Französisch, garniert mit Brocken auf „Kölsch Platt") zum Lachen gebracht und dabei erstaunt festgestellt, daß die Franzosen offenbar zuweilen „ihre eigene Sprache nicht verstehen".

Nun sind sie jedenfalls sehr besorgt um ihn. Madame macht ihm sogar warme Leibwickel und braut ihm starken schwarzen Tee, der den Durchfall stoppen soll. Doch der wird zunächst nur noch drängender, so daß Martin sich nicht mehr in unseren Aufenthaltsraum traut, sondern mit offener Hose im Flur vor der Klotür liegenbleibt.

—

Hier bleibt er auch, mit dem Rücken an die Wand gelehnt, die ganze Nacht hindurch sitzen, und am **Donnerstagmorgen (27.06.1944)** ist er völlig erschöpft und starrt uns aus glasigen Augen an.

Während einer unserer drei Unteroffiziere sich aufspielt und von *„Selbstverstümmelung"* und *„Wehrkraftzersetzung"* faselt, was bestraft werden müßte, lehnt es der Quartierälteste, Unteroffizier Frieling, ab, die Sache hochzuspielen und übernimmt es auch, Martin beim Spieß krankzumelden. So bringt ihm der Sanitätsunteroffizier nach dem Frühappell eine Tüte Kohlecompretten gegen den Durchfall und einige Prontosil-Tabletten gegen Entzündung und Fieber.

Während Martin im Quartier zurückbleibt, haben wir anderen Dienstunterricht bei Leutnant Werthmann, der uns heute über die Aufstellung einer Heeresflakbatterie im Einsatz informiert. Es ist offenbar notwendig, uns daran zu erinnern, denn ohne Waffen und Geräte sind wir nichts anderes als eine normale Infanterieeinheit.

Von dem Verpflegungs- und Gefechtstroß, der eine Gefechtsbatterie üblicherweise begleitet, ist lediglich ein kombinierter Küchen- und Fourierwagen vorhanden.

Da wir die Zusammensetzung einer „Gefechtsbatterie" aus dem „Batterietrupp", der „Meß- und Nachrichtenstaffel", der „Geschütz- und Munitionsstaffel" und dem „Gefechtstroß" bereits in Hamm für die Besichtigung eingepaukt bekommen haben, erklärt uns Leutnant Werthmann nun vor allem den Unterschied zwischen einer normalen und einer „Großkampfbatterie", deren Hauptmerkmal darin besteht, daß sie zwei zusätzliche 8,8 cm-Kanonen mit den zugehörigen Zugmaschinen besitzt und der aus zwei 2 cm-Geschützen bestehende „leichte Flaktrupp" durch ein drittes Geschütz zum „leichten Flakzug" erweitert wird. Dadurch steigt dann der Personalbestand der Batterie von 150 auf rund 190 Mann.

Nach dem Unterricht haben wir Putz- und Flickstunde in den Quartieren, so daß wir Martin Gesellschaft leisten können. Er verspürt allerdings keine große Lust, sich mit uns zu unterhalten, sondern liegt apathisch im Stroh und massiert sich von Zeit zu Zeit den Bauch.

Während wir unsere Sachen in Ordnung bringen, besucht uns ein Obergefreiter, der von der Kleiderkammer der Abteilung kommt, und verkauft uns die von der Abteilung eingeführten Schlaufen, die man über die Schulterklappen ziehen kann, mit einer eingestickten roten geflügelten Granate für die Heeresflak und der Abteilungsnummer 281. – Natürlich sind wir alle daran interessiert, auch nach außen als Angehörige der Heeresflakabteilung 281 erkennbar zu sein, und so macht er ein Bombengeschäft.

Außer den Schlaufen bietet er auch Windhundabzeichen an, die an der Mütze getragen werden können, sowie Knöpfe mit einer „1" für die 1. Batterie, die er ebenso zahlreich los wird, weil mancher seine grauen Knöpfe an den Schulterklappen nicht mehr leiden mag. So wird diese Putz- und Flickstunde geradezu zu einer Nähstunde, denn alle sind dafür, daß wir uns auch die Embleme zulegen, die uns als Angehörige der neuen Einheit ausweisen.

Martin scheint das alles nicht zu interessieren, denn er beschäftigt sich, wenn er nicht vor sich hindöst, lieber mit seinem deutsch-französischen Sprachführer, um passende Redewendungen zu lernen, mit denen er sich bei Madame gebührend für ihre Fürsorge bedanken kann. Tatsächlich kümmert sie sich um ihn wie um einen eigenen Sohn, und das tut ihm natürlich gut.

Als ich ihn abends nach seinem Befinden frage, hat er seinen Humor bereits wiedergefunden, denn er meint: *„Zuerst habe ich gelb zerstäubt, jetzt* *zerstäube ich schwarz!"* Denn die Färbung seiner Hinterlassenschaft hält er für die einzige Wirkung der Kohletabletten.

Daß auch die Bauchschmerzen erheblich nachgelassen haben, scheint er nicht zu registrieren. Doch bei Zwieback und Tee, mit dem ihn Madame versorgt, erholt er sich zwar zusehends, braucht aber immerhin noch drei Tage, bis er wieder voll am Dienst teilnehmen kann.

—

Auch ich habe in dieser Woche ein besonderes Erlebnis. In der Nacht zum **Freitag (30.06.1944)** habe ich Wache und muß das Loch in der Hecke neben unserem Gehöft besetzen. Auch hier ist eine Sitzgelegenheit eingebaut worden, und zwar hat man beim Ausheben an einer Schmalseite einfach einen Teil des Erdreichs in Stuhlhöhe stehenlassen und diesen Sockel dann mit Kistenbrettern belegt.

So kann man zwar ganz bequem sitzen, aber die Kälte des Bodens macht sich vor allem in der Nierengegend unangenehm bemerkbar, wenn man sich längere Zeit an die Wand lehnt, so daß man während der Wachzeit öfter mal austreten muß. Und ausgerechnet als ich aus meinem Loch ausgestiegen bin und mich hinter der Hecke erleichtere, höre ich jemanden mit einem klapperigen Fahrrad aus der Richtung des Dorfes herankommen. Natürlich denke ich sofort an einen Unteroffizier oder Wachtmeister, der sich einen Spaß daraus macht, uns Posten zu überraschen.

Da ich nicht schnell genug in mein Deckungsloch zurückkehren kann, hole ich tief Luft und rufe durch die Hecke mit Tenorstimme: *„Halt! Wer da?"*

Da sehe ich auf der gegenüberliegenden Seite des Hohlweges, wo die Fahrbahn etwas glatter ist als in der Mitte, eine Gestalt vom Rade gleiten und erwarte, daß mir der Angerufene nun seinen Dienstgrad, seinen Namen, seine Einheit und die heutige Parole nennt. Doch statt dessen vernehme ich eine ängstliche jugendliche Stimme mit den hastig ausgestoßenen Worten: *„Franzos! Franzos!"*

„Auch das noch", schießt es mir durch den Kopf, *„der hat mir gerade noch gefehlt, wo ich hier völlig unbewaffnet stehe!"* Meinen Karabiner habe ich nämlich beim Austreten im Loch zurückgelassen.

„Was soll ich nur mit dem Franzosen anfangen?" Dann folge ich dem Impuls, ihn möglichst schnell loszuwerden, und rufe ihm zu: *„Passez!"*

Wie der Blitz schwingt sich der junge Mann auf sein Rad, und nach einem leisen *„Merci, monsieur!"* ist er kurz darauf in der Dunkelheit verschwunden.

Natürlich habe ich danach zuerst ein schlechtes Gewissen, denn er könnte ja ein Kurier des „Maquis", der französischen Widerstandsbewegung, gewesen sein. Doch dann rede ich mir ein, daß es ein junger Mann war, der im Dorfe seine Freundin besucht und dabei das nächtliche Ausgehverbot vergessen hat. Mit dieser Vorstellung kann ich gut leben.

Und weil weder der Posten oben auf der Wiese, noch der hinter dem Hause den Vorfall bemerkt hat, wie ich später durch vorsichtiges Nachfragen feststelle, trage ich mit ruhigem Gewissen *„Keine besonderen Vorkommnisse"* ins Wachbuch ein.

—

Am **Samstag (01.07.1944)** gibt der Spieß beim Morgenappell bekannt, daß die Batterie ein „Jagdkommando" aufstellen soll, das in Haussez, wo nur der Abteilungsstab mit wenigen Leuten stationiert ist, den Wach- und Streifendienst übernehmen soll. Insbesondere sollen dort der Abteilungsgefechtsstand und das Offizierskasino besser als bisher bewacht werden.

Außerdem gibt er Plakate aus, die auf Französisch und Deutsch darauf aufmerksam machen, daß in unserem Dorfe das Hamstern verboten ist und jeder, der mit mehr als zwei Kilo Butter oder zehn Eiern angetroffen wird, damit zu rechnen hat, daß nicht nur die übersteigende Menge, sondern alles beschlagnahmt wird, was er zusammengebracht hat.

Obwohl wir die Plakate im Dorfe an verschiedenen Stellen aufhängen, wird das Hamsterverbot von den Franzosen kaum beachtet. Sie lassen es einfach darauf ankommen, und es ist erstaunlich, welche Mengen an Butter und Eiern aus den Beschlagnahmungen bei unserer Feldküche zusammenkommen. Dabei kann es sich kaum um Lebensmittel für den eigenen Bedarf handeln, sie sollten wohl hauptsächlich auf dem Schwarzen Markt verkauft werden.

Da wir die ganze Butter nicht in unserer Batterie verbrauchen können, teilen wir sie mit dem Stab und den beiden anderen Batterien. Die Eier hingegen bleiben in unserer Batterie, wo sie in die Milchsuppe geschlagen oder zu Rührei und Omeletts verarbeitet werden. Obwohl die ganze Abteilung an der Ausgabe beteiligt ist, gibt es bei uns des öfteren ein halbes oder dreiviertel Pfund Butter zur Tagesverpflegung.

—

Den dienstfreien **Sonntag (02.07.1944)** nutzen Martin und ich dazu, unsere Französisch-Kenntnisse ein wenig aufzubessern.

Während die anderen lesen, Briefe schreiben, Karten spielen oder sich einfach in die Sonne legen, folgen wir einer Einladung der Hausherrin in ihre gemütliche Küche, wo wir uns mit der ganzen Familie über Gott und die Welt unterhalten. Dabei kommt es uns vor allem darauf an, den Franzosen klarzumachen, daß wir nicht freiwillig in ihrem Lande sind und ihnen gegenüber nicht die geringsten Ressentiments empfinden. Dafür zeigen sie uns volles Verständnis und nehmen es uns persönlich auch nicht übel, daß wir bei ihnen zwangseinquartiert worden sind.

In einem stimmen wir voll mit ihnen überein, nämlich, daß der Krieg möglichst schnell zu Ende gehen möge.

Die Bäuerin und ihre Tochter berichten auch von ihrem Schwiegersohn und Ehemann, der als Kriegsgefangener in Deutschland bei einem Bauern lebt, dem er wie ein Sohn zur Hand geht und deshalb von ihm auch wie ein solcher behandelt wird.

Hier erfahren wir so richtig, wie wichtig es ist, daß man sich gegenseitig verständlich machen kann, und fühlen uns bei diesen schlichten Leuten äußerst wohl, denn man spürt regelrecht die mütterlichen Gefühle, die Madame für uns empfindet. Mit unseren 19 Lenzen könnten wir auch gut und gerne ihre Söhne sein.

So erkundigt sie sich wiederholt danach, ob wir mit unserer ziemlich eintönigen Truppenverpflegung auch auskommen und regelmäßig satt werden. Diese Fürsorge tut uns natürlich gut, und dafür bedanken wir uns auch immer wieder. Martin geht sogar dazu über, diese einfache Bauersfrau statt mit *„madame"* mit dem vertraulicheren *„maman"* anzureden, wobei er allerdings – wie wir alle – darauf bedacht ist, ansonsten beim korrekten *„vous"* zu bleiben. Den Hausherrn reden wir ausschließlich mit *„patron"* an, um ihm unseren Respekt zu erweisen.

So kommt es so weit, daß Madame zunächst uns beiden und dann im Wechsel auch andere unserer jüngeren Kameraden gelegentlich zum Essen einlädt, wobei sie uns mit Ragoût fin im Reiskranz, Kalbs- und Gänseleberpastete, Gulasch oder Brathähnchen, Pfannkuchen, Omeletts, Brat- oder Röstkartoffeln, verschiedenen Gemüsearten und feinen Desserts bewirtet. Im Gegenzug bringen wir ihr dann und wann ein Kochgeschirr voll Zucker mit, worüber sie sich besonders freut, weil er in Frankreich ziemlich knapp geworden zu sein scheint.

Im übrigen verläuft die erste Juliwoche ruhig und ohne besondere Ereignisse.

Ein paarmal steht auch Fußdienst auf dem Dienstplan, weil der Spieß der Meinung ist, daß man junge Pferde gelegentlich bewegen muß, damit sie nicht störrisch und übermütig werden. Obwohl diese Antrete- und Marschübungen unter dem Befehl verschiedener Wachtmeister keineswegs übertrieben werden, gefällt uns der Dienstunterricht, den Oberleutnant Wilhelm und Leutnant Werthmann im Wechsel erteilen, bedeutend besser. Da Leutnant Werthmann die Angewohnheit hat, *„Mit Musik geht alles besser..."* vor sich hinzupfeifen, wird dieser Filmschlager schon bald in „Werthmann-Fox" unbenannt und eifrig nachgepfiffen.

Nur beim Küchendienst hält sich unsere Begeisterung in Grenzen, denn er bedeutet in der Regel Kartoffelschälen, seltener auch Möhrenschrappen und Gemüseputzen, alles Tätigkeiten, die ganz ungewohnt sind und uns entsprechend schwer von der Hand gehen.

Daneben wird unsere Hauptaufgabe, der Wach- und Streifendienst, während der ganzen Zeit voll durchgezogen. Da einige von uns nach Haussez abkommandiert wurden, sind wir Zurückgebliebenen um so öfter an der Reihe.

—

Am **Freitag (07.07.1944)** wird dann der große Rest unserer Quartiergemeinschaft zum „Jagdkommando" abkommandiert. Abends gegen 18 Uhr marschieren wir die zwei Kilometer nach Haussez und beziehen in einer Schule Quartier, in der auch ein Wachlokal eingerichtet worden ist.

Auch hier schlafen wir auf dem Fußboden auf einer Strohunterlage. Doch Strohlager ist nicht gleich Strohlager: Hier kommen wir einfach nicht zum Schlafen. Wahrscheinlich liegt es daran, daß die Umgebung und die Geräusche anders sind als in unserem Quartier in Ménerval, das wir geradezu als Wohnung empfunden haben, weil wir mit der Familie unseres Quartiergebers unter einem Dach schliefen. Hier ist alles unpersönlich und kalt.

Kurz nach Mitternacht werden wir aus dem ersten Schlaf gerissen, weil schwere Bomberverbände über uns hinwegdröhnen. Natürlich sind wir neugierig und gehen nach draußen, um zu sehen, ob man in der mondhellen Nacht die Flugzeuge beobachten kann. Aber es gibt nur Scheinwerferlicht und Flakfeuer zu sehen, mit dem die einsatzbereiten Batterien den Bomberstrom zu stören versuchen.

Da erscheinen plötzlich „ES" (Erkennungssignale) am Himmel: platzende rote Leuchtkugeln, die zwei weiße Lichter freigeben, die kurz darauf verlöschen. Also sind Nachtjäger im Einsatz, die sich mit dem für heute festgelegten Signal *„eins rot, zwei weiß"* zu erkennen geben. Sofort stellt die Flak das Feuer ein und lautlos verlöschen die Lichtfinger der Scheinwerfer.

Dort oben scheinen mehrere „Messerschmitt Bf 110" – oder wie wir sie einfach nennen: „Me 110" – im Einsatz zu sein, denn die Feuerstöße, die wir deutlich sehen können, deuten auf die 30 mm-Kanonen hin, mit denen die Maschinen neben ihren beiden 2 cm-Kanonen und 7,9 mm-Maschinengewehren bestückt sind. Die Bordschützen scheinen ihr Handwerk zu verstehen, denn sie vergeuden keine Munition, sondern feuern nur, wenn sie ein Ziel sicher aufgefaßt haben. So folgt auf den Feuerstrahl einer Me 110 regelmäßig die Stichflamme aus einem getroffenen Bomber.

Bei dem Feuerzauber können wir deutlich die Umrisse der Bomber erkennen und sie als britische Fernbomber vom Typ „Avro Lancaster" identifizieren, die mit sieben Soldaten besetzt sind und mit einer Bombenlast von 6.350 Kilogramm eine Reichweite von 2.600 Kilometern haben. Hier fliegen sie – offenbar ohne eigenen Jagdschutz – in Richtung Deutschland.

Immer wieder explodieren auch Bomber in dem Pulk, verwandeln sich in Sekundenschnelle in einen Feuerball und sausen brennend in die Tiefe.

Diese Nachtjäger scheinen da oben ganze Arbeit zu leisten, doch es kommen noch weitere hinzu und im Nu ist am Himmel die Hölle los. Immer öfter gibt es Stichflammen und Explosionen. Es werden so viele Bomber abgeschossen, daß wir mit dem Zählen nicht mehr nachkommen, denn manchmal gehen mehrere gleichzeitig zur Erde.

Die ganze Luft erzittert unter dem Dröhnen der Motoren und dem Geknatter der Maschinengewehre und Kanonen. Denn es schießen nicht nur die Angreifer, sondern die Bomberbesatzungen erwidern nach Kräften das Feuer. Sie sind auch ohne Jagdschutz keineswegs wehrlos, denn jede Maschine hat zehn 7,6 mm-Browning-Maschinengewehre an Bord, die eine schnelle Schußfolge erlauben.

Doch mit voller Bombenlast und einer Spitzengeschwindigkeit von 460 km/h sind die schweren Maschinen den wendigen Nachtjägern deutlich unterlegen, die mit einer Höchstgeschwindigkeit von 546 km/h operieren. Soweit wir es verfolgen können, kommt deshalb bei diesem nächtlichen Gefecht auch wohl keine Me 110 zu Schaden, zumindest wird keine abgeschossen.

Während wir so dastehen und das Inferno am Himmel beobachten, kommt plötzlich einer der viermotorigen Bomber in geringer Höhe im Steilflug auf unser Dorf zugerauscht. Im Lichtschein, den die brennende Maschine verbreitet, können wir zeitweise einen Fallschirm baumeln sehen. Dann schlägt das Flugzeug mit einer gewaltigen Explosion ganz in der Nähe des Dorfes in einer Wiese auf, und das brennende Wrack beleuchtet die ganze Umgebung taghell. Am Himmel ist es inzwischen ruhig geworden, der Bomberstrom ist weitergeflogen und die Nachtjäger sind offenbar an ihre Stützpunkte zurückgekehrt.

Während wir noch wie angewurzelt stehenbleiben, erscheint plötzlich der Abteilungsadjutant, Leutnant Maßmann, und überbringt den Befehl: *„Jagd auf die abgesprungene Flugzeugbesatzung und Gefangennahme der Soldaten!"*

Das ist natürlich leichter gesagt als getan, denn zunächst müssen wir die abgesprungenen Briten erst einmal finden, bevor wir sie gefangennehmen können. Und niemand weiß, wo sie überhaupt niedergegangen sind, geschweige denn, wo sie sich versteckt haben. Der Wachhabende teilt also vier Gruppen zu je vier Mann ein, die in verschiedene Richtungen ausschwärmen und das Gelände absuchen sollen.

Stundenlang durchkämmen wir die Umgebung der Absturzstelle, ohne die geringste Spur von der Besatzung zu finden.

Erst am **Samstag (08.07.1944)** im Morgengrauen treffen wir auf einen englischen Sergeanten in Luftwaffenuniform, der offenbar in einer Hecke in seinen Fallschirm eingerollt geschlafen hat. Als er uns sieht, kommt er sofort mit erhobenen Händen aus seinem Versteck hervor und läßt sich widerstandslos gefangennehmen und ins Wachlokal bringen.

Da wir sehen, daß er völlig erschöpft ist, geben wir ihm eine Wolldecke und bieten ihm einen Schlafplatz im Stroh an. Wahrscheinlich steht er noch unter Schock, denn er kann sich kaum auf den Beinen halten und ist sofort eingeschlafen, als er sich niedergelegt hat.

Neugierig stehen wir um ihn herum und betrachten unseren Gefangenen. Dabei fallen uns sofort seine Schuhe auf, die mit einem Stück Gummi von einem Autoreifen besohlt sind. – Hat England schon so sehr unter dem Kriege gelitten, daß es nicht einmal mehr die Schuhe seiner Soldaten ordentlich besohlen lassen kann, fragen wir uns erstaunt.

Im Laufe des Vormittags werden noch zwei kanadische Leutnants und ein weiterer englischer Sergeant aufgegriffen und gefangengenommen. Auch sie werden zunächst zu uns ins Wachlokal gebracht und versichern übereinstimmend, daß sich von der Bomberbesatzung nur vier Mann mit dem Fallschirm retten konnten.

Während sechs Mann von uns zur Bewachung der Gefangenen zurückbleiben, sehen wir übrigen uns die Absturzstelle der „Lancaster" an. – Ein Teil des Rumpfes hat sich in die Erde gebohrt, die übrigen Wrackteile sind in weitem Umkreis über die Wiese verstreut. Wie der Absturzkrater so ist auch der Rasen der Umgebung schwarz vom Pulverdampf, und über dem Rumpf steigen noch einzelne dünne schwarze Rauchfahnen auf.

Während wir noch herumstehen und die Trümmer betrachten, ertönt schon wieder fernes Motorengebrumm, das schnell näherkommt. Dann ziehen im hellen Sonnenschein wieder viermotorige Bomber, die eine „Dienstgipfelhöhe" von 7.400 Metern erreichen können, über uns hinweg nach Osten. Schätzungsweise fliegen sie 4.000 bis 5.000 Meter hoch, eine ideale Höhe für Flakbeschuß.

Da unsere Jäger nur in der Nacht aufsteigen, muß bei Tage die Flak allein die Luftabwehr übernehmen. Sie eröffnet auch sofort das Feuer, als die Maschinen in ihre Reichweite kommen.

Es scheinen nur zwei 10,5 cm-Batterien zu sein, die hier in der Nähe stationiert sind, denn es sind immer zweimal vier weiße Wölkchen, welche die explodierenden Granaten am Himmel zurücklassen. Da die Vierergruppen ganz gleichmäßig abgefeuert werden, wird mit einem Kommandogerät geschossen.

Schon die beiden ersten Gruppen liegen gut im Ziel. Dann gibt es einen Volltreffer. Das entspricht allerdings nicht der reinen Flakschießlehre, nach der sich das Ziel in der Mitte zwischen den vier Sprengpunkten der Granaten befinden sollte. Hier muß eine Granate die Maschine direkt getroffen haben, und das bei voller Bombenlast.

Von der Erde aus sehen wir nur eine Rauchwolke. Das Flugzeug ist offenbar durch die Explosion der gesamten Munition in seine Atome zerlegt worden. Es ist wie ausgelöscht und hinterläßt eine Lücke im Bomberstrom. So etwas habe ich noch nie gesehen, doch hier wiederholt sich dasselbe Schauspiel binnen weniger Minuten noch ein paarmal.

Da der Schulraum, in dem wir schlafen, recht ungemütlich ist, versammeln wir uns zum Mittagessen meist im Wachlokal. So geschieht es auch heute.

Unsere vier Gefangenen halten sich ebenfalls hier auf und werden nun von Hauptmann Beug, unserem Abteilungskommandeur, durch einen Dolmetscher verhört. Das Verhör dauert allerdings nur wenige Minuten, weil die Gefangenen außer ihrem Namen und ihrem Dienstrang kaum etwas sagen. Also werden sie wieder in unsere Obhut zurückgegeben. Obwohl sie sich völlig ruhig verhalten, werden sie von vier Soldaten mit entsichertem Karabiner beobachtet.

Wieder ertönt draußen Flugzeuggeräusch. Doch dieses Mal kommen vier „Thunderbolts" von Osten her über die Bahnlinie entlanggeflogen und greifen den benachbarten Bahnhof von Saumont mit Bomben und Bordwaffen an.

Unsere Gefangenen können ein Lächeln nicht unterdrücken, als sie unsere besorgten Gesichter sehen. Sie enthalten sich aber jeden Kommentars zum Angriff ihrer Verbündeten. Dann erscheint auch schon ein Leutnant mit vier Soldaten, der die Gefangenen zum Divisionsgefechtsstand bringen soll.

Deutsch-französische Freundschaften in Chambors

Unser Einsatz als Jagdkommando geht an diesem Samstag zu Ende und mit dem Einbruch der Dunkelheit kehren wir nach Ménerval zurück.

Der **Sonntag (09.07.1944)** ist zur Erholung gedacht und daher dienstfrei. Am **Montag** nehmen wir aber mit Unterricht, Wach- und Küchendienst die gewohnte Routine wieder auf. Dabei bleibt jedoch reichlich freie Zeit und Gelegenheit, um uns untereinander und auch unsere Quartiergeber näher kennenzulernen. Die meiste Zeit bin ich allerdings mit Martin Schmidt zusammen, der immer gut gelaunt ist und über alles Mögliche seine Glossen macht.

—

Beim Morgenappell am **Mittwoch (12.07.1944)** gibt dann der Spieß bekannt, daß er in Kürze Leute zu einem Lehrgang für „Vorgeschobene Beobachter" (kurz: VB-Lehrgang genannt) abstellen soll, und so fordert er uns auf, schon einmal zu überlegen, ob wir daran interessiert sind. Wieviele Leute abgestellt werden sollen und wann und wo der Lehrgang stattfinden soll, kann er noch nicht sagen, ebenso ist noch offen, ob auch alle, die sich melden, in den Lehrgang geschickt werden können.

Während Martin Schmidt und Karl-Heinz Baumgart als ausgebildete Funker von einem solchen Lehrgang sofort begeistert sind, habe ich zuerst keine rechte Lust, mich ebenfalls zu melden. Da ich aber gerne mit den beiden zusammen bleiben möchte, melde ich mich am Ende doch.

—

Bevor es aber soweit ist, müssen wir noch einen höchst unerfreulichen Zwischenfall erleben. Am **Samstagabend (15.07.1944)** haben sich nämlich ein paar Soldaten, die zum Glück nicht zu unserer Einheit gehören, einen sehr üblen Streich erlaubt. Sie sind dazu über den Weidenzaun gestiegen und haben den jungen Bullen die unter den Bauch gebundenen Säcke weggenommen. Die Folge war, daß diese zur großen Gaudi der Täter sofort die weiblichen Kälber und Färsen besprungen haben.

—

Der Bauer ist ganz außer sich, als er am **Sonntagmorgen (16.07.1944)** die Bescherung auf der Weide sieht. Er hat auch allen Grund, wütend und empört zu sein, denn hier handelt es sich keineswegs nur um einen Dummejungenstreich, sondern um eine bodenlose Gemeinheit, wenn nicht um ein Verbrechen. Wenn nämlich Kälber und halbwüchsige Rinder trächtig werden, bringen sie nicht nur Zwergkälber zur Welt, sondern stellen selbst das Wachstum ein. Und solche Kleinkühe sind zur Zucht nicht mehr zu gebrauchen und müssen geschlachtet werden.

Mit vereinten Kräften versuchen wir, unseren „Patron" zu trösten, doch ihm stehen die Tränen in den Augen, als er uns erklärt, daß nun wahrscheinlich seine ganze Herde verdorben sei.

Natürlich haben wir eine Mordswut auf unsere Kameraden, die durch diesen Wahnsinnsstreich das gute Verhältnis zwischen uns und unseren Gastgebern sinnlos beschädigt haben. Wir versichern dem Bauern, daß sicher nach den Tätern gefahndet wird und daß sie, wenn sie ermittelt sind, streng bestraft werden, und daß er von der Deutschen Wehrmacht Schadensersatz verlangen kann, obwohl wir nicht sicher sind, daß die Täter jemals überführt werden können.

Natürlich wissen unsere Gastgeber, daß wir mit dieser Schweinerei nichts zu tun haben, aber immerhin waren es Deutsche, die ihnen diesen Schaden zugefügt haben, und die fast herzlich zu nennende bisherige Verbundenheit zwischen ihnen und uns hat sicher einen Knacks erlitten.

—

Auf jeden Fall ist die Stimmung getrübt, und so sind wir froh und in gewissem Sinne auch erleichtert, daß der Spieß am folgenden **Mittwoch (19.07.1944)** beim Morgenappell die 15 Kandidaten bekanntgibt, die zum VB-Lehrgang abgestellt werden sollen, und Martin Schmidt, Karl-Heinz Baumgart und ich darunter sind. Natürlich wäre es uns lieber gewesen, wenn wir uns ohne diesen ärgerlichen Zwischenfall von unseren Quartiergebern hätten verabschieden können. Doch das ist nun leider nicht mehr zu ändern.

Andererseits ist für uns nun der öde Infanteriedienst zu Ende, denn wir haben alle eine Spezialausbildung hinter uns und keine große Lust, sozusagen als Ersatzsoldaten verschlissen zu werden, bis unsere Einheit endlich ihre Ausrüstung erhält. – Allerdings scheint sich in dieser Hinsicht etwas zu tun, denn kaum haben wir nach diesem Appell unser Quartier aufgesucht, da macht ein „Läufer" die Runde durch die Quartiere und überbringt den Befehl, daß alle nicht zur Wache und zum Küchendienst eingeteilten Leute sich unverzüglich auf einem benachbarten Bauernhof zum „Gerätereinigen" einzufinden haben.

Wir sind natürlich gespannt, um welche Geräte es sich dabei handeln könnte und ganz überrascht, als wir erfahren, daß in der Nacht zwei „Vier-Meter-Basen" – die Riesenfernrohre, die auf ein Kommandogerät montiert werden – eingetroffen sind, obwohl die beiden schweren Batterien überhaupt noch kein Kommandogerät besitzen. Die Fernrohre wurden in Blechkisten geliefert, sind bereits ausgepackt und müssen nur noch entfettet und gereinigt werden.

Vor allem die Rundblickfernrohre müssen sorgfältig blankpoliert werden. Diese Tätigkeit übernehmen allerdings Kameraden, die am Kommandogerät ausgebildet worden sind, wir anderen führen die groben Reinigungsarbeiten an den Geräten und Transportbehältern aus.

Immerhin ist durch diese Lieferung der Anfang zur Ausrüstung der Einheit gemacht und läßt uns auf baldige weitere Lieferungen hoffen. Daß darüber noch mehrere Monate ins Land gehen werden, können wir natürlich nicht ahnen.

Wir haben kaum ein Stunde gearbeitet, da erscheint wieder ein Kurier und verkündet, daß die für den Lehrgang Vorgesehenen sofort in ihre Quartiere zurückkehren und ihre Sachen packen sollen, damit die Gruppe um 14 Uhr abmarschbereit ist.

So holen wir uns an der Feldküche unsere Marschverpflegung ab und packen unsere Tornister. Das bleibt natürlich unseren Quartiergebern nicht verborgen, und als „Madame" erfährt, daß auch Martin und ich sie verlassen werden, entdeckt sie noch einmal ihr mütterliches Herz und lädt uns zu sich zum Abschiedsessen ein. Dabei gibt es eine gute Hühnersuppe, Schweinebraten, grüne Bohnen und Salzkartoffeln und hinterher eine Tasse frische Milch. Dann füllt sie uns die Feldflaschen mit hausgemachtem Cidre und wünscht uns alles Gute und eine gesunde Heimkehr nach Deutschland. Von dieser Freundlichkeit sind wir – vor allem nach dem unliebsamen Zwischenfall – tief beeindruckt und bedanken uns entsprechend. Dabei läßt es sich Martin bei seinem rheinischen Temperament nicht nehmen, die ihm kaum bis an die Schultern reichende Frau zu umarmen und sich wie ein Sohn von seiner Mutter zu verabschieden.

Feldmarschmäßig ausgerüstet stehen wir dann pünktlich vor der Schreibstube. Der Spieß ermahnt uns noch einmal, ihm nur ja keinen Kummer zu machen, und dann kommt auch schon der Ford-LKW, der uns nach Haussez bringen soll. Darüber sind wir sehr erleichtert, denn bisher war von „Abmarsch" und nicht von „Abfahrt" die Rede.

In Haussez warten schon die Kameraden der beiden anderen Batterien, die mit uns am Lehrgang teilnehmen sollen. Dann werden noch einmal die Namen verlesen, um die Vollzähligkeit festzustellen, und wir besteigen die drei LKWs, die uns zum Lehrgang bringen sollen. Wo er stattfinden soll, wird uns auch jetzt nicht mitgeteilt.

So fahren wir zunächst auf einem besseren Feldweg über Les Ravines nach Beuvreuil und dann auf einer guten Straße zu der etwa zwölf Kilometer südlich von Haussez gelegenen Stadt Gornay-en-Bray. Hier machen wir eine Pause, um uns etwas die Füße zu vertreten und einen kurzen Umtrunk zu halten, dann heißt es wieder *„Aufsitzen!"*

Immer der Sonne entgegen fahren wir nun auf einer gut ausgebauten Straße etwa 25 Kilometer nach Süden. Dabei durchqueren wir die Orte Neuf-Marche, Talmontiers, Sérifontaine und Eragny-sur-Epte und kommen schließlich nach Gisors. Kurz hinter der Stadt passieren wir die Département-Grenze zwischen Eure und Oise und erreichen mit dem Sonnenuntergang das Dorf Chambors (Oise), unser Ziel.

Auf den ersten Blick sieht das Dorf nicht gerade einladend aus, wie es da mit seinen grauen, schiefergedeckten Häusern an einen Hang geschmiegt in der Abenddämmerung vor uns liegt.

Auch unser Empfang hier fällt nicht besonders herzlich aus. Wir halten nämlich an einer Straßenkreuzung, wo ein an einem Eckhaus angebrachter Briefkasten erkennen läßt, daß sich hier eine Dienststelle der Deutschen Wehrmacht befindet. Diese entpuppt sich dann als die Schreibstube der „W 3" (Abkürzung für „3. Werkstattkompanie der Panzernachschubtruppen 66").

Wir steigen also ab und der dienstälteste Stabsgefreite von uns geht hinein, um uns anzumelden. Kurz darauf kommt er wieder heraus, begleitet vom Spieß, einem Stabsfeldwebel, der als einzige Auszeichnungen das Band des Kriegsverdienstkreuzes und zwei „Brotschnallen", jene blauen Bändchen, die man durch lange Truppenzugehörigkeit „erdienen" kann und die eigentlich zu silbernen „Verdienstmedaillen" gehören, aufzuweisen hat. Daran erkennen wir, daß er zwar mehr als zwölf Jahre „gedient" hat, aber immer bei den Nachschubtruppen war und offenbar noch nie eine Front gesehen hat. Solche Leute muß es zwar auch geben, aber bei der Einsatztruppe sind sie als „Etappenhengste" verschrien, denen man keinen besonderen Respekt zu zollen braucht.

Er erklärt uns, daß die „W 3" eigentlich dazu bestimmt ist, Reparaturarbeiten an Fahrzeugen, Waffen und Geräten auszuführen, hier aber auch im Auftrage der Division Funklehrgänge abhält, die augenblicklich für das Panzerartillerieregiment 146 durchgeführt werden. Außerdem teilt er uns mit, daß die Lehrgangsteilnehmer im Rahmen der Kompanie als „Wachzüge" geführt werden, was darauf hinweist, daß wir neben dem Unterricht und den praktischen Übungen auch zwei Parkplätze zu bewachen und im Dorfe Streifendienst zu versehen haben, und dadurch jede zweite oder dritte Nacht mit dem Wachdienst an der Reihe sein werden.

Für die kommende Nacht weist er uns einen verlassenen Stall als Schlafstelle zu, weil er es nicht für ratsam hält, jetzt am Abend noch Quartiere zuzuteilen und dadurch Unruhe im Dorfe zu verbreiten. Am anderen Morgen will er uns dann in die endgültigen Quartiere einweisen.

So bleibt uns nichts anderes übrig, als das im Stall vorhandene Stroh auf dem Boden zu verteilen und mit Zeltbahnen abzudecken, um die Nacht in hergebrachter Weise zu verbringen.

Einige fürchten allerdings, daß es hier Ungeziefer geben könnte und ziehen es vor, auf der Obstwiese hinter dem Hause Vier-Mann-Zelte aufzubauen, um darin zu übernachten. Martin, Karl-Heinz und ich sind nicht so ängstlich und bleiben im Stall, wo wir drei nebeneinander liegende Plätze belegen und mit unserem Gepäck als „besetzt" markieren.

Da es hier an den Sommerabenden noch lange hell ist und wir auch noch nicht müde genug sind, um uns zur Ruhe zu begeben, ziehen wir mit den beiden Obergefreiten Kurt Pieper und Reinhard Schol, die von der 2. Batterie zum Lehrgang abkommandiert worden sind, los, um das Dorf etwas näher zu erkunden. So gehen wir ein Stück auf der Straße zurück, über die wir von Gisors heraufgekommen sind und biegen dann in eine Straße ein, die vermutlich als Hauptverkehrsader in die Mitte des Dorfes führt. Und so ist es auch tatsächlich.

Gleich im zweiten Hause auf der rechten Seite liegt eine künstlich erblondete, auffallend grell geschminkte junge Frau im Fenster des Erdgeschosses und sieht uns erwartungsvoll entgegen. Ein älterer Stabsgefreiter, der zusammen mit einem Obergefreiten wenige Schritte vor uns geht, bleibt stehen, blickt sie bewundernd an und meint, indem er sich zu uns umdreht: *„Hier bleibe ich, die Frau gefällt mir!"*

„Warum nicht?" antwortet sie auf deutsch und blickt ihn herausfordernd an.

Martin und ich sehen uns an, denn wir haben offenbar denselben Gedanken: Eine deutschsprechende unechte Blondine, die ihren üppigen Busen aufreizend auf die Fensterbank bettet und vorübergehende Landser anspricht, gehört eigentlich nicht in dieses verschlafene Dorf, sondern eher in ein Etablissement an der Place Pigalle in Paris, denn sie ist unverkennbar eine „femme galante" oder „cocotte" (Hühnchen), wie die Franzosen diese Damen liebevoll nennen, die im Landserjargon einfach „Nutten" heißen.

Unsere Vermutung finden wir später vollauf bestätigt: Sie ist nicht nur die Freundin des Chefs der Werkstattkompanie, mit dem sie zusammen wohnt, sondern auch von der Maquis-Bewegung als „espionne" auf ihn angesetzt worden. Wir haben später noch oft Gelegenheit, uns darüber zu wundern, wie gut sie über die Lage an der Invasionsfront und die Bewegungen der deutschen Truppen informiert ist. Wie sie wirklich heißt, erfahren wir nicht, weil sie hier nur unter ihrem Decknamen „Mary" auftritt.

Während die beiden Älteren bei ihr am Fenster stehenbleiben, ziehen wir fünf weiter und landen schließlich am Ende der Straße in einem „Café". Das steht jedenfalls groß über dem Eingang. In Wirklichkeit handelt es sich jedoch um einen kleinen Kramladen mit Ausschank, den eine weißhaarige alte Dame betreibt.

Weder der Laden noch die Inhaberin wirken auf uns besonders vertrauenerweckend. Das Lokal scheint eher unordentlich und unsauber zu sein, und die alte Frau, die über einen üppigen Damenbart verfügt und deren mit fingerdicken Krampfadern verunzierte nackte Beine in uralten, ausgetretenen Latschen stecken, erinnert uns stark an die Hexe aus „Hänsel und Gretel". Doch das unvorteilhafte Äußere täuscht, denn die alte Dame entpuppt sich als eine ganz patente Geschäftsfrau, die das Haus mit ihrer 41 Jahre alten Tochter Louise und deren 17jähriger Tochter Simone bewohnt.

Als einziges Getränk kann sie uns eine grüne, nach Pfefferminz schmeckende Flüssigkeit anbieten, die sie „*limonade*" nennt und für drei Francs pro Glas verkauft. Ohne Begeisterung bestellt jeder von uns ein Glas davon und trinkt es mit sehr gemischten Gefühlen, obwohl die Gläser, die sie aus einem Wandschrank nimmt, vor Sauberkeit blinken.

Von dem Ecktisch aus, an dem wir uns niedergelassen haben, kann man durch eine offene Tür in eine mit wildem Wein bewachsene Laube blikken. Was wir dort sehen, setzt vor allem uns Jüngere einigermaßen in Erstaunen. Da sitzen nämlich zwei Obergefreite nebeneinander, die eine kreischende und trampelnde junge Französin quer über ihren Knien liegen haben und nach allen Regeln der Kunst durchkitzeln!

Wir müssen wohl ziemlich entgeistert dreingeschaut haben, denn mit gönnerhaftem Lächeln meint die alte Dame: „*C'est la jeunesse! On s'amuse!*" („*Das ist die Jugend, man vergnügt sich.*") – Wieder schauen Martin und ich uns bedeutungsvoll an und wieder haben wir den gleichen Gedanken: Diese Art von Vergnügen wäre in unserer Batterie völlig unmöglich. Da würde uns Hauptwachtmeister Basedow etwas anderes erzählen! Schließlich hat er uns nicht umsonst wiederholt eingeschärft, daß in seiner Batterie Zucht und Ordnung herrschen und wir uns so zu verhalten hätten, daß die Franzosen einen positiven Eindruck von der Deutschen Wehrmacht gewännen. Er werde keinen „Sauhaufen" dulden und jeden disziplinarisch belangen, der es wagen sollte, aus der Reihe zu tanzen.

Hier bei den Nachschubtruppen scheinen dagegen wohl lockerere Sitten zu herrschen. Jedenfalls wird es mit der Balgerei in der Laube immer toller. Wie es aussieht, versucht sich die Französin mit aller Macht aus den Händen der Landser zu befreien. Plötzlich hat sie es dann geschafft, springt auf die Beine, zupft sich Rock und Bluse zurecht und kommt in den Laden gestürmt. Einer der Landser folgt ihr auf dem Fuße und verschwindet mit ihr durch eine Hintertür im Hause.

Wir fünf haben inzwischen ausgetrunken und verlassen das Lokal. Wir gehen aber nicht sofort in unser Quartier, sondern setzen uns noch an einen Tisch neben dem Eingang, um die letzten Strahlen der Abendsonne zu genießen. Bei einem zweiten Glas Limonade diskutieren wir das, was wir eben erlebt haben, und stellen Vermutungen darüber an, was wir hier wohl sonst noch alles erleben werden.

Nach einer Weile kommt ein Wachtmeister von der Artillerie des Weges und fragt, ob er sich zu uns setzen darf. Natürlich hat niemand etwas dagegen, denn wir sind für jede Abwechselung dankbar und hoffen zudem, daß er sich hier auskennt und uns manchen hilfreichen Tip geben kann.

Darin werden wir auch nicht enttäuscht, denn er stellt sich vor als *„Funkmeister Schwab"* und Leiter des Lehrgangs, den wir hier absolvieren sollen. Er fragt, ob auch voll ausgebildete Funker unter uns sind und welche Geräte wir schon kennen.

Dann erzählt er uns, daß wir hier im Lehrgang durchweg „eine ruhige Kugel schieben" können, daß es genug zu trinken und zu rauchen und bei Bedarf auch Frauen gibt, allerdings nicht die wohlbehüteten Töchter hier aus dem Dorfe, die in der Öffentlichkeit nicht einmal mit einem deutschen Soldaten sprechen, sondern ein paar „Schöne der Nacht" aus dem nur 50 Kilometer entfernten Paris, die regelmäßig hier Urlaub machen. Sie seien hier zwar nicht professionell tätig, aber nicht abgeneigt, mit einzelnen Soldaten „Freundschaften" auf Zeit zu schließen.

Die Ernährungslage sei wegen des Mangels an Kartoffeln zwar nicht gerade glänzend, berichtet er weiter, doch bisher hätten es die Lehrgangsteilnehmer immer geschafft, aus dem umliegenden Dörfern „Zusatzverpflegung" heranzuschaffen. Auch erwähnt er, daß es hier eine Kantine gibt, in der gute Getränke zu annehmbaren Preisen zu haben seien. In der 30 Kilometer entfernten Stadt Pontoise gebe es ein großes Verpflegungslager, aus dem vor allem laufend erstklassige Spirituosen herangeschafft würden.

—

Bevor er sich verabschiedet, sagt er uns noch, daß wir uns am **Donnerstagmorgen (20.07.1944)** um 9 Uhr in der Rue de Triechâteau zum Appell einfinden sollen. Dort würden uns dann die Quartiere zugewiesen, und außerdem würden wir alles Weitere und Notwendige über den Lehrgang erfahren.

Als er gegangen ist, kehren wir in unser Stallquartier zurück. Kurz bevor wir dort ankommen, treffen wir auf einen Streifenposten, der bei seiner Runde von einer Französin begleitet wird. Wir zweifeln nicht daran, daß sie eine hier weilende „Urlauberin" ist, denn eine Einheimische würde sich sicher nicht am Abend in aller Öffentlichkeit mit einem Besatzungssoldaten zeigen. – Wir versuchen es erst gar nicht, uns auszumalen, wie unser Spieß auf eine solche Disziplinlosigkeit während der Wache reagieren würde.

—

Am anderen Morgen versammeln sich dann alle künftigen Lehrgangsteilnehmer in der angegebenen Straße, wo der Lehrgang seinen ständigen Appellplatz hat.

Wenn wir erwartet hatten, daß nun der Spieß der „W 3" erscheinen würde, um uns zu begrüßen, so werden wir enttäuscht. Denn es kommt lediglich Funkmeister Schwab in Begleitung zweier Unteroffiziere.

Er hat eine Liste mitgebracht, in der die zur Verfügung stehenden Quartiere und die Zahl der darin vorhandenen Plätze verzeichnet sind. Doch statt die einzelnen Quartierbesatzungen von sich aus zu bestimmen, zieht er mit dem ganzen Zug im Dorf umher und weist die einzelnen Leute an Ort und Stelle in ihre Quartiere ein.

Meist sind es zwei, drei oder vier Kameraden, die zusammenbleiben möchten und nun eine Wohngemeinschaft bilden. Alle können sofort ihre Quartiere beziehen, werden aber aufgefordert, sich um 12 Uhr wieder auf dem Appellplatz einzufinden. So wird die Gruppe immer kleiner, und darunter sind auch Martin und ich, weil wir uns in der Hoffnung auf ein besseres Quartier bisher noch nicht für eine bestimmte Unterkunft entscheiden konnten.

Schließlich gehören wir zu den letzten Fünf, die mit dem Funkmeister zum Appellplatz zurückkehren. Hier wird uns ein gegenüberliegendes Haus zugewiesen, das zur Zeit unbewohnt ist. Es steht als Eckhaus an der Einmündung der Rue de Triechâteau in die Rue de Gisors, hat seinen Eingang aber von der Rue de Triechâteau aus. Wenn wir in der Haustür stehen, liegt links von uns auf der anderen Straßenseite der Appellplatz und schräg rechts gegenüber das Haus des Funkmeisters, das andere Eckhaus an den beiden Straßen, die sich hier treffen.

Neben unserem Hause an der Rue de Gisors ist eine kleine Anlage mit einem Kriegerehrenmal in der Mitte. Auf einem Steinsockel steht ein großes Eisenkreuz mit einer Inschrift, die an die Gefallenen der beiden Kriege 1870/71 und 1914/18 erinnert. Zwei Steinstufen führen zu der Plattform, auf der das Denkmal steht, und auf ihnen versammeln sich die Kinder des Dorfes gewöhnlich zum Spielen, wobei wir sie von unserem Fenster aus gut beobachten können.

Im Hause sind zwei übereinanderliegende Zimmer, die als Quartier in Betracht kommen, die anderen Räume sind abgeschlossen und enthalten wohl die Möbel der eigentlichen Bewohner. Außer den beiden Zimmern stehen uns eine Küche, die wir jedoch nicht zum Kochen sondern als Badezimmer nutzen, und ein WC zur Verfügung. Im oberen Zimmer stehen ein Schrank, ein Tisch und zwei Stühle, sowie zwei französische Betten. Das darunterliegende größere Zimmer im Erdgeschoß ist mit einer niedrigen Anrichte, einem Tisch, drei Stühlen und zwei dicken Matratzen ausgestattet, die bei Tage übereinandergestapelt, zum Schlafen aber – weil sie unterschiedlich hoch sind – quer voreinandergelegt werden.

Bei der Verteilung der Zimmer gibt es keinen Streit, weil die beiden Obergefreiten, Kurt Pieper und Reinhard Schol, als Dienstältere den Vortritt haben und natürlich das Zimmer im Obergeschoß wählen, während wir drei Jüngeren – Martin Schmidt, Gerd Eifer und ich – mit dem unteren Zimmer vorliebnehmen müssen.

Beim Verteilen der Schlafplätze müssen wir berücksichtigen, daß Martin von uns Dreien der weitaus Schwerste und Gerd der Leichteste ist. So bekommt Martin auf jeden Fall einen Außenplatz, während Gerd und ich uns mit dem mittleren und dem anderen Außenplatz abwechseln. Es läßt sich nämlich nicht vermeiden, daß der „Mittelmann" jedesmal einen Hopser macht, wenn Martin sich einmal heftig umdreht, und so kommen wir beiden abwechselnd in den Genuß, dies zu erleben. Doch diese kleine Mißhelligkeit tragen wir mit Humor, denn im Grunde sind wir froh, daß wir nicht mehr im Stroh kampieren müssen.

Mit dem Mittagsappell beginnt offiziell der Funklehrgang. Verpflegt werden wir aus der Feldküche der Werkstattkompanie, die aber gar nicht so schlecht ist, wie wir nach dem ersten Bericht des Funkmeisters erwartet hatten. Nur in einem behält er recht: Die Kartoffeln taugen wirklich nicht viel.

Neben der Begrüßung durch den Lehrgangsleiter und der Vorstellung der beiden anderen Ausbilder dient diese erste Zusammenkunft hauptsächlich dazu, die Teilnehmer in Leistungsgruppen einzuteilen. Je nach unserer Vorbildung werden wir als „Anfänger", „Fortgeschrittene" und „perfekte Funker" zu drei Gruppen zusammengestellt. Dabei kommt Martin als ausgebildeter Funker natürlich in die Leistungsgruppe I, Gerd und ich kommen von der Meßstaffel und wollen hier erst das Funken lernen und fallen damit in die Gruppe III, die beiden Obergefreiten melden sich für die Leistungsgruppe II.

Während wir hier friedlich unseren Lehrgang beginnen, findet an diesem Tage, dem **20. Juli 1944,** in der „Wolfsschanze" bei Rastenburg in Ostpreußen ein Attentat auf Adolf Hitler statt, das er überlebt, über das wir aber erst viel später unterrichtet werden, als das Reichspropagandaministerium eine entsprechende Verlautbarung für die kämpfende Truppe formuliert hat.

Im Anschluß an diesen Appell beginnt dann gleich der Unterricht, nach Leistungsgruppen getrennt, in drei verschiedenen Räumen unter dem Titel *„Hören und Geben".* – Für uns Anfänger bedeutet das zunächst nichts anderes als das Morse-Alphabet zu erlernen und die bei der Wehrmacht gebräuchlichen Nachrichtengeräte (Sender und Empfänger) kennenzulernen. Die höheren Leistungsgruppen üben dagegen sofort das Absetzen und Empfangen von Funksprüchen. Der Unterricht ist sehr interessant, und die Zeit vergeht dabei wie im Fluge.

Während unsere älteren Kameraden nach dem Abendbrot ins Dorf gehen, bleiben wir drei Jüngeren im Quartier, schreiben ein paar Briefe und unterhalten uns über alles, was wir hier bisher erlebt haben.

—

Beim Frühappell am **Freitag (21.07.1944)** gibt der Funkmeister bekannt, daß wir am Mittagsappell der Werkstattkompanie teilnehmen sollen, bei der wir hier zu Gast sind. Angeblich will uns der Spieß begrüßen und sich den neuen Lehrgang einmal näher ansehen. Als es dann soweit ist, spricht er tatsächlich ein paar Sätze zur Begrüßung, kommt dann aber sofort zum Hauptanliegen dieses Appells, dem Einteilen der Wachdienste. Dazu hat er schon fertige Pläne mitgebracht.

Dabei stehen Gerd und ich schon für die Zeit von abends 20 Uhr bis morgens 8 Uhr auf der Liste für die Parkplatzwache. Bei der um 19.30 Uhr durchgeführten Vergatterung werden wir dann als „Parkposten II" eingeteilt. Das bedeutet, daß wir mit zwei anderen Kameraden den „Fahrzeugpark II" zu bewachen haben. Dabei handelt es sich um eine Obstwiese an der Rue de Gisors, auf der unter den Bäumen zahlreiche reparaturbedürftige Fahrzeuge aus allen möglichen Einheiten unserer Division abgestellt sind.

Da sich das Wachlokal ganz in unserer Nähe, nämlich im zweitnächsten Hause an der Rue de Gisors befindet, müssen wir während der Freiwache nicht im Wachlokal bleiben, sondern können in unserem Quartier schlafen. Die Ortsstreife braucht nur an unsere Fensterladen zu klopfen, wenn wir aufziehen müssen. Da meine Wachzeiten von 22 bis 24 Uhr und von 4 bis 6 Uhr sind, kann ich nach der Vergatterung sofort wieder ins Quartier zurückkehren.

—

Wegen der Nachtwache bin ich am **Samstagmorgen (22.07.1944)** vom Frühappell befreit, muß aber von 9 bis 11 Uhr am Unterricht und natürlich auch an der anschließenden „Gerätelehre" teilnehmen. Dabei werden uns die Tornisterfunkgeräte B und F (im üblichen Sprachgebrauch „*TornFu Berta*" und „*TornFu Fritz*" genannt) und ihre Funktionsweise erklärt.

Bevor wir damit aber praktisch üben dürfen, müssen wir zunächst das Morse-Alphabet auswendig lernen und vor allem Fingerübungen machen, um die Morsetasten bedienen zu können. So steht es jedenfalls im Ausbildungsplan, obwohl diese beiden Funkgeräte nur zum Sprechfunk geeignet sind. Auch kann man mit ihnen nur kurze Entfernungen überbrücken, so daß sie eigentlich nur dann eingesetzt werden, wenn Fernsprechleitungen gestört sind und nicht schnell genug repariert werden können.

Nachmittags haben wir dann unseren ersten „Funkverkehr im Freien". Dazu schnallen wir uns einige Berta-Geräte auf den Rücken und marschieren hinaus ins Gelände, wo die einzelnen Trupps an verschiedenen Plätzen in Stellung gehen, um das Auf- und Abbauen, die Inbetriebnahme und das Abschalten der Geräte, sowie die Aufnahme von Funkverbindungen zu üben.

Eigentlich gibt es vorgeschobene Beobachtungsposten, die mit Funkern besetzt sind, nur bei der Infanterie und der Artillerie, nicht aber bei der Heeresflak, die in erster Linien für die Bekämpfung von Luftzielen bestimmt ist. Allerdings haben sich die 8,8 cm-Kanonen auch im Erdeinsatz – insbesondere bei der Bekämpfung von Panzern und Truppenansammlungen , wo sie die Artillerie zu verstärken hatten – glänzend bewährt. Deshalb ist es auch für uns von Bedeutung, die Weitergabe von Befehlen durch Sprechfunk zu üben.

Um 17 Uhr ist Dienstschluß. Als wir nach Hause kommen, überraschen uns die beiden Obergefreiten damit, daß sie „etwas zum Trinken" besorgt haben und mit uns den Beginn des Lehrgangs und unsere Bekanntschaft gebührend feiern wollen. Voller Stolz zeigen sie uns ihre Schätze: eine Flasche Französischen Cognac, Jahrgang 1914, Kaufpreis 700 Francs (35 Reichsmark), und zwei Flaschen weißen Bordeaux, Jahrgang 1938, zu 200 Francs (10 Reichsmark) die Flasche.

Während sich Gerd und Martin auf den „Umtrunk" freuen, weckt dieses Angebot bei mir sehr gemischte Gefühle. Mein Vater leitet in Warburg nämlich eine Herberge für Wanderburschen, die sich „Christophorushaus" oder „Wandererarbeitsstätte" nennt und das katholische Gegenstück zur evangelischen „Herberge zur Heimat" darstellt. Dort habe ich immer wieder Volltrunkene umhertorkeln und sich übergeben gesehen, so daß ich eine Heidenangst vor einem Alkoholkater entwickelt und mit meinen 19 Jahren noch keinen Alkohol getrunken habe, wenn man von ein paar Gläschen Eierlikör absieht, die ich schon einmal probiert habe. Natürlich weiß das keiner meiner Kameraden, weil gängige Meinung ist, daß man sich durch Alkoholtrinken als Mann erweisen muß und ich mich bisher zum Thema „Trinken" noch nie geäußert habe, um nicht als Baby gehänselt zu werden.

Nun aber kommt die Stunde der Entscheidung und „mannhaft" halte ich beim Trinken mit, obwohl ich nach dem ersten Schluck Cognac das Gefühl habe, als würden sich meine Rückenhaare sträuben. Während es im Körper brennt, glaube ich draußen zu frösteln. Doch so ein 30jähriger, mit sechs Sternen ausgezeichneter Cognac ist schon etwas Edles, und die weiteren Gläser schmecken mir auch schon bedeutend besser als das erste.

Als ich aber drei oder vier Gläschen getrunken habe, wird mir ganz sonderbar zumute. Ich fühle mich plötzlich leicht und klar im Kopf und werde gesprächig, wie man es von mir überhaupt nicht kennt.

Auch die anderen kommen natürlich in Stimmung, amüsieren sich köstlich über mich und ermuntern mich zum Weitertrinken. Damit erreichen sie allerdings nur, daß ich plötzlich den Eindruck habe, als ginge das Licht aus. So taste ich mich von meinem Stuhl zu den Matratzen und weiß nur noch, daß ich mich daraufsetzen wollte.

Als ich wieder erwache, liege ich zwischen Gerd und Martin, die mir erzählen, daß ich plötzlich nach hinten übergekippt und in eine Art Tiefschlaf gefallen sei. Sie hätten mich auf den Fußboden gesetzt, die beiden Matratzen voreinandergelegt und mich daraufgepackt. Jetzt merke ich erst, daß ich in Hose und Pullover geschlafen habe, denn die Kameraden haben mir nur die Schuhe ausgezogen.

—

Völlig überrascht bin ich allerdings über die Verfassung, in der ich an diesem **Sonntag (23.07.1944)** erwache. Von dem befürchteten Kater gibt es nämlich nicht die geringste Spur. Ganz im Gegenteil: Ich bin erstaunlich klar im Kopf, erfreue mich bester Laune und fühle mich frisch wie neugeboren. Sollte meine Angst vor einem Kater alle die Jahre völlig unbegründet gewesen sein, frage ich mich. Die anderen meinen allerdings, daß es an der erstklassigen Qualität des Cognac und daran liege, daß ich dazu nichts anderes getrunken habe, daß ich heute keinerlei Beschwerden habe. Auf jeden Fall habe ich durch dieses Erlebnis die Angst vor dem Alkohol mit einem Schlage verloren und künftig nichts mehr dagegen einzuwenden, ab und zu ein alkoholisches Getränk zu mir zu nehmen.

Wie üblich ist der Sonntagvormittag dienstfrei, so daß wir reichlich Gelegenheit haben, den gestrigen Abend gründlich zu erörtern. Natürlich stehe ich, da ich als erster „abgetaucht" bin, dabei im Mittelpunkt der Diskussion, und ich muß noch einmal ausführlich berichten, wie ich mich gefühlt habe. Vor allem stellen wir fest, daß ich allein einen klaren Kopf habe, denn die anderen, die nach dem Cognac auch noch Wein getrunken haben, haben einen ordentlichen Brummschädel. Auf jeden Fall ist der Zweck der Unternehmung erreicht: Wir haben den Beginn des Lehrgangs gebührend gefeiert und durch dieses gemeinsame Erlebnis auch unsere Zusammengehörigkeit gestärkt.

Der Mittagsappell bei der „W 3" bringt uns nichts Neues außer der Mitteilung, daß auch der Nachmittag dienstfrei ist, weil heute die Kameraden von der Artillerie mit der Wache an der Reihe sind. Also halten wir ein Mittagsschläfchen und machen uns anschließend auf den Weg ins Dorf.

Dabei kommt es uns sehr zustatten, daß wir hier nicht wie in Ménerval bewaffnet sein müssen, sondern ohne Karabiner, Seitengewehr und Patronentaschen spazierengehen können. Durch die ununterbrochene Ortsstreife sieht man unsere Sicherheit wohl als hinreichend gewährleistet an.

Bei unserem Rundgang landen wir fast zwangsläufig wieder in dem „Café", wo wir bereits am Mittwoch waren. Hier treffen wir zwei Kameraden von der Artillerie, die uns erzählen, daß es hier des öfteren hoch hergeht und das Lokal daher in Landserkreisen bereits *„Café Hemd hoch"* genannt wird.

Heute plagt Martin offenbar der Übermut, denn er beginnt, mit der Inhaberin seinen Spaß zu treiben. Er lästert über ihren Damenbart und meint, daß es Zeit sei, sich einmal zu rasieren. Doch Madame versteht es ausgezeichnet, nichts zu verstehen, was sie nicht verstehen will. Und da sie immer nur Französisch spricht, kommen wir nicht dahinter, ob sie Deutsch versteht. So geht Martins Attacke zunächst ins Leere. Er läßt sich aber nicht so leicht entmutigen und versucht weiter, die alte Dame zu hänseln.

Auf Bitten der Artilleristen bringt ihre Tochter Louise ein Koffergrammophon herein und legt eine Tanzplatte auf. Bevor es aber zum Tanzen kommt, schlägt die Stimmung plötzlich um. Offenbar ist es die alte Dame leid, sich weiter von Martin verspotten und von uns anderen auslachen zu lassen, denn sie gibt ihrer Tochter einen Wink, worauf sie das Grammophon zuklappt und mit ihm in einem Hinterzimmer verschwindet.

So krame ich denn meine ganzen Französischkenntnisse hervor und versuche, der alten Dame klarzumachen, daß wir sie gar nicht auslachen, sondern uns darüber amüsieren, daß Martin „Kölsch Platt" spricht und sich das für uns Nichtrheinländer komisch anhört.

Ich gebe mir alle Mühe, sie zu überzeugen und rede so eindringlich auf sie ein – wobei mir die anderen durch Nicken beipflichten – daß sie mir endlich glaubt und Louise wieder hereinruft. Damit ist die Lage gerettet, denn Louise kommt wieder mit dem Grammophon herein und setzt es auch sofort in Betrieb.

So kommen die Artilleristen und unsere beiden Obergefreiten doch noch zum Tanzen. Der Reihe nach tanzen sie mit Louise nach den Klängen von *„J'attendrai"* und *„La bella Piccinina",* den Schlagern, die auch in Deutschland unter *„Komm zurück"* und *„Das blonde Käthchen"* bekannt sind. So können wir die Zeit bis zum Abendbrot doch noch in fröhlicher Runde überbrücken.

Als wir später am offenen Fenster unser Abendbrot verzehren, können wir Funkmeister Schwab beobachten, wie er vor seinem Quartier sitzt und Schifferklavier spielt. Eine Menge Kinder sind um ihn versammelt oder tollen um das Kriegerehrenmal herum.

Während ich mich bisher darauf beschränkt habe, den Kindern zuzuhören, um Ausdrücke der Umgangssprache aufzuschnappen, damit sich mein Schulfranzösisch nicht zu akademisch anhört, was die Franzosen gewöhnlich mit *„Vous parlez très bien Français, monsieur"* quittieren, geselle ich mich nun zu ihnen, um ein einfaches Gespräch mit ihnen zu führen.

Ich sage ihnen, daß ich „Henri" heiße, 19 Jahre alt bin und zu Hause viele Tiere habe: Hunde, Katzen, Hühner, Gänse und jedes Jahr kleine Ziegenlämmer. Ich habe nämlich bemerkt, daß die Kinder beim Thema „Tiere" sofort interessiert sind. Ganz nebenbei frage ich auch nach Ausdrücken für dieses und jenes und lasse mir Begriffe erklären, die ich nicht sofort verstehe.

Andererseits bin ich aber auch sprachschöpferisch tätig und habe großen Erfolg mit dem Ausdruck *„les clamottes"* anstelle des französischen *„le fatras"* für „Kram, Plunder". Der Ausdruck scheint ihnen besonders zu gefallen, denn sie wiederholen ihn unentwegt, singen Verse dazu und wollen sich totlachen. Jedenfalls ist es für alle Beteiligten ein vergnüglicher Abend.

Da ich mir so schnell kaum die Namen der Kinder merken kann, ist es für sie ganz einfach, in „Monsieur Henri" einen neuen Freund gefunden zu haben.

—

Am **Montag (24.07.1944)** haben wir mit kurzen Zwischenpausen mehrere Stunden „Hören und Geben".

Für die Leistungsgruppe III müßte es besser „Funkunterricht für Einsteiger" heißen, denn wir haben alle Mühe, bei den in Fünfergruppen gesendeten Morsezeichen die kleinen Pausen zwischen den einzelnen Buchstaben von den nur geringfügig längeren Pausen zwischen den Buchstabengruppen zu unterscheiden. Doch Sepp Reichert, unser Funkunteroffizier, läßt sich nicht aus der Ruhe bringen und sendet die Morsezeichen besonders langsam und mit deutlich erkennbaren Pausen, so daß wir beim Lernen nicht den Mut verlieren und langsam festen Grund unter die Füße bekommen.

Nachmittags ist wieder „Funkverkehr im Freien", also Sprechfunk an den B-Geräten. Da es die Julisonne besonders gut mit uns meint, suchen wir uns möglichst schattige Plätze aus, die dazu noch gut mit Gras bewachsen sind, damit wir uns bei der Arbeit auf die Erde legen können.

Da wir uns in der Regel in den Straßengräben niederlassen, kommen immer wieder Kinder aus dem Dorfe, um uns zuzusehen, zumal sie mich ja bereits kennen. Dabei versuche ich ihnen zu erklären, was wir hier tun und wozu das gut ist.

Da die Julihitze den ganzen Tag über anhält, verzehren wir unser Abendbrot wieder am offenen Fenster und beobachten gleichzeitig das Treiben am Kriegerdenkmal und auf der Straße. Dazu trinken wir eine Flasche kühlen „Jus de Pomme", der wesentlich besser schmeckt als der herbe Cidre, aber auch Kopfschmerzen verursachen kann, wenn man ihn zu kalt und zu schnell trinkt. Das hängt wohl damit zusammen, daß es kein echter Apfelsaft ist, wie der Name sagt, sondern eher Apfelmost, der noch nicht ganz ausgegoren ist. Immerhin ist er aber sehr erfrischend, wenn man müde und abgespannt ist.

Während wir so aus dem Fenster schauen, sehen wir plötzlich ein junges blondes Mädchen, das auf einem chromblitzenden Fahrrad auf der Rue de Gisors an unserem Quartier vorüberfährt. Wir sind sehr überrascht, denn es ist das erste Mädchen, das wir hier im Dorfe überhaupt zu sehen bekommen. Die Mädchen halten sich nämlich durchweg in ihren Häusern auf und lassen sich nur selten einmal auf der Straße blicken – genau so, wie es uns Funkmeister Schwab kurz nach unserer Ankunft hier erzählt hat. Auch sind wir überrascht, ein Mädchen zu sehen, das sich von den Frauen, die wir bisher kennengelernt haben – wie die Spionin „Mary" und die beiden älteren Damen im „Café" (die 17jährige Simone haben wir noch nicht zu Gesicht bekommen) – unterscheidet wie Tag und Nacht. Mit den anderen verglichen, kommt uns dieses blitzsaubere Mädchen, das ganz unbeschwert mit dem Fahrrad spazieren fährt, fast wie ein Engel vor.

Als es nach einer Weile in umgekehrter Richtung wieder bei uns vorüberfährt, blicken wir ihm bewundernd nach, bis es hinter dem Quartier des Funkmeisters verschwunden ist.

—

In der Nacht zum **Dienstag (25.07.1944)** werde ich als „Parkposten II" eingeteilt und muß von 0 bis 2 Uhr und von 6 bis 8 Uhr Wache schieben. Hierzu ist es meine Aufgabe, die Fahrzeuge zu bewachen, die auf der Obstwiese am Ortsausgang als reparaturbedürftig abgestellt worden sind oder auch bereits repariert wurden und nur noch nicht abgeholt worden sind. Dabei handelt es sich um Fahrzeuge aller Art, vom kleinen Schwimmwagen bis zum schweren Munitions-LKW.

Das Prunkstück dieser Sammlung ist aber der Wagen unseres Generals, ein roter Sportwagen, nämlich ein Zwölf-Zylinder-Delahaye. Da alle Fahrzeuge unverschlossen sind, nutze ich jede Gelegenheit, um mich während der Wache im Lederpolster des Beifahrersitzes dieses Luxuswagens auszuruhen. Natürlich lasse ich dabei die Tür angelehnt, damit ich hören kann, wenn sich jemand auf dem Parkplatz oder in seiner Nähe bewegt. Es ist nämlich jederzeit damit zu rechnen, daß der Wachhabende oder sogar der OvO (Offizier vom Ortsdienst) auftaucht, um die Posten zu kontrollieren.

In der nächtlichen Stille kann man ihre Schritte aber schon von weitem hören, so daß ich, wenn nötig, in aller Ruhe aus dem Fahrzeug gleiten und einen Rundgang vortäuschen kann. Ist der Vorgesetzte dann gekommen, melde ich *"keine besonderen Vorkommnisse",* und sobald er verschwunden ist, nehme ich meinen Platz im Delahaye wieder ein.

Für den Streifendienst im Dorfe, der weitaus interessanter ist als der sture Wachdienst auf den Parkplätzen, kommen wir von der Heeresflak noch nicht in Betracht. Hier nehmen die Artilleristen, die 14 Tage vor uns hier angekommen sind, ihre älteren Rechte wahr. Während andere Kameraden darüber ungehalten sind, stört es mich wenig, zumal ich einen Weg gefunden habe, um mir den Dienst recht angenehm zu gestalten, ohne allerdings jemals ein Wort darüber zu verlieren, daß ich den PKW des Generals regelmäßig als Ruheplatz benutze.

Am Vormittag nehmen wir während der „Gerätelehre" von 10 bis 11.30 Uhr noch einmal die Tornisterfunkgeräte und ihren Gebrauch durch, obwohl wir sie bereits in- und auswendig kennen und es eigentlich nichts Neues mehr zu lernen gibt. Aber beim Kommiß wird eben alles solange durchexerziert, bis es auch der Dümmste begriffen hat.

Ganz anders ist es am Nachmittag beim „Hören und Geben". Dazu sind zweimal 90 Minuten angesetzt, denn es ist gar nicht so einfach, das richtige Fingerspitzengefühl und vor allem das lockere Handgelenk für das Bedienen der Morsetasten zu entwickeln. Da ist es einfach unerläßlich, es immer wieder intensiv zu üben. Das Hören und Notieren der Morsezeichen ist dagegen fast ein Kinderspiel, wenn man sich erst einmal richtig hineingehört hat.

Während der Abendmahlzeit fährt das Mädchen mit dem silbernen Fahrrad wieder zweimal an unserem Quartier vorbei.

—

Am **Mittwochmorgen (26.07.1944)** werden wir dann nachdrücklich daran erinnert, daß Krieg ist und wir uns hier nicht in der Sommerfrische befinden. Denn als wir wieder mehrere Stunden „Hören und Geben" hinter uns gebracht haben und auf dem Wege ins Quartier sind, donnern plötzlich zwei Jagdbomber vom Typ „Hawker Typhoon" von Süden nach Norden über unser Dorf hinweg.

Wir wundern uns, daß die beiden Briten so weit hinter der Front operieren. Bevor wir uns aber darüber weitere Gedanken machen können, brausen schon sechs „FockeWulf FW 190" – ebenfalls im Tiefflug – über die Dächer hinweg. Da sie mit einer Spitzengeschwindigkeit von 715 km/h schneller als die „Typhoons" sind, die es höchstens auf 656 km/h bringen, scheinen sie die Briten vor sich herzujagen, obwohl ein Luftgefecht bei einer so geringen Höhe kaum möglich ist.

Da zieht auch schon eine „FW 190" in einer Steilkurve nach oben und greift dann über freiem Gelände die beiden Gegner von oben an. Es knattert gewaltig, als der Deutsche auf die Knöpfe drückt und seine vier 2 cm-Kanonen und die beiden 13 mm-Maschinengewehre in Betrieb setzt.

Schon nach zwei oder drei Feuerstößen stürzt die erste „Typhoon" mit einem langen Feuerschweif ab.

Der zweite „Typhoon"-Pilot versucht zwar durch sehr gewagte Flugmanöver seinen Verfolgern zu entkommen, doch viele Hunde sind des Hasen Tod, und nur wenige Sekunden später ist auch seine Maschine getroffen.

Entweder hat es ihn in der Kanzel erwischt oder er hat den Schleudersitz nicht mehr betätigen können, denn er stürzt mit seinem Flugzeug wie ein Stein vom Himmel. Ein dumpfer Knall und ein grauschwarzer Rauchpilz sind das letzte, was wir von ihm wahrnehmen.

Wegen der Gluthitze, die jede Faser am Körper festkleben läßt, fällt der Nachmittagsunterricht heute aus. Wahrscheinlich haben auch die Ausbilder keine Lust, bei einer Temperatur zu arbeiten, die es angezeigt sein läßt, im Schatten zu liegen und alle Viere von sich zu strecken. Dazu erhalten wir einen Tipp von der Artillerie: Die Kameraden berichten nämlich von einem kleinen Wasserlauf mit einem Wasserfall und einem flachen Teich am Rande des Dorfes und zeigen uns auch den Weg dorthin.

Wir ziehen also los und kommen tatsächlich an einen Bach, der südöstlich von Chambors vorbeifließt und in der Nähe von Gisors in die Eure mündet. Der Bach heißt „Réveillon", genau wie das Mitternachtsfestessen, das die Franzosen zu Weihnachten und Silvester veranstalten. Was der Bach mit diesem Brauch zu tun hat, können uns auch die Franzosen nicht erklären. Die Eure ist ein kleiner Fluß, der von Gisors aus nach Süden fließt und bei Vernon in die Seine mündet.

Genau wie die Kameraden von der Artillerie gesagt haben, stürzt der Réveillon kurz vor dem Dorfe über eine etwa 2,50 Meter hohe Stufe im Gelände, verbreitet sich anschließend zu einem Teich und fließt dann als normaler Wasserlauf weiter. Obwohl der Bach nicht übermäßig viel Wasser führt, fällt er doch mit ziemlicher Wucht über die Felskante herunter, und es rauscht und spritzt wie bei einem echten Gebirgsbach. Dieser Wasserfall, der Teich und die große Rasenfläche davor dienen den Dorfbewohnern als willkommene Bade- und Freizeitanlage, und zur Zeit natürlich auch den hier stationierten deutschen Soldaten.

Es ist in der Tat ein herrliches Gefühl, wenn man sich bei dieser Hitze unter den Wasserfall stellt und die kühle Flut über seinen Körper herabströmen läßt. Nicht umsonst ist der Platz unter dem Wasserfall, wo zwei Personen nebeneinanderstehen können, fast ständig besetzt.

Der Bach selbst ist ziemlich flach und in dem kleinen Teich reicht uns das Wasser kaum bis zur Hüfte. Was den Aufenthalt im Teich stark beeinträchtigt, sind zahlreiche dicke Steine, die darin liegen. Obwohl die Kinder einen Damm gebaut haben, um den Wasserstand zu erhöhen, kann man im Teich nur plantschen oder ihn mit einem Boot oder Floß befahren. Dafür ist das Wasser aber klar und sauber.

Aus unserem Quartier probieren Martin und ich den Wasserfall als erste aus, legen uns dann aber, als wir eine Gänsehaut bekommen, auf einer Decke ins Gras und beobachten den Betrieb um uns her. Dabei fallen uns seltsame Gefährte auf, die unsere Kameraden von der „W 3" aus Zusatz-Benzinbehältern gefertigt haben, die von den Jabos abgeworfen werden, wenn sie leer sind und nicht mehr benötigt werden. – Man braucht in eine Flachseite nur eine Öffnung hineinzuschneiden und eine Bank einzubauen, und schon hat man ein flaches Boot! Da es keinen Kiel besitzt, gehört allerdings einige Geschicklichkeit dazu, es in der Balance zu halten und nicht zu kentern.

—

Am **Donnerstag (27.07.1944)** haben wir morgens, als es noch nicht so heiß ist, „Funkverkehr im Freien" und am Nachmittag bei unserem Funkunteroffizier trotz der Hitze 90 Minuten „Hören und Geben".

Unteroffizier Josef Reichert gehört zur Artillerie und erteilt den Unterricht für beide Waffengattungen. Bei uns ist der Reichert-Sepp sehr beliebt, weil er den Unterricht sehr lebendig gestaltet, niemals aus der Haut fährt, wenn einmal etwas nicht sofort klappt, und seine Ausführungen oft mit seinem urbayerischen Humor würzt. Er ist stets guter Laune und dazu ein ausgezeichneter Funker, wie wir immer wieder feststellen, wenn er die Morsetaste bedient.

Abends habe ich Wachdienst und werde als „Parkposten I" eingeteilt. Als solcher habe ich Fahrzeuge zu bewachen, die bei der Wohnung des Gemeindevorstehers – teils auf einer Obstwiese hinter dem Hause, teils in einer Scheune neben dem Hause – stehen.

Dieser mitten im Dorf liegende Abstellplatz für reparaturbedürftige Fahrzeuge wird von den Wachhabenden nur selten – eigentlich überhaupt nicht – kontrolliert. Deshalb ist es hier selbstverständlich, daß sich die Posten zwischendurch in die Fahrzeuge setzen, um sich auszuruhen.

Da es mich interessiert, welche Fahrzeuge hier stehen, gehe ich nach meinem Wachantritt um 22 Uhr zunächst einmal auf die Wiese, wo überwiegend LKWs abgestellt worden sind. Dabei komme ich auf ganz besondere Art in den Genuß einer Einführung in die französische Sprache. Denn in der Nachbarschaft muß wohl einer Frau ein Schafbock ausgerissen sein, und gute 20 Minuten lang versucht sie – teils in lautem Befehlston, teils flehentlich und leise – das Tier zur Rückkehr in den Stall zu bewegen.

Das hört sich dann so an: *„Viens, mon mouton! – Viens vite! – Viens, mon bijou! – Viens ici! – Viens à maman! – Mais viens! – Viens, mon coucou! – Viens à la maison! – Viens vite!"* So tönt es in allen Stimmlagen, bis der Hammel offenbar ein Einsehen hat und „à maman" zurückkehrt. Immerhin weiß ich jetzt, daß *„bijou"* *(„Juwel")* und *„coucou"* *(„Kuckuck")* Kosenamen sind.

Ich kann die Aufregung der Frau ganz gut verstehen, denn da der Hammel relativ schnell zu ihr zurückgekehrt ist, ist es ihr erspart geblieben, gegen das nächtliche Ausgehverbot zu verstoßen.

Andererseits bin ich durch dieses Erlebnis so munter geworden, daß ich den Drang verspüre, mich zu bewegen, und keine Lust habe, mich in ein Auto zu setzen und auszuruhen. Also patrouilliere ich wie vorgeschrieben zwischen den Fahrzeugen umher und lasse mir die einzelnen Ausrufe der Französin noch einmal durch den Kopf gehen.

Während der zweiten Wache von 4 bis 6 Uhr bin ich allerdings so müde, daß ich mir einen Ruheplatz suche und in einen PKW in der Nähe des Scheunentores setze, von wo aus ich beide Stellplätze gut beobachten kann.

—

Am **Freitag (28.07.1944)** wird der Dienstplan genau eingehalten: Vormittags haben wir „Hören und Geben" und nachmittags „Funkverkehr im Freien". Auch heute ist es ganz schön warm, wenn auch nicht so heiß wie an den beiden vorangegangenen Tagen.

Nach Feierabend sitzt der Funkmeister wieder vor seinem Quartier und spielt Akkordeon. Wie immer sind auch die Kinder des Dorfes fast vollzählig um ihn versammelt und umringen mich sofort, als ich hinzukomme.

Vor allem zwei zehnjährige Jungen – Claude und René – und zwei Mädchen – Madeleine (12) und Liliane (8) – weichen nicht von meiner Seite. Sie wissen genau, daß ich mich nicht nur gerne mit ihnen unterhalte, sondern auch die Süßigkeiten mit ihnen teile, die ich von Zeit zu Zeit als „Marketenderware" zur Verpflegung bekomme. Meist lassen auch Gerd und Martin die eine oder andere Rolle Drops für die Kinder zurück.

Am anhänglichsten – fast wie ein Hund – ist allerdings die kleine Liliane, die mir von ihrer Körpergröße her gerade bis zum Bauchnabel reicht. Sobald sie mich erblickt, kommt sie auf mich zugerannt und möchte in die Höhe gestemmt werden, was ihr offenbar besonderes Vergnügen bereitet.

Für jedes Bonbon küßt sie mir die Hand oder versucht es jedenfalls. Denn oft hindere ich sie daran, weil sie mich durch dieses unterwürfige Verhalten nur in Verlegenheit bringt. Während es mich peinlich berührt, daß sie sich wie eine Sklavin im alten Rom gegenüber ihrem Herrn benimmt, finden die anderen Kinder diese Art der Dankbarkeit ganz normal.

Durch die Kinder bin ich schon nach wenigen Tagen in Chambors bekannt wie ein bunter Hund. Wo ich gehe und stehe, tönt es mir aus Fenstern, Ecken und Winkeln, wo immer Kinder sich aufhalten, oft in mehrstimmigem Chor, entgegen: *„Bon jour, monsieur Henri!"* – Einerseits schmeichelt es mir, so bekannt zu sein, andererseits erwarten die Kinder aber auch kleine Geschenke, so daß ich schon bald sämtliche Süßigkeiten an sie verteile, die ich zur Verpflegung bekomme.

Über die Kinder hoffe ich mit der Zeit auch ihre Eltern kennenzulernen, doch das gelingt nur in Einzelfällen, denn die Franzosen verhalten sich uns gegenüber zwar korrekt, sind aber eher zurückhaltend.

—

Da wir bisher – wie Funkmeister Schwab vorausgesagt hat – einen sehr angenehmen Dienst zu verrichten hatten, staunen wir nicht schlecht, als am **Samstag (29.07.1944)** „Infanterieausbildung im Gelände" auf dem Dienstplan steht. Doch nichts wird so heiß gegessen, wie es gekocht wird, und schon gar nicht, wenn Funkmeister Schwab darüber zu bestimmen hat. Er scheint hier überhaupt unangefochten den Ton anzugeben, denn auch die anderen Ausbilder zeigen keine große Begeisterung, einen strapaziösen Dienst aufzuziehen.

Also treten wir wie üblich in der Rue de Triechâteau an, marschieren etwa einen Kilometer in Richtung Triechâteau aus dem Dorf hinaus und legen uns zwei Stunden lang unter schattigen Bäumen ins Gras. Das einzige, was an Infanteriedienst erinnert, sind unsere, wie sonst beim Biwak, pyramidenförmig aufgestellten Karabiner.

Nach dieser ausgiebigen Siesta marschieren wir ins Dorf zurück und singen nach der Melodie *„Argonnerwald um Mitternacht"* das vom Obergefreiten Hans Irmler gedichtete *„Lied der Funknachtwächterkompanie"* mit folgendem Text:

„Hier in Chambors, da wird marschiert,
Vom Schwab wird unser Zug geführt.
Das ist ein Haufen wie noch nie
Und nennt sich Funknachtwächterkompanie.

Zur Funkerei sind wir bestimmt,
Von uns das keiner übelnimmt.
Doch nebenbei noch Wache stehn,
So etwas kann auf keine Kuhhaut gehen.

> *So stehen wir bei Tag und Nacht*
> *Und halten für „W 3" die Wacht.*
> *Der einz'ge Lohn, den man genießt,*
> *Sind Anschiß' und Zigarren von dem Spieß.*
>
> *Der Spieß meint wohl, wir wären dumm,*
> *Doch nehmen wir ihm das nicht krumm.*
> *Er wär' ja froh, behielt' er die*
> *Bewährte Funknachtwächterkompanie.*
>
> *Der Schwab all uns're Liebe hat,*
> *Geht mal was krumm, er biegt es grad'.*
> *Er setzt sich ein, vergiß das nie,*
> *Du stolze Funknachtwächterkompanie!*
>
> *Und kommt einmal der große Tag,*
> *Der uns die Trennung bringen mag,*
> *Ja, dann bewährt sich wie noch nie*
> *Die alte Funknachtwächterkompanie."*

Nach diesem anstrengenden Infanteriedienst ist nachmittags dienstfrei. Das bedeutet für uns drei natürlich: Ab zum Wasserfall!

Hier sind auch einige Mädchen aus dem Dorfe, um sich im Réveillon zu erfrischen. Dabei weckt vor allem eine wohlproportionierte Brünette unser Interesse, die bei unserem Eintreffen gerade unter dem Wasserfall steht. Das liegt aber weniger daran, daß sie eine auffallende Schönheit ist, sondern daß der linke Träger ihres Badeanzugs unter dem Aufprall des Wassers langsam von ihrer Schulter rutscht. Das bemerkt sie allerdings erst, als das Malheur bereits passiert ist und ihre üppige linke Brust frei und unbedeckt vom Wasser umspült wird.

Offenbar wird sie nicht darauf aufmerksam, weil sich das Gefühl des herabstürzendes Wassers auf der Haut verändert hätte, sondern durch die Reaktionen der Zuschauer, vor allem der deutschen Soldaten, die sich inzwischen hier versammelt haben. Kaum hat sie aber wahrgenommen, was geschehen ist, da bedeckt sie sich sofort, springt ans Ufer und ist im Handumdrehen mit ihren Freundinnen verschwunden, so daß wir für den Rest des Nachmittags nur noch mit einigen Kindern zusammen sind.

Beim Abendappell erfahren wir dann, daß Gerd Eifer und ich wieder auf der Wachliste stehen. Und zwar muß ich von 20 bis 22 und von 2 bis 4 Uhr als „Parkposten II" aufziehen, während Gerd jeweils die beiden folgenden

Stunden an der Reihe ist, so daß er erst um 6 Uhr morgens abtreten und ins Quartier zurückkehren kann.

—

Als Ausgleich dafür sind wir beiden am **Sonntagmorgen (30.07.1944)** von der Teilnahme am Frühappell befreit. Da Martin uns nicht weckt, sondern unsere Morgenverpflegung mitbringt, können wir den versäumten Schlaf nachholen und uns richtig ausschlafen.

Als wir dann endlich gewaschen und angekleidet sind, geht es bereits auf Mittag zu. Nach dem Essenfassen benötigen wir keinen Mittagsschlaf mehr und gehen mit Martin sofort zum Réveillon, wo wir bis zur Ausgabe der Abendverpflegung bleiben.

Da der Tag in einen schönen warmen Sommerabend übergeht, kehren Gerd und ich nach dem Abendbrot noch einmal an den Bach zurück, während Martin im Quartier bleibt, um ein paar Briefe zu schreiben.

Als es Zeit zur Heimkehr ist, beobachten wir, daß die meisten Landser einen anderen Weg ins Dorf zurück benutzen als wir. Sie gehen nämlich nicht wie wir durch das Tal des Baches zurück, sondern steigen den Hang hinauf, an dem der Réveillon entlangfließt.

Ich schlage daher vor, auch einmal diesen Weg zu benutzen, um zu sehen, wohin er führt. Gerd hat nichts dagegen, und so folgen wir dem Trampelpfad den Hang hinauf, und als wir oben ankommen, stellen wir fest, daß er in eine Dorfstraße mündet, in die „Rue du Moulin". Es ist zwar weit und breit keine Mühle zu sehen, vermutlich hat es aber früher einmal eine gegeben, die hier an der höchsten Stelle des Dorfes gestanden hat.

Als wir ein Stück dorfeinwärts gegangen sind, hören wir Musik, und beim Näherkommen sehen wir dann das Mädchen, das schon öfter auf seinem silbernen Fahrrad an unserem Quartier vorbei gefahren ist. Es sitzt vor dem Hause auf einem Holzstapel und ist umringt von fünf oder sechs Landsern, denen es auf dem Schifferklavier etwas vorspielt.

„Ja, Mädchen", sagt gerade einer von ihnen, *„wenn du blaue Augen hättest, wärest du nochmal so schön!"*

Offenbar versteht sie überhaupt kein Deutsch, denn sie zeigt keinerlei Reaktion, obwohl der Soldat langsam und deutlich gesprochen hat. Aber der Kamerad hat gar nicht so unrecht, denn blaue Augen würden zu ihrem aschblonden Haar noch besser passen als ihre graubraunen.

Zuerst gesellen wir uns nur hinzu, doch dann meint Gerd: *„Frag sie doch, ob sie mich mal spielen läßt."*

Bevor ich aber dazu komme, brausen vier Jabos über das Dorf hinweg, und sie geht unter dem Torbogen in Deckung, durch den man den Innenhof des Gebäudes betreten kann. Als die Flugzeuge verschwunden sind, kommt sie aber sofort wieder heraus.

Inzwischen habe ich mir überlegt, wie ich meine Frage formulieren soll und frage sie in bestem Schulfranzösisch, ob sie Gerd einmal „*l'accordéon*" zum Spielen überlassen würde.

Zuerst blickt sie mich ganz überrascht an, denn sie hat wohl nicht erwartet, daß jemand von uns so perfekt Französisch spricht. Dann aber erklärt sie sich sofort bereit und überreicht Gerd ihr Schifferklavier.

Nun hat er seinen großen Auftritt, und alle sind überrascht, wie virtuos er das Instrument beherrscht. Er beginnt mit dem Stück „*Tanzende Finger*", spielt dann Seemannslieder und schließlich den bekannten Schlager „*J'attendrai*". Als im Hof ihre Mutter erscheint und das Mädchen hinein ruft, bedankt Gerd sich artig und gibt ihm das Instrument zurück.

Wir gehen nun mit den anderen hinunter ins Dorf und in unser Quartier, wo Martin uns bereits ungeduldig erwartet. Er will natürlich wissen, warum wir erst jetzt zurückkommen, und wir berichten von unserem Erlebnis in der Rue du Moulin. Er hört sich die Geschichte an und meint dann trocken, daß wir Schwein gehabt hätten, daß kein weiteres Gespräch zustande gekommen sei, weil sonst aufgefallen wäre, daß ich gar nicht so perfekt Französisch sprechen könnte. Er rät mir dann, es ihm gleichzutun und einfach draufloszureden und nicht durch ausgewählte Formulierungen den Eindruck zu erwecken, als ob ich die Sprache voll beherrsche.

Im Grunde kann ich ihm nur beipflichten, aber ich kann ihn trotzdem nicht nachahmen und wie er die Wissenslücken durch große Gesten kaschieren und damit für zwanglose Heiterkeit sorgen. Dazu fehlt mir einfach sein rheinisches Temperament. – Vielmehr versuche ich das Problem auf andere Weise zu lösen: Immer wenn die Franzosen nach einem perfekt formulierten Satz mit „*Oh, vous parlez très bien français!*" reagieren, beschwichtige ich sie mit einer Redewendung, die ich von einem kriegsgefangenen Franzosen gelernt habe: „*Qui, oui, comme la vache espagnol!*" oder etwas verbindlicher: „*Non, non, un petit peu seulement.*" Das führt dann oft zu allgemeinem Gelächter, schraubt aber auf jeden Fall die Erwartungen an mein „*très bien français*" auf ein erträgliches Maß herunter und führt auch meistens dazu, daß die Franzosen dann langsamer und weniger Mundart sprechen.

Erst mit der Zeit und durch ständige Übung – vor allem im Gespräch mit den Kindern, von denen ich eine Menge allgemeine Redensarten übernehme – wird mein Französisch vollständiger und glatter. Nebenbei formuliere ich in ruhigen Stunden eine Anzahl Redewendungen vor, die ich dann bei passender Gelegenheit einsetzen kann. So komme ich allmählich dazu, auch in französischen Sätzen zu denken, und vor allem hört sich mein Französisch für einheimische Ohren etwas volkstümlicher und nicht mehr so hochgestochen an.

Die neue Woche beginnt am **Montagvormittag (31.07.1944)** mit zweimal 90 Minuten „Hören und Geben".

Nach dem Mittagessen werden wir dann zu einem besonderen Appell mit der „W 3" befohlen. Gleich nachdem der Funkmeister dem Spieß den Zug gemeldet hat, verliest dieser eine Verlautbarung des Reichsministers für Volksaufklärung und Propaganda, Dr. Joseph Goebbels, über den „feigen Anschlag auf den Führer" vom 20. Juli 1944 und im Zusammenhang damit einen Führerbefehl vom 24.07., wonach der Reichsführer SS, Heinrich Himmler, zum Oberbefehlshaber des Ersatzheeres ernannt worden ist und daß als „Treuebekenntnis zum Führer" ab sofort in allen Einheiten der Deutschen Wehrmacht der militärische Gruß „durch Anlegen der rechten Hand an die Kopfbedeckung" abgeschafft und durch den „deutschen Gruß" mit „ausgestrecktem rechtem Arm in Augenhöhe" ersetzt worden ist.

Diese Anordnung löst zunächst Verblüffung, dann aber Zorn und Entrüstung aus. Wir befürchten nämlich, daß durch diese Maßnahmen die Wehrmacht in eine Art Waffen-SS umgewandelt werden soll, wo der Hitlergruß schon immer üblich war. Doch ob es uns gefällt oder nicht: Befehl ist Befehl, und was befohlen wird, wird – wenn auch nur widerwillig – gemacht!

—

Auch am **Dienstag (01.08.1944)** haben wir vormittags „Hören und Geben" und nachmittags „Funkverkehr im Freien". Wegen der hohen Temperatur gibt es aber ab 16 Uhr hitzefrei.

Da die anderen keine Lust haben, gehe ich bis zum Verpflegungsempfang allein zum Wasserfall, wo ich – wie erwartet – etliche Kinder treffe, mit denen ich Französischsprechen üben kann.

Den Rückweg wähle ich über die Rue de Moulin in der Hoffnung, dort das blonde Mädchen anzutreffen. Ich habe Glück, denn sie liegt im Fenster, um die milde Sommerluft zu genießen. Ich grüße höflich und frage, ob wir am Abend noch einmal zum Akkordeonspielen kommen dürfen. Sie ist einverstanden und Gerd ist ganz begeistert, als ich ihm die Nachricht überbringe.

Da hier im Lehrgang offenbar nichts geheim bleibt, haben Kurt Pieper und Reinhard Schol, die im Zimmer über uns einquartiert und bisher ihre eigenen Wege gegangen sind, von unserer neuen Bekanntschaft Wind bekommen und bestehen darauf, am Abend mitzugehen. Daran können wir sie nicht hindern, obwohl wir lieber Martin mitgenommen hätten. Doch der hat inzwischen eine Familie – Mutter und zwei Töchter – kennengelernt, die er regelmäßig besucht. Zwar gibt er vor, dort Französisch lernen zu wollen, doch Madame hält ihm seine Sachen in Ordnung, wäscht und bügelt für ihn, stopft seine Socken und näht lose Knöpfe nach, während er sich durch Schenken von Zucker und Kommißbrot erkenntlich zeigt.

Wahrscheinlich haben es ihm aber die beiden jungen Mädchen angetan, mit denen er sich angefreundet hat. Somit hat „Monsieur Martin" natürlich kein Interesse daran, mit uns zur Rue du Moulin zu gehen.

Vor Ort stellen wir dann aber fest, daß die beiden weniger stören, als wir gedacht haben. Sie können ein paar Brocken Französisch und sind dadurch ganz nützlich, wenn die Unterhaltung einmal stockt und Gerd und ich uns erst die passenden Redewendungen überlegen müssen.

Auf jeden Fall unterhalten wir uns über alles Mögliche und machen uns vor allem mit Namen bekannt. Das Mädchen heißt Viviane und ist die Tochter von Alain Goffin, der hier eine kleine Strumpffabrik betreibt, meistens aber auf Reisen ist. Sie wohnt hier zusammen mit ihren Eltern, ihrer Großmutter, ihren jüngeren Brüdern Claude und Serge und einer Hausgehilfin, die gleichzeitig in der Fabrik arbeitet. Daß sie noch einen älteren Bruder Henri hat, erzählt sie uns nicht, wahrscheinlich weil er der Maquis-Bewegung angehört und sich in deren Schlupfwinkeln aufhält.

Unsere Vornamen übersetzen wir ins Französische und nennen uns René, Gérard und Henri. Da es für Kurt keine französische Entsprechung gibt, nennen wir ihn einfach lautmalerisch Courte. Bei diesem Treffen spielen Viviane und Gerd wieder Schifferklavier und wir singen auch ein paar Lieder dazu.

Mit Einbruch der Dunkelheit kehren wir in unser Quartier zurück, wo uns Martin bereits sehnlichst erwartet, denn er muß uns unbedingt erzählen, was für einen tollen Abend er bei „seiner Familie" erlebt hat. Offenbar ist er dort bereits der Hahn im Korbe und vor allem bei den beiden halbwüchsigen Mädchen als *„maître de plaisir"* beliebt.

—

Mit dem Frühappell am **Dienstag (01.08.1944)** beginnt die neue Grußregelung. Als der Funkmeister dem Spieß den angetretenen Lehrgang mit erhobener rechter Hand meldet, kommen wir uns vor wie in der Hitlerjugend und mancher kann das Lachen nicht unterdrücken. – Natürlich stellen auch die Franzosen diese Grußveränderung fest, und nach ein paar Tagen fragen sie uns ironisch, ob der deutsche Gruß eine der neuen deutschen Geheimwaffen sei, von denen in letzter Zeit soviel geredet werde.

Beim Mittagsappell werden Gerd und ich zum ersten Mal zur Ortsstreife eingeteilt, so daß wir heute nicht zur „Mühlenstraße" gehen können. Da unser Streifenbereich aber das ganze Dorf umfaßt, ist es kein Problem, dort vorbeizugehen und Viviane mitzuteilen, daß wir am Abend nicht kommen können. Kurt und Reinhard, die sich ohne uns als Dolmetscher nicht recht trauen, dorthin zu gehen, verbringen den Abend heute am Réveillon und gehen dann noch „auf einen Sprung" ins „Café".

Am **Mittwochmorgen (02.08.1944)** gratulieren wir als erstes Martin zu seinem 19. Geburtstag und verpflichten ihn beim Frühstück dazu, zur Feier des Tages einen auszugeben.

Doch der Tag verläuft ganz anders, als wir es uns vorgestellt haben. Denn beim Frühappell erscheint ein Leutnant vom Panzerartillerieregiment 146 und stellt sich als neuer Lehrgangsleiter vor. In dieser Eigenschaft übernimmt er sofort den Geräte-Unterricht und die Ausbildung der Leistungsgruppe I, zu der auch Martin gehört.

Nach dem Mittagessen läßt er uns nicht, wie üblich, zum Appell, sondern „unter Gewehr" zum Ausmarsch antreten. Wir marschieren zu dem etwa zwei Kilometer entfernten Sportplatz von Gisors, einer Stadt mit etwa 6.000 Einwohnern. Hier werden zwei Fußballmannschaften aufgestellt, die gegeneinander spielen müssen. Die übrigen können zuschauen oder auch in einer Ausbuchtung der Epte baden oder sich wenigstens die Füße kühlen.

An diesem Flusse gibt es auch ein Strandhotel, wo man Sandwiches und Getränke kaufen kann. Auf den Tischen stehen Karaffen voller Wasser, um damit den angebotenen Rotwein verdünnen zu können. Da das Wasser aber kostenlos zur Verfügung steht, trinken die meisten zu ihren Sandwiches keinen Wein, sondern nur Wasser, so daß die Karaffen immer wieder nachgefüllt werden müssen. So kennt bald jeder die Bestellung: *„De l'eau, s'il vous plaît!"* Zwar schämt sich mancher von uns wegen seiner geizigen Kameraden, doch der Kellner, der wahrscheinlich Kummer gewohnt ist, füllt die Flaschen nach, ohne auch nur mit der Wimper zu zucken.

Nach ein paar Stunden marschieren wir nach Chambors zurück, wo sich der Leutnant am Appellplatz in der Rue de Triechâteau von uns verabschiedet.

Kaum hat er sich entfernt, da teilt uns der Funkmeister mit, daß er Hähnchen besorgt hat, die für uns im „Café" gebraten werden und ab 19 Uhr abgeholt werden können. Allerdings legt er uns ans Herz, nicht alle gleichzeitig dorthinzustürmen, sondern jeweils zu zweit zu kommen, damit die Sache nicht sofort im ganzen Dorf bekannt wird. – Obwohl sich alle an seine Empfehlung halten, bleibt die Angelegenheit dennoch nicht geheim, denn die Angehörigen der Werkstattkompanie neiden uns natürlich diese „Extratouren".

Da Martin den Geburtstag bei „seiner Familie" feiern will, gehören er und ich zu den ersten, die sich ihr Hähnchen abholen. Wir zwängen sie zwar in unser Kochgeschirr und müssen sie durch das halbe Dorf tragen, dennoch sind sie noch warm genug, als wir in unserem Quartier ankommen. Sie sind schön zart und schmecken ganz vorzüglich zu einem Stück Weißbrot und einem Glas „Jus de Pomme", den Martin beisteuert.

Als er darauf drängt, endlich zu seinen Bekannten zu kommen, lassen wir ihn gehen und wandern nach der Mahlzeit zu viert zur Rue du Moulin.

Dort treffen wir vor Vivianes Hause drei Kameraden von der „W 3", die sich mit Händen und Füßen, aber wenig Französischkenntnissen, mit zwei Mädchen zu unterhalten suchen. Diese arbeiten in der kleinen Strumpffabrik und stellen sich heraus als Lucienne, eine 23jährige Französin, und Stéphanie, eine Slowakin, die wir auf Ende zwanzig schätzen.

Als wir hinzutreten, bittet uns Viviane, in den Hof hineinzukommen. Sie möchte nicht unbedingt vor ihrem Hause mit der ganzen Gruppe gesehen werden, weil das zu irgendwelchem Gerede im Dorf führen könnte, denn hier im Dorfe ist es nicht üblich, daß sich die einheimischen Frauen und Mädchen – von „Urlauberinnen" aus Paris einmal abgesehen – mit deutschen Soldaten in der Öffentlichkeit zeigen.

Wir bleiben aber nicht auf dem Hofe stehen, sondern gehen in eine kleine Werkhalle mit glattem Estrichfußboden. Zu unserer Verwunderung finden wir hier keine Strick- oder Wirkmaschinen vor, sondern einen Tisch, mehrere Stühle und an der linken Wand sogar ein Klavier, an das sich Kurt sofort setzt, kräftig in die Tasten greift und Tanzmusik spielt.

Nachdem wir sein Können gebührend bewundert haben, löst Gerd ihn ab, und schon fordern Kurt und Reinhard die beiden Arbeiterinnen zum Tanzen auf. Bei Walzer, Marsch und Foxtrott vergeht die Zeit wie im Fluge und niemand bemerkt, daß es bereits auf 23 Uhr und damit auf unseren „Zapfenstreich" zugeht.

Die Stimmung könnte nicht besser sein, doch dann steht plötzlich, wie aus dem Boden gewachsen, der Spieß in der Tür. Er trägt Hausschuhe und hat seine Uniformjacke nicht einmal richtig zugeknöpft. In der Hand hält er eine Taschenlampe, mit der er herumfuchtelt.

Wie es der Zufall will, tanzen in diesem Augenblick die Mädchen gerade unter sich und nicht mit jemandem von uns. Vielmehr sitzen Kurt und Reinhard am Tisch, Gerd spielt auf dem Schifferklavier und wir anderen stehen herum und schauen den Mädchen beim Tanzen zu. So kann er uns lediglich vorwerfen, daß wir den Zapfenstreich um knapp fünf Minuten überschritten haben.

Wir versichern ihm zwar, daß dies der letzte Walzer war, bevor wir gehen wollten, rechnen aber nicht damit, daß er uns das glaubt. Jedenfalls begnügt er sich damit, uns eine Standpauke darüber zu halten, daß wir nicht nur den Zapfenstreich überschritten haben, sondern uns auch schämen sollten, hier den Französinnen zum Tanz aufzuspielen, während unsere Kameraden an der Front verbluteten.

Während sich die drei von seiner Einheit diskret verdrücken, blicken Kurt und Reinhard herausfordernd auf ihre Kriegsauszeichnungen, die sie in Rußland erworben haben, und mustern dann den Spieß von oben bis unten mit verächtlichem Grinsen, denn sein fast kahler Uniformrock zeigt, daß er kaum an der Front gewesen sein kann. Und so einer will uns etwas von den Kameraden an der Front erzählen!

Er spürt natürlich die Verachtung und sucht nun sein Ansehen dadurch zu retten, daß er sich als Vorgesetzter aufspielt und sich unsere Namen notiert. Dann verschwindet er ohne weiteren Kommentar durch den Garten, durch den er gekommen ist. Madame Goffin erzählt uns nun, daß er ganz in der Nähe wohnt, daß die Gärten eine gemeinsame Grenze haben und nicht durch einen Zaun, sondern nur durch einen schmalen Grasweg von einander getrennt sind.

Als der Spieß verschwunden ist, nimmt mich Lucienne beiseite und erzählt mir, daß sich der Spieß schon seit geraumer Zeit alle Mühe gibt, um mit ihr anzubandeln, daß sie aber lieber junge Soldaten um sich hat als die älteren, meist verheirateten *„avec les tresses d'argent",* womit sie wahrscheinlich die Feldwebel meint. Und der Spieß trägt außer den Silbertressen am Kragen und auf den Schulterklappen auch noch die beiden „Kolbenringe", zwei Silberstreifen, an den Ärmeln, die ihn als „Kompaniefeldwebel" ausweisen.

Als ich den anderen mitteile, was Lucienne mir gerade berichtet hat, geht uns allen ein Licht auf: Es war wohl weniger der überzogene Zapfenstreich, sondern eher die Tatsache, daß wir ihm bei der jungen Französin ins Gehege gekommen sind, was ihn so aufgebracht hat. Da er bestimmt darauf achtet, ob wir noch länger bleiben, beschließen wir, ihn nicht weiter zu reizen, und machen uns sofort auf den Weg in unser Quartier.

—

Trotzdem brauchen wir auf den Denkzettel vom Spieß nicht lange zu warten, denn Gerd und ich stehen am **Donnerstag (03.08.1944)** schon wieder auf der Wachliste, obwohl wir noch gar nicht an der Reihe sind. Außerdem gibt er beim Mittagsappell bekannt, daß in der Nähe vom „Parkplatz I" ein Wachlokal eingerichtet worden ist, in dem genügend Strohsäcke zur Verfügung stehen, so daß niemand mehr während seiner Freiwache im Quartier schlafen darf.

Wir haben nicht den geringsten Zweifel daran, daß dies eine reine Schikane ist, die der Spieß sich ausgedacht hat, um uns eins auszuwischen. Und Gerd und ich haben nun die Ehre, das neue Wachlokal einzuweihen.

—

Die Wache bringt keinerlei „besondere Vorkommnisse", und am **Freitagmorgen (04.08.1944)** müssen wir trotz der Wache wie gewohnt am Dienst teilnehmen.

Heute steht nämlich die erste Funkzwischenprüfung auf dem Dienstplan. Dabei geht es in erster Linie um technische Dinge wie die Funkgeräte, ihre Bauweise und Funktion, daneben aber auch darum, wie man eine Funkstelle einrichtet und störungsfrei betreibt.

Es soll also festgestellt werden, ob und wieweit wir das begriffen haben, was ein Funker im Einsatz wissen muß. Bei den beiden höheren Leistungsklassen wird dieses Wissen als bekannt vorausgesetzt, dort geht es um das Funken selbst, um die Geschwindigkeit und die Fehlerquote. Für die drei Besten aus jeder Leistungsklasse ist als Belohnung „Wach- und dienstfrei" für das Wochenende ausgesetzt.

Wir von der Leistungsklasse III versammeln uns zu dieser Prüfung vor dem Quartier des Funkmeisters Schwab. Dann gehen wir der Reihe nach einzeln zu ihm hinein, wo er und Unteroffizier Reichert die für diese Prüfung vorgesehenen Fragen stellen, während Unteroffizier Schmidt draußen darauf achtet, daß die Geprüften den anderen die Fragen und Antworten nicht verraten.

Wir zweifeln daran, daß eine so scharfe Kontrolle überhaupt erforderlich ist, denn die gestellten Fragen erscheinen uns kinderleicht. Und so ist es kein Wunder, daß unser Quartier in allen drei Klassen hervorragend abschneidet. So gehört Martin zu den drei besten der Hörklasse I, Kurt zu den drei besten der Hörklasse II und Gerd und ich zählen zu den drei besten der Hörklasse III. So können wir uns alle – außer Reinhard – auf ein wach- und dienstfreies Wochenende freuen.

Die Prüfung zieht sich bis zum Nachmittag hin, danach können wir in unsere Quartiere zurückkehren und die Zeit bis zum Abendbrot nach eigenem Gutdünken gestalten.

Hier erzählen uns Kurt und Reinhard, daß sie gestern abend in der Strumpffabrik waren und getanzt haben. Sie seien sogar in der Wohnung gewesen, wo Viviane ihnen etwas auf ihrem Flügel vorgespielt habe, berichten sie. Das Klavier im Lager sei ausrangiert worden, nachdem Viviane auf ihm das Spielen gelernt habe.

Während Gerd und ich gespannt zuhören, zeigt Martin wenig Interesse an einem Besuch in der Rue du Moulin, ihn zieht es mehr zu seiner bekannten Familie. So pilgern wir anderen vier ohne ihn nach dem Abendbrot wieder hinauf zur Mühlenstraße.

Der kleine Abstellraum bietet sich wegen seines glatten Estrichfußbodens geradezu zum Tanzen an. Beim Klavierspielen wechseln sich Viviane, Kurt und Gerd miteinander ab, das Schifferklavier spielen Viviane und Gerd im Wechsel.

Während die beiden Älteren mit Lucienne und Stéphanie tanzen, trauen wir Jüngeren uns nicht recht. Wir haben zwar beide einen Schülertanzkursus besucht, sind wegen fehlender Übung aber nicht mehr sicher und möchten uns nicht blamieren. Deshalb schauen wir lieber zu, wie sich die anderen auf der Tanzfläche tummeln.

Während Vivianes jüngere Brüder Claude (12) und Serge (6) wie schon öfter auch heute als Zuschauer dabei sind, kommen ihre Mutter und Großmutter wie gewöhnlich um 22.30 Uhr hinzu. Die beiden Damen sind sehr höflich und nett zu uns, doch hegen wir nicht den geringsten Zweifel darüber, daß sie kommen, damit wir nicht etwa über die Stränge schlagen.

Kurz vor 23 Uhr verabschieden wir uns, um pünktlich zum Zapfenstreich wieder im Quartier zu sein. Dort erwartet uns Martin, der schon seit einer Stunde wieder zu Hause ist, und zeigt uns stolz ein Paket Wäsche, die Madame nicht nur gewaschen, ausgebessert und gebügelt, sondern auch sorgfältig zusammengefaltet hat. So ordentlich hat seine Wäsche wohl noch nie ausgesehen, und er will uns beweisen, wie gut er sich mit „seiner Familie" versteht.

—

Der **Samstag (05.08.1944)** ist unser erster freier Tag. Da wir eigentlich immer müde sind, schlafen wir, bis die Sonne durch die Ritzen unserer Fensterladen scheint. Sobald wir sie öffnen und uns am Fenster sehen lassen, sind auch schon unsere kleinen Freunde Claude und René zur Stelle.

Claude hat einen Beutel mit Eiern mitgebracht, die er gerne gegen Zigaretten für seinen Vater tauschen würde. Da wir alle drei nicht rauchen, nimmt ihm jeder zwei Eier ab und gibt ihm dafür eine Fünferpackung „R6".

Martin schlägt vor, die Eier gleich zum Frühstück zu verzehren und sie zu diesem Zweck ins Kochgeschirr zu schlagen und mit Zucker als Trinkeier zu verrühren. Wir haben nichts dagegen einzuwenden, und so schreitet er sofort zur Tat. Beim Aufschlagen kann man sehen, daß die Eier sehr frisch sind und schöne goldgelbe Dotter haben.

Das Schlagen und Verrühren mit Zucker führt er dann den Kindern vor wie ein Zauberkünstler. Er mag die kleinen Zuschauer und singt beim Rühren ein Lied, das er bei „seinen" Leuten gelernt hat: *„Tournez, tournez volaille – tournez, tournez la soupe!"* und die beiden singen begeistert mit. In dem Lied geht es allerdings um die Herstellung einer Geflügelsuppe, denn *„la volaille"* heißt *„das Geflügel"*. Jedenfalls schmecken uns die Trinkeier ausgezeichnet und Martin ist wieder einmal der Held des Tages.

Aber René hat uns auch ein paar Kläräpfel mitgebracht und erzählt uns, daß er eine große Obstwiese kennt, wo viele reife Äpfel unter den Bäumen liegen. Und er gibt nicht eher Ruhe, bis wir mit ihm und seinem Freund zu der besagten Wiese gehen. Sie liegt etwas außerhalb des Dorfes hinter einer Vogelschutzhecke, die sich an der Straße entlangzieht.

Um die beiden nicht zu enttäuschen, klettern wir mit ihnen durch eine lichte Stelle der Hecke und sammeln auch einige reife Äpfel auf, die dort im Grase liegen. Die Äpfel an den Bäumen sind allerdings noch längst nicht reif.

Während die Jungen noch auf der Wiese bleiben, kehren wir drei ins Quartier zurück, nehmen uns aber auf Martins Anregung hin aus der Hekke ein paar gerade Zweige mit, die sich als Spazierstöcke eignen.

Nach dem Mittagessen klemmen wir uns eine Wolldecke unter den Arm und ziehen zum Wasserfall, wo wir uns in den Schatten setzen und die mitgebrachten Äste zu Spazierstöcken umarbeiten. Zuerst schnitzen wir in die Rinde unsere Initialen ein, verzieren dann aber die Stöcke mit Schlangenlinien, Herzen, Sternen, Kreuzen, Dreiecken, Rauten und anderen Figuren, die uns gerade einfallen. In meinen Stock ritze ich auch die Worte *„Souvenir de Chambors"* ein. Nebenbei beobachten wir natürlich auch das Treiben der Kinder am Bach und auf der Wiese und verbringen so einen erholsamen Nachmittag.

Abends gehen Kurt, Reinhard, Gerd und ich wieder zur Rue du Moulin, wo wir uns mit Viviane, Lucienne und Stéphanie unterhalten.

Zum Tanzen kommt heute keine rechte Stimmung auf, denn es sind ein paar niederschmetternde Meldungen von der Invasionsfront bekanntgeworden, nach denen die Alliierten schon seit dem 25. Juli in einem massierten Angriff gegen die deutschen Abwehrstellungen bei Saint Lô anrennen und aus ihrem Brückekopf auszubrechen versuchen. Dabei sollen über 15.000 schwere Bomber die deutschen Stellungen geradezu umgepflügt und große Schäden angerichtet haben. Am 31. Juli soll es der 3. US-Armee unter General Patton gelungen sein, nach Süden aus dem Landebrückenkopf auszubrechen und die Stadt Avranches einzunehmen. – Diese Meldungen stimmen uns sehr nachdenklich, und wir halten es nur noch für eine Frage der Zeit, bis die Deutsche Wehrmacht dem gewaltigen Druck einer an Menschen und Material weit überlegenen Armee nicht mehr widerstehen kann.

Die Mädchen haben die Siegesmeldungen der Alliierten selbst im Radio gehört, und wir zweifeln nicht daran, daß sie auch zutreffen. So kehren wir heute abend ziemlich kleinlaut in unser Quartier zurück.

—

Auch am **Sonntag (06.08.1944)**, unserem zweiten freien Tag, schlafen wir uns wieder richtig aus und gesellen uns dann bis zum Mittagessen zu den Kindern, die vor unserem Hause am Ehrenmal spielen. Das ist immer eine gute Gelegenheit für uns, mehr Umgangsfranzösisch zu lernen.

Für den Nachmittag sind Martin, Gerd und ich mit Viviane verabredet. Sie will mit uns an den Réveillon kommen und ihr Schifferklavier mitbringen. Wir holen sie auch pünktlich von zu Hause ab und gehen hinunter zum Bach. – Doch kaum haben wir unsere Decken auf dem Rasen ausgebreitet, da erscheint Funkmeister Schwab mit seiner Freundin Régine, einer dunkelhaarigen barocken Schönheit, mit der er zusammenwohnt, und Louise aus dem Café.

Sie kommen gleich auf uns zu, lassen sich ganz in unserer Nähe nieder und möchten sich mit uns unterhalten. Wir wären natürlich viel lieber unter uns geblieben, doch machen wir gute Miene zu bösen Spiel, weil wir den Funkmeister nicht verärgern möchten.

Allerdings werden wir für die Störung in gewisser Weise dadurch entschädigt, daß Louise ihre 17jährige Tochter Simone mitgebracht hat, die wir nun zum ersten Mal sehen. Sie ist ein ganz reizendes schlankes Mädchen mit langen dunkelblonden Haaren, und Martin bietet seinen ganzen rheinischen Charme auf, um sie zu beeindrucken. Natürlich plappert er wieder fast pausenlos drauflos und wie üblich in einer Mischung von Französisch und Kölsch Platt, was wie immer zur allgemeinen Erheiterung führt.

Gegen 15 Uhr wird unsere Idylle dann jäh gestört, als ein Gefreiter von der „W 3" erscheint und uns mitteilt, daß Gerd und ich uns um 17 Uhr zur Vergatterung am Wachlokal einzufinden haben. Der neue Lehrgangsleiter wolle uns wohl einen kleinen Denkzettel verpassen, fügt er augenzwinkernd hinzu.

Nach der Vergatterung kehren wir noch einmal zum Réveillon zurück. Dort hat sich inzwischen ein munteres Treiben entfaltet. Denn als wir ankommen, rennt Martin in Badehose gerade hinter Simone her und versucht sie einzufangen. Obwohl sie barfuß ist, ist sie bedeutend flinker als ihr Verfolger. Es ist schon ein lustiger Anblick, wie Martin, der gegenüber dem zierlichen Mädchen wie ein tolpatschiger Riese wirkt, vergeblich versucht, das Mädchen zu erhaschen. Tatsächlich will er das auch gar nicht, er möchte nur ein wenig mit ihr herumtollen. Immerhin treibt er Simone so in die Enge, daß sie unter dem Wasserfall hindurchlaufen muß.

Danach ist die Jagd aber sofort zu Ende, denn durch die Nässe ist ihre Bluse durchsichtig geworden, und bei der Hitze trägt sie weiter nichts darunter. Sobald sie merkt, daß sie von allen angestarrt wird, hüllt sie sich sofort in eine Decke und eilt nach Hause, um sich umzuziehen. Dabei hat sie auffallend schöne straffe, wohlgeformte Brüste, auf die sie stolz sein könnte. Doch sie ist wohl streng erzogen, und da gehört es sich einfach nicht, hierzubleiben und darauf zu warten, daß die Bluse von der Sonne getrocknet wird.

Doch viel zu schnell ist es soweit, daß wir beiden aufziehen müssen. Und zwar müssen wir um 19 Uhr als Doppelposten den „Parkposten II" übernehmen.

Zu zweit ist es wesentlich angenehmer, die Fahrzeuge zu bewachen, weil wir uns dabei unterhalten können. Jetzt sehen wir uns erst einmal die hier abgestellten Fahrzeuge an. Der Sportwagen unseres Generals ist nicht mehr hier, dafür aber mehrere Personenwagen und auch eine leichte Zugmaschine, die als Zugmittel für eine 2 cm-Kanone dient.

Während der Freiwache von 21 bis 1 Uhr und nach der zweiten Runde, die um 3 Uhr zu Ende geht, schlafen wir im Wachlokal, bis um 7 Uhr dann die neue Wache aufzieht.

—

Am **Montagvormittag (07.08.1944)** haben wir eine Stunde „Gerätelehre" und dann zweimal, insgesamt 90 Minuten, „Hören und Geben".

Als wir vor dem Essenfassen noch einen Rundgang durch das Dorf machen, treffen wir in der Nähe des Hauses, in dem der Chef wohnt, Walter Feikes im Gespräch mit „Mary" und einem jungen Mädchen von etwa 19 Jahren.

„*Darf ich vorstellen?*" spricht er uns an: „*Meine Zwillingsschwester Marlène.*" – Die Ähnlichkeit der beiden ist wirklich verblüffend. Sie sind nicht nur gleich groß und haben die gleichen dunklen, fast schwarzen Haare und Augenbrauen, die gleichen grauen Augen und denselben dunklen Teint, sondern auch ihre Mund- und Nasenpartien ähneln sich wie bei eineiigen Zwillingen.

Marlène ist von zierlicher Gestalt, trägt ein buntes, kurzärmeliges Seidenkleid und schulterlanges Haar mit Mittelscheitel, das ihr ovales Gesicht umrahmt, um die Nase herum hat sie ein paar Sommersprossen, die ihr ein fast kindliches Aussehen verleihen. Sie ist überhaupt nicht geschminkt, sondern macht einen natürlich frischen Eindruck. So sind wir sehr erstaunt, als Mary sie als „*meine Freundin Marlène*" bezeichnet. Von ihrer äußeren Erscheinung her wäre wohl niemand auf die Idee gekommen, daß sie in Paris einem gewissen Gewerbe nachgeht und hier im Dorfe Urlaub macht.

Bei dieser Gelegenheit sieht Mary meinen Spazierstock und bittet mich, auch für sie einen solchen Stock zu schnitzen. Da ich ihre Bitte vor den anderen schlecht abschlagen kann, verspreche ich, an sie zu denken, sobald ich wieder Zeit zum Schnitzen haben werde.

Beim Mittagsappell erfahren wir, daß wegen der hohen Temperatur für den Rest des Tages „hitzefrei" gewährt wird. Dazu erholen wir uns heute im Quartier und schreiben ein paar Briefe. Abends geht Martin wieder zu „seiner" Familie, während wir anderen zur Rue du Moulin pilgern, wo Gerd und ich uns mit den jungen Frauen unterhalten und Kurt und Reinhard auch mit ihnen tanzen.

—

Beim Frühstück am **Dienstagmorgen (08.08.1944)** meint Martin ganz unvermittelt: „*Eigentlich könntet ihr auch mal eure Klamotten waschen lassen. Meine Bekannte ist zwar ausgelastet, aber die von der Ari bringen ihre Sachen zu 'ner Waschfrau, die da oben wohnt, wo wir die erste Nacht geschlafen haben. Ich glaube, das ist die Mutter von Claude, der immer hierherkommt.*"

„Nötig wäre es bestimmt", muß ich zugeben, *„und morgen gibt es Löhnung, dann kommen wir auch mit dem Bezahlen klar."* Unser Wehrsold wird nämlich in Dekaden ausgezahlt und ist jeweils am 10., 20. und 30. eines Monats fällig; er wird aber gewöhnlich am Tage vorher ausgezahlt.

Auch Gerd ist sofort einverstanden, und so packen wir unsere schmutzigen Sachen zusammen und fügen einen Zettel bei, auf dem wir die Zahl der Socken, Hemden und Unterhosen vermerken.

„Bon jour, monsieur Henri! – Bon jour monsieur Gérard!" tönt es uns entgegen, sobald wir das Haus betreten, denn Claude kennt uns ja schon länger. Seine Mutter ist sehr freundlich und freut sich offensichtlich über den Waschauftrag.

Wir zählen ihr unsere Sachen vor und vergleichen die Teile mit den Zahlen auf den Begleitzetteln. Wir haben etwa die doppelte Menge Kernseife mitgebracht, die sie zum Waschen benötigen wird, und fragen, wann wir die Sachen wieder abholen können.

„Samstag ist bestimmt alles fertig", versichert sie und begleitet uns unter mehreren Verbeugungen zur Haustür.

Das berichten wir auch Martin, und der macht sich am **Donnerstag** und **Freitag** schon einmal auf den Weg, „um sich nach der Wäsche zu erkundigen". Dadurch kommen wir auch dahinter, warum er uns ausgerechnet Claudes Mutter als Waschfrau empfohlen hat. Claude hat nämlich zwei hübsche Schwestern – Marie-Louise und Angèle – im Teenageralter, die man so gut wie niemals auf der Straße sieht. Wenn Madame anwesend ist, hat sie nichts dagegen, daß Martin sie besuchen kommt und sich mit ihren Töchtern unterhält. Und bei den Mädchen kommen Martins Sprüche gut an, die er bei „seiner" Familie gelernt hat.

In einer Unterrichtspause am Nachmittag bietet mir ein Kamerad von der Artillerie, der offenbar dringend Bargeld braucht, eine Armbanduhr und eine Kamera zum Kauf an. Die Uhr kaufe ich ihm für 1.380 Francs (69 Reichsmark) ab, den Fotoapparat leihen wir uns nur aus, weil Gerd noch einen 6 x 9-Film besitzt und gerne ein paar Erinnerungsfotos machen möchte. Mit der Uhr hat mich der Artillerist übrigens nicht betrogen, denn sie hat mir bis in die Gefangenschaft hinein gute Dienste geleistet.

Nach Feierabend gehen wir zum Réveillon, wo wir auch Walter Feikes und seine neue Freundin wiedertreffen. Als ich im Schatten auf meiner Wolldecke sitze und für Mary aus einem Haselnußzweig den versprochenen Spazierstock schnitze, kommt Marlène hinzu und bittet mich, auch für sie einen solchen Stock zu fertigen. Das sage ich sofort zu und verspreche ihr, daß sie an die Reihe kommt, sobald ich den in Arbeit befindlichen Stock fertig habe.

Doch diese Zusage reicht ihr offensichtlich nicht, denn nun kniet sie sich hinter mir auf die Decke und schaut mir über die Schulter bei der Arbeit zu. Dabei richtet sie es so ein, daß ihr Haar immer wieder mein Gesicht streift, wenn ein Windzug kommt oder sie eine „zufällige" Bewegung macht.

Dadurch bringt sie mich in arge Verlegenheit, denn ich weiß nicht recht, wie ich mich verhalten soll. Soll ich dem wohligen Gefühl nachgeben, das in mir aufkommt, oder soll ich den Prüden spielen und mich zum Gespött der Kameraden machen? Eigentlich gefällt mir keine der beiden Alternativen, und so suche ich das angenehme Kribbeln im Rücken durch besonders eifriges Schnitzen zu überspielen.

Um mich abzulenken, fange ich ein Gespräch darüber an, welche Motive sie auf dem Stock haben möchte, schnitze emsig weiter und bemühe mich, gelassen zu bleiben und nicht erkennen zu lassen, wie sehr ich die Situation genieße. Denn ich möchte auf keinen Fall mit Walter Krach bekommen, der Marlène sicher als seine Freundin ansieht.

Am meisten aber stört mich ihr „Beruf", und das ist letztlich ausschlaggebend dafür, daß ich nicht auf ihre Verlockungen eingehe, auch wenn mir diese Begegnung noch lange im Kopf herumspukt.

Als ich den Stock für Mary fertig habe, ist es langsam Zeit zur Heimkehr. So gehen Gerd und ich noch auf ein Stündchen zu den Mädchen in der Rue du Moulin und kehren dann kurz vor dem Zapfenstreich in unser Quartier zurück.

—

Wegen der anhaltenden Hitze marschiert der ganze Lehrgang am **Mittwochmorgen (09.08.1944)** nach Gisors zum Baden. Nachmittags ist hitzefrei und jeder kann zusehen, wie er die heißesten Stunden des Tages hinter sich bringt. Die meisten wandern natürlich zum Wasserfall, wo immer etwas los ist.

Heute bringt Mary zum Beispiel eine andere „Freundin" mit. Sie heißt Jacqueline, hat ihr Haar fast weiß gebleicht und ihre besten Jahre längst hinter sich, so daß man ihr den Beruf, den sie ausübt, schon von weitem ansehen kann. Als wir in ihre Nähe kommen, kommt sie ausgerechnet auf mich zu, tätschelt mir die Wange und meint in einwandfreiem Deutsch:
„*Na, Kleiner, warum so traurig?"*

Offenbar hat sie meinen Gesichtsausdruck falsch gedeutet, denn mit ihren üppigen Hängebrüsten, die in einem Spitzen-BH stecken, durch den die Brustwarzenspitzen hervorlugen, ist mir bei ihrem Anblick fast übel geworden. Ich schätze, sie könnte vom Alter her gut und gerne meine Mutter sein, und bin deshalb über ihren Annäherungsversuch sprachlos, entsetzt und wütend zugleich. Deshalb fällt mir auch keine passende Antwort auf Französisch ein.

„Hau ab, laß mich in Ruhe!" ist alles, was ich im Augenblick hervorbringe. – An ihrer Reaktion sehe ich, daß sie sich nur einen Scherz mit mir erlauben wollte, denn sie wendet sich lächelnd ab und setzt sich mitten zwischen Kurt und Reinhard, die auf einer Decke in der Sonne liegen.

Abends bei Viviane haben es die Mädchen dann darauf abgesehen, auch Gerd und mich endlich zum Tanzen zu bewegen. Unseren Einwand, wir könnten nicht tanzen, lassen sie nicht länger gelten und bestehen darauf, es uns jetzt beizubringen. Schließlich seien wir ja unter uns, meinen sie, und hätten keine unerwünschten Zuschauer, die uns auslachen könnten.

Während Gerd auf dem Akkordeon einen Foxtrott spielt, geben sich Viviane und Lucienne ein vereinbartes Zeichen, und mit den Worten *„Viens, Henri, en route!"* nimmt mich Viviane einfach bei der Hand und zieht mich auf die Tanzfläche. Zuerst führt sie mich, doch dann kehrt die Erinnerung an meinen Tanzkursus zurück. Zudem ist Viviane sehr musikbegabt (später studiert sie auch Sport und Musik) und eine ideale Tanzpartnerin, so daß wir sehr schnell miteinander zurechtkommen.

Als der Tanz zu Ende ist, klatschen beide Mädchen Beifall, und Viviane strahlt geradezu aus Freude darüber, daß sie mir so schnell den Foxtrott beigebracht hat. *„Très bien, Henri!"* pflichtet auch Stéphanie bei, die hinzugekommen ist und den Rest des Tanzes beobachtet hat.

Da ich mich nach diesem Erfolg nicht weiter sträube, muß ich mit der einen einen Marsch und mit der anderen einen langsamen Walzer tanzen. Dabei stelle ich fest, daß ich längst nicht alles verlernt habe, was uns damals vor zwei Jahren die Tanzlehrerin beigebracht hat. Und je sicherer ich werde, um so mehr kann ich es genießen, die jungen Frauen im Arm zu halten.

Nachdem ich mit allen dreien getanzt habe, kommt Gerd an die Reihe und muß zunächst mit Lucienne tanzen. Da er Takt und Rhythmus vom Musizieren her gewohnt ist, kommt er noch schneller klar als ich.

So wird es ein sehr schöner Abend, bei dem wir unsere Kameraden Kurt und Reinhard, die sich sicher auf der Wiese mit Jacqueline vergnügt haben, nicht im geringsten vermissen, und über den wir bis in die Nacht hinein noch mit Martin diskutieren.

Während wir uns hier vergnügen und die heile Welt genießen, kommen wir überhaupt nicht auf den Gedanken, daß nur 200 Kilometer westlich von uns eine gewaltige Materialschlacht tobt, in die auch die kampffähigen Einheiten unserer Division verwickelt sind.

Auch der **Donnerstag (10.08.1944)** wird wieder brüllend heiß. Doch man kann ja nicht ständig den Dienst ausfallen lassen. Schließlich sollen wir hier im Lehrgang ja auch etwas lernen. So wird zwar „Hören und Geben" angesetzt, aber um eine Stunde gekürzt. Doch auch während der verbliebenen 30 Minuten geraten wir gewaltig ins Schwitzen. Deshalb fällt der Mittagsappell aus und der Rest des Tages steht „zur freien Verfügung".

Natürlich haben unsere Ausbilder genauso unter der Hitze zu leiden wie wir, und so nutzen sie die Tatsache, daß der Leutnant „für ein paar Tage" nach Paris gefahren ist, und gönnen sich selbst auch eine gewisse Zeit der Erholung.

„Dienstfrei" bedeutet für die meisten natürlich: Ab zum Wasserfall! Bevor wir aber dort ankommen, hat Martin plötzlich eine andere Idee und möchte lieber noch einmal „nach der Wäsche sehen" und läßt uns vier allein weiterziehen.

Während Kurt und Reinhard sich einen schattigen Platz in der unmittelbaren Nähe des Wasserfalls aussuchen, legen Gerd und ich uns auf der Wiese in den Schatten. Als wir uns gerade genüßlich auf unseren Decken niedergelassen haben, kommen auch die drei „Freundinnen" Mary, Marlène und Jacqueline herbei und kreisen uns regelrecht ein.

Vor allem Marlène erinnert mich daran, daß ich ihr einen Spazierstock versprochen habe. Den habe ich bereits in Arbeit und es fehlt nur noch ihr Name. Als ich ihn eingeritzt habe, übergebe ich ihr den Stock und sie ist sehr zufrieden und verspricht, mir im Gegenzug ein Larousse-Wörterbuch aus Paris mitzubringen. Und zwei Tage später schenkt sie mir tatsächlich ein fast 800 Seiten starkes *„Dictionnaire Francais-Allemand / Deutschfranzösisches Wörterbuch",* das ich noch heute benutze!

Mittlerweile ist auch Viviane zu uns gekommen. Sie hat ihr Schifferklavier nicht dabei und möchte heute gerne in einem umgebauten Zusatz-Benzinbehälter paddeln. Als sie im „Boot" sitzt, macht Gerd ein paar Erinnerungsfotos, um den geliehenen Fotoapparat auszuprobieren.

Bis zur Abenddämmerung bleiben wir am Wasserfall, dann bringen wir Viviane nach Hause, wo Gerd noch ein paar Aufnahmen macht.

Zum Abendbrot suchen wir kurz unser Quartier auf und kehren dann zum Tanzen in die Rue du Moulin zurück. Heute nimmt mich Lucienne den ganzen Abend in Anspruch, so daß ich nur einmal mit Viviane tanzen kann.

In der Nacht kühlt es etwas ab und auch am **Freitagmorgen (11.08.1944)** ist es nicht mehr so heiß wie am Vortage, so daß wir beim Unterricht nicht so schwitzen müssen.

Nachmittags hält Unteroffizier Reichert mit uns von der „Hörklasse III" eine kleine Funk-Zwischenprüfung ab, um unseren Ausbildungsstand zu testen. Dabei gehöre ich zu denjenigen Teilnehmern, die bereits Tempo 20, 25 und 30 fehlerfrei hören und notieren können.

Am Abend müssen Gerd und ich die Ortsstreife übernehmen. Bei unserem Rundgang zwischen 20 und 22 Uhr hören wir, daß irgendwo im Dorf Musik gemacht wird. Durch einige Kinder erfahren wir, daß eine „*fête de la moisson*"– also ein Erntedankfest – gefeiert wird. Um das Lokal zu finden, in dem gefeiert wird, brauchen wir nur dem Klang der Musik zu folgen. Es ist der Saal, in dem wir am Vormittag „Hören und Geben" hatten.

Als wir die Tür einen Spaltbreit öffnen, um einen Blick in der Saal zu werfen, kommt der Ortsbürgermeister sofort herbei und fordert uns mit einer einladenden Handbewegung auf: „*Mais, entrez, messieurs!*"

„*Ça ne va pas, monsieur le maire*", antworte ich freundlich. „*C'est dommage, mais nous sommes de garde.*" („*Das geht nicht, Herr Bürgermeister, es ist schade, aber wir haben Wache.*")

Er sieht mich ganz überrascht an, und dann höre ich wieder den bekannten Spruch: „*Oh, vous parlez très bien français, monsieur!*" – Dann zeigt er in den Saal und sagt: „*Sie sehen doch: Es fehlen Tänzer! Die Mädchen sitzen alle auf den Bänken oder tanzen miteinander.*"

So gern wir auch dieser freundlichen Einladung folgen würden – es werden nämlich vorwiegend Märsche und langsame Walzer gespielt, beides Tänze, die mir besonders liegen – das können wir uns während des Streifendienstes unmöglich leisten. So verlockend es auch ist, mit den Dorfschönen, die man sonst nur mal flüchtig am Fenster sehen kann, einmal in aller Form zusammenzukommen und als Gäste des Bürgermeisters sogar mit ihnen zu tanzen. Doch wenn wir hingingen, so wäre das ein schweres Wachvergehen, und das ist wohl das letzte, was wir jetzt gebrauchen können. So erklären wir dem Bürgermeister, daß wir während der Streife nirgendwo einkehren dürfen.

Auf seine Frage, wann denn diese Runde zu Ende sei, erklärt Gerd mit einem Blick auf seine Uhr: „*À dix minutes, monsieur.*"

„*Magnifique!*" meint er darauf und fährt fort, „*dann kommen Sie doch gleich nach der Wache und feiern mit uns!*"

Doch auch das müssen wir ihm abschlagen, denn während der Freiwachen müssen wir uns in der Nähe des Wachlokals aufhalten, ganz davon abgesehen, daß wir zwischendurch auch einmal „eine Mütze voll Schlaf" brauchen.

Der Bürgermeister wundert sich zwar über unser ausgeprägtes Pflichtgefühl, sieht aber schließlich ein, daß wir seiner Einladung unmöglich folgen können. So läßt er mit einem Wink Kuchen herbeibringen und drückt jedem auf einem Pappteller ein riesiges Stück Torte in die Hand. Dann wünscht er uns eine gute Nacht und wendet sich wieder seinen Gästen zu.

"Eigentlich ist es ganz gut so", meint Gerd auf dem Wege zum Wachlokal. *"Was meinst du, wie wir uns unter den vielen Mädchen vorgekommen wären? Und dazu noch unter der Aufsicht ihrer Eltern!"*

"Du hast Recht", pflichte ich ihm bei, *"und außerdem hätten wir uns in unseren schäbigen Uniformen unter den herausgeputzten Mädchen wie häßliche kleine Entlein gefühlt."*

So ganz geheuer wäre uns die Sache wahrscheinlich auch nicht gewesen, wenn wir im Mittelpunkt der Festversammlung gestanden hätten und von allen beobachtet worden wären. Da fühlen wir uns hier draußen bedeutend wohler und lassen uns die Torte schmecken, bevor wir ins Wachlokal zurückkehren und uns auf den Strohsäcken ausstrecken.

—

Beim Unterricht am **Samstagmorgen (12.08.1944)** erzählt uns Unteroffizier Reichert, er habe gehört, daß die „W 3" in Kürze Chambors verlassen werde. Und zwar habe Mary etwas darüber verlauten lassen, und wenn sie das sage, müsse an der Sache etwas dran sein, denn gerade sie sei vor allem über die deutschen Truppenbewegungen bestens informiert.

Die Aussicht, das gastliche Dorf jetzt, wo wir uns hier so richtig wohlfühlen, verlassen zu müssen, behagt uns natürlich überhaupt nicht, und wir hoffen, daß es sich nur um ein Gerücht handelt. Von uns aus könnte die Sommerfrische hier ruhig noch eine Zeitlang andauern.

Aber etwas beunruhigt sind wir schon, denn oftmals kommen Befehle zum Stellungswechsel so unverhofft, daß man nicht einmal mehr Gelegenheit hat, sich gebührend zu verabschieden.

—

Mitten in unsere Grübeleien hinein verkündet Gerd, daß Kurt am nächsten **Mittwoch (16.08.1944)** Geburtstag hat, und meint, daß wir ihn sicher dazu bewegen könnten, den Tag vorzuverlegen und mit einer zünftigen Abschiedsfeier zu verbinden, solange wir noch hier seien.

Als wir Kurt am Abend diesen Vorschlag unterbreiten, ist er sofort einverstanden und meint, daß wir dann auch nicht länger warten, sondern unverzüglich zur Tat schreiten sollten. Da Kurt und Reinhard immer einen Vorrat an alkoholischen Getränken im Hause haben, ist es kein Problem, uns damit auszustatten und gemeinsam zur Rue du Moulin zu ziehen. – Doch ausgerechnet Gerd, von dem der Vorschlag kommt, kann nicht dabei sein, weil er für die kommende Nacht zusammen mit einem Artilleristen zur Ortsstreife eingeteilt wird.

Natürlich spricht es sich in Landserkreisen schnell herum, wenn irgendwo etwas los ist, und so können wir nicht verhindern, daß auch ein paar ungebetene Gäste von der „W 3" dazukommen.

Heute sind alle drei Frauen der Familie Goffin, sowie Lucienne und Stéphanie dabei. Wir erklären unseren Gastgebern, daß Kurt Geburtstag hat und ihn hier feiern möchte. Dazu lassen wir ihn zunächst hochleben, wofür er sich durch eine Runde alten Cognac bedankt. Dann wird gesungen und getanzt und – wahrscheinlich viel zu schnell – getrunken. Dadurch steigt die Stimmung, aber mit ihr auch der Schallpegel rapide an.

Auch Gerd läßt es sich nicht nehmen, kurz vor Mitternacht hereinzuschauen, bevor seine Runde um 0 Uhr zu Ende geht. Zur Sicherheit hat er seinen Partner draußen vor dem Hause auf den Holzstapel postiert, um aufzupassen, daß wir keinen unliebsamen Besuch bekommen. So sind wir drinnen ganz unbesorgt und feiern munter weiter, um den samstags auf 24 Uhr festgesetzten Zapfenstreich voll auszunutzen.

Wir rechnen allerdings nicht damit, daß der gute Mann draußen auf dem Holzstapel einschläft, und sind deshalb völlig überrascht, als der Spieß plötzlich in korrekter Union hereinkommt. Dieses Mal brüllt er nicht gleich los, wie wir es von ihm gewohnt sind, sondern er bleibt ganz ruhig. Wahrscheinlich will er als Nachbar der Familie Goffin keinen schlechten Eindruck hinterlassen. Er blickt kurz in die Runde und fragt betont höflich, was denn hier gefeiert werde.

Mit seinem Erscheinen ist sofort Totenstille eingetreten, und wir sehen uns gegenseitig ziemlich hilflos an. Bevor jemand antworten kann, meldet sich Reinhard, der wohl am tiefsten ins Glas geschaut hat, und lallt: *„Is noch Schnaps da?"*

Dem Spieß steigt bei dieser Ungezogenheit zwar leichte Zornesröte ins Gesicht, doch er bleibt ruhig und fragt, allerdings etwas nachdrücklicher, noch einmal, was hier gefeiert werde.

„Wir feiern meinen Geburtstag", meldet sich Kurt nun.

„Und von wem haben Sie die Erlaubnis, hier zu feiern?" fragt der Spieß in sachlichem Ton weiter, obwohl er genau weiß, daß wir ohne die Erlaubnis unserer Gastgeber wohl nicht hier feiern würden.

Als wir betreten schweigen, fährt er fort: *„Sie wissen doch, daß es hier für solche Anlässe eine Unteroffiziersmesse gibt. Hätten Sie die Feier angemeldet, so wäre der Zapfenstreich sicher verlängert worden und Sie hätten bis 3 Uhr feiern können."*

„Aber nicht mit französischen Mädchen!" denken wohl die meisten, hüten sich jedoch, dies laut auszusprechen.

Als wir auf seine Bemerkung nicht reagieren, wird der Spieß plötzlich dienstlich und zückt sein dickes Notizbuch. *„Namen?"* fragt er dann und blickt auffordernd in die Runde.

In diesem Augenblick schleicht sich Gerd hinter seinem Rücken schnell zur Tür hinaus. Ihm hätte es gerade noch gefehlt, wegen seines Hereinschauens ein Disziplinarverfahren wegen Wachvergehens angehängt zu bekommen.

„Alles alte Bekannte", stellt der Spieß befriedigt fest, als er unsere Namen notiert hat. *„Na, dann gute Nacht!"* sagt er noch mit einem gewissen Unterton, verbeugt sich leicht gegenüber den Damen und verschwindet in der Dunkelheit.

Ich bin durch diesen Zwischenfall mit einem Schlage nüchtern geworden. Ohne mich um die anderen zu kümmern, verabschiede ich mich schnell von unseren Gastgebern und mache mich im Eilschritt auf den Heimweg. Das ist ein Glück, denn an der Straßengabelung, wo die Rue du Moulin von der Rue de Triechâteau abzweigt, kann ich gerade noch dem OvD (Offizier vom Dienst), einem Oberwerkmeister von der „W 3", ausweichen und mich in einer dunklen Ecke verstecken. Er ist wahrscheinlich unterwegs, um die Übeltäter abzuholen.

Als ich mich umblicke, sehe ich gerade noch, wie er in den Hof hineingeht und mit Kurt und Reinhard, die ihm direkt in die Arme gelaufen sein müssen, wieder herauskommt. Mit gezogener Pistole treibt er sie vor sich her zum Wachlokal, wo sie ihren Rausch ausschlafen sollen. Wenn er mich überhaupt nicht bemerkt, so liegt es wohl daran, daß er vollauf damit beschäftigt ist, die beiden unter Kontrolle zu halten.

Als ich mit gehörigem Herzklopfen im Quartier eintreffe, ist Gerd bereits da und hat Martin geweckt, um ihm von unserem Reinfall zu berichten. Wir diskutieren die neue Lage noch eine ganze Weile, und Martin meint, daß es nach diesem Vorfall wohl mit unseren Besuchen in der Rue du Moulin vorbei sein könnte, weil uns der Spieß bestimmt ein striktes Besuchsverbot erteilen wird.

—

Mit diesen düsteren Gedanken schlafen wir dem **Sonntag (13.08.1944)** entgegen. Der herrliche Sonnenaufgang verheißt uns einen weiteren schönen Sommertag. Doch wir können uns nicht recht daran erfreuen, zumal Martin es nicht lassen kann, schon beim Frühstück über unser Mißgeschick zu lästern und seine Privatbesuche als weitaus vorteilhafter herauszustreichen.

Da sonntags der Frühappell ausfällt, bereiten wir uns zum Mittagsappell auf eine gehörige Standpauke vor. Doch der Spieß geht überhaupt nicht auf den gestrigen Abend ein, sondern gibt geschäftsmäßig bekannt, daß der Marschbefehl eingetroffen ist und die „W 3" nach Meaux, östlich von Paris, verlegt wird. Deshalb sei für den Nachmittag Arbeitsdienst angesetzt worden, bei dem unser Lehrgang Motoren zu verladen habe. Damit werden wir zur Mittagspause in die Quartiere entlassen.

Wegen der großen Hitze während des Tages ist der Arbeitsdienst auf 17 Uhr angesetzt worden. Bis dahin liegen wir im Quartier auf unseren Matratzen und strecken alle Viere von uns. Wir haben einfach keine Lust, vorher noch irgend etwas zu unternehmen. Selbst die Kinder, die draußen am Kriegerdenkmal spielen, gehen uns heute auf die Nerven. Sie wundern sich sicher, daß niemand von uns zu ihnen herauskommt. Doch wir sind so mißgestimmt, daß wir am liebsten niemanden hören und sehen möchten.

Als es dann soweit ist und wir im Schweiße unseres Angesichts die schweren Motoren auf die LKWs wuchten, erscheint plötzlich der Spieß in Begleitung des Kompaniechefs und läßt uns wie zu einer Vergatterung antreten. Bisher haben wir zwar gewußt, daß es einen Kompaniechef gibt und daß er mit Mary zusammenlebt, ihn aber nie zu Gesicht bekommen. Denn er blieb bisher völlig unsichtbar und ließ alles durch den Spieß regeln. Nun aber hält er es wohl für angebracht, persönlich zu erscheinen. Er ist Oberleutnant, hat aber außer dem Kriegsverdienstkreuz erster und zweiter Klasse und einem Ärmelstreifen mit dem Aufdruck „Afrika" keine weitere Auszeichnung vorzuweisen. Von Mary wissen wir, daß er von Beruf Maschinenbauingenieur ist und immer bei den Nachschubtruppen war. Daß er auch beim Afrikakorps gewesen ist, ist uns neu.

Am Ende des fünften Kriegsjahres ist ein Offizier ohne Frontauszeichnungen schon recht ungewöhnlich. Hier aber haben wir einen vor uns, der die Front wahrscheinlich noch nie gesehen und den Krieg bisher sicher ganz angenehm verbracht hat. Darum hält sich ihm gegenüber unser Respekt in ziemlich engen Grenzen.

Als wir angetreten sind und der Funkmeister dem Chef den Lehrgang gemeldet hat, sehen wir schon an seiner finsteren Miene, daß ein Gewitter im Anzug ist. Das läßt dann auch nicht lange auf sich warten, denn kaum hat er die Meldung des Funkmeisters entgegengenommen, da legt er in voller Lautstärke los und beschimpft uns als einen „Sauhaufen" ohne Disziplin, der eine Schande für die Deutsche Wehrmacht sei und ihren Ruf bei den Franzosen in den Dreck trete. Übertreten der Vorschriften und Wachvergehen seien an der Tagesordnung, und er sei es leid, den Lehrgang weiter zu beherbergen. Er werde sich mit dem Regiment (er meint wohl das Panzerartillerieregiment 146, aus dem gut die Hälfte der Lehrgangsteilnehmer stammt) in Verbindung setzen und dafür sorgen, daß er von uns befreit werde.

Dabei kommt er so in Rage, daß er eine Weile verschnaufen muß. Dann meint er gleichsam zusammenfassend: *„Meine Herren, Sie werden von mir hören!"* – Damit dreht er sich um, verschwindet und überläßt dem Spieß das Kommando. Der beendet den Appell mit dem Befehl, den Rest der Motoren zu verladen und entfernt sich in Richtung seines Quartiers.

Bevor wir von der Heeresflak zur Tat schreiten, besprechen wir die weiteren Aussichten unseres Lehrgangs und kommen zu der Überzeugung, daß der Chef vor allem darüber sauer ist, daß er seine Konkubine Mary verlassen muß, mit der er hier zusammenlebt, und nur einen Südenbock sucht, um seinen Ärger irgendwie loszuwerden. Während unserer Unterhaltung haben die Artilleristen die wenigen restlichen Motoren verladen, so daß wir gemeinsam die Abendverpflegung abholen können.

Da Kurt und Reinhard Wache haben und Martin lieber den Abend mit seiner Familie verbringt, gehen Gerd und ich allein zur Rue du Moulin. Zum Tanzen sind wir allerdings von der ungewohnten schweren Arbeit zu müde und auch nicht in der rechten Stimmung.

So unterhalten wir uns nur mit den Mädchen und erfahren dabei, daß ein Maquis-Sender gemeldet hat, die ganze Verteidigungsfront der Deutschen in der Normandie sei bereits zusammengebrochen und die Amerikaner hätten schon an mehreren Stellen die Seine erreicht.

Die Mädchen schlagen vor, wir sollten einfach hierbleiben und das Kriegsende abwarten. Sie würden uns Zivilkleidung besorgen und gut verstecken, bis alles vorbei sei. Das hört sich zwar ausgesprochen romantisch an, ist aber sehr naiv gedacht und für uns kein gangbarer Weg, den Krieg gesund zu überstehen, denn wir würden wahrscheinlich als Fahnenflüchtige zwischen allen Stühlen sitzen.

Als wir am Abend Martin erzählen, was die Mädchen uns vorgeschlagen haben, meint er nur: *„Die haben wohl 'nen Vogel! Dann können wir uns ja gleich selbst den Maquis ans Messer liefern!"*

Und dieser Ansicht können wir nur zustimmen. Denn auf Fahnenflucht steht bei uns die Todesstrafe, und wie die Maquis oder die Amerikaner mit uns umgehen würden, ist völlig ungewiß. Da ist es bedeutend besser, bei der eigenen Truppe zu bleiben, wo wir uns sicher und geborgen fühlen können.

Ja, es sind keine erfreulichen Überlegungen, mit denen wir diesen Sonntag beschließen.

„Wir haben ja auch den Dreizehnten!" meint Martin dazu.

—

Bis zum Frühstück verläuft der **Montag (14.08.1944)** wie jeder andere Tag. Doch schon beim Frühappell wird alles anders als bisher, denn wir werden zu Arbeitsgruppen zusammengestellt und müssen der „W 3" den ganzen Tag über beim Verladen von Ersatzteilen helfen.

Zum Glück ist die größte Sommerhitze vorbei und der Herbst kündigt sich bereits mit einer kühlen Brise an. Auch ziehen dunkle Wolken auf, aus denen jedoch kein Regen fällt.

Da bei diesem Wetter keine Flugzeuge in der Luft sind, nutzen die Fahrer die Gelegenheit, und die fertig beladenen Fahrzeuge fahren nacheinander los. Erst jetzt sehen wir, wieviele Fahrzeuge aller möglichen Einheiten der 116. Panzerdivision hier zusammengekommen sind. Denn nach dem Abendbrot müssen wir noch weiter beim Verladen helfen.

Als wir endlich fertig sind, geht es auf 22 Uhr zu und wir sind hundemüde und froh, daß wir uns langlegen können. Auf die Idee, noch einmal zur Rue du Moulin zu gehen, kommt keiner mehr. Vor allem hat sich mit dem Befehl zum Stellungswechsel hier im Dorfe die Lage schlagartig verändert. Ruhe und Beschaulichkeit sind dahin, Nervosität und Hektik breiten sich aus. Als wir die Fahrzeuge nach und nach abfahren sehen, wird uns erst richtig bewußt, daß wir gar nicht hierhin gehören und eigentlich von den Leuten als Fremdkörper empfunden werden müssen.

Von uns hat sich vor allem Martin bereits innerlich von Frankreich verabschiedet, denn er redet nur noch vom *„Heim ins Reich!",* jener Formulierung, die am 12. März 1938 beim Anschluß Österreichs an das Deutsche Reich verbreitet worden ist.

Doch auch allen anderen ist nun klar: Die schöne Zeit im Chambors ist unwiederbringlich vorbei; der Krieg wird auch uns erreichen und in seinen Strudel ziehen. Denn dazu gibt es nicht mehr zu übersehende Anzeichen: Die deutsche Abwehr wird dem Druck der personell und vor allem materiell haushoch überlegenen alliierten Streitkräfte auf die Dauer nicht standhalten können. Und mit den Erfolgen der Alliierten nimmt die Tätigkeit der Maquis-Bewegung ständig zu. Auch ganz in unserer Nähe sollen schon Partisanenverbände gesehen worden sein.

Erst letzte Woche sind die deutschen Truppen in der ganzen Gegend in erhöhte Alarmbereitschaft versetzt worden, und deshalb wurden auch bei uns die Parkposten und die Ortsstreife verdoppelt. Zudem wurde eine Tagesstreife eingeführt, so daß schon seit einigen Tagen rund um die Uhr Streife gegangen wird.

—

Am **Dienstag (15.08.1944)** werden Gerd und ich zur Tagesstreife eingeteilt. So können wir beobachten, wie die Parkplätze leerer werden und immer mehr Fahrzeuge das Dorf verlassen.

Nach der Beendigung unseres Streifendienstes kommen wir gerade recht zum Abendappell, bei dem der Spieß die Fahrer und Beifahrer verliest, die noch in dieser Nacht abfahren sollen. Auch wir fünf sind mit dabei, denn unser Quartier wird restlos geräumt.

Da wir bis 22 Uhr abfahrbereit sein sollen, müssen wir sofort mit dem Packen unserer Sachen beginnen. Gerd und ich sind damit schnell fertig und wollen die verbleibende Zeit dazu nutzen, uns von Viviane und ihrer Familie zu verabschieden. So eilen wir zur Rue du Moulin und tauschen mit Viviane die Adressen aus und versprechen uns gegenseitig, mit einander Briefkontakt aufzunehmen, sobald das möglich sein wird.

Beim Abschiednehmen merken wir gar nicht, wie schnell die Zeit vergeht, und es ist bereits nach 22 Uhr, als wir im Laufschritt unser Quartier erreichen. Wir können gerade noch unsere Tornister holen und zum „Fahrzeugpark II" hetzen, von wo die Fahrt losgehen soll. Als wir dort ankommen, stellen wir mit Schrecken fest, daß die Wiese schon geräumt ist.

Dennoch haben wir Glück: Die letzten Fahrzeuge stehen noch vor dem früheren Parkplatz auf der Straße. Hier laufen wir dem Spieß direkt in die Arme, der hier mit einer Liste in der Hand die Abfahrt der einzelnen Gespanne regelt.

„*Name?*" fragt er mich, da ich als erster ankomme.

„*Kanonier Heidt*", antworte ich.

„*Sie fahren mit dem 'V 8' hier bis Paris*", bestimmt er anhand seiner Liste und zeigt auf einen in der Nähe stehenden PKW, „*dann steigen Sie in den Schreibstubenwagen um! Bringen Sie Ihr Gepäck schon mal da rüber! Die können es in ihren Wagen einschließen.*"

Da ich mich sofort zum Schreibstubenwagen begebe, um meinen „Affen" abzugeben, bekomme ich gar nicht mit, wo Gerd inzwischen bleibt. Und als ich zurückkomme, um den „V 8" zu besteigen, sehe ich ihn nicht mehr.

Kaum habe ich auf dem Beifahrersitz Platz genommen, da steigt der Fahrer, ein Obergefreiter von der „W 3", ein und die Fahrt geht los. Er erklärt mir, daß wir als letztes Fahrzeug eines lockeren Konvois fahren und darauf achten müssen, daß aus der ganzen Kolonne kein Gespann zurückbleibt.

Wir verlassen Chambors in südlicher Richtung auf einer schmalen, kurvenreichen Straße, durchqueren Lattainville und erreichen kurz hinter dem Dorf die Chaussee Gisors–Pontoise–Paris. Obwohl wir von Chambors bis hier nur drei Kilometer zurückgelegt haben, verlieren wir eine Menge Zeit dadurch, daß wir kaum etwas sehen können. Die Scheinwerfer sind nämlich mit Verdunkelungskappen versehen, die das Licht nur durch einen kleinen Spalt – kaum so groß wie ein kleiner Finger – hinauslassen. So müssen wir mehr nach Gefühl fahren als daß wir uns durch die Sicht orientieren könnten. Wenn nicht gerade der Mond scheint, können wir Schlaglöcher und Unebenheiten in der Fahrbahn nur ahnen, so daß wir froh sind, daß wir nun eine annehmbare Straße unter den Rädern haben.

Dafür gibt es aber eine andere Erschwernis: Auf dieser großen Straße herrscht lebhafter Gegenverkehr. Und der wird uns auch zum Verhängnis. Wir sind nämlich kaum sechs Kilometer gefahren und haben nicht einmal Lierville erreicht, da werden wir schon aufgehalten. Der vor uns fahrende Werkstattwagen wird nämlich von einem entgegenkommenden LKW gerammt und muß an den Straßenrand bugsiert werden.

Wir fahren also nach Chambors zurück und melden dem Spieß, daß ein Fahrzeug abgeschleppt werden muß. Dann fahren wir wieder los, quälen uns über die schmale Straße bis zur Chaussee und versuchen, nun etwas zügiger zu fahren, um die Kolonne wieder einzuholen.

Das erweist sich aber sehr schnell als keine so gute Idee, denn wir kommen nur etwa 1.500 Meter weit bis zur nächsten Kreuzung, als uns ein Munitionstransport entgegenkommt. Der erste LKW ist gerade vorbei, da gibt es einen Ruck, daß der Fahrer und ich gegen die Windschutzscheibe geschleudert werden, sowie ein Splittern und Krachen an unserem Fahrzeug, und die Fahrt ist für uns zu Ende. Dummerweise befindet sich vor dem Beifahrersitz oben am Rande der Scheibe der Motor für den Scheibenwischer, und ich knalle mit der Stirn voll darauf. Dadurch ziehe ich mir nicht nur einen Brummschädel, sondern auch eine dicke Beule über dem linken Auge zu.

Fluchend springen wir aus dem Auto um nachzusehen, was passiert ist. Trotz der Dunkelheit ist nicht zu übersehen, daß uns ein Muni-LKW vorne links frontal angefahren hat. Während der robustere LKW mit einem zersplitterten Scheinwerfer und ein paar Kratzern davongekommen ist, ist bei uns die Stoßstange verbogen und der linke Kotflügel eingedrückt.

Der LKW hält nach dem Zusammenstoß natürlich an, und der Fahrer und seine drei Begleiter kommen herbei und versuchen uns einzureden, wir wären zu weit in der Mitte der Fahrbahn gefahren. Weil alle vier deutlich nach Schnaps riechen, geben wir es schon nach kurzer Zeit auf, uns mit ihnen herumzustreiten.

Würde der Unfall ordentlich aufgenommen, so stünden vier Aussagen zweien gegenüber, und wir würden ohnehin den Kürzeren ziehen. Also lassen wir den LKW weiterfahren und versuchen, unseren PKW wieder flott zu bekommen. Dazu schlingen wir ein Abschleppseil um den nächsten Baum, haken den Kotflügel ein und versuchen, ihn durch Rückwärtsfahren vom Reifen zu lösen. Das klappt auch ganz gut und das Rad ist kurz darauf wieder frei. Die verbogene Stoßstange stört uns beim Fahren nicht weiter.

„Was nun?" fragt mich der Fahrer nach getaner Arbeit, denn Mitternacht ist längst vorbei.

„Nach Paris!" antworte ich. *„Die 50 Kilometer müßten wir bis Tagesanbruch schaffen."*

„Wenn es so weitergeht, wohl kaum!" wendet er ein. *„Aber versuchen können wir es ja."*

Doch kaum sind wir ein Stück gefahren, da drosselt er die Geschwindigkeit und fragt: *„Hörst du was?"*

„Ja, da klappert irgend was", bestätige ich.

„So kommen wir nie nach Paris", stellt er lakonisch fest und fährt fort: *„Wir müssen hier liegenbleiben und den Tag abwarten, dann können wir nachsehen, was los ist. Ich möchte nicht, daß uns der ganze Schlitten um die Ohren fliegt".*

Also schieben wir den PKW von der Fahrbahn auf den Randstreifen, wo es sogar ein paar Büsche gibt, die uns Deckung bieten können. Dann strecken wir die Beine aus und versuchen, im Sitzen etwas zu schlafen.

—

Das gelingt uns auch einigermaßen, bei mir allerdings mit der Folge, daß mir am **Mittwochmorgen (16.08.1944)** außer dem Kopf auch noch der Rücken schmerzt.

Sobald es hell genug ist, sehen wir uns dann die Bescherung an und stellen fest, daß die Vorderachse verbogen ist und die Lenkung dadurch behindert wird. Sie läßt sich nur noch teilweise einschlagen, so daß wir fast manövrierunfähig sind. Nun ist guter Rat teuer!

Doch so schnell gibt mein Fahrer nicht auf. Er entscheidet, daß wir nach Chambors zurückkehren in der Hoffnung, daß es dort noch einen Werkstattwagen gibt, der uns helfen kann. Die gut vier Kilometer bis dort müßten wir eigentlich schaffen, bevor es ganz hell wird und die Jabos auftauchen.

Nach mehrfachem Rangieren schaffen wir es tatsächlich, auf der Chaussee zu wenden, und mit viel Geschick bringt der Fahrer den PKW tatsächlich nach Chambors zurück, wo wir gegen 7.30 Uhr am früheren „Parkplatz II" eintreffen.

Ohne sich unser Fahrzeug überhaupt anzusehen, verfügt der Spieß, daß der Fahrer hierbleiben soll und ich mit dem Rest des Lehrgangs, der hier noch verblieben ist, zum Divisionsstab in Marsch gesetzt werde. Dazu erklärt er kurz, daß ein neuer Befehl ergangen sei, wonach sich die Teilnehmer aller Lehrgänge beim Stab einfinden sollten, um eine sogenannte „Divisionsstabsbegleitkompanie" zu bilden.

Das hat mir gerade noch gefehlt: Während mein Gepäck nach Meaux befördert wird, werde ich zum Divisionsstab abkommandiert! – Auf meine Frage, wie ich wieder an mein Gepäck kommen soll, das mit dem Schreibstubenwagen der „W 3" auf dem Wege nach Meaux ist, zuckt er die Schultern und meint, das würden die anderen Kameraden vom Funklehrgang wohl mitbringen, denn die wären auch zum Stab befohlen. Ob er das selbst glaubt, kann ich nicht einschätzen, wahrscheinlich will er mich nur so schnell wie möglich loswerden, weil er Wichtigeres zu tun hat, als nach dem Gepäck eines einfachen Soldaten zu forschen, der nicht einmal zu seiner Kompanie gehört.

Ich aber stehe praktisch mit dem da, was ich auf dem Leibe habe, und der feldmarschmäßigen Ausrüstung, die aus meinem Karabiner, dem Seitengewehr, Stahlhelm, Gasmaske, Brotbeutel und Feldflasche besteht. Ich habe keine Wäsche zum Wechseln mehr, kein Rasierzeug und keine persönlichen Dinge – alles ist futsch auf Nimmerwiedersehen! Denn ich glaube nicht, daß sich die Kameraden außer um ihre eigenen Sachen auch noch um das Gepäck eines anderen kümmern werden, wenn sie von Meaux aus zum Divisionsstab aufbrechen.

Und genau so kommt es wirklich. Ich sehe meine Sachen niemals wieder, fühle mich wie beraubt und ausgeplündert, denn es wird geraume Zeit dauern, bis ich mir wieder das Nötigste beschaffen kann.

So bin ich einen Tag nach dem Aufbruch wieder in Chambors, aber es kommt mir vor, als habe sich inzwischen die Welt verändert. Es sind nur noch wenige Soldaten hier, und das Dorf, das anheimelnd und uns vertraut war, wirkt nun auf einmal kalt, fremd und abweisend.

Ich würde ja gerne zur Rue du Moulin gehen, um Viviane zu treffen um ihr mein Leid zu klagen. Da wir aber ständig marschbereit sein müssen und jederzeit abfahren können, kann ich die Obstwiese, auf der wir untätig herumstehen, nicht verlassen.

Doch da hat mich der kleine René entdeckt, der zufällig vorbeikommt. Freudestrahlend kommt er auf mich zugerannt, um mich zu begrüßen. Ich schicke ihn also zu Viviane, um ihr zu bestellen, daß ich wieder im Dorfe bin und sie gerne noch einmal sprechen möchte. Doch er kommt schon nach kurzer Zeit zurück und berichtet, daß Viviane nicht zu Hause, sondern in Gisors in der Musikschule ist und erst am späten Nachmittag zurückkehren wird.

Doch dann werden wir längst abgefahren sein, denn alles sieht nach endgültigem Aufbruch aus. Unter den Obstbäumen stehen nur noch drei oder vier Fahrzeuge, und wir acht übriggebliebenen Lehrgangsteilnehmer kommen uns in dem von der Wehrmacht geräumten Dorfe ganz verloren vor. Da der Himmel bewölkt und nicht mit Tiefflieger zu rechnen ist, hoffen wir noch im Laufe des Tages zum Divisionsstab gebracht zu werden, von dem wir nicht einmal wissen, wo er sich überhaupt befindet.

Die Lage der deutschen Truppen an der Invasionsfront hat sich nämlich seit Anfang August dramatisch verschlechtert. Nachdem der letzte große deutsche Angriff vom 07.08.1944, an dem fünf Panzerdivisionen mit rund 400 Panzern beteiligt waren, vor Avranches wegen der großen Luftüberlegenheit der Alliierten letztlich gescheitert ist, sind die Briten und Amerikaner aus ihren Brückenköpfen auf der Halbinsel Cotenin und bei Caen tief in die deutschen Verteidigungslinien eingebrochen, und ein bei Mortain geplanter deutscher Gegenangriff ist wegen der ungeheuren Materialüberlegenheit der Gegenseite nicht mehr zum Tragen gekommen.

Jetzt nähern sich die Spitzen der 1. US-Armee und der 1. kanadischen Armee der Stadt Chambois und sind dabei, die gesamte 7. deutsche Armee und Teile der 5. Panzerarmee – insgesamt rund 250.000 Mann – in einem Riesenkessel zwischen Mortain und Falaise einzuschließen. Gleichzeitig rückt die 3. US-Armee unter General George S. Patton in Mittelfrankreich auf Tours, Dreux und Orleans vor, und General Walton Walker setzt mit dem XX. US-Korps zum Rennen auf die Seine an.

In Mittelfrankreich gibt es praktisch keine deutschen Kampfverbände mehr, sondern nur noch Feldkommandanturen mit ihren Feldgendarmerieeinheiten und schwachen Sicherungsverbänden, rückwärtigen Diensten, Bodenformationen der Luftwaffe, die vielfach ihre Handfeuerwaffen wegen des akuten Waffenmangels an die kämpfende Truppe abgeben mußten, und zahllosen Verwaltungseinheiten. Außerdem befinden sich dort noch Formationen der „Organisation Todt" und wirtschaftliche Dienststellen, alles Verbände und Einrichtungen, die nicht einmal über die allernötigste Verteidigungskraft verfügen und dazu noch ständig von den überall auftauchenden Maquis-Verbänden des französischen Widerstands bedroht werden, so daß zur Zeit eine Panikwelle ganz Mittelfrankreich überflutet und ein allgemeiner Zusammenbruch des deutschen Verteidigungssystems im Gange ist, der stellenweise schon eine regelrechte Fluchtbewegung ausgelöst hat.

Und wir stehen hier wie die letzten Mohikaner und hoffen, endlich von hier fortgebracht zu werden. Aber unsere Hoffnung ist auch nicht vergebens, denn gegen 11 Uhr können sechs von uns einen Funkwagen besteigen und die beiden anderen auf einem Motorrad mit Beiwagen mitfahren.

Da der Himmel wolkenverhangen und den ganzen Tag über wohl nicht mit klarem Wetter zu rechnen ist, brauchen wir keine Tiefflieger zu fürchten und können gleich losfahren.

Wieder benutzen wir die bekannte Strecke über Lattainville zur Chaussee Gisors–Pontoise–Paris und fahren rund zwölf Kilometer in Richtung Paris bis zur Kreuzung von Lierville. Hier biegen wir dann nach Süden ab und folgen einer schmalen Straße quer durch die Provinz. Nach fünf Kilometern Fahrt erreichen wir Le Bellay und fahren weiter über Commeny und Avernes nach Seraincourt.

Hinter dem Dorf biegen wir nach Südosten ab und erreichen nach weiteren fünf Kilometern Fahrt den Ort Hardricourt, westlich von Meulan an der Seine, wo der Divisionsstab liegen soll. Davon ist allerdings nichts zu sehen, als wir den Ort erreichen. Das ist auch kein Wunder, denn die Fahrzeuge sind über die ganze Gemeinde verteilt unter Obstbäumen abgestellt und gegen Fliegersicht getarnt worden.

Nachdem wir für unseren Funkwagen und das Motorrad einen Platz gefunden haben, der uns eine gewisse Deckung gewährt, steigen wir aus, vertreten uns ein wenig die Füße und suchen uns zu orientieren. Da wir nicht wissen, an wen wir uns wenden sollen, bleiben wir einfach bei den Fahrzeugen stehen und hoffen, daß unsere Ankunft bemerkt worden ist und sicher bald jemand kommen wird, um uns weiterzuhelfen.

Während wir so dastehen und diskutieren, fallen uns zwei Soldaten auf, die unter einem Baume stehen und miteinander reden. Das ist an sich nichts Besonderes, wohl aber der große Unterschied zwischen den beiden.

Der eine, uns zugewandte Soldat ist Obergefreiter mit zahlreichen Auszeichnungen. Er hat in der einen Hand eine Kraftfahrerbrille und die andere in der Hosentasche. Er ist vermutlich Kradmelder.

Der andere, der uns den Rücken zukehrt, trägt eine grüne Drillichhose und ein grünes Hemd ohne Rangabzeichen. Wegen seiner geraden Haltung nehme ich an, daß er Offizier ist. Das sage ich auch meinen Gefährten, und ein älterer Kamerad unter ihnen meint ganz erstaunt: *„Kennst du den denn nicht? – Das ist doch unser General, der Graf von Schwerin!"*

Ich kann das kaum glauben, denn so habe ich mir unseren Divisionskommandeur nicht vorgestellt. Vor allem irritiert es mich, daß er es duldet, daß ein einfacher Soldat, mit dem er spricht, eine Hand in der Tasche behalten kann. Überhaupt scheint mir die Unterhaltung eher familiär als ein Gespräch zwischen einem Obergefreiten und einem General zu sein.

Als sich der General während des Gesprächs ein wenig zur Seite dreht, sehe ich, daß er das Ritterkreuz mit Eichenlaub und Schwertern trägt. Und diese hohe Auszeichnung, die ich noch nie – außer auf Fotos – gesehen habe, trägt meines Wissens in unserer Division nur einer: ihr Kommandeur Generalleutnant Gerhard Graf von Schwerin.

Nun kommen einige Landser, die sich bereits im Dorfe umgesehen haben, zu uns und berichten, daß es hier eine Art Soldatenheim gibt, in dem man warmes Essen und auch einen Schluck Cidre bekommen kann.

Während einer von uns bei den Fahrzeugen zurückbleibt, gehen wir sieben anderen zum Essen ins Soldatenheim. Dabei beeilen wir uns aber, damit wir schnell zurück sind und der andere ebenfalls das Heim aufsuchen und sich stärken kann. Da wir ständig fahrbereit sein wollen, kommt auch er schon bald zurück. Das erweist sich auch als richtig, denn er ist kaum zehn Minuten wieder bei uns, da geht ein Unteroffizier von Fahrzeug zu Fahrzeug und überbringt den Befehl: *„Fertigmachen zur Abfahrt!"*

Um 14 Uhr fahren wir dann bei bedecktem Himmel zusammen mit einigen anderen Fahrzeugen los. Unser Ziel ist das sechs Kilometer nordwestlich von hier gelegene Dorf Oinville (Département Seine et Oise, heute: Yvelines), wo die Divisionsfunkzentrale liegt.

Dort angekommen werden wir zu unserer Überraschung von Funkmeister Schwab begrüßt. Er hat bereits auf uns gewartet und weist uns gleich unsere Quartiere zu. Gleichzeitig teilt er uns mit, daß wir dienstfrei haben, bis sich der gesamte Lehrgang hier versammelt hat.

In dem mir zugewiesenen Quartier treffe ich auch Martin Schmidt und Reinhard Schol wieder, die schon am frühen Morgen hier angekommen sind. Martin wird in einem Sechs-Mann-Zimmer im Erdgeschoß untergebracht, während ich mir mit Reinhard im Obergeschoß ein französisches Doppelbett teilen muß. Nachdem ich meine Sachen verstaut habe, ziehe ich mit Martin los, um den Ort näher zu erkunden. Dabei tauschen wir natürlich auch unsere jüngsten Erfahrungen aus, denn seit Chambors haben wir uns ja nicht mehr gesehen. Auch Martin ist mit der „W 3" nicht bis Meaux gekommen, sondern bereits in Pontoise nach hier umgeleitet worden.

Während es Reinhard nichts ausmacht, zu zweit in einem Bett zu schlafen, habe ich mit dem französischen Bett einige Probleme, denn ich quäle mich stundenlang damit herum, eine passende Schlafstellung zu finden. Einmal liege ich zu unbequem und es drückt irgendwo etwas, ein anderes Mal stört mich Reinhard, weil er schnarcht oder sich bewegt, so daß ich völlig gerädert bin, als ich vor Übermüdung in einen leichten Schlaf falle.

Doch kaum habe ich das geschafft, da werde ich schon durch Unruhe im Hause wieder geweckt. Alles ist in heller Aufregung. In der unteren Etage laufen die Landser hin und her und suchen ihre Sachen zusammen. Dann kommt auch schon einer zu uns hoch und fragt: *„Wollt ihr nicht aufstehen?"*

Noch schlaftrunken frage ich zurück: *„Was ist denn los?"*

„Habt ihr denn noch nichts gemerkt?" ist die Gegenfrage. *„Der Ami ist da und schießt schon über das Dorf hinweg!"*

„Sollen wir aufstehen?" frage ich Reinhard, der sich gerade hinter mir bewegt hat.

„Nee, das wird schon nicht so schlimm sein", meint er. *„Ich bin hundemüde!"*

„Huiii – krach!" geht es in diesem Augenblick. Was war denn das? Da ist doch irgend etwas über unser Haus hinweggeflogen! Nein, das war keine Täuschung! Das war eine Panzergranate!

Wie auf ein Kommando springen wir aus dem Bett, ziehen uns in Windeseile an und horchen nach draußen. Doch es bleibt alles ruhig, und es kommt auch kein Befehl zum Stellungswechsel. Es müssen wohl einzelne verirrte Granaten sein, die uns aufgeschreckt haben.

Nach diesem kleinen Zwischenfall bleibt alles ruhig. Das Wetter hat sich gebessert, der Himmel ist jedoch noch wolkenverhangen, so daß wir nicht mit Tieffliegern rechnen müssen.

—

So verbringen wir diesen **Freitagmorgen (18.08.1944)** mit Unterhalten und Kartenspielen im Quartier. Einige gehen bei dem diesigen Wetter, bei dem keine Tieffliefer zu erwarten sind, im Dorf spazieren.

Nach dem Mittagessen fällt der übliche Appell aus, so daß uns die Ruhe allmählich unheimlich vorkommt und wir über die Kriegslage alle möglichen Vermutungen anstellen.

Erst gegen 16 Uhr läßt uns der Funkmeister antreten, und Unteroffizier Schmidt, der gerade von der Funkzentrale zurückgekehrt ist, gibt uns einen offiziellen Lagebericht. Danach haben die Amerikaner östlich von Mantes die Seine überquert und ihre Panzer rollen auf der Straße Limay-Meulan nach Osten. Das Dorf Issou haben sie bereits eingenommen, und ihre Panzerspitzen stehen nur sechs Kilometer südlich von hier bei Gargenville. Daher lautet der Befehl, den er uns überbringt: *„Alle Mann sofort zum Verladen der Geräte zum Château! Stellungswechsel vorbereiten!"*

Also stellen wir unsere gepackten Sachen griffbereit im unteren Flur zusammen und eilen hinauf zum Schloß, wo die Funkzentrale untergebracht ist. In größter Eile werden die Funkgeräte und Aggregate verladen, und die Fahrzeugkolonne formiert sich gerade zur Abfahrt, als schon wieder einzelne Panzergranaten über uns hinwegzischen und nördlich von uns irgendwo einschlagen.

Ich werde dem Funkmeister als Melder zugeteilt und soll in seinem PKW mitfahren. Dann fahren die ersten los, so wie es die Bewölkung erlaubt. Da die Wolken aber immer mal wieder aufreißen, nimmt die Abfahrt den ganzen Tag in Anspruch. Gegen 17 Uhr sind nur noch zwei Fahrzeuge übrig: ein Funkwagen und der PKW des Funkmeisters. Auf Wunsch eines Funk-Unteroffiziers tauschen wir die Plätze: Ich steige in den Funkwagen um, und er fährt mit dem Funkmeister, der als letzter den Ort verläßt.

Da sich der Himmel wieder stärker bezogen hat und wir durch Jabos nicht gestört werden, bringen wir die Fahrt immer nach Norden über Seraincourt, Avernes, Commeny, Le Bellay und Lierville nach Chaumont-en-Vexin im Département Oise zügig und ohne Zwischenfall hinter uns.

Hier fahren wir zum Rathaus, einem Gebäude mit U-förmigem Grundriß. Während die Stadtverwaltung im Mitteltrakt und im rechten Seitenflügel weiterarbeitet, beziehen wir die kompletten Büro- und Registraturräume im linken Seitenflügel. Dieser Gebäudetrakt ist ganz für die Deutsche Wehrmacht reserviert, und außer uns sind hier auch Funker und Fernsprecher aus anderen Einheiten unserer Division untergebracht, wie man an den verschiedenfarbigen Paspelierungen der Schulterklappen leicht erkennen kann: Die ist nämlich bei den Angehörigen des Panzerregiments 16 in ihren schwarzen Uniformen gelb oder rosa, bei den Vertretern der Panzergrenadierregimenter 60 und 156 weiß, bei der Panzerjägerabteilung 228 grün, bei den Kameraden vom Pionierbataillon 675 schwarz, bei den Angehörigen der Panzernachrichtenabteilung 228 gelb und bei den Teilnehmern an unserem Lehrgang, der sich aus Leuten vom Panzerartillerieregiment 146 und von der Heeresflakabteilung 281 zusammengesetzt hat, rot. Es ist schon ein ziemlich „bunter Haufen", der sich hier beim Divisionsstab versammelt hat.

Am Giebel des Mitteltraktes unserer Unterkunft steht in großen Lettern „Hôtel de Ville", eine Bezeichnung die zu Fehldeutungen geradezu herausfordert, denn prompt hört man einige maulen: *„Ein schönes Hotel, wo man mit Strohsäcken auf dem nackten Fußboden schlafen muß!"*

Noch überraschter sind wir allerdings, als wir die für uns bestimmten Toiletten sehen. Sie sind wohl nicht für die Bediensteten, sondern für Besucher des Rathauses vorgesehen, denn sie sind nur vom Hof aus zugänglich. Hinter zwei Türen mit einem kleinen Fenster gibt es jeweils ein „cabinet" mit quadratischem Grundriß, in dem nichts anderes zu finden ist als zwei geriffelte, fest mit dem Betonfußboden verbundene parallele Trittflächen mit einem runden Loch dazwischen und einem Haltegriff an der Innenseite der Tür.

Diese Luxuskabinen haben es Martin natürlich gleich angetan, und er stellt sich vor ihnen auf und ruft jedem, der sie aufsuchen will, entgegen: *„Achtung! Fertigmachen zum Bombenzielwurf!"* Am Anfang führt das zu allgemeiner Heiterkeit, doch dann ist der Reiz des Neuen schnell vorbei, und er gibt es auf, die Toiletten auf diese Weise zu kommentieren.

—

Am **Samstagmorgen (19.08.1944)** läßt Funkmeister Schwab alle hier versammelten Soldaten im Binnenhof des Rathauses zum Frühappell antreten und gibt bekannt, daß wir hier zu einer „Divisionsstabsbegleitkompanie" zusammengefaßt werden, als deren Chef Oberleutnant Kalepki vorgesehen ist und in der er selbst den Posten des Kompaniefeldwebels übernehmen wird. Den Kompaniechef Oberleutnant Kalepki und auch seinen Nachfolger Hauptmann Schneider bekommen wir nie zu sehen, denn genau wie bei der „W 3" wird auch hier alles vom Spieß geregelt. Er erklärt uns auch die Aufgaben dieser neu eingeführten Sondereinheit: Sicherung und Bewachung des Divisionsgefechtsstandes und der Dienststellen des Divisionsstabes.

Im Anschluß an diesen Appell haben wir für den Rest des Tages dienstfrei, weil die neue Kompanie erst verwaltungsmäßig korrekt aufgestellt – das heißt: in Züge und Gruppen unterteilt – werden muß, was bei der sehr unterschiedlichen Herkunft der einzelnen Soldaten wohl nicht so einfach ist. Doch das ist allein Sache der „Schreibstube". Wir werden nicht damit behelligt, lediglich die Unteroffiziere und Feldwebel, die eine Funktion in der neuen Einheit übernehmen sollen, müssen sich zur Verfügung halten.

Gegen 19 Uhr, als wir gerade unsere Abendmahlzeit beendet haben, kommt der Funkmeister plötzlich mit seinem PKW auf den Hof gebraust und fragt uns, die wir am offenen Fenster sitzen, ob jemand Lust hat, mit ihm nach Chambors zu fahren. Reinhard und ich melden uns als erste und können auch gleich bei ihm einsteigen.

In ziemlich halsbrecherischem Tempo fahren wir über Triechâteau nach Chambors. Wir müssen diesen acht Kilometer langen Umweg nehmen, weil es keine befahrbare Direktverbindung zwischen den nur vier Kilometer auseinanderliegenden Orten Chaumont und Chambors gibt.

In Chambors angekommen sucht der Funkmeister natürlich sogleich sein früheres Quartier und seine Freundin Régine auf, während Reinhard und ich zur Rue du Moulin hinaufgehen, um Viviane zu besuchen. Sie ist erstaunt und erfreut zugleich, als sie uns plötzlich wiedersieht. Wir erzählen ihr kurz, was wir inzwischen erlebt haben und versprechen, nach Möglichkeit noch einmal wiederzukommen. Dann ist auch schon die halbe Stunde vorbei, die wir mit dem Funkmeister für diesen Besuch vereinbart haben, und wir kehren zu seinem Quartier zurück, als er sich gerade ausgiebig von seiner Freundin verabschiedet.

So können wir ohne weiteren Aufenthalt nach Chaumont zurückkehren. Dabei haben wir kurz vor der Stadt allerdings eine Reifenpanne, so daß der Ersatzreifen montiert werden muß. Obwohl es der Funkmeister mit Reinhards Hilfe fast in Rekordzeit schafft, ist es bereits stockdunkel, als wir wieder am Rathaus eintreffen.

Am **Sonntagmorgen (20.08.1944)** fährt zur Frühstückszeit ein leichter LKW auf den Hof, und wir können kistenweise Ölsardinen und Fleischkonserven in Empfang nehmen, die eigentlich zu den „eisernen Rationen" gehören und nur im Notfall verzehrt werden dürfen. Hier scheint jedoch ein Verpflegungslager aufgelöst worden zu sein, und der zuständige Zahlmeister ist froh, wenn die Sachen schnell unter die Truppe verteilt werden. Wir nehmen die Kisten mit auf die Zimmer, und jeder kann sich nehmen, was und wieviel er will.

Ein Dienstplan wird auch für heute nicht aufgestellt, und wir können uns mit Essen, Schlafen, Kartenspielen oder auch dem Ausbessern unserer Kleidung die Zeit vertreiben.

Zwar hat uns die Beinahe-Feindberührung in Oinville einen gelinden Schock versetzt, doch hier fühlen wir uns wieder sicher und höchstens durch Tiefflieger bedroht, die bei gutem Wetter gelegentlich auftauchen. Unsere Fahrzeuge sind allerdings gut getarnt, und wir halten uns auch nicht in größeren Gruppen im Freien auf, so daß wir bei den Piloten keine Aufmerksamkeit erregen.

Ganz anders sieht es allerdings an den Fronten aus. Seit gestern ziehen sich nämlich die deutschen Truppen schrittweise aus Paris zurück, und ein Bezirk nach dem anderen wird von der „Résistance" übernommen.

Außerdem ist seit gestern auch der große Kessel von Falaise geschlossen, und die darin befindlichen deutschen Truppen werden immer enger zusammengedrängt. Am Ende geraten 130.000 von ihnen in amerikanische

Gefangenschaft und nur 60.000 können entkommen, weil es Teile der 116. Panzerdivision unter Führung des Majors Heinz Günther Guderian in einem Handstreich geschafft haben, den Kessel aufzubrechen, sich nach Nordosten durchzuschlagen und zwischen Rouen und Vernon über die Seine zu entkommen. Dabei mußten die Fahrzeuge und das schwere Gerät mit Schlauchbooten über den hier 1.100 Meter breiten Fluß gerudert werden. Und das war auch nur bei bewölktem Himmel möglich, weil sie sonst ein Opfer der Jabos geworden und in ihrer Hilflosigkeit auf dem Fluß sofort unter Feuer genommen worden wären.

Dabei hat es erheblichen Ärger zwischen den Angehörigen der Wehrmacht und der Waffen-SS gegeben, weil diese die Wehrmachtsangehörigen wiederholt mit Waffengewalt gezwungen haben, ihnen die Schlauchboote zu überlassen. So sind viele Fahrzeuge der Wehrmacht auf dem Südufer stehengeblieben, während die der Waffen-SS gerettet werden konnten. Doch damit war es noch nicht genug, denn nach dem Übersetzen gab es heftige Auseinandersetzungen, weil die SS-Leute die Wehrmacht-Soldaten der Feigheit bezichtigten und ihnen vorwarfen, nur sich selbst gerettet und ihre Ausrüstung einfach dem Ami überlassen zu haben.

Nach den beim Divisionsstab eingehenden Meldungen zeichnet sich ab, daß die Zahl der deutschen Truppen bei der Auflösung des Kessels von Falaise und beim Übersetzen über die Seine stark dezimiert worden ist und von den sieben eingekesselten Divisionen – es waren die 21. und 116. Panzerdivision des Heeres und fünf SS-Divisionen – nur noch etwa 1.300 Soldaten, 24 Panzer und 60 Geschütze übriggeblieben sind.

Um uns nicht zu beunruhigen, werden diese Meldungen allerdings vom Stab geheimgehalten und uns nicht mitgeteilt. Erst nach dem Kriege wurden diese Zahlen allgemein bekannt.

—

Bei uns läßt auch der **Montag (21.08.1944)** nicht erkennen, daß irgendeine sinnvolle Tätigkeit auf uns wartet.

Um der Langeweile zu entgehen, fragen Reinhard und ich mittags bei der Schreibstube nach, ob wir nicht ein paar Stunden nach Chambors fahren können. Der Funkmeister hat nichts dagegen einzuwenden, will sich aber erst beim Chef rückversichern. Und Oberleutnant Kalepki erklärt, daß er es nicht verantworten könne, uns allein dorthin gehen zu lassen, zumal auch in der unserer Umgebung Partisanen aufgetaucht und erst letzte Woche zwei Kradmelder geradezu enthauptet worden seien, weil sie gegen Drähte fuhren, welche die Maquis quer über die Straße gespannt hatten.

So müssen wir einstweilen auf unser Vorhaben verzichten und im Quartier bleiben.

Beim abendlichen Verpflegungsempfang hören wir allerdings von einigen Artilleristen, daß es einen kurzen direkten Weg nach Chambors gebe, und zwar einen besseren Trampelpfad, der ein Stück am Bahndamm entlang, dann quer durch ein Wäldchen und schließlich mitten durch die Wiesen in südwestlicher Richtung direkt ins Dorf führt. Sie erzählen, sie seien gestern zu Fuß in Chambors gewesen und hätten für den Hin- und Rückweg jeweils nur eine knappe Stunde gebraucht.

Das spornt uns natürlich an, denselben Versuch zu wagen, zumal Reinhard ein Fahrrad hat, mit dem wir sicher noch schneller hin und zurück kommen können. So lassen wir uns den Weg noch einmal genau beschreiben und machen uns nach dem Abendbrot auf eigene Faust auf den Weg.

Bis zum Ortsausgang schiebt Reinhard das Rad, dann schwingt er sich darauf, nimmt mich vor sich auf die Stange und die Fahrt geht los. Bis zum Überqueren der Bahnlinie geht noch alles glatt. Doch dann wird der Weg so weich und matschig, daß ich zumindest streckenweise neben Reinhard hertraben muß. Obwohl wir beide – der eine vom Strampeln, der andere vom Laufen – ganz schön ins Schwitzen kommen, verlieren wir den Mut nicht und ziehen unbeirrt weiter.

Dann wird der Weg wieder besser, und wir kommen in einen Hohlweg, der uns allerdings die Sicht auf die umliegende Landschaft versperrt, so daß wir uns nicht orientieren können. Nach dem Hohlweg kommen wir auf eine Landstraße und nehmen an, daß wir am Ziel sind. Nach der Zeit, die wir gebraucht haben, müßten wir jedenfalls in Chambors sein.

Gleich bei einem der ersten Häuser arbeitet eine Frau im Garten, und ich frage sie nach dem Namen dieses Ortes. *„Reilly",* sagt sie, und auf meine weitere Frage, wie weit es denn bis Chambors sei, antwortet sie: *„trois kilomètres."* – Wir sehen uns betroffen an und stellen fest, daß wir uns „verfranzt" haben und von der Richtung weit nach Süden abgekommen sind.

Da unsere Uniformen bereits vom Schweiß durchnäßt sind, trauen wir uns einen so weiten Weg – vor allem aber den Rückweg im Dunkeln – nicht mehr zu und beschließen, lieber umzukehren. Dazu benutzen wir die zwei Kilometer lange Verbindungsstraße von Reilly nach Chaumont, wo wir mit der Abenddämmerung völlig erschöpft eintreffen.

Reinhard möchte sein Fahrrad nicht unbedingt mit ins Quartier nehmen, weil es dort leicht abhanden kommen könnte (auf dieselbe Weise wie er selbst an das Rad gekommen ist), sondern möchte es in einem Strohschuppen am Stadtrand verstecken, den er gestern bei einem Spaziergang entdeckt hat. Der Schuppen ist schnell gefunden, das Tor ist offen und innen sind beiderseits eines etwa zwei Meter breiten Mittelganges bis zum Dach Strohballen aufgeschichtet.

Reinhard schiebt also sein Rad bis zum hinteren Ende der Scheune, zwängt es in einen Spalt zwischen den Strohballen und tarnt es zum Gang hin mit losem Stroh. Dann kehren wir schleunigst in unser Quartier zurück, um endlich die völlig durchgeschwitzte Wäsche vom Leibe zu bekommen. Für heute ist unser Bedarf an Abenteuern restlos gedeckt, und wir erzählen auch niemandem von unserem Ausflug.

—

Am **Dienstag (22.08.1944)** erhalten wir dann die Erlaubnis zu viert nach Chambors zu fahren. Gleich nach dem Mittagessen soll es losgehen.

Zunächst aber möchte Reinhard sein Fahrrad aus dem Schuppen holen. Da wir strikten Befehl haben, nirgendwohin allein zu gehen, begleite ich ihn. In der Nähe des Schuppens treffen wir auf einen älteren Franzosen.

„Bon jour, messieurs!" begrüßt er uns mit einer leichten Verbeugung und für unser Empfinden etwas zu freundlich. Denn seit der Ami an mehreren Stellen die Seine überquert und Paris fast eingeschlossen hat, zeigen die Franzosen uns gegenüber eine sehr reservierte, wenn nicht gar ablehnende Haltung. Die Katzenfreundlichkeit erscheint uns daher etwas übertrieben.

Als wir den Schuppen betreten, stoßen wir fast mit einem jungen Franzosen zusammen, der gerade herauskommt. Auch er grüßt uns übertrieben freundlich und gesellt sich dann zu dem Alten und spricht mit ihm. Das sehen wir gerade noch, bevor wir die Scheune betreten.

Wir haben den Platz noch nicht erreicht, wo Reinhard sein Fahrrad versteckt hat, da ertönt draußen ein leiser Pfiff. – Während Reinhard sein Fahrrad hervorholt und vom Stroh befreit, gehe ich zum Eingang zurück und laufe beinahe den jungen Franzosen um, der offenbar zurückgekommen ist um nachzusehen, was wir in der Scheune tun.

Er bekommt einen gehörigen Schrecken, als ich plötzlich vor ihm stehe, macht sofort auf den Hacken kehrt und geht zu dem Alten zurück, der dort stehengeblieben ist, wo sich die beiden vorhin getroffen haben. Sie wechseln ein paar Worte und gehen dann nebeneinander langsam auf die Stadt zu. Plötzlich halten sie jedoch inne, drehen sich um und gehen erst weiter, als sie sicher sind, daß Reinhard nur sein Fahrrad geholt hat und wir beide den Schuppen verlassen haben.

Auf dem Heimweg meint Reinhard nachdenklich: *„Hast du gesehen, wie komisch die Bunde vorne links aufgeschichtet sind? Da stimmt etwas nicht!"*

Natürlich habe auch ich bemerkt, daß mehrere Bunde quer zu den anderen liegen, gerade so, als wenn dort der getarnte Eingang zu einer Höhle wäre. Das erzählen wir im Quartier auch unseren Kameraden, und die sind sofort dafür, der Sache auf den Grund zu gehen.

Also schwärmen wir zu zwölft schwerbewaffnet aus und pirschen uns von verschiedenen Seiten an den Schuppen heran. Als wir dort eintreffen, sind die beiden Franzosen nicht mehr zu sehen. Während zwei von uns als Posten am Eingang zurückbleiben, untersuchen die anderen das Innere des Schuppens. Wie vermutet, befindet sich an der linken Seite der nur notdürftig getarnte Eingang zu einem Hohlraum zwischen den Ballen, der gerade so hoch ist, daß man in gebückter Haltung hindurchgehen kann.

Wir räumen also die Tarnung zur Seite, und ein Obergefreiter mit Rußlanderfahrung geht mit aufgeblendeter Taschenlampe und gezogener Pistole hinein. Da er sich eine ganze Weile nicht wieder blicken läßt, rufen wir ihm beim Namen. Er kommt auch sofort heraus und berichtet, daß mitten zwischen den Ballen ein Hohlraum ist, in dem man bequem aufrecht stehen kann. An der einen Seite hat er ein Schlaflager entdeckt, das vor kurzem noch benutzt worden sein muß, und im ganzen Raume Abdrücke von Kisten, die dort längere Zeit gestanden haben müssen. Jetzt aber sei der Raum leer, fährt er fort, das Versteck sei wohl aufgegeben worden.

Wir vermuten, daß hier Waffen-, Munitions- oder Sprengstoffkisten gestanden haben, die erst vor kurzem weggeschafft wurden, wahrscheinlich, weil man Reinhard und mich am Schuppen beobachtet und befürchtet hat, daß wir das Lager entdecken könnten.

Nach unserer Rückkehr ins Quartier liefert „das Geheimnis des Strohschobers" im Kreise unserer Kameraden noch für mehrere Stunden Stoff für Vermutungen und Spekulationen.

Gegen 14 Uhr fahren wir dann zu sechst mit einem Funkwagen über Triechâteau nach Chambors. Dort halten wir vor dem früheren Quartier des Funkmeisters, und jeder macht sich auf den Weg zu seinen Bekannten.

Bei herrlichem Sonnenschein und am hellichten Tage gehe ich allein, allerdings mit umgehängtem Karabiner, zur Rue du Moulin. Dorf treffe ich Madame Goffin, die mir mitteilt, daß Viviane am Wasserfall ist. Sie fragt auch nach meiner Meinung über die Kriegslage, und ich sage ihr, daß ich damit rechne, daß die Amerikaner in wenigen Tagen hier sein werden, weil wir ihnen bei der Überlegenheit an Menschen und Material einfach nicht widerstehen können, daß ich mich auf der anderen Seite aber auch darauf freue, wieder nach Deutschland und schließlich nach Hause zu kommen.

Während wir uns hier unter dem Torbogen unterhalten, kommt Viviane vom Réveillon zurück, und wir vereinbaren, daß ich zunächst allein zum Bach hinuntergehe und sie dann später nachkommt und wir uns dort „rein zufällig" treffen werden.

Am Wasserfall werde ich von den mir bekannten Kindern mit großem Hallo begrüßt. Doch bemerke ich, daß nicht weit von hier auf einer Wiese, die der Bach durchfließt, mehrere junge Männer sind, die eifrig miteinander diskutieren. Das fällt mir besonders auf, weil früher fast nur Frauen, Mädchen und ältere Männer im Dorfe zu sehen waren. Zudem habe ich das Gefühl, daß sie mich entdeckt haben und ich von ihnen argwöhnisch beobachtet werde.

Als Viviane dann kommt, geht sie nicht auf mich zu, sondern geht am Bachufer auf und ab, als ob sie dort nach etwas Verlorenem suche. In Wirklichkeit aber läßt sie mir durch ein kleines Mädchen bestellen, ich möchte zu ihr nach Hause kommen. Dann bückt sie sich, als ob sie das Verlorene gefunden hätte und kehrt über den Trampelpfad zur Rue du Moulin zurück.

Ich unterhalte mich noch eine Zeitlang mit den Kindern, wobei sich die Jungen vor allem für meinen Karabiner interessieren, und steige dann ebenfalls zur Mühlenstraße hinauf. Hier erzählt mir Viviane, daß praktisch ganz Frankreich in Aufruhr versetzt und die Stimmung in den letzten Tagen sehr zu unseren Ungunsten umgeschlagen ist. Auch erwähnt sie, daß man jetzt sehr darauf achtet, ob sich Frauen und Mädchen mit deutschen Soldaten abgeben. Sie selbst sei zwar durch ihren Bruder Henri, der bei der Résistance ist, nicht gefährdet, aber man habe woanders schon Mädchen als „collaborateuses" gebrandmarkt und kahlgeschoren.

Ich habe natürlich Verständnis für ihre Lage und halte mich auch nicht länger bei ihr auf, sondern kehre unverzüglich zum Quartier des Funkmeisters zurück und setze mich in den Funkwagen, der dort vor dem Hause steht. Kurz nach mir finden sich auch die anderen Kameraden ein, und gegen 17 Uhr fahren wir nach Chaumont zurück, so daß ich noch reichlich Zeit habe, um mich auf den Wachdienst vorzubereiten, den ich zusammen mit einem Artilleristen um 18 Uhr antreten muß.

Zur Bewachung des Divisionsgefechtsstandes, der in einem schloßartigen Gebäude untergebracht ist, ziehen wir jeweils als Doppelposten auf. Allerdings haben wir zwischen den zweistündigen Wachabschnitten jeweils sechs – und nicht, wie sonst üblich, nur vier – Stunden wachfrei.

Während die Wache vor dem Eingang Posten bezieht, kann die Freiwache im Zimmer neben der Divisionsgeschäftsstelle, also dem Zimmer, in dem sich gewöhnlich auch der Divisionskommandeur aufhält, bleiben oder auch ins Quartier gehen. Wir Jüngeren finden es als besondere Auszeichnung, daß wir unseren General bewachen dürfen. Denn er ist eine sehr imponierende Persönlichkeit, strahlt eine geradezu väterliche Wärme aus und gibt uns das Gefühl tiefer Geborgenheit. Wenn man ihn nebenan in seiner ruhigen Art reden und telefonieren hört, fühlt man sich sicher wie in Abrahams Schoß und hat die Überzeugung, daß einem in seiner Nähe überhaupt nichts passieren kann. Er ist immer ausgeglichen und freundlich, und ich habe ihn während der vielen Stunden, die ich hier im Nebenzimmer verbracht habe, niemals schimpfen oder gar schreien gehört. Unser General ist für uns die große Vaterfigur, nicht zuletzt auch, weil er uns junge Burschen grundsätzlich mit „mein Sohn" anredet. Diese Stunden in seiner Nähe lassen uns erahnen, warum der Graf von Schwerin so überaus beliebt ist und viele Soldaten der 116. Panzerdivision ein Bild von ihm in ihrem Soldbuch ständig mit sich führen.

—

Die Wache beim Divisionsgefechtsstand ist bei weitem nicht so anstrengend wie anderswo, aber sie umfaßt jeweils nicht – wie sonst üblich – zwölf, sondern 24 Stunden, so daß meine Wachzeit erst am **Mittwoch (23.08.1944)** um 18 Uhr zu Ende ist. Zu allem Überfluß läßt sich unsere Ablösung heute auch nicht pünktlich blicken.

Auch mein Partner, der Gefreite Waldemar Meier aus Berlin, der sich in Gisors einen Tripper geholt und dafür fünf Tage im Bau gesessen hat, wird langsam ungeduldig. So knobeln wir aus, daß einer von uns zur Schreibstube gehen soll, um nachzusehen, warum wir nicht abgelöst werden.

Das Los fällt auf mich, und so melde ich mich beim „O 1", Leutnant Bisping, ab und mache mich auf den Weg zu unserer Kompanieschreibstube, die gleich um die Ecke in einem Nebengebäude eingerichtet worden ist. Dort erfahre ich zu meinem Erstaunen, daß wir beiden oben auf der Wachliste stehen und demnach gerade als Posten aufgezogen sein müßten. Der Fehler wird zwar sofort beseitigt, aber es dauert immerhin noch eine halbe Stunde, bis wir endlich abgelöst werden.

Als wir anschließend – wie üblich beim offenem Fenster – beim Abendbrot sitzen, kommt Unteroffizier Reichert mit dem Funkwagen auf den Hof gefahren und fragt, ob jemand Lust hat, mit ihm nach Chambors zu fahren. Dort seien leere Benzinkanister und einige vergessene Werkzeugkästen abzuholen.

Waldemar und ich sind sofort bereit und fahren mit dem Unteroffizier noch einmal nach Chambors. Dieses Mal halten wir allerdings vor dem Café. Dann durchsteifen wir beiden die früheren Parkplätze I und II und tragen alles zusammen, was beim Stellungswechsel zurückgelassen wurde und noch zu gebrauchen ist. Zufällig kommt Viviane am Parkplatz I vorbei, und ich teile ihr unauffällig mit, daß ich sie, wenn möglich, um 21 Uhr noch einmal besuchen möchte.

Es dauert etwa eine Stunde, bis alles verladen ist, was wir zusammengetragen haben, und der Fahrer möchte sofort nach Chaumont zurückkehren. Doch Sepp Reichert hat noch keine Lust so schnell ins Quartier zurückzukehren und fragt die Inhaberin des Cafés, ob wir drei gegebenenfalls in ihrem Hause übernachten könnten. Da sie sofort damit einverstanden ist, schickt er den Funkwagen ohne uns nach Chaumont zurück.

Während die anderen es ganz natürlich finden, hier im Café zu übernachten, habe ich ein äußerst ungutes Gefühl dabei.

Da wir wegen des schnellen Aufbruchs nach hier unser Abendbrot unterbrechen mußten, besorgt Waldemar von dem Bauern gegenüber frische Milch und ein paar Eier, und Madame bereitet uns daraus eine zünftige Milchsuppe. Mit einem Stück Rundbrot ergibt das eine komplette Mahlzeit.

Zufällig ist auch Régine, die Freundin des Funkmeisters, hier. Sie kennt Waldemar von früher und nimmt uns beide kurzerhand mit zu sich nach Hause, wo sie uns noch einmal zum Essen einlädt. Bei ihr gibt es heiße Milch mit Zucker, Stangenbrot und Spiegeleier.

Nach dieser zweiten Mahlzeit sind wir rundum satt, und gegen 21 Uhr schleiche ich mich hinauf zur Rue du Moulin und unterhalte mich etwa eine Stunde lang mit Viviane, die ans Fenster kommt, während ich auf der Straße stehenbleibe. Da ihre Brüder Henri und Claude mit im Zimmer sind, können wir uns nur über belanglose Dinge unterhalten.

Als wir uns dann zum Abschied die Hand reichen, sagt sie – so klingt es jedenfalls in meinen Ohren – *„Dahnk ahn miesch!"* und ist ganz enttäuscht, daß ich sie nicht sofort verstehe. Erst als bei mir der Groschen fällt, begreife ich, daß sie *„denk an mich"* französisch ausgesprochen hat.

Sicher wollte sie mir damit eine Freude machen, indem sie sich auf Deutsch von mir verabschiedete. Als ich das begriffen habe, zeige ich mich sehr erfreut und verspreche ihr: *„Bien sûr! Je penserai à toi toujours!"*

Und tatsächlich muß ich noch oft an sie denken. Nach dem Kriege studiert sie in Nogent Sport und Musik, und wir korrespondieren noch mehrere Jahre miteinander, bis sie ihren späteren Ehemann kennenlernt.

Trotz der Dunkelheit kann ich von der Rue du Moulin aus beobachten, daß sich auf der Wiese am Réveillon eine Gruppe Männer versammelt, und ich bin froh, daß ich, nachdem ich mich von Viviane verabschiedet habe, unbehelligt beim früheren Quartier des Funkmeisters ankomme. Hier aber treffe ich nur Régine, von Waldemar entdecke ich keine Spur. Régine erzählt mir, daß auch der Funkmeister hier war und beide dann zum Café gegangen sind.

Ich mache mich also auf den Weg zum Café und komme dort an, als sich der Funkmeister gerade von den Damen verabschiedet, während Sepp Reichert und Waldemar Meier offenbar dort übernachten wollen. Ich aber bin heilfroh, daß der Funkmeister noch einmal nach Chambors gekommen ist und ich nun mit ihm nach Chaumont zurückfahren kann. Es erscheint mir nämlich alles andere als verlockend, hier im Café eine Nacht zu verbringen. Vielleicht bin ich auch zu ängstlich oder zu vorsichtig, aber könnte es nicht sein, daß die Frauen mit der Résistance zusammenarbeiten und uns an die Widerständler ausliefern?

Leider kann ich es nicht vermeiden, daß mir die Alte einen feuchten Kuß rechts und links auf die Wange drückt, doch dann sitze ich endlich neben dem Funkmeister in seinem „Horch", und wir verlassen Chambors für immer.

Mir fällt geradezu ein Stein vom Herzen, als wir Triechâteau passiert haben und uns Chaumont nähern. Hier bringt mich der Funkmeister zum Rathaus, wo ich mich möglichst unauffällig zu meinen schlafenden Kameraden geselle.

Hier überkommt mich ein wohliges Gefühl, wie ich es noch nie empfunden habe, als ich wieder zwischen meinen Kameraden auf dem Strohsack liege und auf ihren ruhigen Atem höre. Es stört mich auch überhaupt nicht, daß einige schnarchen, ganz im Gegenteil: In ihrer Runde fühle ich mich sicher und geborgen.

Es dauert eine ganze Weile, bis ich endlich einschlafe, denn die Erinnerung an die Ereignisse der letzten Tage läßt mich nicht zur Ruhe kommen. Jetzt erst wird mir so recht bewußt, wie leichtsinnig es war, den Funkwagen abfahren zu lassen und mit Waldemar und dem Unteroffizier in Chambors zu bleiben, und ich danke dem Himmel, daß der Funkmeister kam und mich aus dieser Klemme befreit hat.

Was hätte mir mit etwas weniger Glück nicht alles passieren können!

Ich weiß, daß Waldemar eine Zeitlang mit der 41jährigen Louise aus dem Café befreundet war und nehme an, daß er diese Nacht auch bei ihr schläft. Welche Verbindung Unteroffizier Reichert zum Café hat, ist mir dagegen völlig unbekannt. Auf jeden Fall bin ich froh und dankbar, daß ich diese Nacht hier im Rathaus inmitten meiner Kameraden entspannt und angstfrei verbringen kann.

—

Beim Frühappell am **Donnerstag (24.08.1944)** sind die beiden wieder zur Stelle. Wie sie von Chambors nach hier gekommen sind, ist mir schleierhaft, und darüber, wie sie die Nacht verbracht haben, verlieren sie kein Wort.

In seiner Eigenschaft als Spieß gibt der Funkmeister bekannt, daß wir uns bei dem klaren Wetter möglichst wenig außerhalb der Gebäude aufhalten und uns darauf vorbereiten sollen, daß wir noch heute von hier abreisen, weil der Divisionsstab in dieser Nacht ein Stück weiter nach Osten verlegt wird.

Damit ist die schöne Zeit in Frankreich endgültig vorbei, denn der Krieg hat uns eingeholt und läßt uns vorerst nicht mehr zur Ruhe kommen, denn noch heute beginnt eine heillose Flucht im ständigen Wettlauf mit den immer schneller vorrückenden Amerikanern.

Die Flucht aus Frankreich

Wegen des offenen Wetters und der damit verbundenen Gefahr, von Jagdbombern angegriffen zu werden, werden die Vorbereitungen am **Donnerstag (24.08.1944)** möglichst unauffällig getroffen. Vor allem werden Fahrzeugbewegungen auf den Straßen vermieden.

Da die Divisionsstabsbegleitkompanie keine eigenen Fahrzeuge besitzt, werden wir der Panzernachrichtenabteilung 228 (NA 228) zugewiesen und dort – je nach Fahrzeugkapazität – auf die beiden Kompanien und ihre Bautrupps verteilt. Zu diesem Zweck müssen wir uns einzeln auf der nächsten Dienststelle der NA 228 – das ist die Schreibstube der 2. Kompanie – melden.

Als ich dort vorspreche, finde ich eine Gruppe von Landsern vor, die in Pullovern herumsitzen, rauchen und sich unterhalten. Bei ihrem Anblick muß ich wohl etwas verdutzt dreingeschaut haben, denn einer von ihnen, ein etwas fülliger älterer Soldat, spricht mich an und fragt: *„Na, mein Junge, wo kommst du denn her?"*

Ich erkläre ihm, daß ich von der Heeresflak bin, bei der „W 3" einen Funklehrgang mitgemacht habe und nun zur Divisionsstabsbegleitkompanie gehöre.

„Was ist denn das für ein Verein?" fragt er erstaunt und fährt dann nach einer kurzen Denkpause fort: *„Na, ist ja auch egal. Nun wollen wir erst mal sehen, ob wir ein Fahrzeug für dich finden. – Ich bin übrigens der Spieß hier."*

Daraufhin sieht er in einer Liste nach und sagt: *„Melde dich beim Vermittlungstrupp Probst! Der soll um 18 Uhr losfahren. Bis dahin wirst du ja wohl deine Klamotten gepackt haben."*

„Jawohl, Herr Hauptfeldwebel! Und besten Dank auch!" antworte ich in der Hoffnung, durch besondere „Zackigkeit" einen guten Eindruck zu machen. Doch die anderen reagieren nur mit einem müden Lächeln, als dächten sie: Dir wird die Zackigkeit auch noch vergehen.

Etwas verwirrt nehme ich die Hacken zusammen und verabschiede mich „durch Anlegen der rechten Hand an die Kopfbedeckung", weil ich mich an den am 23. Juli in der Wehrmacht eingeführten Hitlergruß einfach nicht gewöhnen kann. Danach verlasse ich die Schreibstube und bin gespannt, wie ich wohl beim „Trupp Probst" aufgenommen werde.

Bevor ich aber diesen Fernsprechtrupp suche, nehme ich erst noch im Kreise meiner Bekannten aus dem Funklehrgang das Mittagessen ein, das der Koch der NA 228 für uns zubereitet hat. Dann aber mache ich mich auf den Weg, um den „Trupp Probst" zu suchen.

Nach einigem Durchfragen gelange ich schließlich in eine Scheune, wo der Fernsprechwagen steht, auf dem ich mitfahren soll.

Leider muß ich feststellen, daß der gesamte Fernsprechtrupp aus alten Obergefreiten besteht und daß der Truppführer und Fahrer Stabsgefreite sind. Und in diese wahrscheinlich über Jahre verschworene Gemeinschaft platze ich nun als blutiger Anfänger hinein.

Doch die Kameraden übersehen meine Unsicherheit einfach und nehmen mich ganz selbstverständlich, ja sogar recht freundlich, in ihre Runde auf. Mit der Zeit komme ich dahinter, daß sie sich freuen, jemanden zu haben, dem sie ihre Kriegserlebnisse aus Rußland erzählen können. Trotzdem fühle ich mich in diesem Kreis gestandener Männer etwas unbehaglich. Aber schließlich muß ich froh sein, daß ich überhaupt ein Fahrzeug gefunden habe, auf dem ich mitfahren kann.

Wie auf Bestellung beginnt sich der Himmel am Nachmittag zu bewölken, und gegen 18 Uhr ziehen sogar dicke Wolken auf, die jede Fliegertätigkeit unmöglich machen, so daß wir planmäßig losfahren können. Wenn ich jedoch gedacht habe, daß nun die ganze Abteilung in Marsch gesetzt würde, so werde ich enttäuscht, denn wir sind das einzige Fahrzeug, das heute den Ort verläßt. Nach der neuesten Planung sollen die anderen erst morgen, Freitag, folgen.

So verlassen wir Chaumont-en-Vexin in nordöstlicher Richtung und fahren zunächst sieben Kilometer bis nach Bachivillers. Dort biegen wir nach Norden ab und benutzen die nächsten zwölf Kilometer bis Auneuil eine schmale Landstraße. Von dort aus sind es noch elf Kilometer bis Beauvais, der Hauptstadt des Départements Oise. Diese durchqueren wir ohne Aufenthalt und benutzen dann die in nordöstlicher Richtung verlaufende Straße nach Saint Just-en-Chaussée bis zu dem acht Kilometer entfernten Ort Fouquerolles. Hier verlassen wir die Hauptstraße und kommen nach weiteren sieben Kilometern auf Schleichwegen ist östlicher Richtung über Le Fay und Rémèrangles nach Bulles. Von dort aus ist es noch ein Kilometer bis zu unserem Etappenziel, dem Dorf Monceaux, das nur aus einem Château und einigen Häusern besteht.

Ein Quartier ist hier nicht vorgesehen, so daß wir den Rest der Nacht in unserem Fahrzeug verbringen müssen. Doch der LKW ist geräumig genug, und die Sitzpolster von den Gerätekisten kann man in den Mittelgang legen und damit ein Schlaflager bereiten. Außerdem sind wir alle müde genug, um praktisch in jeder Stellung auf jeder Unterlage schlafen zu können.

—

Am **Freitagmorgen (25.08.1944)** fahren wir dann nach Bulles zurück, um dort am Ortsrand in einem Bauernhaus das für uns vorgesehene Quartier zu beziehen.

An diesem Tage, an dem Paris vom „Wehrmachtbefehlshaber Groß-Paris", General Dietrich von Choltitz, nachdem die deutschen Kampftruppen die Stadt verlassen hatten, kampflos an die Alliierten übergeben wird, rollen die Fahrzeuge der NA 228 vom Süden her nach Bulles. So wie die Wetterlage es erlaubt, sind die Fahrzeuge unterwegs und treffen im Laufe des Tages nach und nach in unserem Dorfe ein. Auch mein Freund Martin Schmidt, der bei einem Funktrupp untergekommen ist, findet sich zum Abendbrot bei uns ein.

—

Da die Wolken immer wieder einmal aufreißen und das Weiterfahren verhindern, kommen während des ganzen Tages und auch in der kommenden Nacht immer noch Fahrzeuge der Abteilung bei uns an.

Die letzten finden sich sogar erst am **Samstagmorgen (26.08.1944)** bei uns ein. Damit ist dann die Divisionsstabsbegleitkompanie, deren Angehörige in den verschiedensten Fahrzeugen untergekommen sind, wieder komplett zur Stelle.

Die meisten Teilnehmer am Funklehrgang in Chambors finden sich am Abend in Martins Quartier in einer Gaststätte ein, um das allgemeine Wiedersehen mit Calvados zu begießen.

—

Bei der Befehlsausgabe am **Sonntagmorgen (27.08.1944)** erhält der Trupp Probst den Befehl, im Schloß von Monceaux, wo der Divisionsstab untergebracht ist, eine Fernsprechvermittlung einzurichten.

Da ich dabei wegen fehlender Fachkenntnisse nicht mitwirken kann, muß ich im Trupp das „Mädchen für alles" spielen. Das bedeutet, daß ich vor allem regelmäßig die Verpflegung für den ganzen Trupp hole. Das ist zwar nicht besonders erheiternd, doch in einem Nebengebäude des Schlosses befindet sich die Funkzentrale, bei der Martin untergekommen ist. Da ich mich beim Fernsprechtrupp ohnehin nicht besonders nützlich machen kann, hat der Stabsgefreite Probst nichts dagegen, daß ich die meiste Zeit in der Funkzentrale verbringe, wo ich Funksprüche abschreibe oder in Reinschrift übertrage. Das ist wenigstens etwas Nützliches und gefällt mir bedeutend besser, als den Fernsprechern bei ihrer Arbeit zuzusehen. Außerdem bin ich hier mit meinem Freund zusammen, und das trägt ganz erheblich zu meinem Wohlbefinden bei.

Natürlich werden wir Angehörigen der Divisionsstabsbegleitkompanie auch hier zum Wachdienst eingesetzt. Dadurch sollen wir vor allem die Funker und Fernsprecher der NA 228 von dieser Aufgabe befreien und ihnen auf diese Weise auch ein kleines Dankeschön für das Mitnehmen in ihren Fahrzeugen abstatten. Zwischen den Wachen bleibt uns jedoch viel freie Zeit, die ich zum größten Teil bei Martin in der Funkzentrale verbringe.

Am **Montag (28.08.1944)** habe ich die große Einfahrt zum Schloß zu bewachen und dafür zu sorgen, daß der Schloßvorhof frei bleibt und die ankommenden Fahrzeuge außerhalb des Schloßbereiches in zwei Alleen unter den Bäumen abgestellt werden. Ich muß also jedes Militärfahrzeug anhalten und den Fahrern die entsprechenden Anweisungen erteilen. Das funktioniert auch ganz reibungslos, denn die Fahrer sehen ein, daß eine Fahrzeugansammlung auf dem Schloßhof sofort die Aufmerksamkeit der Flieger erregen würde.

Kurz vor 14 Uhr kommt dann aber ein Cabriolet angebraust, an dem mir an der vorderen Stoßstange sofort der dreieckige schwarz-weiß-rote „Kommandowimpel" des Stabes mit der Bezeichnung „I c" auffällt. Neben dem Fahrer sitzt aber nicht Hauptmann Dr. Holtermann, der eigentliche „I c", sondern ein junger Oberleutnant. Der brüllt mich gleich an, als ich das Fahrzeug anhalte und ihm die Zufahrt zum Schloßhof versperre, ob ich nicht sehen könnte, woher er käme, und deutet dabei auf das Kennzeichen des Generalstabes.

Als ich ihm erkläre, daß ich einen eindeutigen Befehl habe und keine Ausnahme machen darf, befiehlt er seinem Fahrer, in den Schloßhof hineinzufahren. Nur durch rasches Beiseitespringen kann ich vermeiden, angefahren zu werden.

Doch der PKW hat noch nicht ganz das Tor durchfahren, da tönt es von der großen Freitreppe herüber: *„Posten!"* – Es ist der „I a" unserer Division, Oberstleutnant Guderian, der das gerufen hat. Er steht dort oben im Gespräch mit einem Kradmelder.

Bei dem Anruf schrecke ich gehörig zusammen und erwarte einen mächtigen Anpfiff wegen meiner Pflichtverletzung, doch als ich im Tor erscheine, winkt mich der „I a" durch Handwedeln auf meinen Platz zurück. Der Melder und der Posten vor dem Eingang haben genau gesehen, was geschehen ist und es dem Oberstleutnant berichtet.

Als nun der Oberleutnant, der behende aus seinem Fahrzeug gesprungen ist, mit einer Mappe unter dem Arm die Stufen hinaufschreitet, wird er oben vom „I a" gleich mit einer Standpauke empfangen, die sich gewaschen hat. Da Heinz Günther Guderian laut genug spricht, bekomme ich mit, daß er dem Oberleutnant ziemlich drastisch klarmacht, daß solche Befehle nicht zum Spaß erlassen werden und sich gerade die Herren vom Stabe besonders vorbildlich daran zu halten hätten.

Der Fahrer kann gar nicht schnell genug den Rückwärtsgang einlegen und schießt dann förmlich zurück auf die Straße. Hier läßt er sich einen Parkplatz anweisen und kommt dann zu mir, um sich gewissermaßen für seinen Chef zu entschuldigen. Er ist Obergefreiter und trägt neben den Bändchen vom Eisernen Kreuz und der Ostmedaille im Knopfloch das Verwundetenabzeichen und am linken Ärmel das silberne Kraftfahrerabzeichen.

„Reg' dich nicht auf", meint er beschwichtigend zu mir, „der Oberleutnant ist eben ein verrückter Hund, da kann man nichts machen. Aber der Anschiß vom Guderian hat ihm sicher gut getan."

Als ich nach der Wache in die Funkzentrale komme, erlebe ich eine angenehme Überraschung. Martin hat mir nicht nur meine Verpflegung mitgebracht, sondern auch die heutige Zusatzverpflegung: für jeden zwei Rollen Drops, eine Dose gesüßte holländische Dosenmilch, ein Päckchen Kakaopulver und zu zweit eine Flasche Calvados.

Aus der Dosenmilch, dem Kakao und einem gehörigen Schuß Calvados hat Martin bereits ein Getränk zusammengemixt, das er mir nun zum Probieren anbietet. Es ist sehr süffig, und so bleibt es nicht beim Probieren. Vor allem haben wir beide nicht mit der durchschlagenden Wirkung dieser Mixtur gerechnet. Sie steigt schnell zu Kopfe und löst bei uns nicht nur eine ausgelassene Stimmung, sondern auch den Drang aus, etwas Besonderes anzustellen.

Dabei kommt Martin auf die Idee, hier den Schloßherrn zu mimen. Schon hat er eine Kerze angezündet, hält den Korken der Calvados-Flasche darüber und malt sich mit dem Ruß ein flottes Menjou-Bärtchen unter die Nase, das aus einiger Entfernung wie echt aussieht und genau zu seinen schwarzen Haaren paßt. Nachdem er sich auch noch lange schwarze Koteletten auf die Wangen gemalt hat, ziehen wir runter ins Dorf, wo er sich nun vor den anderen Soldaten als „Marquis Martin de Cologne" vorstellt. Der Erfolg dieser Auftritte hält sich jedoch in Grenzen, denn die meisten haben andere Sorgen, als einen solchen Spinner zu bewundern.

Immerhin laden ihn aber einige Artilleristen zu einem Umtrunk ein, bei dem er seine Trinkfestigkeit unter Beweis stellen soll. Er ist auch gleich einverstanden, will aber erst ins Quartier zurück, um sich das Gesicht zu waschen, bevor er wegen groben Unfugs belangt wird. Ich begleite ihn natürlich und komme schnell dahinter, was er in Wirklichkeit im Schilde führt. Er ißt nämlich schnell ein halbes Stangenbrot und zwei Dosen Ölsardinen, bevor er zu den anderen zurückkehrt.

Die Runde, mit der er sich messen soll, setzt sich zusammen aus einem Wachtmeister, zwei Unteroffizieren und fünf Obergefreiten. Es wird vereinbart, daß derjenige die Zeche bezahlen soll, der als erster nicht mehr mithalten kann. Martin ist mit 1,94 Metern Körperlänge fast einen Kopf größer als alle anderen und bringt sicher auch ein paar Kilo mehr auf die Waage als jeder von ihnen. Dafür haben die sich aber einen Trick ausgedacht, um Martin hereinzulegen. Angeblich haben sie nur fünf Gläser und bei jeder Runde soll Martin mit vier Artilleristen trinken. Während die sich also ablösen, ist Martin bei jeder Runde dabei und muß somit die doppelte Menge trinken. Er aber zwinkert mir zu und tut so, als ob er auf diesen Schwindel hereinfiele.

Im Handumdrehen ist die erste Flasche Calvados leer und kurz darauf ist auch die zweite geschafft. Martin prostet den anderen eifrig zu und fängt bald an, alles Mögliche durcheinanderzureden.

Obwohl die Artilleristen nur halb soviel trinken wie er, werden sie schneller betrunken und können es kaum erwarten, daß er zusammenbricht. Bei der dritten Flasche Apfelschnaps fangen einige bereits an zu lallen, während Martin immer munterer wird und keinerlei Ausfallserscheinungen zeigt. Er scheint erst richtig in Fahrt zu kommen und redet noch munter drauflos, als die ersten bereits weglaufen und sich übergeben.

Als schließlich noch drei übrig sind, meint er trocken: *„Ich dachte, hier würde was getrunken!"* – Damit hat er die Wette gewonnen und kehrt mit mir zum Schloß zurück, ohne auch nur zu wanken. Hier läßt er sich zunächst das Abendbrot schmecken, doch dann beginnt er seine Lenden zu massieren. *„Blau bin ich nicht",* stellt er dabei fest, *„aber mir tun verdammt die Nieren weh."*

Wir unterhalten uns noch eine Zeitlang über das Wettrinken, dann kehre ich zum Übernachten in die Fernsprechvermittlung zurück. Doch treffe ich hier völlig fremde Leute an, die mir mitteilen, daß der Trupp Probst in Richtung Beauvais auf Störungssuche unterwegs und hier durch sie abgelöst worden ist.

Da ich keine Lust habe, in der Dunkelheit dem Trupp nachzulaufen, mit dem mich im Grunde nichts anderes verbindet, als daß ich in ihrem LKW mitgefahren bin, und auch nicht unter völlig Fremden übernachten will, packe ich einfach meine Sachen, die unberührt an ihrem Platz liegen, und kehre zu Martin zurück und schlafe in seinem Quartier auf einem Polster auf dem Fußboden.

—

Während ich ganz gut schlafe und am **Dienstagmorgen (29.08.1944)** einigermaßen ausgeruht bin, klagt Martin über einen mächtigen Brummschädel, den er nun mit feuchten Umschlägen zu vertreiben sucht.

Gegen 10 Uhr gehen wir gemeinsam zur Funkzentrale, um zu hören, ob es irgend etwas Neues gibt. Und das gibt es in der Tat, allerdings löst das bei mir beinahe einen Panikanfall aus: Frühmorgens haben nämlich die meisten Fahrzeuge der NA 228 den Ort verlassen und sind nach Haudivillers gefahren. Der Ort liegt etwa sieben Kilometer nordwestlich von Bulles, und dort soll sich, wie verlautet, die Abteilung zur Weiterfahrt sammeln.

Da ich nun zu keiner Fahrgemeinschaft mehr gehöre, erkundige ich mich auf der Schreibstube des Abteilungsstabes, ob noch Fahrzeuge der Abteilung im Dorfe sind, mit denen ich nach Haudivillers kommen kann. Doch der Schreibstuben-Unteroffizier erklärt mir, daß alle Fahrzeuge vollbesetzt und auch schon fast alle abgefahren sind, so daß er mir auch nicht weiterhelfen kann. Ich müsse mich schon selbst um eine Mitfahrgelegenheit kümmern.

Also klappere ich das ganze Dorf nach einem Fahrzeug ab, das mich mitnehmen könnte. Aber alle sind besetzt und voll beladen, so daß ich nur eines nach dem anderen abfahren sehen kann. Auch Martin kann mich nicht auf dem Funkwagen unterbringen, weil er dort selbst nur Gast ist.

So verbringe ich den ganzen Tag mit der nervenaufreibenden Sucherei und bin froh, daß das Wetter ab und zu aufklart, sonst wären sicher bereits alle Fahrzeuge abgefahren. Doch meine Sucherei bleibt ohne Erfolg, und ich werde langsam unruhig, denn ich kann ja schlecht mit Gepäck nach Haudivillers laufen.

So halte ich mich – der Verzweiflung nahe – schließlich in der Nähe der Schreibstube auf, die als letzte den Ort verlassen soll, um mich beim Verladen nützlich zu machen und dann vielleicht doch noch mitgenommen zu werden. Aber bis der Schreibstubenwagen losfährt, wird es sicher Nacht werden.

So sehe ich mit der Zeit auch diese Hoffnung schwinden und bin vor Verzweiflung den Tränen nahe, als ein Kradmelder der Abteilung vorfährt, um dem Unteroffizier einen Befehl zu überbringen. Als er mich so einsam und verlassen mit kaum unterdrückten Tränen in den Augen vor der Schreibstube stehen sieht, hat er wohl Mitleid mit mir und fragt, was mir denn passiert sei, daß ich wie ein Häufchen Elend hier herumstände.

Als ich es ihm erzählt habe, bietet er an, mich mitzunehmen, wenn es mir nichts ausmache auf dem Verbandskasten zu sitzen, den er statt des Soziussitzes auf sein Krad montiert habe. – Natürlich stimme ich sofort zu, denn er kommt mir vor wie ein rettender Engel, und ich hätte in dieser Situation sicher auch jede andere Unannehmlichkeit in Kauf genommen.

Wir sitzen also auf und die Fahrt geht los. Es klappt auch ganz gut, und wir haben Essuiles bereits durchfahren und sind kurz vor unserem Ziel, da fängt das Krad plötzlich an zu schlagen, weil offenbar ein Reifen platt ist.

Ich bin durch das Sitzen auf dem Blechkasten während der Fahrt derart durcheinandergerüttelt worden, daß ich den Rest des Weges gerne zu Fuß zurücklege, zumal ich mein Gewehr und Gepäck nicht tragen muß.

Auch der Fahrer trägt die Panne mit Fassung, denn sicher ist es nicht die erste, die er erlebt. Während er das Motorrad schiebt, versuche ich ihn etwas aufzumuntern und bedanke mich vor allem dafür, daß er mich überhaupt mitgenommen hat und biete ihm an, ihn beim Schieben abzulösen. Doch das lehnt er rundweg ab, weil er meint, es sei doch das Selbstverständlichste von der Welt gewesen, einem „Windhund"-Kameraden aus der Patsche zu helfen. Schließlich hätte er mich doch nicht einfach allein in Bulles zurücklassen können.

So schaffen wir die letzten paar hundert Meter in gar nicht einmal so schlechter Stimmung und kommen mit dem Anbruch der Abenddämmerung in Haudivillers an. Hier folgen wir der Ausschilderung der NA 228 bis zur ersten Schreibstube, die wir finden, und wo sich der Kradmelder von mir verabschiedet.

Ich aber betrete die Schreibstube, die zur 1. Kompanie der NA 228 gehört. Hier treffe ich drei Soldaten an, die in ihren grünen Wehrmachtpullovern zusammensitzen und sich unterhalten. Ich erzähle ihnen, wie es mir ergangen ist und wie ich den Anschluß an den Trupp Probst verloren habe.

„Ja, mein Junge", meint dann einer der drei, nachdem er einen kräftigen Zug aus seiner Shagpfeife genommen hat, „*der Trupp Probst von der Zwoten is ja nu wieder vollzählig. Da wollen wer mal sehen, wo wer dir unterbringen können! Hauptsache is ja wohl, daß du'n Fahrzeug unter'n Hintern hast, nich?*"

Ich wundere mich über den breiten Berliner Zungenschlag nicht weniger als über die ruhige Selbstverständlichkeit, mit der er die Sache angeht. Später erfahre ich dann, daß er tatsächlich aus Berlin kommt und schon in Rußland Spieß der 1. Kompanie war.

Jetzt kramt er erst einmal sein dickes Notizbuch aus dem Waffenrock, der hinter ihm über der Stuhllehne hängt, und blättert darin herum. Dabei pafft er ein paar Wolken aus seiner Pfeife und meint dann: „*Ja, denn melde dir mal bei det Fahrzeug hier nebenan in die Scheune. Det is der Trupp Kautz. Sag' dem Kautz, det ick dir schicke, ick bin Hauptfeldwebel Schliewener. Un' jeh hin un' hol' dir wat zu essen, du siehst ja aus als hättest'e Kohldampf bis unter de Arme!*"

Der warme Ton und die väterliche Art, wie er sich um mich kümmert, gehen mir ziemlich an die Nieren, und bei meinen strapazierten Nerven muß ich mir alle Mühe geben, ein aufkommendes Gefühl der Rührung zu unterdrücken, das mir beinahe die Tränen in die Augen treibt. Also reiße ich mich zusammen, verabschiede mich, indem ich „stramme Haltung" annehme und antworte mit fast versagender Stimme: „*Vielen Dank, Herr Hauptfeldwebel!*"

Er blickt kurz von seinem Notizbuch auf und meint: „*Is schon jut, mein Junge! Sieh zu, daß du erst mal was in die Rippen kriegst.*"

Diesen Rat befolge ich, noch bevor ich mich bei dem mir zugewiesenen Fernsprechtrupp melde. Also gehe ich zur Feldküche, die gegenüber der Schreibstube in einem offen Schuppen aufgestellt worden ist, und frage nach der Abendverpflegung.

Der Koch hat mich wahrscheinlich aus der Schreibstube kommen sehen und händigt mir sofort die Abendverpflegung – ein Kochgeschirr voll dikke Gemüsesuppe, einen Kanten Kommißbrot und eine Dose Ölsardinen – aus, obwohl er an der roten Paspelierung meiner Schulterstücke sofort erkennt, daß ich nicht zu seiner Einheit gehöre. Ich setze mich gleich an Ort und Stelle auf einen Mauervorsprung und verzehre hastig mein Abendbrot.

Danach suche ich den Trupp Kautz auf und erlebe dort eine angenehme Überraschung: Der Truppführer ist Obergefreiter, die anderen sind Gefreiter und wesentlich jünger als die Leute vom Trupp Probst. Zwei von ihnen – Gerd Dobslaw, der den Wagen fährt, und Walters Geffers, die beide aus der Gegend von Magdeburg kommen, sind sogar in meinem Alter. Das führt dazu, daß ich mich in dieser Gemeinschaft auf Anhieb wesentlich wohler fühle als im Trupp Probst, obwohl sich dort alle sehr kameradschaftlich mir gegenüber verhalten haben.

Als erstes erfahre ich, daß der Fernsprechwagen, auf dem ich mitfahren soll, schon nach hier geschleppt worden ist und damit zu den letzten Fahrzeugen gehört, die hier zusammengekommen sind. Das bedeutet, daß noch keine Quartiere besorgt wurden und wir deshalb im Wagen oder auf einem Strohlager darunter übernachten müssen. Doch das macht niemandem etwas aus, denn es ist nicht das erste Mal, daß wir in einer solchen Situation sind. Viel wichtiger ist, daß der LKW möglichst bald wieder flottgemacht wird.

—

Hierzu kommen am frühen **Mittwochmorgen (30.08.1944)** zwei Autoschlosser herbei, die binnen kurzer Zeit den Motor wieder zum Schnurren bringen. Damit ist unsere größte Sorge zwar behoben, doch beim Frühstück gibt es eine viel ernstere Beunruhigung. Auf einem Krad mit Beiwagen treffen nämlich ein Feldwebel und ein Unteroffizier bei uns ein, die aus dem 15 Kilometer entfernten Beauvais kommen und nun verkünden: *„Der Ami hat auf breiter Front die Seine überschritten, den größten Teil von Rouen besetzt und steht kurz vor Beauvais."*

Fast gleichzeitig macht ein Läufer die Runde, den der Spieß losgeschickt hat, um den Befehl zu überbringen: *„Alle Fahrer sofort zum Chef! Die übrigen: Stellungswechsel vorbereiten!"*

Der Chef der 1. Kompanie, Hauptmann Alexander Stachowitsch, ein schlanker, schneidiger junger Offizier, erwartet die Fahrer am Dorfbrunnen. Dort sitzt er auf dem Brunnenrand und hält eine Landkarte in der Hand. Die Fahrer gruppieren sich im Halbkreis um ihn herum. Einige Neugierige, zu denen ich mich geselle, halten sich im Hintergrund.

Als alle Fahrer anwesend sind, beginnt er die Besprechung in einem Ton, der mit Kommiß und militärischem Gehabe nicht das Geringste zu tun hat und eher zu einem Vater oder Lehrer passen würde. Ich traue meinen Ohren kaum, als ich höre, wie er sagt: *„Also Freunde, wir machen einen Stellungswechsel von etwa 100 Kilometern, und zwar geht es nach Ham, aber nicht mit zwei 'Emm' – soweit sind wir noch nicht! Habt ihr alle eure Karten dabei? Ja? – Also: unser Fluchtweg ist folgender..."*

Und dann erklärt er die genaue Fahrtroute, die wir wählen sollen.

Ich kann es kaum glauben, daß ein Offizier der Wehrmacht, erst recht ein Kompaniechef, das Wort „Fluchtweg" überhaupt in den Mund nimmt. Doch die Kompanieangehörigen finden offenbar nichts Besonderes an dieser Ausdrucksweise. Sie kennen und schätzen ihren Chef als ausgezeichneten und menschlichen Vorgesetzten, dem sie blind vertrauen.

Nachdem die Fahrer die Fahrtroute auf ihren Karten markiert haben, beendet der Chef die Besprechung mit den Worten: *„So, nun wißt ihr Bescheid. Es geht los, sobald es das Wetter zuläßt."*

Damit sind die Zuhörer entlassen und können nun in Ruhe ihre Vorbereitungen für die Abreise treffen.

Gegen Mittag kommen die Automechaniker noch einmal zu uns, um die Zündkerzen und Ventile zu überprüfen. Danach versichern sie uns aber, daß der Fernsprechwagen wieder einwandfrei in Ordnung ist.

Heute haben wir zwar herrliches Sommerwetter, können uns in unserer Lage aber überhaupt nicht daran erfreuen, weil es uns an der Abfahrt hindert. So trauen wir uns nämlich nicht einmal aus der Deckung und hoffen inständig, daß der Himmel sich bald bewölken möge. – Dafür können aber die Amerikaner den Tag für ihren Vormarsch optimal nutzen und unter dem Schutz der Tiefflieger, die ständig in der Luft sind, ihre Panzer ungestört und unaufhaltsam rollen lassen.

Am späten Nachmittag zieht dann endlich Bewölkung auf und läßt die Jabos verschwinden, so daß wir zwischen 17 und 18 Uhr die Abfahrt wagen können. Ich kenne zwar die vorgeschriebene Marschordnung einer Nachrichtenabteilung nicht, stelle aber fest, daß es auch hier – wie bei der Heeresflak – eine feste Marschordnung gibt, die auch eingehalten wird. Dazu werden nun die einzelnen Fahrzeuge aufgerufen und in Marsch gesetzt.

Nach der vorgesehenen Marschroute sollen wir zunächst über Essuiles und Nourard-le-Franc nach Saint Just-en-Chaussée fahren und von dort aus die Landstraße nach Montdidier benutzen. Doch kaum haben wir die Verbindungsstraße Beauvais–Saint Just erreicht, da wird von der Spitze der Kolonne die Warnung durchgegeben: *„Achtung! Panzer von rechts!"–*

Bisher haben wir nur fernen Kanonendonner gehört, doch nun wird es gefährlich, denn der Ami hat bereits Fouquerolles eingenommen und versperrt uns den vorgesehenen Weg. Wir müssen also umkehren und zusehen, wie wir den vorrückenden Panzern ausweichen können.

Das Wenden auf der schmalen Straße bereitet zwar einige Mühe, doch mit der Angst im Nacken schafft man mehr, als man sich normalerweise zutraut. Jedenfalls gelingt es der Kolonne, ohne Zwischenfall die Fahrtrichtung zu ändern.

Der Hauptmann setzt sich mit seinem Schwimmwagen wieder an die Spitze und gibt den nachfolgenden Fahrzeugführern mit der Signalkelle die nötigen Anweisungen.

So fahren wir zunächst zurück nach Haudivillers, verlassen den Ort dann in nordöstlicher Richtung, durchqueren Montreuil-sur-Brêche und Noyers-Saint Martin und erreichen in Froissy die große Verbindungsstraße Beauvais–Breteuil. Auf dieser Straße fahren wir etwa zehn Kilometer bis Breteuil, durchqueren die Stadt, verlassen sie in nordöstlicher Richtung und erreichen nach weiteren 21 Kilometern Fahrt die Stadt Montdidier im Département Somme, wo man gerade dabei ist, vorbereitete Panzersperren zu schließen. Unsere ganze Abteilung läßt man jedoch zuvor passieren.

Als wir die Stadt verlassen haben, geht es weiter genau nach Osten. Die nächsten 40 Kilometer können wir sogar eine gut ausgebaute Straße benutzen. Auf ihr durchqueren wir Roye und Nesle und erreichen mit dem Einbruch der Dunkelheit die Stadt Ham. Wir bleiben aber nicht in der Stadt selbst, sondern fahren noch einen Kilometer weiter nach Osten bis zu dem Dorf Sommette, das bereits im Département Aisne liegt. Hier stellen wir die Fahrzeuge in der Nähe eines Bauernhofes auf einer Obstwiese ab und verbringen die Nacht in einer Scheune, in der wir uns ein provisorisches Strohlager herrichten.

—

Doch mehr als eine kurze Verschnaufpause wird uns nicht gewährt, denn am **Donnerstag (31.08.1944)** geht es bereits um 3 Uhr in der Frühe weiter. Das macht uns allerdings nicht viel aus, denn bei der inneren Unruhe, die uns auf dieser Flucht begleitet, könnten wir ohnehin nicht ruhig schlafen.

Noch bevor es richtig hell wird, haben wir die Städte Ham und Saint Quentin bereits hinter uns gelassen und das Dorf Mesnil-Saint Laurent erreicht, das einen Kilometer südöstlich von Saint Quentin liegt. Da wir mit stark abgedunkelten Scheinwerfern fahren mußten, haben wir für die 20 Kilometer lange Strecke über eine Stunde gebraucht.

Hier im Dorf können wir gerade noch unsere Fahrzeuge auf Bauernhöfe verteilen und in Scheunen oder unter Bäumen in Deckung bringen, dann wird es hell, und die ersten Jabos kreisen schon über uns. So sitzen wir wie eine Maus in der Falle und hoffen sehnlichst auf schlechtes Wetter oder darauf, daß es Abend und wieder dunkel wird, denn während wir hier festsitzen, arbeitet die Zeit für die Amerikaner, die unaufhaltsam weiter vorrücken.

Im Laufe des Tages fallen ihnen bereits die Städte Ham (südwestlich von uns) und La Fère (südlich von uns) in die Hände, und ihre Panzerspitzen rücken von La Fère aus bereits auf Saint Quentin zu. Zum Glück nehmen sie sich dabei viel Zeit und haben es nicht eilig, die letzten 20 Kilometer bis Saint Quentin zurückzulegen.

Bei günstigem Wind können wir die mahlenden Geräusche der Panzer deutlich hören, und unsere Nerven sind bis zum Zerreißen gespannt. Viele hoffen und manche beten auch, daß wir die Flucht fortsetzen können, bevor die Panzer an uns vorbei vorstoßen und uns den Fluchtweg abschneiden. Doch wir müssen den ganzen Tag in dieser kaum noch zu ertragenden Spannung verbringen.

Erst mit der Abenddämmerung kommt soviel Bewölkung auf, daß wir die Weiterfahrt riskieren können. Wie gehetztes und in die Enge getriebenes Wild fühlen wir uns, als sich die ersten Fahrzeuge nach und nach in Bewegung setzen. Von einer geordneten Kolonne kann keine Rede mehr sein, jetzt heißt es nur noch: *„Rette sich, wer kann!"*

So fahren wir erneut nach Osten, um den Panzerkeilen der Amerikaner zuvorzukommen, die von Süden anrücken. Zwischen Sissy und Ribemont überqueren wir den Sambre-Seitenkanal, dann den Fluß selbst und fahren weiter über Pleine-Selve nach Parpeville. Mehr als diese 20 Kilometer trauen wir uns für heute nicht zu, sondern bringen unsere Fahrzeuge wieder auf den ganzen Ort verteilt in Deckung und versuchen in und unter unserem LKW „eine Mütze voll Schlaf" zu bekommen.

Während wir in Mesnil-Saint Laurent festsaßen und auf günstigeres Wetter warteten, sind die Amerikaner in das 15 Kilometer von hier gelegene Dorf Marle eingedrungen und haben ihre Panzerspitzen bis auf zehn Kilometer an die Straße nach Sains herangebracht, die wir morgen benutzen wollen.

—

Wieder einmal wird es eine sehr kurze Nacht für uns, denn am **Freitag (01.09.1944)** geht es wieder um 3 Uhr morgens weiter. Es ist wirklich keine Zeit zu verlieren, wenn wir aus dem Wirkungsbereich der amerikanischen Panzer kommen wollen.

Auf einer schmalen Straße durchqueren wir das Dorf Faucouzy und bringen die 15 Kilometer bis Sains recht zügig hinter uns. Von dort geht es in nordwestlicher Richtung – weg von den vorrückenden Panzern – über Puisieux und Audigny nach Guise. Auch diese zwölf Kilometer schaffen wir in relativ kurzer Zeit. Die nächsten 23 Kilometer von Guise nach La Capelle können wir dann eine ausgebaute Chaussée benutzen.

In La Capelle erfahren wir von anderen Landsern, die auch gerade hier eingetroffen sind, daß die Amerikaner das 17 Kilometer südlich von hier gelegene Vervins eingenommen haben und ihre Panzer in zwei Keilen – in nördlicher Richtung auf Hirson und in nordöstlicher Richtung auf La Capelle – vorrücken. So verlassen wir die Stadt unverzüglich in nördlicher Richtung auf der Chaussée nach Avesnes, benutzen diese Straße aber nur zwei

Kilometer bis Flamengrie, wenden uns dort nach Westen und fahren noch drei Kilometer bis Papleux, wo sich unsere Kompanie sammeln soll, um den weiteren Fluchtweg festzulegen.

Noch sind wir den Amerikanern nämlich nicht entkommen. Nur zu deutlich hören wir das Dröhnen der Panzermotoren, das von der drei Kilometer östlich von uns verlaufenden Rollbahn La Capelle–Avesnes–Maubeuge herüberdringt.

Zu allem Überfluß klart das Wetter auf, und bald sind ganze Schwärme von Jabos in der Luft, die uns am Boden zur Bewegungslosigkeit verdammen, denn wir können den Schatten der Bäume nicht verlassen, unter die wir uns geflüchtet haben. Wieder sitzen wir hilflos in der Falle. Es ist fast zum Verrücktwerden! Nicht nur unsere Nerven liegen blank, auch der Magen reagiert gereizt: Bei den einen durch Verstopfung, bei den anderen – wie bei mir – durch ständigen Durchfall.

So freuen wir uns über jedes Wölkchen am Himmel, aber es kommt nicht genug Bewölkung auf, um uns die Flieger von Halse zu schaffen. Noch ist der Himmel voller Flugzeuge, mal sind es nur zwei oder vier, mal sind es ganze Pulks, die ihre Rundflüge machen, aber irgendwelche Maschinen sind immer in der Luft und zwingen uns, in der Deckung zu verharren.

Am frühen Nachmittag, als gerade einmal kein Flugzeug zu sehen ist, reißt Leutnant Gerlach die Geduld, und mit zwei Obergefreiten – einem als Fahrer und einem als Begleiter – schwingt er sich in seinen Schwimmwagen und läßt sich an den westlichen Ortsrand fahren, wo die Straße nach Fontenelle abgeht.

Doch kaum hat das Fahrzeug seine Deckung verlassen, da ertönt schon wieder das verhaßte Brummen in der Luft. Wie aus dem Nichts sind plötzlich zwei „Thunderbolts" aufgetaucht, haben das Fahrzeug natürlich sofort bemerkt und stürzen sich wie die Habichte auf ihre Beute. Die ersten Salven ihrer acht 12,7 cm-Maschinengewehre gehen in die Wiese und den Straßengraben.

Der Leutnant läßt das Fahrzeug an den Straßenrand fahren, alle drei springen heraus und suchen Zuflucht im Graben unter einem Apfelbaum. Doch ein stehendes Ziel läßt sich noch besser angreifen als ein bewegliches, und die Piloten haben den Schwimmwagen wohl eindeutig als solches erkannt. Jedenfalls brausen sie erneut heran, und dieses Mal bekommen unsere Kameraden ihre vollen Salven zu spüren. Dabei wird dem Leutnant ein Bein, dem Fahrer ein Arm zerschmettert. Auch der Wagen wird getroffen, der Benzintank explodiert, und das Fahrzeug steht im Nu in hellen Flammen. Dadurch erleiden die beiden Verwundeten noch erhebliche Verbrennungen am ganzen Körper. Nur der Dritte kommt mit dem Schrecken und einem Dröhnen in den Ohren davon.

Als einige dunkle Wolken aufziehen, nutzen wir die Gelegenheit, den Unglücksort aufzusuchen, um Erste Hilfe zu leisten. Dabei finden wir den Unverletzten, der ganz verdattert an den Baum gelehnt im Grase sitzt und es gar nicht fassen kann, daß er unversehrt geblieben ist.

Der Leutnant sitzt stöhnend an der Böschung und der andere Obergefreite liegt neben ihm wie tot. Er ist wohl vor Schmerzen ohnmächtig geworden. Als die beiden dann von Sanitätern weggebracht werden, steht der Wagen immer noch in Flammen. Es knistert und knackt, bis er völlig ausgebrannt ist. Wie wir später erfahren, verliert Leutnant Gerlach sein Bein, und der Obergefreite stirbt an seiner Verwundung und den schweren Verbrennungen.

Dieses Erlebnis gibt uns allen den Rest. Manche fangen an zu zittern oder müssen sich übergeben. Auch mein Bauch zieht sich krampfartig zusammen, während die beiden Jabos nach vollbrachter Tat sicher frohgemut an ihren Feldflugplatz zurückkehren.

Die folgenden Stunden sind schrecklich. Stumm sitzen wir herum und nehmen kaum noch wahr, was um uns herum geschieht. Einige diskutieren auch, ob es Zufall oder Fügung Gottes war, daß einer der drei unverletzt blieb.

Schließlich geht die Sonne unter, die Jabos verschwinden, und wir erwachen langsam aus unserer Erstarrung und beobachten die beiden letzten Flugzeuge, die in großer Höhe weiße Kondensstreifen an den Himmel zeichnen und dann verschwinden.

Dann wird uns plötzlich mit Nachdruck bewußt, daß wir wie auf heißen Kohlen sitzen und sobald wie möglich von hier verschwinden müssen, wenn wir dem Ami nicht in die Hände geraten wollen. So suchen die Besatzungen nach und nach ihre Fahrzeuge auf, um möglichst schnell den Ort des Schreckens zu verlassen.

Zuerst fahren wir an der Département-Grenze entlang nach Westen, wechseln dann nach Norden vom Département Aisne in das Département Nord über und kommen dort in das Dorf Floyon. Hier halten wir aber nicht an, sondern überqueren im Schutze der hereinbrechenden Dunkelheit nördlich von Laroullies die Rollbahn La Capelle–Avesnes nach Osten, auf der sich von Süden her die US-Panzer bereits bedrohlich nähern.

Auf Nebenstraßen fahren wir dann weiter über Sains-du-Nord, wo die Kompanie wieder einmal anhält, um alle Fahrzeuge zusammenkommen zu lassen. Als das geschehen ist, fahren wir in südöstlicher Richtung noch 16 Kilometer weiter bis Trèlon.

Dort kommen wir gegen 20.30 Uhr an, bringen unsere Fahrzeuge in gewohnter Weise in Deckung und bereiten uns auf die Übernachtung vor. Auch hier treffen wir Soldaten anderer Einheiten und erfahren von ihnen, daß die US-Panzer La Capelle bereits überrollt haben und sich auf Avesnes zubewegen. Wenige Stunden später hätten wir die Rollbahn nicht mehr überqueren können und wären unweigerlich in Gefangenschaft geraten.

Außerdem teilen sie uns mit, daß ein anderer Panzerkeil von Reims aus über Rethel und Couvin westlich an Mariembourg vorbei auf Philippeville vorrückt. Wenn wir also nicht in letzter Minute noch von den Amerikanern erreicht werden wollen, ist höchste Eile geboten, den Rückzug fortzusetzen.

—

Deshalb brechen wir auch am **Samstag (02.09.1944)** in aller Herrgottsfrühe auf. Bis zur belgischen Grenze sind es nur noch sieben Kilometer, doch es dauert unendlich lange, bis wir sie endlich erreichen. Es ist genau 10.12 Uhr, als wir sie bei Macon überqueren. Hätte das Wetter nicht mitgespielt, so wäre uns das wohl kaum gelungen. So aber mußten wir nur wiederholt anhalten, wenn die Wolken einmal aufrissen und uns damit ihren Schutz vor Flugzeugen entzogen, oder versuchen, möglichst schnell einen Baum zu erreichen, unter dem wir in Deckung gehen konnten.

Nun bezieht sich der Himmel mit weißen und grauen Wolken, so daß die Flieger nicht mehr operieren können. Dadurch schaffen wir die nächsten sieben Kilometer bis Chimay in 20 Minuten.

Obwohl wir alles daran setzen, um zügig von der Stelle zu kommen und Mariembourg zu erreichen, bevor die US-Panzer uns auf der Straße nach Philippeville den Weg versperren, brauchen wir für die 20 Kilometer lange Strecke über drei Stunden. Dieses Mal sind es andere Wehrmachtsfahrzeuge, die auch nach Norden streben und uns dabei massiv an der Weiterfahrt hindern. So erreichen wir Mariembourg endlich um 13.45 Uhr. Das Dorf liegt etwa einen Kilometer östlich der Straße, auf der die US-Panzer von Süden heranrollen.

Unser Fluchtweg führt nun allerdings nach Nordwesten, so daß wir die Rollbahn noch einmal in entgegengesetzter Richtung überqueren müssen. Deshalb fahren wir zunächst nach Roly, dann bei Neuville quer über die Hauptstraße nach Westen, umrunden weiträumig die Stadt Philippeville und erreichen über Senzeille und Soumoy gegen 15.30 Uhr bei Daussois die Verbindungsstraße Philippeville–Beaumont. Auf ihr fahren wir einige Kilometer nach Westen, biegen dann hinter Boussu nach Norden ab und kommen zunächst in das Dorf Castillon.

Hier können wir aber nicht bleiben, denn der Zielort unserer Kompanie ist das drei Kilometer entfernte Dorf Clermont. Dort kommen wir etwa um 19.15 Uhr an und beginnen auch gleich damit, in und unter unserem Fahrzeug ein Nachtlager vorzubereiten. Doch in dem Bewußtsein, daß zwischen uns und der deutschen Grenze amerikanische Panzer nach Norden vorrücken, fallen wir nur in einen unruhigen und wenig erholsamen Schlaf.

Als am **Sonntagvormittag (03.09.1944)** die alliierten Panzerkolonnen von Westen und Südwesten her fast ungehindert in die belgischen Hauptstadt einrücken, sitzen wir wieder in der Falle und hoffen inständig, daß der Himmel sich bewölken möge, damit wir weiterfahren können. Doch bis Mittag gibt es nur dünne Schleierwolken, erst danach wird die Bewölkung etwas dichter.

Am frühen Nachmittag gehen einige Fahrzeuge das Risiko ein und fahren einfach los, obwohl der Himmel nicht völlig wolkenverhangen ist. Unsere Geduld ist einfach am Ende, denn das ständige Warten wird langsam unerträglich und verdrängt offenbar ruhige und vorsichtig abwägende Überlegungen.

Auch wir halten es nicht mehr aus und fahren los. Doch kaum haben wir den Ortsrand von Rognée erreicht, da reißt die Bewölkung auf, und wir können unseren LKW nur noch schnell unter eine Baumgruppe fahren, herausspringen und in den ersten Häusern Deckung suchen, denn plötzlich sind sechs Jabos in der Luft, deren Geschosse auf die Straße prasseln. Wie es scheint, versuchen die Piloten, die Häuser zu schonen und nur die auf der Straße befindlichen Fahrzeuge anzugreifen.

Als der Angriff vorbei ist und des Gebrumm der Flugzeuge verklungen ist, verlasse ich mein Versteck und stelle zu meinem nicht geringen Schrecken fest, daß der Fernsprechwagen, mit dem ich bis hierher gekommen bin, verschwunden ist. – Ich kann es einfach nicht fassen, daß ich schon wieder allein auf der Straße stehe, dieses Mal sogar ohne Karabiner und Gepäck! Ich nehme an, daß unter den Kameraden Panik ausgebrochen ist und sie Hals über Kopf losgefahren sind, ohne mich überhaupt zu vermissen. Dummerweise habe ich mich nämlich bei dem Angriff von ihnen getrennt und bin allein in dem nächsten Kellereingang in Deckung gegangen. Und nun habe ich das Nachsehen.

Doch der Schaden hält sich in Grenzen, denn in diesen Tagen sind so viele Wehrmachtfahrzeuge unterwegs, daß ich schon nach ein paar Minuten einen LKW gefunden habe, der mich mitnimmt. An der Straßenkreuzung hinter dem Dorf Pry stelle ich jedoch fest, daß uns Fahrzeuge der NA 228 entgegenkommen und in eine andere Richtung fahren!

Ich kann aber unmöglich bei voller Fahrt abspringen und auch von der Ladefläche aus, auf der ich mich befinde, dem Fahrer kein Zeichen geben. Der hat genug damit zu tun, auf Flugzeuge zu achten und notfalls sofort die nächste Deckung aufzusuchen.

Als er endlich anhalten muß, weil ein anderes Fahrzeug den Weg versperrt, das abgeschleppt werden muß, gehe ich nach vorne zum Führerhaus und erfahre vom Beifahrer, daß der LKW zum Troß der Infanterie gehört und den Auftrag hat, nach hinten zu fahren, um Treibstoff und Verpflegung zu holen. Bis zu dem betreffenden Depot ist es nicht mehr weit, und ich helfe den beiden, Benzin und Diesel aus Fässern in Kanister zu pumpen und dann den Wagen mit den vollen Kanistern und Verpflegungskisten zu beladen.

Als wir weiterfahren, setzte ich mich an die Heckklappe und achte darauf, ob ich nicht irgendwo das Windhundabzeichen der 116. Panzerdivision entdecke. – Tatsächlich sehe ich an einer Kreuzung ein Holzbrettchen mit dem Windhundemblem und der Aufschrift „Bisping"! Da Leutnant Dietrich Bisping als „O 1" beim Divisionsstab schon einmal begegnet bin, weiß ich, daß sein Name als Deckname für den Stab bestimmt worden ist.

Als der LKW wegen eines entgegenkommenden Fahrzeugs kurz anhalten muß, springe ich ab und gehe zu der Kreuzung zurück. Dort steht ein Major, der die Fahrzeuge unserer Division in die richtige Richtung weist. Als ich auf ich zukomme, wundert er sich zwar, einen einzelnen Soldaten unbewaffnet hier auf der Straße anzutreffen, hört mir aber interessiert zu, als ich ihm mein Mißgeschick schildere. Er gibt sich nun als Major Grollmann und Kommandeur des Panzerfeldersatzbataillons 146 zu erkennen und meint, daß ich großes Glück im Unglück hätte, denn der Stab liege nur wenige hundert Meter von hier in einem Dorfe namens Merlemont.

Natürlich bin ich sehr erleichtert und mache mich sofort auf den Weg zum Divisionsstab. Beim Stab in Merlemont treffe ich aber auch zwei Bautrupps der 1. Kompanie der NA 228 an, die hier im Einsatz sind. Sie können mich zwar nicht zur 2. Kompanie bringen, teilen mir aber mit, daß der Spieß gegen 15 Uhr beim Stab erwartet wird, um schriftliche Befehle entgegenzunehmen. Gleichzeitig raten sie mir, mich dann an ihn zu wenden. Auf meine Frage, wo wir hier eigentlich sind, erklären mir die Kameraden, daß Merlemont etwa sechs Kilometer östlich von Philippeville und unmittelbar südlich der Straße Philippeville–Givet liegt.

Tatsächlich trifft Hauptwachtmeister Schliewener Punkt 15 Uhr mit zwei Begleitern zum Befehlsempfang beim Divisionsstab ein. Als ich ihm erzähle, wie es mir ergangen ist, ist er sofort bereit, mich bei der Rückfahrt mitzunehmen. Nach einer Weile kommt er mit einer Mappe unter dem Arm zu seinem Auto zurück und meint: *„Der Wagen ist zwar voll, aber du kannst ja als Flugmelder mitfahren. Hau dir uff den Kotflügel vorne un' sag' Bescheid, wenn du'n Jabo siehst!"*

Sein 12-Zylinder-Horch hat eine Riesenschnauze und die Kotflügel sind lang und breit genug, um darauf zu sitzen. Weil auf den linken aber ein Reservereifen montiert ist, muß ich den rechten benutzen und mich an den Scharnieren der Seitenklappen in der Mitte der Motorhaube festhalten.

Allerdings fährt der Spieß wie der Henker und der Fahrtwind knallt mir derart in die Augen, daß ich schon nach kurzer Fahrt vor lauter Tränen kaum noch etwas sehen, geschweige denn den Himmel nach Flugzeugen beobachten kann. Nur mit Mühe kann ich durch meinen Tränenschleier einen Blick auf die vorüberziehende Landschaft werfen. Am Sonnenstand stelle ich aber fest, daß wir nach Norden fahren und bekomme auch mit, daß wir ein Dorf mit Namen Florennes durchfahren.

Als wir schließlich unseren Zielort Mettet erreichen, bin ich heilfroh, aus meiner ungemütlichen Lage befreit zu sein. Also verabschiede ich mich kurz vom Spieß und suche natürlich sofort den Trupp Kautz auf, wo es allerhand zu erzählen gibt. Meine Kameraden hatten angenommen, daß ich bei dem Durcheinander, das der Angriff auf Rognée ausgelöst hatte, vor ihnen auf das erste beste Fahrzeug aufgesprungen sei, um nur möglichst schnell von dort wegzukommen. Keiner hatte damit gerechnet, daß ich noch in dem Kellereingang hocken würde, als sie losfuhren. Nun sind alle froh, daß ich nicht abhanden gekommen bin. Meinen Karabiner und mein Gepäck finde ich im Funkwagen wohlbehalten wieder.

Doch ich kann mich nicht lange von meinem Sonntagsabenteuer erholen, denn beim abendlichen Verpflegungsempfang sagt uns der Koch: *"Nach dem Essen gleich fertigmachen zum Stellungswechsel!"*

Tatsächlich verlassen wir Mettet um 19 Uhr und bewegen uns auf Nebenstraßen über Furnaux, Denée und Marteau am Fluß Molignée entlang auf die Maas zu. Nach einer Fahrt von etwa 18 Kilometern erreichen wir die westliche Maas-Uferstraße, wo es dann nicht mehr weitergeht. Bis hierher reicht nämlich der Strom von Fahrzeugen, die alle südlich von Yvoir über die Brücke wollen.

Obwohl es diesig ist und keine Flieger in der Luft sind, kommen wir nur schrittweise an die Brücke heran. Dann sehen wir auch, warum es so schleppend weitergeht. Vor der Brücke stehen nämlich zwei Sturmbannführer (Majore) der Waffen-SS, die mit modernen Schnellfeuergewehren im Anschlag die Fahrzeuge der Wehrmacht zur Seite winken und nur Fahrzeuge der Waffen-SS über die Maas fahren lassen.

Während wir im Fernsprechwagen wütend diskutieren und auf die SS-Leute schimpfen, hat ein Funktrupp bereits mit dem Divisionsstab Verbindung aufgenommen. Und das zeigt gleich eine doppelte Wirkung: Hinter uns schert ein Panzerspähwagen aus der Kolonne aus und fährt mit rasselnden Ketten auf die Brücke zu. Etwa acht Meter vor der Auffahrt fährt er rechts ran und richtet seine 3,7 cm-Kanone auf die beiden Posten, die bei diesem Anblick zunächst erstarren, dann aber aufeinander zugehen und offenbar beraten, was sie tun sollen. – Auch mit ihren modernen Gewehren können sie einem gepanzerten Fahrzeug nichts anhaben, während sie der Richtschütze mit einem einzigen Knopfdruck von der Brücke wegfegen könnte.

Und zweitens kommt der rote Delahaye-Sportwagen des Generals angebraust und hält nur wenige Schritte vor den beiden Posten. Ihm entsteigt Generalleutnant Graf von Schwerin in voller Uniform und geht auf die beiden zu.

Während SS-Offiziere in ihrem übersteigerten Selbstbewußtsein im allgemeinen von einem General der Wehrmacht kaum zu beeindrucken sind, respektieren sie dieses Mal wohl die hohen Auszeichnungen, die unser General trägt. Schließlich gibt es auch in der Waffen-SS nicht viele Soldaten, die das Ritterkreuz mit Eichenlaub und Schwertern vorzuweisen haben. Dieser General muß in ihren Augen wohl etwas Besonderes sein, denn sie nehmen sofort ihre Gewehre herunter und hören auf das, was er ihnen zu sagen hat.

Wir können nur einen kurzen Wortwechsel verfolgen und sehen, wie der General auf den Panzerspähwagen zeigt. Dann schlagen die beiden tatsächlich die Hacken zusammen und verabschieden den General mit zackigem Hitlergruß, der seinerseits nur mit der Andeutung des alten Soldatengrußes „durch Anlegen der rechten Hand an die Kopfbedeckung" antwortet. Dann steigt der General in seinen Wagen und fährt ab. Die beiden SS-Offiziere aber winken nun alle unsere Fahrzeuge durch.

Später erfahren wir von denen, die weiter vorne standen und das Gespräch mithören konnten, der General habe den beiden unmißverständlich klargemacht, daß die 116. Panzerdivision über die Maas nach Osten verlegt würde und er nicht noch einmal erleben möchte, daß ein Fahrzeug mit dem Windhundemblem an der Überfahrt gehindert werde. Andernfalls käme der Panzerspähwagen zum Einsatz, der dort postiert bleibe, bis alle Fahrzeuge der Division die Maas überquert hätten.

Nach diesem kleinen Zwischenfall geht es zügig weiter, und um 20.15 Uhr rollt auch unser Fernsprechwagen über die Brücke.

Auf dem Ostufer der Maas biegen wir nach Norden ab, durchfahren Yvoir und fahren rund 20 Kilometer an der Maas entlang in Richtung Namur. Da in der Stadt aber bereits Straßenkämpfe stattfinden sollen, verlassen wir etwa 3 Kilometer vor dem Stadtrand die Uferstraße, fahren auf einer schmalen Straße 3 Kilometer in entgegengesetzter Richtung bis Naninne, überqueren hinter dem Dorf die Rollbahn Luxemburg–Namur und erreichen gegen 21.45 Uhr das Dorf Wierde, das etwa einen Kilometer östlich dieser Hauptstraße liegt. Hier verbringen wir den Rest der Nacht wie üblich in und unter unserem Fahrzeug.

—

Am **Montagmorgen (04.09.1944)**, als die amerikanischen Panzer bereits auf dem Wege nach Antwerpen sind, brechen wir um 4 Uhr auf, um unsere Flucht so bald wie möglich fortzusetzen.

In großem Bogen über die Dörfer Strud und Bonneville umrunden wir die Stadt Namur und kommen bei Andenne wieder an die Maas. Hier fahren wir etwa zehn Kilometer auf der Uferstraße über Gives und Ben-Ahin nach Huy, wo wir den Fluß nach Westen überqueren. Etwa um 8.15 Uhr erreichen wir das Dorf Antheit, wo sich unsere Kompanie sammeln soll.

Nach der Hetze der letzten Tage haben wir hier eine kurze Verschnaufpause, während der wir erfreut feststellen, daß außer dem Schwimmwagen, den wir bei Papleux verloren haben, kein weiteres Fahrzeug der Kompanie abhanden gekommen ist.

Beim allgemeinen Überprüfen der Fahrzeuge wird aber festgestellt, daß unser Fernsprechwagen einen Schaden an der Lenkung hat, den wir bei dem Trubel überhaupt nicht bemerkt haben. Nun aber stellt sich heraus, daß der Radius der Lenkung eingeschränkt ist und sie nicht mehr vollständig eingeschlagen werden kann.

Obwohl unser Fahrzeug ansonsten fahrbereit ist, besteht der Spieß darauf, daß der Schaden ordnungsgemäß behoben wird. Zu diesem Zwecke stellt er einen Marschbefehl zum Versorgungstroß aus, den wir abends in der Schreibstube abholen sollen. Bis dahin können wir uns erholen und, soweit es erforderlich ist, unsere Sachen in Ordnung bringen. Durch den Marschbefehl erübrigt es sich, daß wir uns ein Quartier suchen, zumal wir nicht wissen, wer mit zum Troß fahren soll.

Beim abendlichen Verpflegungsempfang erfahren wir dann, daß ein Oberfeldwebel die Reparaturarbeiten überwachen und die beiden Jüngsten des Trupps – Walter Geffers und ich – als „Begleitschutz" mitfahren sollen. Die Abfahrt ist für 22 Uhr vorgesehen. Bis dahin können wir uns in der Scheune aufhalten, in der außer unserem LKW auch zwei Funkwagen untergestellt worden sind.

Zur vereinbarten Zeit trifft der Oberfeldwebel mit dem Fahrbefehl ein und nennt uns als erstes Ziel die Frontleitstelle in Herve. Dann fahren wir los, überqueren nach einer Viertelstunde bei Huy wieder die Maas und kommen gerade recht, als in der Stadt ein großes Verpflegungslager der Wehrmacht geräumt wird. Das ist für uns natürlich wie Weihnachten, und wir packen unseren LKW randvoll mit Paketen, Kisten und Konserven. Darüber wird es fast Mitternacht bis zum Weiterfahren.

—

Zuerst folgen wir dem Lauf der Maas, umrunden Lüttich im Osten und überqueren bei Chênée die Ourthe. Im Schutz der Dunkelheit durchfahren wir verschiedene Dörfer und erreichen am **Dienstagmorgen (05.09. 1944)** unseren Zielort Herve.

Da die Frontleitstelle bei unserer Ankunft noch geschlossen ist, suchen wir uns zunächst einen Unterstellplatz für unser Fahrzeug. Dazu bietet sich ein alleinstehendes Haus in einem großen Obstgarten geradezu an, denn in diesem Garten gibt es große alte Bäume mit weit ausladenden Zweigen, die gute Deckung bieten. Als wir in den Garten hineinfahren, sehen wir, daß dort bereits ein Steyr der Waffen-SS steht. Also sucht Gerd zunächst einen passenden Baum aus und stellt unser Fahrzeug darunter ab.

Dann gehen wir zum Gebäude und stellen fest, daß die Haustür unverschlossen ist. Wir gehen also kurzentschlossen in das Haus hinein und kommen zunächst in eine Küche. Hier hat es sich ein SS-Rottenführer (Obergefreiter) auf einer Bank bequem gemacht und geschlafen. Nun ist er aber wohl durch das Motorengeräusch im Garten geweckt worden und blickt uns erwartungsvoll entgegen.

Als wir ihm sagen, daß wir hier auf dem Fußboden auf unseren Sitzpolstern schlafen wollen, wird er ruppig und meint, das käme überhaupt nicht in Frage, denn dieses Haus sei von der Waffen-SS beschlagnahmt und besetzt worden und Angehörige der Wehrmacht hätten hier nichts zu suchen.

Das läßt sich unser Oberfeldwebel aber von einem solchen Rotzlöffel nicht ohne weiteres sagen und erklärt dem Knaben, daß wir ja wohl in einem Boot säßen und uns gegenseitig zu unterstützen hätten. Als der SS-Mann das bestreitet und behauptet, sie hätten mit der Wehrmacht nichts zu tun, wird der Oberfeldwebel ärgerlich und beginnt, ihm mit erhöhter Lautstärke die Leviten zu lesen.

Doch nun geht die Tür auf und ein SS-Scharführer (Feldwebel) kommt herein und fragt, was hier für ein Lärm sei. Als wir ihm unser Anliegen vortragen, wird er geradezu ausfallend und beginnt, uns in unflätiger Weise als Ruhestörer zu beschimpfen. Obwohl unser Oberfeldwebel ranghöher ist, ist es ihm zu dumm, sich mit diesem Flegel weiter herumzustreiten, der es völlig in Ordnung findet, daß zwei SS-Männer ein ganzes Haus belegen, während vier Wehrmachtsangehörige draußen im Garten kampieren müssen. Außerdem ist er wohl auch zu müde zum langen Diskutieren und fordert uns auf, mit ihm das Haus zu verlassen. Draußen versucht er, unseren Ärger zu besänftigen und bezeichnet die beiden als „arme Irre", die offenbar noch nicht begriffen hätten, daß ihre Zeit vorbei sei.

Also machen wir es uns im Fernsprechwagen so gemütlich wie möglich und schaffen es auch, bis Tagesanbruch ganz gut zu schlafen.

Vormittags sehen wir uns dann im Orte etwas um und entdecken sogar eine Feldküche unserer Division, wo uns der Koch etwas Kaffee, Brot und Kunsthonig zukommen läßt. Er sagt uns auch, wo die Frontleitstelle ist. Gemeinsam gehen wir dorthin, lassen aber unseren Oberfeldwebel allein hineingehen. Er kommt sehr schnell wieder heraus und teilt uns mit, daß der Troß in La Planck, einem winzigen Ort unmittelbar an der belgisch-holländischen Grenze liegt.

Da der Himmel bewölkt ist, fahren wir gleich los nach Aubel und von dort aus auf die Grenze zu. Wir suchen zwar vergebens nach einer Ortstafel mit dem Namen „La Planck", entdecken aber ein Holztäfelchen mit dem Windhundemblem und dem taktischen Zeichen der Panzernachschubtruppen 66. Diesem Hinweis folgen wir und finden dann auch die Werkstattwagen, die in einem lichten Gehölz gut getarnt abgestellt worden sind.

Hier treffen wir auch einen Oberschirrmeister, der unseren Reparaturauftrag entgegennimmt und dafür sorgt, daß mit der Reparatur sofort begonnen wird. Gleichzeitig sagt er uns aber auch, daß dem Troß bereits Stellungswechsel befohlen sei und wir uns deshalb erst gar nicht um ein Quartier bemühen sollten.

Der Beginn der Reparatur erschöpft sich allerdings, wie wir nun sehen, darin, daß sich zwei Autoschlosser die Lenkung ansehen und beratschlagen, was zu tun sei. Darüber wird es dunkel, und es zieht ein Sommergewitter auf, das den weiteren Aufenthalt im Freien unmöglich macht. Das kommt den beiden gerade recht, denn sie machen nicht den Eindruck, als würden sie darauf brennen, die Reparatur durchzuführen.

—

Am **Mittwochmorgen (06.09.1944)** beginnen sie dann aber tatsächlich mit der Reparatur. Doch entweder ist sie zu schwierig oder es sind nicht die richtigen Leute damit befaßt. Jedenfalls werkeln die beiden den ganzen Tag an unserem Wagen herum, ohne die Lenkung bis zum Abend in Ordnung zu bringen. – Hier läßt man die Arbeit überhaupt betont ruhig angehen und scheint beim Troß auch sonst nicht gerade schlecht zu leben, denn es gibt eine vorzügliche Feldküche, die uns nun bereitwilligst mitversorgt.

Weil unser Fahrzeug nicht fertig ist, müssen wir mittags den Stellungswechsel des Trosses mitmachen, von dem wir nicht recht einsehen, wozu er überhaupt gut sein soll. Obwohl wir mit den schweren Werkstattwagen nicht gerade schnell vorankommen, erreichen wir in einer Viertelstunde bereits unseren Zielort, ein Dorf, das auf französisch Warsage und auf holländisch Weerst heißt und nur einen Katzensprung von La Planck entfernt ist.

Als wir gegen 12.15 Uhr am neuen Standort ankommen, werden die Fahrzeuge wieder auf Obstwiesen verteilt oder auch in einem kleinen Wäldchen abgestellt. Da ein Vorauskommando hier bereits Quartiere gemacht hat, können wir diese sofort beziehen. Dabei kommen wir vier von der NA 228 in einem Haus unter, in dem aus der Normandie evakuierte Franzosen wohnen. Obwohl sie uns ihre Betten anbieten, nehmen wir das Angebot nicht in Anspruch, sondern breiten am Abend in gewohnter Weise unsere Sitzpolster in der Küche auf dem Fußboden aus.

Am Nachmittag sehen wir uns den Ort an oder unterhalten uns mit den Evakuierten, die damit rechnen, daß sie in wenigen Tagen wieder in ihre Heimat zurückkehren können und hoffen, daß durch den Krieg dort nicht allzu zu viel zerstört worden ist.

Im Laufe des **Donnerstags (07.09.1944)** wird der Fernsprechwagen wirklich fertig, doch wegen des offenen Wetters können wir den Ort dennoch nicht verlassen.

Immerhin aber können wir in Erfahrung bringen, wo sich unsere Einheit augenblicklich befindet. Hier gibt es nämlich einen Kradmelder, der täglich nach Herve fährt und so die Verbindung zwischen den Nachschubtruppen und der Frontleitstelle aufrechterhält, zumal es zur Zeit kaum noch eine Einheit gibt, die dort geblieben ist, wo die reparaturbedürftigen Fahrzeuge zum Troß gebracht worden sind. Über diesen Melder erfahren wir, daß die NA 228 bereits nach Deutschland zurückgekehrt ist und im Raum Düren liegt.

Da das sonnige Wetter anhält, müssen wir den ganzen Tag über in Deckung verharren, denn es sind ständig Jagdbomber in der Luft, die jede Bewegung auf der Erde beobachten. Eine weitere Nachtfahrt möchten wir jedoch vermeiden, und so übernachten wir noch einmal in der Küche des uns zugewiesenen Hauses.

—

Am **Freitagmorgen (08.09.1944)** aber packt uns das Reisefieber und wir brechen im Morgengrauen auf, um bis zum Tagesanbruch bereits ein gutes Stück auf dem Wege nach Deutschland voranzukommen. Und an dem Tage, an dem Lüttich von den Alliierten eingenommen wird, fahren wir dann in aller Frühe über Aubel und Gemmenich zur belgisch-deutschen Grenze, die wir um 5.10 Uhr südlich von Aachen überqueren.

Da es heute trübes Wetter geben wird, fahren wir ohne Aufenthalt um Aachen herum und erreichen um 8 Uhr Stolberg, wo wir die erste Rast auf deutschem Boden einlegen. Nun sind wir endlich wieder in Deutschland und fühlen uns entspannt und erleichtert zugleich.

Es kommt uns – wahrscheinlich wegen der panikartigen Flucht, bei der wir oft festsaßen und die Stunden sich unendlich in die Länge zogen – so vor, als seien wir eine halbe Ewigkeit außerhalb der Reichsgrenzen gewesen. In Wirklichkeit hatten wir die Grenze aber erst am 14. Juni in westlicher Richtung überschritten und waren nur 87 Tage – nicht einmal volle drei Monate! – „im Westen". Allerdings haben wir während dieser Zeit so viel erlebt, das wir es kaum fassen können, daß die Zeit nur so kurz war.

Bei der Suche nach einem geeigneten Parkplatz landen wir schließlich auf dem Hof einer Brauerei, wo bereits einige Militärfahrzeuge stehen, und als wir aussteigen, sehen wir auch, warum das so ist. In einem halboffenen Lagerschuppen steht nämlich eine Gulaschkanone, die von der Städtischen Feuerwehr zur Versorgung des „Volkssturmes" betrieben wird.

Seit Huy sind wir zwar mit Lebensmittelvorräten für mindestens noch ein paar Wochen versorgt, aber ein Becher heißer Kaffee könnte uns jetzt gut tun. Es ist zwar kein Bohnenkaffee, den uns der grauhaarige und wohlbeleibte Koch einschenkt, aber er ist wenigstens warm. Natürlich fragt er, woher wir kommen und wohin wir wollen, und erzählt uns, daß in der Stadt schon seit Tagen der Teufel los ist, weil überall Panzersperren errichtet werden, von denen er persönlich jedoch nicht allzuviel hält.

Und in der Tat herrscht überall eine Unruhe und Hektik, als ob der Ami vor den Toren stünde. Uns fallen vor allem die vielen „politischen Leiter" auf, die wegen ihrer braungelben Uniformen im Volksmund allgemein „Goldfasane" genannt werden. Sie haben uralte Stahlhelme, zum Teil Schutzhelme der Feuerwehr übergestülpt und wuseln umher, um alles mögliche zu organisieren.

Auch zahlreiche Hitlerjungen und alte Männer in Zivil oder irgendeiner Uniform mit Armbinden, auf denen „Volkssturm" steht, laufen mit Beutegewehren aus Polen, Ungarn und Rumänien oder geschulterten Panzerfäusten umher und wollen angeblich die Stadt verteidigen. – Uns kommt dieser ganze Zauber völlig sinnlos und geradezu lächerlich vor, wenn man sich vorstellt, was diese vorsintflutlichen Waffen gegen die gewaltige Streitmacht ausrichten können, die sich der deutschen Grenze nähert und am Boden wie in der Luft über Unmengen der modernsten Waffen verfügt. Es scheint vielmehr so zu sein, daß man die Leute nur beschäftigt, damit sie nicht zum ruhigen und nüchternen Nachdenken kommen.

Wir nehmen uns nicht die Zeit, die zahlreichen Bombenschäden zu besichtigen, welche die Stadt bei den Angriffen auf Aachen regelmäßig mitbekommen hat, sondern überlegen, wohin wir uns nun wenden sollen. Der Himmel ist voller Wolken, so daß wir mit Fliegern nicht zu rechnen brauchen und uns für die Weiterfahrt ruhig Zeit lassen können.

Wir wissen zwar, daß der Auffrischungsraum unserer Division zwischen Rur und Erft liegt, aber nicht, wo sich die einzelnen Einheiten befinden. Also erkundigen wir uns bei den Soldaten auf dem Hof nach der nächsten Frontleitstelle und erfahren, daß sie in Schevenhütte ist. Und so fahren wir zunächst nach Mausbach, dann weiter nach Gressenich und von dort aus auf einer Waldstraße nach Schevenhütte.

Hier gibt es tatsächlich eine Frontleitstelle, und dort sagt man uns, daß die NA 228 im Raum von Arnoldsweiler liegt. Wir wenden uns also nach Norden und fahren über Langerwehe, Geich, Echtz und Hoven zunächst nach Birkesdorf, umrunden dann die Stadt Düren im Norden und kommen gegen 11 Uhr in Arnoldsweiler an.

Als wir am Ortsrand haltmachen, um uns näher zu orientieren, kommen sogleich Leute aus dem nächsten Haus heraus und laden uns spontan zum Essen ein. Natürlich müssen wir erzählen, zu welcher Einheit wir gehören, woher wir kommen, wie weit die Front noch entfernt ist und wie wir den weiteren Verlauf des Krieges einschätzen. Andererseits erzählen uns die

Leute, daß es in sämtlichen Orten hier im Umkreis Fahrzeuge mit dem Windhundabzeichen gibt.

Nach dem Essen macht sich unser Oberfeldwebel auf den Weg, um sich nach einer Wehrmacht-Dienststelle oder Frontleitstelle umzusehen. Wir drei Jüngeren bleiben erst einmal am Tische sitzen und unterhalten uns weiter mit unseren Gastgebern. Dann kommt der Oberfeldwebel zurück und teilt uns mit, daß wir zunächst nach Rommelsheim fahren sollen, das etwa 20 Kilometer von hier entfernt ist. Da sich das Wetter aber geändert hat und sich bewölkte mit sonnigen Abschnitten abwechseln, wagen wir es nicht, bei Tage loszufahren.

Weil wir unseren Fernsprechwagen unter einer Gruppe alter Kastanien in sicherer Deckung abgestellt haben, können wir ihn dort einfach stehenlassen und in den Ort gehen in der vagen Hoffnung, bekannte Einheiten oder Kameraden anzutreffen. Doch schon bald kehren wir zu unserem Fahrzeug zurück, weil hier offensichtlich der „Heldenklau" unterwegs ist.

Denn nicht alle Soldaten sind in diesen Tagen so brav bei ihrer Einheit geblieben wie wir. Manche haben auch den Trubel des Rückzugs genutzt, um sich zu verdrücken und auf eigene Faust nach Deutschland durchzuschlagen. Um diese kümmert sich die Feldgendarmerie, deren Angehörige daran zu erkennen sind, daß sie eine ovale Blechplatte (im offiziellen Sprachgebrauch einen „Ringkragen aus Metall mit erhabenem rundem Rand und aufgesetztem Hoheitszeichen der Wehrmacht und dem Schriftzug 'Feldgendarmerie'") an einer Kette um den Hals tragen, die ihnen den Namen „Kettenhunde" eingebracht hat. Sie streifen überall umher, prüfen die Reisedokumente und sind ständig auf der Suche nach „Versprengten", die sie dann festnehmen und der Infanterie oder Waffen-SS zuführen. Deshalb sind sie genauso verhaßt wie gefürchtet, und wenn man dieser „Aktion Heldenklau" entgehen will, so empfiehlt es sich, dicht bei seiner Einheit zu bleiben und diesen Häschern des „Oberbefehlshabers des Ersatzheeres", Heinrich Himmler, möglichst aus dem Wege zu gehen.

Deshalb halten wir uns den Rest des Tages lieber in unserem Fahrzeug auf und setzen erst mit dem Beginn der Abenddämmerung, als keine Flugzeuge mehr am Himmel sind, die Reise fort. Dazu umrunden wir die Stadt Düren im Osten über Merzenich, Distelrath und Frauwüllersheim und kommen gegen 21 Uhr in Rommelsheim, unserem vier Kilometer südöstlich von Düren gelegenen Zielort an.

Hier treffen wir einen Frontleitoffizier, der uns aber nicht sofort weiterschickt, sondern uns hier für die kommende Nacht ein Quartier zuweist. So landen wir Jüngeren bei einer Witwe Haecking, Haus Nummer 43, während der Oberfeldwebel im Nachbarhause unterkommt.

Die alte Dame glaubt zwar nicht an einen deutschen Endsieg, ist aber trotzdem sehr nett zu uns, und bevor sie uns ein Bett, ein Sofa und eine Couch zum Schlafen anbietet, bereitet sie uns erst eine gehörige Portion

Bratkartoffeln. Sie ist nämlich der Meinung, daß so junge Leute wie wir nicht mit knurrendem Magen ins Bett gehen sollten. Wir sind von ihrer Fürsorge derart gerührt, daß wir ihr am anderen Morgen eine Anzahl Fleisch- und Fischkonserven aus unserem Vorrat „als Andenken" übergeben.

—

Am **Samstagmorgen (09.09.1944)** fordert uns der Frontleitoffizier auf, zunächst hierzubleiben und auf andere Fahrzeuge der Abteilung, die noch unterwegs sind, zu warten.

Während unseres Aufenthalts in Rommelsheim werden wir von einer Feldküche der Luftwaffe mitverpflegt. Wie sich jetzt herausstellt, haben wir nämlich die übrige Abteilung beim Rückmarsch überholt und sind früher als das Gros der Truppe hier angekommen. Nun, uns soll es recht sein, denn die Flucht aus Frankreich mit dem Ami auf den Fersen hat uns nervlich derart zugesetzt, daß wir sicher etwas Erholung gebrauchen können.

Im Laufe der nächsten Tage fahren eine Menge Fahrzeuge unserer Division durch das Dorf, und unser Oberfeldwebel geht täglich zum Frontleitoffizier, um neue Informationen zu bekommen. Vom Kriege selbst spüren wir hier nichts, außer daß alle möglichen Einheiten auf dem Wege zu ihren neuen Standorten hier durchkommen. Bei anhaltend diesigem Wetter ist es nämlich möglich, auch während des Tages ungestört zu fahren.

—

Doch nach drei Tagen klart das Wetter auf, und der **Dienstag (12.09.1944)** wird sonnig und warm.

So erscheinen schon bei Sonnenaufgang 16 amerikanische Doppelrumpfmaschinen vom Typ „Lockheed P-38 Lightning" über uns. Zuerst kreisen sie in großer Höhe, als ob sie auf der Suche nach lohnenden Zielen wären. Bevor sie aber einen Angriff fliegen können, tauchen plötzlich neun deutsche „Focke-Wulf Fw 190" am Himmel auf und greifen die Amerikaner von mehreren Seiten aus an, und im Bruchteil von Sekunden entbrennt ein heftiger Luftkampf über uns.

Immer wieder greifen die Gegner einander an, und die Luft ist erfüllt vom Dröhnen der beim Auf- und Absteigen röhrenden Motoren und vom Geknatter der Bordkanonen und Maschinengewehre. Wie Lichterketten sehen die Salven der Lichtspurgeschosse aus, mit denen sich die Kontrahenten „beharken". So kann man gut erkennen, wohin die Geschosse fliegen. Daß die meisten ins Leere gehen, ist bei der Geschwindigkeit, mit der sich die Maschinen bewegen, kein Wunder. Doch dann ist die erste „Lightning" getroffen und geht wie ein Komet mit langem Feuerschweif zu Boden.

Von unten sieht es aus, als ob sich die Amerikaner, die nur störungsfreie Operationen gewohnt sind, gegenseitig behinderten, denn ein klares Angriffs- oder Verteidigungskonzept ist nicht zu erkennen. Zudem erweisen sich die deutschen Jäger als wendiger, und sie sind mit einer Spitzengeschwindigkeit von 715 km/h auch etwas schneller als die „Lightnings", die nur 663 km/h erreichen und hier auch noch durch ihre Bombenlast behindert werden.

Die deutschen Maschinen können zwar keine Bomben mitführen, sind dafür aber besser bewaffnet als die Amerikaner. Während deren Maschinen mit einer 20 mm-Kanone und vier 12,7 cm-Maschinengewehren ausgerüstet sind, verfügen die deutschen Jäger über vier 20 mm-Kanonen und zwei 13 mm-MGs.

Allerdings sind bei einem solchen Duell nicht allein die Waffen, sondern vor allem der Mut und die Erfahrung der Piloten von ausschlaggebender Bedeutung. Und dabei scheinen die Deutschen, die hier ihre Heimat verteidigen, den Amerikanern überlegen zu sein, denn als der Luftkampf nach einer knappen Viertelstunde zu Ende ist, sind acht „Lightnings" und zwei „FW 190" zu Boden gegangen. Während jedoch die beiden deutschen Piloten mit dem Schleudersitz aussteigen und damit ihr Leben retten konnten, ist dies keinem der Amerikaner gelungen.

Die „Lightnings" scheinen besonders leicht gebaut und leicht entflammbar zu sein, denn bei einem Treffer brennen sie sofort lichterloh. Explodiert dann auch noch die Munition und die Bombe an Bord, gibt es für den Piloten keine Rettung mehr.

—

Am **Mittwochabend (13.09.1944)** bringt unser Oberfeldwebel vom Frontleitoffizier die Weisung mit, daß sich alle Nachrichteneinheiten der Division im Raum von München-Gladbach sammeln sollen.

Damit werden wir um rund 50 Kilometer nach Norden verlegt und hoffen, daß uns dort der Krieg nicht so bald einholen wird. Wir beladen vorsorglich unseren Fernsprechwagen schon heute und behalten für die letzte Übernachtung in unserem Quartier nur das Notwendigste zurück.

Während wir uns hier auf die Verlegung an den Niederrhein freuen, geht es den kämpfenden Einheiten unserer Division, die laut Armeebefehl südlich von Aachen in „Bereitstellung zum Gegenangriff" gegangen sind, ganz erheblich schlechter. Sie sind nämlich durch die harten Einsätze der letzten Wochen stark angeschlagen und hätten die Erholung viel nötiger als wir. Obwohl ihre Kampfkraft erheblich geschwächt ist, sind diese Einheiten bisher nicht durch junge, frisch ausgebildete Panzergrenadiere verstärkt worden.

Zur Lage dieser Einheiten vermerkt Major Vogelsang, unser Divisionsadjutant, in seinem Tagebuch: „*Die 116. PzDiv war nach schwersten Kämpfen um den Invasionsbrückenkopf, nach den Panzerschlachten von Argentan und Falaise und dem schweren Ringen nordwestlich von Paris im Rahmen des deutschen Rückzugs durch Nordfrankreich und Belgien kämpfend zurückgegangen und hatte, schwer angeschlagen, doch in geschlossenem Verband, die Stadt Aachen erreicht.*

Die Verluste an Menschen und Material waren gewaltig. Alle Kommandeure und die Masse des PzGrRgt 156 sind vermißt, gefallen, verwundet. Das PzGrRgt 60 ist auf einen Bruchteil seines Bestandes zusammengeschmolzen. Der 1. Generalstabsoffizier, Guderian, ist durch schwere Verwundung ausgefallen. Zehner, der Kommandeur der PzAufklAbt, ist tot, die Kommandeure der Pioniere und Panzer sind verwundet, von den alten KompChefs sind nur noch wenige übrig geblieben. Insgesamt fehlen rund 4.000 Mann.

Von einer West-Front kann kaum noch die Rede sein – zerrissen, zerbrochen! Zerschlagene Front-Divisionen, Hals über Kopf neu herangeworfene reguläre und Alarmverbände versuchen fieberhaft, wenigstens nun an der deutschen Grenze den überall nachstoßenden Feindspitzen Einhalt zu gebieten."

Tatsächlich verfügen die Panzergrenadierbataillone auch nach der Auffrischung im Durchschnitt nur über 300 Mann. Die Panzerstärke ist auf 30 Sturmgeschütze zusammengeschmolzen, die Artillerie ist sehr geschwächt, und die Heeresflak ist nicht einmal fertig aufgestellt und ausgerüstet worden. Die Truppe ist abgekämpft und müde, und dazu noch enttäuscht und niedergeschlagen wegen der schrecklichen Eindrücke und Zerstörungen in der endlich erreichten Heimat.

Da sind wir von der NA 228 noch recht gut davongekommen, wenn wir auch von den Amerikanern wie die Hasen durch Nordfrankreich und Belgien gehetzt wurden. Die Angst und der Schrecken, die uns dabei begleitet haben, verblassen jedoch schnell während der fünf erholsamen Tage, die wir hier in Rommelsheim verleben.

—

Nun aber packt uns das Reisefieber. Das Wetter ist günstig und der Himmel voller Wolken, so daß wir am **Dienstag (14.09.1944)** rechtzeitig starten können. Wir ziehen unser Frühstück um eine Stunde vor, versorgen unsere Gastgeberin noch einmal mit ein paar Konserven und sagen ihr auf diese Weise Dank für ihre freundliche Aufnahme. Dann aber heißt es Abschied nehmen, und die Fahrt geht los.

Wie die meisten Fahrzeuge unserer Abteilung, benutzen wir die Strecke über Binsfeld, Düren, Linnich, Erkelenz, Wegberg, Venheyde nach Tetelrath. Dann fahren wir westlich an München-Gladbach vorbei nach Waldniel und von dort in das zwei Kilometer entfernte Dorf Vogelsrath, das heute ein Ortsteil der Gemeinde Schwalmtal ist. Hier werden wir noch am Vormittag auf das ganze Dorf verteilt.

Dabei werden Gerd Dobslaw und ich in das Haus Nummer 141 eingewiesen. Dieser Bauernhof gehört der Familie Johann Jansen. Hier bekommen wir nicht nur ein eigenes Zimmer mit zwei herrlichen Betten, sondern ganz selbstverständlich auch vollen Familienanschluß. Das gefällt uns ganz besonders, denn zur Familie gehören zwei hübsche und wohlerzogene Töchter, mit denen wir uns prächtig unterhalten können.

So fühlen wir beiden uns pudelwohl und sind uns darüber einig, daß die zehn Tage, die wir hier verbringen, zu den schönsten gehören, die wir während unserer Soldatenzeit überhaupt erlebt haben. So ist es kein Wunder, daß wir nach dem Kriege Briefkontakt aufnehmen, um uns bei der Familie Jansen noch einmal für die freundliche Aufnahme zu bedanken.

Ganz selbstverständlich nehmen wir auch am gemeinsamen Mittagessen der Familie teil, und ebenso vorbehaltlos werden unsere Wäsche und Bekleidung gereinigt, gewaschen, gebügelt und, wenn nötig, ausgebessert, so daß wir uns während dieser Tage wie aus dem Ei gepellt vorkommen. Manche Stunde spielen wir mit den Mädchen „Mensch, ärgere dich nicht", Mühle oder Halma.

—

Hier im Dorfe ist zwar überhaupt nichts los, dafür haben wir aber Gelegenheit, im benachbarten Waldniel ins Kino zu gehen, wo zweimal in der Woche die Filme gewechselt werden. Das nutzen wir auch weidlich aus, denn am **Samstag (16.09.1944)** sehen wir zusammen mit den beiden Mädchen den Artistenfilm *„Die drei Codonas",* am **Mittwoch (20.09.1944)** allein den Film *„Blutzeugen"* und am **Samstag (23.09.1944)** wieder mit den Mädchen zusammen den Revuefilm *„Der große Preis".*

Rückkehr zur alten Einheit

Während wir bei Familie Jansen wohnen, treffen immer mehr Fahrzeuge der NA 228 in Vogelsrath ein und mit ihnen auch die drei Kameraden vom „Trupp Kautz", von denen wir vor knapp drei Wochen getrennt wurden.

Sie bringen von den Amerikanern abgeworfene Flugblätter mit, die sie auf der Straße gefunden haben. Darauf wird ein Viertel der Vorderseite im Kleindruck ausgefüllt von dem Artikel *„Graf Schwerin zum Kanonier degradiert und sämtliche Auszeichnungen gesperrt, weil er Aachen retten wollte".* Gleichzeitig geht aber – wohl als Antwort auf diese Behauptung – über die deutschen Nachrichtenagenturen die Meldung heraus: *„Generalleutnant Graf Schwerin wurde nach Italien versetzt und führt dort ein Panzerkorps".*

Nachdem man die Generalfeldmarschälle Hans Günther von Kluge und Erwin Rommel – wie vorher schon den Fliegergeneral Ernst Udet – wegen „Unbotmäßigkeit gegenüber dem Führer und obersten Befehlshaber der Wehrmacht" in den Tod getrieben und diese Niedertracht, die irgendwie doch durchgesickert und in der Truppe bekannt geworden ist, dann durch Staatsbegräbnisse zu vertuschen suchte, glauben wir jetzt natürlich der Feindpropaganda und sind wütend und erbost darüber, daß man einen so verdienten Heerführer wie unseren General Graf Schwerin einfach abserviert und durch den Oberst Siegfried von Waldenburg ersetzt hat.

Tatsächlich hatte sich unser General geweigert, die Stadt Aachen zu evakuieren und, wie befohlen, „bis zum letzten Mann" zu verteidigen. Er mußte sich dafür vor dem Reichsgericht verantworten, das seine Entscheidung vom 13. November 1944 durch ein Schreiben vom 9. Dezember 1944 an den Oberbefehlshaber Südwest, Heeresgruppe C in Italien, den Generalfeldmarschall Albert Kesselring, wie folgt darstellt:

„Das gegen Generalleutnant Graf von Schwerin wegen Dienstpflichtverletzung im Felde und Zersetzung der Wehrkraft angeordnete Verfahren wurde am 13.11.1944 durch das Reichskriegsgericht eingestellt.

Generalleutnant Graf von Schwerin hat anläßlich der Räumung von Aachen, ohne vorherige Verständigung seiner vorgesetzten Dienststelle, unberechtigterweise in die Räumungsmaßnahmen eingegriffen und in diesem Zusammenhang selbständig an den Befehlshaber der amerikanischen Streitkräfte ein Schreiben abgefaßt, worin er um Schutz und Hilfe für die Bevölkerung der Stadt bittet.

Nur im Hinblick auf die besonderen Verdienste in der Führung seiner Division, seiner persönlichen Tapferkeit und den Umstand, daß sich Generalleutnant Graf von Schwerin in einer begreiflichen und berechtigten Erregung über die Zustände in Aachen befunden hat, hat der Führer von ernsteren Folgerungen abgesehen. Generalleutnant Graf von Schwerin wird eine Verwarnung erteilt. Dies ist Generalleutnant Graf von Schwerin zu eröffnen."

Aus diesem Schreiben ist zu entnehmen, daß das Personalamt Graf Schwerin eine andere Division gegeben hatte. Zwar wurde er am 14. September 1944 als Kommandeur der 116. Panzerdivision abgesetzt, aber am 10.12.1944 mit der Führung der 90. Panzergrenadierdivision in Italien beauftragt[1]. So erfahren wir nach dem Krieg, daß die deutsche Propaganda in diesem Fall die Wahrheit verbreitet und die Feindpropaganda gelogen hat.

—

Während Gerd Dobslaw froh ist, seine Truppkameraden wiederzusehen, fühle ich mich, obwohl alle recht freundlich zu mir sind, weiterhin als Fremder in ihrer Runde. Und so bin ich froh und erleichtert, als ich endlich etwas von meiner alten Einheit zu hören bekomme.

Als wir nämlich am **Sonntagmorgen (24.09.1944)** bei Familie Jansen am Frühstückstisch sitzen, besucht uns ein Gefreiter vom Abteilungsstab der NA 228, der als Kurier unterwegs ist, um alle Quartiere aufzusuchen und einen Divisionsbefehl bekanntzugeben, der in der Nacht eingegangen ist. Er besagt, daß die Heeresflakabteilung 281 in den letzten Wochen mit Waffen und Geräten ausgerüstet worden ist und nun beim Divisionsstab durchgesetzt hat, daß alle ihre Angehörigen, die sich bei anderen Truppenteilen befinden, unverzüglich zu ihren Batterien zurückkehren sollen.

Zu diesem Zweck werden am Nachmittag zwei LKWs bereitgestellt, um die Angehörigen der Heeresflak zunächst zum Abteilungsgefechtsstand der NA 228 zu bringen. Das bedeutet für mich, daß ich nach dem Mittagessen meine Sachen packen und mich von Gerd Dobslaw, mit dem ich mich sehr gut verstanden habe, und von Familie Jansen verabschieden muß.

Zur Abfahrt finden sich dann alle Angehörigen der Heeresflak, die über den Funklehrgang und die Divisionsstabsbegleitkompanie zur NA 228 gekommen sind, vor der Schreibstube der 2. Kompanie ein, die hier im Dorfe liegt. Dort erhalten wir einen Fahrbefehl nach Pattern, wo der Stab und Teile der 1. Kompanie zur Zeit untergebracht sind.

Der Ort liegt etwa 30 Kilometer südlich von Vogelsrath. Da das Wetter günstig ist, fahren wir nach einer kurzen Besprechung auch gleich los. Über Waldniel, Wegberg, Erkelenz, Lövenich und Mersch erreichen wir gegen 20.30 Uhr unseren Zielort Patttern nordöstlich von Jülich. Hier ist zwar keine Schreibstube mehr geöffnet. Doch wir treffen einige Kameraden aus dem Funklehrgang, bei denen wir unterkommen können, so daß niemand ohne Quartier bleibt und auf der Straße stehen oder auf eigene Faust eine Unterkunft suchen muß.

---

[1] Heinz Günther Guderian „Das letzte Kriegsjahr im Westen", S. 188/189

Am **Montagmorgen (25.09.1944)** wollen wir uns beim Spieß der 1. Kompanie melden. Als wir das tun, schickt er uns gleich zur Küche und zum Fourier, um Verpflegung und Marketenderware abzuholen. Nach dem Frühstück sollen wir uns dann noch einmal auf der Schreibstube melden. Dieses Mal übergibt er uns einen Marschbefehl zum Feldersatzbataillon 146, das 25 Kilometer Luftlinie von hier in Aldenhoven bei Grevenbroich liegt.

Wir sind ein gutes Dutzend Leute, die zurück zur Heeresflak wollen. Der Spieß kann uns aber nur einen Steyr zur Verfügung stellen, so daß es auf dem Fahrzeug ziemlich eng wird. Außerdem fahren wir noch einen Riesenumweg. Wir kehren nämlich zunächst über Mersch, Lövenich, Erkelenz, Wegberg und Waldniel nach Vogelsrath zurück, fahren von dort aus aber ohne jeden Aufenthalt weiter über Dülken nach Viersen.

Von dort geht es dann in südlicher Richtung weiter, und zwar über München-Gladbach, Rheydt, Giesenkirchen und Steinforth nach Aldenhoven, das rund fünf Kilometer nördlich von Grevenbroich liegt. Als wir dort eintreffen, werden wir sofort von anderen Angehörigen der Heeresflak erwartet, die bei der Flucht aus Frankreich mangels eigener Fahrzeuge ebenfalls bei anderen Verbänden unserer Division untergekommen waren.

Sogar die Quartiere sind für uns schon vorbereitet worden und können sofort bezogen werden. Dabei komme ich mit drei Kameraden von der 2. und 3. Batterie bei Familie Wilhelm Schotten, Haus Nummer 63, unter. Die Familie hat einen Sohn, der in Rußland vermißt ist, und nimmt uns vier recht freundlich auf.

—

Nachdem wir die Quartiere bezogen haben, können wir uns bei der Feldküche warmes Essen holen. Dort erfahren wir von anderen Kameraden, daß hier beim „Panzerfeldersatzbataillon 146" regulärer Dienst geschoben wird, an dem auch wir ab **Dienstagmorgen (26.09.1944)** teilnehmen müssen. Er setzt sich zusammen aus Flakschießlehre, Flugzeugerkennungsdienst und Wachdienst.

—

Bevor wir uns hier einigermaßen eingelebt haben, werden wir aber bereits zur Heeresflak zurückgeschickt. Denn bei der Verpflegungsausgabe am **Freitagnachmittag (29.09.1944)** erhalten wir die Mitteilung, daß der Marschbefehl zur Heeresflakabteilung 281 eingetroffen ist, ohne uns jedoch weiter darüber zu informieren, wo sich diese Einheit zur Zeit befindet. Statt dessen wird für 16 Uhr „Antreten mit Gepäck" befohlen.

Bevor uns der Spieß verabschiedet, stellt er uns den Mann vor, der uns als Transportführer dort hinbringen soll. Er ist Unterwachtmeister, ein Dienstrang, der äußerst selten vorkommt – ich habe ihn jedenfalls nur dieses eine Mal erlebt (Bei der Bundeswehr wird dieser Rang später „Stabsunteroffizier" genannt und massenhaft vergeben) – und Uralt-Unteroffizieren verliehen wird, die beim besten Willen keine Eignung zum Wachtmeister bekommen können. Seine besonderen Kennzeichen sind eine spiegelblanke Glatze und eine inzwischen längst nicht mehr übliche Tellermütze, mit der er sie verbirgt.

Nachdem uns der Spieß verabschiedet und „*Hals- und Beinbruch!*" gewünscht hat, übernimmt der Transportführer das Kommando und befiehlt: „*Gepäck aufnehmen! Rechts um! Im Gleichschritt, marsch!*"

So marschieren wir über Bedburdyck nach Grevenbroich und dort durch die ganze Stadt zum Bahnhof. Hier steht ein Güterzug für uns bereit, der gegen 18 Uhr losfährt und uns zunächst zum Kölner Hauptbahnhof bringt. Dort wird er auf ein Nebengleis geschoben, und wir können ein Wehrmachtübernachtungsheim aufsuchen, wo es auch warmes Essen gibt.

Die Betten stehen in einem großen Schlafsaal und sind mit Matratzen und jeweils zwei Wolldecken ausgestattet. Wir schlafen auch ganz gut, werden aber bereits um 4.30 Uhr geweckt und müssen unverzüglich in unseren Zug zurückkehren.

—

Am **Samstagmorgen (30.09.1944)** geht es schon um 5.17 Uhr weiter. In ziemlich flotter Fahrt kommen wir – immer am Rhein entlang – bis Bingerbrück. Da der Bahnhof erst vor kurzem von Jagdbombern angegriffen und teilweise zerstört worden ist, ist unsere Fahrt hier zu Ende, und uns bleibt nichts anderes übrig, als unser Gepäck zu schultern und zum sechs Kilometer entfernten Bahnhof von Bingen zu marschieren.

Als wir dort völlig erschöpft ankommen, können wir aber einen bereitstehenden normalen Personenzug benutzen, der, sobald alle eingestiegen sind, sofort losfährt und uns über Gensingen und Bad Kreuznach bis Mitternacht nach Kaiserslautern bringt. Dabei komme ich mit dem Transportführer und zwei Kameraden in ein Abteil, in dem auch zwei Frauen sitzen, die eine Strecke mitfahren. Der Unterwachtmeister beginnt natürlich sofort, mit ihnen zu schäkern und schockt sie dann, indem er seine Mütze abnimmt, mit seiner Glatze, denn mit Mütze sieht er erheblich jünger aus als mit seiner von einem Haarkranz umgebenen spiegelblanken Tonsur.

Auch hier wird der Zug auf eine Nebengleis bugsiert, und wir können eine Wehrmachtübernachtungsstelle aufsuchen, die in einer Schule eingerichtet worden und fast genauso ausgerüstet ist wie die in Köln. Jedenfalls können wir uns hier endlich einmal ausschlafen.

Am **Sonntagmorgen (01.10.1944)** fahren wir nicht sofort weiter, sondern beim Frühstück erklärt uns der Transportführer, daß unser Zug ab hier ein Wehrmacht-Sonderzug ist und der Termin für seine Abfahrt noch nicht feststeht. Denn er müsse sich zunächst bei der Frontleitstelle erkundigen, wohin die Fahrt genau gehen solle. Inzwischen könnten wir ja in die Stadt gehen, müßten uns aber um 14 Uhr spätestens wieder in der Übernachtungsstelle einfinden.

Also lassen wir unser Gepäck in der Schule zurück und machen uns auf den Weg in die Stadt. Da hier außer vielen zerstörten Gebäuden nichts Besonderes zu sehen ist, kehren die meisten in einer Weinstube ein, die auch am Sonntagvormittag zum Frühschoppen nach dem Kirchgang geöffnet ist.

Das Problem ist nur, daß es hier tatsächlich nur Wein gibt, wir Norddeutschen im Grunde aber keine Ahnung vom Weintrinken haben und daher den Rotwein wie Bier in uns hineinkippen. Bei mir kommt noch dazu, daß ich an einem Fünfertisch lande, wo jeder eine Runde ausgeben muß. – Wenn die „Viertele" auch kaum mehr als 220 ccm Wein enthalten, so haben wir nach fünf Runden auf die Schnelle mindestens einen Liter Wein getrunken. Zwei von uns wollen sogar noch einen zweiten Durchgang beginnen, doch wir drei anderen spüren bereits die Wirkung des Weines und konzentrieren uns darauf, wenigstens in gerader Haltung zur Garderobe zu kommen, um unsere Koppel und Feldmützen zu holen.

Das schaffen wir auch ganz gut, doch als wir hinaus in die Kälte kommen, haut es uns fast um. Die Knie sind weich und versagen ihren Dienst, so daß wir große Mühe haben, wenigstens auf dem Bürgersteig zu bleiben. Während einige in Schlangenlinie mitten über die Straße torkeln, tasten sich die meisten an den Häusern und Zäunen entlang.

Auf jeden Fall kommen wir alle in der Schule an. Nur müssen wir nun in den ersten Stock, wo wir geschlafen haben. Das geht jedoch leichter als wir gedacht haben, denn wir empfinden die breite Steintreppe als weich und elastisch wie ein Trampolin und erreichen frohbeschwingt unseren Schlafsaal. Doch kaum haben wir uns erschöpft auf die Betten fallenlassen, da beginnt der Saal sich zu drehen wie ein Karussell.

Zudem drängt der Wein, den unser Magen gar nicht so schnell verkraften konnte und gerne wieder los sein möchte, mit aller Gewalt nach oben. Die Toiletten, auf denen man sich erleichtern kann, befinden sich allerdings in einem Nebengebäude auf dem Schulhof. Bis dahin ist es zwar ein weiter Weg, doch schaffen ihn die meisten ohne Zwischenfall.

Nur einer von uns hat lediglich das Podest zwischen Erd- und Obergeschoß erreicht, wo sich ein Zapfhahn mit einem halbrunden Ausguß darunter befindet. Dieses gußeiserne Becken versucht er zu umarmen, geht davor aber in die Knie und bekleckert nicht nur sich, sondern auch seine Umgebung mit einer Masse, die an einen kräftigen Blutsturz erinnert.

Als ich mein Frühstück und den Wein aus dem Leibe habe und erleichtert aus dem Nebengebäude im Hof zurückkomme, ist gerade der Kalfakter, der hier den Hausmeister spielt, dabei, den Delinquenten gehörig „zur Sau zu machen". Doch der Ärmste scheint überhaupt nicht mitzubekommen, was der Hausmeister überhaupt von ihm will. Während die Auseinandersetzung im Treppenhaus mit der nötigen Lautstärke weitergeführt wird, schleiche ich mich an den beiden vorbei in den Schlafsaal, wo schon eine ganze Reihe von uns schnarchend auf den Betten liegen.

Zum Mittagessen gehen die wenigsten, die meisten schlafen lieber ihren Rausch aus und möchten dabei auch nicht gestört werden. Ich selbst hole mir einen kräftigen Schlag Erbsensuppe und einen Kanten Kommißbrot von der Küche, weil mein Magen völlig leer ist und bereits rebellisch zu knurren beginnt. Nach dem warmen Essen fühle ich mich wieder richtig wohl, strecke mich auf meinem Bette aus und schlafe auch sofort ein.

Als ich dann mit den anderen geweckt werde, geht es bereits auf 17 Uhr zu. Nun müssen wir zügig unsere Sachen packen und zum Abmarsch vor der Schule antreten. Der Marsch zum Bahnhof gestaltet sich etwas schwierig, weil diejenigen, die noch schwach auf den Beinen sind, bei unseren Dreierreihen in die Mitte genommen und von den beiden Außenleuten gestützt werden müssen. Obwohl sich manche später nicht mehr daran erinnern können, wie sie zum Bahnhof gekommen sind, gelingt es uns, zur festgesetzten Zeit vollzählig zu erscheinen.

—

Pünktlich um 18.07 Uhr setzt sich unser Zug planmäßig in Bewegung. Zunächst geht es nach Norden über Lauterecken und Meisenheim nach Sobernheim, dann in südwestlicher Richtung über Kirn, Idar-Oberstein und Baumholder nach Ruschberg, wo unser Zug in der Nacht zum **Montag (02.10.1944)** um 1.15 Uhr ankommt. Hier soll nämlich die 1. Batterie der Heeresflakabteilung 281 stationiert sein.

Als wir uns vor dem Bahnhof ein wenig die Füße vertreten, nähert sich mitten in der Nacht ein Motorrad mit Beiwagen, in dem Oberleutnant Wilhelm, der Chef der 1. Batterie, sitzt. Er kommt gerade von einer Besprechung beim Abteilungsstab zurück und freut sich natürlich, seine zerstreuten Schäfchen wiederzusehen. Da um diese Zeit an Quartiermachen nicht zu denken ist, zeigt er uns einen Lagerschuppen, in dem wir den Rest der Nacht auf einem Strohlager verbringen können.

Da wir von der 1. Batterie bereits bei unserer angestammten Einheit sind, brauchen wir nicht erst zur Abteilung, um uns zurückzumelden. Das besorgt der Spieß für uns. Die Kameraden von der 2. und 3. Batterie dagegen verabschieden sich hier von uns und nehmen den Weg zu ihren Einheiten über die Abteilung.

Mit der Ankunft in Ruschberg geht nun meine Odyssee innerhalb der Division, bei der ich die „W 3", den Divisionsstab und die NA 228 kennengelernt habe, am 76. Tage zu Ende, und ich bin endlich wieder da, wohin ich gehöre. Mit der Heimkehr zur ursprünglichen Einheit endet aber auch das relativ ungebundene Leben mit vielen persönlichen Freiheiten, die bei den anderen Einheiten üblich waren.

Vor allem für uns Neulinge beginnt erst jetzt der Ernst des Soldatenlebens, denn die 1. Batterie der Heeresflakabteilung 281 ist eine Einheit, in der Zucht und Ordnung herrschen und keinerlei Schlamperei geduldet wird. Dafür sorgt der Spieß, Hauptwachtmeister Basedow. Das hat er uns zwar bereits bei unserem Eintreffen am 20. Juni 1944 in Ménerval unmißverständlich zu verstehen gegeben, doch sind seine Worte durch die danach folgenden Ereignisse ein wenig in Vergessenheit geraten.

Beim Morgenappell gibt es dann ein großes Wiedersehen mit alten Bekannten, denn nun sind alle Kameraden wieder da, mit denen ich im Funklehrgang war. Bei der Verteilung der Quartiere komme ich zusammen mit Walter Feikes zur Familie Karl Becker in das Haus Nummer 115, wo gestern bereits Martin Schmidt und Karl-Heinz Baumgart eingezogen sind.

Sie beklagen sich bitter über die Unhöflichkeit unserer Gastgeber, die gar kein Hehl daraus machen, daß sie uns nur ungern in ihrem Hause dulden und vor allem nicht damit einverstanden sind, daß Wehrmacht-Fahrzeuge auf ihrem Hof abgestellt werden, die Jabos anlocken könnten.

Dabei ist der Hausherr nicht einmal bei seiner Familie. Nach dem großen Hakenkreuz am Giebel des Hauses muß er wohl ein überzeugter Nazi sein, der sich vorsichtshalber „dünngemacht" hat, bevor der große Zusammenbruch kommt.

Mit den Frauen im Hause hat Martin bereits lautstark diskutiert und ihnen klargemacht, daß wir nicht zum Spaß hier sind und für ihre Sicherheit bereits unsere Knochen hingehalten haben. Er hat ihnen vorgehalten, daß sie sich schämen müßten, uns schlechter zu behandeln als es die Franzosen getan hätten, die durchweg höflich und verständnisvoll gewesen seien und uns nicht wie sie hier persönlich für den Krieg verantwortlich gemacht hätten, obwohl wir dort Besatzer und nicht wie hier Beschützer gewesen seien. Es könnte sich ja nicht jeder, wie offenbar der Hausherr hier, vor dem Fronteinsatz drücken! Zum Glück gebe es auch noch Leute, die ihr Vaterland verteidigen würden. Dabei hat er sich so in Rage gebracht, daß er ihnen für ihr mieses Verhalten sogar ein paar Bomben aufs Dach gewünscht hat.

Der Erfolg dieser Standpauke ist natürlich „totale Funkstille" zwischen den Gastgebern und uns. Doch wir tragen es mit Fassung, daß die Fronten geklärt sind, und loben Martin sogar dafür, daß er den Frauen ein paar Dinge gesagt hat, über die sie nun nachdenken können.

Beim Mittagsappell teilt uns der Spieß dann den Funktionsbereichen zu, für die wir ausgebildet worden sind. Dabei komme ich zusammen mit Walter Feikes zum „Meßtrupp II", während Martin und Karl-Heinz dem „Funktrupp" zugewiesen werden.

Hier können wir uns nun von der erstklassigen Ausrüstung der Batterie mit Fahrzeugen, Waffen und Geräten überzeugen. Doch nicht nur unsere Batterie, sondern die ganze Abteilung ist mit nagelneuem Gerät ausgestattet worden: Die beiden schweren Batterien haben als „Großkampfbatterien" je sechs 8,8 cm-Kanonen bekommen. Der „leichte Flaktrupp", der die Aufgabe hat, die Batterie vor Tieffliegern zu schützen, ist durch eine dritte 2 cm-Kanone zu einem „leichten Flakzug" erweitert worden.

Die Zugmittel des leichten Flakzugs, drei Steyr-Geländewagen – im Heeresjargon „Kfz 81" genannt – sind vollzählig vorhanden. Von den uns als Zugmittel für die 8,8 cm-Kanonen zustehenden sechs Achttonner-Raupenzugmaschinen sind allerdings erst vier geliefert worden. Die „Meßstaffel" ist vollständig ausgerüstet worden und verfügt über ein „Kommandogerät 40", das von einem Flak-Meßtrupp-Kraftwagen (MeßKw I) gezogen wird, auf dem außer dem Fahrer alle 13 Bedienungsmänner Platz finden, und über ein „Kommandohilfsgerät 35/37" mit einem „Kfz 74" (MeßKw II) als Zugmittel. Die „Nachrichtenstaffel" hat einen neuen Funkwagen und einen Planen-Lastwagen bekommen, der als Fernsprechwagen voll ausgerüstet worden ist.

Auch die Feuerkraft der 3. (leichten) Batterie ist erheblich verstärkt worden. Sie verfügt jetzt über drei 3,7 cm-Zwillingsgeschütze, drei 2 cm-Vierlingsgeschütze, neun 2 cm-Kanonen und einen schweren Maschinengewehrzug mit drei RSO-Schleppern (RSO = Raupenschlepper Ost) mit aufmontierten 13 mm-FlaMGs (Flugabwehrmaschinengewehren).

Alle Fahrzeuge, Geschütze und Geräte sind in ockerfarbener Grundierung geliefert worden und werden nun mit braunen und grünen Flecken bemalt, um die vorgeschriebene Tarnfärbung herzustellen. Einige Kameraden sind auch damit beschäftigt, das Windhundemblem und unser taktisches Zeichen „L 1" mit weißer Farbe auf die Fahrzeuge zu malen. Eigentlich hätte es dem Chef der 1. Batterie zugestanden, daß der Anfangsbuchstabe seines Namens hierzu verwendet würde, doch angeblich gab es in der Division schon einmal das „W", so daß Hauptmann Lutz, der Chef der 2. Batterie, mit dem Anfangsbuchstaben seines Namens auf allen Fahrzeugen der Abteilung verewigt wird: „L 1" = 1. Batterie, „L 2" = 2. Batterie, „L 3" = 3. Batterie der Heeresflakabteilung 281.

Wir sind nicht nur froh, wieder bei unserer alten Einheit zu sein, sondern auch mächtig stolz auf unsere Ausrüstung und Bewaffnung, an der man uns nun endlich auch nach außen als Heeresflak erkennen kann. Sämtliche Geschütze sind in der Nähe des Dorfes in Stellung gebracht worden und feuerbereit. Sie stellen eine enorme Feuerkraft dar, so daß wir gegen Luftangriffe jeder Art kaum besser gerüstet sein könnten. Auch Martin und Karl-Heinz sind ganz begeistert von ihrem neuen Funkwagen mit den modernsten Geräten, die es zur Zeit gibt.

Luftschutzeinsatz und als „bewegliche Reserve" hinter der Rur-Front

Am **11. September 1944** überschritt ein Spähtrupp der 1. US-Armee um 18.55 Uhr bei Stolzenberg in Luxemburg nördlich von Trier unbehelligt die deutsche Reichsgrenze, und damit betraten die ersten US-Soldaten deutschen Boden. Weil die alliierten Truppen das Deutsche Reich nun unmittelbar bedrohten, war man auf deutscher Seite vor allem darauf bedacht, die eigenen Streitkräfte, die durch die Flucht aus Frankreich in Unordnung geraten waren, zu reorganisieren und erfolgreich eine Front entlang der Landesgrenze aufzubauen.

Die Gesamtstärke der Heeresgruppen B (im Norden) und G (im Süden) betrug nominell zwar 66 Divisionen, doch waren davon nur 18 voll kampffähig. Hinter dieser Kampffront wurde auch der von der Schweizer Grenze bis nördlich von Aachen reichende Westwall als Verteidigungsanlage instandgesetzt. Dabei waren die Kampfverbände der 116. Panzerdivision am Ende des Westwalls nordöstlich von Aachen stationiert und konnten einen Durchbruch der Amerikaner nördlich von Aachen verhindern.

Als die Alliierten am 17. September im Raum Arnheim/Nimwegen/Eindhoven 35.000 Fallschirmjäger absetzten, um die Rheinbrücken zu besetzen, beteiligten sie sich an der Zerschlagung dieser Truppen, die am 25. September kapitulieren mußten, wurden am 9. Oktober von dort abgezogen und in den Raum von Aachen zurückverlegt und konnten in schweren Kämpfen bei Würselen die Abschnürung der Stadt noch einmal verhindern.

Im **August/September 1944** ist die Heeresflakabteilung 281 als letzte Einheit der Division mit Fahrzeugen, Waffen und Geräten neu ausgerüstet worden, und bis zum **1. Oktober 1944** sind auch alle Soldaten, die auf Lehrgängen waren oder beim Rückzug aus Frankreich bei anderen Einheiten der 116. Panzerdivision mitgefahren sind, zur alten Einheit zurückgekehrt, die nun im Nordpfälzer Bergland zwischen Glan und Nahe stationiert ist.

Ebenso kehrten auch die anderen Soldaten, die bei der Divisionsstabsbegleitkompanie waren, zu ihren ursprünglichen Einheiten zurück. Damit war diese zunächst als reine Wachkompanie geführte Einheit praktisch aufgelöst und wurde am **23. September 1944** über das Feldersatzbataillon durch eine echte Kampfeinheit, nämlich eine überstarke Kompanie aus erfahrenen Führern und Männern, ersetzt, die aus zwei Schützenzügen, einem 2 cm-Flakzug, einem schweren MG- und Granatwerferzug, einem Erkundungszug, einem 7,5 cm-Pakzug und einigen Pionieren bestand.

Bei der Heeresflak sind alle drei Batterien zu Großkampfbatterien aufgebaut worden und ihre Geschütze zwischen Feldberg und Faulenberg in Stellung gegangen.

Die 1. Batterie ist in Ruschberg einquartiert und hat ihre Feuerstellung am Ortsrand eingerichtet. Die Einheit unterhält hier ganz normalen Dienstbetrieb mit Unterricht, Geschütz- und Geräteexerzieren, sowie Wachdienst in der Feuerstellung und als Ortsstreife. Daneben werden bei Bedarf auch regelmäßig Soldaten zur Erntehilfe zu den Bauern geschickt.

Im Haus Nummer 115 sind wir vier alten Bekannten aus der Zeit der Grundausbildung in Hamm einquartiert: Martin Schmidt und Karl-Heinz Baumgart, die zum Funktrupp gehören, sowie Walter Feikes und ich als Angehörige des Meßtrupps II. – Nach den Turbulenzen der letzten Wochen sind wir froh, wieder bei unserer alten Truppe zu sein, obwohl hier eine ganz andere Disziplin herrscht als in manchen Einheiten, bei denen wir zu Gast waren. Zudem haben wir den Eindruck, daß wir hier einen sinnvollen Dienst verrichten, wenn uns auch nicht recht klar ist, welchen Auftrag die Abteilung eigentlich hat. Ist sie hier zur Unterstützung der blauen Flak bei der Flugabwehr bestimmt, oder liegen wir in Bereitschaft für künftigen Fronteinsatz? Das ist die Frage, die uns beschäftigt, aber von niemandem beantwortet wird. Wir sind nämlich noch nicht in den Divisionsverband zurückgekehrt, sondern es scheint so, als sollten sich vor allem die vielen Neuen an unsere Einheit gewöhnen, bevor wir zum wirklichen Fronteinsatz kommen. Also genießen wir die ruhigen Tage in Ruschberg so gut es geht und warten einfach ab, was auf uns zukommt.

—

Obwohl wir vier innerhalb der Batterie ganz unterschiedliche Funktionen haben, werden wir wie alle anderen Batterieangehörigen auch daneben zum allgemeinen Wachdienst eingesetzt.

Meine erste Ortswache habe ich bereits in der Nacht vom Freitag auf Samstag, so daß ich noch recht müde bin, als ich am **Samstagmorgen (07.10.1944)** mit fünf Kameraden dazu abkommandiert werde, dem Bauern aus Haus Nummer 4 beim Dreschen zu helfen. Doch bei der Arbeit, an der auch junge Frauen und Mädchen beteiligt sind, geht es so munter zu, daß die Müdigkeit schon bald verfliegt.

Mittags gibt es dann einen zünftigen Bohneneintopf mit Einlage, und als wir nachmittags die Arbeit vollendet haben, findet ein allgemeines Kaffeetrinken mit selbstgebackenem Zwetschgenkuchen statt. Obwohl sich bei den vielen Helfern kaum jemand über Gebühr anstrengen mußte, bedankt sich die Familie in aller Form für unsere Mithilfe, und wir Soldaten werden wegen unseres fleißigen Einsatzes von der Bäuerin noch besonders gelobt. So kehren wir nach getaner Arbeit frohbeschwingt und im Bewußtsein, ein gutes Werk getan zu haben, in unsere Quartiere zurück.

Am **Sonntagabend (08.10.1944)** habe ich ab 18 Uhr Wache in der Feuerstellung. Dabei kann ich einen Kometen beobachten, der wie angekündigt pünktlich um 19.30 Uhr am Himmel erscheint. Dies ist der erste Komet, den ich überhaupt bewußt sehe, und ich bin ziemlich enttäuscht, weil ich ihn mir viel größer und leuchtender vorgestellt hatte.

—

Meine Wache endet am **Montagmorgen (09.10.1944)** um 6 Uhr, so daß ich zunächst frei habe, aber ab 10 Uhr mit dem Unterricht über das indirekte Richtverfahren wieder am normalen Dienstbetrieb teilnehmen muß, der für den Nachmittag Geräteexerzieren vorsieht.

Wir vom „Meßtrupp II" üben dabei mit dem Kommandohilfsgerät 35/37, ohne daß allerdings die Geschütze angeschlossen sind. Das macht zwar weniger Spaß, doch die 8,8 cm-Kanonen sind mit dem Kommandogerät 40 verbunden und müssen ständig feuerbereit gehalten werden.

—

Am **Dienstag (10.10.1944)** haben wir vormittags mit dem „Meßtrupp I" zusammen Gerätelehre. In diesem als Ergänzung zur praktischen Übung gedachten theoretischen Unterricht werden Aufbau, Funktion und die Unterschiede der beiden Feuerleitgeräte (Kommandogerät 40 und Kommandohilfsgerät 35/37) durchgenommen.

Nachmittags ist allgemeines Waffen- und Gerätereinigen. Zwischen den einzelnen Dienstverrichtungen bleibt uns aber reichlich freie Zeit, um Briefe zu schreiben oder auch zum Unterhalten oder Kartenspielen.

—

Für die Nacht zum **Mittwoch (11.10.1944)** bin ich zur Ortsstreife eingeteilt. Obwohl mein Wachdienst erst um 6 Uhr endet, lasse ich mich nicht davon abhalten, mich bei Tage an der Kartoffelernte für Haus Nummer 40 zu beteiligen. Allerdings schließe ich mich erst um 10 Uhr der Gruppe an und helfe beim Auflesen und Einsacken der Kartoffeln. Auch hier sind wieder zwei Töchter und einige Mädchen aus der Nachbarschaft beteiligt, so daß uns die Arbeit richtig Spaß macht, ganz abgesehen davon, daß wir ganz ausgezeichnet verpflegt werden.

Abends wird der Bahnhof von Idar-Oberstein von Jagdbombern angegriffen. In den Spätnachrichten im Radio hören wir, daß es drei Tote, zahlreiche Verletzte und erhebliche Gebäudeschäden durch Splitterbomben gegeben hat. Obwohl die Stadt rund zehn Kilometer von uns entfernt liegt, konnten wir von hier aus die Flugzeuge bei ihren Operationen beobachten und die dumpfen Detonationen ihrer Bomben hören.

Am **Donnerstagmorgen (12.10.1944)** greifen vier Tiefflieger vom Typ „North American P-51 Mustang" den Bahnhof von Ruschberg mit Bomben und Raketen an und beschießen mit ihren 12,7 cm-Maschinengewehren einen dort gerade eingelaufenen Personenzug.

Obwohl unsere 3. Batterie die Angreifer sofort unter Beschuß nimmt, sobald sie in ihre Reichweite kommen, kann sie die Maschinen erst vertreiben und von weiteren Angriffen abhalten, als sie ihr Zerstörungswerk bereits begonnen haben. Im Zuge und auf dem Bahnhof hat es Tote und Verletzte gegeben.

—

Da das schöne Wetter anhält, kommt am **Freitagnachmittag (13.10. 1944)** der Bahnhof von Birkenfeld an die Reihe.

Dieses Mal sind es 16 Jagdbomber vom Typ „Republic P-47 Thunderbolt", die bis zu 1.175 Kilogramm Bombenlast oder zehn Raketen mitführen können und je nach alter oder neuer Bauart mit sechs oder acht 12,7 mm-Maschinengewehren ausgerüstet sind. Die Angreifer haben offensichtlich keine Raketen an Bord, denn sie werfen lediglich Bomben ab und beharken alles, was sich am Boden bewegt, mit ihren Bordwaffen.

Der Birkenfelder Bahnhof ist zwar nur zehn Kilometer von Ruschberg entfernt, dennoch gelingt es den Jabos, außerhalb der Reichweite unserer schweren und mittleren Geschütze zu bleiben.

Welchen Schaden die Flugzeuge angerichtet haben, erfahren wir nicht. Der Angriff wird nicht einmal in den Abendnachrichten erwähnt, obwohl, nach der Zahl der abgeworfenen Bomben zu urteilen, erhebliche Zerstörungen angerichtet sein müssen.

—

In der Nacht zum **Sonntag (15.10.1944)** habe ich wieder Wache in der Feuerstellung, die ohne besondere Vorkommnisse verläuft.

—

Beim Frühappell am **Montagmorgen (16.10.1944)** gibt dann der Spieß bekannt, daß unsere inzwischen materiell und personell vollständig ausgerüstete Abteilung nun wieder in den Verband der Division zurückkehren und zusammen mit dem Artillerieregiment 146, das sich bereits im Raum von Jülich befindet, an der südholländischen Grenze eingesetzt werden soll. Beim Mittagsappell gibt er bereits die Fahrtroute bekannt und weist darauf hin, daß die Abfahrt auf **Dienstagmorgen (17.10.1944)** um 5 Uhr festgelegt ist. Der Nachmittag ist dienstfrei, damit wir in Ruhe unsere Sachen packen können.

Um 5 Uhr stehen dann auch die Fahrzeuge bereit, doch es dauert noch eine halbe Stunde, bis wir in den trüben Tag hinein tatsächlich losfahren.

Es ist das erste und einzige Mal, daß ich eine komplette Flakbatterie „in Marschordnung" erlebe. Vorweg fährt der Batterietrupp mit dem Chef (Oberleutnant Wilhelm), dem Batterieoffizier (Leutnant Werthmann), zwei Kradmeldern und einem 2 cm-Geschütz als Deckung. Dann folgt die Nachrichtenstaffel mit dem Funk- und Fernsprechwagen, anschließend kommen wir von der Meßstaffel mit dem Meßtruppwagen I und angekoppeltem Kommandogerät auf einem Sonderanhänger und dem Meßtruppwagen II mit dem Kommandohilfsgerät dahinter. Uns folgen dann die Geschützstaffel mit sechs Zugmaschinen und angehängten 8,8 cm-Kanonen und den beiden restlichen 2 cm-Geschützen vom leichten Flakzug. Den Geschützen folgen die beiden LKWs der Munitionsstaffel, und das Ende der Kolonne bildet der Gefechtstroß mit der Feldküche, dem Fourierwagen und einem Kradmelder als Schlußlicht.

Zunächst fahren wir über Baumholder nach Idar-Oberstein, dann durch das Nahetal über Fischbach und Kirn nach Dhaun, von dort auf einer sehr kurvenreichen Straße durch den Soonwald nach Gemünden, dann über Dickenscheid nach Kirnberg, und nach kurzem Aufenthalt weiter durch Simmern nach Laubach im Hunsrück, wo wir gegen 9 Uhr eintreffen, so daß wir die knapp 80 Kilometer lange Strecke in etwa 3 ½ Stunden bewältigt haben.

Hier in Laubach gibt es einen längeren Aufenthalt. Es sind nämlich nicht alle Fahrzeuge mitgekommen. Einige sind aus irgendwelchen Gründen aus dem Verband ausgeschert und werden hier erwartet, denn die Batterie möchte die Weiterfahrt als geschlossener Verband fortsetzen.

Da nicht abzusehen ist, wie lange es dauern wird, bis die Batterie wieder komplett ist, werden Quartiere zugewiesen und Wachen aufgestellt. Mit Walter Feikes zusammen werde ich bei Familie Alfred Höntze, Haus Nummer 41, einquartiert und muß auch mit ihm am Abend die Ortsstreife übernehmen.

—

In Laubach verbringen wir zwei Tage und zwei Nächte, dann ist die Batterie wieder vollzählig, und am **Donnerstag (19.10.1944)** geht es weiter.

Um 6 Uhr morgens ist die Abfahrt zur Hunsrück-Höhenstraße, die wir von Kastellaun bis Koblenz benutzen. Dann fahren wir am Rhein entlang durch Weißenthurm und Andernach und biegen hinter Brohl ab nach Gönnersdorf, das rund fünf Kilometer vom Rhein entfernt ist. Hier beziehen wir ein Massenquartier in einer Schule, in dem wir trotz aller Unbequemlichkeit bis zum Wochenende ausharren müssen.

Erst am **Samstagnachmittag (21.10.1944)** um 17 Uhr brechen wir auf, kehren bei Brohl an den Rhein zurück und fahren bis Sinzig, wo wir in das Ahrtal einbiegen. Über Bad Neuenahr, Rheinbach und Euskirchen kommen wir nach Wichterich, etwa sieben Kilometer nördlich von Euskirchen.

Hier werde ich zusammen mit Martin Schmidt bei einer alten Dame einquartiert: „Fräulein" Walburga Mahlberg, Hermann-Göring-Straße 46. Bei ihr übernachten wir dreimal und haben außer dem Wachdienst nichts weiter zu besorgen, so daß uns viel freie Zeit bleibt. Diese nutzt Martin weidlich dazu aus, unsere Gastgeberin durch seinen Charme um den Finger zu wickeln, wie der Volksmund sagt. So ergibt es sich ganz selbstverständlich, daß sie für uns kocht und abends Bratkartoffeln macht, und wir in familiärer Atmosphäre ein angenehmes Wochenende erleben.

—

Beim Frühappell am **Montagmorgen (23.10.1944)** erfahren wir dann, daß wir in der kommenden Nacht um 3 Uhr weiterziehen werden.

Um 2 Uhr lassen wir uns von unserer Gastgeberin wecken, trinken noch schnell eine Tasse Kaffee und eilen dann zu unseren Fahrzeugen. Und tatsächlich kommt Punkt 3 Uhr der Befehl: *„Batterie marsch!"*

Die Motoren werden angelassen, und die Batterie setzt sich in gewohnter Reihenfolge in Bewegung. Wir fahren über Zülpich und Düren nach Altenburg, vier Kilometer vor Jülich.

Die 40 Kilometer bis dorthin schaffen wir trotz abgeblendeter Beleuchtung in gut einer Stunde, so daß wir, wie geplant, noch vor Tagesanbruch an unserem Zielort ankommen. Die Fahrzeuge und Geschütze werden je nach Deckungsmöglichkeit in Scheunen oder unter Bäumen abgestellt, dann werden uns die Quartiere zugewiesen, die wir aber nicht vor 8 Uhr aufsuchen dürfen, um die Bewohner nicht unnütz zu stören.

Wieder fügt es sich so, daß ich mit Martin Schmidt zusammen in ein Quartier komme, und zwar wohnen wir dieses Mal bei Witwe Agnes Reinartz im Haus Nummer 27. Da die alte Dame rheinischen Dialekt spricht, ist Martin richtig in seinem Element. Er bringt die gute Frau nicht nur dazu, uns Bratkartoffeln mit Spiegeleiern zu servieren, sondern macht ihr auf Kölsch Platt die tollsten Komplimente und nimmt die kleine Frau, die glatt unter seinem ausgestreckten Arm hindurchgehen könnte, bei jeder sich bietenden Gelegenheit in den Arm und nennt sie nur noch *„Tant Nies"* („Tante Agnes"). Dadurch fühlt sich die alte Dame wohl wie unsere Großmutter. Jedenfalls spricht sie abends, wenn wir uns zum Schlafen auf die flachen Matratzen auf dem Fußboden niedergelegt haben, einen Segen über uns. Martin lästert zwar darüber, wenn sie das Zimmer verlassen hat, aber wer von unserer Einheit bekommt in diesen Tagen vor dem Einschlafen schon einen mütterlichen Segen?

Während wir unterwegs waren, waren die kampffähigen Einheiten unserer Division bei Würselen in schwerste Kämpfe verwickelt und sind nun aus der Front zurückgezogen worden.

In einer zusammenfassenden Meldung, die in der Nacht zum 23. Oktober an das LXXXI. Armeekorps gerichtet wurde, heißt es:

„Die 116. Panzerdivision wurde am 11.10.44 nach vorangegangenen achttägigen harten Angriffs- und Abwehrkämpfen im Raume von Nijmegen–Arnheim nach rund 200 Kilometern Marsch im Kampfraum Aachen zum Angriff gegen den aus Nordwesten zur Abschneidung der Stadt Aachen angreifenden Feind eingesetzt.

In zwölftägigen ununterbrochenen harten Angriffs- und Abwehrkämpfen bei stärkstem feindlichem Artilleriefeuer und feindlicher Luftherrschaft gelang es der Division, im Raum Würselen alle feindlichen Durchbruchsversuche im Abschnitt der Division zum Teil im Nahkampf in den Trümmern der Stadt zu verhindern. Feindliche Einbrüche wurden stets durch sofortige Gegenstöße oder Gegenangriffe bereinigt.

Bei erheblichen eigenen personellen Ausfällen hatte infolge rücksichtsloser Anwendung von Faustpatronen und Nahkampfmitteln durch eigene Truppe der Feind im Häuserkampf sehr hohe blutige Verluste, die den Einsatz jungen unerfahrenen Ersatzes notwendig machten.

In der Zeit vom 11. bis 20.10.44 wurden abgeschossen bzw. vernichtet: 11 Stellungen Feindpak, 29 Feindpanzer, 1 Feindpanzer schwer beschädigt, 1 Jabo, 2 Bomber, 1 Jabo in Brand geschossen.

Es wurden eingebracht 120 Gefangene. Die Zahl der Toten beträgt das Vierfache (an einem Tage wurden durch 2 Scharfschützen 53 Amerikaner im gezielten Schuß erledigt, an anderer Stelle wurden 75 Tote gezählt).

Durch Gefangenenaussagen sind die hohen blutigen Verluste bestätigt."

Nach der Wochenmeldung mit Stand vom 21.10.1944 besaß die Division zwei mittelstarke, zwei durchschnittliche und ein schwaches Bataillon, dazu unterstellt das schwache Füsilierbataillon 246. An Pak und Panzern waren einsatzbereit: acht Panzerabwehrkanonen, acht eigene und 19 unterstellte Panzerjäger bzw. Sturmgeschütze, sechs Panzer IV, 18 eigene und sechs unterstellte Panther bzw. Jagdpanther. Die Artillerie besaß am 22.10. drei leichte und zwei schwere Batterien mit insgesamt 18 Rohren.

Am 23. Oktober meldete das Generalkommando des LXXXI. Armeekorps als Absicht: *„Die 116.Panzerdivision wird z.Zt. herausgelöst, um zunächst als bewegliche Reserve des Generalkommandos im Raum westlich von Jülich so bereitgestellt zu werden, daß sie sowohl gegen den voraussichtlichen Feindangriff aus dem Raume Alsdorf als auch gegen Stolberg eingesetzt werden kann."*

Am **Mittwoch (25.10.1944)** besuchte der Oberbefehlshaber der Heeresgruppe B, Generalfeldmarschall Model, den Divisionsstab in Altdorf südlich von Jülich und ließ sich eingehend über die Kämpfe, die Verluste, den Zustand der Division und über das Verhalten des Feindes berichten. Er sprach der Division für die erbrachten Leistungen seine besondere Anerkennung aus und sagte Hilfe bei der vorgesehenen Auffrischung der Truppe zu, wies aber auch darauf hin, daß es die Lage erfordere, so schnell wie möglich wieder einsatzfähig zu werden.

Und nun ist auch die Heeresflakabteilung 281 bei Jülich eingetroffen und wird am 26. Oktober offiziell wieder in den Verband der Division aufgenommen, die damit wieder alle ihr zustehenden Truppenteile besitzt.

—

Am **Samstagnachmittag (28.10.1944)** findet eine Besprechung aller Kommandeure der Division statt und abends wird ergänzend zum Wehrmachtsbericht gemeldet: *„Die 116. Panzerdivision unter Führung von Oberst von Waldenburg hat in harten Kämpfen im Raum nördlich von Aachen alle feindlichen Durchbruchsversuche zerschlagen und dem Feind in tapferen und geschickten Gegenangriffen hohe Verluste zugefügt."*

Auch unser Abteilungskommandeur, Hauptmann Alfred Beug, hat an der Besprechung in Altdorf teilgenommen und bringt uns den Divisionstagesbefehl Nr. 17 vom **25.10.1944** mit, nach dem alle, die im Zuge der Auffrischung zur Division gekommen sind, vor ihrem Fronteinsatz das Windhundabzeichen erhalten sollen. Die Berechtigung zum Tragen des Abzeichens soll in den Soldbüchern vermerkt werden. In unserer Batterie wird sie in Form eines Vermerks auf einem besonderen Zettel erteilt, der vorne in das Soldbuch eingeklebt wird.

—

In der Nacht zum **Sonntag (29.10.1944)** sucht ein Melder alle Quartiere auf und gibt bekannt, daß für 2 Uhr Stellungswechsel vorgesehen ist.

Da wir inzwischen schnellen und plötzlichen Ortswechsel gewohnt sind, sind alle Fahrzeuge schnell fahrbereit, so daß die ersten wirklich Punkt 2 Uhr Altenburg verlassen können. Wir fahren über Jülich, Linnich, Baal, Erkelenz und Wegberg hinauf nach Petersholz, etwa einen Kilometer südlich von Arsbeck und bewältigen die gut 40 Kilometer lange Strecke, die weitgehend über kleine Landstraßen führt, auch im Dunkeln in gut zwei Stunden.

Der Kampfauftrag für unsere Abteilung sieht vor, daß wir hier hinter der HKL (Hauptkampflinie) den Luftschutz übernehmen. Dazu werden die Geschütze und das Kommandogerät noch vor Tagesanbruch in Stellung gebracht. Meßtrupp I und II werden gemeinsam in einem verlassenen Stallgebäude einquartiert. Während des Sonntags herrscht trübes Wetter, so daß wir die leichten und schweren Geschütze in Ruhe aufstellen und tarnen können.

Während man in der Nähe von Jülich zeitweise Kampfgeräusche wie fernes Grollen, Artillerieduelle oder einzelne Detonationen von der Front hören konnte, ist es hier ruhig. Vermutlich werden aber bei klarem Himmel hier wie dort wahrscheinlich ganze Pulks von Jagdbombern am Himmel sein. Für heute ist allerdings nicht mit ihnen zu rechnen.

—

Dafür gibt es am **Montag (30.10.1944)** eine sehr unliebsame Überraschung, mit der niemand gerechnet hatte. Beim Frühappell gibt der Spieß nämlich bekannt, daß unsere Batterie nach dem zur Zeit geltenden Verteilerschlüssel personell überbesetzt ist und 25 Mann an die Panzergrenadierregimenter 60 und 156 abgegeben werden müssen.

Diese Mitteilung fährt uns wie ein Schock in die Glieder. Wir haben uns kaum in unserer Batterie eingelebt, kennen unsere Funktionen und beginnen gerade, uns als Flakartilleristen wohlzufühlen, und da kommt eine Meldung, die uns im Tiefsten trifft und zum Zittern bringt. Denn wer möchte schon gerne von der Artillerie zur Infanterie versetzt werden?

Doch es gibt kein langes Rätselraten darüber, wer wohl zu den Panzergrenadieren abgestellt wird, denn der Spieß hat bereits eine Liste mit den Namen von Leuten mitgebracht, die ihm irgendwann einmal unangenehm aufgefallen sind. So sind beispielsweise zwei Obergefreite dabei, die sich zweimal hintereinander in einem „Quartier mit Tochter" verlobt haben, obwohl, wie die Feldpost ausweist, zu Hause bereits eine Braut auf sie wartet.

Während dieser Kelch an mir vorübergeht, trifft mich die zweite Meldung des Tages fast ebenso hart. Im Zuge der Personalverringerung wird nämlich das Kommandohilfsgerät außer Dienst gestellt und der Meßtrupp II ersatzlos aufgelöst. Die E-Messer und älteren Kameraden kommen als Ersatzleute zum Meßtrupp I, wir Jüngeren werden der Geschützstaffel zugewiesen.

Damit verliere ich meinen festen Platz in der Batterie, und es nützt mir auch nichts, daß ich als „B 14, 15 oder 16" beim Kommandogerät einspringen könnte, falls die Automatik einmal ausfallen und fernmündliche Datenübertragung an die Geschütze erforderlich werden sollte. Denn bei keiner der sechs Geschützbedienungen sind die vorgeschriebenen neun Kanoniere vollzählig vorhanden. Vielmehr sind es meistens nur sieben oder acht Mann, weil mit den zusätzlichen beiden Geschützen keine kompletten Bedienungen zur Batterie gekommen sind. Darum verstehen wir es auch nicht, wieso unsere Batterie personell überbesetzt sein soll.

Vermutlich reichen die Neuzugänge über das Feldersatzbataillon nicht aus, um die hohen Verluste bei den Kampfeinheiten auszugleichen, so daß man den Stellenschlüssel einfach herabgesetzt hat, um die dann entbehrlichen Leute aus anderen Einheiten den Kampfverbänden zuzuführen.

Dieses Schicksal bleibt mir zwar erspart, aber ich bin ja schließlich nicht für die Geschützstaffel ausgebildet worden und komme nun trotzdem als „K 8" (Munitionskanonier) zum B-Geschütz, wo ich als Einstand gleich an der ersten nächtlichen Stellungswache beteiligt werde.

—

Beim Frühappell am **Dienstag (31.10.1944)** kommt anläßlich des Reformationstages der Divisionspfarrer zu uns, um in der Feuerstellung einen Feldgottesdienst abzuhalten. Dazu lädt er alle, die nicht in Bereitschaft bleiben müssen und an den Geschützen entbehrlich sind, in eine nahegelegene Scheune ein.

Es ist nach meinem Verständnis kein vollständiger evangelischer Gottesdienst, denn er besteht nur aus einer Ansprache, die von ein paar Liedern und Gebeten eingerahmt wird. Sinn und Zweck dieser Veranstaltung ist wohl weniger die geistige Erbauung, als uns auf den bevorstehenden Fronteinsatz vorzubereiten, der für mich und viele andere der erste Einsatz überhaupt ist. Das schließen wir vor allem daraus, daß der Pfarrer im Anschluß daran bis zum Mittagessen noch für private Gespräche zur Verfügung steht.

Nachmittags werde ich dann vom Geschützführer in meine neuen Aufgaben eingewiesen. Zwar habe ich, wie alle anderen auch, während der Rekrutenzeit eine Grundausbildung am Geschütz erhalten. Doch damals ging es mehr darum, für die spätere Besichtigung das Auf- und Abprotzen der Kanone in Rekordzeit zu üben. An einem Übungsschießen habe ich niemals teilgenommen, denn bei der optischen Erprobung, die im Dezember 1943 in Dänemark stattfand, war ich als Sprecher für die Seiteneinstellung („B 12") am Kommandohilfsgerät eingesetzt.

Jetzt aber werden mir die Funktionen der Bedienungsleute in allen Einzelheiten erklärt, nämlich: „K 1" = Richtkanonier für die Höhe, „K 2" = Richtkanonier für die Seiteneinstellung, „K 3" = Ladekanonier, „K 4" und „K 5" = Hilfskanoniere des Ladekanoniers, welche die Patronen auf Haardecken neben der Zündstellmaschine bereitlegen und abwechselnd dem „K 7" zureichen, „K 6" = Bediener der Zündstellmaschine, der als einziger einen Sitzplatz am Geschütz hat, für die richtige Zündereinstellung sorgt und die Schwungmasse in der Zündstellmaschine in Bewegung hält, wobei er mit jeder Hand eine Kurbel in verschiedener Richtung dreht, „K 7" = Hilfskanonier des Ladekanoniers, der die Patronen mit kräftigem Druck in die Töpfe der Zündstellmaschine einsetzt und nach erfolgter

Zündereinstellung herauszieht und dem „K 3" übergibt, „K 8" und „K 9" = Munitionskanoniere, die dem „K 4" und „K 5" die Munition anreichen, die sie den rund um das Geschütz aufgestapelten Munitionskörben entnehmen. – Der wichtigste Mann der Geschützbedienung ist dabei der „K 3", der an seinem ledernen Handschuh sofort zu erkennen ist. Sobald am Geschütz die Feuerglocke ertönt, muß er eine Patrone ins Rohr schieben und mit dem Abklingen des Signals den Schuß auslösen. Auf ihn kommt es an, daß beim Gruppenfeuer sämtliche Geschütze zur gleichen Zeit schießen.

Um die am Geschütz fest eingebaute Zünderstellmaschine zu entlasten, werden die Zünder an den Patronen, die zum Einsatz kommen sollen, vorgestellt. Damit man die Zünderstellung erkennen kann, gibt es am Geschoßkopf eine kreuzförmige Markierung, von der aus die Zünderstellung in „Grad vom Kreuz" angegeben wird. Für die Luft- und Fernzielbekämpfung werden die Zünder auf 60° vom Kreuz, für die Nahziel- und Tieffliegerbekämpfung auf 15° vom Kreuz vorgestellt, und zwar nicht bei einzelnen Patronen, sondern bei mindestens den drei Patronen, die nebeneinander in einem geflochtenen Munitionskorb stecken.

Die Körbe dienen nämlich nicht nur dem Transport der Munition, sondern auch ihrer Lagerung am Geschütz. Hier werden rund um die Kanone vier bis sechs Stapel zu je drei oder vier Körben aufgebaut, wobei die Körbe mit den Nahkampfpatronen besonders – meistens durch einen grünen Farbstreifen – gekennzeichnet werden. Kommen diese Patronen beim Fernbeschuß versehentlich in die Zünderstellmaschine, so reicht deren Schwungmasse nicht aus, um den Zünder um mehr als zehn Grad weiterzudrehen, und statt einer Entfernung von fünf oder sechs Kilometern werden beispielsweise nur wenige hundert Meter eingestellt.

Vorerst aber raucht mir der Kopf von den vielen Informationen, die ich in kurzer Zeit verinnerlichen soll. Doch stehen mir hierbei der Geschützführer und die anderen Leute von der Bedienung hilfreich zur Seite, zu denen ich aus dem Stall, wo immer noch der erweiterte Meßtrupp liegt, umgezogen bin.

—

Sie haben sich im Nebengebäude eines Bauernhofes recht gemütlich eingerichtet und halten sich auch am **Mittwoch (01.11.1944)**, der ohne besondere Vorkommnisse verläuft, den ganzen Tag über für Rückfragen bereit. Außerdem kann ich auch alles noch einmal im *„Handbuch für den Flakartilleristen"* nachlesen.

Am **Donnerstag (02.11.1944)** wird es dann aber ernst, und ich bekomme den ersten Eindruck von der Flak im Einsatz, sozusagen meine „Feuertaufe" am Geschütz. – Gegen 14 Uhr, am hellichten Tage, werden ins Reichsgebiet einfliegende feindliche Bomberverbände gemeldet.

Fast gleichzeitig mit dem Wahrnehmen der Motorengeräusche ertönt in der Batterie der Warnruf „*Fliegeralarm!*", und alle Kanoniere nehmen an den Geschützen unverzüglich ihre Positionen ein.

Kurz darauf ertönt das Kommando „*Gruppenfeuer frei!*", und schon schrillen die Feuerglocken an den Geschützen. Im Nu sitzen zwei Patronen im Zünderstelltopf, der „K 7" reißt die erste heraus und übergibt sie dem „K 3". Der schiebt sie ins Rohr und zieht beim Abklingen der Glocke den Abzug. – Fast wie auf einen Schlag geht die erste „Gruppe" aus sechs Granaten zischend in die Luft.

Im selben Tempo, mit dem die Gruppen aufeinanderfolgen, muß ich den „K 4" und „K 5" abwechselnd mit neuen Patronen aus den Körben versorgen. Damit bin ich derart beschäftigt, daß ich nicht einmal nach oben blicken kann, um den Bomberstrom zu sehen. So höre ich nur, wie der Geschützführer sagt, daß es „Avro Lancaster"-Bomber sind, die auf etwa 6.500 Meter Höhe fliegen.

Während die Maschinen oben vorbeifliegen, schrillt die Feuerglocke immer wieder, und Gruppe auf Gruppe zischt in die Luft. Da das Geschütz mit dem Rohr den Maschinen folgen muß, dreht es sich auf seiner Kreuzlafette, so daß ich ständig über die Holme springen muß, um „K 4" und „K 5" zügig zu bedienen.

Dabei entnehme ich in der Aufregung auch eine Patrone aus einem Korb für Nahkampfmunition. Als ich es bemerke, ist der Fehler nicht mehr gutzumachen. Die Patrone ist bereits von Hand zu Hand gegangen, im Zünderstelltopf und schließlich im Kanonenrohr gelandet. Bevor sie abgefeuert wird, sind schon weitere Patronen nach ihr den gleichen Weg gegangen, und ich überlege, wie ich meinen Fehler vertuschen kann.

Ohne daß es bei der allgemeinen Anspannung jemand bemerkt, fülle ich den Korb schnell mit einer Patrone aus einem anderen Korb wieder auf, die ich später dann mit dem Zünderstellschlüssel wieder passend einstellen will. Trotzdem habe ich ein sehr mieses Gefühl und mir wird vor Erregung abwechselnd heiß und kalt.

Als endlich das Kommando „*Feuer einstellen!*" kommt, bin ich nicht nur wegen der ungewohnten körperlichen Anstrengung schweißgebadet. Vor allem muß ich mir den Stapel merken, in dem die ausgetauschte Granate liegt, deren Zünder ich bei nächster Gelegenheit von 60° auf 15° vom Kreuz zurückstellen muß.

Im Augenblick aber kommt es nur darauf an, ein möglichst unbefangenes Gesicht aufzusetzen, damit erst gar kein Verdacht gegen mich aufkommt. Wie notwendig das ist, zeigt sich wenige Minuten später, als wir auf den Sonderanhängern oder dem Erdwall rund um das Geschütz sitzen und der Geschützführer des E-Geschützes hinzukommt und uns aufgeregt anschreit: *„Ihr wollt uns wohl die Ohren vom Kopfe schießen!"*

Als wir ihn ganz entgeistert anstarren, erklärt er, daß eine Nahfeuergranate diagonal über die Batterie und damit über sein Geschütz geflogen sei, die nur von uns abgefeuert sein könnte. Das bestreiten wir natürlich energisch und zeigen ihm, daß die Granaten in den Körben für den Nahbeschuß vollzählig sind.

Da er darauf verzichtet, die Zünderstellung im einzelnen nachzuprüfen und ich allein den wahren Sachverhalt kenne, aber nicht preisgebe, geht die Diskussion schließlich aus wie das Hornberger Schießen. Ich aber nehme mir fest vor, einen solchen Fehler nicht noch einmal zu begehen. Und es geschieht auch niemals wieder.

—

Am **Freitagmorgen (03.11.1944)** müssen wir nach Grevenbroich zur Entlausung. Obwohl von uns niemand von diesen lieben Tierchen heimgesucht wird, wird der Befehl natürlich befolgt.

Es sind zwar nur 30 Kilometer zu fahren, doch benötigen wir trotz bedecktem Himmel für die Hin- und Rückfahrt mehr als zwei Stunden. In Grevenbroich wird unsere Kleidung mit Heißluft sterilisiert, während wir unterdessen heiß duschen können. Das tut uns auf jeden Fall ausgesprochen gut.

Beim Mittagsappell, der heute um 14 Uhr stattfindet, verliest der Spieß schon wieder einen Befehl zum Stellungswechsel. Damit ist unser Aufenthalt in Petersholz praktisch beendet, und wir gehen sofort daran, die Kanone fahrbereit zu machen.

Während Martin Schmidt, den ich während dieser Tage wiederholt besuche, komfortabel in seinem Funkwagen reist, wird mir als Mitglied der Geschützbedienung ein Platz auf der Zugmaschine zugewiesen, und während er nur den Funkmast herunterkurbeln muß, darf ich beim Verladen der Munition helfen. Beim Abendbrot setzen wir uns aber noch einmal zusammen und stellen Vermutungen darüber an, wohin es wohl gehen wird, denn der Spieß hat nur von einem Stellungswechsel nach Süden gesprochen.

Im Hürtgenwald

Abends gegen 21 Uhr setzt sich die Batterie in Bewegung.

Die ersten acht Kilometer bis Hückelhoven legen wir auf schmalen Straßen zurück, ab Baal wird es dann etwas besser. Über Linnich, Aldenhoven, Inden und Merken fahren wir auf einer breiteren Straße bis kurz vor Birkesdorf. Hier biegen wir wieder in eine Nebenstraße ein und fahren über Hoven und Mariaweiler nach Gürzenich. Von dort geht es dann teilweise auf Waldwegen an der Rur entlang nach Winden und schließlich nach Bergheim.

Hier am Rande des Hürtgenwaldes sollen wir zur Unterstützung der Artillerie im Erdkampf eingesetzt werden. Denn am **2. November 1944** waren Einheiten der 1. US-Armee auf der Höhenrippe von Germer nach Vossenack zum Angriff angetreten, um die deutschen Reserven im Raume ostwärts von Aachen zu binden.

Als Vossenack bereits am ersten Tage genommen wurde und sich der Angriff über die Mestrenger Mühle auf Schmidt richtete, beschloß die Heeresgruppe B, die 116. Panzerdivision als Verstärkung heranzuholen, deren Einheiten am **03.11.** und in der Nacht zum **04.11.** ihre Bereitstellungsräume bezogen und am **05.11.** bereits mehrere Angriffe auf Vossenack vortrugen. Dabei wurden die Amerikaner von ihrem Nachschub abgeschnitten und mußten ihre Panzer und Panzerjäger bis auf zwei Züge aus der Stadt abziehen und nach Germeter und Richelskaul zurücknehmen.

In der Nacht vom **05.11.** auf den **06.11.** bekam die Panzeraufklärungsabteilung 116 den Nachschubweg zwischen Vossenack und Kommerscheidt unter ihre Kontrolle, denn am Wege südlich von Vossenack war die Divisionsstabsbegleitkompanie bis an die Hauptversorgungslinie der Amerikaner vorgedrungen und hatte die Straße vermint.

Am **06.11.** und **07.11.** erreichten die Kämpfe um Vossenack dann mit einem deutschen Angriff ihren Höhepunkt.

Wir aber beginnen an diesem **Sonntagmorgen (05.11.1944)** bei bedecktem Himmel damit, unsere Geschütze in einem Rübenfeld in Stellung zu bringen. Da es sich hierbei um ein flaches Hanggrundstück handelt, sind umfangreiche Erdarbeiten erforderlich, um für unsere Kanonen waagerechte Stellflächen herzustellen.

Nachdem das gelungen ist und die Geschütze eingerichtet und justiert sind, tarnen wir sie wie auch die Sonderanhänger und Munitionsstapel mit Rübenblättern gegen Fliegersicht. Das scheint uns auch gelungen zu sein, denn wir werden hier nicht von Fliegern angegriffen.

Ab 10 Uhr verziehen sich die Wolken und gegen 11 Uhr beginnt fast gleichzeitig mit heftigem beiderseitigem Artilleriefeuer eine große Luftfahrtschau der Alliierten, als ob sie uns ihre absolute Lufthoheit zeigen wollten, denn ständig sind oft in Massen feindliche Flugzeuge verschiedener Typen in der Luft.

Die kleinen Artilleriebeobachter vom Typ „Tylorcraft L-2 Grasshopper", die an unseren „Fieseler Storch" erinnern und mit 144 km/h Spitzengeschwindigkeit gegen den Wind fast am Himmel stehen, stellen keine Gefahr dar und werden von uns auf eine besondere Anweisung hin auch nicht abgeschossen, obwohl sie ständig die Front beobachten und alles fotografieren, was sich auf der Erde ereignet.

Das Gros der über uns operierenden Jagdbomber besteht aus „Mustangs", „Thunderbolts" und „Lightnings". Daneben greifen aber auch zweimotorige Bomber in das Kampfgeschehen ein: Neben den etwas schwerfälligen „Martin B-26 Marauder" sind es vor allem die wendigeren „Lockheed PV-1 Ventura"-Kurzstreckenbomber, die uns mit ihren vier bis sechs Bomben, mit denen sie uns im Reihenabwurf eindecken, wegen deren enormer Splitterwirkung ziemlich in Bedrängnis bringen.

Um den Gegner mit unserer hohen Feuerkraft zu überraschen, bleiben die schweren Geschütze vorerst getarnt und beteiligen sich nicht am Luftbeschuß. Dafür feuert aber die 3. Batterie aus allen Rohren. Wegen der Lichtspurgeschosse können wir die Flugbahn der Granaten genau beobachten und sehen, wie die 2 cm-Geschosse von den gepanzerten Unterseiten der „Thunderbolts" abprallen. Die können nur mit 3,7 cm-Kanonen abgeschossen werden. Dafür gelingt es dem 2 cm-Vierlingszug, eine „Lightning" herunterzuholen.

Während wir und die anderen Bedienungen mit dem In-Stellungbringen und Tarnen der Geschütze beschäftigt waren, sind Oberwachtmeister Frielingsdorf, Kurt Pieper und Karl-Heinz Baumgart in aller Frühe mit einem Steyr-Geländewagen an die Front gebracht worden, um im Abschnitt des Panzergrenadierregiments 156 für unsere Batterie eine eigene Beobachtungsstelle („VB-Stelle"; „VB" = Vorgeschobener Beobachter) einzurichten und von dort bis zu unserer Feuerstellung eine Funkverbindung herzustellen, um nicht allein auf den „VB" des Panzerartillerieregiments 146 angewiesen zu sein, mit dem wir hier gemeinsam eingesetzt werden sollen.

Da die Entfernung von der VB-Stelle bis zur Batterie in dem hügeligen Gelände mit unseren Tornister-Funkgeräten nicht überbrückt werden kann, muß auf halber Entfernung eine Zwischenstelle eingerichtet werden, welche die Funksprüche des „VB" und der Batterie aufnehmen und an den Adressaten weitergeben soll. Der Deckname für den „VB" als Endstelle ist

„Eilbote", für die Zwischenstelle „Zeichensaal" und für die Batterie „Brummbär".

Am späten Vormittag ist die Verbindung von der Batterie über die Zwischenstelle bis zur Endstelle hergestellt und die beteiligten Funkgeräte bleiben von nun an ständig besetzt.

Unterdessen haben wir von der Geschützstaffel nichts anderes zu tun, als uns für einen eventuellen Einsatz bereitzuhalten. Doch in dieser Hinsicht rührt sich absolut nichts. Deshalb frage ich den Geschützführer am Nachmittag, ob ich nicht zur Funkstelle gehen kann, die mitten in der Feuerstellung, also von den sechs Geschützen gleich weit entfernt, eingerichtet worden ist.

Da er nichts dagegen einzuwenden hat, besuche ich Martin Schmidt, der hier am Funkgerät den Dienst versieht. Als ich wissen will, wie denn die Verbindung über die Zwischenstelle zur Endstelle klappt, meint er, statt meine Frage zu beantworten: *„Ich glaube, ich hatte eben den Ami drin!"*

Damit drückt er den Kopfhörer fester an die Ohren und fährt fort: *„Er hat sich mit ‚Zeichensaal' gemeldet und ‚Eilbote' gerufen, und das mit einer Lautstärke, die bei unseren Geräten überhaupt nicht möglich ist."*

„Da, hör' mal, da ist er wieder!" sagt er plötzlich und drückt mir den zweiten Kopfhörer in die Hand. Doch ich brauche ihn überhaupt nicht aufzusetzen, denn wie aus einem Radio ertönt es aus dem Funkgerät klar und deutlich in akzentfreiem deutsch: *„Eilbote von Zeichensaal, kommen!"* und dann nach einer kurzen Pause: *„Ich zähle zu Ihrer Abstimmung: eins zwo drei vier fünf vier drei zwo eins."*

Wieder folgt eine Pause und dann hören wir: *„Ich höre Sie mit Lautstärke fünf, wie hören Sie mich? Kommen!"*

Jetzt muß sich wohl die Endstelle melden, denn es bleibt ruhig im Gerät. Auch über den Kopfhörer vernehme ich nur ein Rauschen.

Doch dann meldet sich die wohlklingende Stimme wieder: *„Eilbote von Zeichensaal, kommen! Wo befinden Sie sich? Kommen!"*

„Um Jotteswillen!" ruft Martin aus. *„Die werden doch wohl nicht ihre Koordinaten durchgeben! Dann sind sie geliefert!"*

Voller Spannung lauschen wir, doch weder aus dem Gerät noch aus dem Kopfhörer ist irgend etwas zu hören. Aber dann, kurz nach 16 Uhr, läßt sich die Stimme noch einmal vernehmen: *„Eilbote von Zeichensaal! Verstanden! Ende."*

Martin schüttelt den Kopf und schlägt sich mit der Hand vor die Stirn. Uns beiden hat es glatt die Sprache verschlagen und wir sehen uns verdutzt und ratlos an. Dann hören wir von der Front her das Krachen berstender Granaten. Es ist nur ein kurzer Feuerüberfall, dann tritt wieder gespannte Ruhe ein.

„Jetzt kriegen sie Zunder!" kommentiert Martin den kurzen Beschuß, als es wieder ruhig ist. Dann aber, nach etwa zehn Minuten, kracht es abermals an der Front, und wieder sind es nur drei oder vier Explosionen, die wir aber deutlich hören können.

Gegen 17 Uhr kommt mit den üblichen Nebengeräuschen ein Gespräch von der Zwischenstelle bei uns an. Darin meldet „Zeichensaal" an „Brummbär", daß die Verbindung zu „Eilbote" abgerissen ist und sich die Endstelle seit einer halben Stunde nicht mehr meldet.

Um 18 Uhr kommt Walter Feikes, der inzwischen von der Geschütz- zur Nachrichtenstaffel übergewechselt ist, und überbringt eine Anweisung vom Spieß, wonach Gerd Eifer und ich den Oberwachtmeister Wurschi vom Abteilungsstab nach vorne begleiten sollen, um beim „VB" das Funkgerät auszutauschen, weil man annimmt, daß das Gerät dort ausgefallen und deshalb die Verbindung zur Zwischenstelle abgerissen ist.

Punkt 18.30 Uhr finden wir beiden uns beim Stab in Bergheim ein, wo wir mit zwei neuen Funkgeräten in einen PKW verfrachtet werden, den der Oberwachtmeister fährt. Über Untermaubach fahren wir zunächst nach Obermaubach und stellen den PKW am Ortsausgang unter einer Baumgruppe ab.

Wir beide schnallen uns die Funkgeräte auf den Rücken und folgen dem Oberwachtmeister, der uns zunächst auf einem Waldweg in die „Gierschhardt" hineinführt. Da er offenbar den Weg, der auf seiner Karte eingezeichnet ist, nicht finden kann, benutzen wir den ersten Weg, von dem er glaubt, daß es der richtige sein könnte. Mit Sicherheit wissen wir aber nur, daß wir nach Südwesten marschieren und den Berg links umgehen müssen. Der Weg ist von Granateinschlägen und tiefen Fahrspuren derart verwüstet, daß wir uns nur am Rande entlangbewegen können, zudem ist er so steil, daß unser Marsch sehr bald in eine schweißtreibende Kletterpartie ausartet.

Fast außer Atem kommen wir schließlich an eine Lichtung, wo deutliche Kettenspuren darauf schließen lassen, daß bis vor kurzem Sturmgeschütze oder Panzer hier gestanden haben müssen. Das bestätigt auch ein Posten, den man hier zurückgelassen hat, um irgendwelche Nachzügler einzuweisen. Er kann uns auch den Weg zu dem Forsthaus zeigen, das man uns als Zielpunkt genannt hat. Ohne sich jedoch in lange Erklärungen zu verlieren, zeigt er uns eine Fernsprechleitung, die zum Forsthaus führt, und rät uns, die Strippe einfach in die Hand zu nehmen und an ihr entlangzugehen.

Erleichtert folgen wir seinem Rat und kommen, solange der Wald licht ist, auch ganz gut voran. Doch als mehr und mehr Unterholz auftritt und auch andere Fernsprechleitungen auftauchen, verlieren wir unsere Leitung nicht nur aus den Händen, sondern bald auch aus den Augen.

Dafür kommen wir aber an einen Waldweg, der quer vor uns verläuft. In dem Augenblick, als wir diesen Weg betreten, um zu beraten, in welche Richtung wir uns wenden sollen, kommt von links ein Schwimmwagen heran, in dem drei Offiziere sitzen. Sie gehören zum Panzergrenadierregiment 156, können uns den Weg zum Forsthaus aber nicht beschreiben. Dafür raten sie uns, mit zum Gefechtsstand ihrer Einheit zu gehen, der hier ganz in der Nähe ist.

Es sind keine 200 Meter zu laufen, dann erreichen wir die Stelle, wo man uns endgültig den Weg zum Forsthaus beschreiben kann. Wir sollen den Weg, den der Schwimmwagen gekommen ist, ein Stück zurückgehen, bis wir an einen Hohlweg kommen, der von rechts einmündet. Darin sollen wir den Berg hinaufsteigen und auf dem nächsten Querweg nach rechts einbiegen, der unmittelbar zum Forsthaus führt.

Wir machen uns also auf den Weg. Doch als wir beim Hohlweg ankommen, stellen wir fest, daß er total zerfahren, verschlammt und kaum begehbar ist. So bleibt uns nichts anderes übrig, als wie die Bergziegen an den Seitenböschungen entlangzuklettern. Die sind aber stellenweise glitschig oder wir müssen Büschen und Bäumen ausweichen, so daß wir schweißtriefend den bezeichneten Querweg erreichen. Dies ist ein breiter Forstweg, der über den Bergrücken verläuft. Als wir ihm ein Stück nach rechts gefolgt sind, sehen wir schräg links vor uns die Lichtung, an der das Forsthaus steht.

Dort bemerken wir als erstes eine Menge Soldaten, die an einem Sturmgeschütz herumhantieren. Wie es aussieht, sind sie dabei, die Tarnung zu entfernen und es einsatzbereit zu machen. Auf unsere Frage, wo wir den „VB" der Heeresflak finden können, zeigen sie auf den Waldrand jenseits der Straße, die westlich am Forsthaus vorbeiführt.

Wir überqueren also die Lichtung und die Straße und stampfen dann durch den bei der einbrechenden Dämmerung kaum noch durchschaubaren Waldstreifen. Da sehen wir am jenseitigen Waldrand als Silhouette gegen den helleren Hintergrund einen Soldaten mit Stahlhelm und umgehängter Maschinenpistole, der von links nach rechts am Rand des Waldes entlanggeht.

„Oberwachtmeister Frielingsdorf?" ruft Obermachtmeister Wurschi hinüber. Doch der Fremde zeigt keinerlei Reaktion und geht einfach weiter.

„Hey, was bist du für einer?" ruft der Oberwachtmeister nun mit erhöhter Lautstärke. Doch statt zu antworten, setzt sich der Angerufene in Trab und ist kurz darauf aus unserem Blickfeld verschwunden. Wir eilen schnell zum Waldrand, finden dort aber weder eine Spur von dem Fremden noch von unserem „VB" oder den beiden Funkern, die bei ihm sein müßten.

Wie wir jetzt sehen, stehen wir auf einem Höhenrücken, an dessen Fuß die Straße von Brandenberg nach Kleinhau verläuft. Vor uns liegt eine Wiese, die bis zur Straße hinunter reicht und jenseits bis zu dem etwa einen Kilometer entfernten Dorf Hürtgen wieder ansteigt. Beim weiteren Suchen am Waldrand entdecken wir zwar zwei Deckungslöcher, aber keinen Hinweis auf eine VB-Stelle.

Wir gehen weiter nach links am Waldrand entlang, der hier einen Bogen macht, und kommen so zurück an den Waldweg, an dem das Forsthaus liegt. Hier sehen wir uns, soweit es die Abenddämmerung zuläßt, nach allen Seiten um, ohne jedoch eine Spur von unserem „VB" zu entdecken.

Also gehen wir zum Forsthaus, in der Hoffnung, dort etwas über unsere Leute zu erfahren. Auf der Veranda sehen wir einen Leutnant stehen, um den sich eine Reihe von Unteroffizieren geschart hat. Wahrscheinlich wird dort gerade eine Lagebesprechung abgehalten.

Auf unsere Frage nach dem „VB" der Heeresflak meldet sich ein Sanitätsunteroffizier aus der Runde und erzählt uns, daß er so um etwa 16.20 Uhr gesehen habe, wie es einen Oberfeldwebel erwischt habe, der in einem Deckungsloch am Waldrand gestanden habe. Er liege hinter dem Forsthaus im Garten, und die beiden Funker, die bei ihm waren, seien im Keller.

Oberwachtmeister Wurschi geht also in den Keller und kommt kurz darauf mit Kurt Pieper und Karl-Heinz Baumgart zurück. Sie berichten, daß der Oberwachtmeister auf eine Anfrage der Zwischenstelle nach den Koordinaten seines Standortes befohlen habe, sie durchzugeben, ohne sie groß zu verschlüsseln. Kurz darauf habe es einen kurzen Feuerüberfall der feindlichen Artillerie auf den Waldrand gegeben, bei dem aber nur eine Menge Zweige durch die Luft geflogen seien. Danach habe er die beiden gefragt, ob bei ihnen alles in Ordnung sei, und als sie es bestätigten, habe er sich wieder seinem Scherenfernrohr zugewandt.

Dann habe er befohlen, den Feuerüberfall an „Zeichensaal" zu melden. Doch sie hätten die Verbindung nach dort kaum hergestellt, da habe es gegen 16.20 Uhr einen zweiten kurzen Feuerüberfall gegeben. Sie seien natürlich sofort in ihrem Deckungsloch abgetaucht, und es sei ein Sanitäter auf sie zugesprungen, habe sich am Loch auf die Erde geworfen und gesagt, daß der „VB" gerade in seinem Deckungsloch zusammengesunken sei. Zusammen mit dem Sani hätten sie nachgesehen und festgestellt, daß der Splitter eines Baumkrepierers dem Oberwachtmeister den Deckel seiner Feldmütze mitsamt seiner Schädeldecke darunter glatt wegrasiert habe.

Dann hätten die drei den Toten in den Garten des Forsthauses gebracht und versucht, mit der Zwischenstelle Verbindung zu bekommen. Nach etlichen fehlgeschlagenen Versuchen hätten sie sich in den Keller zurückgezogen, um dort ihre Ablösung am Funkgerät abzuwarten.

Während wir beraten, was wir nun tun sollen, trifft ein Kradmelder der Infanterie auf der Lichtung ein und berichtet, daß im Vorfeld der Front ein amerikanischer Spähtrupp gesehen wurde, der sich aber inzwischen nach Hürtgen oder Vossenack zurückgezogen habe.

Sofort erinnern wir uns an das sonderbare Verhalten des Mannes, den wir am Waldrand gesehen haben. Er hat sicher zu diesem Spähtrupp gehört; und andererseits haben die Amerikaner nicht auf uns geschossen, als wir wie lebende Zielscheiben am Waldrand entlanggegangen sind, weil sie uns für ihre eigenen Leute gehalten haben. Nun beschließen wir, unsere Funkgeräte für den Fall, daß die VB-Stelle neu besetzt werden soll, hier im Forsthaus zurückzulassen, und uns schleunigst auf den Rückweg zu begeben.

An der Hektik, die hier auf der Lichtung herrscht, ist leicht zu erkennen, daß ein deutscher Stoßtrupp vorbereitet wird, der jeden Augenblick beginnen kann. Der Motor des Sturmgeschützes, das wir bei unserem Eintreffen hier vorfanden, und die Motoren der beiden anderen, die inzwischen hinzugekommen sind, laufen bereits warm, und die Panzergrenadiere haben sich zu kleinen Gruppen formiert und zwischen und neben den Sturmgeschützen verteilt.

Während unsere beiden Funker in den Keller zurückkehren, hasten wir drei im Geschwindschritt den Wirtschaftsweg entlang, um möglichst schnell aus der Gefahrenzone zu kommen. Denn mit Sicherheit werden die Amerikaner einen wahren Feuerzauber veranstalten, sobald sie merken, daß ein deutscher Angriff läuft.

Wir haben gerade den Hohlweg verlassen und den Weg zum Gefechtsstand der 156er überquert, da hören wir schon das dumpfe Knallen unserer Sturmgeschütze. Wenige Minuten später pfeifen dann die ersten Granaten der Amerikaner über uns hinweg und zerreißen mit ihrem Krachen die Stille des Waldes, der ein vielfältiges Echo zurückwirft.

Ein paar Einschläge ganz in unserer Nähe zwingen uns zu Boden und spornen uns andererseits auch zu besonderer Eile an, um möglichst bald aus dem Wald hinauszukommen. Doch bei aller Mühe kommen wir bei weitem nicht so schnell ins Tal, wie wir es uns vorgestellt haben. Immer wieder müssen wir uns auf den Boden werfen, um dem Splitterhagel der in unserer Umgebung berstenden Granaten zu entgehen.

Schließlich erreichen wir – triefend naßgeschwitzt, aber unversehrt – den Rand des Waldes und laufen nun querfeldein auf Obermaubach zu, wo wir unseren PKW abgestellt haben. Erst als wir im Fahrzeug sitzen und uns wieder sicher fühlen, denken wir an unsere beiden Kameraden, die im Keller des Forsthauses sind, und hoffen, daß das Gebäude nicht getroffen wird.

Als wir aber losfahren wollen, stellen wir fest, daß das Bankett, auf das wir in der Eile gefahren sind, nicht hart, sondern so weich ist, daß wir mit den Rädern einsinken, statt von der Stelle zu kommen.

Zum Glück sind wir nicht weit vom ersten Wohnhaus des Dorfes entfernt und treffen dort sogar auf ein paar Landser, die sofort bereit sind, uns beim Flottmachen unseres Fahrzeugs zu helfen. Sie waren durch das „Hinundhergegurke" bereits auf uns aufmerksam geworden und wollten schon kommen und nachsehen, was hier los sei. Nun helfen sie uns, wieder festen Boden unter die Räder zu bekommen, und dann ist es kein Problem mehr, zu wenden und, während hinter uns im Walde die Hölle los ist, so schnell, wie es die Dunkelheit erlaubt, nach Untermaubach und zu unserer Einheit bei Bergheim zurückzukehren.

Oberwachtmeister Wurschi bringt uns zu unserer Batterie zurück und meldet dem Chef den Tod unseres Oberwachtmeisters. Als Oberleutnant Wilhelm hört, daß Oberwachtmeister Frielingsdorf gefallen ist, steht er einen Augenblick wie versteinert da, dann nickt er schweigend mit dem Kopf, wendet sich wortlos von uns ab und verschwindet in seinem Zimmer. Der Tod eines seiner ältesten Kampfgefährten muß ihn hart getroffen haben. Auch die älteren Soldaten, die bis zu sechs Jahre mit ihm zusammen durch Dick und Dünn gegangen sind, sind tief erschüttert, als sie hören, auf welche Weise Oberwachtmeister Frielingsdorf zu Tode gekommen ist. Manche überlegen, ob er den zweiten Feuerüberfall überstanden hätte, wenn er vorschriftsmäßig seinen Stahlhelm getragen hätte. Doch solche Überlegungen sind nun müßig.

—

Nach ein paar Minuten kommt der Chef wieder zu uns heraus und bestimmt, daß wir drei am **Montagmorgen (06.11.1944)** mit einem Steyr-Geländewagen zum Forsthaus fahren und den Toten hierher zurückbringen sollen. Als ich in mein Quartier zurückkomme und den Kameraden erzähle, was wir erlebt haben, sind auch sie tief erschüttert und können es überhaupt nicht fassen, daß so ein alter Hase, der dutzende Male in Rußland „VB" gewesen ist, im Fronteinsatz keinen Stahlhelm getragen hat.

Am anderen Morgen werde ich von Gerd Eifer kurz nach 4 Uhr geweckt. Draußen steht ein Steyr vom leichten Flakzug mit Fahrer bereit, auf dem auch bereits Oberwachtmeister Wurschi sitzt. Gerd und ich müssen nur noch aufsteigen, dann geht die Fahrt gegen 4.30 Uhr los.

Wir fahren wieder durch Untermaubach nach Obermaubach und benutzen von dort aus einen Forstweg in Richtung Brandenberg und dann ein Stück weit die Landstraße nach Kleinhau. Da diese Straße aber im Sperrfeuerbereich der Amerikaner liegt und bereits von zahlreichen Einschlaglöchern übersät ist, weichen wir vor dem Dorf auf den parallel zur Straße verlaufenden Waldweg aus, der auch an dem Forsthaus vorbeiführt.

Als wir auf der Lichtung am Forsthaus ankommen und unser Fahrer wenden will, übersieht er in der Dunkelheit, daß direkt am Wege ein Graben verläuft, und schon rutschen wir mit den Vorderrädern hinein. Damit ist der Steyr manövrierunfähig. Es geht weder vor noch zurück, und wir drohen bei jeder Bewegung nur noch tiefer einzusinken und mit der Karosserie auf dem Boden aufzusetzen.

Während sich der Oberwachtmeister auf den Weg zum Forsthaus macht, um Hilfe zu holen, wollen Gerd und ich die Räder mit Reisig unterfüttern, um auf diese Weise den Wagen wieder flottzubekommen. Nachdem wir einen ganzen Berg Zweige herbeigeholt haben, überlassen wir es aber dem Fahrer, das Reisig sinnvoll unter die Räder zu packen. Da wir annehmen, daß er nun ohne uns zurechtkommt, gehen wir zum Forsthaus, um uns um den Toten und die vier Funkgeräte zu kümmern. Unsere beiden dort zurückgelassenen Kameraden erwarten uns schon ungeduldig, und nun beraten wir gemeinsam, wer welche Aufgabe übernehmen soll.

Oberwachtmeister Frielingsdorf liegt auf dem Rücken mit seitlich ausgebreiteten Armen in seinem wasserdichten Kradmelder-Mantel genauso im Grase, wie man ihn hingelegt hat und die Leichenstarre eingetreten ist. Indem Karl-Heinz und ich je einen Arm ergreifen und Kurt ihn an den Füßen trägt, wollen wir den Toten zu unserem Auto bringen.

So tragen wir den Toten zu unserem Fahrzeug, während Gerd die Funkgeräte herbeischafft. Ohne Rücksicht darauf, ob das Auto flott ist oder nicht, tun wir zunächst das Unvermeidbare und beladen den Steyr, wobei wir die Funkgeräte zwischen die Sitzbänke packen und unseren gefallenen Kameraden schräg auf die Geräte betten, weil das Fahrzeug es nicht zuläßt, ihn längs oder quer zur Fahrrichtung niederzulegen.

Dann machen wir uns aber mit vereinten Kräften daran, noch mehr Reisig und Knüppelholz herbeizuschaffen, um den weichen und glitschigen Grabenrand damit zu befestigen. Als das geschehen ist, versuchen wir, mit vereinter Motor- und Menschenkraft, das Fahrzeug rückwärts zu bewegen. Doch alles Mühen ist vergebens: Wir bekommen den PKW einfach nicht von der Stelle! Zudem wird es langsam Tag und mit zunehmender Helligkeit wird es immer gefährlicher, von hier wegzukommen, zumal wir eine Wegstrecke zurücklegen müssen, die vom Feinde eingesehen werden kann.

Wir sind schon der Verzweiflung nahe, da hören wir ein näherkommendes Motorengeräusch, und kurz darauf bricht ein Panzer unserer Division aus dem Dickicht und rollt auf die Lichtung. Oberwachtmeister Wurschi hat ihn ausfindig gemacht und hierher dirigiert, und nun erklärt er dem Kommandanten unser Mißgeschick. Der beobachtet die Szene mit einem Lächeln, reicht uns ein Drahtseil, das wir am Steyr befestigen, und gibt seinem Fahrer ein Zeichen. Ein kurzes Rucken und unser PKW steht wieder auf festem Boden.

Die Zigaretten, die Oberwachtmeister Wurschi ihm anbietet, lehnt er ab und meint, es sei ihm Dank genug zu wissen, einem Fahrzeug mit dem Windhund aus der Klemme geholfen zu haben. Wir sind von dieser Einstellung sehr beeindruckt und bedanken uns überschwenglich, obwohl er davon nichts wissen will. Vielleicht kann er auch gar nicht ermessen, wie verzweifelt wir uns gefühlt haben.

Nachdem dieses Problem gelöst ist und wir wieder fahrbereit sind, müssen wir nun versuchen, möglichst ungeschoren von hier wegzukommen. Dazu gibt es zwei Möglichkeiten: Entweder wir fahren nun im Hellen mit Vollgas die Strecke entlang, die vom Ami eingesehen werden kann, und vertrauen auf den Überraschungseffekt, oder wir verbringen den ganzen Tag hier und warten, bis wir im Schutz der Dunkelheit losfahren können.

Der Oberwachtmeister läßt uns über diese beiden Möglichkeiten abstimmen, und alle sind dafür, auf unser Glück zu vertrauen und unverzüglich von hier zu verschwinden. Wir meinen, daß uns außer einem Achsenbruch wegen der vielen Einschlaglöcher, denen wir bei schneller Fahrt kaum ausweichen können, eigentlich nicht viel passieren kann. Denn bis uns der Ami richtig im Visier hat, müßten wir die einsehbare Strecke eigentlich überquert haben.

Also müssen wir uns nur noch über die Plätze einigen. Da ich mit dem Toten nicht unbedingt in Berührung kommen möchte, wähle ich den Platz auf dem Erste-Hilfe-Kasten zwischen dem Fahrer und dem Oberwachtmeister, während Kurt, Karl-Heinz und Gerd sich hinten einen Platz suchen, von dem aus sie darauf achten können, daß der Tote nicht von den Funkgeräten herunterrutscht.

„Na denn, Kameraden, legt die Ohren an!" empfiehlt uns der Fahrer, als er den Motor startet. Bis zum Waldrand fahren wir vorsichtig im Geländegang und versuchen, wenigstens den größten Löchern in der Fahrbahn auszuweichen. Doch dann kommt die Strecke durch das freie Gelände.

„Also, haltet euch fest!" mahnt uns der Fahrer kurz und tritt voll auf das Gaspedal. Unser Steyr macht fast einen Bocksprung, als der Fahrer die Kupplung kommen läßt, rast dann aber mit hoher Geschwindigkeit über den holprigen Wirtschaftsweg, der von Granateneinschlägen geradezu gespickt ist. Ich hopse bei dieser Fahrt ein paarmal vom Sanikasten bis unter das Verdeck, doch dann ist die freie Strecke auch schon überstanden, und wir haben die Abfahrt nach Obermaubach erreicht. Dabei handelt es sich um eine fast geradlinige Waldschneise mit starkem Gefälle.

Kaum haben wir die Fahrt zu Tal zu etwa zwei Dritteln geschafft, da kommt uns ein Munitions-LKW entgegen, der zur Front will. Er nimmt wegen seiner Breite fast den ganzen Weg ein, so daß beide Fahrzeuge ein paarmal hin und her und ins Unterholz rangieren müssen, bevor wir knapp aneinander vorbeikommen.

Dann aber kommen wir ohne weitere Störung nach Ober- und Untermaubach zurück. Doch kurz vor dem Ortsausgang, wo rechts der Weg nach Bergheim abgeht, bleibt unser Steyr an einer geringfügigen Steigung plötzlich stehen: Der Tank ist leer. Durch die vielen Versuche, am Forsthaus aus dem Graben zu kommen, haben wir soviel Sprit verbraucht, daß er für die gesamte Rückfahrt nicht mehr ausreicht.

Da wir hier am hellichten Tage unmöglich stehenbleiben können, muß jemand losgehen und die Batterie benachrichtigen. Kurt Pieper meldet sich freiwillig und macht sich auf den etwa einen Kilometer langen Weg zum Batteriegefechtstand. Wir anderen besuchen unterdessen am Ortsrand einen Stützpunkt der blauen Flak, wo wir uns etwas aufwärmen und auch einen Becher Kaffee bekommen können.

Dann kommt auch schon ein PKW unserer Batterie heran und bringt uns einen Kanister Diesel. Also betanken wir den Steyr und bringen ihn zum Stab nach Bergheim zurück. Während sich nun die Kameraden vom Abteilungsstab um den Toten kümmern, kehren wir vier zu unserer Batterie zurück. Wir hören später nur noch, daß Oberwachtmeister Frielingsdorf auf dem Soldatenfriedhof von Winden beigesetzt worden ist.

Nach meiner Rückkehr in die Feuerstellung habe ich bis Mittag Zeit zum Ausruhen, nach dem Essen muß ich aber zurück ans Geschütz. Über uns ist reger Flugbetrieb und neben den üblichen Bomben werden auch Brandkanister abgeworfen. Da unsere Abteilung nicht direkt angegriffen wird, müssen die schweren Geschütze nur feuerbereit gehalten werden, während die 3. Batterie stark gefordert wird und aus allen Rohren schießt. Inzwischen haben die Kameraden bereits einige Erfahrungen sammeln können, und das zeigt sich in dem Erfolg, den sie heute durch den Abschuß von sieben „Lightnings" verbuchen können.

Für uns war dieser **6. November 1944** gerade aufregend genug, aber auch die ganze Division war heute in schwere Kämpfe um Vossenack verwickelt, über die es im Kriegstagebuch der II. Abteilung des Panzerartillerieregiments 146 heißt:

„Die Nacht verläuft bis auf sehr starkes feindliches Artilleriefeuer ruhig. Verschuß des Gegners während der Nacht ca. 3.000 bis 4.000 Schuß.

04.00 Uhr. Im Schutze der Dunkelheit wird Vossenack ohne große Artillerievorbereitung angegriffen und soll handstreichartig genommen werden. Angriff kommt gut vorwärts und eigene Infanterie sitzt im ersten Ansturm im Ostteil des Ortes. Feind macht Gegenstoß mit Panzern, die von der Abteilung unter Feuer genommen werden. Batterien bekämpfen weiterhin Feindbewegungen und Feindansammlungen im Raum der Kirche von Vossenack und schießen die vom Arko (Armeeoberkommando) befohlenen Feuerschläge. (...)

Die gute Munitionslage erlaubt es, während des ganzen Tages starke Feuerschläge und ständiges Störungsfeuer auf den Westteil von Vossenack und Germeter zu schießen und so eine Verstärkung des Gegners in Vossenack zu unterbinden. Gegen Mittag ist die vorgeschriebene Linie 370,0 (an der Waldecke 500 m nordwestlich der Kirche von Vossenack) bis Kirche Vossenack (...) im wesentlichen erreicht und bis jetzt gegen alle Gegenangriffe gehalten.

Die feindliche Artillerie schießt laufend starkes Störungsfeuer. Die Orte Hürtgen, Kleinhau und Großhau liegen ständig unter Beschuß. Starke Feuerschläge liegen im eigenen Hintergelände. (...)

Feindverschuß ca. 4.000 bis 5.000 Schuß. Feindliche Jabo-Tätigkeit, durch schlechtes Wetter bedingt, sehr gering. Eigener Verschuß 901 Schuß LFH (Leichte Feldhaubitze)."

Andere Stellen berichten jedoch von starker Fliegertätigkeit, und der amerikanische Heeresbericht erwähnt den Einsatz der US-Luftwaffe, die am Nachmittag über Vossenack erschien und die deutsche Artillerie das erste Mal in dieser Schlacht vorübergehend zum Schweigen brachte.

Und das ist auch die Erfahrung, die wir an diesem Tage gemacht haben. Insgesamt war der Tag für uns mit fünf abgeschossenen und drei erbeuteten US-Panzern, sowie vielen Beutefahrzeugen und 30 eingebrachten Gefangenen ganz erfolgreich, aber auch die eigenen Verluste waren sehr hoch, denn unsere Division hat in den ersten fünf Kampftagen 11 Offiziere und 350 Mann verloren.

—

In der Nacht zum **Dienstag (07.11.1944)** habe ich Geschützwache, dafür aber am Vormittag dienstfrei.

In der Nacht ist es zunächst ruhig, doch im Morgengrauen ist aus Richtung Vossenack starkes feindliches Artilleriefeuer zu hören, das den mittleren Ortsteil völlig eindeckt. Aus dem Feuer heraus greifen dann die Amerikaner an und überrennen die vordersten Stellungen unserer Infanterie, die zunächst nur an Boden verliert und dann, als sie gegen Mittag auch noch versehentlich unter eigenes Artilleriefeuer gerät, das Dorf räumen und sich auf ihre Ausgangsstellungen zurückziehen muß.

Die amerikanische Luftwaffe ist noch reger als am Vortage und greift mit Bomben und Bordwaffen Ziele im Raume von Groß- und Kleinhau an. Manche Jabos werfen auch Phosphorkanister und Bomben mit Brandöl ab.

Einige Piloten sind sogar so verwegen, unsere Abteilung direkt anzugreifen. Dabei geraten sie auch in die Reichweite unserer leichten und mittleren Kanonen und verlieren eine „Lightning" und zwei „Thunderbolts". Bei dieser Gelegenheit können wir beobachten, daß die 3,7 cm-Geschosse die Panzerung der „Thunderbolts" glatt durchschlagen, der die 2 cm-Kanonen nichts anhaben können.

Am **Mittwoch (08.11.1944)** gibt es verschiedene Artillerieduelle, aber an der Front im Raum von Hürtgen–Vossenack–Kommerscheidt herrscht allgemeine Ruhe. Die Truppen beider Seiten sind wohl erschöpft und abgekämpft.

Dafür ermöglicht das schöne Wetter den Alliierten aber umfangreiche Luftoperationen. Von morgens früh bis in die späten Abendstunden hinein sind ständig Jabos verschiedener Typen am Himmel. Doch die Piloten sind vorsichtiger geworden und halten sich meist in größeren Höhen auf, wo sie von den leichten und mittleren Kanonen nicht erreicht werden können. Dennoch gelingt es der 3. Batterie, eine „Lightning" abzuschießen.

Gegen Abend kommt dann Bewölkung auf, die auch die nächsten Tage anhält, so daß wir von Flugzeugen nicht gestört werden.

Über die Ereignisse der letzten Tage schreibt der „II a" unserer Division, Major Fritz Vogelsang, am **09.11.1944** in sein Tagebuch: *„Der Einbruchsbogen ist nun zum größten Teil ausgebügelt, die Gefahr drohenden Durchbruchs gebannt. Beide Teile haben schwere Verluste erlitten, die höheren allerdings der Gegner. (...) Hervorragend hat sich neben den alten Verbänden der Division auch die neue Begleitkompanie bewährt. (...) Doch nun ist die Truppe bis zum Äußersten erschöpft. Das ununterbrochene Feuer, das harte, wechselvolle Ringen, Regen, Nässe, Schlamm und Kälte haben das ihre getan."*

Auf der Gegenseite meldet die 28. US-Infanteriedivision 6.814 Mann Verluste und schätzt die deutschen auf etwa die Hälfte dieser Zahl.

641 Amerikaner gerieten in deutsche Gefangenschaft, 53 Panzer wurden vernichtet, 7 bewegungsunfähig geschossen und vier erbeutet. Ein Sanitätspanzer, zwei Panzerspähwagen, vier LKWs, zwölf Jeeps und eine Panzerabwehrkanone fielen neben zahlreichen Handfeuerwaffen in deutsche Hand. Damit hatten die Amerikaner ihr Ziel, den Schutz der Südflanke ihrer geplanten Offensive auf die Rur zu verbessern, nicht erreicht, wohl aber verhindert, daß die 116. Panzerdivision ihre dringend erforderliche Auffrischung erhalten konnte.

Am **9. November** werden dann aber die Reste der Kampfverbände von der Front abgezogen, nur die Artillerie und die Heeresflak bleiben in ihren Stellungen.

—

Am **Freitagmittag (10.11.1944)** kommt der Kanonier aus dem Urlaub zurück, den ich am B-Geschütz vertreten habe, und ich werde kurzerhand an das A-Geschütz weitergereicht. Hier sind überwiegend alte Mannschaften, und es herrscht ein Umgangston, der mir überhaupt nicht behagt.

So bin ich froh, daß sich am **Samstag (11.11.1944)** herausstellt, daß die A-Bedienung vollzählig ist und ich damit überflüssig bin. So wechsele ich aus freien Stücken einfach zum D-Geschütz über, wo einige Kameraden sind, die ich von der Ausbildung in Hamm her kenne. Die Bedienung des D-Geschützes aber teilt ihr Quartier mit den Männern vom C-Geschütz, und dort erfahre ich, daß am C-Geschütz ein Mann fehlt.

—

So überschlafe ich die Sache erst einmal und melde mich dann am **Sonntagmorgen (12.11.1944)** endgültig beim C-Geschütz, wo mich der Geschützführer gerne in seine Mannschaft aufnimmt. Er meldet mich auch beim Spieß um, dem es gleich ist, an welchem Geschütz ich Dienst tue. Mein Übergang von einer Geschützbedienung zur anderen geht ohne jedes Aufsehen vonstatten, zumal ich bei dem Wechsel vom D- zum C-Geschütz nicht einmal das Quartier verlassen muß.

Draußen gibt es wegen des schlechten Wetters nichts zu tun. Unsere schweren Geschütze kommen nicht zum Einsatz und werden sogar wieder mit ihrer Tarnung versehen. Die leichten Geschütze bleiben zwar feuerbereit, haben aber nichts zu tun, weil sich bei den dicken Wolken keine Flugzeuge am Himmel blicken lassen. So verschafft uns das miese Wetter drei ruhige Tage, an denen wir uns bei leichtem Dienst, Unterricht und Wache gut erholen können.

—

Wesentlich schlechter geht es den Einheiten, die unmittelbar an der Front stehen und den Auftrag haben, die südwestlich von Hürtgen durchgebrochenen Amerikaner von ihrer Versorgung abzuschneiden und einzukesseln.

Über dieses **Wochenende (11./12.11.1944)** schreibt der Divisionsadjutant, Major Vogelsang, in sein Tagebuch: *„Die Kämpfe wogen in ununterbrochener Härte hin und her. Es regnet, nasse Nebelfetzen und Schneewolken fegen über das pfützendurchsetzte, aufgeweichte Land. Die in Schlamm und Wasser watenden, liegenden und kämpfenden Landser sind völliger physischer Erschöpfung nahe. Die gemeldeten Kampfstärken sinken erschreckend ab. Ununterbrochen rollt die Artillerieschlacht."*

Und im Kriegstagebuch der II. Abteilung des Artillerieregiments 146 ist zu lesen: *„Im Walde selbst sieht es ganz toll aus. Die Bäume liegen durch das ständige Feuer kreuz und quer durcheinander, und die Wege sind vollkommen durchgeweicht, überall steht fußhoch Wasser. Die Infanteristen sehen aus wie die Schweine. Keine Ruhe schon über eine Woche und kein trockener Faden am Leib; denn es regnet dauernd, und Nebel ist immer vorhanden. Es ist Buschkrieg Mann gegen Mann mit ungeheuren Anstrengungen für den einzelnen Mann. Durch den Wald geht es mit* keinem Fahrzeug mehr. Zu stark ist alles verschlammt und verdreckt. Kettenkräder und SPW (Schützenpanzerwagen) schaffen es noch..."

Am **13. November 1944** geht der Angriff auf die eingeschlossenen Amerikaner aus mehreren Richtungen weiter. Die Masse kann zwar zu den eigenen Linien entkommen, aber das 12. US-Infanterieregiment wird fast völlig aufgerieben. Nur 33 Mann können sich zu ihren eigenen Leuten retten.
Aber auch die Kampfstärken der deutschen Kompanien sind auf 25 Mann und darunter gesunken, als Generalfeldmarschall Model in der Nacht vom **14.** auf den **15. November** endlich den größten Teil der 116. Panzerdivision aus der Front herauslösen läßt. Das ganze Panzerartillerieregiment 146 und die Heeresflakabteilung 281 bleiben aber vor Ort und werden der 275. Infanteriedivision unterstellt.
Für die Masse der Division sind damit die schweren Kämpfe um Vossenack und Schmidt, wie auch im Hürtgenwald zu Ende. Dabei hat die Kirche von Vossenack siebenmal den Besitzer gewechselt, und auf beiden Seiten sind etwa 68.000 Soldaten gefallen. Um sie zu ehren, wurde von der 116. Panzerdivision in Vossenack ein Mahnmal errichtet, an dem alljährlich am zweiten Sonntag im Oktober eine Gedenkstunde unter Beteiligung von Veteranen beider Seiten stattfindet. Eine Dauerausstellung im Franziskus-Gymnasium unter dem Titel „*Windhunde mahnen zum Frieden*" dokumentiert die wechselvolle Geschichte der Division.

Während die Panzergrenadiere unter dem schlechten Wetter zu leiden haben, freuen wir uns über jeden trüben und regnerischen Tag.
Am **Mittwoch (15.11.1944)** wird es aber auch für uns etwas ungemütlich, denn es wird den ganzen Tag über nicht richtig hell, und gegen Abend beginnt ein heftiges Schneegestöber.

Nach Mitternacht klart es aber auf, und der **Donnerstag (16.11.1944)** wird sonnig und kalt. Natürlich ist bei diesem herrlichen Fliegerwetter schon frühmorgens über uns die Hölle los. Dutzende von „Ventura"- und „Marauder"-Bombern legen auf breiter Front Bombenteppiche im Hinterland der Front. Mittags schaltet sich auch die Artillerie ein und feuert mit einer Wucht, wie wir es bisher noch nicht erlebt haben.
Hier im Rahmen der 275. Infanteriedivision ist unsere Abteilung voll dem Panzerartillerieregiment 146 angeschlossen und feuert mit ihm um die Wette aus allen Rohren. Unser Geschütz allein verschießt fast 200 Sprenggranaten auf ein einziges Planquadrat, das uns von der Artillerie vorgege-

ben wurde. Dort befinden sich nämlich zahlreiche Panzer und Panzergrenadiere, die einen Angriff vorbereiten. Wir richten unter ihnen jedoch so hohe Verluste an, daß der Angriff unterbleibt. Abends würdigt der Kommandeur des Artillerieregiments, Oberst Dr. Pean, fernmündlich unseren Einsatz durch eine besondere Belobigung.

Gleichsam als Ersatz für den ausgefallenen Panzerangriff der Amerikaner dröhnen am Nachmittag Hunderte von britischen „Lancaster"-Bombern über uns hinweg und machen das nur fünf Kilometer entfernte Düren fast dem Erdboden gleich. Das Heulen und Krachen der Bomben können wir deutlich hören, und bald verdunkeln schwarze Rauchwolken den Himmel über der Stadt.

Selbstverständlich schießt die rund um Düren stationierte 10,5 cm-Flak aus allen Rohren, und auch unsere beiden schweren Batterien werden vom Erd- auf den Luftbeschuß umgestellt und unterstützen die blaue Flak nach besten Kräften. Dadurch werden fünf viermotorige Bomber und eine „Lightning" aus dem Begleitschutz abgeschossen und zwei „Lancaster", die mit voller Bombenlast getroffen werden, explodieren am Himmel zu einem riesigen Feuerball.

Zu dieser Zeit liegt unser Divisionsstab noch in Kreuzau, und Major Vogelsang schildert den Tag um 12 Uhr wie folgt: *„Draußen ist mal wieder die Hölle los! Seit einer Stunde ergießt sich ein endloser Strom schwerer Bomber über das Land. Im ganzen Raum gehen die ‚Christbäume' der Zielmarkierungen nieder, gefolgt von dichten Teppichen schwerer Bomben, die donnernd und schütternd ganze Landstriche in Feuer und Qualm versinken lassen.*

Am schlimmsten ist es im Tal Stolberg–Eschweiler. Der Boden bebt, und die Fensterscheiben klirren pausenlos. Straßenkreuzungen, Orte, alle halbwegs markanten Punkte liegen unter heftigem Artilleriefeuer. Die Front selbst ist eine krachende Hölle. (...) Es deutet alles auf eine Großoffensive im Raum Stolberg hin."

Und abends fügt er hinzu: *„War das ein Feuerorkan heute! Über rollendem Trommelfeuer tummelten sich buchstäblich Tausende von Flugzeugen in der Luft. Bis Mittag stürzte sich die Meute auf den Raum Eschweiler–Stolberg. Ab 15 Uhr kam eine Stunde lang Düren dran.*

Welle auf Welle donnerte in nur 2.000 m Höhe heran. Sprühende ‚Christbäume' senkten sich auf die unglückliche Stadt, heulend folgten ihnen die dichtesten Teppiche schwerster Kaliber. In wenigen Minuten stand an Stelle der Stadt eine ungeheure zuckende, schwarz-brodelnde Wolke. Noch jetzt ist Düren ein einziger riesiger Feuerschein."

Gegen Abend wird es empfindlich kalt, und in der Nacht zum **Freitag (17.11.1944)** gibt es den ersten strengen Frost.

Mit Sonnenaufgang beginnt wieder das feindliche Artilleriefeuer, und wir liegen in seinem Einzugsbereich. Am Nachmittag erhält die 2. Batterie einen Volltreffer auf das A-Geschütz. Dabei werden drei Kanoniere auf der Stelle getötet, die übrigen mehr oder weniger schwer verwundet. Das Geschütz ist nicht mehr zu gebrauchen.

Außer der amerikanischen Artillerie halten uns bei dem schönen Wetter aber auch die unablässig über uns kreisenden Jabos in Atem. Zwar halten sie sich wieder einmal außerhalb der Reichweite unserer Geschütze, dennoch gelingt es einer Bedienung, mit ihrer 3,7 cm-Zwillingskanone eine „Thunderbolt" vom Himmel herunterzuholen.

—

Am **Samstag (18.11.1944)** deckt uns die feindliche Artillerie fast den ganzen Tag über mit Sperr- und Störfeuer ein, ohne in der Abteilung jedoch irgendwelchen Schaden anzurichten.

Bei dem klaren Winterwetter sind natürlich auch ständig Jabos in der Luft. Dabei wechseln „Lightnings", „Thunderbolts" und „Mustangs" einander ab. Wiederholt versuchen sie auch, unsere Feuerstellungen direkt anzugreifen. Doch jedesmal bekommen sie die volle Feuerkraft der 3. Batterie zu spüren, so daß sie beidrehen und ihre Bomben einfach irgendwo im Gelände abwerfen. Dabei gelingt es aber nicht allen, den Feuergarben unserer Geschütze zu entkommen: Zwei „Thunderbolts" und ein „Ventura"-Patrouillenbomber gehen brennend zu Boden.

Während wir überwiegend den Luftschutz hinter der Front übernehmen, hat die 275. Infanteriedivision den Auftrag, einen Angriff der 4. US-Infanteriedivision zwischen Hürtgen und Schevenhütte abzuwehren. Da ihr infanteristische Reserven fehlen, wird sie durch Einheiten der 116. Panzerdivision verstärkt und kann zwischen dem 18. und 21. November in heftigen Kämpfen tatsächlich mehrere Angriffe abwehren.

Eine Erhebung der Heeresgruppen B und G über die Kräfteverhältnisse ergab übrigens, daß am **18. November 1944** die gesamte deutsche Westfront nur noch über 775 einsatzbereite Panzer verfügte, während der Gegner mit mehr als der zehnfachen Materialmenge operieren konnte.

—

Am **Sonntag (19.11.1944)** wird dann die 275. Infanteriedivision von der Front abgezogen und durch die neu herangeführte 344. Infanteriedivision, ehemals 91. Luftlandedivision, abgelöst, und wir werden zusammen mit der Artillerie nun dieser Division unterstellt. Wieder greifen wir gemeinsam in den Erdkampf ein, und die Feuerduelle halten mit einigen Unterbrechungen den ganzen Tag über an.

Natürlich sind bei dem strahlenden Sonnenschein auch ständig Jabos in der Luft, die durch Angriffe auf unsere Batterien ihre eigene Artillerie zu entlasten suchen. Doch die 3. Batterie wehrt alle Angriffe auf unsere Abteilung ab, so daß sich die Maschinen immer wieder in größere Höhen zurückziehen müssen. Lediglich die „Thunderbolts", die sich wohl auf ihre Panzerung an der Unterseite etwas zugute halten, wagen sich näher heran, und prompt gehen auch zwei von ihnen brennend zu Boden.

—

Auch am **Montag (20.11.1844)** hält das schöne Winterwetter an. Dennoch ist die Fliegertätigkeit weitaus geringer als gestern. Nur hin und wieder lassen sich zwei oder vier Maschinen am Himmel sehen. Trotzdem können wir eine „Thunderbolt" zum Absturz bringen. Wie es aussieht, stellt dieser Flugzeugtyp wegen seiner geringen Wendigkeit und der erzielbaren Spitzengeschwindigkeit von 686 km/h ein ideales Ziel für unsere 3,7 cm-Geschütze dar, während diese Maschinen wegen ihrer Panzerung gegen 2 cm-Geschosse gefeit sind.

Die geringe Fliegertätigkeit wird allerdings durch intensives Artilleriefeuer mehr als wettgemacht. Während die Amerikaner die ganze Gegend mit Sperr- und Störfeuer eindecken, beschränken wir uns heute darauf, mit kombinierten Feuerschlägen nur bestimmte Einzelziele zu bekämpfen, die uns der vorgeschobene Artilleriebeobachter benennt. Wahrscheinlich haben wir uns während der letzten Tage so sehr verausgabt, daß wir nun Munition sparen müssen, die dem Gegner allerdings in unbegrenzter Menge zur Verfügung zu stehen scheint.

In den letzten Tagen versuchte die 1. US-Infanteriedivision mit vier Regimentern östlich von Stolberg die deutsche Verteidigungslinie zu durchbrechen. Der Durchbruch konnte zwar verhindert werden, doch gelang es ihr, Hamich zu nehmen und im Wehebachtal im Walde östlich von Heistern weiter nach Norden bis vor das Schloß Laufenburg vorzudringen. Am **20.11.** fielen das Dorf Wenau und Schloß Laufenburg, und in der Nacht zum **21.11.** auch das hart umkämpfte Heistern in amerikanische Hand.

Abends, als ich mich gerade zum Schlafen niederlegen will, kommt ein Melder in unser Quartier, der mich zum Chef bestellt. Dabei erklärt mir Oberleutnant Wilhelm lediglich, daß er einen weiteren Fernsprecher braucht und dabei an mich gedacht hat, weil ich ebenso wie Walter Feikes, der bereits als Fernsprecher eingesetzt worden ist, am Kommandohilfsgerät ausgebildet worden bin und auch am Funklehrgang in Chambors teilgenommen habe. Obwohl er mich nach eigenem Gutdünken überall in seiner Batterie einsetzen und meine Versetzung dorthin einfach befehlen könnte, möchte er meine Meinung zu der vorgesehenen Veränderung hören.

Ich kann meine Freude darüber kaum verbergen, vom Geschütz wegzukommen und eine leichtere und vor allem weitaus interessantere Tätigkeit zu übernehmen, und erkläre mich sofort mit meiner Versetzung in die Nachrichtenstaffel einverstanden.

Offenbar hat der Chef gewußt, daß er mir mit dieser Funktionsänderung einen großen Gefallen tut, denn lächelnd entläßt er mich mit den Worten: *„Na, dann melden Sie sich mal gleich bei Wachtmeister Gnidtke."*

Bruno Gnidtke ist Nachrichtenstaffelführer und dadurch für den Funk- und Fernsprechtrupp zugleich zuständig. Ich suche ihn in seinem Quartier auf, wo er vor dem Schlafengehen noch ein Buch liest. Er ist etwa 30 Jahre alt und mir auf Anhieb sympathisch, und das nicht nur, weil er als Pommer mir als Westfalen schon vom Wesen her liegt, sondern mir gefällt auch seine ruhige und besonnene Art, sich zu geben. Er zeigt sich uns Jüngeren gegenüber sehr kameradschaftlich, um nicht zu sagen: väterlich (er hat zu Hause eine Frau und drei kleine Kinder) und kehrt auch nicht den Vorgesetzten heraus. Damit erinnert er mich in gewisser Weise an unseren Wachtmeister Hüsgen in Hamm, bei dem wir Jungen uns auch besonders wohlgefühlt haben. Nun fragt er mich nach meiner Ausbildung und bisherigen Tätigkeit und meint dann, daß es nach einem solchen Hin und Her langsam an der Zeit sei, daß ich in der Batterie einen festen Platz bekäme.

Er entläßt mich schließlich mit der Weisung, daß ich mich am **Dienstagmorgen (21.11. 1944)** um 7 Uhr auf der Vermittlung melden soll.

—

Seit Walter Feikes und ich am **20. Juni 1944** in die Batterie gekommen sind, sind mittlerweile 22 Wochen vergangen, ohne daß wir irgendwie richtig dazugehört haben. Wir sind zwar mit einer perfekten Spezialausbildung am Kommandohilfsgerät zur Feldtruppe gekommen, konnten aber bisher noch nicht unserer Ausbildung entsprechend eingesetzt werden.

Zuerst befand sich die Batterie im Wiederaufbau und verfügte über kein passendes Gerät, so daß man uns kurzerhand zum Funklehrgang schickte, wo wir dann, ohne die Ausbildung zum Funker vollenden zu können, in die Turbulenzen des überstürzten Rückzugs aus Frankreich gerieten.

Als wir dann Anfang Oktober zur Batterie zurückkehrten, gab es zwar ein Kommandohilfsgerät, an dem wir üben konnten. Doch zum Einsatz kamen wir nicht, weil einmal ein Kommandogerät vorhanden war und wir zum anderen in Bereitschaft lagen oder mit der Truppe unterwegs waren.

Als wir dann endlich hätten zum Einsatz kommen können, wurde die Batterie personell verkleinert, das Kommandohilfsgerät außer Dienst gestellt und der Meßtrupp II ersatzlos aufgelöst. Dadurch hingen wir völlig in der Luft und wurden einfach in die Geschützstaffel eingegliedert. Dabei konnten wir noch von Glück sagen, daß wir nicht zur Infanterie abgestellt wurden.

Während Walter jedoch schon bald darauf zum Fernsprechtrupp kam, wurde ich als Lückenbüßer – im Batteriejargon „K übrig" genannt – bei vier Geschützen herumgereicht, um als „K 9 mit der Ölkanne" die niederen Arbeiten zu verrichten, Munition zu putzen und zu stapeln oder Wache zu schieben. – Und nun, am 155. Tage meiner Zugehörigkeit zur Batterie, werde ich endlich in eine Planstelle eingewiesen und auf die Dauer mit einer festen Aufgabe betraut! Darüber bin ich sehr froh und dem Chef dankbar, denn hier in der Nachrichtenstaffel hoffe ich, endlich zur Ruhe zu kommen. Zudem habe ich bei der NA 228 bereits zu einem Fernsprechtrupp gehört und dessen Aufgaben schon durch mein Zuschauen kennengelernt.

—

Jedenfalls gehe ich am **Dienstagmorgen (21.11.1944)** frohbeschwingt zur Vermittlung, um meinen Dienst als Fernsprecher anzutreten.

Am Klappenschrank sitzt Walter Hahn, ein älterer Obergefreiter, während Walter Feikes und ein Fernsprecher von der 2. Batterie danebenstehen und offenbar bereits auf mich warten. Ich kann gerade noch meine Sachen im Fernsprechwagen verstauen, dann ist es 7 Uhr, und wir drei machen uns auf den Weg zur Zwischenstelle. Von dort aus sollen wir die Leitung zum vorgeschobenen Beobachter („VB") entstören.

Die Zwischenstelle ist in einem alten Bunker eingerichtet worden, den sich die Artillerie einmal aus Baumstämmen gebaut hat. Er ist noch gut zu benutzen, innen völlig trocken und besitzt vor allem eine artilleriesichere Decke. Hier im Bunker sitzt ein Fernsprecher der 2. Batterie, der nun die beiden „Feldfernsprecher 33" an unseren Begleiter übergibt und sich dann auf den Weg zu seiner Batterie macht. Während der Ablöser nun die beiden Fernsprechgeräte überwacht, nehmen Walter und ich abwechselnd die Strippe in die Hand und machen uns an der Leitung entlang auf den Weg zur VB-Stelle. Bis dorthin ist die Leitung an drei Stellen durch Granatsplitter unterbrochen worden. Nachdem wir die Enden wieder provisorisch miteinander verknüpft haben, ist die Verbindung von der Zwischen- zur Endstelle wiederhergestellt.

Die Beobachtungsstelle befindet sich in einem Wasserturm südlich von Kleinhau und ist zur Zeit mit einem Oberwachtmeister und zwei Fernsprechern vom Panzerartillerieregiment 146 besetzt. Von hier aus kann man Hürtgen und weiter südlich auch Vossenack, vor allem aber das Gelände zwischen den beiden Orten gut einsehen. Eine Panzeransammlung würde hier sofort entdeckt und könnte an den Artilleriegefechtsstand gemeldet werden. – Nun verstehen wir auch, warum wir beim Schießen mit dem „VB" so gute Erfolge hatten. Immerhin detonieren unsere Sprenggranaten etwa 1,50 Meter über dem Boden und haben eine Splitterwirkung von 80

Metern im Umkreis. Da gibt es für die Panzergrenadiere zwischen ihren Fahrzeugen kaum Schutz und kein Entkommen.

Wir halten uns nicht weiter im Wasserturm auf, sondern kehren zur Zwischenstelle zurück. Denn für die Überwachung der Leitung zwischen den beiden Stellen ist eigentlich die Artillerie zuständig, die Heeresflak dagegen für die Verbindung von der Zwischenstelle zum Regiment und zu den Batterien. Wir sagen im Bunker kurz Bescheid und suchen dann in Sichtweite ein Wochenendhäuschen auf, um dort in Ruhe zu frühstücken, bevor wir bei unserer Batterie anfragen wollen, ob wir dorthin zurückkehren oder hier in Bereitschaft bleiben sollen. Sollten wir inzwischen verlangt werden, so kann uns der Kamerad von der Artillerie ja kurz zurückrufen.

Das Häuschen, eine bessere Gartenlaube, liegt in Sichtweite vom Bunker auf einer Waldwiese am Osthang des Hürtgenwaldes und bietet uns einen schönen Rundblick über das Rurtal. Doch kaum haben wir die mitgebrachten Butterbrote ausgepackt, da pfeift plötzlich etwas über uns hinweg, und unten auf der Wiese am Ortsrand von Obermaubach steigen vier Erdfontänen in die Höhe. Kurz darauf hören wir dann auch das Krachen der detonierten Granaten. Und schon heult die nächste Vierer-Gruppe über uns hinweg. Dieses Mal schlagen die Granaten in die Rur ein, die hier einen länglichen See bildet. Dabei zischen vier kräftige Wasserfontänen in die Höhe.

„Das sieht ja toll aus, wie die Granaten da unten einschlagen!" stelle ich mit einer gewissen Begeisterung fest. Wir haben nämlich noch nie Artillerieeinschläge gesehen, schon gar nicht von einem Fenster aus, das wie eine Zuschauertribüne einen Rundblick über die ganze Gegend erlaubt.

Bevor Walter etwas antworten kann, pfeifen bereits die nächsten Granaten über uns hinweg und schlagen teils in der Wiese und teils im Wasser ein. Dann kracht es plötzlich dicht hinter uns, und einige Splitter dringen knisternd durch die dünnen Holzwände in unsere Behausung.

Wir werfen uns wie auf Kommando sofort auf den Boden und kriechen durch die Tür ins Freie. Dort sehen wir in kaum zwei Metern Entfernung, etwas tiefer am Hang, zwei flache Granattrichter, die wir als Deckung benutzen wollen, bevor wir seitwärts zum Bunker spurten. Doch beim Hineinspringen denke ich nicht daran, daß die Einschläge ganz frisch sind, und stütze mich mit den Händen auf dem Boden ab. Wie vom Blitz getroffen schnelle ich fluchend wieder hoch, denn ich habe mir an den grauen Splittern in der Vertiefung elend die Finger verbrannt.

Nach dem nächsten Feuerüberfall, den wir geduckt in den Vertiefungen abwarten, hetzen wir mit ein paar Sprüngen zum Bunker hinüber. Kaum sind wir dort in Sicherheit, da schlagen schon wieder einige Salven ganz in der Nähe im Walde ein. In das Krachen der detonierenden Granaten mischt sich dabei das eigenartige Knistern und Knirschen zerberstender Bäume.

Natürlich wird auch die Fernsprechleitung zur VB-Stelle wieder getroffen. Dieses Mal bleibe ich im Bunker zurück und lasse die beiden anderen auf Störungssuche gehen. Sie haben Glück, denn die Leitung ist nur an zwei Stellen unterbrochen worden, und dazu noch ganz in der Nähe des Bunkers. Es sind kaum 20 Minuten vergangen, dann sind die beiden wieder da. Den Rest des Tages halten wir uns im Bunker und seiner Umgebung auf, ohne daß wir noch einmal die Leitung flicken müssen.

Als wir abends nach Bergheim zurückkehren, erfahren wir, daß die Artillerie sämtliche verlegten Leitung übernommen und die Heeresflak bereits Stellungswechsel gemacht hat. Es ist lediglich ein PKW zurückgeblieben, der Walter und mich zur Batterie bringen soll. Ein älterer Obergefreiter fährt uns zunächst nach Winden, wo wir die Rur überqueren, und dann über Kreuzau nach Niederau, wo die Batterie in Stellung gegangen ist.

Die fünf Kilometer bis Niederau sind schnell zurückgelegt, und anhand der guten Ausschilderung ist die Schreibstube unserer Batterie schnell gefunden. Hier empfängt uns der Spieß persönlich und läßt sich ausführlich darüber berichten, was wir inzwischen erlebt haben. Dann schickt er uns mit einem Beiwagen-Krad nach Schloß Burgau, das kurz hinter Niederau liegt und wo in einem Nebengebäude unsere Vermittlung aufgebaut worden ist.

Wenn die Batterie keine Feuerstellung bezogen hat, werden Befehle, Meldungen und Nachrichten durch Kradmelder überbracht. In der Feuerstellung aber werden die Führung der Batterie, die Befehlsübermittlung, die Feuerleitung und auch die vorgesetzten oder benachbarten Einheiten durch Fernsprechleitungen miteinander verbunden.

Mit dem Abteilungsstab stehen die Batterien in erster Linie in Funkverbindung. Zudem werden die Tornisterfunkgeräte bei Marschunterbrechungen eingesetzt, wo es keine Fernsprechverbindungen gibt. Die wichtigsten Fernsprechverbindungen einer Batterie in Feuerstellung bestehen zwischen der „Befehlsstelle I" (Kommandogerät) und der „Befehlsstelle II" (Batterieoffizier, Feuerstellung), sowie zwischen der „Befehlsstelle I" und der Funkstelle, also in der Regel dem Funkwagen.

Daneben werden aber auch Leitungen zum Abteilungsstab und zu den anderen beiden Batterien verlegt. Alle diese Leitungen laufen in der Vermittlung zusammen, wo ein Klappenschrank steht, der zehn Anschlüsse aufnehmen kann. Die Verbindungen werden hier durch Einstöpseln der Klemmen in die entsprechenden Buchsen hergestellt. In der Praxis sind aber nur äußerst selten alle zehn Leitungen besetzt; in der Regel sind es nur vier oder fünf.

Die Vermittlung bildet somit den Mittelpunkt des Fernsprechtrupps, genau wie der Funkwagen („Kleinfunkkraftwagen" oder „leichter FunkKw") das Herzstück des Funktrupps ist. Zum Fernsprechtrupp gehört als Transportmittel ein LKW mit Einbauten, der ein „kleiner FernsprechKw" oder ein „leichter FernsprechKw" sein kann. Die größeren und schweren Funk- und Fernsprechwagen gibt es nur bei den Nachrichtenabteilungen.

Mit mir ist die Nachrichtenstaffel nun vollständig und setzt sich wie folgt zusammen:

Wachtmeister Bruno Gnidtke (Nachrichtenstaffelführer)

Unteroffizier Hermann Bretzke	Unteroffizier Paul Gueffroy
(Funktruppführer)	(Fernsprechtruppführer)
Obergefreiter Gottfried Hetges	Obergefreiter Walter Hahn
Gefreiter Heinz Seidel	Obergefreiter Rudolf Pfeiffer
Gefreiter Otto Vogt	Gefreiter Bernd Linde
Funker Martin Schmidt	Fernsprecher Walter Feikes
Funker Karl-Heinz Baumgart	Fernsprecher Heinz Heidt
Stabsgefreiter August Tengler	Obergefreiter Adolf Eichel
(Funkwagenfahrer)	(Fernsprechwagenfahrer)

Während die Funker sich meist in ihrem Funkwagen aufhalten und von dort aus ihren Dienst versehen, ist das bei den Fernsprechern nicht möglich. Beim Funkwagen handelt es sich nämlich um einen geschlossenen Kastenwagen mit Hecktüren, in den die Funkgeräte fest eingebaut sind, und die auch von dort aus betrieben werden. Zur Ausrüstung gehört neben einer ausfahrbaren Stabantenne auch ein zusammenbaubarer Antennenmast, der außerhalb des Fahrzeugs aufgestellt werden kann.

Der Fernsprechwagen ist dagegen ein einfacher Opel-Pritschenlastkraftwagen mit Planenabdeckung, in den hinter dem Führerhaus ein Stirnschrank und an den Seiten Truhen eingebaut sind, um die für den Leitungsbau erforderlichen Werkzeuge (Montagemesser, Schraubenzieher, Hammer, Rund-, Isolier- und Kombizangen, Stabtaschenlampen) und Geräte (Klappenschrank, Feldfernsprecher, Kabelrollen, Ersatzkabel, Verlegestangen, Rückentragen,), sowie die Mannschaften zu transportieren. Diese haben ihre Plätze auf den Materialtruhen beiderseits des Mittelganges, auf denen abnehmbare Sitzpolster liegen. Auf den Einbaukisten rechts und links hinter der Heckklappe befinden sich die Halterungen für jeweils eine Rückentrage. Die Waffen und Ausrüstungen der Fernsprecher sind in besonderen Fächern im Stirnschrank untergebracht.

So spielt sich der Dienst der Funker durchweg im und am Funkwagen ab, während bei den Fernsprechern die Telefonvermittlung im Mittelpunkt steht, wo alle ausgelegten Leitungen zusammenkommen.

Hier lerne ich nach meinem ersten Einsatz im Gelände nun auch die anderen Angehörigen des Fernsprechtrupps kennen. Dieser setzt sich je zur Hälfte aus alten Fernsprechern, die bereits in Rußland bei der Einheit waren, und mit mir nun drei Neuen zusammen, die erst in Frankreich zur Division gekommen sind. Und von uns dreien ist einer bereits in Hamm als Fernsprecher ausgebildet worden, während Walter Feikes und ich eine andere Ausbildung haben und als „Anlernlinge" zum Trupp gekommen sind.

Fernsprechtruppführer ist Unteroffizier Paul Gueffroy aus Schlawe in Pommern, groß, schlank und schlaksig, mit frischer Gesichtsfarbe und dröhnend lauter Stimme, der vor seiner Einberufung zur Wehrmacht auf einem Gut als Huf- und Wagenschmied gearbeitet hat und, wie mir scheint, nicht zuletzt wegen seiner „strammen Haltung" Unteroffizier geworden ist. Er führt gerne das große Wort und leidet offensichtlich an übersteigertem Geltungsbedürfnis. Er spricht zwar Fehler, ist ansonsten aber ausgekocht und durchtrieben.

Der dienstältere Obergefreite ist Walter Hahn aus Arnswalde in der Neumark südöstlich von Stettin. Auch er ist groß und schlank, wirkt wegen seiner etwas gebeugten Haltung älter als er ist, spricht leise und verhalten, besitzt hintergründigen Humor und eine gute Portion Mutterwitz und ist für jeden harmlosen Scherz zu haben. Er ist Landwirt von Beruf, sieht jedoch eher blaß aus, war vor seiner Soldatenzeit Gespannführer auf einem Gut und besitzt von daher – und darauf legt er ebenso wie Paul Gueffroy großen Wert – eine gute Portion „Pferdeverstand", womit gemeint ist, daß er mit Pferden umgehen und reiten kann. Er ist ein sehr „belesener" Bauer, spricht kaum einen Fehler, ist in seiner Art kameradschaftlich, ruhig und gemütlich und verabscheut jeden Streit.

Der zweite Obergefreite ist Rudolf Pfeiffer. Er stammt aus der Gegend von Bayreuth, ist schmächtig von Statur und erinnert wegen seiner abstehenden Ohren unwillkürlich an „Micky Maus". Er war im Zivilberuf städtischer Angestellter, spricht Hochdeutsch mit ganz schwachem bayerischem Einschlag und weiß sein bajuwarisches Temperament sehr gut zu zügeln. Er macht treu und brav seinen Dienst und ist kameradschaftlich und hilfsbereit. Auch er hat eine auffallend gesunde Gesichtsfarbe.

Bernd Linde aus Rheine ist groß und schlank mit auffallend langem, schmalem, blassem Gesicht. Er war kaufmännischer Angestellter, ist etwas dienstälter als Walter und ich und im Juni sofort zum Fernsprechtrupp gekommen. Er ist vom Temperament her ein Viel- und Schnellsprecher und vom Wesen her der typische „Radfahrer" (nach oben buckeln, nach unten treten). Er scharwenzelt gerne um den Truppführer herum, um sich ins rechte Licht zu setzen oder den anderen eins auszuwischen. Sein ewiges „*Untroffzier*", mit dem er den Truppführer anredet, geht uns anderen allmählich auf den Wecker, nicht zuletzt, weil er als Schnellsprecher statt *„Herr Unteroffizier"* immer diese Kurzfassung benutzt.

Auch Walter Feikes aus Dülken war kaufmännischer Angestellter. Er ist mit mir zusammen in Hamm am Kommandohilfsgerät ausgebildet worden, hatte aber Gelegenheit, schon nach wenigen Tagen vom Geschütz weg zum Fernsprechtrupp zu kommen. Er wirkt nicht wie ein typischer Rheinländer, sondern gibt sich eher zurückhaltend („Stille Wasser gründen tief", sagt der Volksmund). Er ist darum bemüht, möglichst nirgendwo anzuecken, und verrät nur selten, was er wirklich denkt. Er hat zwar immer als erstes den eigenen Vorteil im Auge, ist sonst aber kameradschaftlich und umgänglich. Vom Äußeren her könnte er Franzose sein, denn er ist ein eher dunkler Typ, hat graue Augen, dunkle, fast schwarze Haare und starke Augenbrauen und eine ins Braune tendierende Gesichtsfarbe.

So bin ich der einzige im Trupp, der von der Schulbank weg Soldat wurde und daher nach der Meinung von Unteroffizier Gueffroy „keinen ordentlichen Beruf erlernt" hat.

Der Funktrupp setzt sich etwas anders zusammen: Unteroffizier Bretzke und Obergefreiter Hetges, beide blond und blauäugig, stammen aus der Gegend von Stettin und waren bereits in Rußland bei der Einheit. Die anderen vier sind mit dem Reifevermerk (im Volksmund „Notabitur") von der Schule weg eingezogen und schon von vornherein als Funker ausgebildet worden. Die beiden älteren, Heinz Seidel und Otto Vogt, beide blond und mit frischer Gesichtsfarbe, stammen aus dem Münsterland, Martin Schmidt ist Rheinländer, 1,94 Meter groß und etwa 100 Kilo schwer, und Karl-Heinz Baumgart ist eher schmächtig und stammt aus Iserlohn in Westfalen.

Auch die beiden Fahrer könnten kaum unterschiedlicher sein. Während August Tengler, ein alter Stabsgefreiter mit Rußlanderfahrung und blonder, urwüchsiger Pommer, in sich selbst zu ruhen scheint und in jeder Lage ruhig und gelassen bleibt, geht unser Fahrer, der deutlich kleinere agile Adolf Eichel aus der Nähe von Darmstadt, bei jeder Kleinigkeit an die Decke. Zudem kann er im Gegensatz zu dem vertrauenerweckenden Funkwagenfahrer sehr unkameradschaftlich und „hinterfotzig" sein.

Hier auf Schloß Burgau haben wir vom Fernsprechtrupp eine frühere Gesindewohnung zur Verfügung und müssen nicht im dem Raum übernachten, in dem der Klappenschrank steht. Die beiden Schlafzimmer benutzen wir in der Weise, daß Walter Hahn mit dem Truppführer und unserem Fahrer in dem einen und wir übrigen in dem anderen Zimmer schlafen.

Da ich zur Nacht noch meine Sachen holen muß, die ich in der Eile einfach in den Fernsprechwagen geworfen habe, geht Walter Hahn mit und zeigt mir, wo er sie verstaut hat. Dabei erklärt er mir auch die verschiedenen Einbauten und zeigt mir den Sitzplatz, den ich künftig beim Stellungswechsel einnehmen soll. Damit bin ich dann endgültig in den Trupp aufgenommen.

Natürlich kann Walter es sich nicht verkneifen, mir auch die „Hamsterkiste" zu zeigen, die unser Fahrer rechts hinter dem Führerhaus an das Chassis angebaut hat. Es ist eine einfache Holzkiste mit Klappe und Vorhängeschloß, in der Adolf Eichel seine „Fressalien" aufbewahrt. Später werde ich von ihm selbst darüber noch näher informiert werden.

—

Am **Mittwochmorgen (22.11.1944)** ist es ziemlich ruhig. Weder Jabos noch die feindliche Artillerie stören zunächst die Ruhe dieses trüben Novembertages. Das ist für Walter Hahn eine willkommene Gelegenheit, mich wie ein großer Bruder in die Geheimnisse des Fernsprechwesens einzuführen. Er erklärt mir nicht nur in allen Einzelheiten den Klappenschrank, sondern zeigt mir auch, wie man fachmännisch einen „Weberknoten" knüpft. Beim gestrigen Einsatz habe ich lediglich die Enden der Strippen gehalten, damit Walter Feikes sie miteinander „verknoten" konnte. Nun kann ich in Ruhe selbst den Knoten üben.

Walter Hahn macht es offensichtlich Spaß, sein Wissen an mich weiterzugeben. Als ich ihm nach einigem Üben mühelos ein paarmal hintereinander einen perfekt geknüpften Weberknoten vorlege, ist er sehr erfreut und überreicht mir eine Kombizange und eine Rolle Isolierband als Zeichen, daß ich nun zum Trupp gehöre.

Doch die Ruhe ist nicht von langer Dauer, denn im Laufe des Vormittags beginnt an der Front anhaltendes Artilleriefeuer. Die Tagesmeldung des LXXXI. Armeekorps spricht sogar von einem Trommelfeuer *„in nicht dagewesener Stärke".* Dabei gab der Oberbefehlshaber West als Schwerpunkt der Kämpfe dieses Tages den Vorstoß des Feindes auf die Rur zwischen Linnich und Jülich an und bezifferte die eigenen Verluste seit dem **16. November** auf 12.000 Mann, die feindlichen auf 20.000 Mann und 320 Panzer. Und an den deutschen Verlusten sind nicht nur die hier eingesetzten Volksgrenadierdivisionen, sondern auch Panzerjäger und Pioniere der 116. Panzerdivision beteiligt.

Doch die Front ist weit genug weg und Flieger sind bei dem trüben Wetter nicht in der Luft, so daß wir uns ohne Gefahr im Freien aufhalten können. So nehmen wir uns jeweils zu zweit, Rudi Pfeiffer und Bernd Linde einerseits und Walter Feikes und ich andererseits, unsere im Wagen befindlichen Kabelrollen vor, um sie umzuspulen und dabei die provisorischen Flickstellen ordentlich zu reparieren. Walter Hahn sitzt unterdessen am Klappenschrank, raucht eine Pfeife und schaut uns durch das Fenster bei der Arbeit zu.

Auch der **Donnerstag (23.11.1944)** beginnt düster und grau; im Gegensatz zu gestern setzt auch noch langanhaltender Landregen ein.

Ausgerechnet als es in Strömen regnet, wird die Leitung zur Feuerstellung gestört. Während Walter Hahn am Klappenschrank sitzenbleibt, gehen wir anderen vier gemeinsam los, um die Störung zu suchen und zu beheben. Dabei stellen wir fest, daß erst kurz vor der Feuerstellung das Kabel gerissen ist, weil ein Fahrzeug ungeschickt gewendet wurde und der Fahrer dabei die Leitung übersehen hat. Der Schaden ist zwar schnell behoben, doch wir sind ziemlich naß, als wir zur Vermittlung zurückkehren.

Nachmittags müssen wir noch einmal los, weil ein Hochkabel durch einen LKW heruntergerissen und zerstört wurde.

Zwischendurch erklärt mir Walter Hahn die Decknamenliste, die in der Regel vierteljährlich herauskommt und die Buchstabengruppen für die Funker und die Decknamen enthält, die wir Fernsprecher verwenden müssen, wenn wir mit anderen Einheiten unserer Division verkehren wollen. Aus dieser Liste sehe ich zum ersten Mal, welche Einheiten alle zu unserer Division gehören.

Abends gibt uns Walter Hahn den Tagesbefehl des Armeeoberkommandos 15 bekannt, der am Nachmittag durchgekommen ist und lautet: *„116.Panzerdivision wird als Heeresgruppen-Reserve zur Auffrischung in den Raum Viersen–Erkelenz–Liedberg (Orte einschließlich) Neuss–Krefeld (Orte ausschließlich) verlegt."*

Am **Freitagmorgen (24.11.1944)** ist schon zur Frühstückszeit eine Leitung gestört. Dieses Mal gehen Walter Feikes und ich allein los. Wir brauchen gar nicht weit zu gehen, denn die Strippe ist nicht weit von unserer Vermittlung wahrscheinlich durch ein Fahrzeug zerrissen worden.

Während der Klappenschrank rund um die Uhr besetzt sein muß, können sich die anderen die Zeit ihrer Bereitschaft nach Gutdünken vertreiben, ihre Sachen in Ordnung bringen, Post erledigen oder Karten spielen. Sie müssen nur in Rufweite bleiben, damit jederzeit ein „Störtrupp", der eigentlich „Entstörtrupp" heißen müßte, losgeschickt werden kann.

Natürlich berichten die Älteren bei solchen Freizeiten gerne über ihre Erlebnisse in Rußland. Allen voran kann unser Fahrer am interessantesten erzählen. Weil er dabei immer eine Mischung von Dichtung und Wahrheit auftischt, hat Bernd Linde bereits den Begriff „Eichelinos Märchenstunde" geprägt.

Samstag, der 25. November 1944, ist für uns praktisch ein Ruhetag. Da wir an den Appellen der Batterie nicht teilnehmen müssen, haben wir außer der Vermittlungswache weiter nichts zu besorgen. Wir erhalten Anweisungen und Befehle vom Chef oder Spieß stets fernmündlich, so daß wir immer als erste informiert werden, auch ohne an den Treffen der Batterie teilzunehmen.

Vereinzelt hören wir heute Kampfgeräusche von der Front, doch wir liegen offensichtlich außerhalb der Reichweite der feindlichen Artillerie und haben bei dem trüben Wetter auch aus der Luft nichts zu befürchten.

—

Auch der **Sonntag (26.11.1944)** beginnt trübe und ruhig. Mittags werden allerdings die Wachtmeister und Unteroffiziere zum Chef befohlen, wo sie die Marschbefehle im Rahmen des AOK-Befehls vom 23.11. erhalten, verbunden mit der Weisung, bis 16 Uhr marschbereit zu sein. Damit werden auch das Artillerieregiment 146 und die Heeresflakabteilung 281 als letzte Einheiten der Division aus der großen Abwehrschlacht bei Aachen abgezogen.

Ende November/Anfang Dezember flauen die Kämpfe noch weiter ab, und die amerikanische Großoffensive kommt zum Stehen an einer Linie, die von der Gegend nördlich Geilenkirchen nach Osten auf die Rur bei Linnich verläuft, dann an der Rur entlang bis südlich Jülich und von dort nach Süden auf Langerwehe zu. Hürtgen fällt am 28.11., Kleinhau am 29.11., Brandenberg und Bergstein fallen Anfang Dezember in amerikanische Hand. Zwischen dem 10. und 16. Dezember drückt das VII. US-Korps dann seine Front zwischen Jülich und Bergstein fast überall bis an die Rur vor. – Insgesamt gesehen war die amerikanische Offensive ein Fehlschlag. In einem Monat hatte sie zwar örtlichen Geländegewinn gebracht, das Ziel, zum Rhein durchzustoßen, aber weit verfehlt.

Weiter nördlich können die Briten den deutschen Venlo-Brückenkopf zur Auflösung bringen. Ein geplanter Angriff östlich der Maas zwischen dem Fluß und Geilenkirchen unterbleibt jedoch, weil Montgomery den Boden für zu aufgeweicht hält.

Am **7. Dezember 1944** treffen sich Eisenhower, Montgomery und Bradley in Maastricht und verabreden eine neue Offensive gegen den Rhein für Mitte Januar 1945. Die Briten sollen von Nijmegen aus nach Südosten vorstoßen, die 1., 3. und 9. US-Armee in breiter Front nach Osten gegen den Rhein anrennen. Danach soll dann das Ruhrgebiet mit zwei Armeen von Norden und Süden eingeschlossen werden.

Mit der Annäherung an die Rur entsteht auf amerikanischer Seite die Befürchtung, die Deutschen könnten den Fluß durch Öffnen der Stauseen fluten und dadurch den Übergang erheblich erschweren. Deshalb versucht man zunächst, die Dämme aus der Luft zu zerstören. Als das mißlingt, sollen sie durch einen Angriff in Besitz genommen werden. Dazu tritt das V. US-Korps am **13. Dezember** zum Angriff auf Kesternich (acht Kilometer südwestlich von Schmidt) und von Südwesten in Richtung auf Dreiborn an. Am **16. Dezember** wird diese Offensive allerdings erfolglos eingestellt. Alle Pläne der Westalliierten bleiben vorerst in der Schublade, und in diese Flaute hinein ergreift die deutsche Seite noch einmal die Initiative und startet die „Operation Herbstnebel".

Nach dem Mittagessen beginnen wir gleich mit dem Abbau der Leitungen und der Vermittlung sowie mit dem Verladen des Gerätes und der persönlichen Sachen. Wir sind auch zur angegebenen Zeit fahrbereit, müssen aber warten, weil die Batterie den Stellungswechsel im Verband vollziehen soll, und danach kommen wir erst nach dem Batterietrupp und der Meßstaffel an die Reihe. Deshalb ist es fast 17 Uhr, als wir bei bedecktem Himmel endlich losfahren.

In Niederau erwartet uns der Funkwagen, und dann fahren wir gemeinsam nach Stockheim, wo wir die Verbindungsstraße zwischen Zülpich und Düren überqueren. Von dort geht es weiter über Jakobwüllersheim. Wir umrunden Düren im Osten und durchqueren in der Abenddämmerung Frauwüllersheim, Eschweiler, Golzheim und Buir. Von dort aus benutzen wir eine breitere Straße über Etzweiler nach Elsdorf. Dann geht es quer durch die Provinz über Esch, Niederembt, Kirchtroisdorf, Grottenherten, Kirchherten und Jackerath nach Immerath, wo sich die Batterie sammeln soll. Als alle Fahrzeuge der Batterie eingetroffen sind, geht die Fahrt trotz der Dunkelheit weiter nach Wanlo, von dort aus fahren wir an der Niers entlang bis Wickrathberg. Hier überqueren wir den Fluß nach Westen, durchfahren Mennrath und kommen nachts um 2 Uhr in Günhoven an. Einige suchen für den Rest der Nacht Quartiere in Ställen und Scheunen, wir aber übernachten im Fernsprechwagen.

—

Am **Montagmorgen (27.11.1944)** erfahren wir, daß wir uns hier etwa sieben Kilometer südwestlich von Rheydt befinden.

Zum Frühappell kommen alle aus ihren Notquartieren zusammen, um vom Spieß in die endgültigen Quartiere eingewiesen zu werden. Dabei wird uns eine Schule als Quartier und Standort der Vermittlung zugewiesen. In einem Klassenzimmer bauen wir unsere Vermittlung auf und legen Fernsprechleitungen zum Chef, zu unserer Feuerstellung, zu den beiden anderen Batterien und zum Abteilungsstab.

Nach dem Mittagessen, das wir hier in der Schule gemeinsam einnehmen, haben Walter Feikes und ich dienstfrei, weil wir von 17 bis 24 Uhr die Vermittlungswache übernehmen müssen. Für den Rest der Nacht versehen dann Rudi Pfeiffer und Bernd Linde den Dienst am Klappenschrank.

Da es hier im Dorfe weiter nichts zu sehen gibt, besuche ich den Funkwagen, um mit Karl-Heinz Baumgart und Martin Schmidt die Erfahrungen der letzten Tage auszutauschen. Unterdessen sitzt Walter Hahn, wie bei Tage üblich, am Klappenschrank, während wir anderen uns für eventuelle Störfälle zur Verfügung halten müssen.

Nur am Dienstag ist das nicht der Fall, denn Walter Feikes und ich sind noch einmal von 9 bis 14 Uhr an der Reihe. Heute ist Walter Hahn mit unserem Fahrer unterwegs, um im Nachbardorf Voosen, in das wir umziehen sollen, für uns Quartiere zu besorgen. Eigentlich ist Voosen kein selbständiges Dorf, sondern ein Ortsteil von Rheindahlen und liegt etwa 1,5 Kilometer westlich von Günhoven. Während sich unser Trupp vor allem nach einem geeigneten Platz für die Vermittlung umsieht, ist unser Fahrer darauf aus, ein besonders gutes Quartier zu finden. Und das gelingt ihm in Voosen nicht zum ersten Mal.

Nach unserer Vermittlungswache, die um 14 Uhr endet, bauen wir beiden zuerst den Klappenschrank ab und verstauen ihn auf dem Fernsprechwagen. Unterdessen holen die anderen die ausgelegten Leitungen ein, so daß wir zügig unsere Sachen verladen und nach Voosen umziehen können. Dort hat Unteroffizier Gueffroy bereits ein Haus für die Vermittlung gefunden, so daß wir sofort den Klappenschrank aufstellen, obwohl wir noch nicht wissen, welche Leitungen wir hier verlegen müssen.

So ergibt es sich, daß Walter Feikes und ich als letzte vom Fernsprechtrupp beim Spieß erscheinen, um sich ein Quartier zuweisen zu lassen. Doch während der Spieß noch seine Liste nach einer geeigneten Unterkunft für uns durchsieht, kommt unser Fahrer hinzu und meint: *„Kommt doch mit mir, in meinem Quartier ist noch Platz für euch!"*

Dabei zwinkert er uns zu, ohne daß der Spieß es bemerkt, der nun erleichtert aufblickt und nach der Hausnummer fragt, unter der er uns eintragen soll.

„Haus 39", antwortet „Eichelino", und damit sind wir mit einer Unterkunft versorgt. Dann bringt uns Adolf Eichel zur Familie Lenzen in das Haus Nummer 39, wo er auch für sich und Willi Preuß, den er von früher kennt, „Quartier gemacht" hat. Willi ist wie Adolf Obergefreiter, sitzt in der Schreibstube, und gehört somit zum Batterietrupp.

Als wir dann das Haus Nummer 39 betreten, wissen wir auch, warum Adolf uns zugezwinkert und so hintergründig gelächelt hat, als er uns aufforderte, mit in sein Quartier zu ziehen. Zur Familie gehören nämlich fünf erwachsene Töchter, die alle zur Zeit hier im Hause sind: Leni (26), Grete (24), Änni (22), Lotte (17) und Hilde (15). Die beiden ältesten Töchter sind verheiratet und ihre Männer an der Ostfront, die drei jüngeren sind noch ledig und los.

Hier bekommen wir im ausgebauten Dachgeschoß ein Zimmer mit ordentlichen Betten. Unter uns im Obergeschoß schlafen die fünf Schwestern in einem Zimmer, das mit anschließendem Bad die ganze Etage einnimmt. Im Erdgeschoß befinden sich das Elternschlafzimmer, das Wohnzimmer und die Küche. Die Toilette und Dusche für uns ist im Kellergeschoß und von der Waschküche aus zu erreichen. Das ist vor allem, wenn in der Nacht jemand zur Toilette muß, für uns etwas umständlich, aber so wird das Familienleben unserer Gastgeber am wenigsten gestört.

Natürlich führen die beiden Obergefreiten hier das große Wort, vor allem unser Fahrer, der nicht nur über ein schier unerschöpfliches Repertoire an Lügengeschichten über seine angeblichen Erlebnisse in Rußland verfügt und ständig neue hinzu erfindet. Er kann auch Hitler und Goebbels imitieren und Passagen aus ihren Reden, wenn oft auch etwas verändert, vortragen. Hier hat er ein dankbares Publikum, und das nutzt er auch weidlich aus.

Wir beiden Jüngeren hören meistens schweigend zu und tauschen höchstens bezeichnende Blicke aus, wenn er zu dick aufträgt, frühere Geschichten in neuen Variationen erzählt oder von Ereignissen berichtet, bei denen wir zugegen waren, und die völlig anders verlaufen sind, als er es berichtet. Doch wir hüten uns, ihm zu widersprechen oder ihn zu korrigieren, denn zum einen verdanken wir ihm dieses prima Quartier, und zum anderen sorgt er nicht nur für Unterhaltung, sondern auch für eine ausgezeichnete Stimmung.

Ein besonders gelungener Auftritt, den er in jedem Quartier vorführt, besteht darin, den Berliner Vortragskünstler Otto Reutter zu kopieren. Dabei klemmt er sein Monokel ins rechte Auge und zitiert mit der nötigen Mimik und einer Aussprache, die von der Reutters kaum zu unterscheiden ist, dessen berühmteste Couplets wie *„In fünfzig Jahren ist alles vorbei",* *„Der Überzieher", „Wie reizend sind die Frauen"* oder *„Du mußt lächeln, immer lächeln".*

Natürlich animiert er auch Frau Lenzen, köstliche Bratkartoffeln für uns zu bereiten, und findet immer wieder einen Anlaß zum Feiern, wobei er alle zu einem Glas Wein einlädt, der angeblich als Marketenderware ausgegeben wurde, in Wirklichkeit aber aus seinem Hamsterkasten stammt und von dem niemand weiß, wie er dort hineingekommen ist, beziehungsweise, wann und wo „Eichelino" ihn „organisiert" hat.

Am **Mittwoch (29.11.1944)** stehen Gerätereinigen und Leitungsbau auf dem Dienstplan. Außer den zu unserer eigenen Sicherheit aufgestellten Kanonen der 3. Batterie sind keine Geschütze in Stellung gebracht worden. Damit entfallen die Leitungen zu den Feuerstellungen, so daß wir lediglich Leitungen zum Chef, zu den Batterie-Schreibstuben und zum Abteilungsstab verlegen müssen.

Nach Dienstschluß übernimmt unser Fahrer wieder die Freizeitgestaltung im Quartier. Heute unterhält er uns hauptsächlich mit Sprüchen und Vorführungen aus seiner Tätigkeit als Schausteller, als er mit einer Zauberbude von Kirmes zu Kirmes zog. Daneben inszeniert er zum näheren Kennenlernen Gesellschafts- und Pfänderspiele und sorgt dafür, daß eine „zünftige Bowle" bereitet wird. Sie bewirkt allerdings neben der ausgelassenen Stimmung am Abend auch, daß in der Nacht lebhaftes Gerenne im Treppenhaus entsteht. Denn nach reichlichem Bowlegenuß läßt sich für den einen oder anderen von uns der Gang vom Dachgeschoß in die Waschküche nicht vermeiden. Wenn es bei den beiden Obergefreiten etwas länger dauert als bei uns beiden anderen, so liegt es daran, daß sie dabei im Obergeschoß hängen bleiben, um eine mehr oder weniger lange „Verschnaufpause" einzulegen.

—

Auch am **Donnerstag (30.11.1944)** haben wir einen angenehmen ruhigen Dienst. Das liegt vor allem daran, daß der Klappenschrank nicht rund um die Uhr, sondern nur bei Tage zu besetzen ist. Das garantiert uns ungestörte Nachtruhe und viel freie Zeit bei Tage.

So beschließen wir vier, die Töchter des Hauses ins Kino einzuladen. Das Kino in Rheindahlen ist von unserem Quartier aus in wenigen Minuten zu Fuß zu erreichen, und während Änni zu Hause bleibt, um zu handarbeiten, gehen die anderen vier mit uns ins Kino, wo der ungarische Problemfilm *„Zum Leben verurteilt"* läuft.

—

Am **Freitag und Samstag (01./02.12.1944)** haben wir neben dem Dienst am Klappenschrank auch mit dem Funktrupp zusammen Unterricht, in dem Wachtmeister Gnidtke die Themen „Flugmeldedienst" und „Der Nachrichtendienst in der Batterie und im Verband der Abteilung" behandelt. Dabei geht es allerdings recht gemütlich zu, denn in erster Linie sollen wir uns hier im Auffrischungsraum der Division ja erholen, um für künftige Einsätze besser gerüstet zu sein.

—

Am **Sonntagmorgen (03.12.1944)** wird die ganze Batterie zum Appell befohlen. Neben einigen Regularien werden die zum 1. Dezember ausgesprochenen Beförderungen bekanntgegeben.

Nach 16monatiger Dienstzeit werden Martin Schmidt, Karl-Heinz Baumgart, Walter Feikes und ich zu Gefreiten befördert. Das wird dann am Nachmittag im Quartier der Funker gemeinsam gefeiert.

Während der folgenden drei Tage können wir uns wie im Urlaub fühlen. Der Dienst ist ruhig und das Einvernehmen mit unseren Gastgebern ausgezeichnet, so daß wir uns pudelwohl fühlen.

—

Wir haben uns an das gute Leben hier schon so sehr gewöhnt, daß wir stocksauer sind, als beim Morgenappell am **Donnerstag (07.12.1944)** ein Stellungswechsel befohlen wird, den wir nicht so recht einsehen können. Wir sollen nämlich nur in das fünf Kilometer entfernte Wickrath verlegt werden.

Im Laufe des Tages sickert dann aber durch, daß wir in Wirklichkeit zurück an die Front müssen und nach Wickrath umziehen sollen, um dort auf die Eisenbahn verladen zu werden. Das hat man uns beim Appell verschwiegen, um die gute Stimmung nicht restlos zu verderben. Dabei ist es kein Geheimnis, daß Auffrischungen immer nur eine gewisse Zeit dauern und dazu bestimmt sind, die Truppe für neue Einsätze vorzubereiten und wieder schlagkräftig und belastbar zu machen. Das erfordert schon die Logik einer Kriegsführung. Wohl oder übel müssen wir also unsere Sachen packen und von unseren Gastgebern Abschied nehmen.

Nach dem Mittagessen fahren wir bei bedecktem Himmel los und treffen auch planmäßig am Bahnhof von Wickrath ein. Allerdings ist dort von einem Transportzug nichts zu sehen, und auch während der nächsten Stunden rührt sich nichts. Das hebt natürlich nicht gerade die Stimmung. Überall stehen oder sitzen Gruppen von uns zusammen, rauchen und murren darüber, daß wir hier warten müssen. Dann kommt der erlösende Befehl zur Rückkehr nach Voosen. Schlagartig ist die miese Stimmung verflogen, und im Handumdrehen sind die Fahrzeuge besetzt, die uns zurück nach Voosen bringen.

Kaum haben wir aber unsere früheren Quartiere aufgesucht, da ertönen im Dorf die Luftschutzsirenen. Das bedeutet auch für uns Soldaten: *„Fliegeralarm! Sofort die Schutzräume aufsuchen!"* – Wie viele Familien hier im Ort hat auch Familie Lenzen neben dem Hause im Garten einen Luftschutzbunker angelegt, den wir nun zusammen mit der Familie aufsuchen. Daß wir in dem relativ engen Raum unter der Erde zwangsläufig mit den Töchtern des Hauses in enge Tuchfühlung kommen, ist uns nicht unbedingt unangenehm. Vor allem hängen vor den Seitenbänken Mäntel und Decken, hinter denen man sich gut unterhalten kann. So vergeht für uns die Zeit bis zur Entwarnung wie im Fluge.

Doch kaum ist das Entwarnungssignal verklungen, da geht ein Melder von Haus zu Haus und verbreitet den Befehl, daß wir uns jederzeit marschbereit halten sollen. Nebenbei teilt er uns mit, daß unser neuer Divisionskommandeur, Oberst Siegfried von Waldenburg, zum Generalmajor befördert worden ist. Doch der General ist weit. Uns interessiert vielmehr, was uns nach dieser Zeit der Erholung bevorsteht, denn das scheint im Hinblick auf die derzeitige Kriegslage nicht besonders erfreulich zu sein. Im Augenblick aber sind wir froh, daß wir noch einmal in unserem alten Quartier übernachten können.

—

Am **Freitag (08.12.1944)** fliegen bei klarem Winterwetter schwere alliierte Bomberverbände in großer Höhe über uns hinweg ins Reichsgebiet ein.

Mittags gibt es auch für uns wieder Fliegeralarm. Doch während wir gemütlich in unserem Bunker sitzen, bringt uns der Melder noch vor der Entwarnung den Befehl zum Stellungswechsel. Und dieses Mal gibt es keinen Zweifel: Der Befehl ist ernstgemeint.

Es fällt uns zwar nicht leicht, uns so spontan von unserer Gastfamilie zu verabschieden, aber Befehl ist Befehl. Deshalb bleibt uns nichts anderes übrig, als unsere Sachen zu packen und die Fahrzeuge aufzusuchen.

Bei trübem Wetter, das am Nachmittag aufgezogen ist, verlassen wir Voosen um 17 Uhr und fahren zum zweiten Mal zum Bahnhof in Wickrath. Nun steht allerdings ein langer Transportzug für uns bereit. Neben einem Personen- und mehreren geschlossenen Güterwagen besteht er überwiegend aus Flachwagen mit Stahlrungen und Eisenringen, um die Fahrzeuge für den Transport ordnungsgemäß festzurren zu können.

Hier müssen die Kraftfahrer nun ihr Geschick beweisen, denn von der Rampe aus müssen die ersten Fahrzeuge über den ganzen Zug hinweggefahren werden. Sobald sie auf den für sie bestimmten Wagen angekommen sind, geht die ganze Besatzung daran, sie mit Drahtseilen an die Ringe und Rungen anzubinden, festzuzurren und die Radfahrzeuge zusätzlich mit Bremsklötzen zu sichern.

So eine Verladeaktion erfordert ihre Zeit. Obwohl wir nicht von Fliegern gestört werden und zügig arbeiten können, ist die Nacht längst hereingebrochen, als alle Fahrzeuge und Geschütze endlich verladen sind. Und es ist schon Mitternacht vorbei, als sich der Zug endlich in Bewegung setzt.

Einerseits sind wir zu müde, um darauf zu achten, wohin die Fahrt geht, und zum anderen ist es in der Dunkelheit unmöglich, sich nach der Himmelsrichtung zu orientieren. So machen wir es uns in unseren Fahrzeugen so bequem wie möglich und schlafen nach getaner Arbeit ein paar Stunden.

—

Als der Zug hält und wir erwachen, stehen wir auf einem Abstellgleis im Bahnhof Köln-Eifeltor. Obwohl das Wetter trübe ist und keine Jabos am Himmel sind, bleiben wir den ganzen **Samstag (09.12.1944)** hier stehen.

Erst in der Abenddämmerung geht es mit mehreren Zwischenaufenthalten am Rhein hinauf bis Remagen und dann an der Ahr entlang über Bad Neuenahr und Altenahr nach Dümpelfeld, wo es am Güterbahnhof eine Laderampe gibt.

—

Als wir hier am frühen **Sonntagmorgen (10.12.1944)** eintreffen, wird der Zug sogleich an die Rampe gefahren, und wir können mit dem Entladen beginnen. Da wir in den Fahrzeugen übernachtet haben, sind wir sofort zur Stelle, um die Fahrzeuge von den Fahrsicherungen zu befreien. Schneller als beim Verladen rollen die Fahrzeuge nun von dem Zuge auf das Bahnhofsgelände, wo sie in Marschordnung auffahren.

Unsere Batterie fährt nun zunächst über Leimbach nach Adenau und von dort aus bis zu dem 13 Kilometer entfernten Trierscheid. Hier gibt es einen kurzen Aufenthalt, damit alle Fahrzeuge aufschließen können, dann geht es weiter nach Dankerath, wo wir nach Westen abbiegen, um dann bei Nohn den Rand der Eifel zu erreichen. Über Niederehe und Loogh fahren wir nun am Fuße des Arensberges entlang nach Zilsdorf. Hier wird ein größerer Zwischenaufenthalt eingelegt.

—

Für die Nacht zum **Montag (11.12.1944)** beziehen wir auf der Tenne eines Bauernhauses ein Massenquartier. Als wir erwachen, ist es heller Sonnenschein, und kurz darauf kreisen zahlreiche Jabos über uns, so daß wir in unserer Deckung verharren und möglichst nicht ins Freie gehen.

Zum Glück haben wir in der Nacht unsere Fahrzeuge und Geschütze in Ställen und Scheunen abgestellt oder sie unter Bäumen gegen Fliegersicht getarnt. Das kommt uns jetzt zugute, denn wir werden von den Maschinen nicht angegriffen. So müssen wir den Tag hier in unserem Notquartier untätig verbringen.

—

Für die Nacht zum **Dienstag (12.12.1944)** wird aber Marschbereitschaft angeordnet. Das bedeutet, daß wir außer den Schuhen kaum etwas ausziehen dürfen.

Mitten in der Nacht, um 0.30 Uhr, kommt dann tatsächlich der Befehl zum Stellungswechsel. Und zwar fahren wir über Walsdorf nach Hillesheim und von dort hinauf in die Schnee-Eifel über Scheuern, Büdesheim und Wallersheim nach Fleringen, sechs Kilometer östlich von Prüm.

Hier ist wieder Zeit zum Sammeln der Fahrzeuge vorgesehen. Allerdings werden keine Quartiere besorgt, weil es so bald wie möglich weitergehen soll. Deshalb müssen wir auch in der Nähe unserer Fahrzeuge bleiben.

Als dann am Nachmittag sämtliche Gespanne eingetroffen sind, geht es um 17 Uhr weiter. Und zwar fahren wir über Rommersheim, Prüm und Lünebach zunächst nach Merlscheid an der Prüm, wo wir übernachten wollen. Dabei findet unsere Nachrichtenstaffel Unterschlupf in einem verlassenen Kuhstall.

Hier erreicht uns die Nachricht, daß Waldemar Meier aus Berlin, der mit uns zusammen in Chambors im Funklehrgang war, bei einem Bombenangriff auf Prüm zu Tode gekommen ist.

—

Das offene Wetter zwingt uns, am **Mittwoch (13.12.1944)** den ganzen Tag über in unserer Deckung zu verharren. Erst mit dem Einbruch der Dunkelheit gegen 17 Uhr können wir es wagen, weiterzufahren. Und zwar kehren wir zunächst nach Lünebach zurück, überqueren dort die Prüm und fahren dann noch drei Kilometer westwärts bis nach Euscheid.

Hier dicht hinter der Front sollen wir „in Bereitstellung" gehen. Dazu werden die Geschütze zwar in Stellung gebracht, aber als Wäldchen getarnt, und kommen auch bei Fliegertätigkeit nicht zum Einsatz. Die gesamte Nachrichtenstaffel bezieht Quartier auf einem Bauernhof, wo auch der Funk- und Fernsprechwagen untergestellt werden.

Die Ardennenoffensive

Über den Plan, aus den Ardennen heraus einen Gegenangriff auf die Nahtstelle zwischen Engländern und Amerikanern zu unternehmen, hatte sich Hitler bereits in einer Besprechung am 16. September geäußert. Obwohl das Oberkommando des Heeres schwerste Bedenken dagegen erhob, ließ sich Hitler nicht von seinem Plan abbringen. Sein Ziel war die Zerschlagung eines wesentlichen Teils der angloamerikanischen Verbände. Er glaubte, mit etwa 30 Angriffsdivisionen im Schwerpunkt gegen die 60 feindlichen, über die ganze Front von der Schelde bis zur Schweizer Grenze verteilten Divisionen einen Erfolg erzielen zu können, der die Westmächte für längere Zeit nachhaltig schwäche. Dadurch hoffte er, Zeit zu gewinnen und den Glauben seiner Feinde an den totalen Sieg erschüttern zu können, so daß sie von der Forderung einer bedingungslosen Kapitulation abließen. Zugleich versprach er sich davon eine Stärkung des Durchhaltewillens im deutschen Volke und in der Wehrmacht.

In Wirklichkeit bekommt er aber nur 20 Divisionen zusammen, die auf einer Breite von 100 Kilometern zum Angriff antreten sollen, nämlich im Norden die 6. Panzerarmee mit fünf SS-Panzerdivisionen und vier Infanteriedivisionen unter SS-Oberstgruppenführer (Generaloberst) Sepp Dietrich, in der Mitte die 5. Panzerarmee mit vier Panzerdivisionen (darunter die 116. Panzerdivision) und drei Infanteriedivisionen unter dem General der Panzertruppe Hasso von Manteuffel und im Süden die 7. Armee mit vier Infanteriedivisionen unter General der Infanterie Erich Brandenberger, zusammen 250.000 Mann.

Zur Durchführung der Operation wurde der Angriffszeitpunkt am 12. Dezember auf den **16. Dezember 1944,** 5.30 Uhr festgesetzt.

Bereits am **25. November** suchte der Oberbefehlshaber West, Generalfeldmarschall Model, die 116. Panzerdivision auf, um sich nach den Fortschritten der Auffrischung zu erkundigen und um sie zu beschleunigen.

Obwohl junge Soldaten zugeführt und Lehrgänge zur Ausbildung von Spezialisten auf allen Gebieten durchgeführt wurden und auch die materielle Ausstattung zügig vonstatten ging, hatte die Division am **1. Dezember 1944** nur 75% ihres „Grades der Beweglichkeit" erreicht. Das bedeutete in Zahlen das Fehlen von 432 Lastkraftwagen, 111 Gleisketten-LKWs „Maultier" und 32 Zugmaschinen aller Größen (von einer bis 18 Tonnen).

Am **4. Dezember** erging der Befehl zur Verlegung der Division mit der Eisenbahn nach Süden, am **6. Dezember** lief die Transportbewegung an, und die ersten drei von 53 Zügen fuhren los. Wegen Treibstoffmangels konnte der Aufmarsch jedoch erst am **15. Dezember** und in der Nacht zum **16. Dezember 1944** abgeschlossen werden.

In dieser Nacht zog die Vorausabteilung der Division in den Raum Strickscheid–Lünebach–Matzerath vor. Die Panzergrenadiere bezogen ihre Ausgangsstellungen für den Angriff über die bisherige Hauptkampflinie, die Artillerie bezog ihre Feuerstellungen und B-Stellen, und die Panzer wurden ab 1.20 Uhr über Schönecken–Lünebach–Euscheid bis in den Wald westlich des Ortes vorgezogen.

Die feindliche vordere Linie verlief im Angriffsstreifen der 116. Panzerdivision drei bis sechs Kilometer östlich der Our. In der Front lagen Heckhuscheid, Großkampenberg, Berg, Lützkampen und Sevenig. Südlich davon verlief die Front entlang der Our. Von diesen ganzen Vorgängen haben wir einfachen Soldaten natürlich nicht die geringste Ahnung.

—

Am **Donnerstagmittag (14.12.1944)** ruft Wachtmeister Gnidtke die Nachrichtenstaffel zusammen und teilt uns mit, daß hier verschiedene Truppenteile der Wehrmacht und Waffen-SS zusammengezogen wurden, um eine deutsche Gegenoffensive gegen die Amerikaner zu starten. Nähere Einzelheiten, wann und wo es losgehen soll, kann er uns nicht mitteilen, so daß wir uns unsere eigenen Gedanken machen müssen.

Obwohl wir uns hier dicht hinter den Stützpunkten der Infanterie befinden, spüren wir kaum etwas von der Front, vielmehr ist es an diesem Frontabschnitt auffallend ruhig. Zwar steht fast den ganzen Tag über ein Artilleriebeobachter vom Typ „Taylorcraft L-2 Grasshopper" am Himmel, der sicher jede Bewegung am Boden registriert und fotografiert, ansonsten ist es aber kein gutes Fliegerwetter, und es steigen auch keine Jabos auf. Wenn die Bewölkung zu dicht wird, verschwindet selbst dieser ständige Beobachter und kommt erst wieder, wenn die Sicht besser ist.

Am späten Nachmittag gibt es plötzlich einen Feuerüberfall der feindlichen Artillerie, der allerdings keinerlei Schaden anrichtet, weil die Granaten durchweg in freiem Gelände einschlagen. Es kommt uns beinahe so vor, als wollten sich die Amerikaner nur einmal kurz in Erinnerung bringen. Sonst sind nämlich keinerlei Kampfgeräusche von der Front zu vernehmen. Man hat den Eindruck, als wollten sich die Gegner nur gegenseitig abtasten, um ihre nächsten Aktionen in Ruhe vorbereiten zu können.

—

Am **Freitag (15.12.1944)** ist es noch ruhiger als am Vortage. Das liegt zum Teil sicher an dem ausgesprochen schlechten Fliegerwetter. Die Bewölkung reißt den ganzen Tag über nicht auf und ist so dicht, daß selbst der gewohnte Artillerieaufklärer nicht erscheint. Nur vereinzelt schießen eine oder zwei amerikanische Batterien geringes Störfeuer, die eigene Artillerie läßt sich überhaupt nicht hören.

Bei uns steigert sich aber ständig die Spannung, denn die Nachricht von einem bevorstehenden deutschen Angriff scheint zu stimmen. Vor allem wir Jüngeren haben überhaupt noch keinen deutschen Vormarsch erlebt.
Gerade jetzt wird mir richtig bewußt, wie froh ich sein kann, daß ich bei der Nachrichtenstaffel und nicht mehr am Geschütz bin, wo jeder Stellungswechsel mit Schwerarbeit verbunden ist. Zudem erfährt man als Fernsprecher früher, was sich ereignet, und ist damit näher am Geschehen.

—

Abends läßt uns der Nachrichtenstaffelführer noch einmal zusammenkommen und teilt mit, daß der geplante Angriff am **Samstagmorgen (16.12.1944)** gestartet werden soll.
Punkt 5.30 Uhr sollen unsere schweren Geschütze, die wieder der Artillerie angeschlossen sind, damit beginnen, die feindlichen Stellungen mit einer Feuerwalze einzudecken, also zuerst die vordersten Stützpunkte der Amerikaner unter Beschuß nehmen und dann das Feuer weiter nach hinten verlegen. Deshalb müssen wir neben dem Funkkontakt sofort auch Telefonverbindungen zwischen dem Chef und den Batterien unserer Abteilung herstellen, während die Artillerie für den Kontakt zwischen dem Regiment und unserer Abteilung zu sorgen hat.
Als die vorgeschriebenen Leitungen stehen, übernachten wir wieder einmal in unseren Uniformen, um jederzeit zum Stellungswechsel bereit zu sein, und fiebern dem Tagesanbruch geradezu entgegen.
Ab Mitternacht werden über die Funk- und Fernsprechverbindungen immer wieder Zeitabstimmungen durchgeführt, damit der Feuerbefehl überall zur gleichen Zeit ankommt. Ab 5 Uhr werden dann laufend die Minuten durchgesagt, die noch bis zum Feuerbefehl verstreichen müssen.
Unterdessen schleichen sich in der völligen Dunkelheit ausgesuchte Sturmtrupps der Infanterie und der Pioniere an die feindlichen Gefechtsposten heran und überrumpeln die Besatzungen möglichst unauffällig und geräuschlos. Das gelingt durchweg ohne Komplikationen, weil die Amerikaner sich unglaublich sorglos verhalten und mit allem, nur nicht mit einem deutschen Überfall rechnen.

Während der letzten Minuten sitzen wir alle wie gebannt um den Klappenschrank und können es kaum erwarten, den erlösenden Feuerbefehl zu hören. – Und dann ist es soweit: *„Feu-er!"* tönt es durch sämtliche Leitungen, und zwar so laut, daß wir es am Klappenschrank auch ohne Kopfhörer mitbekommen. *„Feu-er!"* ertönt es gleichzeitig an jedem Geschütz, und die Ladekanoniere ziehen den Abzug und lösen damit den ersten Schuß aus.
Punkt 5.35 Uhr blenden an der ganzen Front entlang zahlreiche 200 cm-Scheinwerfer auf und tauchen die feindlichen Stellungen in gleißendes

Licht. Auf weiter Front, soweit das Auge reicht, blitzt es auf; dann folgt ein Krachen, wie zumindest wir Jüngeren es noch nie gehört haben. Alle schweren Waffen leichte und schwere Feldhaubitzen, Kanonen und Mörser, Flak-, Pak- und Infanteriegeschütze, Granat- und Raketenwerfer veranstalten einen Feuerzauber, daß den Amerikanern wohl Hören und Sehen vergehen muß. Es scheint so, als müßte nun auf einen Schlag sämtliche Munition verschossen werden, die in letzter Zeit eingespart wurde.

Nach diesem ersten Überraschungsschlag wird dann das Feuer vorverlegt, und unter dem Schutze von Panzern und Sturmgeschützen überrennt die Infanterie die vordersten Stellungen der Amerikaner: Die „Operation Herbstnebel" ist in vollem Gange!

Die Heeresgruppe B ist mit drei Armeen zum Angriff angetreten. Im Rahmen der 5. Armee hat die 116. Panzerdivision den Auftrag, als erstes Ziel nach Durchbrechen der feindlichen Hauptkampflinie die Our-Übergänge bei Stupach und Welchenhausen in die Hand zu bekommen, Brückenköpfe westlich der Our zu bilden und dann über Houffalize, Samrée und Laroche auf die belgische Stadt Marche vorzustoßen.

Aus dem allgemeinen Donnern und Knattern sind das dumpfe Knallen der Panzer und Sturmgeschütze, das Heulen der Raketengeschosse, die von Werfern auf Selbstfahrlafetten abgefeuert werden, und das Maschinengewehrfeuer deutlich herauszuhören.

Wie stark der Widerstand der Amerikaner ist, können wir ebenso wenig abschätzen wie die sicher entstehenden eigenen Verluste. Doch wer denkt in diesem Augenblick schon daran, daß in diesen Minuten manches Menschenleben zerstört und ausgelöscht wird!

Alle, besonders aber wir Neulinge, sind von diesem deutschen Vormarsch geradezu fasziniert. Bisher haben wir nur Rückzüge erlebt, die teilweise das Ausmaß einer heillosen Flucht angenommen haben, und nun geht es endlich einmal anders herum.

Der Gefechtslärm hält den ganzen Tag über an. Immer neue Panzer, Sturmgeschütze und Pionierfahrzeuge rollen durch unser Dorf an die Front. Am späten Nachmittag wird die Meldung verbreitet, daß das erste Tagesziel des Angriffs bereits erreicht sei.

In der Tagesmeldung der Heeresgruppe B heißt es: *„Heeresgruppe B trat am 16.12. an der 100 km breiten Eifelfront (...) nach kurzer starker Feuervorbereitung aller Waffen zum Angriff nach Westen an. Der Angriff traf den Gegner völlig überraschend, überrumpelte seine vordersten Sicherungen und gewann zunächst überall schnell Boden. Durch teilweise hartnäckigen Widerstand in den im allgemeinen 3 bis 5 km hinter den vordersten Sicherungen liegenden Hauptstützpunkten des Feindes verlangsamte sich das Tempo des Angriffs.*

Bis zum Abend konnte bei einem Geländegewinn von 3 bis 10 km überall in der Tiefe liegende HKL des Gegners erreicht, an mehreren Stellen das HKF durchbrochen werden. (...) Nach vollzogenem Brückenschlag über die frontnahen Flußläufe und nach örtlicher Umgruppierung wird der Angriff an der ganzen Front in der Nacht fortgesetzt."

—

Natürlich warten auch wir von der Heeresflak auf den Befehl zum Stellungswechsel nach vorne. Doch daraus wird vorerst nichts, denn am **Sonntagmorgen (17.12.1944)** klart der Himmel auf, und sofort sind auch Tiefflieger in der Luft, um den deutschen Vormarsch zu stören. Natürlich versuchen wir nach Kräften, sie daran zu hindern. Da sie jedoch außerhalb der Reichweite unserer Geschütze operieren, kommen wir nur zu zwei Abschüssen: Eine „Lightning" und eine „Thunderbolt" gehen brennend zu Boden.

Trotz der intensiven Jabo-Tätigkeit hält das deutsche Artilleriefeuer den ganzen Tag über unvermindert an. Die leichten Flakzüge unserer Batterien rücken bereits ab, um die Infanterie zu unterstützen. Für die schweren Geschütze kommt der Befehl zum Stellungswechsel dann nach 23 Uhr über Funk, denn die Fernsprechleitungen haben wir bereits am Nachmittag abgebaut.

—

Der Befehl zum Stellungswechsel und seine praktische Durchführung sind jedoch zwei ganz verschiedene Dinge. Das liegt vor allem daran, daß wir uns in eine fast endlose Fahrzeugschlange einordnen müssen.

So können wir am **Montagmorgen (18.12.)** nur die ersten zwölf Kilometer über Lichtenborn nach Arzfeld hinter uns bringen. Hier geht es zunächst überhaupt nicht weiter. Erst am Mittag schaffen wir die nächsten vier Kilometer bis Irrhausen. Hier kommen uns bereits die ersten amerikanischen Kriegsgefangenen in kleinen Trupps entgegen, die hinter die Front zurückgebracht werden.

Wieder fahren wir in einer langen Kolonne und quälen uns förmlich über Steigungen und zahlreiche Kurven nach Daleiden hinauf. Bis zum Einbruch der Dunkelheit schaffen wir dann noch gerade die nächsten fünf Kilometer bis Dasburg. Hier an der luxemburgischen Grenze haben wir das Etappenziel des Tages erreicht, bringen unsere Fahrzeuge unter Bäumen und in der Nähe von Gebäuden in Deckung und verbringen in ihnen auch die folgende Nacht.

Mit Tagesanbruch geht es dann am **Dienstag (19.12.1944)** quer durch Luxemburg weiter über Marnach, Clerf (Clerveaux) nach Gröningen (Donnange), wo wir gegen 8 Uhr ankommen.

Nach einer Rast von gut zwei Stunden reiht sich unsere Batterie wieder in die Fahrzeugschlange der Division ein. Mit vielen Unterbrechungen geht es oft nur schrittweise weiter über Wintger (Wincrange) und Crendal nach Trotten (Troine) an der luxemburgisch-belgischen Grenze. Den Ort erreichen wir abends um 19 Uhr und verbringen die Nacht entweder in unseren Fahrzeugen oder in Ställen und Scheunen.

—

Mit Tagesanbruch fahren wir dann am **Mittwoch (20.12.1944)** zur Grenze und überqueren sie um 5 Uhr.

Über Buret, Tavigny und Vissoule kommen wir bis zum Mittag nach Houffalize, unserem Tagesziel. Hier gibt es endlich einmal ordentliche Quartiere, allerdings nicht in Wohnhäusern, sondern in Schulen und anderen öffentlichen Gebäuden.

—

Am **Donnerstagmorgen (21.12.1944)** erhält unsere Abteilung bereits um 4 Uhr den weiteren Marschbefehl.

Auf einer kurvenreichen Straße durch das Tal der Ourthe fahren wir zunächst fünf Kilometer bis Mormont, dann zwei Kilometer durch das Tal der Belle Meuse nach Nadrin, und schließlich noch sechs Kilometer durch den Bois de Saint Jean Chanoine nach Samrée. Hier treffen wir gegen Mittag ein und können uns gleich am Ausräumen eines großen amerikanischen Verpflegungs- und Treibstofflagers beteiligen.

Im Kriegstagebuch der II. Abteilung des Panzerregiments 16 über die Ereignisse des **20. Dezember** ist zu lesen: *"Die Kampfgruppe Bayer ist inzwischen über Nadrin auf Samrée vorgestoßen. Bei Samrée versuchen Feindpanzer die Gruppe aufzuhalten.*

4 unserer Panzer IV umgehen Samrée westlich und gelangen dem Gegner in die Flanke. Daraufhin zieht sich der Gegner in das Waldgebiet nördlich Samrée und nördlich Dochamps zurück. Durch Teile der Kampfgruppe werden acht Feindpanzer abgeschossen. An der Kreuzung bei Samrée wird ein Betriebsstofflager mit etwa 100 cbm Ottokraftstoff erbeutet, der der Division sehr zugute kommt.

Die Kampfgruppe stößt von Dochamps aus weiter vor über Beffe und gelangt nördlich Melines auf die Abzugstraße des Gegners. Die Erfolge der letzten Tage lösen bei unseren Soldaten große Begeisterung aus, zumal in den letzten Tagen viele Gefangene gemacht wurden."

Diese Versorgungsbasis der 7. US-Panzerdivision fiel den Deutschen zum größten Teil in die Hände. Die meisten mit Munition beladenen Lastwagen konnten zwar entkommen, aber 100 Kubikmeter Treibstoff, 15.000 Portionen Verpflegung und eine Menge Bekleidung mußten die Amerikaner unzerstört zurücklassen.

Unser Fahrer schleppt aus dem Lager drei Kanister Benzin heran, von denen er zwei auf dem Fernsprechwagen „für alle Fälle" verstaut, weil er darum besorgt ist, daß wir im Falle eines erneuten Rückzugs weit genug von der Front wegkommen können.

Unsere Batterie geht in der Nähe des Ortes in Stellung. Für die Verbindung zur Abteilung genügt ein einziger Feldfernsprecher, der in einem Hause aufgestellt wird, neben dem die Amerikaner zwei einsatzbereite Sherman-Panzer stehengelassen haben. Die müssen wir natürlich besteigen und in allen Einzelheiten untersuchen. Dabei sind wir vor allem darüber sehr erstaunt, wie wenig Bewegungsfreiheit die Besatzung in dem Panzer hat und wie eingeschränkt das Gesichtsfeld des Fahrers und des Kommandanten ist.

—

Als wir am **Freitagnachmittag (22.12.1944)** den Befehl erhalten, unsere Vermittlung aufzubauen, nehmen wir an, daß der deutsche Vorstoß nach Belgien seinen anfänglichen Schwung verloren hat, denn das Aufstellen des Klappenschranks läßt auf einen längeren Aufenthalt schließen. Der Vormarsch muß also ins Stocken geraten sein.

Daß wir mit dieser Vermutung richtig liegen, beweist die Tagesmeldung des LVIII. Panzerkorps über den 22. Dezember, in der es heißt:

„*a) Korps rechnet weiterhin mit örtlichen Gegenstößen zur Verzögerung unseres Angriffs über die Ourthe.*

b) Bei 116.Pz.Div.im Raum Hotton neben mehreren abgeschlagenen feindlichen Angriffen mit Panzerunterstützung zahlreiche eigene Gegenstöße. Hohe blutige Verluste für den Feind.

Während des ganzen Tages heftige beiderseitige Feuerwirkung auf Straße Soy–Hotton und Trial–Melines. Nachmittags Feindangriff aus Raum westlich Amonines auf Magoster abgeschlagen."

Hier von Samrée aus verlegen wir Leitungen zum Divisionsstab, zum Artillerieregiment 146, zum Abteilungsstab, zu den beiden anderen Batterien, zu unserem Chef und zur eigenen Feuerstellung. Gleichzeitig wird ein Dienstplan aufgestellt, und danach habe ich von 2 bis 4 Uhr in der Nacht Bereitschaft am Klappenschrank.

Am **Sonntag (23.12.1944)** kann ich mich dann ausruhen, denn es wird ein schöner, sonniger Tag, und die Jabos sind ständig am Himmel und zwingen uns, in den Gebäuden zu bleiben und jede Bewegung im Freien zu vermeiden.

Dabei scheinen es vor allem acht „Lightnings" auf unser Dorf abgesehen zu haben, denn sie versuchen immer wieder, den Ort mit Bomben und Bordwaffen anzugreifen. Dabei geraten sie ein paarmal in die Reichweite unserer 3,7 cm-Kanonen, und das hat zur Folge, daß fünf von ihnen brennend zu Boden gehen und die anderen drei ihre Bomben ziellos abwerfen, schleunigst in größere Höhen abdrehen und am westlichen Horizont verschwinden. Nach unseren Beobachtungen hat sich keiner der Piloten mit dem Schleudersitz retten können, alle sind mit ihren Maschinen in den Tod gestürzt.

Am Nachmittag fliegt in großer Höhe ein Bomberstrom über uns hinweg nach Deutschland. Es sind hauptsächlich „Handley Page Halifax"-Maschinen, aber auch eine ganze Anzahl ältere „Stirling"-Bomber, die ersten viermotorigen Bomber überhaupt, die England entwickelt hat. – Natürlich gibt sich die schwere Flak alle Mühe, die Bomber auf ihrem Flug zu stören. Doch obwohl es Hunderte von Maschinen sind, können nur fünf von ihnen aus dem Pulk herausgeschossen werden. Drei davon explodieren sofort, verwandeln sich kurz in einen imposanten Feuerball und hinterlassen nur ein Loch im Bomberstrom. Das ist in Anbetracht der Tatsache, daß sie noch ihre volle Bombenlast und den Treibstoff für den Rückflug an Bord haben, auch kein Wunder.

Gegen Abend erhalten wir den Befehl, die Leitungen einzuholen und die Vermittlung abzubauen. Das bedeutet, daß ein weiterer Stellungswechsel bevorsteht. Doch der Fahrbefehl kommt erst nach Einbruch der Dunkelheit. Und zwar fahren wir zunächst zu der nördlich an unserem Ort vorbeiführenden „Route nationale", benutzen diese Straße dann knapp neun Kilometer bis La Roche-en-Ardenne im Ourthetal, folgen dem Lauf des Flusses rund vier Kilometer und fahren dann auf einer Landstraße weiter über Warizy und Hodister nach Gênes, wo die Batterie fertig ausgebaute Stellungen und vorbereitete Quartiere bezieht.

Das sind allerdings überwiegend Gemeinschaftsquartiere in öffentlichen oder landwirtschaftlichen Gebäuden. Wir Fernsprecher haben allerdings das Glück, ein Privathaus zu beziehen, wo wir den Fernsprechwagen in einem halboffenen Schuppen auf dem Hof unterstellen können.

Da wir die Vermittlung nicht aufbauen müssen, haben wir in dem uns zugewiesenen Zimmer genug Platz für fünf Schlafplätze und auch zum Aufstellen des kleinen Christbaumes, den wir schon seit einigen Tagen mit uns führen. Unser Fahrer hat wieder einmal ein besonderes Quartier gefunden, das er sich nun mit Wachtmeister Gnidtke und Unteroffizier Gueffroy teilt.

Am **Sonntag (24.12.1944)** gibt es zur üblichen Verpflegung Würstchen, Butter und Bohnenkaffee. Da wir schon mehrere Tage von unserem Gefechtstroß abgeschnitten sind, ist dies alles, was uns die Batterie zu Weihnachten zu bieten hat.

Doch unsere Gastgeber, ein Elternpaar mit einer Tochter und einem kleinen Enkel, die wir zu unserer schlichten Weihnachtsfeier einladen, steuern etwas Gebäck, eine Flasche Genever und ein paar Kerzen bei. Die Belgier kennen zwar die Melodien unserer Weihnachtslieder, verstehen aber nur teilweise die Texte. So verleben wir einen friedlichen Heiligen Abend mitten im Kriege, der mit uns erneut nach Belgien gekommen ist.

Da es den ganzen Tag über sonnig und kalt war, waren ständig Jabos in der Luft. Scheinbar unternahmen sie aber nur Erkundungsflüge, denn sie kreisten nur über dem Ort und flogen keine Angriffe. So kamen auch unsere leichten Geschütze nicht zum Einsatz. Sie konnten die in großer Höhe fliegenden Maschinen nicht erreichen, die uns durch ihre Anwesenheit offenbar nur verunsichern und einschüchtern wollten.

Man könnte allerdings auch meinen, es habe sich ein wenig weihnachtlicher Friede über dem Lande ausgebreitet. Doch das wäre zu schön, um wahr zu sein. In Wirklichkeit ist der deutsche Vormarsch mit dem Wetterwechsel praktisch zum Stehen gekommen, weil es keine deutsche Luftwaffe mehr gibt, die den Alliierten die Lufthoheit streitig machen könnte.

—

Am ersten **Weihnachtsfeiertag (25.12.1944)** werden wir bereits um 5 Uhr morgens von einem Melder geweckt, der den Befehl überbringt, daß die Batterie noch vor Tagesanbruch in das vier Kilometer westlich von hier liegende Dorf Lignières verlegt werden soll.

Dieses Mal wird auf die übliche Marschordnung verzichtet, und jedes Fahrzeug kann losfahren, sobald es fertig beladen ist. Ohne groß zu frühstücken fahren wir mit dem Fernsprechwagen bereits um 5.30 Uhr los, denn der Fahrer und unser Truppführer sind bereits um 5.15 Uhr auf den Hof gekommen und drängen uns zur Eile.

Die kurze Strecke bis Lignières schaffen wir in einer Viertelstunde. Am Ortseingang empfängt uns der Spieß und weist uns in ein Haus ein, das etwas außerhalb der geschlossenen Ortschaft liegt. Mit unserem Einzug in das Quartier wird sogleich auch der Klappenschrank aufgestellt, und bevor es richtig hell wird, haben wir die Leitungen zur Abteilung, zum Chef und zu den drei Feuerstellungen gelegt.

Dann können wir in Ruhe frühstücken. Dabei schaut auch Wachtmeister Gnidtke kurz bei uns herein und erkundigt sich, ob alles in Ordnung sei. Gleichzeitig teilt er uns mit, daß es von hier bis Marche nur sechs Kilometer Luftlinie sind.

Die Stadt Marche ist bekanntlich das vorbestimmte Angriffsziel unserer Division. Unsere Batterie aber hat mit Lignières den westlichsten Punkt dieses Feldzuges erreicht, denn später geht es nur noch nach Osten zurück.

Wegen des anhaltend schönen Wetters herrscht rege Fliegertätigkeit. Heute versuchen „Thunderbolts" und „Lightnings" immer wieder, unsere Stellungen anzugreifen. Doch sie müssen bei dem starken Flakfeuer, das ihnen entgegenschlägt, immer wieder abdrehen, bevor sie irgendwelchen Schaden anrichten können. Trotzdem gelingt es der 3. Batterie, eine „Lightning" und eine „Thunderbolt" abzuschießen.

Im Laufe des Tages fliegen auch wieder starke Bomberverbände nach Deutschland, um im Raume von Koblenz und Bonn ihre Weihnachtsgeschenke in Form von Spreng- und Brandbomben abzuladen. Die schweren Batterien in unserer Umgebung nehmen die Bomber natürlich unter Feuer und können auch vier „Avro Lancaster" zum Absturz bringen.

Daß es der übrigen Division an diesem Tage keineswegs so gut geht wie uns, geht aus einem Lagebericht des I a unserer Division, Oberstleutnant Guderian, hervor, in dem er schreibt: *„Die Lage der 116. Panzerdivision am 25. Dezember abends war höchst unerfreulich. Die Masse ihrer Kampftruppen war zerschlagen oder vom Feind eingeschlossen. An den Waldrändern südlich von Verdenne wurde eine schwache Sicherungslinie aus den Resten des Regiments 156 aufgebaut. Glücklicherweise war die Artillerie intakt und in Stellung. Auch die Heeresflakartillerieabteilung 281 war heran und stand ab 25. früh in Stellung im Raum Roy-Lignières. Die Divisionsstabsbegleitkompanie, die seit dem 23. Dezember früh im Ourthetal die rechte Flanke der Division gegen Hampteau gesichert hatte, sollte am 25. abends durch die Begleitkompanie des Korps abgelöst und der Division zugeführt werden."*

Bei uns aber geht es nach einer ruhigen Nacht am zweiten Weihnachtstage noch stürmischer zu als am Tage zuvor. Den ganzen Tag über sind Jabos über uns, dazu gibt es verschiedene langanhaltende Artillerieduelle.

Wir haben die riesigen Granatenmengen noch gut im Gedächtnis, die einfach am Straßenrand zwischen den Bäumen aufgestapelt waren und die wir unserer eigenen Artillerie von Herzen gewünscht hätten. – Während sich bei uns bereits Engpässe bemerkbar machen, scheinen die Alliierten über unerschöpfliches Kriegsmaterial zu verfügen. Wir mußten uns sogar den Treibstoff für unsere Panzer nach dem ersten Vorstoß zum Teil aus den Tanklagern der Amis holen. Das war sogar im Angriffsplan so vorgesehen.

An die feindlichen Flugzeuge über uns haben wir uns inzwischen gewöhnt, denn wir als Flakartillerie können sie nicht nur beobachten, sondern auch bekämpfen. Auch heute werden wieder drei „Lightnings" abgeschossen.

Dem Artilleriefeuer sind wir dagegen schutzlos ausgesetzt. Es kann jederzeit losgehen, und die Einschläge sind so weitgestreut, daß man ihnen praktisch nicht ausweichen kann. Bei den Riesenmengen an Munition kommt es offenbar überhaupt nicht darauf an, bestimmte Ziele zu bekämpfen, die man meiden könnte. Die Salven werden einfach in die Luft geschossen und machen uns allmählich nervös. Wenn die Granaten auch nichts Besonderes treffen, sie stiften auf jeden Fall Unruhe und Verwirrung. Heute schlagen sogar einige Granaten ganz in der Nähe unseres Hauses ein, so daß wir vorsichtshalber die Vermittlung in den Keller verlegen, der etwas mehr Sicherheit bietet. Trotzdem kommen wir nicht zur Ruhe, denn der Beschuß hält mit wenigen Unterbrechungen die ganze Nacht hindurch an.

—

Er wird auch am **Mittwoch (27.12.1944)** den ganzen Tag über fortgesetzt. Und mit Tagesanbruch sind auch die Tiefflieger wieder da. Sobald sie aber Anstalten machen, unsere Abteilung anzugreifen, schlägt ihnen die volle Feuerkraft der 3. Batterie entgegen. So können sie uns zwar stören, aber keinen Schaden anrichten. Immerhin gehen bei diesem Geplänkel zwei „Lightnings" und eine „Thunderbolt" brennend zu Boden, ohne daß sich die Piloten mit dem Schleudersitz retten können.

Neben den Tiefffliegern fliegen auch in großer Höhe wieder Bomberverbände nach Deutschland. Dieses Mal gelingt es der schweren Flak, eine „Boeing B-29 Superfortress" aus dem Verband herauszuschießen, einen der modernsten Bomber der „US Army Air Force", der mit zehn bis 14 Mann besetzt ist und eine Bombenlast von 5.450 Kilogramm mitführen kann. Bei diesem Abschuß stürzt die gesamte Mannschaft mit ihrer Maschine in den Tod.

Abends läßt das Artilleriefeuer spürbar nach, und in der Nacht gibt es nur noch vereinzelte Feuerüberfälle, so daß ich nach meiner Vermittlungswache von 0 bis 2 Uhr noch ein paar Stunden ungestört schlafen kann.

—

Beim Morgengrauen stellen wir fest, daß in der Nacht starker Nebel aufgekommen ist, der sich auch bei Tage nicht auflöst, so daß wir am **Donnerstag (28.12.1944)** nicht von Fliegern belästigt werden. Wie es scheint, muß auch an der Front eine Verschnaufpause eingetreten sein, denn wir hören nur noch ganz vereinzelt ein paar Artilleriesalven.

Am Abend setzt dann starkes deutsches Artillerie- und Werferfeuer ein. Das hat allerdings zur Folge, daß die Amerikaner bis weit nach Mitternacht verstärkt zurückschießen.

—

In der Nacht zum **Freitag (29.12.1944)** habe ich von 2 bis 4 Uhr Dienst am Klappenschrank, anschließend kann ich bis 9 Uhr schlafen. Als ich aufstehe, herrscht draußen dichter Nebel, der uns vor Luftangriffen schützt.
Auch die Artillerie läßt sich während des Tages kaum vernehmen. Erst gegen Abend beginnt sie damit, Störfeuer zu schießen. Wieder schlagen einige Granaten in der Nähe unseres Hauses ein, und es ist fast ein Wunder, daß sie alle im freien Gelände niedergehen und keinen Schaden anrichten.
In der folgenden Nacht habe ich noch einmal von 2 bis 4 Uhr Vermittlungswache. Draußen wird der Nebel so dicht, daß man kaum ein paar Schritte weit sehen kann.

—

Am **Samstag (30.12.1944)** wird der Nebel etwas lichter, doch reicht das nicht aus, um Fliegertätigkeit zu ermöglichen.
Bei der routinemäßigen Überprüfung unserer Leitungen stellen wir fest, daß wir zur 2. Batterie keine Verbindung bekommen. Also müssen wieder einmal wir beiden Jüngsten, Walter Feikes und ich, auf Störungssuche gehen.
Die gestörte Leitung läuft querfeldein in Richtung Hodister. Also nimmt Walter das Kabel in die Hand und wir stolpern an der Leitung entlang, ohne jedoch eine Unterbrechung zu finden. Als wir alle neun Kabellängen abgeschritten haben, sind wir in der Feuerstellung der 2. Batterie und stellen verärgert fest, daß die Leitung überhaupt nicht gestört, sondern der Feldfernsprecher umgekippt und nicht besetzt ist. Als Walter seinem Ärger lautstark Luft macht, kommen zwei Kanoniere herbei und versuchen, uns zu beruhigen. Sie versichern uns, daß der Apparat „nur ein paar Minuten" nicht besetzt gewesen sei.
Wir verstehen ja, daß die Kameraden bei den Einsätzen der letzten Tage und dem wenigen Schlaf, den sie mitbekommen haben, abgekämpft und müde sind. Dennoch sind wir „stocksauer" und kehren mürrisch, aber auch erschöpft und müde nach Lignières zurück. Wir machen dem Truppführer eine kurze Meldung, verlieren aber sonst kein Wort über unseren Ärger, um vor allem Bernd Linde keinen Grund zur Schadenfreude zu geben.
Nachmittags durchstöbern wir beiden zusammen mit Martin Schmidt vom Funktrupp die verlassenen Gehöfte in der Umgebung nach etwas Eßbarem. In unserem Nachbardorf werden wir auch fündig und entdecken in

einem Hause Butter, Rauchfleisch und eine Kanne voll frischer Sahne. Alles ist zwar gefroren, doch das hindert uns nicht, es mitzunehmen, um unsere Abendverpflegung etwas aufzubessern.

Während wir im Keller noch dabei sind, unsere Schätze, die der Frost hervorragend konserviert hat, aufzutauen, geht draußen der Feuerzauber der feindlichen Artillerie wieder los. Bis in die Nacht hinein löst ein schwerer Feuerüberfall den anderen ab. Einige Einschläge liegen gefährlich nahe an unserem Hause, zwei sogar in unserem Garten.

Auch in der Feuerstellung gehen ein gutes Dutzend Granaten nieder, die aber weder ein Geschütz noch ein Fahrzeug oder irgendwelches Gerät direkt treffen. So gibt es auch dort außer flachen Granattrichtern keinerlei Schaden. Wie durch ein Wunder wird nur eine der von uns ausgelegten Leitungen getroffen, die Rudi Pfeiffer und Bernd Linde aber schnell reparieren können, weil die Unterbrechung kaum 100 Meter vom Hause entfernt mitten im Felde liegt. Sie ist an einem großen schwarzen Flecken im Schnee auch leicht zu erkennen.

—

In der Nacht zum **Sonntag (31.12.1944)** muß ich wieder von 2 bis 4 Uhr am Klappenschrank sitzen. Das Artilleriefeuer verstummt kurz vor Mitternacht, so daß ich während meiner Wache keinerlei Störungen erlebe. Erst bei Tagesanbruch geht das Störfeuer wieder los.

Wegen des diesigen Wetters ist normale Fliegertätigkeit nicht möglich, doch kaum zeigt sich eine Wolkenlücke, schon ist ein Artilleriebeobachter am Himmel.

Kurz nach 8 Uhr wird die Leitung zur 2. Batterie getroffen. Wieder gehen Rudi und Bernd auf Störungssuche, und wieder haben sie Glück, denn am Rande einer Wiese, wenige hundert Meter von unserem Hause entfernt, ist die Leitung direkt getroffen worden, so daß ein Stück Kabel von etwa einem Meter Länge fehlt. Durch Straffziehen der Leitung läßt sich die Verbindung aber ziemlich mühelos wieder herstellen.

Beim Essenempfang am Mittag wird der Befehl ausgegeben, daß wir uns etwa einen Kilometer in südöstlicher Richtung zurückziehen sollen. Der Befehl kommt von Oberleutnant Wilhelm, unserem Batteriechef.

Niemand weiß, was er sich dabei gedacht hat, und manche reden sogar von „Beschäftigungstherapie". Vor allem die Kanoniere sind sauer, daß sie ihre ausgebauten Geschützstellungen und die mit Wällen und Regenrinnen umgebenen Mannschaftszelte aufgeben und die ganze Arbeit noch einmal ausführen müssen. Doch Befehl ist Befehl, und wir trösten uns einfach mit dem Spruch, der sich eingebürgert hat, wenn wir etwas nicht verstehen können: *„Wer weiß, wozu das gut ist!"* Und so machen sich die Geschützbedienungen zwar anfangs murrend, dann aber doch fleißig an die Arbeit, um bis zum Abend wieder ein trockenes und warmes Plätzchen zu haben.

Natürlich muß auch die Nachrichtenstaffel umziehen. Dabei haben es die Funker besser als die Fernsprecher. Während sie einfach ihre Antenne einziehen und mit dem Funkwagen an den neuen Standort fahren, müssen wir erst einmal die Leitungen einholen. Während Walter Hahn sich wie immer um den Klappenschrank kümmert, ziehen wir anderen jeweils zu zweit los, um die Kabel aufzuspulen. Wir müssen nur zweimal losgehen, dann haben wir sämtliche Leitungen abgebaut und können nun den Fernsprechwagen beladen.

Unseren neuen Standort passen wir den Geschützstellungen an, damit wir keine allzu langen Leitungen auslegen müssen. Und so ziehen wir in einen Heustadel ein, der mitten in einer Wiese steht. Bei den kurzen Entfernungen zu den Feuerstellungen sind unsere Kabel schnell ausgelegt, und wir können daran gehen, den Holzschuppen etwas wohnlicher auszustatten. Vor allem geht es darum, die Ritzen gegen Schnee und Zugluft abzudichten. Dazu haben wir reichlich Heu zur Verfügung und gehen so zügig ans Werk, daß wir bis zum Einbruch der Dunkelheit noch ein paar Mußestunden zur Verfügung haben.

An der Front ist es so ruhig, als ob der Krieg zum bevorstehenden Jahreswechsel eine Pause eingelegt hätte. Am Abend bleibt der gesamte Fernsprechtrupp wach, um den Beginn des neuen Jahres gemeinsam zu erleben. Während jeweils einer von uns am Klappenschrank in Bereitschaft sitzt, diskutieren die anderen die Lage und stellen Überlegungen darüber an, was das neue Jahr uns wohl bringen wird.

Ich habe in dieser Nacht erst von 4 bis 6 Uhr morgens Vermittlungswache und hoffe daher, daß ich noch ein paar Stunden schlafen kann, wenn wir uns gegenseitig ein „Frohes Neues Jahr" gewünscht haben.

So sitzen wir also zusammen und erleben, wie dieser Tag und damit das Jahr 1944 langsam zu Ende geht.

—

Deutlich hören wir die Kirchturmuhr in Lignières die **Mitternacht (01.01.1945)** schlagen. Einige zählen laut die Schläge mit: *„Eins, zwei, drei, vier, fünf, sechs, sieben, acht..."*. – Weiter kommen wir nicht, sondern fahren allesamt erschreckt zusammen, denn draußen ist mit einem Schlag die Hölle los! Über der ganzen Front ist der Himmel rot vom Mündungsfeuer zahlloser Batterien, die mit einem wahren Trommelfeuer das neue Jahr begrüßen. Es kracht und dröhnt ohne Unterlaß und hört sich tatsächlich so an, als würde eine riesige Trommel geschlagen, denn einzelne Schüsse oder Salven sind nicht zu unterscheiden. Es ist ein einziges furchterregendes Dröhnen und Grollen, das kräftig an die Nerven geht. Nur das Heulen der Raketengeschosse, die mit einem grellen Feuerschweif aus dem Rot des Mündungsfeuers hervortreten, löst sich aus dem ohrenbetäubenden Lärm dieses nächtlichen Infernos.

Wieviele Granaten jetzt wohl durch die Rohre gejagt werden? Da muß ja ein ganzes Volksvermögen zum Teufel gehen! Wieder erinnern wir uns daran, daß wir beim Einmarsch in Belgien an Munitionsstapeln vorbeigefahren sind, die Hunderte von Metern lang waren und in denen drei oder vier Reihen schwerer Granaten übereinanderlagen. Allein die in diesen Minuten verschossenen Granaten könnten sicher ein großes Munitionsdepot füllen. Wortlos, wie versteinert, verfolgen wir das höllische Schauspiel und überlegen, wie lange ein solches Trommelfeuer wohl durchgehalten werden kann.

Dann ist es Punkt 0.15 Uhr plötzlich still, ja totenstill. Sofort gehen wir vor unserem Schuppen auf die Wiese, um nachzusehen, wie es draußen aussieht. Der Frontverlauf ist am Horizont durch unzählige Rauch- und Feuersäulen markiert. Mit dem Fernglas, das Unteroffizier Gueffroy herumreicht, kann man sehen, daß die früheren Stellungen unserer Batterie geradezu umgepflügt worden sind. Wo die Kanonen und die Zelte standen, befindet sich nun eine wahre Mondlandschaft mit einem Granattrichter am anderen. Die amerikanischen „Grasshopper" müssen wohl unsere Stellungen genau fotografiert haben, so daß sie die Artillerie ganz gezielt unter Beschuß nehmen konnte.

Es ist gar nicht auszudenken, was aus unserer Batterie geworden wäre, wenn der Chef nicht wieder einmal „einen besonderen Riecher" für drohende Gefahr gehabt und den Stellungswechsel nicht befohlen hätte. Bei dem diesigen Wetter konnten die Amerikaner weder den Auszug aus den alten Stellungen mitbekommen, noch die neuen erkunden. Und unsere Kanoniere hatten nun Gelegenheit, aus sicherer Entfernung zuzusehen, wie ihren früheren Stellungen völlig verwüstet wurden, ohne selbst nur einen Kratzer abzubekommen.

Nach diesem gewaltigen Trommelfeuer bleibt es bis auf das Knistern brennender Gehöfte ein paar Stunden völlig ruhig. Erst als ich meine Vermittlungswache beendet habe, gibt es ein paar Artillerieduelle, die aber nicht im entferntesten mit den Schrecken der Nacht zu vergleichen sind. Vor allem lassen sich jetzt auch die Salven unserer eigenen Artillerie heraushören, was bei dem Krachen und Bersten um Mitternacht überhaupt nicht möglich war.

Nach einer Stunde klingen aber auch diese Duelle ab, und es bleibt den ganzen Tag über ruhig an der Front. Bei anhaltend trübem Wetter werden wir auch von den Fliegern verschont. Abends hören wir dann wieder starke Bomberverbände über uns hinweg nach Deutschland fliegen. Sie sind jedoch so hoch über den Wolken, daß wir wohl ihr Brummen hören, sie selbst aber nicht sehen können.

So stellt sich die Lage aus der Froschperspektive dar. Wie sie aus der Sicht des Generalstabs aussieht, schildert Heinz Guderian so:

„Die letzten Dezembertage des Jahres 1944 und der Anfang des Monats Januar 1945 verliefen bei der 116. Panzerdivision ruhig. Sie fand Zeit, ihre schwer angeschlagenen Verbände zu festigen und Ersatz zuzuführen. Auch das Wetter hatte ein Einsehen. Zuerst Nebel, dann Regen und Schnee behinderten die Luftwaffe des Feindes. Seine Artillerie betätigte sich dafür um so reger, vor allem nachts. Die feindliche Infanterie verhielt sich im allgemeinen passiv.

Am 28. Dezember morgens brachen die Amerikaner in etwa Kompaniestärke südlich Verdenne ein. Ein Gegenstoß bereinigte die Lage. Auch am 29., 30. und 31. Dezember versuchte der Feind, Aufklärung von Verdenne und Marenne aus in den Wald vorzutreiben. Er wurde überall abgewiesen. Von Mesnil aus schob der Gegner stehende Spähtrupps bis nördlich Sur Waha vor. Der Divisionsgefechtsstand zog am 30. Dezember wegen zu häufigen Artilleriebeschusses nach Petit Halleux um.

Am 29. und 30. wurden um Marche starke Truppenbewegungen des Feindes erkannt. Zuerst schien es, als ob der Gegner sich um Marche verstärkte. Zivilisten berichteten am 29. von starken Kolonnen mit zahlreichen Panzern aus Nordwesten nach Marche hinein. Das ließ einen Angriff aus diesem Raum befürchten und veranlaßte das Generalkommando zu befehlen: '116. Panzerdivision gewährleistet artilleristischen Feuerschwerpunkt auf Raum südostwärts und südlich Marche und hält Panzerreserve auf linkem Flügel bereit.' Die Division besaß an diesem Tage zwölf einsatzbereite Panzer und fünf Panzerjäger.

Am 30. wurden anhaltende feindliche Truppenbewegungen durch Marche nach Nordosten beobachtet. Südlich Rochefort wurden zwei Engländer, südwestlich Marche am 1. Januar ein Angehöriger der 53. britischen Infanteriedivision gefangengenommen. (...)

Um den Verbänden des Heeres wenigstens vorübergehend Entlastung zu verschaffen, versuchte die deutsche Luftwaffe am 1. Januar in einem letzten Großeinsatz, die gegnerische taktische Luftwaffe am Boden zu treffen. 1.035 deutsche Jagdmaschinen starteten am Morgen zum 'Unternehmen Bodenplatte' gegen die Flugplätze in Holland und Belgien. Der deutsche Wehrmachtsbericht sprach von 400 am Boden zerstörten Maschinen, 100 beschädigten und 79 in Luftkämpfen abgeschossenen. Diese Zahlen waren zu hoch geschätzt. Die Gegenseite zählte 180 zerstörte und 100 beschädigte. Die eigenen Verluste waren sehr hoch. 277 Maschinen gingen verloren und mit ihnen die Flugzeugführer, darunter fast 60 erfahrene Verbandsführer. Ein großer Teil fiel dem Feuer der eigenen, nicht eingewiesenen Flak zum Opfer. Das Unternehmen war ein Fehlschlag. Die Luftwaffe erholte sich nicht mehr von diesem Aderlaß. (...)

Die Soldaten der Front gingen mit beklommenem Herzen in das neue Jahr. General von Waldenburg, der am 30. Dezember seinen 46. Geburtstag feierte, zu dem Model Glückwunsch und Anerkennung aussprach, notierte am Silvesterabend in seinen Kalender: 'Für unser Vaterland und auch für mich ist wohl das schwerste Jahr zu Ende gegangen, was man sich vorstellen kann. (...) Der letzte Angriff hat uns allen wieder Auftrieb gegeben. Wenn auch die großen Ziele nicht erreicht worden sind, so hoffen wir doch weiter. Wir müssen ja auch durchhalten, sonst blüht uns der Untergang! (...) Gott stehe uns im neuen Jahr bei und bringe uns endlich nach dem Siege den so sehr ersehnten Frieden!'

Am Neujahrstage vertraute er seinem neuen Kalender an: 'Was wird das neue Jahr bringen? Gott gebe nach dem Siege endlich den Frieden! Aber wie siegen?'"

—

Während meines Dienstes am Klappenschrank in der Nacht zum **2. Januar 1945,** den ich von 0 bis 2 Uhr zu versehen habe, höre ich die ganze Zeit feindliches Sperrfeuer, das, wie mir meine Nachfolger später berichten, bis in die Morgenstunden hinein anhält.

Bei Tage bleibt es ruhig bis auf ein paar Feuerüberfälle der Amerikaner, auf die unsere Artillerie aber nicht antwortet. Weil der Himmel zeitweise aufklart, gibt es geringe Fliegertätigkeit, die aber der 3. Batterie genügt, um eine „Thunderbolt" abzuschießen.

—

Auch in der Nacht zum **Mittwoch (03.01.1945)** habe ich von 0 bis 2 Uhr Vermittlungsdienst. Wieder wird die Nachtruhe durch mehrere Feuerüberfälle der Amerikaner gestört.

Tagsüber ist diesiges, naßkaltes Winterwetter, das keine Fliegertätigkeit erlaubt. Nachmittags zieht sich der Feind in unserem Abschnitt sogar zurück, und unsere Infanterie kann mit Artillerieunterstützung einigen Boden gewinnen. Doch der Anschein trügt, denn der Ami zieht sich nicht wirklich zurück, sondern gruppiert seine Truppen um für einen Großangriff auf breiter Front. Und am **3. Januar** beginnt dieser Angriff der Amerikaner östlich der Ourthe und erzielt bis zu drei Kilometer tiefe Einbrüche.

—

Während meiner Vermittlungswache zwischen 2 und 4 Uhr ist es draußen völlig ruhig, doch mit Tagesanbruch bricht am **Donnerstag (04.01. 1945)** die Hölle los. – Nun sind auch die Briten mit ihrer 53. (Welsh) Division zwischen Hotton und Marche zum Angriff gegen die 116. Panzerdivision angetreten.

Schlagartig beginnt plötzlich feindliches Artilleriefeuer und deckt unsere vorderen Stellungen mit einer wahren Feuerglocke ein. Dann wird das Feuer vorverlegt und ein massiver Panzerangriff wird gestartet und drückt an mehreren Stellen unsere Verteidigungslinien ein. Bis in unser Quartier hört man die mahlenden Geräusche der Panzer, die dumpfen Abschüsse ihrer Kanonen und sogar das Geknatter der Maschinengewehre. Zuerst liegen die Einschläge der Artillerie ganz in unserer Nähe, dann fliegen die Geschosse heulend über uns hinweg und schlagen irgendwo weiter hinten ein. Diese Kampfgeräusche halten den ganzen Tag über an, und wir wundern uns, daß keine unserer Leitungen getroffen wird.

Doch gegen 19 Uhr werden wir beim Abendbrot plötzlich aufgeschreckt. Ohne das Pfeifen einer herannahenden Granate gehört zu haben, kracht und scheppert es so laut, daß wir von unseren Plätzen hochfahren und uns flach auf den Boden werfen. Aber es geschieht weiter nichts, und auch draußen bleibt es still. So trauen wir uns hinaus, um nachzusehen, warum es in unserer unmittelbaren Nähe so gekracht hat.

Unser Schuppen liegt an der höchsten Stelle der Wiese, so daß wir von hier aus das umgebende Gelände gut überblicken können. Nun sehen wir etwa 20 Meter hinter unserem Schuppen zwei Einschläge von 15 cm-Granaten und rings um sie herum Erdklumpen liegen. Die Geschosse sind in das weiche Erdreich in der Nähe des Baches, der durch unsere Wiese fließt, eingedrungen und haben es zwar aufgewühlt, aber keinen weiteres Schaden angerichtet. Da es im näheren Umkreis keine weiteren Einschläge gibt, nehmen wir an, daß es sich um zwei verirrte Geschosse handeln muß. Immerhin haben wir einen schönen Schrecken bekommen und sind deutlich darauf hingewiesen worden, daß auch wir in der Gefahrenzone liegen.

Vor lauter Aufregung haben wir kaum bemerkt, daß die Kampfgeräusche inzwischen stark abgenommen haben. Mit der Zeit ebben sie noch weiter ab, und während meiner Bereitschaft am Klappenschrank zwischen 23 und 1 Uhr ist es draußen wieder völlig ruhig.

In der Tagesabschlußmeldung der Division heißt es dann: *„...trat der Feind am 4.1. nach einstündigem Trommelfeuer vor der gesamten Divisionsfront zu dem erwarteten Angriff an. Die Mehrzahl der feindlichen Vorstöße wurde zwar zunächst abgewiesen, dem Gegner gelangen jedoch weitere Einbrüche (...), die nur unter Aufbietung letzter Reserven abgeriegelt werden konnten. Da an eine Zurückgewinnung der alten HKL angesichts der hohen eigenen Verluste nicht zu denken war, setzte sich die Division in der Nacht zum 5.1. befehlsgemäß auf die Linie Hamoul–Boican–Bach–Wabarday-Höhen nördlich Grimbiémont–Larochette ab, welche geländemäßig günstiger und nicht ausschließlich durch unübersichtliches Waldgelände verlief."*

Am **Freitag (05.01.1945)** werden wir völlig verwirrt, weil wir Kampfgeräusche aus ganz verschiedenen Richtungen hören. Zwar können wir nicht unterscheiden, ob es sich um deutsches oder feindliches Artillerie- und MG-Feuer handelt, doch den Geräuschen nach zu urteilen, gibt es Kampfhandlungen im ganzen Umkreis vom Norden über den Westen bis zum Süden. Zum Glück verhindern trübes Wetter und ergiebiger Schneefall den Einsatz von Flugzeugen, doch auch so läßt uns die Vorstellung, eingekesselt zu werden, die Haare fast zu Berge stehen.

Im Kriegstagebuch der II. Abteilung des Artillerieregiments 146 ist über diesen Tag folgendes nachzulesen: *„Während des Tages versucht der Gegner, vor eigenem Abschnitt mit starken Spähtrupps die Front einzudrücken. Im Abschnitt Aux Bruyères gelingt es ihm, mit schwachen Kräften durch den Waldrand einzusickern. Eine sofort dorthin eingesetzte Gruppe mit einigen Panzern wirft den Gegner auf seine Ausgangsstellung zurück. (...) Der Abschnitt an der Ourthe in Richtung Nordwesten bis nach Hamoul wird von der Panzeraufklärungsabteilung überwacht. (...) Die Abteilung bekämpft während des ganzen Tages die feindlichen Bewegungen mit sehr kleinen Feuerschlägen, da Munition kaum mehr vorhanden ist und neuer Nachschub erst am nächsten Tage eintreffen soll. Munition muß von eigener Muni-Kolonne von Luxemburg (Raum Clerf) herangeschafft werden."*

—

In der Nacht zum **Samstag (06.01.1945)** sitze ich von 1 bis 3 Uhr am Klappenschrank und kann während dieser Zeit höchstens drei oder vier Feuerüberfälle zählen. Dazu sind die Einschläge so weit von uns entfernt, daß sie mich nicht beunruhigen und ich nach der Ablösung durch Bernd Linde noch ein paar Stunden friedlich schlafen kann.

Während des Tages sind keine Kampfgeräusche mehr zu vernehmen. Wieder einmal haben wir den Eindruck, als ob der Krieg an unserem Frontabschnitt den Atem anhielte.

Am späten Nachmittag kommt vom Batteriechef der Befehl: *„Abbauen! Stellungswechsel vorbereiten!"* – Da wir wegen diesigen Wetters durch Flieger nicht gestört werden, nehmen wir sofort unsere Leitungen auf, bauen die Vermittlung ab und verladen alles mitsamt unserem persönlichen Gepäck auf dem Fernsprechwagen.

Ausgerechnet als wir mit Einbruch der Dunkelheit losfahren, setzt feindliches Artilleriefeuer ein. Es scheint so, als ob das Gerücht wahr wäre, nach dem die Amerikaner Horchgeräte einsetzen und jegliches Motorengeräusch sofort mit Störfeuer beantworten sollen. Auf jeden Fall ist es angezeigt, vorsichtig zu fahren und keinen unnötigen Lärm zu verursachen.

Die ersten vier Kilometer bis Gênes kommen wir ganz gut voran. Doch dann erschwert außer der Dunkelheit die Tatsache, daß wir nur Nebenstraßen benutzen müssen, noch zusätzlich den Stellungswechsel. So sind wir froh, als wir das Dorf Halleux hinter uns gelassen und Ronchamps erreicht haben, denn bei den nächsten sechs Kilometern bis La Roche-en-Ardenne können wir eine breitere Straße benutzen.

Als wir dort ankommen, sehen wir, daß hier vor kurzem ein Bombenangriff stattgefunden haben muß, denn ganze Straßenzüge bestehen nur noch aus rauchenden Trümmern. Doch wenigstens ist die Fahrbahn von Trümmern soweit freigeräumt worden, daß wir ohne Schwierigkeiten die Stadt durchqueren können.

—

Als wir unseren Zielort, das Dorf Villez im Tal der Ourthe, erreicht haben, ist es bereits 7 Uhr am **Sonntagmorgen (07.01.1945)**.

Der kleine Ort liegt fast auf der Ebene des Flußlaufes zwischen steilen Felswänden und ist daher von Fliegern nur schwer anzugreifen. Das ist auch wohl der Grund, warum sich hier so viele Flüchtlinge aus La Roche aufhalten, auf die wir bei der Quartiersuche immer wieder stoßen.

Doch schließlich haben Paul Gueffroy und Walter Hahn ein Haus gefunden, in dem wir unterkommen und auch unsere Vermittlung aufbauen können. Das wird aber gar nicht erforderlich, weil die kurzen Entfernungen zwischen den Einheiten hier durch Funk überbrückt werden können. Auch in diesem Hause sind etliche Flüchtlinge untergekommen, doch sie ziehen sich ins Obergeschoß zurück und überlassen uns den größten Raum im Erdgeschoß.

Unser Fahrer hat sich wieder ein eigenes Quartier gesucht und es zusammen mit dem Fahrer des Funkwagens bezogen. Dafür ist Wachtmeister Gnidtke bei uns im Quartier, so daß wir sieben Schlafplätze benötigen. Während er auf einem Sofa schlafen kann, breiten wir für den Trupp einfach die Sitzpolster aus dem Fernsprechwagen auf dem Boden aus, auf denen man ganz gut schlafen kann.

Bevor es aber Zeit zum Schlafengehen ist, klopft die Frau des Hauses schüchtern bei uns an und fragt, ob sie sich mit drei Mädchen aus La Roche eine Weile zu uns setzen kann, um sich ein wenig aufzuwärmen. Jetzt bemerken wir erst, daß wir den einzigen beheizbaren Raum des Hauses bezogen haben, und Bruno Gnidtke ist nicht nur sofort bereit, die Frauen aufzunehmen, sondern freut sich sogar, daß sie zu uns kommen wollen. Denn er ist sehr darauf bedacht, im Ausland nirgendwo als „Feind" aufzutreten und entsprechend eingeschätzt zu werden.

So rücken wir nun den Tisch mit dem Klappenschrank in eine Ecke und stellen die beiden vorhandenen Sessel und sämtliche Stühle in einer Runde auf. Die Frauen bringen noch drei weitere Stühle mit, und wir ermuntern sie, mit uns eine „bunte Reihe" zu bilden. Natürlich bekommen unser Nachrichtenstaffelführer und Madame die Sessel, während wir anderen uns mit den Stühlen begnügen. In der Runde nehmen Wachtmeister Gnidtke und ich die Frau des Hauses in die Mitte, die rechts von mir sitzt. Links neben mir nimmt ein junges Mädchen Platz, dann folgt Unteroffizier Gueffroy, die anderen sitzen uns mehr oder weniger gegenüber.

Der Wachtmeister hat sein kleines Radio mitgebracht, das er nun aufstellt, um Nachrichten zu hören. Allerdings läuft gerade eine Unterhaltungssendung für die deutschen Soldaten mit Marschmusik, aber auch vielen Volks- und Heimatliedern. Vor allem als *„Heimat, deine Sterne"* erklingt, werden manchem die Augen feucht.

Auch die Belgier kennen dieses Lied, denn sie haben es ja oft genug über den Soldatensender Calais gehört. Ob und wieweit sie Deutsch verstehen, geben sie aber nicht zu erkennen. Sie sprechen nur Französisch, und da ich der einzige bin, der Gelegenheit hatte, in Frankreich seine Sprachkenntnisse aufzubessern, muß ich nun den Dolmetscher spielen. Das macht mir natürlich viel Freude; nicht nur, weil ich mich mit den Frauen ganz gut unterhalten kann – vor allem mit Madame klappt es ausgezeichnet –, sondern ich genieße auch die Situation, einmal Hahn im Korb zu sein.

Die Frauen sind ziemlich verängstigt und hoffen, daß der Krieg für sie bald zu Ende geht, ohne daß noch mehr und größere Schäden und Verwüstungen entstehen. Sie wissen natürlich, daß wir nicht freiwillig hier sind, und ich lege Wert darauf, ihnen das zweifelsfrei klarzumachen, so daß am Abend in unserer Runde sogar so etwas wie Solidarität entsteht. Denn eigentlich sitzen wir alle in einem Boot, durch die Angst vor den Amerikanern vereint.

Als es dann Zeit ist, zu Bett zu gehen, fragt Madame, ob die Frauen hier vor dem Herrgottswinkel ein Gesetz des Rosenkranzes für einen baldigen Frieden beten dürfen. Ich gebe diesen Wunsch an unseren Wachtmeister weiter, und er ist sofort einverstanden, obwohl ihm als Protestanten das Rosenkranzgebet wahrscheinlich völlig unbekannt ist.

So stellen die Frauen vier Stühle mit den Lehnen zum Kruzifix, das in einer Zimmerecke hängt, nebeneinander auf, knien mit den Ellenbogen auf die Lehnen gestützt auf den Sitzflächen nieder und beginnen mit dem Gebet. Dabei betet die Frau des Hauses vor, und die Mädchen antworten im Chore.

Die meisten von uns sind sehr ergriffen von der Inbrunst, mit der die vier Frauen die Mutter Gottes um Frieden bitten. Selbst der sonst so robuste Paul Gueffroy blickt stumm auf seine Hände, die er im Schoß hält, um seine Rührung zu verbergen. Offenbar ist er doch nicht der rauhe Naturbursche, den er uns vorspielt.

Nach dem Gebet verabschieden sich die Frauen mit „*bonne nuit!*", reichen jedem von uns zum Abschied die Hand, nehmen ihre drei Stühle und steigen hinauf ins Obergeschoß.

Schweigend und tief bewegt bleiben wir zurück, und es dauert eine Weile, bis sich der Bann von uns löst, wir zur Tagesordnung übergehen und unsere Sitzpolster auf dem Boden auslegen können. Im stillen bewundern wir diese Frauen, die uns Eindringlingen gegenüber nicht die geringste Spur von Feindseligkeit zeigen, obwohl wir ihnen schließlich zum zweiten Mal den Krieg ins Land gebracht haben. Aber sie wissen genau zu unterscheiden, wer ihnen ihre Städte zerstört und wer nicht.

Wir können es kaum fassen, was wir soeben erlebt haben. Jeder macht sich darüber seine eigenen Gedanken, und bis zum Schlafen kommt kein zusammenhängendes Gespräch mehr auf.

Doch längst nicht alle haben diesen Tag so friedlich erlebt und beendet wie wir vom Fernsprechtrupp. Den meisten erging es erheblich schlechter, denn der **7. Januar 1945** war für die 116. Panzerdivision im ganzen wieder ein Großkampftag, wie aus der zusammenfassenden Abschlußmeldung über das Geschehen vom **06.** und **07.01.** klar hervorgeht, wo es heißt:

„*Am 6.1. blieb die erwartete Fortsetzung der feindlichen Angriffe auf breiter Front noch aus. (...)*

Am 7.1. nahm der Feind seine Angriffe gegen Waharday sowie mit Panzern und aufgesessener Infanterie aus Haye à Banni nach Südosten wieder auf und dehnte sie nach sehr starker Artillerievorbereitung bis zum Mittag auf den gesamten Divisionsabschnitt aus.

Trotz erbitterter Gegenwehr konnte der Einbruch in das Dorf Grimbiémont nicht verhindert werden. Alle übrigen Durchbruchsversuche wurden aber, wenn auch unter Einsatz des letzten Mannes, im Zuge der Straße Chéoux, Straßenkreuz ostsüdöstlich Grimbiémont, aufgefangen oder abgeriegelt. Die Division hatte dabei jedoch erneut so starke Verluste vor allem an Grenadieren, daß die infanteristische Stärke zur Besetzung der neuen Linie nicht mehr ausreichte. Gleichwohl mußte sie auf Befehl des Generalkommandos in dieser überaus gefährlichen Lage auch noch gepanzerte Teile aus der Front herauslösen und dem rechten Nachbarn zuführen, um den dort drohenden Durchbruch auf Samrée und die Notwendigkeit einer späteren Wiedererkämpfung der Stellung im Abschnitt nördlich Samrée zu vermeiden, den die Division nach Ablösung der 2. SS-Panzerdivision 'Das Reich' übernehmen sollte."

Und im Kriegstagebuch der Artillerie heißt es ergänzend: „*Die II. Abteilung, die in der Nacht Munition zugeführt bekam, bekämpft den Angriff mit starken Feuerschlägen. Durch gutliegendes Feuer gelingt es, den Angriff vor dem Beobachtungsstreifen der Abteilung abzuwehren und den*

Feind niederzuwerfen. Am linken Flügel im Abschnitt des Panzergrenadierregiments 60 gelingt es dem Gegner, durch den Wald durchzustoßen und in den Abendstunden Grimbiémont zu nehmen.
Infanterie setzt sich ab. Die Abteilung bekämpft vor eigenem Abschnitt den Feindangriff und wirft den Gegner zurück. Das Artillerie-Verbindungskommando beim rechten Nachbarn (SS 'Das Reich'), wo ebenfalls sehr starke mit Panzern unterstützte Angriffe sind, bekämpft diese Angriffe mit Feuerschlägen des gesamten Regiments. (...)
In den Abendstunden setzt sich die Division auf die Linie Dochamps–Marcourt–Hodister–Roy ab."

—

Von diesen schweren Kämpfen ist bei uns jedoch nichts zu verspüren. Ganz wie im Frieden fährt am **Montagmorgen (08.01.1945)** ein Milchwagen durchs Dorf. Auf unsere Frage, ob der Milchmann uns wohl Milch verkaufen würde, meint unsere Gastgeberin, das sei überhaupt keine Frage, sondern selbstverständlich. Also leihen wir uns von ihr eine größere Schüssel und kaufen gegen französische Francs ein paar Liter Milch, die wir dann erwärmen und statt des üblichen Kaffees trinken.

Noch beim Frühstücken erreicht uns ein Melder und berichtet, daß die Amerikaner das sechs Kilometer westlich von hier liegende Dorf Gênes eingenommen hätten und ihre Panzerspitzen weiter nach Osten vorrückten.

Mittags kommt dann eine kleine Kampfgruppe der Waffen-SS ins Dorf und versucht mit Brachialgewalt, die Wehrmachtsquartiere zu besetzen. Auch in unser Haus kommt ein Untersturmführer (Leutnant) mit zwei Begleitern hereingepoltert und reißt gleich sämtliche Schranktüren auf, um nach etwas Eßbarem zu suchen. Als er nichts findet, baut er sich breitbeinig vor uns auf, als ob er hier das Sagen hätte. Die vier Frauen, die mit uns zusammen gefrühstückt haben, weichen zitternd an die Wand zurück.

Wie auf ein Kommando treten wir sieben geschlossen zwischen sie und den Wüterich. Gleichzeitig erkundigt sich der Nachrichtenstaffelführer, was dieser Auftritt überhaupt bedeuten soll, schließlich sei das Haus von uns belegt worden.

Der Angesprochene hat wohl nicht mit Widerstand gerechnet und schaut zunächst etwas verdutzt drein. Die entstehende kleine Pause nutzt Bruno Gnidtke dazu, ihn in ruhigem Tone zu fragen, ob er mit dem D-Zug durch die Kinderstube gerast sei oder wo er sonst sein rüpelhaftes Benehmen gelernt habe.

Zuerst wird der SS-Mann kreideweiß im Gesicht, dann puterrot, und noch ruppiger als zuvor meint er, die Belgier seien schließlich unsere Feinde, und wir hätten sie entsprechend zu behandeln.

Als er jedoch merkt, daß er uns mit seinen Bemerkungen in keiner Weise beeindrucken, sondern nur unseren Widerstand verstärken kann, beschließt er seinen Vortrag mit der Bemerkung, er würde sich schämen, in der Wehrmacht zu sein, und die drei würden auf jeden Fall die kommende Nacht in diesem Hause verbringen. Dann verschwinden sie so plötzlich, wie sie gekommen sind.

Die Frauen scheinen verstanden zu haben, was die SS-Leute wollen, denn sie sind noch mehr verschüchtert und sagen uns, daß sie regelrechte Angst vor denen haben, die den Adler nicht wie wir über der rechten Brusttasche, sondern auf dem linken Oberarm tragen. Sie können Wehrmacht und Waffen-SS sehr wohl unterscheiden.

Wir aber erhalten abends den Befehl zum Stellungswechsel. Gerade als wir uns von den Frauen mit guten Wünschen verabschieden und jeder die Hand reichen, kommen die drei SS-Leute wieder herein. Wieder plustert sich der Untersturmführer auf und will uns etwas über die Behandlung von Feinden erzählen. Doch Bruno Gnidtke unterbricht ihn einfach in seinem Redeschwall und sagt laut und deutlich: *„Wenn Sie sich nicht benehmen können, ist das Ihre Sache! Wir wissen jedenfalls, was sich gehört."* Damit verlassen wir das Haus und besteigen den Fernsprechwagen, den „Eichelino" bereits vorgefahren hat.

Als wir gegen 19 Uhr losfahren, ist es stockdunkel. Fast blind, denn die kleinen Schlitze in der Scheinwerferkappen lassen kaum einen richtigen Lichtschein durch, fahren wir an der Ourthe entlang nach Maboge und dann durch einen Wald nach Bérismenil, wo wir um Mitternacht ankommen.

Während die Batterie in der Nähe des Dorfes in Stellung geht, bauen wir die Vermittlung in einem Stallgebäude am Ortsausgang in Richtung Nadrin auf. Das Gebäude liegt unweit der Durchgangsstraße, an der entlang wir unsere Leitungen verlegen. Zu den üblichen Leitungen innerhalb unserer Abteilung stellen wir auch eine Verbindung zum Panzerartillerieregiment 146 her, das ebenfalls hier im Dorfe liegt.

Als der Mond die Nacht erhellt und sich unsere Augen an die Dunkelheit gewöhnt haben, zieht der ganze Trupp los, um die erforderlichen Kabel auszulegen. Bernd Linde, Walter Feikes und ich haben Rückentragen mit Kabelrollen umgeschnallt, die anderen verlegen die Leitungen am Straßenrand zunächst auf der Erde. Zuerst wird Bernds Rolle abgespult und seine „Länge" ausgelegt. Dann komme ich an die Reihe. Nun geht Bernd hinter mir und führt das Kabel, während Walter Hahn und Rudi Pfeiffer die Leitung mit Hilfe von Verlegestangen über hervorragende Äste der Alleebäume werfen.

Wir haben von meiner Kabelrolle noch keine 100 Meter abgespult, da zischt plötzlich etwas über uns hinweg, und zwei Granaten schlagen gar nicht weit von uns in den Straßengraben ein. – Während die anderen sofort zur Seite springen und sich auf die Erde werfen, bleibe ich mitten auf der Straße stehen und ziehe nur den Kopf zwischen meine Schultern, weil ich mir sage, daß bereits eingeschlagene Granaten keine Gefahr mehr darstellen.

Die Hand mit dem Bremsriemen für die Kabeltrommel hatte ich wegen der Kälte in die Tasche gesteckt, ohne den Riemen aber nur einen Augenblick loszulassen. Bernd Linde aber hat beim Wegspringen ungewollt das Kabel von der Trommel gerissen, so daß es sich nun, als ich weitergehen will, um die Trommelachse wickelt und so den freien Lauf der Trommel blockiert.

Eine solche leicht behebbare Panne ist durchaus kein Unglück, es sei denn man macht ganz bewußt ein Drama daraus. Und das muß unser Truppführer wohl im Sinne haben, dem eine Laus über die Leber gelaufen zu sein scheint. Denn kaum hat er mitbekommen, daß sich das Kabel verheddert hat, da poltert er schon los und brüllt mich an, wie oft er mir noch sagen müsse, daß man den Bremsriemen nicht loslassen dürfe. Dauernd hätte ich das Kabel auf der Achse sitzen (es ist mir ganz am Anfang einmal passiert und daher jetzt das zweite Mal), dämlicher als ich könnte man sich gar nicht anstellen und in dieser Tonart weiter.

Als er nach dem ersten Wortschwall verschnaufen muß, mache ich ihn in ruhigem, sachlichem Tone darauf aufmerksam, daß ich mich bei dem Feuerüberfall überhaupt nicht von der Stelle gerührt, geschweige denn den Bremsriemen losgelassen habe. Das will er aber gar nicht hören, denn er wird nur noch wütender und schreit mich an: *„Sind Sie stille! Werden Sie nich' auch noch pampig, sonst melde ich Ihnen den Spieß!"*

Ich muß fast lachen bei dem Kauderwelsch, das er in seiner Wut von sich gibt. Vermutlich merkt er nicht einmal, welchen Unsinn er da ausspricht. Denn das einzige, was den Spieß überhaupt interessiert, ist, daß der Laden läuft, und nicht ob jemand seine Pflicht unterwürfig oder widerborstig erfüllt. Hauptsache ist doch, daß er sie erfüllt.

Doch hier ist Paul Gueffroy wohl so schnell keine andere Drohung eingefallen, mit der er mich beeindrucken zu können glaubte. Zudem ist der nächste Dienstvorgesetzte der Nachrichtenstaffelführer und nicht der Spieß. Doch der eignet sich wohl nicht als Buhmann, denn er ist viel zu gutmütig und das krasse Gegenstück von einem Schleifer.

Im Grunde tut mir der „Kapo" fast leid in seiner ohnmächtigen Wut, denn er weiß genau, daß er mir, außer mich auszuschimpfen, nichts anhaben kann. So lasse ich ihn mit seiner Wut allein und wende mich einfach Bernd Linde zu, der das Kabel bereits wieder auf die Trommel gebracht hat, so daß wir es weiter verlegen können. Auf die Idee, den Sachverhalt, den er genau kennt, mit ein paar Worten aufzuklären und mich zu rechtfertigen, kommt er erst gar nicht, denn er befürchtet offenbar, es sich dann mit seinem *„Untroffzier"* zu verderben.

Während ich mit der Rückentrage die Straße entlangziehe, überlege ich, warum der Truppführer auf einmal so giftig ist. Bisher hat er sich herzlich wenig um seinen Trupp gekümmert und Walter Hahn die ganze Arbeit überlassen, während er lieber mit dem Wachtmeister, seinem Landsmann und Duzfreund, zusammen war.

Ob er so sauer ist, weil er damit rechnen muß, daß die Russen jeden Tag in seine Heimat eindringen können und er darüber seinen Frust irgendwo loswerden muß, überlege ich. Doch weil er es darauf anlegt, ausgerechnet mich herunterzuputzen, nehme ich an, das dies so ist, weil ich der Zuletztgekommene bin und als Schüler, der ihm geistig überlegen ist, in seinen Augen „etwas Besseres" und jemand zu sein scheine, den man herunterputzen muß, um die eigenen Minderwertigkeitskomplexe loszuwerden.

Während das Kabel Meter um Meter von meiner Trommel abrollt, bin ich mit meinen Gedanken gar nicht bei der Sache. Wenn sich Ausbrüche dieser Art bei unserem Truppführer häufen sollten, überlege ich mir, muß ich eine Strategie entwickeln, die es mir ermöglicht, derartige Pöbeleien zu überstehen, ohne meine Selbstachtung aufzugeben.

Sicher, bisher war mein Verhältnis zum Kapo rein dienstlicher Natur. Wir haben kaum ein privates Wort gewechselt. Er hat zwar immer mal wieder durchblicken lassen, was er von Leuten hält, die „keinen ordentlichen Beruf erlernt" haben. Doch das habe ich einfach überhört, und auch über die Zoten, die er gelegentlich erzählt und für witzig hält, habe ich kaum jemals lachen müssen.

Seine Anweisungen waren immer sachbezogen, und ich habe sie auch stets ohne zu murren befolgt. Allerdings habe ich mich niemals mit einer Frage oder Bitte an ihn gewandt, und auch das *„Jawohl, Herr Unteroffizier!"* – offenbar sein Lebenselixier! – hat er von mir noch nie zu hören bekommen. Dazu unterscheidet er sich zu sehr von den Unteroffizieren, die ich bisher kennengelernt habe und, natürlich mit Ausnahme von Unteroffizier Wahl im Infanterielehrgang in Wahn, auch als Persönlichkeiten schätzen konnte.

In meinen Augen ist er nicht mehr als ein großer Lümmel mit einem fast krankhaften Geltungsbedürfnis. Mich à la Bernd Linde bei ihm anzubiedern oder wie ein Hund zu kuschen, wäre wohl das letzte, das mir einfiele. Andererseits aber nehme ich mir vor, ihn auch nicht unnütz zu reizen, denn niemand weiß, wie lange wir noch miteinander auskommen müssen.

Während ich diesen Gedanken nachhänge, ist meine Trommel leer geworden, und ich kann nun, da Walter Feikes mit dem Kabel an der Reihe ist, den anderen beim Leitunglegen zusehen.

Kurz nach unser Rückkehr ins Quartier stellen wir bei einer Leitungsprobe fest, daß die Verbindung zur 3. Batterie gestört ist. So werden Walter Feikes und ich sofort zur Störungssuche losgeschickt. Die Leitung ist an einer Wiese entlang verlegt und durch Überfahren an einer Stelle zerrissen worden. Obwohl wir den Schaden schnell behoben haben, ist es bereits 3 Uhr morgens, als wir in unsere Unterkunft zurückkehren.

—

Nach dieser etwas turbulenten Nacht verläuft der **Dienstag (09.01. 1945)** im ganzen ruhig. Vor allem wird keine unserer Leitungen gestört. Das verschafft mir Gelegenheit, zum Funkwagen zu gehen, der in der Scheune unmittelbar neben unserem Stalle steht, um mich mit meinem Freund Martin Schmidt zu unterhalten.

Abends erhalten wir Befehl zum Stellungswechsel, und zwar wird unsere Batterie aufgrund einer Umgruppierung in das zwei Kilometer entfernte Dorf Ollomont bei Nadrin verlegt.

Gegen 20 Uhr fahren wir los, und sobald wir in Ollomont angekommen sind, wird die Vermittlung in einem Bauernhaus aufgebaut. Dann geht es ans Verlegen der Fernsprechleitungen. Das ist hier aber nicht so einfach wie in Bérisménil, wo wir sie an Straßen und Wegen entlang auslegen konnten. Hier müssen wir unter Beschuß querfeldein durch knietiefen Schnee stapfen. So ist es bereits nach Mitternacht, als wir mit dem Verlegen der Leitungen fertig sind. Dennoch muß ich die erste Vermittlungswache von 2 bis 4 Uhr übernehmen.

—

An diesem **Mittwoch (10.01.)** wird es den ganzen Tag nicht richtig hell. Tiefschwarze Wolken bewahren uns vor Fliegerangriffen. Dafür hält der Artilleriebeschuß den ganzen Tag über an, ohne daß allerdings unsere Leitungen beschädigt werden.

In unserem Abschnitt tobt heute der Kampf um die Höhe 568, rund 2,5 Kilometer südöstlich von Samrée, die von unserer Artillerie und den unserer Division unterstellten Nebelwerfern unter Beschuß genommen wird, aber nicht zurückerobert werden kann, weil die infanteristischen Kräfte der Division dazu einfach nicht mehr ausreichen.

Major Vogelsang vermerkt am **9. Januar** abends in seinem Tagebuch: *„Die Lage ist nach wie vor beängstigend schlecht. Die Bataillonsstärken sind bereits wieder auf 100 Mann und darunter abgesunken. (...) Die Truppe ist erschöpft. Die Verluste sind sehr hoch."*

Und am 10.01. fährt er fort: *"Der Zustand der Truppe ist erschütternd! Die Landser sind völlig erschöpft. Neben den blutigen Verlusten reißen Krankheiten und zunehmend auch Erfrierungen empfindliche Lücken. Trotzdem gelang dem Gegner immer noch kein entscheidender Durchbruch."*

—

Auch in der Nacht zum **Donnerstag (11.01.1945)** gehen die Artillerieduelle weiter. Kurz nach Mitternacht werden zwei unserer Leitungen getroffen. Wieder müssen wir beiden Jüngsten auf Störungssuche gehen. Dabei kommt uns die geschlossene Schneedecke zustatten, mit der die ganze Landschaft überzogen ist, denn die Einschläge haben im Schnee schwarze Flecken hinterlassen, die schon von weitem zu sehen sind, so daß man die Störstellen sofort finden kann.

Heute habe ich von 5 bis 7 Uhr Dienst am Klappenschrank. Da keine weiteren Störungen auftreten, kann ich anschließend noch eine gute Stunde schlafen. Während die anderen frühstücken, nutze ich die Gelegenheit, daß der Schuster, ein alter Stabsgefreiter von der Insel Rügen, mit uns zusammen im selben Hause untergebracht ist, und lasse meine Schuhe, die ziemlich abgelaufen sind, neu besohlen.

—

Während meiner Vermittlungswache am **Freitagmorgen (12.01.1945)** zwischen 3 und 5 Uhr ist ständig Artilleriefeuer zu hören. Das Dorf selbst wird allerdings von Einschlägen verschont. Meist handelt es sich um Granaten schwerer Kaliber, die über uns hinwegfliegen und irgendwo im Hinterland einschlagen.

Das Wetter ist naß und trübe, so daß keine Flieger eingesetzt werden können. Deshalb gelingt es den Kampfeinheiten unserer Division auch, zahlreiche Feindvorstöße in den Wäldern zwischen der Straße Samrée–Nadrin und der Ourthe „in blutigen, beiderseits verlustreichen Kämpfen" abzuweisen.

Mittags müssen wir die Leitungen einholen und die Vermittlung abbauen, weil wieder Stellungswechsel angesagt worden ist.

Obwohl wir bereits um 14 Uhr losfahren, wird es fast Abend, bis wir die zehn Kilometer über Nadrin, Wibrin, Wilogne und Dinez nach Fontenaille zurückgelegt haben. Der Ami nimmt nämlich sämtliche Brücken und Kreuzungen planmäßig unter Beschuß und schießt zwischendurch auch scheinbar planlos in die Gegend hinein, so daß man sich überall gefährdet fühlt, weil man dieser Bedrohung nicht entrinnen kann.

Besonders zwischen Wibrin und Dinez gibt es mehrere Aufenthalte, weil die Fahrer unter dem Beschuß nervös werden, einfach anhalten und in den Straßengraben springen. Wenn auch die Granaten ausnahmslos irgendwo im Gelände einschlagen, so fliegen uns hin und wieder ihre Splitter um die Ohren. Sie richten an den Fahrzeugen zwar nur geringe Schäden an, gehen uns dafür aber um so mehr auf die Nerven.

So sind wir froh, daß wir in Fontenaille gleich an der Hauptstraße einen Keller finden, in dem wir unsere Vermittlung aufbauen können. Wir verlegen trotz einbrechender Dunkelheit sofort die erforderlichen Leitungen, ohne daß unter dem Artilleriebeschuß jemand von uns zu Schaden kommt. Trotzdem fühlen wir uns erleichtert, als wir in den Keller zurückkehren können.

—

In der Nacht zum **13. Januar 1945** zieht sich die Division im Rahmen einer allgemeinen Absetzbewegung kämpfend auf eine Linie zurück, die von der Wegegabel fünf Kilometer ostsüdöstlich von Samrée über Bérisménil auf den Ourthe-Bogen zwei Kilometer südsüdwestlich von Bérisménil führt. Dabei werden Minen ausgelegt und Baumsperren errichtet, um das Nachdrängen des Feindes solange wie möglich zu verzögern.

—

Ich selbst werde am **Samstagmorgen (13.01.1945)** in aller Frühe nach Wibrin geschickt, wo eine Zwischenstelle zum „VB" vorübergehend von der Heeresflak besetzt werden soll. Dorthin benutze ich nicht die Straße über Dinez, sondern gehe über Achouffe, wohin gestern der Divisionsstab von Wibrin aus umgezogen ist. Dieser Weg ist nicht nur fünf Kilometer kürzer, sondern hat auch weniger Steigungen als die Straße. Dafür gibt es aber keine vernünftigen Fahrspuren, die ich benutzen könnte, so daß ich meist durch den 20 Zentimeter hohen Schnee stapfen muß.

Vor Ort übergibt mir dann der Kamerad von der Artillerie die beiden „Feldfernsprecher 33". Da ich nur ein Butterbrot als Verpflegung mitgebracht habe, überläßt er mir ein Frontkämpferverpflegungspäckchen, dem er lediglich die Zigaretten entnommen hat. Er meint, das sei sicherer, falls ich nicht sobald wieder abgelöst würde. So sitze ich den ganzen Vormittag herum und behalte die beiden Apparate im Auge, ohne daß auf einem von ihnen ein Gespräch ankommt. Später erfahre ich dann, daß eine der Leitungen, die ständig unter Artilleriebeschuß lag, fast unreparierbar zerstört worden ist.

Mittags klart das Wetter auf, und sofort tauchen auch die Jabos auf, die jede Bewegung auf dem Boden verfolgen und alles, was sich regt, sofort angreifen. Wenn ich schon in meiner Feldscheune nicht das geringste zu tun habe, so gibt es draußen wenigstens etwas zu sehen.

Dann wird es auch an der Front lebendig, und ich höre das dumpfe Knallen von Panzerkanonen. Offenbar ist irgendwo ein Panzerangriff im Gange. Sicher nimmt der Druck des Feindes auf unsere Stellungen wieder zu, wenn die Schwerpunkte der Angriffe auch in der Gegend östlich von Stavelot, nordöstlich und östlich von La Roche liegen. Dabei sinken die Kampfstärken unserer Infanterieregimenter durch Ausfälle auf 100 bis 150 Soldaten ab.

Doch schließlich kommt doch noch ein Gespräch bei mir an. Der dem „VB" zugeordnete Fernsprecher teilt mir mit, daß es dem als „VB" eingesetzten Wachtmeister zu mulmig geworden ist und er seinen Posten räumt. Damit ist auch die Zwischenstelle überflüssig geworden.

Nun kommt auch ein Kradmelder zu mir herein, der beim letzten Jabo-Angriff unter dem Torbogen der massiven Scheune Schutz gesucht hat. Ich schildere ihm die neue Lage, und er bietet mir an, mich bis Fontenaille mitzunehmen. Vorerst aber können wir nicht losfahren, weil das Wetter klar ist und wir sofort ein Opfer der Jabos werden würden.

Deshalb wundern wir uns, daß zwei Fernsprecher von der Artillerie bei uns ankommen, die ihre Leitung vom „VB" nach hier aufgenommen haben und nun auch die Leitung zur Feuerstellung abbauen wollen. Sie lassen sich von den Jabos nicht stören, nehmen die beiden Apparate mit und machen sich trotz der Fliegertätigkeit auf den Weg.

Der Melder und ich finden das etwas leichtsinnig, wir warten lieber besseres Fahrwetter ab. Sicher kann man sich zu Fuß leichter tarnen als mit einem Motorrad, aber auch als Fußgänger muß man sich immer irgendwie in Deckung halten, denn die Straße offen zu begehen, wäre geradezu lebensgefährlich. Schließlich hat Petrus aber ein Einsehen und schickt uns dunkle Wolken, aus denen sich dann leichtes Schneetreiben entwickelt.

Sobald die Jabos gegen 17.30 Uhr verschwunden sind, brechen wir auf und fahren über Achouffe nach Fontenaille. Gleich am Ortseingang sehen wir ein deutsches Sturmgeschütz, das einen Treffer erhalten hat und qualmend am Wege steht. Beim Näherkommen müssen wir zwei Soldatenleichen umfahren, die daneben auf der Straße liegen. Dieser Anblick geht mir derart an die Nieren, daß ich psychisch und physisch völlig erledigt zur Vermittlung zurückkehre.

Die Fragen der anderen danach, was ich denn während des Tages in der Zwischenstelle erlebt habe, gehen mir derart auf die Nerven, daß ich nur mürrische und kurze Antworten gebe. Ich möchte einfach einmal abschalten und zu mir selbst zurückfinden. Als die Fragerei jedoch nicht nachläßt, verlasse ich einfach den Keller und gehe hinaus, um neben der Haustür ein wenig Luft zu schöpfen.

Lange habe ich dazu allerdings keine Gelegenheit, denn kaum habe ich ein paar tiefe Atemzüge getan, da zischt etwas an meinem Kopf vorbei und neben der Tür spritzt der Putz von der Wand. Dann höre ich das Aufheulen eines Motors und sehe den Schatten einer „Thunderbolt", die über mich hinwegfegt. Erst jetzt bemerke ich, daß sich die Wolken verzogen haben und ich wahrscheinlich das Ziel dieses Angriffs war. Also kehre ich schleunigst in den Keller zurück, wo ich mich bis zum Abendbrot auf mein Nachtlager lege, um endlich ein wenig zur Ruhe zu kommen.

Draußen aber geht unterdessen der Krieg mit voller Wucht weiter. Gegen 14 Uhr hat die amerikanische Panzerspitze Sommerain erreicht, und seit einiger Zeit steht sie nun vor Fontenaille. Von Norden her schieben sich die Shermans bis auf Schußweite an das Dorf heran und eröffnen dann das Feuer. Der erste Schuß, den wir zu spüren bekommen, reißt ein Loch in das Dach der Kirche, die gegenüber unserem Haus auf der anderen Straßenseite steht. Die nächsten Einschläge liegen auf dem Friedhof neben der Kirche und auf der Straße. Andere Schüsse gehen in die Gärten und Wiesen, einige treffen auch Häuser und zerstören deren Dächer.

Zwischen unserem Hause und der Einfahrt zum Nachbargebäude liegt ein etwa 1,50 Meter hoher Misthaufen, der jetzt hartgefroren und eingeschneit ist. Davor stehen Rudi Pfeiffer und Walter Feikes am Straßenrand und unterhalten sich mit drei Panzergrenadieren von der Waffen-SS, als plötzlich eine Granate unmittelbar neben ihnen aufschlägt und detoniert. Dabei wird ein SS-Mann geradezu in Stücke gerissen und der zweite erleidet eine klaffende Bauchwunde, die seinen Oberkörper praktisch vom Unterleib trennt. Der dritte wird nicht sofort getötet, aber so schwer verwundet, daß er bereits verstorben ist, als ein Sanitäter hinzukommt.

Unsere beiden Kameraden werden zwar vom Luftdruck umgeworfen, aber nicht nennenswert verletzt. Während Rudi eine harmlose Hautabschürfung am rechten Schienbein davonträgt, kommt Walter ohne einen Kratzer mit dem Schrecken davon. Zwar sind sie leichenblaß, als sie in den Keller kommen und über den Vorfall berichten. Sonst scheinen sie aber keinen Schaden erlitten zu haben, denn sie beteiligen sich eifrig an der Diskussion über Zufall oder Fügung Gottes, die nun aufkommt. Dabei sind die meisten der Meinung, daß es kein Zufall gewesen sein kann, sondern daß das Schicksal dabei seine Hand im Spiele gehabt hat.

In der Abenddämmerung suchen wir zu mehreren das Fahrzeug der SS-Leute auf. Es ist ein neuer Steyr, der nun herrenlos auf einer Obstwiese steht. Wir durchsuchen den Wagen nach etwas Brauchbarem, das dem Ami nicht unbedingt in die Hände fallen muß.

Dabei entdecken wir im Gepäck der Gefallenen zwei neue Tarnanzüge, die Walter Feikes und ich sofort „an Land ziehen". Sie sind aus zeltbahnartigem Stoff und damit wesentlich haltbarer als unsere dünnen Drillichanzüge, wenn auch etwas anders gefärbt. Während bei uns das Grün überwiegt und die Flecken scharfkantig sind, dominiert hier das Braun, und die runden Flecken erinnern eher an ein gelbbraunes Leopardenfell.

Neben den Tarnanzügen finden wir auch ein Paket neuer ziviler Wollsocken, die wir selbstverständlich ebenfalls mitgehen lassen.

Um nicht für SS-Männer gehalten zu werden, trennen wir dann im Keller die Hoheitsadler von unseren Drillichjacken und nähen sie über der rechten Brusttasche auf die Tarnanzüge. Da die Anzüge fabrikneu und noch nicht mit einem Adler auf dem linken Oberarm versehen sind, brauchen wir diesen nicht zu entfernen.

Die bei der Waffen-SS übliche Tarnfärbung gefällt uns zwar nicht besonders, wohl aber der starke Drell, aus dem sie gefertigt sind. Außerdem sind sie nagelneu und wesentlich besser als unsere verschlissenen Drillichanzüge. Natürlich fragen wir Wachtmeister Gnidtke, ob wir die Anzüge tragen dürfen. Er meint dazu nur, wenn es uns nichts ausmache, auf den ersten Blick für SS-Leute gehalten zu werden, so habe er nichts dagegen einzuwenden.

—

Am **Sonntagmorgen (14.01.1945)** gibt es bereits in aller Frühe einen mächtigen Granatenhagel auf unser Dorf. Nicht nur die Panzer haben uns im Visier, auch die Artillerie schießt sich offenbar auf uns ein. Dabei schlagen sogar ein paar Granaten im Garten hinter unserem Hause ein.

Deshalb wundern wir uns nicht schlecht, als wir sehen, daß ein schwerer Granatwerfer durchs Dorf geschoben wird, um in dem Hohlweg, der am Ortsausgang beginnt, in Stellung zu gehen. Dort an der nördlichen Böschung, wo ein schmaler Feldweg in den Hohlweg mündet, räumen sie den Schnee beiseite und bauen ihr Gerät am Wegrand auf, schräg gegenüber von einem Sturmgeschütz, das wohl wegen eines Schadens oder aus Spritmangel hier abgestellt worden ist.

So finden wir den Granatwerfer feuerbereit vor, als wir den Befehl erhalten, an der Straßeneinmündung westlich vor unserem Dorfe eine B-Stelle einzurichten. Wachtmeister Hensel vom leichten Flakzug, Unteroffizier Gueffroy, Bernd Linde und Walter Feikes werden losgeschickt, um ein dafür geeignetes Gebäude auszusuchen. Doch sie sind kaum eine halbe Stunde unterwegs, da wird der Befehl widerrufen, weil US-Panzer Wibrin überrollt, sich unserem Ort von drei Seiten aus bis auf etwa drei Kilometer genähert haben und das Dorf bereits mit MG-Feuer beschießen.

Also werde ich vom Wachtmeister losgeschickt, um die vier zurückzuholen. Ich benutze denselben Weg, den sie genommen haben, und verlasse das Dorf durch den Hohlweg, der mir zunächst Deckung gegen Feindsicht gewährt, dann aber auf das Niveau der umliegenden Felder ansteigt und über freies Gelände führt. Am Ende des Hohlwegs liegt rechts am Wege eine große Rübenmiete, dann ist der Weg von beiden Seiten voll einzusehen, und nach etwa 20 Metern beginnt am Nordrand eine Hecke, die bereits zu dem Gehöft gehört, das an der Einmündung des Weges in die Straße Dinez–Houffalize liegt. Dieses Haus haben unsere Leute inzwischen vermutlich als Standort für die B-Stelle ausgesucht.

Um möglichst schnell von der Stelle zu kommen, gehe ich in einer breiten Fahrspur am linken Wegesrand entlang. Doch kaum bin ich an der Rübenmiete vorbei, die mir Sichtschutz nach Norden gewährt hat, da zwitschert mir rechts und links etwas am Kopf vorbei, und kurz darauf höre ich im Norden zwei Abschüsse.

Ich werfe mich sofort auf den Boden und drücke mich in die Fahrspur, um ein wenig zu verschnaufen und zu überlegen, was ich nun tun soll. Wahrscheinlich waren es Gewehrkugeln, die an meinem Kopf vorbeigeflogen sind, denn Maschinengewehre schießen Einzelfeuer nur äußerst selten, und zwar ausschließlich auf dem Exerzierplatz. Als ich einen Blick in die Richtung riskiere, aus der die Schüsse kamen, sehe ich weit hinten am Rande eines Wäldchens einige Panzer stehen. Gewehrschützen kann ich auf die Entfernung jedoch nirgendwo ausmachen.

Ich beschließe nun, in einigen Sprüngen die 20 Meter bis zur Hecke zu überwinden. Doch kaum habe ich drei Sprünge gemacht, da zischt es gleich zweimal an meinem Kopf vorbei, und ich werfe mich sofort auf den Boden. Da hier irgendwo „Sniper" (Scharfschützen) versteckt sein müssen, versuche ich nun, in der Fahrspur entlangzurobben. Es ist zwar etwas mühsam, sich flach am Boden mit eingezogenem Hintern auf gefrorenem Schnee fortzubewegen, doch wenn das Leben davon abhängt, schafft man es schon.

Nun höre ich Stimmen aus der Richtung des Hohlwegs und lege mich auf den Rücken, um zu sehen, wer da kommt. Es sind einige Fernsprecher, die ich nicht kenne, mit aufgeschnallten Rückentragen. Vermutlich sind sie von der Artillerie. Als sie mich auf dem Boden liegen sehen, halten sie an der Rübenmiete an, und ich kann ihnen durch Zeichen zu verstehen geben, daß hier scharf geschossen wird. Sie winken zurück: *„Verstanden!"* und bleiben stehen, um sich zu beraten.

In diesem Augenblick fliegt ein Jabo von Süden her über das Dorf und streicht im Tiefflug über das Wäldchen hinweg, an dessen Rande die Panzer stehen. Diese Ablenkung der versteckten Schützen nutzen die vier Fernsprecher und hetzen in ein paar Hakensprüngen an mir vorbei über die freie Fläche hinweg hinter die Hecke, wo ich zwei von ihnen in ein Deckungsloch springen sehe. Schon braust vom Süden her wieder eine „Thunderbolt" heran und wirft über dem Dorf zwei Bomben ab. Während die eine im freien Felde detoniert, muß die andere wohl in den Hohlweg gefallen sein. Genau kann ich das von hier aus nicht sehen.

Noch bevor das Brummen des Jabos ganz verklungen ist, springe ich quer über die Straße und lande in dem Deckungsloch, das die Artilleristen gerade verlassen haben, um hinter dem Gebäude zu verschwinden. Vom Loch aus bewege ich mich in gebückter Haltung an der Hecke entlang zum Wohnhaus, wo ich meine Kameraden treffe.

Sie haben mich bereits beobachtet und sind nun froh, zu hören, daß keine B-Stelle eingerichtet werden muß. Selbstverständlich erzähle ich ihnen genau, wie ich auf dem Wege hierher beschossen worden bin. Trotzdem wollen sie so schnell wie möglich ins Dorf zurückkehren. Also gehen wir bis zum Ende der Hecke und rennen hakenschlagend einzeln über die einsehbare Strecke bis zur Rübenmiete. Diese Aktion gelingt uns auch, und wir kommen alle fünf im Hohlweg an, ohne daß ein Schuß fällt. Hier sammeln wir uns und gehen dann gemeinsam hinunter ins Dorf.

Nach wenigen Schritten sehen wir nun, wo die Jabo-Bombe eingeschlagen ist. Wahrscheinlich sollte sie das Sturmgeschütz vernichten, doch sie hat es um wenige Meter verfehlt und dafür den Granatwerfer voll getroffen. Dabei ist die Bedienung in einen Klumpen zusammengepreßt und in die Böschung gedrückt worden. Der zerstörte Granatwerfer und seine Umgebung sind schwarz vom Pulver, und auf der Erde rinnt hellrotes Blut in den Schnee. Ein Mann von der Bedienung scheint unverletzt zu sein und versucht gerade, als wir vorbeikommen, einen stöhnenden Kameraden aus der schwarzen Menschenmasse herauszuzerren.

Bei diesem Anblick wird mir fast übel und meine Knie werden weich wie Butter. Plötzlich geht mir auch das ununterbrochene MG-Geknatter, das ich als normale Geräuschkulisse bisher kaum wahrgenommen habe, auf die Nerven. Ich habe das Gefühl, als würden sie in Stücke gerissen.

Mein ganzer Körper beginnt zu zittern, und ich bekomme nun auch die Folgen der schlaflosen und arbeitsreichen Nächte der letzten Zeit vollauf zu spüren. Ich kann mich nur noch mit Mühe auf den Beinen halten, und als wir an unserem Hause ankommen, taste ich mich an der Wand entlang, verschwinde wortlos im Keller, verkrieche mich in meinem Strohlager und halte mir die Ohren zu, weil ich das Gekrache und Geknalle draußen einfach nicht mehr ertragen kann. Es tut mir geradezu körperlich weh.

So verharre ich zitternd und total erschöpft bis zum Abendbrot im Keller und bin froh, daß ich mich nicht auch noch vor lauter Entsetzen übergeben muß.

Als der Befehl zum Stellungswechsel kommt, denke ich nur noch: *„Bloß weg von hier! Nur raus aus dieser Hölle!"* – Beim Verladen des Gerätes und unserer privaten Sachen bin ich wenig hilfreich, und selbst der Unteroffizier läßt mich in Ruhe, als er sieht, wie elend mir zumute ist. Ja, ich kann sogar so etwas wie Mitleid von seinem Gesicht ablesen.

Mit Einbruch der Nacht fahren wir dann nach Houffalize. Bis dort sind es nur zwei Kilometer, und wir kommen in eine fast völlig zerbombte Stadt. Wie wir hören, haben die Amerikaner sie schon am ersten Weihnachtstag einmal angegriffen und dabei 192 Zivilisten getötet. Jetzt liegt der Ort unter ständigem Artilleriebeschuß, und wir sind froh, als wir ihn durchquert und wohlbehalten das zwei Kilometer entfernte Vissoule erreicht haben.

Major Vogelsang schrieb über diesen Tag in sein Tagebuch: *„Der Gegner war tatsächlich auf Sommerain und Brisy durchgebrochen, hatte die Nachschubstraße gesperrt und unsere Division mit Teilen der 560. Volksgrenadierdivision und der 3. Panzergrenadierdivision auf den engen Raum Wibrin–Mont–Fontenaille–Ourthe zusammengedrängt.*

Die Division besitzt nun noch etwa 100 Mann infanteristische Kampfstärke! Trotz allem muß sie die Frontnase mit diesen wenigen Männern, einigen Panzern und Sturmgeschützen halten. Gut, daß wenigstens die Artillerie noch leidlich intakt ist."

Und die Abschlußmeldung der Division lautet: *„Am 14.1. drang der Feind trotz härtester Abwehr mit überlegenen Kräften in Nadrin ein. Die tapfere Besatzung verteidigte den Ort bis zum letzten Mann. Der Versuch eines Gegenangriffs mit eigenen Kräften scheiterte nach geringen Anfangserfolgen. Die von der Panzerlehrdivision zugesagten Eingreiftruppen waren nirgendwo zu spüren, wahrscheinlich waren sie gar nicht vorhanden.*

Um die Mittagszeit griff der Feind nach heftigem Artilleriefeuer unter starker Tieffliegerunterstützung mit Panzern Wibrin an. Die schwache Besatzung konnte durch ihren tapferen Widerstand nicht verhindern, daß der Feind in den Ort eindrang, und mußte sich schließlich ohne Anschluß nach rechts oder links auf die Höhen südlich des Ortes absetzen. Die Division verfügte zu diesem Zeitpunkt noch über eine infanteristische Kampfstärke von 50 Mann."

Während die Amerikaner von Norden und Süden her auf Houffalize vorrücken, um die westlich der Stadt stehenden deutschen Einheiten einzukesseln, versuchen wir, trotz Artilleriebeschuß noch in dieser Nacht Fernsprechleitungen zur Abteilung und zu den anderen Batterien zu legen. Doch dann siegt die Vernunft, und wir stellen lediglich Verbindungen zum Chef und zur eigenen Feuerstellung her. Auch hier in Vissoule haben wir ein massives Stallgebäude bezogen und hoffen, daß es uns einigen Schutz gewährt.

—

Auf den aufregenden Sonntag folgt für uns ein relativ ruhiger **Montag (15.01.1945).** Der Himmel ist wolkenverhangen und macht Fliegereinsatz unmöglich. Auch an der Front scheint es etwas ruhiger zuzugehen, denn wir hören statt der üblichen Kampfgeräusche nur vereinzeltes MG-Feuer.

Dennoch trauen wir dem Frieden nicht und holen nach dem Mittagessen vorsorglich die beiden ausgelegten Fernsprechleitungen wieder ein. Denn die kurzen Entfernungen zwischen den Einheiten lassen sich hier leicht durch Funk überbrücken.

Die Abschlußmeldung der Division über den **15. Januar** läßt allerdings nicht auf einen relativ ruhigen Tag schließen, denn dort heißt es: *„Der feindliche Angriff von Norden und Nordwesten führt schon bald zum Zusammenbruch des Brückenkopfes, wobei die Teile der 3. Panzergrenadierdivision und der 560. Volksgrenadierdivision nach Osten, die gepanzerten Teile der Division auf die Stadt Houffalize abgedrängt wurden. Inzwischen waren dort zum unmittelbaren Schutz der Stadt die Restteile des Panzergrenadierregiments 156 in Stärke von etwa 20 Mann und 3 Sturmgeschützen unter Führung des Regimentskommandeurs eingesetzt, die aus dem Raum Nadrin über Houffalize wieder nach Norden vorgeführt werden sollten. Sie konnten zwar nicht mehr ermöglichen, daß die nunmehr mit der Sicherung von Houffalize beauftragte und wieder herangeführte Aufklärungslehrabteilung in die Sicherungslinie nördlich der Stadt gelangte, verhinderten aber durch ihr tapferes Ausharren, daß der Gegner vorzeitig in die Stadt eindrang, und ermöglichte durch rechtzeitige Sprengung der Brücken den Abschub aller Teile der Division und zahlreicher Kolonnen der Nachbarverbände aus Houffalize."*

Mit der Abenddämmerung kommt für uns der Befehl zum Stellungswechsel, und wir haben den Eindruck, daß es dieses Mal ein regelrechter Rückzug wird. Um 19 Uhr soll es losgehen, doch der Abmarsch vollzieht sich quälend langsam, und wir kommen nur schleppend voran.

—

Wie es aussieht, sind alle deutschen Einheiten auf einmal aufgebrochen zum gemeinsamen Zug gen Osten. Deshalb ist Mitternacht längst vorbei, als wir mühsam die ersten zwei Kilometer bis Tavigny zurückgelegt haben. Hier laufen mit unserem eigenen noch zwei weitere Fahrzeugströme zusammen, die aus Cetturu im Norden und Boeur im Süden kommen. Mit zahllosen Unterbrechungen schaffen wir die nächsten zwei Kilometer bis Buret, wo sich eine weitere Fahrzeugkolonne hinzugesellt, die von Boeur aus direkt nach hier unterwegs ist.

Unendlich langsam geht es weiter zur luxemburgischen Grenze, die wir am **Dienstag (16.01.)** im Morgengrauen bei Steinbach überqueren. Hinter dem Dorf Lammerscher schert die Batterie aus dem allgemeinen Fahrzeugstrom aus, und wir stellen unsere Fahrzeuge in einem Wäldchen ab. Schlafgelegenheit finden wir in einem verlassenen Schweinestall. Die Nacht ist relativ ruhig, so daß wir ein paar Stunden schlafen können.

—

Durch den Ruhetag und die ruhige Nacht sind wir einigermaßen erholt, lassen uns aber am **Mittwochmorgen (17.01.1945)** mit der Weiterfahrt Zeit bis nach dem Frühstück. Erst gegen 10 Uhr kehren wir zu der allgemeinen Rückzugsstraße zurück und reihen uns in den immer noch anhaltenden Fahrzeugstrom ein, der durch das nördliche Luxemburg zur deutschen Grenze fährt.

Als wir es erst geschafft haben, uns in die zurückflutenden Kolonnen wieder einzufädeln, geht es langsam, aber zügig weiter. Über Oberbeslingen, Wilwerdingen, Weiswampach, Lausdorn und Lieler wollen wir nach Roscheid, den ersten Ort auf deutscher Seite, fahren. Doch dieses Mal verläuft die Fahrt nicht ohne Störungen, denn sämtliche Rückzugsstraßen werden von den Amerikanern sofort unter Feuer genommen, sobald sie Fahrzeuggeräusche vernehmen. Wenn sie wegen des trüben Wetters schon keine Flugzeuge einsetzen können, so wollen sie uns wenigstens auf diese Weise stören.

Allerdings schlagen die weitaus meisten Granaten irgendwo im freien Gelände ein, wo sie kaum Schaden anrichten; nur wenige treffen die Straßen. Dennoch bekommen wir in der Kolonne eine Menge Splitter mit. Dadurch werden die Fahrzeuge zwar nicht ernsthaft beschädigt, aber es gibt eine Reihe Verletzte unter den Soldaten. Auch unser Fernsprechwagen wird unter anderem von einem fingerlangen Splitter getroffen, der hinter dem Führerhaus die Plane durchschlägt und auf dem Stirnschrank liegen bleibt.

Hungrig und durstig scheren wir in Weiswampach erneut aus dem allgemeinen Fahrzeugstrom aus, als wir an einem Wäldchen vorbeikommen, in dem wir unsere Fahrzeuge in Deckung bringen können. Dann versuchen wir, im Orte etwas Eßbares aufzutreiben. Immerhin sind wir schon einige Zeit von unserem Troß getrennt, und die meisten haben weder Brot noch sonst etwas zum Beißen im Gepäck.

Hier aber soll es verschiedene Feldküchen geben. Das hat unser Fahrer mit seiner feinen Spürnase herausbekommen. Also machen wir uns mit unseren Kochgeschirren einfach auf die Suche. Einige finden eine Feldküche des Panzerartillerieregiments 146 und bekommen als „Windhunde" anstandslos einen Schlag Suppe und einen Kanten Kommißbrot.

Walter Feikes und ich treffen auf eine Küche der „Division Großdeutschland". Als der „Küchenbulle" jedoch unsere gefleckten Tarnanzüge sieht, fragt er: *„Seid ihr von der SS?"* und fügt auch gleich hinzu: *„Dann könnt ihr an der Straße verrecken!"*

Wir deuten auf unsere Wehrmachtsadler über der rechten Brusttasche und erklären, daß wir zur 116. Panzerdivision gehören, was man auch am Windhundabzeichen an unseren Mützen erkennen könne. Doch das überzeugt ihn nicht. Erst als er sich anhand unserer Soldbücher davon überzeugt hat, daß wir mit der Waffen-SS nichts zu tun haben, wird er freundlich, knallt uns die Kochgeschirre bis zum Rande voll mit Erbsensuppe und drückt jedem noch ein halbes Kommißbrot in die Hand.

Wir fangen gleich hier am Wagen mit unserer Mahlzeit an und erzählen ihm zwischendurch, welche Erfahrungen wir selbst mit der Waffen-SS gemacht haben und wie wir an unsere Tarnanzüge gekommen sind. Dann bedanken wir uns herzlich, wünschen ihm eine gute Heimkehr und gehen zum Fernsprechwagen zurück.

Nach und nach finden sich alle gestärkt wieder bei ihren Fahrzeugen ein. Gesättigt ist die Fahrerei längst nicht so nervenaufreibend wie mit knurrendem Magen. Wir reihen uns also wieder in die Marschkolonne ein und fahren mit ihr noch vier Kilometer weiter über Lausdorn nach Lieler, wo sich die Batterie sammeln soll. Während wir in Lammerscher wenigstens einen Schweinestall zum Übernachten hatten, müssen wir hier in der Nähe des Dorfes in einem kleinen Wäldchen in unseren Fahrzeugen übernachten.

In der Nacht kommt dann von der Heeresgruppe der Befehl, die Division solle sich mit allen Teilen zurückziehen, um sie voraussichtlich im Raum Aachen gegen einen dort drohenden englischen Einbruch wieder einsetzen zu können. Wie das mit einer völlig abgekämpften Truppe geschehen soll, ist allerdings schleierhaft, denn in der Zeit vom **3. bis 15. Januar 1945** sind bei unserer Division 26 Offiziere und 1.183 Unteroffiziere und Mannschaften ausgefallen, davon wurden 5 Offiziere und 91 Unteroffiziere und Mannschaften getötet, die anderen sind verwundet, vermißt, verunglückt oder krankgeworden. Durch den Verlegungsbefehl wird für uns aber der befohlene Stellungswechsel in einen regelrechten Rückzug verwandelt.

—

Mit den noch ausstehenden Fahrzeugen unserer Batterie kommen am **Donnerstagmorgen (18.01.1945)** auch zwei Säcke Post bei uns an. Davon erhalte ich zwei Briefe und ein Weihnachtspäckchen, das seit dem **28.11.** unterwegs ist. Das ist natürlich eine angenehme Überraschung, vor allem, weil trotz der langen Laufzeit das Päckchen völlig unbeschädigt ankommt und vom Inhalt nichts verdorben ist.

Der Krieg aber scheint heute eine Pause einzulegen, denn es ist kaum Kampflärm zu hören, und wegen des trüben Wetters sind auch keine Flieger in der Luft.

Da wir praktisch auf dem Marsch sind, werden keine Fernsprechleitungen ausgelegt. Die Verbindungen zu den verschiedenen Einheiten werden durch Funk oder Melder aufrechterhalten.

So haben wir reichlich Zeit zum Kartenspielen oder einfach zum Entspannen. Da ich beim Trupp nicht gebraucht werde, verbringe ich die meiste Zeit des Tages mit Martin zusammen am Funkwagen.

Am **Freitagmorgen (19.01.1945)** beim Frühstück spricht man bereits vom Weiterfahren, und um 9.30 Uhr formiert sich die Batterie zum Abmarsch.

Wenn wir allerdings dachten, wir würden auf kürzestem Wege nach Deutschland zurückkehren, so haben wir uns geirrt! Unsere Fahrt geht nämlich nicht nach Osten, sondern parallel der deutsch-luxemburgischen Grenze nach Süden. Die Straße, die wir dazu benutzen, ist wesentlich breiter als der Schleichweg hinüber nach Roscheid, der für unsere schweren Zugmaschinen auch gar nicht geeignet ist.

Nach zwei Kilometern Fahrt erreichen wir die große luxemburgische Nord-Süd-Verbindung und kommen nun die nächsten sechs Kilometer über Heinerscheid nach Marnach ganz gut voran. Hier aber kreuzt ein anderer Rückzugsweg unsere Route, der von Clerf (Clerveaux) her kommt. Diesen Rückzugsweg müssen wir nun auch benutzen, und so kommt es ganz zwangsläufig zu Staus und Aufenthalten.

Es wäre kaum auszudenken, was geschähe, wenn nun das Wetter aufklaren würde. Der ganze Heerwurm wäre dann den Tiefffliegern fast schutzlos ausgesetzt. Doch das trübe Wetter hält an, und wir können die zahlreichen Kurven und Serpentinen bis hinunter zum Grenzfluß Our bis zum Nachmittag relativ gut hinter uns bringen.

Mit dem Fluß überqueren wir auch die Grenze und kommen bis zum Abend in die Nähe der deutschen Stadt Dasburg. Hier geht dann allerdings überhaupt nichts mehr: Die Straße ist heillos verstopft!

Eine Menge Landser haben ihre Fahrzeuge verlassen und laufen an der Kolonne entlang, um zu sehen, warum es nicht weitergeht. Doch alle kehren unverrichteter Dinge zurück und versuchen nun, die Zeit auf ihren Fahrzeugen durch Vor-sich-hindösen zu überbrücken.

Auch „Eichelino", unser Fahrer, ist das Warten leid. Er zieht seinen knöchellangen Mantel mit dem breiten Pelzkragen an, drückt sich seine verknautschte Tellermütze auf den Kopf, klemmt sein Monokel ins Auge und macht sich als „Hauptmann Zimmermann" auf den Weg, um die Weiterfahrt irgendwie zu ermöglichen.

Von unserem Fahrzeug aus sehen wir, wie er auf eine Gruppe von drei Offizieren zugeht, zwei Finger zum Gruß an die Mütze legt und dann mit ihnen, die den Gruß artig erwidern, spricht. Nach einer Weile kommt er zurück und berichtet, daß das Hindernis in einer Brücke besteht, an der sich zwei Fahrzeugströme treffen, so daß die Gespanne im Reißverschlußverfahren hinübergeschleust werden müssen. Jetzt verstehen wir auch, warum wir dann und wann jeweils nur um eine oder zwei Fahrzeuglängen vorankommen. So geht es Stunde um Stunde die ganze Nacht hindurch.

Erst am **Samstagmorgen (20.01.1945)** kommen wir an die Brücke und sehen nun selbst, wie hier von den beiden Fahrzeugströmen abwechselnd jeweils zehn Gespanne die Brücke passieren dürfen, so daß beide Kolonnen zu ihrem Recht kommen. Hinter der Brücke geht es dann etwas zügiger weiter.

Die nächsten sechs Kilometer von Daleiden nach Irrhausen legen wir bis zum Mittag zurück. Dann fahren wir weiter über Arzfeld und Lichtenborn nach Lünebach. Hier verlassen wir die Hauptverkehrsstraße und benutzen eine Nebenstraße bis Schloßheck, einem kleinen Ort etwa vier Kilometer Luftlinie südwestlich von Prüm.

Dort kommen wir gegen 18 Uhr an und finden eine ganze Reihe von Fahrzeugen wieder, von denen wir während der letzten Stellungswechsel getrennt waren. Auch unser Troß hat sich hier eingefunden, so daß wir nicht nur wieder richtige Verpflegung bekommen, sondern auch unsere Weihnachtsmarketenderware in Empfang nehmen können.

Hier in und um Schloßheck soll sich die ganze Abteilung sammeln. Und wir sind auch weit genug von der Front entfernt, so daß wir uns diese Fahrtunterbrechung mit ruhigem Gewissen gönnen können. Durch unsere frühe Ankunft kommen wir zudem in den Genuß eines freien Tages, denn bevor alle Fahrzeuge hier eingetroffen sind, sind keine neuen Befehle zu erwarten.

—

Die noch fehlenden Fahrzeuge treffen dann am **Sonntag (21.01.1945)** und auch noch in der Nacht zum Montag ein.

Das trübe, regnerische Wetter lädt nicht gerade zum Spazierengehen ein, so daß wir uns unterhalten und auch in Ruhe unsere Marketenderware genießen können. Der wichtigste Bestandteil darunter sind wohl die „Frontkämpferpäckchen" mit Kraftkeksen, Fruchtriegeln, Scho-Ka-Cola und einer Packung Zigaretten der Marke „R 6". Darauf ist unser Fahrer besonders scharf, und er bietet mir im Tausch gegen meine Packung Zigaretten sein ganzes Frontkämpferpäckchen ohne Zigaretten an. Das ist für mich, der ich ohnehin nicht rauche, ein sehr verlockendes Angebot, dem ich nicht widerstehen kann. So sind wir uns über diesen Tausch schnell einig und vereinbaren darüber hinaus, daß ich von ihm künftig alle Süßigkeiten bekomme, die es zur Verpflegung gibt, und ihm dafür sämtliche Tabakwaren überlasse, die wir erhalten.

Doch „Eichelino" bietet mir eine noch darüber hinausgehende Notgemeinschaft an, indem er mir verspricht: *„Wenn du zu mir hältst, hast du immer was zu fressen!"* – Als Beweis dafür, daß er keine Not leidet, zeigt er mir seine Vorratskiste, die er am Chassis unseres Fernsprechwagens anmontiert hat. Er schließt sie sogar auf und läßt mich einen Blick hineinwerfen. Dort sehe ich nicht nur mehrere Einmachgläser mit Eisbein und

Kohlwurst, sondern auch Pflaumen- und Birnenkonserven, Marmeladen- und Geleegläser, alles Dinge, die er irgendwann irgendwo „organisiert" hat.

Da ich keinen Hinderungsgrund sehe, sein Angebot anzunehmen, bin ich einverstanden unter der Bedingung, daß diese Absprache vertraulich behandelt wird, also unter uns bleibt und nicht im Trupp bekannt wird. So beginnt zwischen uns beiden eine besondere Beziehung, die sich für mich noch als sehr vorteilhaft erweisen wird.

Adolf mag im Grunde ein ganz ausgekochter Bursche sein, der jeden zu seinem Vorteil übers Ohr haut, doch zu mir verhält er sich sehr kameradschaftlich und hilfsbereit, und obwohl er sonst gerne das große Wort führt, läßt er über unsere Vereinbarung kein Wort verlauten. So bleibt unser Geheimnis bis zur Auflösung unserer Einheit im Ruhrkessel gewahrt.

Als ersten Beweis seines Vertrauens erklärt er mir, warum er so gerne „Siebzehn-und-Vier" spielt und dabei regelmäßig gewinnt. Er verfügt nämlich über ein so feines Fingerspitzengefühl, daß er aufgrund der Adhäsion der Farbe ohne hinzuschauen sämtliche Bilder aus einem Kartenspiel herausfinden kann. Und weil ich es nicht glauben will, führt er mir diesen Trick auch gleich praktisch vor.

Jetzt wundert es mich überhaupt nicht mehr, daß er unserem Schuster, der leidenschaftlich gerne Karten spielt, über 1.000 Reichsmark, dem Wachtmeister 800 Reichsmark und dem Truppführer 600 Reichsmark abgenommen hat, so daß er seiner Frau ständig Geld schicken kann. Für mich bedeutet das aber, daß ich ab sofort beim „Siebzehn-und-Vier"- Spielen nicht mehr mitmache und mich mehr auf „Schlesische Bank", ein dem „Elfer raus!" ähnelndes Spiel, konzentriere, bei dem die Gewinnchancen für alle Spieler gleich sind.

—

Am **Montag (22.01.1945)** teilt uns Hauptwachtmeister Basedow im Auftrage des Kommandeurs nicht ohne Stolz mit, daß beim Rückzug der Abteilung kein einziges Fahrzeug verlorengegangen ist. Gleichzeitig gibt er bekannt, daß sie zum Luftschutz hinter der Front in die Hohe Eifel verlegt werden soll, und verliest auch gleich die Orte, an denen die Batterien in Stellung gehen sollen. Die Verlegung dorthin soll batterieweise und erst mit dem Einbruch der Dunkelheit beginnen.

Nach dem Stab, der zuerst aufbricht, fährt unsere Batterie um 19 Uhr ab nach Prüm, wo die Straßen trotz verschiedener Bombenangriffe wieder geräumt und passierbar gemacht worden sind. Nachdem wir die Stadt durchquert haben, geht es auf einer gut ausgebauten Straße zunächst über Büdesheim nach Gerolstein. Auch diese Stadt durchfahren wir ohne Aufenthalt und bleiben auf der guten Straße noch acht Kilometer bis Betteldorf, wo wir dann nach Norden abbiegen und auf einer schmalen Landstraße die letzten vier Kilometer bis Zilsdorf zurücklegen.

—

Mit unserer Ankunft in Zilsdorf haben wir rund 50 Kilometer zurückgelegt, und der neue Tag – **Dienstag, der 23. Januar 1945** – beginnt bereits zu dämmern. So stellen wir unsere Fahrzeuge zunächst in der Nähe des Dorfes ab und warten, bis es richtig hell wird.

Erst dann geht der Spieß daran, den einzelnen Gruppen ihre Quartiere zuzuweisen. Dabei werden Funk- und Fernsprechtrupp zusammen auf einem Gehöft untergebracht, wo der Funkwagen in eine Scheune gefahren wird, während der Fernsprechwagen draußen unter einer Baumgruppe abgestellt wird.

Im Laufe des Vormittags bauen wir im Wohnzimmer unsere Vermittlung auf und legen Leitungen zum Chef, zur Feuerstellung, zu den beiden anderen Batterien und zur Abteilung. Während wir diese Arbeiten in aller Ruhe ausführen können, haben wir kurz nach dem Mittagessen bereits die erste Störung.

Daß ich als der Zuletztgekommene als erster für die Störungssuche in Betracht komme, ist inzwischen üblich geworden, doch statt Walter Feikes begleitet mich heute Walter Hahn, der nun, solange ich beim Trupp bin, das einzige Mal mit auf Störungssuche geht. Aber das stört niemanden, denn zum einen ist er von uns allen der Dienstälteste, und zum anderen ist er nach seinem Wesen und Verhalten ein Kamerad, wie man ihn sich nur wünschen kann: Er ist immer ausgeglichen und hilfsbereit, pocht niemals auf sein Dienstalter oder seine Auszeichnungen und ist der eigentlich ruhende Pol im Trupp und damit ein gewisses Gegengewicht zum leicht aufbrausenden Truppführer, mit dem er sich zwar duzt, aber sonst nicht das geringste gemein hat.

Jetzt verfolgen wir eine Leitung, die am Rand der Straße nach Oberehe verläuft, und wir brauchen nur ein paar hundert Meter zu gehen, um die Störungsstelle zu finden. Das Kabel ist von einem Fahrzeug beim Ausweichen vor dem Gegenverkehr erfaßt und zerrissen worden. Walter Hahn nutzt diesen Störfall dazu, mir zu zeigen, wie ein routinierter Fernsprecher präzise eine Leitung flickt.

Der Rest des Tages verläuft ruhig. Wegen Schneetreibens sind keine Flugzeuge in der Luft, und die Front ist 35 Kilometer von uns entfernt, so daß wir auch von der feindlichen Artillerie nichts zu befürchten haben.

Für die Nacht legen wir die Sitzpolster aus dem Fernsprechwagen auf dem Fußboden aus. Nur „Eichelino", der Kleinste von uns, kann auf einem Sofa schlafen. Bei den anderen würden die Füße über die Lehne hinausragen.

Wir haben zwar auch den Klappenschrank mit im Zimmer, doch es kommt kein einziger Anruf, so daß wir außer dem Diensthabenden an der Vermittlung eine ruhige Nacht verbringen können.

—

Am **Mittwochmorgen (24.01.1945)** werden wir allerdings in unserer Beschaulichkeit gestört, denn die hier stationierte blaue Flak fordert ein Schneeräumkommando an. Dazu müssen alle Batterien einige Leute zur Verfügung stellen.

In unserer Batterie werden vom Fernsprechtrupp zwei, vom Funktrupp und von jeder Geschützbedienung drei Mann zum Schneeräumen abkommandiert. Wieder einmal sind es beim Fernsprechtrupp die beiden Zuletztgekommenen – Walter Feikes und ich –, die dazu bestimmt werden.

Als lockerer Haufen, nicht etwa in Marschformation, stapfen wir durch den hohen Schnee hinauf zu einer Höhe in der Nähe von Hillesheim, wo die Feuerstellung einer Flakbatterie vollständig im Schnee versunken ist. Da wir pro Fahrzeug jeweils nur einen Spaten oder eine Schaufel mitbringen, stellt für alle anderen die Feuerwehr von Hillesheim das erforderliche „Schanzzeug" zur Verfügung.

Vor Ort müssen wir zunächst den Weg zur Batterie freilegen, dann die Geschütze und das Kommandogerät aus dem Schnee ausgraben und schließlich die betonierten Stellungen soweit freilegen, daß die Bedienungen, die außer den Geschützführern und Ladekanonieren durchweg aus jungen Flakhelfern bestehen, an die Munitionslager herankommen und damit die Geschütze wieder benutzen können.

Während wir wie die Berserker im Schnee wühlen und ihn hochwirbeln, kümmern sich die Bedienungen selbst um die Feinarbeit und befreien die Geschütze und Munitionskörbe vom Schnee. Obwohl wir sicher fleißig zur Sache gehen, ist es eine Sisyphusarbeit, die wir hier verrichten, zumindest, solange es so weiterschneit wie während der vergangenen Nacht. Erst am Nachmittag, als das Schneetreiben aufhört, kann man den Erfolg unserer Bemühungen sehen.

Die blaue oder „Luftwaffen-Flak" verpflegt uns mittags aus ihrer Feldküche und verabreicht uns nach getaner Arbeit noch einen Schluck Weizenkorn zum Aufwärmen für den Heimweg.

Wir sind froh darüber, daß wir von der blauen Flak ordentlich verpflegt wurden, denn seit der Troß wegen häufiger Schneeverwehungen nicht regelmäßig zu uns durchkommen kann, ist die Ernährungslage in der Abteilung etwas schwierig geworden.

Diesen Verpflegungsengpaß sieht unser Fahrer jedoch als besondere Herausforderung und willkommene Gelegenheit an, uns wieder einmal eines seiner vielen Talente vorzuführen, nämlich das eines Schauspielers.

Adolf Eichel hat nämlich beim Durchstreifen der Stadt Hillesheim festgestellt, daß es dort eine Ortskommandantur gibt, die auch über ein kleines Verpflegungslager verfügt.

Als Ortskommandanten hat die blaue Flak einen älteren Oberleutnant der Reserve, vermutlich einen Lehrer, eingesetzt. Er ist wohl erst in letzter Zeit zur Wehrmacht einberufen worden, denn er trägt zwar das Eiserne Kreuz aus dem Ersten Weltkrieg, aber keine weiteren und neueren Auszeichnungen. Die Voraussetzungen für den Plan, den „Eichelino" zusammen mit unserem Sanitätsunteroffizier ausgeheckt hat, könnten also kaum besser sein.

Während wir eifrig Schnee schaufeln, spielt sich in der Ortskommandantur nach dem späteren Bericht des Sani-Unteroffiziers folgendes ab:

„Eichelino" hat sich entsprechend gekleidet: weiter Wachmantel mit großem Pelzkragen, verknautschte Tellermütze, Monokel, graue Handschuhe und unter dem Mantel erkennbar Stiefelhose und halblange Stiefel. Der Sani trägt einen Tarnanzug und eine Armbinde mit dem Zeichen des Roten Kreuzes.

Ohne anzuklopfen betritt „Eichelino" erhobenen Hauptes, gefolgt vom Sani-Unteroffizier, die Kommandantur, geht in wenigen großen Schritten auf den Schreibtisch zu, hinter dem der Oberleutnant sitzt, tippt mit zwei Fingern zum Gruß an seine Mütze und beginnt das Gespräch mit einem kurzen, aber betonten: *„Morjen, Herr Kamerad!"*

„Was kann ich für Sie tun?" fragt der Oberleutnant und erhebt sich aus seinem Stuhl.

„Ja, die Sache ist so", fährt „Eichelino" in näselndem Tone fort, *„ich habe die Verbindung zu meinem Regiment verloren und mich mit einer Kampfgruppe hierher durchgeschlagen. Seit Tagen haben meine Leute nichts rechtes mehr zum Beißen gehabt und daher Kohldampf bis unter die Arme. Ich nehme an, daß Sie uns da helfen können."*

„Wieviele Personen sind es denn?" will der Ortskommandant wissen.

„Wie stark ist die Gruppe, Unteroffizier?" wendet sich „Eichelino" nun an den Sani.

„16 Mann, Herr Hauptmann!" kommt es wie aus der Pistole geschossen.

„Also 16 Mann, Herr Kamerad", wendet sich „Eichelino" wieder an den Reserveoffizier. *„Was haben Sie denn an Verpflegung da?"*

„Kommißbrot und Salami, Herr Hauptmann", antwortet der Ortskommandant, der wohl großen Respekt vor einem Frontoffizier hat.

„Also sagen wir: acht Brote und vier Salami!" näselt Eichelino weiter. *„Läßt sich das machen?"*

„Selbstverständlich, Herr Hauptmann, aber ich brauche eine Quittung."

„Kein Problem, Herr Kamerad!" und zum Sani: *„Unteroffizier, nehmen Sie die Sachen in Empfang!"*

„*Jawohl, Herr Hauptmann!*" sagt der Sani und schlägt seine Hecken zusammen.

Der Oberleutnant holt aus einem Nebenraum Brote und Salami und packt dem Sani alles auf die ausgestreckten Arme. Dann fertigt er ein Quittungsformular aus, das er „Eichelino" zur Unterschrift vorlegt. Dieser unterschreibt mit einem imposanten Namenszug in Sütterlinschrift, der an die Unterschrift von Hindenburg erinnert: *„Zimmermann, Hptm. u. DiNaFü"* (Divisionsnachrichtenführer).

Dann tippt er noch einmal mit zwei Fingern an seine Mütze und mit einem freundlichen *„Besten Dank, Herr Kamerad, Sie haben uns sehr geholfen!"* stolziert er in betont gerader Haltung auf die Straße hinaus, und der Sani mit den Broten und Würsten folgt ihm mit zwei Schritten Abstand.

Erst als die beiden außerhalb der Sichtweite des Ortskommandanten sind, steckt „Eichelino" sein Monokel in die Tasche, und die beiden lachen sich ins Fäustchen über den gelungenen Streich. In der Batterie werden sie mit großem Hallo empfangen, und „Eichelino", körperlich der Kleinste von allen, ist wieder einmal der Größte.

Während wir mit solchen Episoden den Krieg beinahe vergessen können, sieht die Lage der ganzen Division weitaus weniger rosig aus. Das geht aus dem Kriegstagebuch des Majors Vogelsang hervor, der beim Divisionsstab in Nohn den **24. Januar 1945** wie folgt beschreibt:

„Noch immer liegen wir hier oben wegen Betriebsstoffmangels fest. Die meisten Fahrzeuge der Truppe liegen von Luxemburg bis hier auf vielen Straßen verstreut da, wo ihnen gerade der Sprit ausgegangen ist. Es ist wirklich ein Trauerspiel! Seit der Fahrt zum Feldersatzbataillon sitzen wir hier auf dem Trockenen. Notwendige kurze Fahrten sind nur bei Austanken anderer Fahrzeuge möglich.

Immerhin kommt aber der Ersatz heran. Die Abstellungen aus dem FEB sind in Stärke von 800 Mann im Fußmarsch nach Adenau unterwegs. Gepäck und Verpflegung führen sie auf Pferdewagen mit (Panzerdivision 1945!). In Adenau sollen sie von den einzelnen Truppenteilen in Empfang genommen werden.

Ein neues Marschbataillon für uns in Stärke von 350 Mann marschiert heute Nacht von Mayen nach Wirft, wo ich es aufteilen werde. Weitere 300 Mann sind gegen unseren Willen nach München-Gladbach als Ersatz für das nach dort als Kampfgruppe beorderte Panzergrenadierregiment 156 in Marsch gesetzt worden. Ein drittes Marschbataillon und eine weitere Genesenenmarschkompanie sind angekündigt.

Unsere Fahrt nach Bad Ems war nicht umsonst! Nachdem wir noch 30 Offiziere bekommen haben, dürften wir zahlenmäßig wieder voll einsatzfähig werden. Wie Kampfkraft und Moral bei der Eingliederung so vieler junger Leute aussehen werden, muß die Zukunft zeigen! (...)"

In der Nacht zum **Donnerstag (25.01.1945)** schneit es zwar noch, aber nicht so ergiebig wie gestern. Deshalb wird heute ein kleineres Schneeräumkommando zusammengestellt. Vom Fernsprechtrupp bleibt Bernd Linde in Bereitschaft, während Walter Feikes und ich erneut zum Schneeräumen abgestellt werden. Der Schnee liegt zwar nicht so hoch und die Verwehungen sind nicht so verbreitet wie gestern, dennoch ist die Arbeit genauso anstrengend. Hinzu kommt noch, daß wir nicht wie gestern mit einem LKW der Flak nach Hause gebracht werden, sondern nur bis zu einer Kreuzung in Walsdorf mitfahren können und die restlichen zwei Kilometer zu Fuß laufen müssen.

Und als wir uns am späten Nachmittag Zilsdorf nähern, kommt uns der Fernsprechtrupp, verstärkt durch Martin Schmidt und Karl-Heinz Baumgart vom Funktrupp, mit einem Schlitten voller Kabelrollen entgegen. Sie haben den Auftrag, zu einer bei Lammersdorf eingerichteten Feuerstellung eine Leitung zu verlegen.

Obwohl wir beide zum Umfallen müde sind, bleibt uns nichts anderes übrig, als uns dem Trupp anzuschließen. So legen wir gemeinsam bei knietiefem Schnee zunächst querfeldein und dann an einer Straße entlang zwischen sechs und sieben Kilometer Kabel aus. Das ist die mit Abstand längste Leitung, die wir jemals verlegt haben.

Bei der Rückkehr ins Quartier stelle ich dann fest, daß meine Zehen entsetzlich jucken und wahrscheinlich angefroren sind. Auch Martin, der den Kabelschlitten ziehen mußte, klagt über dieselben Beschwerden. Deshalb erbitten wir uns bei der Bäuerin heißes und kaltes Wasser und versuchen, durch Wechselbäder den Frost aus unseren Füßen auszutreiben.

Obwohl wir unentwegt wechselbaden, bis das heiße Wasser warm und das kalte lauwarm geworden ist, jucken die Füße weiter und auch noch, als wir uns zum Schlafen niederlegen. Doch ich bin so übermüdet, daß ich ohne Probleme in einen tiefen und festen Schlaf sinke. Bei der Nachtruhe kommt mir zustatten, daß der Klappenschrank nur bei Tage besetzt sein muß.

—

Am **Freitagmorgen (26.01.1945)** wiederholen wir dieselbe Prozedur noch einmal, aber auch dieses Mal mit äußerst mäßigem Erfolg.

Unsere Füße sind inzwischen blaurot angelaufen und so geschwollen, daß wir nur mit Mühe unsere Schuhe anziehen können. Das hindert unseren Truppführer aber nicht daran, mich kurz vor Mittag mit Walter Feikes auf Störungssuche zu schicken. Schließlich bin ich ja nicht offiziell „krankgeschrieben". Doch die Störstelle ist schnell gefunden und die Leitung geflickt, so daß wir bis zum Essenfassen sogar noch etwas Zeit haben, um uns auszuruhen.

Beim Gang zur Feldküche geht das Laufen schon bedeutend besser und abends ist die Schwellung bereits verschwunden, nur die Rötung hält noch an.

—

Vor dem Schlafengehen reibe ich meine Füße noch einmal mit Schnee ein, um so die Durchblutung anzuregen und den Heilprozeß zu beschleunigen. Auch Martin verfährt ebenso, und am **Samstagmorgen (27.01. 1945)** sind wir beiden wieder beschwerdefrei.
Während des Tages operieren bei wechselnder Wetterlage einige Jabos in unserer Gegend. Aber unsere Fernsprechleitungen bleiben intakt, und wir können neben dem Dienst am Klappenschrank, der sich wegen der wenigen Gespräche, die vermittelt werden müssen, äußerst langweilig gestaltet, eigenen Interessen nachgehen, unsere Sachen in Ordnung bringen, Post erledigen oder uns auch nur unterhalten.

—

In der Nacht zum **Sonntag (28.01.1945)** hat es nicht nur heftig geschneit, sondern auch gestürmt, so daß unser ganzes Dorf im Schnee versunken ist. Sämtliche Straßen und Wege sind durch hohe Schneewehen unpassierbar geworden.
So ist es kein Wunder, daß nach dem Frühstück ein Rundspruch ankommt, nach dem alle entbehrlichen Leute zum Schneeräumen einzusetzen sind. Weil die Kanoniere Mühe genug haben, ihre eigenen Feuerstellungen vom Schnee zu befreien, sind es wieder einmal die Funker und Fernsprecher, die hauptsächlich in Betracht kommen. Bald kommen allerdings auch die drei Bedienungen vom leichten Flakzug hinzu. Gemeinsam machen wir uns an die Arbeit. Und weil es nicht weiter schneit, bleiben die Wege zu den Häusern und Parkplätzen wenigstens passierbar, nachdem wir sie geräumt haben.
Abends nach dem Verpflegungsempfang werden wir zu einem besonderen Appell befohlen. Dabei gibt der Spieß bekannt, daß unsere Abteilung laut Divisionsbefehl morgen in den Auffrischungsraum der Division am Niederrhein verlegt werden soll. Nach dieser guten Nachricht schlafen wir noch einmal so gut, wenn wir auch mit Schrecken daran denken, daß wir zuerst die überlange Leitung nach Lammersdorf wieder einholen müssen. Denn es überwiegt die Freude darüber, daß wir diese gottverlassene Gegend mit ihrem ewigen Schnee verlassen können, zumal unsere Geschütze hier nicht ein einziges Mal zum Einsatz gekommen sind.

Am **Montagmorgen (29.01.1945)** läßt man uns genügend Zeit, um die Leitungen in Ruhe abzubauen und die Fahrzeuge zu beladen. Bei dem wolkenverhangenen Himmel ist Fliegertätigkeit nicht zu befürchten, so daß die Arbeiten zügig vorangehen und wir um 10 Uhr bereits marschbereit sind. Nach und nach verlassen die einzelnen Fahrzeuge unserer Batterie das Dorf, und der große Stellungswechsel, der uns in die Gegend von München-Gladbach bringen soll, geht los.

Die ersten sieben Kilometer benutzen wir die Hauptstraße über Walsdorf nach Hillesheim. Hier biegen wir dann nach Norden ab und fahren auf einer schmalen Landstraße über Wiesbaum, Mirbach, Dollendorf nach Ahrhütte. Von dort bis Blankenheim steht uns dann wieder eine breitere Straße zur Verfügung.

In der Stadt kreuzen sich zwei größere Straßen, und es muß vor kurzem einen Fliegerangriff auf diese Kreuzung gegeben haben, denn es liegen noch schwelende und rauchende Trümmer vor allem Fensterrahmen und Dachsparren am Straßenrand. Wir durchqueren die Stadt, bleiben noch rund 13 Kilometer auf der guten Straße und kommen über Blankenheimersdorf, Blankenheim-Wald und Krekel bis zum Mittag nach Sistig.

Hier verlassen wir die Hauptstraße, die weiter nach Schleiden führt, und benutzen wieder eine schmale Verbindungsstraße. Dieser folgen wir etwa zehn Kilometer und kommen so über Sötenich und Kall wieder an eine größere Straße. Auf dieser fahren wir rund zehn Kilometer über Wallenthal nach Kommern, und von dort aus geht es zügig weiter über Gehn und Sinzenich nach Zülpich. Auf der Verbindungsstraße nach Köln fahren wir dann weiter über Weiler und Erp bis Lechenich. Wir bleiben aber nicht in der Stadt, sondern fahren noch einen Kilometer über sie hinaus nach Konradsheim, unserem heutigen Etappenziel.

Hier soll sich die Batterie sammeln. Die ankommenden Fahrzeuge werden gleich auf Obstwiesen abgestellt, Funk- und Fernsprechwagen kommen auf einem Bauernhof unter, und die gesamte Nachrichtenstaffel wird für die Nacht in einem verlassenen Kuhstall untergebracht.

—

Um 6 Uhr geht es am **Dienstagmorgen (30.01.1945)** auf einer Nebenstrecke weiter über Gymnich, Kerpen, Sindorf, Ahe, Thorr, Zievenich, Glesch, Bedburg, Lipp, Kirchherten, Jackerath, Immerath, Wanlo, Wickrathberg, Wickrath und Mennrad nach Sittard.

Für diese etwa 55 Kilometer lange Etappe unseres Stellungswechsels brauchen wir fast den ganzen Tag, denn es ist bereits später Nachmittag, als wir unseren Zielort erreichen. Allerdings hat ein Vorauskommando bereits Quartiere besorgt, die nun gleich zugewiesen werden können. Wieder werden Funk- und Fernsprechtrupp gemeinsam auf einem Bauernhof untergebracht.

Oberstleutnant Guderian schreibt in einem Bericht über diese Zeit:
„Die Verlegung der Masse der Division lief bei völlig unzureichender Betriebsstoffversorgung nur zögernd an. Am 30. traf die 1. Batterie der Heeresflakabteilung unter Führung von Oberleutnant Wilhelm ein, am Tage darauf der Stab des Panzergrenadierregiments 60. (...)
Es setzte Tauwetter ein. Der Divisionsstab führte einen ständigen Kampf um Kraftstoffzuweisung. Er brachte nur bescheidene Erfolge. Starke Teile der Division, das Panzerregiment, die Panzeraufklärungsabteilung, das Panzerpionierbataillon und große Teile der Nachschub- und Instandsetzungsdienste blieben in der Eifel festgenagelt, zum Teil noch Wochen.
Die Kämpfe an der unteren Rur waren abgeflaut. Der Feind hatte sein Ziel, die Gewinnung des linken Rur-Ufers, erreicht. Die Ardennenfront war im wesentlichen auf die Ausgangsstellung vom Dezember zurückgeworfen worden. In der Nordeifel lief ein amerikanischer Angriff zwischen Lützkampen, dem ersten Dorf, das die 116. Panzerdivision am 16. Dezember genommen hatte, und Monschau.
Im Osten hatten die Sowjets ihre Großoffensive mit wachsendem Erfolg fortgesetzt, fast ganz Ostpreußen erobert und vom Reich getrennt. Die Oder war in ihrer ganzen Länge bis nordwestlich Küstrin erreicht und in Oberschlesien nordwestlich Breslau überschritten worden.
Die im Abtransport befindlichen Verbände der 6. Panzerarmee wurden nicht, wie vom Chef des Generalstabes des Heeres, Generaloberst Guderian, gefordert, in Richtung Berlin transportiert, sondern auf Befehl Hitlers auf Wien abgedreht, zum Einsatz in Ungarn.
Am 25. Januar hatte Guderian den Reichsaußenminister gebeten, mit ihm bei Hitler Waffenstillstand wenigstens nach einer Seite vorzuschlagen. Ribbentrop weigerte sich und orientierte trotz abgesprochener Vertraulichkeit Hitler. Dieser tobte und lehnte schroff ab. Auch war es fraglich, ob der Westen auf ein solches Angebot eingegangen wäre; er forderte ja die bedingungslose Kapitulation. So ging der Kampf weiter."[2]

Und was hat uns die Ardennenoffensive gebracht, außer den Angriff der Alliierten auf das Reichsgebiet um etwa sieben Wochen zu verzögern? – Die USA hatten 29.751 Tote und Vermißte sowie 47.129 Verwundete zu beklagen. Die Wehrmacht verlor 17.200 Tote, 16.000 Gefangene und 34.439 Verwundete. Außerdem waren die letzten Reserven der Luftwaffe, die allein in den ersten acht Tagen 1.088 Maschinen verlor, praktisch verheizt.[3]

---

[2] Heinz Günther Guderian „Das letzte Kriegsjahr im Westen", S. 415
[3] Lexikon „Der Zweite Weltkrieg", S. 39

Wir aber bauen am **Mittwoch (31.01.1945)** nach dem Frühstück unsere Vermittlung auf und legen Leitungen zum Chef, zur Feuerstellung, zu den beiden anderen Batterien und zur Abteilung.

Beim Mittagsappell wird die Vollzähligkeit der Fahrzeuge unserer Batterie festgestellt. Außerdem gibt der Spieß bekannt, daß alle, die hier dienstlich nicht unbedingt gebraucht werden, im nur zwei Kilometer entfernten Voosen ihre Quartiergeber vom Dezember besuchen dürfen. Zur Begründung gibt er an, daß wir uns hier mindestens solange erholen können, bis die Masse der Division eingetroffen sein wird. Es sind ja immer noch zahlreiche Fahrzeuge aus der Eifel nach hier unterwegs, die zwischendurch auf die Lieferung von Benzin oder Diesel warten und dadurch Zwangspausen einlegen müssen.

Wir greifen das Angebot natürlich freudig auf, und viele machen sich sofort nach diesem Appell auf den Weg nach Voosen. Weil die beiden anderen, die in Voosen mit mir zusammen einquartiert waren, andere Pläne haben, gehe ich abends nach dem Verpflegungsempfang mit Willi Preuß, der inzwischen bei der Meßstaffel gelandet ist, nach Voosen, um Familie Lenzen zu besuchen. Alle freuen sich, uns so bald wiederzusehen und bedauern es, daß unsere Batterie nicht wieder nach Voosen verlegt worden ist. Bei einem gemütlichen Umtrunk erzählen wir, wie es uns inzwischen ergangen ist, und kehren danach mit einigen Kameraden, die wir auf der Straße treffen, zur Übernachtung nach Sittard zurück.

—

Weil ich Vermittlungsdienst habe, kann ich am **Donnerstagabend (01.02.1945)** nicht mit nach Voosen gehen. Außer mir ist der ganze Trupp unterwegs und so bin ich froh, daß Martin Schmidt herüberkommt und mir Gesellschaft leistet. Er erläutert mir zum wiederholten Male seinen Standpunkt, daß es am wichtigsten sei, mit heiler Haut nach Hause zu kommen. Daneben tauschen wir aber auch unsere früheren Erlebnisse in Voosen aus, und er will mich begleiten, wenn Willi Preuß, der heute mit Walter Feikes losgezogen ist, Bereitschaftsdienst am Kommandogerät hat.

—

Bevor wir uns am **Freitag (02.02.1945)** auf den Weg machen können, müssen wir am Abendappell teilnehmen, der außer einigen Regularien jedoch nichts Neues bringt. Dann aber suchen wir Familie Lenzen auf, der ich Martin als meinen Freund vorstelle. Hier bei den vielen Frauen kann er wieder einmal seinen rheinischen Charme voll entfalten.

Heute haben sie sogar eine Bowle angesetzt. So ist nicht nur für gute Stimmung gesorgt, sondern die Stunden vergehen auch wie im Fluge. Als wir die Bowle zum großen Teil geschafft haben und an unsere Rückkehr nach Sittard denken, ist es bereits 2 Uhr nachts vorbei. Das ist für Martin aber überhaupt kein Problem, und er schlägt vor, daß wir einfach hierbleiben und erst frühmorgens zu unserer Einheit zurückkehren sollen.

So werden für uns Schlafunterlagen herbeigeschafft und wir kampieren einfach auf dem Fußboden, während Änni und Hilde, die uns bis jetzt Gesellschaft geleistet haben, auf dem Sofa und auf zwei zusammengestellten Stühlen schlafen. Sie wollen jetzt nicht mehr nach oben gehen und ihre Schwestern wecken.

—

Damit verbringen wir die Nacht hier im Wohnzimmer, frühstücken am **Samstagmorgen (03.02.1945)** gemeinsam mit der ganzen Familie und kehren dann im Geschwindschritt nach Sittard zurück, wo wir gerade zum Frühappell eintreffen.

—

Das schlechte Wetter beschert uns auch am **Sonntag (04.02.1945)** einen ruhigen Tag ohne Belästigung aus der Luft. Wir fühlen uns vor allem wegen der Möglichkeit, unsere früheren Quartiergeber zu besuchen, wie im Urlaub und könnten an so ruhigen Tagen wie heute den Krieg beinahe vergessen. Das ist wohl auch der Sinn und Zweck einer „Auffrischung".

Nach dem vereinzelten fernen Grollen zu urteilen, das man hier hören kann, scheint es auch an der Front etwas ruhiger zuzugehen. Wieder ist die Ruhe jedoch trügerisch, denn die Alliierten gruppieren wieder einmal ihre Streitkräfte für eine Großoffensive um, die von den Briten und Amerikanern zeitgleich gestartet werden soll. Hier im Norden geht es um die Operation „Veritable", bei der Briten und Kanadier auf breiter Front von Holland her auf den Niederrhein südlich von Wesel vorstoßen sollen, und im Süden wird die Operation „Grenade" vorbereitet, bei der die Amerikaner von der Eifel her zum Rhein bei Uerdingen vordringen sollen. Zweck dieser kombinierten Aktionen ist es, in einer großen Zangenbewegung alle deutschen Einheiten am Niederrhein einzukesseln und aufzureiben oder zumindest über den Rhein zurückzudrängen.

—

Bei Appell am **Montagmorgen (05.02.1945)** heißt es dann: Die ganze Abteilung muß nach Rheindahlen zur Entlausung. Der Zeitplan, wann sich die einzelnen Gruppen dort einzufinden haben, folgt dem Aufmarschplan einer Batterie: Zuerst ist der Batterietrupp an der Reihe, dann folgen Meßstaffel, Nachrichtenstaffel, leichter Flakzug, Geschützstaffel, Munitionsstaffel und Gefechtstroß. Wegen dieser Reihenfolge ist der Fernsprechtrupp um 10 Uhr an der Reihe. – Mit Sicherheit hat niemand in der Batterie tatsächlich Läuse, aber eine schöne heiße Dusche ist auch nicht zu verachten. Der Rest des Tages steht dann zur freien Verfügung.

Am Abend gehen wieder viele nach Voosen um ihre dortigen Bekannten zu besuchen. Ich habe aber Dienst am Klappenschrank und kann mich daher nicht beteiligen. Sonst ist allerdings der ganze Fernsprechtrupp unterwegs.

Die Gelegenheit nimmt Martin wahr, um mich zu besuchen und über sein jüngstes Husarenstück zu berichten. Er ist nämlich in der letzten Nacht mit dem Kradmelder Matthes Hassel aus Worringen unterwegs gewesen und hat zu Hause in Dormagen und bei Familie Hassel in Worringen Besuche abgestattet.

Auf dieses „unerlaubte Entfernen von der Truppe", das ihm fünf Tage verschärften Arrest hätte einbringen können, ist er noch stolz und zeigt mir, was er von zu Hause mitgebracht hat. Das sind ein Paar maßgeschneiderte Juchtenlederstiefel, ein gelber Seidenschal, Socken und private Unterwäsche. Nur hat er zu den wunderbaren Stiefeln keine passende Reithose, und mit der eingeschlagenen und hineingesteckten langen Hose sieht er etwas komisch aus, so daß er die Stiefel unter der Hose trägt. Doch er hofft zuversichtlich irgendwann eine passende Stiefelhose zu finden.

Tatsächlich gelingt ihm das später auch, als wir ein Uniformdepot der Polizei ausräumen können. Dort findet er eine echte Stiefelhose, die allerdings blaugrau ist und daher in der Farbe nicht mit dem Feldgrau der Wehrmacht übereinstimmt. Doch es macht ihm wenig aus, oben wie ein Soldat und unten wie ein Polizist auszusehen.

Die Schlacht am Niederrhein

Der **Dienstag (06.02.1945)** verläuft vollkommen ruhig. Es gibt weder Tiefflieger, noch werden unsere Leitungen gestört. Außergewöhnlich ist lediglich die nach dem Mittagessen angesetzte Befehlsausgabe. Dabei erfahren wir nämlich, daß das Gros unserer Division inzwischen hier am Niederrhein eingetroffen ist und nur noch das Panzerregiment 16 und Teile des Trosses wegen Treibstoffmangels in der Eifel festsitzen.

Im Mittelpunkt der Befehlsausgabe steht allerdings der neue Kampfauftrag der Division, der lautet: *„Abwehr feindlicher Angriffe im Raum Kleve–Goch Wesel".* Dazu sind leichte Umgruppierungen innerhalb der Division erforderlich, die auch die Heeresflak betreffen. So soll unsere Batterie noch heute in den neuen Bereitstellungsraum verlegt werden.

Wir bauen also schleunigst die ausgelegten Leitungen und unsere Vermittlung ab und verladen auch sofort unsere persönlichen Sachen. Darüber sind wir später froh, denn als „Eichelino" den Fernsprechwagen auf die Straße fahren will, stellen wir fest, daß durch das inzwischen eingetretene Tauwetter der Boden unter dem Fahrzeug derart aufgeweicht ist, daß wir statt von der Stelle zu kommen, zunächst einmal mit den Rädern einsinken. Trotz unserem Bemühen, das Fahrzeug durch Unterlegen von Pappe, Stroh und allem, was wir finden können, flottzubekommen, sinken die Räder bei dem Hinundherbewegen nur noch tiefer ein. Erst als der Küchenwagen vorbeikommt und uns regelrecht „aus der Patsche" zieht, kommen wir endlich von der Stelle.

Doch bis zur Straße müssen wir noch ein Stück durch die Obstwiese fahren. Kurz vor der Straße schlägt unser Fahrer zu scharf ein, der Wagen kommt vom rechten Wege ab und das linke Hinterrad sinkt in den aufgeweichten Boden ein. Wieder beginnt die schweißtreibende Arbeit, um das Fahrzeug flottzubekommen. Als wir es dann endlich geschafft haben, geht es bereits auf 23 Uhr zu.

Auf dem Fahrbefehl, den jedes Fahrzeug mitführen und bei Kontrollen durch die Feldgendarmerie vorzeigen muß, steht als Zielort die Stadt Dülken. Von dort stammt Walter Feikes, und er hofft, bei dieser Gelegenheit zu Hause vorsprechen zu können.

Eigentlich könnte ich einen Stellungswechsel von 13 Kilometern Luftlinie glatt vergessen, doch diese Fahrt ist mir bis heute in lebhafter Erinnerung geblieben. Das liegt daran, daß unser Koch ein Schwein geschlachtet hatte und die Verpflegung der letzten Tage dadurch ziemlich fettreich ausgefallen ist.

Vor allem die Sülze, die es heute zum Abendbrot gab, ist nicht ganz schuldlos daran, daß ich außer einer Art Revolution im Bauch auch einen Durchfall bekommen habe, der nicht von schlechten Eltern ist. Schon bei der Abfahrt in Sittard gluckst und poltert es in meinem Unterleib, so daß ich während der Fahrt ständig auf eine Unterbrechung warte, die es mir ermöglicht, mich zwischendurch zu erleichtern.

Als wir Rheindahlen hinter uns gelassen und nach weiteren drei Kilometern Fahrt die Ortschaft Hardt erreicht haben, gibt es einen Stau und den erhofften Aufenthalt. Kaum kommt der Fernsprechwagen zum Stehen, da springe ich schnell ab, renne auf eine niedrige Mauer am Straßenrand zu und hocke mich nieder, um dem Drange der Natur nachzugeben. Dazu hänge ich mein Koppel mit Seitengewehr und gefüllter Patronentasche schnell an das Eisengitter, das auf der Mauer steht.

Aber kaum verspüre ich die erste Erleichterung, da ruft Walter Feikes vom Wagen herunter: *„Los! Steig auf! Wir fahren weiter!"*

Blitzartig ziehe ich Unterhose und Hose hoch und hetze auf den Wagen los, der in dem Augenblick anfährt, als ich mich gerade über die Heckklappe schwinge. Danach fühle ich mich so eigenartig frei, gar nicht mehr so eingeschnürt wie ich es sonst gewohnt bin. Doch statt mich über diese Bequemlichkeit zu freuen, erstarre ich fast vor Schrecken, denn ich trage überhaupt kein Koppel! Es hängt sicher noch dort am Eisengitter, wo ich es aufgehängt habe. An Umkehr dorthin ist nicht zu denken. Zum einen kann ich unseren Fahrer von hier aus nicht verständigen, und zum anderen sind wir ohnehin so spät dran, daß wir es uns nicht erlauben können, auch noch aus dem Batterieverband auszuscheren.

Mir bricht der kalte Schweiß aus. Mein Koppel samt Seitengewehr und Patronentasche mit 30 Schuß Munition sind weg! Das bedeutet Veruntreuung von Wehrmachtseigentum. Und das kann heiter werden! Zum Glück ist es stockdunkel im Fernsprechwagen und niemand hat von meinem Mißgeschick etwas bemerkt.

Als wir in Dülken-Busch ankommen, ist es zu spät, um noch Quartiere zu besorgen. Wir müssen also wieder einmal im Wagen übernachten. Doch kaum habe ich mich zum Schlafen zurechtgelegt, da bekomme ich vom Truppführer den Befehl, eine Taschenlampenbatterie zum Chef zu bringen.

Ich gehe also gleich los und erkundige mich bei den wenigen Soldaten, die noch auf der Straße sind, nach dem Quartier des Batteriechefs, der bereits am Nachmittag hier eingetroffen ist. Ich muß das Quartier nicht lange suchen, denn bereits der zweite, den ich anspreche, weiß Bescheid. Dennoch dauert es in der Dunkelheit eine Weile, bis ich das Haus gefunden habe. Hier treffe ich den Chef-Fahrer, der gerade ins Haus gehen will, als ich ankomme, und übergebe ihm die Batterie.

Meiner Meinung nach war ich nur kurze Zeit vom Fernsprechwagen entfernt, doch als ich zurückkomme, haben sich die anderen breitgemacht und sind bereits eingeschlafen, so daß ich sicher Ärger auslösen würde, wenn ich auf meinem Recht bestehen und mich nun dazwischendrängen würde.

Einem inneren Impuls folgend, kehre ich einfach zur Wohnung des Chefs zurück, ohne recht zu wissen, warum ich das tue. Jedenfalls habe ich Glück im Unglück, denn der Fahrer steht vor dem Hause und pafft eine Pfeife in die Nachtluft. Er wundert sich, daß ich noch einmal zurückkomme, und als ich ihm den Grund genannt habe, schüttelt er den Kopf und meint, wie man nur so unkameradschaftlich sein könne und mir den Schlafplatz wegnehmen. Ich erkläre ihm, daß die Leute vom Trupp sich sicher im Schlafe breitgemacht haben und ich sie nur nicht stören wollte.

Dann meint er, daß ich im Steyr des Batterietrupps schlafen könnte, wenn es mir nichts ausmache, ohne Decke zu schlafen. Im Wagen sind aber mehrere abnehmbare Sitzpolster, die ich sowohl als Unterlage als auch als Decke benutzen kann. Da ich ständig müde genug bin, um unter fast jeder Bedingung zu schlafen, verbringe ich auch hier zwischen den Polstern eine ruhige Nacht.

—

Als ich am frühen **Mittwochmorgen (07.02.1945)** zum Fernsprechtrupp zurückkehre, rühren sich die ersten, und mir scheint, daß sie überhaupt nicht mitbekommen haben, daß ich nicht mit ihnen im Wagen geschlafen habe.

Dann kommt auch schon der Truppführer mit einem Zettel, auf dem unser hiesiges Quartier vermerkt ist. Es ist ein großer Bauernhof, den wir uns wieder mit dem Funktrupp teilen müssen. Während die Funker lediglich ihren Antennenmast ausfahren und justieren müssen, haben wir das Vergnügen, verschiedene Leitungen auszulegen und die Vermittlung einzurichten. Doch um 10 Uhr ist alles erledigt, und ich wundere mich, daß im Eifer des Gefechtes niemand bemerkt hat, daß ich kein Koppel trage.

Da ich erst nachmittags zum Dienst am Klappenschrank eingeteilt worden bin, erinnere ich mich an den Geheimvertrag mit „Eichelino" und erzähle ihm, wie es mir ergangen ist. Und er enttäuscht mich nicht!

„Kein Problem! Wozu hat man denn Freunde?" erklärt er pathetisch und fährt fort: *„Keine Bange, das kriegen wir schon hin!"*

Dann überlegt er eine Weile und fordert mich auf: *„Zeig mal dein Soldbuch! Du hast doch sicher bei der Abstellung in Hamm dein Seitengewehr zurückgegeben. Es muß nur noch ausgetragen werden. Und das werden wir jetzt mal kurz nachholen!"*

Bevor ich etwas erwidern kann, hat er seinen Füller gezückt, und mit einem Bleistift als Lineal streicht er die Zeile, in der das Seitengewehr eingetragen ist, sauber durch und trägt daneben in feiner Schrift „*12.6.44*" und das Namenszeichen des Kammerbullen von Hamm, des Stabsgefreiten

Dietrich, ein. Dabei fälscht er das in Sütterlinschrift eingetragene „D" so perfekt, daß es dem Original, mit dem die Ausgabe des Seitengewehrs dokumentiert worden ist, gleicht wie ein Ei dem anderen. Damit ist dokumentiert, daß ich von Hamm aus überhaupt kein Seitengewehr mitbekommen habe und damit auch keins besitzen muß.

„Ein Koppel besorge ich dir auch, aber das kostet zwei Schachteln ‚R 6'! Bist du damit einverstanden?"

Ich sehe ein, daß diese Aufgabe bedeutend schwieriger ist als das Seitengewehr im Soldbuch auszutragen, und bin sofort einverstanden. Dabei denke ich an die beiden Funker, mit denen ich befreundet bin und die beide nicht rauchen. – Tatsächlich helfen mir Martin Schmidt und Karl-Heinz Baumgart ohne groß zu überlegen sofort mit jeweils einer Schachtel Zigaretten aus dem Klemme.

Damit ich beim Appell nicht auffalle, leiht mir „Eichelino" zunächst sein eigenes Koppel. Er selbst trägt seinen weiten Wachmantel, so daß niemand sehen kann, ob er darunter vorschriftsmäßig gekleidet ist oder nicht.

Abends, als die anderen bereits flachliegen, kommt „Eichelino" dann und bringt mir ein erstaunlich gut gepflegtes Koppel mit einem Schloß aus der Zeit der Reichswehr, das eigentlich längst ausgemustert sein müßte.

Ich bin über diese schnelle Erledigung erfreut und erstaunt zugleich und will natürlich wissen, wie er mir so schnell ein so gutes Koppel besorgen konnte.

„Das war ganz einfach", meint er und erzählt mir, daß er in der Stadt einen Spieß und einen Stabsfeldwebel von der Infanterie getroffen hat, die auf der Suche nach „Weibern" waren. Da er einschlägige Informationen besaß und wußte, daß im Bahnhofshotel einige Frauen darauf warteten, den Landsern einen Gefallen zu tun, hat er die beiden dorthin gelotst und aufgepaßt, wohin sie ihre Koppel und Mützen gehängt haben. Als sie dann mit ihren Damen auf den Zimmern waren, hat er sich an der Flurgarderobe das beste Koppel ausgesucht, unter seinem Mantel umgeschnallt und sich schleunigst aus dem Staube gemacht.

„Für den Spieß ist es überhaupt kein Problem, an ein neues Koppel zu kommen", meint er als Entschuldigung. Und damit hat er sicher recht. Aber ein so weiches, gutgepflegtes Exemplar zu finden, dürfte auch für einen Spieß nicht so einfach sein.

Ich übergebe ihm die von den Funkern erhaltenen Zigaretten und bin damit meine größte Sorge los. Jetzt fehlt mir zwar noch eine Patronentasche, aber die meisten Kameraden haben auch keine am Koppel. Außerdem finde ich ein paar Tage später an der Rückzugstraße eine fast neue, gefüllte Patronentasche, die ich allerdings im Fernsprechwagen zu meinem Karabiner lege und nicht mehr am Koppel trage.

Während die anderen Angehörigen des Fernsprechtrupps mein neues Koppel überhaupt nicht bemerken, fragt mich der Unteroffizier nach etwa einer Woche, woher ich denn das prima Koppel hätte und ob ich nicht mit ihm tauschen wollte. Wahrheitsgemäß sage ich, daß „Eichelino" es mir besorgt hat, ohne aber die weiteren Umstände zu erwähnen, und daß ich es nicht schon wieder tauschen möchte, weil ich es gerade erst gegen das meinige eingetauscht habe. Nur Martin und Karl-Heinz erfahren, wie ich wirklich an das wunderbare Koppel gekommen bin. Und von „Eichelino" erfährt niemand ein Sterbenswort über die ganze Angelegenheit. Denn das muß ich ihm lassen: Er mag sonst sein wie er will, aber er hat auch seine guten Seiten!

—

Bereits am **31. Dezember 1944,** als die deutsche Ardennenoffensive zum Stehen gebracht worden war, teilte Eisenhower in einem Brief an Montgomery seine Absichten für die weitere Kriegsführung mit. Er sah das Erreichen des Rheins als Voraussetzung für das weitere Vorgehen ins Innere des Reiches an. Hierzu sollte Montgomery mit seiner Heeresgruppe, der die 9. US-Armee unterstellt wurde, den Stoß zum Rhein im Norden führen und später nördlich des Ruhrgebietes vorgehen. Bradleys Heeresgruppe mit der 1. und 3. US-Armee sollte südlich des Ruhrgebietes den Rhein erreichen und später über Frankfurt auf Kassel vorstoßen.

Montgomery befahl daraufhin der 1. kanadischen Armee, zwischen Rhein und Maas aus dem Raum ostwärts Nijmegen nach Süden anzugreifen und die deutsche Maasstellung aufzurollen. Die 9. US-Armee sollte sodann die untere Rur zwischen Düren und Roermond überschreiten, auf Neuß und Krefeld vorrücken und die deutsche Maasstellung von Süden her aufreißen. Die 1. US-Armee hatte die rechte Flanke der 9. US-Armee zu decken. Als Tag des Antretens der Briten war der **8. Februar**, für die Amerikaner der **10. Februar** vorgesehen.

Zwischen dem **5. und 9. Februar 1945** hatten die Alliierten zwar die Rur-Staudämme in ihren Besitz gebacht, doch die Deutschen hatten sie vorher so geöffnet, daß die Rur für etwa zwei Wochen Hochwasser führte und das Rurtal in eine Wasser- und Schlammwüste verwandelte, so daß die Angriffspläne hier zurückgestellt werden mußten.

—

Während wir in Dülken-Busch vom **7. auf den 8. Februar 1945** eine ruhige und erholsame Nacht verbringen, ist es woanders keineswegs so ruhig, denn die Briten verwüsten als Vorbereitung auf ihre „Operation Veritable" systematisch die niederrheinischen Städte.

Etwa 900 schwere Bomber werden eingesetzt, um Kleve, Goch, Weeze, Uedem, Geldern und Kalkar in Schutt und Asche zu legen. Und im Morgengrauen beginnen dann unter dem Oberbefehl des Feldmarschalls Montgomery die eigentlichen Operationen. Dazu stehen dem Oberkommandierenden der 1. kanadischen Armee, General Crerar, für den Vorstoß im Norden 470.000 Mann zur Verfügung, während die 9. US-Armee unter Generalleutnant Simpson, die den Zangenangriff im Süden vortragen soll, allein über 300.000 Mann verfügt und noch durch 75.000 Briten verstärkt wird.

Hätten wir die Bedrohung durch eine so gewaltige Streitmacht auch nur geahnt, so wären wir sicher nicht so guter Dinge gewesen. So aber genießen wir den ruhigen Dienst und die reichlich bemessene Freizeit. Aus reiner Langeweile nehmen wir uns sämtliche Kabelrollen vor, sehen sie nach Fehlern durch, spulen alle Leitungen um und reparieren sämtliche Flickstellen, die wir als nicht ordentlich ansehen, noch einmal. Während meiner Bereitschaft am Klappenschrank ist es so ruhig, daß ich ungestört Patiencen legen kann.

—

Auch am **Freitag (09.02.1945),** als an der Front bereits schwere Kämpfe toben, haben wir nur ruhigen Vermittlungsdienst zu versehen und können die Zeit im übrigen nach eigenem Gutdünken verbringen. Vor allem ist überall Kartenspielen angesagt. Dabei findet „Eichelino" immer wieder Kameraden, die er beim „Siebzehn-und-Vier" so richtig ausnehmen kann.

Hier werden wir weder von der feindlichen Luftwaffe noch von der Artillerie gestört, so daß wir uns wie im Manöver oder einer anderen militärischen Übung fühlen.

—

Der ruhige Dienst dauert auch am **Samstag (10.02.1945)** fort, nur das Wetter ist während der Nacht vom Tauwetter in klares Frostwetter übergegangen. Das ruft natürlich sofort die Tiefflieger auf den Plan.

Unsere schweren Geschütze sind allerdings so gut getarnt, daß sie von oben kaum auszumachen sind. Jedenfalls werden sie von den Jabos nicht angegriffen. Diese fliegen vielmehr die Straßen ab und stürzen sich dort auf alles, was sich bewegt. Die leichten Geschütze sind dagegen feuerbereit und schießen heute auch eine „Lightning" und eine „Marauder" ab.

—

Bis auf die Bedrohung aus der Luft, die jeden Aufenthalt im Freien zum unkalkulierbaren Risiko macht, verläuft auch der **Sonntag (11.02.1945)** völlig ruhig. Erst nach Einbruch der Dunkelheit, als die Jabos verschwunden sind, drängen alle ins Freie. Während Rudi Pfeiffer und ich am Klappenschrank bleiben, gehen die anderen in die Stadt, um Damenbekanntschaften zu machen, und Walter Feikes, der hier wohnt, besucht kurz seine Eltern.

Kurz nach 20 Uhr abends ruft dann unser Batterieoffizier, Leutnant Werthmann, bei uns an und übermittelt den Befehl zum Stellungswechsel noch in dieser Nacht. Gleichzeitig gibt er durch, daß alle Ausflügler sofort zurückzuholen sind.
Während Rudi am Klappenschrank sitzenbleibt, mache ich mich gleich auf den Weg, denn ich freue mich schon diebisch darauf, unserem Truppführer die frohe Botschaft zu überbringen und ihm damit gründlich den Abend zu verderben.
Ich finde ihn sehr schnell im Restaurant des Bahnhofshotels in froher Runde mit anderen Unteroffizieren und mehreren Frauen. Leise trete ich von hinten an ihn heran und flüstere ihm ins Ohr: *„Befehl von Leutnant Werthmann: Alle sofort zurück zur Batterie! Wir kegeln."*
Es ist mir eine wahre Genugtuung (damals sagte man: „ein innerer Reichsparteitag"), sein geistreiches Gesicht mit den ungläubigen Fischaugen zu sehen, denn er scheint nicht recht glauben zu wollen, was er da von mir erfährt. „Kegeln" ist nämlich das übliche Codewort für Stellungswechsel und bedeutet für ihn: Schluß der hiesigen Vorstellung!
Die Herren tauschen schnell ein paar geflüsterte Bemerkungen aus, dann bleibt ihnen nichts anderes übrig, als sich von ihren Damen zu verabschieden, mit denen sie sich sicher einen vergnüglicheren Abend vorgestellt hatten. Ich kann ein Grinsen kaum unterdrücken, denn ich gönne ihnen diesen vermasselten Abend von Herzen und war noch nie von einem Stellungswechsel so begeistert wie von diesem.
So kehren die Herren Unteroffiziere stocksauer und ich frohbeschwingt zur Batterie zurück, wo die anderen bereits beim Einpacken sind. Auch Walter Feikes ist vom Besuch seiner Eltern zurückgekehrt und hat seine Sachen bereits verladen.

Mit dem Einbruch der Dunkelheit steht dann die Batterie in Marschordnung zur Abfahrt bereit. Da wir als geschlossener Verband fahren, erhält nur der Batterietrupp einen offiziellen Fahrbefehl, wir anderen müßten uns bei einer Kontrolle auf ihn berufen.
Jedenfalls fahren wir nun in die Nacht hinein nach Norden. Über Dülken, Grefrath, Mühlhausen, Niederfeld, Kempen-Nord, Aldekerk, Sevelen, Issum, Kapellen und Sonsbeck erreichen wir weit nach Mitternacht die Ortschaft Marienbaum, etwa sechs Kilometer nordwestlich von Xanten.
Natürlich ist mitten in der Nacht nicht daran zu denken, die Leute aufzuwecken und um Quartiere nachzusuchen. Andererseits ist es aber so kalt, daß es sich nicht empfiehlt, in den Fahrzeugen zu übernachten.

Da kommt jemand und sagt uns, daß die Kirche unverschlossen ist. Also gehen wir in die Kirche und breiten unsere Sitzpolster in den Gängen, vor den Seitenaltären und überall, wo Platz ist, aus und schlafen wunderbar, bis die ersten Besucher der Frühmesse kommen, uns wecken und damit daran erinnern, daß heute **Sonntag (11.02.1945)** ist.

Im Laufe des Tages werden dann Quartiere gesucht. Dabei nehmen wir nach Möglichkeit Rücksicht auf die Zivilbevölkerung und versuchen, zu größeren Gruppen auf Bauernhöfen oder in Schulen und anderen öffentlichen Gebäuden unterzukommen. Unserem Fahrer aber gelingt es wieder einmal, ein Privatquartier zu finden, in dem zwei Betten und eine Schlafcouch zur Verfügung stehen. Während er selbst und Walter Feikes die Betten benutzen, ziehe ich es vor, auf der Couch zu schlafen.

Bei klarem Wetter herrscht den ganzen Tag über rege Fliegertätigkeit, so daß wir keine Fernsprechleitungen verlegen können. Die schweren Geschütze, die in der Nacht irgendwo abgestellt und notdürftig getarnt worden sind, werden abends, als die Jabos verschwunden sind, in Schuppen und Scheunen untergestellt. Die leichten Flakzüge gehen aber am Ortsrand in Stellung und halten sich feuerbereit.

—

Als dann aber am **Rosenmontag (12.02.1945)** trübes Wetter heraufzieht, bleibt es uns nicht erspart, einige Fernsprechverbindungen herzustellen.

—

Die Bewölkung hält aber nur einen Tag an, denn am **Dienstag (13.02.1945)** ist der Himmel wieder klar, und die Jabos halten uns den ganzen Tag über in unseren Quartieren. Niemand traut sich hinaus ins Freie, weil er damit rechnen muß, dort abgeknallt zu werden.

Der Krieg ist unterdessen mit voller Härte weiter gegangen. Während die Amerikaner an der Rur noch aufgehalten werden konnten, ist Kleve gestern von den Kanadiern eingenommen worden. Und gegenwärtig werden unsere vorderen Stellungen, wie aus einem späteren Heeresbericht hervorgeht, von 1.334 Geschützen unter Feuer genommen, die jeweils 1.000 Schuß Munition zur Verfügung haben.

Dazu vermerkt unser Divisionsadjutant in seinem Tagebuch: *„In den bisherigen Einsätzen zählte man die Dauer des Trommelfeuers nach Stunden. Hier würde man einfacher die Stunden vermerken, an denen nicht getrommelt wird."*

In der Nacht wird dann das sieben Kilometer entfernte Rees bombardiert. Inzwischen sind die den Bombern beigegebenen „Mosquito Pathfinders" mit einem neuen Radarsystem ausgerüstet worden, das ihnen ermöglicht, auch in der Nacht zielgenau anzugreifen.

Am **Aschermittwoch (14.02.1945)** herrscht im Luftraum über uns während des ganzen Tages rege Fliegertätigkeit, und im Frontabschnitt, den unsere Division zu halten hat, toben erbitterte Abwehrkämpfe.

Abends versammeln wir uns zum Befehlsempfang und erfahren dabei, daß die Zeit unserer Bereitstellung zu Ende ist und die schweren Geschütze zusammen mit der Artillerie zur Unterstützung unserer Panzergrenadiere eingesetzt werden sollen.

—

Auch in der Nacht zum **Donnerstag (15.02.1945)** erlebt Rees noch einmal einen schweren Bombenangriff.

Morgens um 5 Uhr erhalten wir den Befehl zum Stellungswechsel. Wir werden zwar nur zehn Kilometer nach Westen verlegt und über Kehrum nach Neulouisendorf südlich von Kalkar in Marsch gesetzt, aber die schweren Geschütze müssen sofort in Stellung gehen. Das bedeutet für uns Fernsprecher, daß wir Leitungen zu den Feuerstellungen, zum Chef, zur Abteilung und zum Panzerartillerieregiment 146 legen müssen. Da es sich um reinen Erdkampf handelt, wird das Kommandogerät nicht benötigt und bleibt verpackt in einer Scheune stehen.

Hier in Neulouisendorf spürt man deutlich, daß wir dicht hinter der Front liegen. Während des ganzen Tages reißt das deutlich vernehmbare Artillerie- und Maschinengewehrfeuer nicht ab.

Wie wir von Meldern erfahren, versuchen die Briten vor allem, auf der Straße Kleve–Goch nach Süden voranzukommen. Sie werden aber von den Kampfverbänden unserer Division immer wieder zurückgeschlagen. Pausenlos wechseln Angriff und Gegenangriff einander ab, und beide Seiten erleiden schwere Verluste. So verlieren die Briten 300 Soldaten, fünf Panzer und ein Flugzeug, die Deutschen drei Offiziere, 60 Soldaten und einen mittelschweren Panzer vom Typ „Panther".

Gleichzeitig bereiten sich zwei schottische Divisionen darauf vor, Goch und Kalkar zu erobern und damit einen Wendepunkt in der Schlacht um das Rheinland zu erzwingen. Wegen der Umgruppierung läßt der Druck ihrer Artillerie auf die deutschen Linien vorübergehend nach. Das können wir am Abflauen des Kampflärms deutlich erkennen.

—

Während meiner Vermittlungswache von 2 bis 4 Uhr in der Nacht zum **Freitag (16.02.1945)** ist es an der Front sogar vollkommen ruhig. Auch tagsüber sind kaum Kampfgeräusche zu vernehmen.

Abends weicht dann unsere Einheit sieben Kilometer von der Hauptkampflinie zurück, und die schweren Geschütze beziehen neue Stellungen in der Nähe von Uedemerbruch. Noch während der Nacht müssen wir die neuen Fernsprechverbindungen herstellen.

Um einen Überblick über die eigenen Ausfälle zu gewinnen, wurden beim Divisionsstab sämtliche Verlustmeldungen zusammengestellt. Das Ergebnis war niederschmetternd, denn die beiden Panzergrenadierregimenter 60 und 156 haben zwischen 800 und 850 Mann verloren, so daß die Kompaniestärken teilweise bis auf 15 Mann zusammengeschrumpft sind.

—

Am **Samstag (17.02.1945)** ist es an der Front wieder verdächtig ruhig, und auch dieses Mal verschätzen wir uns nicht in der Annahme, daß das „die Ruhe vor dem Sturm" ist. Unklar ist lediglich, wann und wo der Sturm losgehen wird und ob wir in der Lage sein werden, ihn abzuwehren. So leben wir auch ohne Bedrohung aus der Luft, die wegen des schlechten Fliegerwetters nicht zu befürchten ist, in ständiger, auf die Nerven gehender Anspannung.

Da kommt die Marketenderware gerade recht, die abends an uns ausgegeben wird. Dieses Mal sind außer den üblichen Frontkämpferpäckchen auch Spirituosen dabei, über die wir uns bei dem seelischen Druck, dem wir unentwegt ausgesetzt sind, sogleich hermachen. So versuchen wir, die uns ständig drohende Gefahr nach Kräften zu verdrängen. Auch ich halte dabei tüchtig mit und bekomme durch einen gehörigen Brummschädel am Sonntagmorgen die Quittung dafür.

—

Während wir hinter der Front noch einmal einen ruhigen Tag verleben, kommen unsere Fronttruppen an diesem **Sonntag (18.02.1945)** in arge Bedrängnis, denn die Schotten treten mittags zu einem großen Zangenangriff auf Goch an. Unsere stark dezimierten Kampftruppen leisten aber erbitterten Widerstand, so daß die Angreifer auf den mit Trümmern übersäten Straßen nicht recht vorwärtskommen. Erst als sie unter dem Schutz von Nebelgranaten zwei Kompanien unbemerkt aus ihren Stellungen abziehen und die Verteidiger von der linken Flanke her angreifen, können sie in die Stadt eindringen, bis zum Marktplatz vorrücken und dort einige Gebäude besetzen. Das geschieht zur gleichen Zeit, als die Deutschen die verlassenen Stellungen der Briten weiter mit Geschütz- und Werferfeuer eindecken.

—

Durch das plötzliche Auftauchen der Schotten mitten in der Stadt sind die deutschen Soldaten ganz fassungslos und bringen keinen geordneten Widerstand mehr zustande. So geraten rund 600 Verteidiger in britische Kriegsgefangenschaft, und der deutsche Ortskommandant, Oberst Paul

Matussek, wird am **Montagmorgen (19.02.1945)** völlig überrascht am Frühstückstisch festgenommen.

Nach diesem Überraschungserfolg der Briten kehrt an der Front zunächst einmal Ruhe ein. Erst gegen Mittag ist wieder stärkeres Artilleriefeuer des Gegners zu hören.

Nun versuchen die Briten mit aller Macht, die Straße zwischen Goch und Kalkar unter ihre Kontrolle zu bringen. Doch auch hier stoßen sie auf erbitterten Widerstand der deutschen Verteidiger. Wenn unsere Panzergrenadiere einmal zurückweichen müssen, setzen sie kurz darauf mit Artillerieunterstützung zum Gegenangriff an, so daß die Briten gegen Abend ihren Angriff einstellen. Immerhin haben sie am Niederrhein bisher 3.800 Mann verloren, wenn auch die Bilanz auf deutscher Seite mit 10.000 in Gefangenschaft geratenen Soldaten, sowie vielen Toten und Verwundeten noch weitaus schlimmer aussieht.

—

Das schlechte Wetter hält auch am **Dienstag (20.02.1945)** weiter an, und ohne Luftunterstützung kommen die Briten gegen den verbissenen Widerstand unserer Division, die immer noch die Straße zwischen Goch und Kalkar kontrolliert, nicht weiter. Wir hören zwar den ganzen Tag hindurch beiderseitiges Artilleriefeuer, können aber nicht ausmachen, ob es näherkommt oder sich entfernt. Mit Einbruch der Dunkelheit flaut dann der Kampflärm ab, und es tritt wieder Ruhe ein.

—

Das ändert sich aber schlagartig am **Mittwochmorgen (21.02.1945)**, als die Wolken verschwinden und schönes, klares Frühlingswetter beginnt. Sofort sind nämlich Jabos in solcher Masse am Himmel, daß wir sie nicht mehr zählen können. Das ist auch nicht weiter verwunderlich, denn die Briten haben hier 85 Luftgeschwader zusammengezogen. Dabei handelt es sich in der Hauptsache um Jagdbomber vom Typ „Hawker Typhoon", die mit vier 20 mm-Hispano-Kanonen bestückt sind und zwei 227 Kilo- oder eine 454 Kilo-Bombe oder aber acht Raketengeschosse mitführen können.

Sie haben den Auftrag, vor allem deutsche MG-Nester und Werferstellungen auszuschalten. Dazu werden jedem Piloten 100 Kampfflüge befohlen. Und diese setzen auch die volle Kampfstärke ihrer Maschinen ein, indem sie ihre Ziele nicht nur mit Bordwaffen beschießen, sondern die deutschen Stellungen auch mit Bomben- und Raketenangriffen zu zerschlagen, mindestens aber zu schwächen suchen.

Zusammen mit diesen massiven Luftangriffen wird auch das Artilleriefeuer immer stärker, und die Einschläge kommen bedrohlich nahe an unsere Geschützstellungen heran. Einige Granaten schlagen auch direkt im Batteriebereich ein, richten zum Glück aber keinen Schaden an.

Obwohl unsere schweren Geschütze mit der Artillerie kurzgeschaltet und ausschließlich im Erdkampf tätig sind, hat es sich unser Meßtrupp nicht nehmen lassen, „für alle Fälle" das Kommandogerät in Stellung zu bringen. Das erweist sich jetzt jedoch als schwerer Fehler, denn das auf einer kleinen Anhöhe aufgebaute Gerät erhält einen Artillerie-Volltreffer mitten auf die Vier-Meter-Basis. Dadurch wird das Riesenfernrohr in der Mitte geknickt und v-förmig verbogen, so daß seine Enden nun schräg nach oben zeigen. – Damit ist das Gerät unbrauchbar geworden und Luftbeschuß im indirekten Richtverfahren nicht mehr möglich. Sollte die Batterie noch einmal zum Luftbeschuß eingesetzt werden, so bleibt ihr nur das schwierigere direkte Richtverfahren, bei dem das Ziel von verschiedenen Stellen der Batterie aus aufgefaßt und während der Bekämpfung im Erfassungsbereich der an den Geschützen befindlichen Instrumente gehalten werden muß.

Aber auch die Bedienungsmannschaft kommt nicht ungeschoren davon. Vier Bedienungsleute werden in dem halbrunden Splittergraben um das Gerät verschüttet und müssen wieder ausgebuddelt werden. Den übrigen fährt allerdings nur der Schrecken in die Glieder. Alle dreizehn sind durch das Ausfallen ihres Gerätes aber „arbeitslos" geworden.

Bei der Verpflegungsausgabe am Abend erhalten wir dann den Befehl zum Stellungswechsel. Die Batterie weicht rund zehn Kilometer in südöstlicher Richtung zurück und bezieht neue Stellungen bei Balbergheide.

Der Umzug dorthin geschieht sofort und unter ständigem Artilleriebeschuß, so daß es an ein Wunder grenzt, daß alle Fahrzeuge und Geschütze unbeschädigt am Zielort ankommen. Kaum haben wir jedoch den Ortsrand von Balbergheide erreicht, da hört das feindliche Artilleriefeuer schlagartig auf, und die 4 cm-Flak beginnt wie wild zu schießen. Wie gelbrote Perlenketten steigen die Lichtspurgeschosse in den Abendhimmel.

Der Grund für diese wilde Schießerei ist das Erscheinen eines deutschen „Blitzbombers". Die Messerschmitt „Me 262A Sturmvogel" ist ein hochmoderner Jagdbomber mit zwei Strahlturbinentriebwerken, die ihm bei einer Bombenlast von 1.000 Kilogramm eine Geschwindigkeit von 865 km/h ermöglichen. Hier wirft er zunächst seine beiden 500 Kilo-Bomben auf die feindlichen Stellungen ab und beharkt sie anschließend mit seinen vier 30 mm-Kanonen. Dadurch bringt er die feindliche Artillerie vollständig zum Schweigen. Es ist ein interessantes Schauspiel, wie der Pilot dem feindlichen Flakfeuer durch geschicktes Manövrieren immer wieder ausweicht. Offensichtlich sind die Geschütze auf eine solche Geschwindigkeit nicht eingestellt und können deshalb nicht angemessen reagieren.

Der Gegner sieht auch sehr bald die Sinnlosigkeit des Flakbeschusses ein, denn plötzlich bricht das Feuer ab, und binnen weniger Minuten steigen 21 „Thunderbolts" auf, um den Bomber zu jagen. Mit ihren 686 km/h

Höchstgeschwindigkeit sind sie dem deutschen Düsenbomber aber nicht gewachsen und versuchen deshalb, ihn einzukreisen nach dem Motto „Viele Hunde sind des Hasen Tod".

Aber der deutsche Pilot ist wachsam. Mit einigen eleganten Schleifen kurvt er durch den Schwarm der „Thunderbolts", zieht dann steil nach oben und ist in wenigen Augenblicken am dunklen Horizont verschwunden. Die Folge dieses Angriffes ist aber, daß sich die feindliche Artillerie während der kommenden Nacht nicht mehr hören läßt.

Doch mit dem Angriff des Blitzbombers ist es nicht getan in dieser Nacht. Denn als die „Thunderbolts" mit einbrechender Dunkelheit verschwunden und an ihre Standorte zurückgekehrt sind, erleben wir noch einen anderen deutschen Flugzeugtyp im Einsatz.

Gleich vier der von Willy Messerschmitt entwickelten Nachtjäger des Typs „Me Bf 110", die eigentlich dazu bestimmt sind, nächtliche Bomberverbände anzugreifen, werden hier als Jagdbomber im Erdkampf eingesetzt. Diese Maschinen sind mit drei Mann besetzt und haben mit zwei 30 mm-Kanonen, zwei schweren 20 mm- und zwei leichten 7,9 mm-Maschinengewehren eine ganz ansehnliche Feuerkraft.

Mit einer Höchstgeschwindigkeit von 546 km/h sind sie für den Erdeinsatz eigentlich zu langsam und können von der Flak leicht abgeschossen werden. Doch die scheint so verwirrt zu sein, daß sie überhaupt nicht zum Einsatz kommt. Vielleicht ist sie auch gar nicht für die Abwehr von Nachtangriffen ausgerüstet. So können die vier Nachtjäger ungestört die feindlichen Stellungen angreifen und den deutschen Verteidigern eine Verschnaufpause verschaffen. Die ganze Operation dauert etwa 20 Minuten, dann kehren die Maschinen unversehrt an ihren Standort zurück.

—

Sobald es draußen ruhig geworden ist, gehen wir trotz der Dunkelheit daran, auf einem Bauernhof Quartier zu beziehen und in einem Nebengebäude unsere Vermittlung aufzubauen. Am **Donnerstagmorgen (22.02. 1945)** stellen wir dann die nötigen Fernsprechverbindungen her.

Als wir gerade die Leitungsprobe durchgeführt haben, tauchen bereits die ersten Jabos über unserem Dorfe auf. Kurz darauf wird auch die feindliche Artillerie munter und deckt uns mit Störfeuer ein. Das wird anscheinend planlos geschossen und ist besonders gefährlich, weil man nie abschätzen kann, wo die Granaten niedergehen.

Wenn besondere Ziele wie Kreuzungen, Brücken oder Bahnlinien beschossen werden, kann man der Gefahr ausweichen, bei Störfeuer aber kann man jederzeit und überall getroffen werden. Wegen des klaren Wetters können wir uns während des ganzen Tages nicht im Freien bewegen.

Das wird erst am **Freitag (23.02.1945)** etwas besser, als sich der Himmel bewölkt und die Flieger nicht operieren können. Dafür hält das feindliche Artilleriefeuer aber den ganzen Tag über an und wird ab Mittag noch verstärkt, denn die Salven folgen einander nun in immer kürzeren Abständen. Am Nachmittag schlagen in der Feuerstellung der 2. Batterie mindestens vier Granaten ein. Dabei erhält ein Geschütz einen Volltreffer, so daß es mitsamt der Bedienung ausfällt und die Batterie nun nur noch über vier einsatzbereite Kanonen verfügt.

Während wir hier von einem wahren Bomben- und Granatenhagel eingedeckt werden und uns kaum noch ins Freie wagen, haben die Amerikaner im Süden ihre „Operation Grenade" gestartet und unsere Truppen über die Rur zurückgedrängt. Heute morgen um 2.45 Uhr hat das Bombardement dort mit 2.000 Geschützen auf einen Schlag begonnen und 45 Minuten lang Tod und Verderben über die deutschen Stellungen gebracht.

Um 3.30 Uhr sind die Infanteristen aus sechs US-Divisionen zum Angriff angetreten und haben versucht, mit Schlauchbooten die Rur zu überqueren. Das konnten unsere Kampfverbände, die das rechte Ufer verteidigten, durch verbissene Gegenwehr aber gerade noch verhindern.

—

Bei uns im Norden wird es dagegen am **Samstag (24.02.1945)** merklich ruhiger. Morgens und abends ist das Artilleriefeuer zwar recht lebhaft, tagsüber aber gibt es nur Störfeuer. Zur gleichen Zeit aber gelingt es den Amerikanern, im zweiten Anlauf bei Baal eine Pontonbrücke über die Rur zu schlagen, nachdem der erste Versuch daran gescheitert war, daß deutsche Flugzeuge die Brücke unter Beschuß genommen und die Pontons zerstört haben. Nun schaffen sie es aber, ihre Kampfverbände überzusetzen und auf dem Ostufer einen Brückenkopf zu bilden, der trotz mehrerer deutscher Angriffe mit Panzerunterstützung bis in die Abendstunden hinein nicht nur gehalten, sondern sogar ausgebaut werden kann.

—

Am **Sonntag (25.02.1945)** erleben wir über den ganzen Tag verteilt kurze Feuerüberfälle, die uns zwar stören, aber keinen nennenswerten Schaden anrichten. An der Rur jedoch können die US-Pioniere heute mehrere Brücken über den Fluß schlagen, über die nun pausenlos ihre Panzer rollen. Damit ist die Rur, das letzte natürliche Hindernis vor dem Rhein, praktisch überwunden und die 9. US-Armee beginnt damit, sich östlich von Aachen zum Großangriff Richtung Düsseldorf und Köln zu formieren.

Auch wir bekommen das bald zu spüren, denn am **Montagmorgen (26.02.1945)** werden wir durch heftiges Trommelfeuer bereits um 3.15 Uhr aus dem Schlaf gerissen. Mit wechselnder Intensität hält es bis 8 Uhr an. Das hängt damit zusammen, daß das II. Kanadische Korps die Straße Kalkar–Uedem massiv angreift und die deutschen Linien zu durchbrechen sucht. Es mögen 80.000 bis 100.000 Granaten gewesen sein, die während dieser knappen fünf Stunden im Bereich unserer Division niedergegangen sind. Fest steht jedenfalls, daß die 1. Kanadische Raketenwerfer-Batterie allein fünf Salven (= 1.527 Schuß) auf die deutschen Verteidigungslinien abgefeuert hat.

Unter der Last dieser Feuerschläge werden unsere Panzergrenadiere, obwohl es ihnen gelingt, 40 kanadische Panzer abzuschießen, gezwungen, die Front um drei Kilometer zurückzunehmen. So rückt uns die Front immer näher, und unsere Batterien werden von der kanadischen Artillerie mit einem wahren Granatenhagel eingedeckt.

Zu allem Überfluß ist auch der Himmel klar, so daß immer neue amerikanische Patrouillenbomber vom Typ „Lockheed PV-1 Ventura" auftauchen und uns mit ihren sechs Reihenbomben bedenken. Von den Bomben bleibt unsere Batterie zwar verschont, doch in der Feuerstellung gibt es so viele Artillerie-Einschläge, daß wir es aufgeben, sie zu zählen.

Erstaunlicherweise werden Waffen und Geräte nicht getroffen, dafür werden aber unsere Telefonleitungen derart kurz und klein geschossen, daß wir Mühe haben, die einzelnen Stücke überhaupt wiederzufinden, geschweige denn, sie zu funktionierenden Leitungen zusammenzuflicken. Außerdem werden unser Batteriechef, Oberleutnant Wilhelm, und vier weitere Batterieangehörige durch Granatsplitter leicht verwundet.

Gegen Mittag läßt das Artilleriefeuer etwas nach, und wir machen uns auf den Weg zur Feldküche, um unser Essen zu holen. Ausgerechnet jetzt schlägt eine Granate etwa zehn Meter vor der Küche ein, und Wachtmeister Hensel, der Führer des leichten Flakzuges, bekommt einen großen Teil der Splitter ab und wird auf der Stelle getötet, so daß manchem von uns vor lauter Entsetzen der Appetit vergeht.

Mit der Front weicht auch unsere Abteilung um etwa drei Kilometer durch den Xantener Forst nach Labbeck zurück, wo die Geschütze wieder in Erdkampfstellung gebracht werden. Doch es stellt sich schon sehr bald heraus, daß auch diese Stellung nicht zu halten ist und wir noch weiter ausweichen müssen.

—

Schon in der Nacht zum **Dienstag (27.02.1945)** lebt die Kampftätigkeit an der Front wieder auf. Die Kanadier haben sich im Hochwald, kaum vier Kilometer nördlich von uns, festgesetzt und versuchen nun, mit einem Riesenaufgebot an Panzern auf Xanten und Wesel vorzustoßen. Während sie bisher nachts keine größeren Operationen durchgeführt haben, ist in dieser Nacht der ganze Himmel rot vom Mündungsfeuer der Kanonen, vom Detonieren der Granaten und von brennenden Gebäuden, die getroffen worden sind.

Unter ständigem Artilleriebeschuß holen wir unsere wenigen Leitungen noch vor Tagesanbruch ein, soweit wir sie überhaupt wiederfinden. Bei Tage wagen wir uns gar nicht ins Freie und warten ungeduldig auf den Einbruch der Dunkelheit, aber auch auf einen Befehl zum Stellungswechsel aus dieser ungemütlichen Gegend.

Beim abendlichen Verpflegungsempfang erfahren wir dann, daß sich unsere Abteilung um weitere zehn Kilometer nach Südosten zurückziehen soll. Sobald es dunkel wird und die Tiefflieger verschwunden sind, fahren wir über Pauelshof und Grinsdiek nach Veen, sieben Kilometer südlich von Xanten. Während die Kanoniere neue Stellungen für ihre Geschütze suchen, ziehen Funk- und Fernsprechtrupp in die Molkerei ein, wo wir es uns im Keller einigermaßen gemütlich machen.

—

Am **Mittwochmorgen (28.02.1945)** bauen wir dann unsere Vermittlung auf und versuchen, die notwendigen Leitungen zu verlegen. Dabei werden wir durch den anhaltenden Beschuß ständig gestört, und manche Leitung wird, kaum daß sie ausgelegt worden ist, sofort wieder zerstört. So sind ständig einige von uns unterwegs, um die Störungen zu beseitigen.

Auch bei bewölktem Himmel sind immer wieder „Marauder"- und „Ventura"-Bomber unterwegs, die jede Wolkenlücke ausnutzen und ihre sechs Splitterbomben abwerfen, sobald sie eine Bewegung auf der Erde sehen.

Im Keller der Molkerei von Veen hat der Fernsprechtrupp für sich und die Vermittlung eine Bleibe gefunden, während der Fahrer, der Truppführer und der Nachrichtenstaffelführer im Hause gegenüber eingezogen sind, wo sie sich die Räume mit drei Frauen teilen, die vor den Alliierten aus dem Grenzland nach hier geflohen sind.

Aber gleich am ersten Abend, als unsere Kameraden nach einem feucht-fröhlichen Umtrunk mit den Frauen ins Bett gestiegen sind, wirft eine „Marauder" an der Hausfront entlang vier Bomben auf die Straße, so daß die Haustür aus den Angeln bricht und sämtliche Fensterscheiben zu Bruch gehen und ihre Splitter in die Zimmer fliegen.

Während die anderen mit dem Schrecken davonkommen, erhält „Eichelino" einen kleinen Kratzer, kaum größer als ein dicker Stecknadelkopf, genau an seiner linken Halsschlagader. Obwohl die Haut kaum angeritzt wurde und man diese Blessur mit einem kleinen Pflaster ausreichend versorgen könnte, rennt er sofort zu seinem Freund, dem Sani-Unteroffizier, läßt sich eine Tetanusspritze verpassen und den Hals verbinden, wobei er darum besorgt sein muß, daß das kleine rote Pünktchen, das von der

„Verwundung" übriggeblieben ist, nicht oben aus dem imposanten Verband hervorlugt, der mit der Zeit zusammenschrumpft und nach unten rutscht. Aber immerhin hat er mit der Tetanusspritze die Anwartschaft auf das Verwundetenabzeichen und die Eintragung „Streifsplitterverwundung" im Soldbuch erworben, und das ist für ihn das Wichtigste, denn nun kann er später die tollsten Geschichten über seine „schwere Verwundung" zum besten geben.

Ein anderer Kamerad, der zufällig auf der Straße war, kommt nicht so glimpflich davon. Ihm haben die Bombensplitter ein Bein derart zerschmettert, daß eine Notamputation unumgänglich ist. Und die wird in einem Kühlraum im Keller der Molkerei, nicht weit von unserer Vermittlung entfent, vorgenommen.

Weil dem Stabsarzt kein Narkosegerät zur Verfügung steht, muß die Operation bei vollem Bewußtsein durchgeführt werden. Da bleibt nichts anderes übrig als die Methode, die man in Wildwestfilmen bewundern kann, wenn einem Verwundeten ein Geschoß aus dem Körper herausoperiert wird und er auf einen Stab beißen muß, um die Schmerzen auszuhalten. So ähnlich wird es auch hier wohl gemacht. Jedenfalls werde ich die Schreie, die der Verwundete bei der Operation ausstößt, bevor er vor lauter Schmerzen die Besinnung verliert, wohl nie vergessen. So etwas habe ich weder vorher noch nachher bis heute noch einmal gehört. Es ist, als ob ein Baby aus vollem Halse schreit, nur mit einer kräftigen, vollen Männerstimme.

Bei uns im Raume erstirbt sofort jedes Gespräch, als wir die Schreie hören, und es läuft uns kalt den Rücken hinunter. Erst nach einer ganzen Weile erwachen wir aus unserer Erstarrung und stellen fest, daß es im Keller auf einmal gespenstisch ruhig geworden ist. Als wir uns ein Herz fassen, und den Raum betreten, in dem die Operation stattgefunden hat, zeugt nur noch ein Blutfleck auf den Fliesen von dem Drama, das sich hier abgespielt hat. Der Verwundete ist längst abtransportiert worden und wir wünschen ihm von Herzen, daß ihm diese Roßkur wenigstens das Leben gerettet hat.

—

Draußen geht indessen der Krieg mit unverminderter Härte weiter. Die Amerikaner sind bis kurz vor Neuß vorgedrungen, und die Briten und Kanadier bedrohen Xanten. Westlich des Niederrheins ist die ganze Front in Bewegung und wird immer mehr zu einem Brückenkopf um Wesel eingeengt. – Für uns bedeutet das Artilleriebeschuß schon am frühen **Donnerstagmorgen (01.03.1945)** und den ganzen Tag über Jabotätigkeit. Nachmittags tauchen auch wieder „Ventura"- und „Marauder"-Bomber auf, die unser Dorf angreifen und die Fernsprechleitungen derart zerfetzen, daß sich bei manchen nicht einmal mehr das Einholen lohnt.

Der Kampfbericht der Division aber lautet: *„Am 1.3. verhielt sich der Feind bis auf einen schwächeren Vorstoß mit Infanterie und Panzern aus Kunderenhof nach Osten, der im zusammengefaßten Feuer aller schweren Waffen abgewiesen wurde, und reger Lufttätigkeit mit zahlreichen Bombenabwürfen auf die HKL und das Hintergelände ruhig."*

—

Ganz anders lautet aber der Bericht über den **Freitag (02.03.1945)**, in dem es heißt: *„In der Nacht zum 2.3. lag starkes Artilleriefeuer mit heftigen Feuerüberfällen auf HKL und Hintergelände, das bis in die späten Vormittagsstunden hinein andauerte.*

Am frühen Morgen griff der Feind mit Infanterie und starken Panzerkräften nördlich der Bahn Xanten–Uedem auf breiter Front nach Osten und von Norden nach Nabershof an. Die Angriffe wurden durch das tapfer und geschickt kämpfende Fallschirmjäger-Regiment 34 und eine aus allen Teilen der Division zusammengesetzte gemischte Kampfgruppe unter hohen blutigen Verlusten für den Feind abgewiesen. Über Hufscher–Berg–Pauelshof eingebrochene Feindpanzer wurden im sofortigen Gegenangriff unter Vernichtung von 14 Panzern, davon 6 durch Nahkampfmittel, auf ihre Ausgangsstellung zurückgeworfen. Dabei wurden 66 Gefangene der 4. Kanadischen Panzerdivision eingebracht."

Auch wir bekommen natürlich dieses Artilleriefeuer zu spüren. Mehrere Granaten schlagen auch im Bereich unserer Batterie ein und bescheren uns etliche Verwundete.

Abends sickert dann die Nachricht durch, daß von deutscher Seite ein „Brückenkopf Wesel" gebildet werden soll. Dazu soll aus den einsatzbereiten schweren Geschützen unserer Abteilung eine „Kampfbatterie" zusammengestellt werden, um die Artillerie zu unterstützen. Die Kanoniere der verlorengegangenen Geschütze und die Meßstaffel sollen als Infanterieschutz dieser Batterie eingesetzt werden.

—

Da ergibt sich die Frage, was aus der Nachrichtenstaffel wird, und vor allem, welche Fahrzeuge vorab über den Rhein gebracht werden sollen. Da wir aber den ganzen **Samstagvormittag (03.03.1945)** nicht zur Ruhe kommen, muß die Entscheidung hierüber zunächst verschoben werden.

Immerhin bringt dieser Tag der Division einige unangenehme Überraschungen. In ihrem Kampfbericht heißt es dazu:

„Der Versuch des Feindes, am Vormittag durch eine Frontlücke im rechten Nachbarabschnitt mit Infanterie und 15 Panzern gegen den rechten Divisionsflügel vorzustoßen und diesen von Norden her aufzurollen,

wurde durch Teile des Fallschirmjäger-Regiments 34 in der Linie Waldmannshof-Pauelshof abgeriegelt und damit vereitelt. Weitere Feindangriffe entlang der Bahnlinie Uedem–Xanten und gegen den rechten Flügel der Gruppe Stephan wurden abgewiesen. Später mußte der linke Flügel der Division jedoch auf Grund des Feindeinbruches in den linken Nachbarabschnitt eingedreht und bis zum Ostrand des Hochwaldes Staatsforst Xanten auf die Linie Rosental–Pauelshof–Hasenacker–Lindenhecke zurückgenommen werden.

Am Nachmittag drangen feindliche Infanterie und Panzer nach kurzem, aber heftigem Trommelfeuer an mehreren Stellen gegen eine gemischte Kampfgruppe der Division, die aus ungenügend ausgebildetem, erst vor wenigen Tagen eingegliedertem und nicht genügend gefestigtem Nachersatz stammte und dem feindlichen Druck nicht standhielt, aus Jagen 122 über den Waldrand hinaus nach Osten vor, wo sie dann aber im zusammengefaßten Feuer aller schweren Waffen liegenblieben. Der Feind verlor in den Kämpfen dieser Tage erneut 10 Panzer und 2 Schützenpanzerwagen.

In der Nacht zum 4.3. wurden die noch eingesetzten Teile der Division aus der Front nach Nordwesten herausgelöst und diese selbst als Armee-Reserve zum Einsatz gegen die vom Süden aus dem Raum Moers vordringenden Amerikaner in den Raum um Alpen verlegt."

Für uns beginnt der **Samstag (03.03.1945)** mit massiven Angriffen zweimotoriger Bomber auf Veen, danach werden wir mit Artilleriefeuer völlig eingedeckt. Während unsere Batterie von Ausfällen verschont bleibt, gibt es Tote und Verwundete in der 2. und 3. Batterie.

Als sich dann der Himmel bewölkt, die Flugzeuge verschwinden und auch der Artilleriebeschuß nachläßt, wird ein kurzer Appell abgehalten und bekanntgegeben, daß der Funktrupp im Brückenkopf die Nachrichtenübermittlung übernimmt, der Fernsprechtrupp aber mit dem Troß über den Rhein gebracht werden soll.

Abends bringt uns dann ein Melder den Fahrbefehl nach Dorsten in Westfalen. Die Scheinwerfer der Alliierten, die allnächtlich das Vorfeld der Front in gleißendes Licht tauchen, stehen bereits am Himmel, als wir uns in die Kolonne der Fahrzeuge einordnen, die über den Rhein verlegt werden sollen.

Die ersten 15 Kilometer über Menzelerheide, Winterswick bis Kohlenhuck geht die Fahrt recht zügig vonstatten. Dort müssen wir uns aber in eine schier endlose Fahrzeugschlange einordnen, die von hier aus über Lohmannsheide bis zur Homberger Rheinbrücke reicht. Doch dank guter Organisation und hoher Disziplin der Fahrer und ihrer Begleiter geht die Fahrt recht flüssig vonstatten. Stundenlange Aufenthalte wie in der Eifel gibt es hier nicht.

Als wir Lohmannsheide durchquert haben, befinden wir uns bereits im Stadtbereich von Homberg und hoffen inständig, daß die Stadt nicht bombardiert wird und die Rheinbrücke mindestens solange passierbar bleibt, bis wir auf der anderen Rheinseite angekommen sind.

Duisburg wird nämlich bereits von Zwillingslangrohrgeschützen unter Feuer genommen. Immer wieder hören wir fern im Westen einen dumpfen Doppelknall, dann über uns ein Pfeifen und schließlich zwei Detonationen irgendwo in der Stadt, die sich anhören, als ob dicke Steine in das Glasdach eines Treibhauses geworfen würden. Wie ein Gerücht besagt, sollen das auf Landfahrzeuge (Tieflader) montierte Schiffsgeschütze sein, die hier eingesetzt werden, weil sie Haubitzen und Kanonen an Reichweite weit übertreffen.

Mit Zittern und Bangen, aber ohne Schaden zu erleiden, kommt der ganze Rest der Batterie, der nicht im „Brückenkopf Wesel" eingesetzt wird, schließlich über den Rhein. Alle atmen auf und bedauern die Kameraden, vor allem die vom Funktrupp, die im Brückenkopf den von allen Seiten anstürmenden Alliierten Widerstand leisten sollen.

Es ist ein sehr beruhigendes Gefühl, auf der rechten Seite des Rheins zu sein, denn hier haben wir zumindest die Illusion, der Front entronnen zu sein. Jedenfalls fühlen wir uns sehr erleichtert auf unserer Fahrt durch die teilweise zerstörten Duisburger Ortsteile Oberhausen und Meiderich.

—

Um Mitternacht erreichen wir Sterkrade, fahren aber ohne Aufenthalt weiter über Kirchhellen, Hardinghausen, Dorsten, Orthove, Kusenhorst und Lippramsdorf nach Eppendorf, sechs Kilometer westlich von Haltern.

Hier treffen wir am **Sonntag (04.03.1945)** mit Tagesanbruch ein und verharren in unseren Fahrzeugen, bis es Tag geworden ist und uns die Quartiere zugewiesen werden. Das geschieht während eines Appells nach dem Frühstück, und um 10 Uhr zieht der Fernsprechtrupp in einen Bauerhof mit einer zur Zeit stilliegenden Gaststätte ein.

An das auf dem Grundstück links stehende Wohnhaus schließt sich ein Mittelbau an, in dem sich die verwaiste Gaststätte befindet und der rechts in den angebauten Saal übergeht. Die Gebäude umschließen einen geräumigen Innenhof. Im Saal ist augenblicklich eine Einheit der Luftwaffenflak untergebracht. Deshalb beziehen wir den Mitteltrakt, der etwas aus der Baufluchtlinie in den Hof hineinragt und von beiden Seiten vom Hof aus zugänglich ist. Der Saal hat einen großen Eingang vom Hofe her, kann aber auch über die ehemalige Gaststube im Mitteltrakt erreicht werden.

Mittags ist ein kurzer Appell, bei dem die Vollzähligkeit der Fahrzeuge festgestellt wird, die nicht im Brückenkopf eingesetzt werden sollten. Dann teilt uns der Spieß mit, daß hier im Raum Dorsten alle Einheiten unserer Division gesammelt und aufgefrischt werden sollen. Der über den

Rhein hierher verlegte Teil unserer Abteilung soll in und um Eppendorf Quartier beziehen und warten, bis der Brückenkopf aufgehoben wird und die dort eingesetzten Fahrzeuge und Geschütze wieder bei ihren Batterien eingetroffen sind.

Der heutige Sonntag ist im übrigen dienstfrei. Das nutzt „Eichelino" dazu aus, den ganzen Trupp und dazu noch den Nachrichtenstaffelführer und den Schuster im Schankraum um sich zu versammeln, um mit uns „Siebzehn-und-Vier" zu spielen. Allerdings lassen sich nur der Wachtmeister, der Unteroffizier, der Schuster und Rudi Pfeiffer zum Mitspielen überreden.

Wir anderen sehen lieber zu, wie die fünf Spieler so richtig in Fahrt geraten. Deshalb fühlen sie sich gestört und sind verärgert, als ein Oberleutnant von der Flak zur linken Tür hereinkommt, quer durch das Lokal, also unseren Aufenthaltsraum, marschiert und durch die rechte Tür im Saal verschwindet, wo seine Truppe liegt. Denn Glücksspiele sind verboten, und die fünf müssen sofort ihre Karten verschwinden lassen, als er hereinkommt.

Als der Offizier etwas später auf demselben Weg nach draußen zurückgeht, obwohl er vom Saal aus direkt auf den Hof gelangen könnte, platzt unserem Fahrer, der beim Spiel so richtig in seinem Element ist, der Kragen. *„Verdammt! Das müssen wir ihm abgewöhnen!"* stellt er wütend fest.

Als alle bezweifeln, daß das möglich ist, sagt er augenzwinkernd: *„Laßt das nur den Adolf machen!"* Damit bricht er das Spiel ab und verschwindet im Wohngebäude. Wir trauen ihm nach unseren bisherigen Erfahrungen sicher einiges zu, aber nicht, daß er einem Offizier verbieten kann, unser Lokal zu betreten.

Adolf bleibt fast eine Stunde aus. Zwischendurch sehen wir ihn lediglich einmal in den Saal und dann zurück ins Wohnhaus gehen. Dann kommt er aber zu uns zurück und meint: *„So, das wäre geregelt! Los, die Karten auf den Tisch! Der stört uns nicht mehr!"*

Kurz darauf ist das Spiel wieder in vollem Gange. Da ruft Bernd Linde plötzlich: *„Karten weg! Der Oberleutnant kommt!"*

Das Spiel wird zwar sofort unterbrochen, doch „Eichelino" macht keinerlei Anstalten, die Karten verschwinden zu lassen. Durch die Fenster sehen wir den Flakoffizier auf unseren Eingang zugehen und stellen zu unserem Erstaunen fest, daß er nicht hereinkommt, sondern stehenbleibt und dann umkehrt und über den Hof zum Saal hinübergeht.

Alle sind ganz verdutzt, und Wachtmeister Gnidtke, der hier als Nachrichtenstaffelführer die Verantwortung trägt, wird ein wenig nervös und blaß im Gesicht. *„Eichelino, was hast du jetzt schon wieder angestellt?"* wendet er sich dann an unseren Fahrer und fährt fort: *„Ich habe keine Lust, für dich in den Bau zu gehen!"*

„*Nichts Besonderes*", antwortet dieser gelassen. „*Ich habe nur an den beiden Eingängen ein Schild aufgehängt.*"
„*Linde, holen Sie sofort die Schilder rein!*" befiehlt nun der Wachtmeister.
Bernd verschwindet sofort und kommt dann mit zwei 30 x 25 cm großen Pappschildern zurück. Auf ihnen steht in schöner Schnörkelschrift: „*VERMITTLUNG GRAF EICHELINO, EINTRITT NUR DIENSTLICH!*" und darunter die Unterschrift „*Zimmermann, Hptm. u. DiNaFü*". Dabei ist der Namenszug „Zimmermann" in altertümlicher Sütterlinschrift so perfekt vollzogen, daß niemand so leicht an seiner Echtheit zweifeln würde. Wer könnte auch wohl den Namen des Divisionsnachrichtenführers der 116. Panzerdivision kennen?

Obwohl beide Plakate entfernt wurden, geht der Flakoffizier von nun an nicht mehr durch das Lokal, sondern vom Hof aus direkt zu seinen Leuten in den Saal, und „Eichelino" fühlt sich mal wieder als der Größte, während Bruno Gnidtke im stillen hofft, daß sonst niemand die Schilder gesehen hat und er deswegen keinen Ärger bekommt.

—

Während im Brückenkopf Wesel heftig gekämpft wird, beginnen für uns ab **Montag (05.03.1945)** ein paar ruhige Tage. Wir bauen keine Vermittlung auf und haben auch keinen Wachdienst zu versehen, so daß wir in Ruhe unsere persönlichen Sachen in Ordnung bringen, Knöpfe nachnähen, Briefe schreiben oder auch zum Friseur gehen können.

Allerdings muß auch das gesamte Fernsprechgerät einmal generalüberholt und gesäubert werden. Vor allem die Kabelrollen müssen wieder einmal umgespult und die Leitungsdrähte an den Flickstellen ordentlich nachgebessert werden.

Bei unseren Gastgebern genießen wir vollen Familienanschluß. Mit ihnen versammeln wir uns zu den Mahlzeiten um den großen Küchentisch und lassen uns die gute westfälische Hausmannskost munden.

Selbstverständlich steht Adolf Eichel sehr schnell im Mittelpunkt, denn hier kann er wieder einmal seine verschiedenen Talente vorführen. So holt er vor dem hier üblichen täglichen Tischgebet ein (mit Sicherheit irgendwo gestohlenes) Gebetbuch hervor und beginnt darin zu blättern. Damit beeindruckt er weniger uns vom Fernsprechtrupp als die alte und junge Bäuerin, denen er auf Befragen bereitwillig erklärt, man müsse in diesen schweren Zeiten auch einmal zur Besinnung kommen und zu sich selbst und den unvergänglichen Dingen zurückfinden. Das sagt er mit einem derart frommen Augenaufschlag, daß die Frauen an seiner Aufrichtigkeit nicht den geringsten Zweifel hegen.

Natürlich beteiligt er sich auch am Tischgebet, zumindest macht er vor- und nachher ein großes Kreuzzeichen.

Als ihn der Wachtmeister fragt, ob er denn überhaupt beten könne, meint er schlicht: *„Nee, natürlich nicht! Ich mache das Kreuzzeichen, zähle langsam bis zwanzig und mache wieder das Kreuzzeichen."*

Das hat allerdings zur Folge, daß Bruno Gnidtke jedesmal beim Tischgebet leicht errötet, weil er weiß, daß „Eichelino" jetzt wieder bis zwanzig zählt.

Allerdings ist „Eichelinos" Repertoire mit dieser Vorführung keineswegs erschöpft. Hier zeigt er zum ersten Mal ein weiteres Talent.

In der Familie gibt es nämlich ein etwa zweijähriges kleines Mädchen, und dem führt er nun seine Gebißnummer vor. Er hat im Oberkiefer nämlich nur noch einen eigenen Zahn, aber ein hervorragend angepaßtes künstliches Gebiß, das er mit der Zunge lösen und auf den Unterkiefer herunterfallen lassen kann. Bisher hat er es lediglich einmal in eine Schüssel Pudding gesteckt, um uns den Appetit zu verderben. Allerdings haben wir nun gerade den ganzen Pudding aufgegessen und ihm nur das Stückchen mit dem Gebiß übriggelassen.

Nun aber nimmt er das kleine Mädchen auf den Arm, tätschelt es und spielt den lieben Onkel Adolf. Sobald er sich aber unbeobachtet fühlt, öffnet er den Mund, läßt das Gebiß herunterfallen und sagt *„Bäääh!"*

Natürlich bekommt das Kind Angst und fängt an zu schreien, doch sobald die Mutter oder Oma nach ihm sieht, tätschelt er das Kind wieder, und die Frauen sind völlig ratlos, warum das Kind plötzlich schreit und strampelt und losgelassen werden will. Diese Vorstellung läßt sich allerdings nicht beliebig wiederholen, dann das Kind nimmt künftig sofort Reißaus, sobald sich „Onkel Adolf" blicken läßt.

So sorgt „Eichelino" für Unterhaltung und gibt auch abends oft eine weitere Kostprobe seines Könnens, indem er Hitler oder Goebbels nachahmt, Otto-Reutter-Verse zitiert oder die bekannten von-Zitzewitz-Soldatenwitze erzählt.

Darüber vergißt er aber keineswegs, die Kameraden beim Kartenspiel um ihre Ersparnisse zu erleichtern. Sie gehen ihm immer wieder auf den Leim und hoffen, beim „Siebzehn-und-Vier" ihr verlorenes Geld zurückzugewinnen, zumal sie seinen Trick dabei nicht kennen.

Beim Spiel „Schlesische Bank", an dem ich mich regelmäßig beteilige, geht es um wesentlich kleinere Summen, und außerdem hat jeder wirklich die gleichen Chancen.

Diese Idylle wird dann am **Freitag (09.03.1945)** nachhaltig gestört. Für die Zeit von 10 bis 10.30 Uhr steht an diesem Tage nämlich „Unterricht an der Panzerfaust" auf dem Dienstplan, den Oberwachtmeister Schöttler als ausgebildeter Waffenunteroffizier und Feuerwerker zu erteilen hat.

Dazu tritt die ganze Batterie, soweit sie nach hier verlegt worden ist, in Dreierreihen an, während die Unteroffiziere wie üblich vor der Front stehen. Alle lauschen aufmerksam den Ausführungen Franz Schöttlers, der uns die Panzerfaust erklärt, obwohl jeder im stillen hofft, daß er so ein Ding, wie es seit kurzem im Führerhaus jedes Fahrzeugs mitgeführt werden muß, niemals in die Hand zu nehmen braucht.

Wachtmeister Gnidtke, seit langem mit dem Feuerwerker eng befreundet, ist besonders interessiert, tritt an seinen Freund heran und meint: *„Man sollte sich das Ding ruhig einmal näher ansehen. Man kann ja nie wissen, ob man es nicht doch einmal braucht."*

Franz Schöttler erklärt zuerst die Bestandteile der Panzerfaust: das Rohr mit der Treibladung, die stark genug ist, um den Kopf 150 Meter weit zu schleudern, und den Kopf mit der Sprengladung, die nur scharf wird, wenn er ein größeres Stück geflogen ist oder auf einen harten Gegenstand trifft, wie beispielsweise die Wanne eines Panzers.

Dann erklärt er die Handhabung der Waffe, zeigt, wie man sie anlegen und das Ziel ins Visier nehmen muß, daß man darauf achten muß, daß niemand hinter dem Schützen steht und daß man beim Benutzen der Waffe nicht vor einem Baum oder einer Wand stehen darf, weil beim Abschuß ein starker Feuerstrahl aus dem Rohr schießt.

Schließlich erklärt er die Abzugsvorrichtung, die für den Transport durch eine Plombe gesichert ist. Er zeigt uns, wie man die Plombe entfernen kann, ohne einen Schuß auszulösen, und fährt dann fort: *„Wenn man das Ziel aufgefaßt hat, drückt man hier..."*

„Bumm!"– Ein scharfer Knall läßt alle zusammenzucken, der Feuerstrahl aus dem Rohr zischt nur eine Handbreit an Unteroffizier Gueffroys Gesicht vorbei, und Wachtmeister Gnidtke wird auf die Entfernung von einem Meter genau auf die linke Brusttasche getroffen. Er wird durch den Aufprall kurz angehoben und fällt dann auf den Rücken wie ein gefällter Baum. Er bewegt zwar seine Lippen, aber es quillt nur blutiger Schaum aus seinem Munde hervor. Die Lunge ist geplatzt und der Brustkorb bläht sich auf wie ein Ballon. Der Kopf der Panzerfaust liegt auf der Erde, und wir stieben auseinander aus Angst, er könnte doch noch explodieren.

Leichenblaß und wie versteinert steht Oberwachtmeister Schöttler da. Er kann es gar nicht fassen, was soeben geschehen ist, und daß es kein böser Traum, sondern bittere Wirklichkeit ist: Er hat gerade seinen besten Freund erschossen!

Als der Chef erfährt, was geschehen ist, wird der Feuerwerker sofort vom Dienst ausgeschlossen, entwaffnet und unter Beobachtung gestellt, weil zu befürchten ist, daß er den Vorfall nicht verkraften kann und vielleicht sogar Selbstmordgefahr besteht.

Wir anderen sind nach dem Vorfall ein paar Meter zurückgesprungen und gehen nun wortlos und tief erschüttert auseinander. Der Sani stellt kurz den Tod fest und macht dann die erforderliche Meldung an die Abteilung, damit der Stabsarzt alles Weitere veranlassen kann. Dieser wendet sich an das Krankenhaus in Dorsten, das am Nachmittag den Toten abholt, um die bei Unfällen vorgeschriebene Obduktion durchzuführen. Danach wird er dann auf einem Soldatenfriedhof in Dorsten beigesetzt. Es ist genau 10.40 Uhr, als eine junge Frau mit drei kleinen Kindern irgendwo in Pommern „Kriegerwitwe" wird.

Wir sind über den tragischen Tod unseres Nachrichtenstaffelführers lange Zeit ganz fassungslos, doch dann kehrt unerbittlich der Alltag zurück.

Vor allem ist ein Nachfolger zu bestimmen. Da Paul Gueffroy dienstälter ist als der Funktruppführer Hermann Bretzke, übernimmt er die Position von Bruno Gnidtke. Auch privat betrachtet er sich wohl als dessen Erbe, denn er übernimmt ganz selbstverständlich dessen persönliche Habe bis auf ganz private Dinge, die seiner Witwe übersandt werden. Vor allem trägt er jetzt dessen schönen neuen Uniformrock, obwohl der von der Panzerfaust auf die linke Brusttasche geprägte kreisrunde Abdruck auch durch stärkstes Bügeln nicht zu entfernen ist.

—

Auch für unsere an der Front befindlichen Kameraden ist dieser **9. März 1945** von Bedeutung, denn am Abend um 21.20 Uhr erreicht sie der Befehl zum Räumen des Brückenkopfes Wesel.

Dazu heißt es im Kampfbericht der 116. Panzerdivision: *„Die schweren und verlustreichen Kämpfe um den Niederrhein fanden hiermit ihren Abschluß. Die Division mußte darin wiederum unter ungünstigen Bedingungen zu einem Zeitpunkt eintreten, in dem sie nach der harten Winterschlacht in den Ardennen aus Mangel an Betriebsstoff noch über einen Raum von über 250 km auseinandergerissen war. Infolgedessen konnte der neue Kampf nicht im geschlossenen Divisionsverband (...) aufgenommen werden. (...)*

Hinzu kam, daß die Panzergrenadierregimenter nach dem Abschluß der Kämpfe in den Ardennen nur etwa eine Woche Zeit hatten, um ihre völlig ausgebluteten Verbände durch Nachersatz aufzufrischen und neu zusammenzuschweißen.

Trotz dieser ungewöhnlichen Schwierigkeiten und trotz eigener hoher Ausfälle errangen alle Truppenteile der Division im Kampf gegen eine massierte feindliche Übermacht (...) neue glänzende Waffenerfolge. In aufopferungsvollen Kämpfen gelang es ihnen, jeden Durchbruch des Feindes (...) zu verhindern und (...) zu erreichen, daß der (...) Feind nicht in den Rücken der Fallschirm-Armee bis Wesel durchstieß. (...)

Der Feind verlor in diesem Kampfabschnitt neben seinen besonders hohen blutigen Verlusten, die ein Vielfaches der eigenen Ausfälle betrugen, insgesamt 225 Gefangene, 203 Panzer, zahlreiche Schützenpanzerwagen, Panzerspähwagen, Maschinengewehrträger, Geschütze und Panzerabwehrkanonen, sowie 5 Flugzeuge. Demgegenüber betrugen die eigenen Verluste nach Abzug von 22 Offizieren, 85 Unteroffizieren und Mannschaften, die trotz Verwundung bei der Truppe verblieben sind, 68 Offiziere und 2.465 Unteroffiziere und Mannschaften."

Die Leistung der 116. Panzerdivision in den vier Wochen der Schlacht um den Niederrhein ist um so erstaunlicher, wenn man bedenkt, daß der Gegner über eine erdrückende Übermacht auf allen Gebieten verfügte und seine Angriffsverbände nach kürzester Zeit durch frische ablösen konnte. Als seine gefährlichste Waffe im Kampf gegen die Infanterie erwiesen sich dabei die britischen Flammenpanzer, denn ihre Reichweite war größer als die der Panzerfaust, und der Feuerstrahl drang in Deckungen und Häuser.

Heinz Günther Guderian beschreibt die Kriegslage zu diesem Zeitpunkt wie folgt: *„Inzwischen hatte sich die Lage im Westen wie im Osten immer gefährlicher zugespitzt. Die Amerikaner hatten zwischen Rheinberg und Koblenz den Rhein erreicht. Zwischen Koblenz und Trier standen sie auf dem Nordufer der Mosel bereit zum Angriff nach Süden. Aus dem Unterelsaß, aus Lothringen und Luxemburg war mit einem Angriff gegen das Saargebiet und die Pfalz zu rechnen.*

Das Schlimmste aber war, daß den Amerikanern am 7. März die Eisenbahnbrücke bei Remagen unversehrt in die Hände gefallen war und sofort ein großer rechtsrheinischer Brückenkopf gebildet werden konnte.

Hitler löste Generalfeldmarschall von Rundstedt ab und ernannte Generalfeldmarschall Albert Kesselring zum Oberbefehlshaber West.

Das Verkehrssystem des Reiches war durch den Bombenkrieg gelähmt, die Betriebsstofflage katastrophal. Die wichtigsten Industriegebiete lagen bereits im Frontbereich oder befanden sich schon in Feindeshand. Der Krieg war verloren. Und nur ein Wunder hätte noch die Dinge wenden können. (...)

In Jalta hatten die Gegner Anfang Februar noch einmal die Vernichtung des Deutschen Reiches beschlossen. Das deutsche Volk und der deut-

sche Soldat standen mit dem Rücken an der Wand und taten trotz allem weiter das, was sie als ihre Pflicht ansahen."[4]

Bei diesem Stand der Dinge begehen wir in Eppendorf am **Sonntag (11.03.1945)** den „Heldengedenktag". Beim Morgenappell wird in einer Schweigeminute unseres jüngsten Toten gedacht, und danach wird Paul Gueffroy offiziell zum Nachrichtenstaffelführer ernannt. Gleichzeitig rückt Walter Hahn zum Fernsprechtruppführer auf und wird zur Beförderung zum Unteroffizier vorgeschlagen, die dann mit Wirkung vom 1. April vollzogen wird.

Auch auf höchster Ebene gibt es heute eine wichtige Entscheidung. Denn im Hauptquartier der 1. Fallschirmjägerarmee bei Wesel trifft Generalfeldmarschall Kesselring mit dem Oberkommandierenden der Heeresgruppe H, Generaloberst Johannes Blaskowitz, und dem Kommandeur der 1. Fallschirmjägerarmee, General der Fallschirmtruppen Alfred Schlemm, zusammen, um die Verteidigung des rechten Rheinufers zu organisieren. Dabei wird General Schlemm mit der Gesamtleitung dieses Unternehmens beauftragt.

Am **Montag (12.03.1945)** begehe ich dann meinen 20. Geburtstag völlig unauffällig, so daß es allgemein überhaupt nicht bekannt wird. Wir machen lediglich einige Erinnerungsfotos, auf denen ich allein oder mit Walter Feikes oder auch mit Walter Feikes und Rudi Pfeiffer posiere.

Ich hätte meinen Geburtstag gerne mit Martin Schmidt verbracht, doch aus dem Brückenkopf Wesel kommen heute nur die Kanoniere mit ihren Zugmaschinen und Geschützen an. Der Funkwagen läßt noch auf sich warten. Er erreicht uns erst am **Dienstag (13.03.1945),** und Martin berichtet mir ausführlich über seine Erfahrungen im Brückenkopf, in dem aber keiner vom Funktrupp zu Schaden gekommen ist.

Beim Morgenappell am **Mittwoch (14.03.1945),** zu dem wir alle in normaler Tuchuniform antreten, erscheint Martin im Mantel, mit gelbem Schal und seinem Stahlhelm als Kopfbedeckung. Da er als rechter Flügelmann mit einer Körperlänge von 1,94 Meter nicht zu übersehen ist, gibt es schon beim Antreten Getuschel in unseren Reihen.

---

[4] Heinz Günther Guderian „Das letzte Kriegsjahr im Westen", S. 462/463

Als Stabswachtmeister Flöring dann dem Spieß die angetretene Batterie meldet, vergißt der glatt sein übliches *„Morgen, Soldaten!"* und brüllt statt dessen: *„Schmidt, Sie Schlot! Wie erscheinen Sie zum Dienst?!"*

„Ich habe meine Mütze im Weselbrückenkopf verloren, Herr Hauptwachtmeister", antwortet Martin seelenruhig und fährt fort: *„Meine Uniform ist noch naß vom Waschen, und der Drillichanzug ist ohne Mantel zu dünn bei diesem Wetter."*

Der Spieß atmet ein paarmal tief durch, hält es dann, als Leutnant Werthmann hinzukommt, aber für besser, Martin schnell zu vergessen und den Appell routinemäßig fortzusetzen. Dabei gibt er bekannt, daß sich die Division inzwischen befehlsgemäß im Raum von Dorsten versammelt hat und in den nächsten Tagen als Armeereserve nach Holland in die Gegend von Arnheim verlegt werden soll.

Über diese Tage in Westfalen schreibt Major Fritz Vogelsang in sein Tagebuch: *„Für die ganze Division waren diese zwei Wochen der Ruhe eine seit langem ersehnte und verdiente Erholung, eine Ausspannung, die zum letzten Male Gelegenheit gab, sich im Kameradenkreis innerhalb der Verbände zu treffen, zu plaudern und sich ein wenig freizumachen von dem ungeheuren physischen und seelischen Druck des Erlebens der letzten Monate. Es war einfach herrlich, nach all dem Dreck, dem Wirbel, der Hast in wohlgepflegten, unversehrten Häusern, bei netten Menschen wenigstens nach außen hin Ruhe zu finden. Doch innerlich? An allen nagte das Bangen um die Heimat, um die nächste Zeit, die Last einer Lage, aus der kaum noch ein Ausweg zu erkennen war. Immer wieder tauchte die Frage auf: WARUM?"*

Sicher hat der Divisionsadjutant die Lage zutreffend geschildert, doch nun ist es mit dieser Ruhe und Beschaulichkeit vorbei, denn für **Donnerstag (15.03.1945)** ist Stellungswechsel befohlen worden, und das bedeutet für uns, die Sachen packen und unser vorzügliches Quartier verlassen.

Der Ruhrkessel

Der Tag beginnt recht ungemütlich, denn es ist kalt und regnerisch. Entsprechend gedrückt ist auch die Stimmung beim Morgenappell.

Doch dann zieht der Spieß eine Postkarte aus seinem dicken Buch und beginnt vorzulesen: *„Bei Dorsten, den 14. März 1945. Liebe Oma! Mir geht es gut. Den Weselbrückenkopf habe ich gut überstanden..."*

Doch hier bricht er ab und brüllt: *„Schmidt, Sie Schlot! Wie oft muß ich noch erklären, daß in Briefen und auf Postkarten keine Ortsangaben gemacht werden dürfen?!"* Dann muß er etwas verschnaufen, bevor er fortfährt: *„Sie melden sich um 10 Uhr beim Chef! Das wird Sie mindestens drei Tage kosten."*

Martin aber setzt seinen treuen Hundeblick auf, verzieht keine Miene und erweckt so den Eindruck, als habe er überhaupt nicht verstanden, worum es hier geht. Ich kann mir allerdings gut vorstellen, was er jetzt denkt. Als er später um 10.30 Uhr vom Chef zurückkommt, sagt er nur: *„Ich habe drei Tage Dicken weg, der Vollzug ist aber vorerst ausgesetzt."*

Bis Mittag packen wir unsere Sachen zusammen, nehmen mit unseren Quartiergebern noch ein gemeinsames Mittagessen ein und müssen uns dann verabschieden.

Begünstigt durch das diesige Wetter können wir auch gleich am frühen Nachmittag nach Holland aufbrechen. Die ersten 15 Kilometer führen uns westwärts über Wulfen zum Forsthaus Freudenberg in der Emmelkämper Mark, wo sich die Straßen Wesel–Haltern und Borken–Dorsten kreuzen. Hier biegen wir nach Norden ab und fahren weiter 19 Kilometer über Erle und Raesfeld nach Borken.

Ohne Aufenthalt fahren wir dann über Rhede nach Bocholt, und von dort auf kleinen Nebenstraßen zum Grenzübergang Suderwick. In den Niederlanden geht es weiter über Dinxperlo, Breedenbroek, Ligtenberg, Silvolde und Terborg nach Gaanderen, etwa sechs Kilometer südöstlich von Doetinchem.

—

Den Rest der Nacht verbringen wir in unseren Fahrzeugen, erst am **Freitagmorgen (16.03.1945)** sehen wir uns nach Quartieren um. Dabei zieht der Fernsprechtrupp in den Seitenflügel des evangelischen Pfarrhauses ein. Dort bauen wir auch unsere Vermittlung auf und stellen dann die erforderlichen Verbindungen her. Anschließend legen wir die Vermittlungswachen fest. Auch Walter Hahn beteiligt sich, obwohl er das als Fernsprechtruppführer nicht mehr zu tun brauchte.

Hier in Holland ist vom Kriege nichts zu spüren, aber gerade jetzt bereiten die Alliierten einen massiven Schlag über den Rhein vor. Unter dem Decknamen „Plunder" (Beute, Plünderumg) werden dazu Kanadier, Briten und Amerikaner – insgesamt mehr als eine Million Soldaten – für diese Operation bereitgestellt.

General Schlemm erwartet diese Offensive über den Rhein bei Emmerich und Rees und rechnet außerdem mit dem Versuch einer gewaltigen Luftlandeoperation. Deshalb verstärkt er nicht nur die Luftabwehr in den vermuteten Absprunggebieten und läßt 814 schwere und leichte Flakgeschütze in Stellung bringen, sondern auch 60 aus Wesel abgezogene Artillerie-Batterien zur Rückenstärkung der Verteidigungslinien östlich des Rheins auffahren. Die Feuerkraft unserer Abteilung aber hält er vorerst als Armeereserve zurück. Dadurch können wir in Holland ein paar ruhige Tage verleben, ohne dabei wegen diesigen Wetters sogar von Fliegern belästigt zu werden.

—

Beim Frühappell am **Samstag (17.03.1945)** gibt der Spieß bekannt, daß die Delinquenten – inzwischen sind es vier Männer, die zu mehreren Tagen Arrest verurteilt worden sind, – um 10 Uhr ihre Strafe anzutreten haben, die übrigen aber zwei Stunden Infanteriedienst im Gelände absolvieren müssen. Unteroffizier Bretzke wird damit beauftragt, die Verurteilten im Strafvollzugslokal abzuliefern, Stabswachtmeister Flöring übernimmt den Infanteriedienst. Wie sich der Spieß diesen Dienst vorstellt, gibt er nicht bekannt.

Jedenfalls marschieren wir gegen 10.30 Uhr mit geschultertem Karabiner durch das Dorf und singen *„Oh, du schöner Westerwald."* Als wir mitten im Dorf an einem Laden vorbeikommen, trauen wir unseren Augen nicht, denn mitten im Schaufenster sitzen die vier Arrestanten und spielen Skat.

Doch ein alter Hase wie Stabswachtmeister Flöring läßt sich natürlich nicht mehr ins Bockshorn jagen, denn kaum haben wir das Dorf verlassen und uns einer Wiese mit einer Baumgruppe genähert, da befiehlt er: *„Nach rechts wegtreten, marsch, marsch!"*

Das lassen wir uns nicht zweimal sagen. Im Nu löst sich der Zug auf, und wir stürmen über die Wiese zu den Bäumen, stellen unsere Karabiner zu Gewehrpyramiden auf und legen uns im Schatten ins Gras. Hier sprechen wir ab, welche Infanterieübungen wir gemacht haben, falls jemand danach fragen sollte, denn schließlich muß alles seine Ordnung haben.

So erholen wir uns während der Zeit, die für den Infanteriedienst vorgesehen ist, im Grase liegend und marschieren anschließend besonders zackig zum Appellplatz zurück. Dort heißt es dann: *„Wegtreten in die Quartiere!"*

Beim anschließenden Essenfassen verlieren wir natürlich kein Wort über unseren Infanteriedienst, murren allenfalls darüber, daß man uns hier an der Front mit solchen Mätzchen behelligt.

Die vier Missetäter jedoch werden auf allgemeinen Protest hin aus der „Haft" entlassen, der Rest der Strafe wird mangels passenden Vollzugslokals einfach erlassen. Schließlich kann es ja nicht Leuten, die sich strafbar gemacht haben, besser ergehen als der übrigen Truppe!

—

Am **Sonntag (18.03.1945)** kommt jemand auf die Idee, die Vermittlungswache nicht auf jeweils zwei Stunden zu beschränken, sondern so zu regeln, daß jeweils einer von uns die ganze Nacht hindurch also von 20 bis 8 Uhr am Klappenschrank sitzt, damit die anderen ungestört schlafen können. Dann ist immer nur einer von uns am Tage darauf unausgeschlafen, während jetzt der ganze Fernsprechtrupp bei Tage müde ist.

Dieser Vorschlag wird mit Mehrheit angenommen, und natürlich sind wieder einmal die Jüngsten als erste an der Reihe, um diese neue Regelung auszuprobieren. So wird vereinbart, daß Walter Feikes den Reigen eröffnet und die Nacht zum **Montag (19.03.)** übernimmt, Bernd Linde in der Nacht zum **Dienstag (20.03.)**, ich in der Nacht zum **Mittwoch (21.03.)** und Rudi Pfeiffer in der Nacht zum **Donnerstag (22.03.)** am Klappenschrank sitzen soll. Walter Hahn will dann freiwillig in der Nacht zum **Freitag (23.03.)** aufbleiben.

Da wir wegen des schlechten Wetters nicht von Tiefffliegern und wegen der großen Entfernung zur Front auch nicht von der feindlichen Artillerie gestört werden, bleiben unsere Fernsprechleitungen intakt, so daß wir nicht auf Störungssuche gehen müssen und uns tadellos erholen können.

Weil es so ruhig ist, übernimmt Walter Hahn jeden Tag bis 22 Uhr die Vermittlung, so daß sich für uns andere die Dienstzeit am Klappenschrank um zwei Stunden verkürzt.

—

Nachdem ich zwei Nächte tadellos geschlafen habe, beginnt für mich am **Dienstagabend (20.03.1945),** wie vereinbart, um 22 Uhr die Vermittlungswache.

Während sich die anderen im Nebenraum zur Ruhe begeben, setzte ich mich an den Klappenschrank und lese in dem Heftchen „*Da lacht der Soldat*", das mir Martin Schmidt zum Geburtstag geschenkt hat, die Witze und Anekdoten. Das Heft ist allerdings nur 32 Seiten stark, so daß ich es bald durchgelesen habe. Auch das Kreuzworträtsel auf der dritten Umschlagseite hält nicht lange vor: Ich habe es schneller gelöst, als mir lieb ist, denn wie soll ich mir nun die Zeit vertreiben?

Auch stelle ich fest, daß ich beim Lesen und Rätsellösen nicht munterer, sondern eher müder geworden bin. So lege ich das Heftchen beiseite und nehme erst einmal eine bequemere Sitzhaltung ein.

So kriechen die Stunden dahin, ohne daß sich am Klappenschrank irgend etwas rührt. Wer sollte auch bei einer so ruhigen Lage mitten in der Nacht den Drang zum Telefonieren verspüren? Und wenn es wirklich klingeln sollte, kann ich genauso schnell am Apparat sein, wenn ich mich ein wenig hinlege und entspanne, sage ich mir.

Also strecke ich mich genüßlich auf dem Fußboden aus und bin natürlich in wenigen Minuten eingeschlafen. Wie im Traum höre ich auf einmal ein fernes Klingeln. Doch dann schrecke ich auf und stelle fest, daß es gar kein Traum ist, sondern daß jemand wie besessen zu uns durchläutet!

Zuerst fährt mir der Schrecken in die Glieder, doch dann werde ich ganz ruhig und beginne zu überlegen, wie ich mich am besten aus der peinlichen Lage herausmogeln kann. So nehme ich den Hörer auf und sage ganz leise: *„Vermittlung Brummbär eins, ist dort jemand?"*

Am anderen Ende der Leitung tobt eine markante Männerstimme, die sich mit „Bisping" meldet. Ich aber wiederhole leise: *„Ist dort jemand?"* und fahre, obwohl es mir in den Ohren dröhnt, fort: *„Ich verstehe Sie nicht!"*

Während sich der Teilnehmer am anderen Ende weiter aufregt, werde ich nur ruhiger und sage schließlich leise in die Sprechmuschel: *„Augenblick! Ich sehe mal nach, ob am Klappenschrank etwas nicht in Ordnung ist."* Dann bewege ich einige Stöpsel, damit es in der Leitung knackt, und melde mich anschließend mit normaler Lautstärke: *„Vermittlung Brummbär eins, hier war ein Wackelkontakt, wer spricht dort bitte?"*

Offenbar hat mein Sprechpartner den kleinen Trick nicht durchschaut, denn er fragt nicht nach meinem Namen, sondern meldet sich noch einmal mit Oberleutnant Bisping und verlangt in ruhigem Tone eine Verbindung zu unserem Batterieoffizier. Ich stelle also die Verbindung her, und Leutnant Werthmann meldet sich sofort, obwohl es gerade 6 Uhr morgens vorbei ist.

Während die beiden vermutlich privat miteinander sprechen, höre ich kaum darauf, was sie sagen, sondern atme tief durch und wische mir die Schweißperlen von der Stirn, die wegen der Aufregung dort ausgetreten sind. Jetzt bin ich froh, daß meine Kameraden einen gesunden Schlaf haben, denn niemand hat etwas von der kleinen Panne mitbekommen. Und ich hüte mich natürlich, darüber auch nur ein Wort verlauten zu lassen.

Als mich Walter Hahn dann um 8 Uhr ablöst, bin ich so aufgedreht, daß ich mich zwar hinlege, aber nicht zum Schlafen komme. Das ist auch nicht sehr verwunderlich, denn in der Nacht hat sich mein Körper bereits die Portion Schlaf geholt, die er unbedingt brauchte.

Beim Frühstück am **Mittwochmorgen** erinnert jemand daran, daß heute der **21. März** und damit Frühlingsanfang ist. Wie bestellt, wird auch das Wetter frühlingshaft. Darüber können wir uns allerdings nicht freuen, denn mit Tagesanbruch sind bereits die ersten Jabos da und machen, wie gewohnt, Jagd auf alles, was sich am Boden bewegt.

Für uns ist es gut, daß wir hier als Armeereserve zur Abwehr eines erwarteten Angriffs im Raume Emmerich in Ruhestellung liegen, denn unsere schweren Geschütze stehen entweder in Schuppen und Scheunen oder gut getarnt unter Obstbäumen.

Mittags müssen wir uns hakenschlagend wie die Hasen zur Feldküche bewegen, die in einer Scheune steht, oder auf die warme Mahlzeit ganz verzichten. Doch dazu ist niemand bereit.

Am späten Nachmittag geht das Frühlingswetter schon wieder zu Ende, so daß wir uns nun ungestört im Freien aufhalten können.

—

Am **Donnerstag (22.03.1945)** erleben wir wieder einen schönen Frühlingstag mit der üblichen „Luftüberwachung", die es angezeigt sein läßt, die Häuser möglichst nicht zu verlassen. Während wir uns drinnen die Zeit mit Kartenspielen vertreiben, fliegen die Piloten draußen Angriffe auf Kreuzungen und Brücken, aber auch auf den Bahnhof von Terborg.

—

Auch der **Freitag (23.03.1945)** entwickelt sich zu einem schönen, klaren Frühlingstag mit dem gewohnten lebhaften Flugbetrieb. Heute vergnügen sich die „Thunderbolts", „Mustangs" und „Typhoons" damit, daß sie über die Straße von Gendringen nach Doetinchem entlangfliegen und mit ihren Bordwaffen Zickzackmuster in den Straßenbelag zeichnen.

Wie immer, wenn es an der Front relativ ruhig ist, müssen wir mit einer größeren Operation des Feindes rechnen. Und dieses Mal geht es um das Unternehmen „Plunder", den Großangriff über den Rhein.

Während das deutsche Westheer, das im letzten Monat etwa ein Drittel seines Bestandes – nämlich 293.000 Gefangene und etwa 60.000 Gefallene und Verwundete – verloren hat, sich darauf vorbereitet, den täglich erwarteten Ansturm, so gut wie möglich abzuwehren, läuft der feindliche Aufmarsch seit dem **9. März** auf Hochtouren.

Fast 1,3 Millionen Soldaten gehören zu Montgomerys 21. Heeresgruppe, 60.000 Pioniere sind für das Übersetzen über den Rhein geplant, 5.500 Geschütze verschiedener Kaliber stehen zur Verfügung, 260.000 Tonnen an Nachschubgütern und Pioniergerät sind herangeschafft worden. Zur Tarnung und Täuschung wird die ganze Rheinfront mit einem Nebelschleier überzogen, der die Sicht in das Hinterland verwehrt. Die Bevölkerung wird evakuiert und in Lager gesperrt.

Vom **11. März** an werden die Luftangriffe gegen das Ruhrgebiet verstärkt, um den deutschen Nachschub zu stören. Dabei werden vorzugsweise wichtige Eisenbahnbrücken, Flugplätze, Flakstellungen, Truppenunterkünfte, Bahnhöfe und Verkehrsknotenpunkte bombardiert.

Auch weiter südlich hat sich für die deutsche Seite die Lage dramatisch zugespitzt. Der amerikanische Brückenkopf von Remagen ist nach Norden bis an die Sieg, im Süden bis Neuwied verbreitert und die Autobahn Köln–Frankfurt ist auf breiter Front überschritten worden.

Die feste Rheinbrücke ist zwar nach vielen Beschädigungen endlich eingestürzt, doch dafür haben die Amerikaner acht Kriegsbrücken über den Strom geschlagen, und die 1. US-Armee steht mit sieben Divisionen angriffsbereit im Brückenkopf.

Zwischen Ludwigshafen und Koblenz stehen die Amerikaner überall am Rhein. Die 7. US-Armee ist vom Elsaß aus in den Westwall eingebrochen. Die 1. und 7. deutsche Armee bestehen nur noch aus kläglichen Resten. Und in der Nacht vom 22. auf den 23. März hat die 3. US-Armee unter General Patton bei Oppenheim einen festen Brückenkopf über den Rhein gebildet.

In dieser Lage versammeln sich die Kommandeure der 116. Panzerdivision beim Divisionsgefechtsstand in Halle unweit des deutsch-holländischen Grenzübergangs zwischen Neuenhaus an der Dinkel und Ootmarsum, wo Generalmajor von Waldenburg mit ihnen ein Planspiel veranstaltet, das er den „Fall Emmerich" nennt. Auch der Kommandierende General des XXXXVII. Panzerkorps, Heinrich Freiherr von Lüttwitz, nimmt an dieser Besprechung teil.

Um 17 Uhr beginnt dann heftiges feindliches Artilleriefeuer, das sich rasch zu trommelfeuerartigen Überfällen steigert. Gleichzeitig geht nördlich von Rees ein wahrer Bombenhagel nieder.

Da sämtliche Leitungen in diesem Raum ausfallen, werden zwei Spähtrupps losgeschickt, um die Lage zu erkunden. Sie stellen kurz vor Mitternacht fest, daß es dem Gegner gelungen ist, beiderseits von Rees den Rhein in Bataillonstärke zu überqueren und sich auf dem rechten Ufer festzusetzen.

—

Am **Samstagmorgen (24.03.1945)** kommen Meldungen von einem zügigen Vorrücken des Gegners südlich der Lippe. Kurz vor Mittag landen 3.000 Mann Luftlandetruppen zwischen Bocholt und Hamminkeln. In zwei Wellen fliegen zuerst 400 und dann weitere 200 viermotorige Bomber einen Angriff auf das Waldgebiet Schwarze Heide, zwei Kilometer nordöstlich von Wesel.

Heute greifen die Jabos unser Dorf zum ersten Mal direkt an und benutzen dabei auch neuartige Bomben, die keine tiefen Krater reißen, sondern nach dem Auftreffen auf dem Boden wieder 1,50 Meter hochspringen und dann im Umkreis von 30 Metern eine verheerende Splitterwirkung entfalten. Von uns werden sie mangels besserer Kenntnisse einfach „Elektrobomben" genannt. Wie wir feststellen, sind es hauptsächlich britische Tiefflieger vom Typ „Hawker Typhoon", die solche Bomben abwerfen, daneben aber auch Raketengeschosse abfeuern können.

Eine solche Bombe schlägt auch in unserer Batterie ein, und wir haben einen Schwerverwundeten und mehrere Leichtverwundete zu beklagen. Unter der Zivilbevölkerung im Dorfe hat es sogar einige Tote gegeben. So ist der Aufenthalt im Freien für jedermann zum lebensgefährlichen Abenteuer geworden. Doch wir müssen ja etwas essen und dazu wohl oder übel die Feldküche aufsuchen.

Als ich zusammen mit Rudi Pfeiffer kurz nach 12 Uhr auf dem Rückwege von der Feldküche zu unserem Quartier bin, kreisen gerade acht „Typhoons" über unserem Dorf. Da sie sich anschicken, den Ort anzugreifen, versuchen wir, in einem knietiefen Deckungsloch am Straßenrand Schutz zu finden. Das gelingt uns jedoch nur teilweise, denn beide passen wir nicht in das Loch hinein. So springen wir in das Loch, und Rudi drückt sich mit dem Oberkörper über den Rand hinaus auf die Erde, während ich mich einfach auf ihn lege. Da kracht und pfeift es auch schon in der Luft, und ein Schlag wie mit einem Hammer trifft mich am linken Ellenbogen.

Sobald die Bomber abgedreht sind, lösen wir uns voneinander und sehen nach, was eigentlich passiert ist. In der an die Straße grenzenden Wiese sehen wir zwei Aufschlagstellen von Bomben. Obwohl sie gut 30 Meter von uns entfernt sind, sind einige Splitter bis zu uns herübergeflogen. Und einer davon muß mich getroffen haben, denn mein Arm tut weh und ein dünner Blutfaden sickert aus meinem Ärmel.

Ich rolle also den Ärmel auf und stelle fest, daß trotz unbeschädigtem Ärmel kurz über dem Ellenbogen die Haut angeritzt und das Blut bereits verkrustet ist. Dann sehe ich, daß zwei weitere Splitter meine Tarnhose durchschlagen und am linken Oberschenkel daumengroße Löcher in den Stoff gerissen haben, während die Tuchhose darunter nicht beschädigt ist.

So melde ich mich nach dem Essen beim Sani, bekomme die übliche Tetanusspritze verpaßt und den Vermerk ins Soldbuch: *„Bombenstreifsplitterverwundung am linken Oberarm".* Dann pinselt er die Wunde mit Jodtinktur ein, verbindet sie fachmännisch und meint abschließend: *„Na ja, für's Verwundetenabzeichen reicht's!"*

Kurz nach Mittag erreicht uns die Meldung, daß die Alliierten zwischen Ruhr und Lippe in großem Umfange Luftlandetruppen abgesetzt haben.

Um 15.10 Uhr ergeht der Befehl, daß sich die Division auf zwei Marschstraßen in den Raum um Dorsten begeben soll, um noch in dieser Nacht Brückenköpfe auf dem Südufer der Lippe zu bilden. Dabei soll der rechte Weg über Doetinchem–Aalten–Bocholt–Raesfeld nach Schermbeck führen und der linke über Lichtenvoorde–Winterswijk–Borken nach Dorsten.

Das bedeutet für uns, daß auch die Heeresflakabteilung 281 für 19.45 Uhr den Befehl zum Stellungswechsel erhält. Wie befohlen stehen dann auch die Fahrzeuge rechtzeitig abfahrbereit und werden nach und nach in Marsch gesetzt. Wir fahren zunächst sieben Kilometer bis Doetinchem, biegen dort nach Osten ab und gelangen auf einer Nebenstraße über Varsseveld und Aalten nach Winterswijk. Von dort aus bewegen wir uns auf die niederländisch-deutsche Grenze zu, die nur fünf Kilometer entfernt ist.

Nachdem wir sie überquert haben, kommen wir nach Oeding, dem ersten Ort auf deutschem Boden. Dort gibt es aber keinen Aufenthalt, sondern es geht unverzüglich weiter über Weseke, Gemen, Borken, Raesfeld und Erle nach Emmelkamp, etwa vier Kilometer nordwestlich von Dorsten.

Damit sind wir wieder in unserem früheren Auffrischungsraum, wo wir unsere Fahrzeuge und Geschütze verstecken und den Rest der Nacht im Walde in unseren Fahrzeugen verbringen.

—

Da ständig Jabos in der Luft sind, halten wir uns auch am **Sonntag (25.03.1945)** den ganzen Tag über im Walde versteckt, wo uns die Piloten wohl nicht vermuten. Sie haben es vielmehr auf einen „Panther" abgesehen, der mit Kettenschaden an der Straße steht. Doch entweder sind sie zu nervös oder zu unerfahren, denn keine einzige ihrer zahl-reichen Bomben trifft den Panzer. Selbst die Geschosse ihrer Bordkanonen verfehlen ihr Ziel und schlagen entweder im Straßengraben oder in der Asphaltdecke der Straße ein. So wird zwar die ganze Umgebung verwüstet, der Panzer selbst aber nicht beschädigt.

Auf deutscher Seite hört man ab und zu ein leichtes Flakgeschütz belfern, die anderen wollen wohl ihre Stellungen nicht verraten und sicher auch Munition sparen.

Nach dem Mittagessen lege ich mich vor dem Gehöft, in dem wir untergekommen sind, in dem kleinen Gehölz vor dem Hause zwischen den Wurzeln einer Buche ins Moos, um die Frühlingssonne zu genießen. Dabei schlafe ich nach kurzer Zeit ein.

Doch plötzlich höre ich jemanden rufen: *„Heinz, aufstehen!"*

Dadurch werde ich wach und bin gespannt, wer mich gerufen hat und warum. Also gehe ich zur Straße, um zu sehen, ob Martin Schmidt dort ist, denn ich bin ziemlich sicher, seine Stimme gehört zu haben. Doch weit und breit ist niemand zu sehen.

Ich habe kaum einmal nach rechts und links geblickt, da erschreckt mich ein heller Knall hinter mir. Ich drehe mich sofort um und entdecke an der Stelle, an der eben noch mein Kopf gelegen hat, ein kreisrundes Loch im Moos, etwa drei Zentimeter tief und 15 Zentimeter im Durchmesser. Dort muß das verirrte Geschoß aus einer 2 cm-Kanone niedergegangen und explodiert sein! Wäre ich nicht auf diese eigentümliche Art geweckt worden, hätte mich das Geschoß mitten ins Gesicht getroffen.

Ich bin ganz verwirrt: War es wirklich Martin, der mich durch Gedankenübertragung geweckt hat, oder hat sich mein eigenes Über-Ich nur seiner Stimme bedient, um mich vor einer Gefahr zu bewahren?

Als ich ins Haus komme, um ihn zu fragen, hält Martin friedlich sein Mittagsschläfchen. Also lasse ich ihn weiterschlafen und bin sicher, daß es mein eigener Schutzengel war, der mich geweckt und mir vermutlich das Leben gerettet hat.

Mit der Abenddämmerung macht sich unsere Batterie wieder fahrbereit. Um die Stadt Dorsten zu meiden, fahren wir über Schermbeck und Gahlen nach Östrich, das nur einen Kilometer westlich von Dorsten liegt. Auch hier suchen wir Zuflucht in einem Wäldchen und bleiben für den Rest der Nacht in unseren Fahrzeugen.

In dieser Nacht treffen nach und nach auch die meisten wegen des Betriebsstoffmangels liegengebliebenen Teile der Division, vor allem aber die Masse der Artillerie und der Panzer, in unserer Nähe ein.

Bis zum Morgen bezieht das Panzergrenadierregiment 156 eine neue Stellung zwischen Hünxe und Gahlen. Das Regiment 60 hält in der Mitte beiderseits der Straße von Dinslaken nach Kirchhellen etwa eine Linie östlich von Hövelsberg–Grafschaft–Sträterei, und im linken Abschnitt steht eine schwache Kampfgruppe aus Teilen der Panzeraufklärungsabteilung und einigen Panzern.

—

Am **Montag (26.03.1945)** hält das schöne Wetter an, so daß wir den ganzen Tag über in Deckung bleiben müssen. Außer den Tieffliegern gibt es auch wieder einige Feuerüberfälle der Artillerie, die bei uns aber keinen Schaden anrichten. Ab 10 Uhr greift dann der Feind an der ganzen Front zwischen der Lippe und Sträterei mit Panzerunterstützung an und kann auch zwischen drei und sechs Kilometer an Boden gewinnen.

Auf jeden Fall sind wir froh, als es dunkel wird und erneut der Befehl zum Stellungswechsel kommt. Über das Dorf Hardt kommen wir zunächst nur bis an den Stadtrand von Dorsten. Die Stadt ist derart zerbombt, daß wir sie nicht durchqueren können. Also umrunden wir sie in einem großen Bogen im Süden und kommen dabei über Ulfkotte nach Altendorf. Auch hier finden wir südlich des Ortes ein Wäldchen, in dem wir unsere Fahrzeuge und Geschütze in Deckung unterstellen können.

In dieser Nacht beziehen die Panzergrenadierregimenter eine Linie, die vom Westrand Gahlen über Besten nach Süden verläuft. Bei Besten wird die Divisionsstabsbegleitkompanie eingeschoben und am linken Flügel löst die 190. Infanteriedivision die Kampfgruppe der Panzeraufklärungsabteilung 116 ab. Der Divisionsgefechtsstand zieht sich in den Raum ostwärts Kirchhellen zurück.

—

Unsere Geschütze gehen am **Dienstag (27.03.1945)** zwar mit Tagesanbruch in Stellung, geben aber keinen Schuß ab, weil perfekte Tarnung befohlen worden ist. Den ganzen Tag kreisen Jabos über uns, und die Artillerie bestreicht die ganze Gegend mit Störfeuer.

An der Front greifen Briten und Amerikaner in der Mitte und am linken Flügel an, wo sie die Verteidigungslinie der 116. Panzerdivision durchbrechen und mit ihren Angriffsspitzen den Südrand von Besten und die Wälder südlich von Horstkamp und Frankenkamp erreichen.

In der Nacht wird dann die Division auf eine Linie Im Loh–Kirchhellen–Eisenbahn südöstlich Kirchhellen zurückgenommen und der Stab in den Raum östlich Feldhausen verlegt.

—

Der **Mittwoch (28.03.1945)** gestaltet sich genauso unerfreulich wie der Dienstag. Wieder müssen wir den ganzen Tag über in Deckung verharren, um nicht von den ständig patrouillierenden Jabos entdeckt und angegriffen zu werden. Außerdem geht uns das planlose Artilleriefeuer langsam auf die Nerven, wenn die meisten Granaten auch dort detonieren, wo sie keinen Schaden anrichten. Die 3. Batterie nimmt die Jabos wieder einmal unter Beschuß, doch sie müssen Munition sparen und können so die Tiefflieger zwar stören, kommen aber heute zu keinem Abschuß.

Den ganzen Tag über greift die 8. US-Panzerdivision mit voller Stärke an, so daß die Front in der Nacht auf den Hasseler Mühlenbach (Westrand von Hassel bis Ostrand von Dorsten) zurückgenommen werden muß.

Auch für uns geht am Abend der Rückzug weiter. Über Marl und Linde fahren wir zunächst nach Ried, wo wir einige Stunden verschnaufen können. Kurz nach Mitternacht fahren wir dann weiter in den Nachbarort Scherlebeck. Allmählich wird auch dem Letzten klar, daß wir uns vor den Alliierten auf der Flucht befinden, denn es gibt keinen Stellungswechsel mehr ohne Artilleriebeschuß, und tagsüber sind wir bei schönem Wetter völlig gelähmt.

In dieser Nacht werden der Division Alarmeinheiten zugeführt und in die Panzergrenadierregimenter eingegliedert.

Wir aber finden am **Donnerstagmorgen (29.03.1945)** am Rande von Scherlebeck einen Bauernhof, auf dem wir unterkommen können.

Wir müssen uns den Platz hier allerdings mit unserem Funkwagen und einem Funkwagen des Panzerartillerieregiments 146 teilen. Dieser steht links der Hofeinfahrt in einem halboffenen Schuppen, unser Funkwagen daneben befindet sich schon halb im Freien und unseren Fernsprechwagen haben wir rechts der Einfahrt vor einem Stallgebäude abgestellt.

Zwischen der Einfahrt und dem Schuppen steht links ein Lagergebäude mit quergeteiltem zweiflügeligem Tore, dessen rechter Ober- und Unterflügel zur Zeit offen stehen. Hinter dem linken geschlossenen Flügel des Tores sitzt ein Funker der Artillerie und löffelt gerade sein Kochgeschirr aus.

Im Fernsprechwagen hat Walter Feikes sein Mittagsschläfchen beendet, steigt nun über die Heckklappe aus und macht sich auf den Weg zur Vermittlung im linken Gebäudeteil. Er hat soeben unseren Funkwagen passiert, da schlagen zwei schwere Artilleriegranaten mitten auf der Einfahrt ein. Ein russischer „Hilfswilliger" (Hiwi), der in diesem Augenblick rechts aus dem Stalle kommt, wird derart mit Splittern gespickt, daß er sich nur noch unter eine Treppe retten kann, wo er aber kurz darauf stirbt.

Während unser Funkwagen nur ein paar Kratzer abbekommt, wird der Funkwagen der Artillerie ziemlich schwer beschädigt. Das Tor zum Lagerschuppen wird von zahlreichen Splittern getroffen und durchschlagen, und dort, wo Walter Feikes vor wenigen Augenblicken noch mit seinem Kopf gelegen hat, durchdringt ein etwa 15 Zentimeter langer Splitter die Heckklappe unseres Fernsprechwagens.

„*Da habe ich aber Dusel gehabt*", meint Walter, als ich ihn darauf aufmerksam mache, wie knapp er dem Tode entronnen ist.

Dann frage ich ihn, ob er es auch Zufall oder Dusel nennt, daß das linke Tor zum Lagerschuppen von vielen Splittern durchschlagen wurde, aber kein einziger Splitter dort eingedrungen ist, wo der Funker saß, ja, daß der Platz jetzt sogar ringsum von Löchern umgeben und so der Umriß des Funkers praktisch auf dem Tore abgebildet ist. Das findet auch er etwas ungewöhnlich, ohne jedoch an einen Schutzengel oder eine höhere Fügung zu glauben.

Während wir hier angsterfüllt auf jeden Einschlag achten und dabei feststellen, daß die Schüsse aus ganz verschiedenen Richtungen kommen, haben die Alliierten am ganzen Rhein entlang Brückenköpfe errichtet und sind auf dem besten Wege, die gesamte von Generalfeldmarschall Walter Model befehligte Heeresgruppe B im Ruhrgebiet einzukesseln. Hitler hatte diesem am 29. März verboten, nach Osten auszubrechen, um der Einkesselung zu entgehen.

Die am Nachmittag von den Alliierten vorgetragenen massiven Angriffe konnten an diesem Tage abgewiesen werden. Allerdings gelingt es der 3. US-Panzerdivision unter dem Befehl von Generalmajor Maurice Rose, an diesem Tage vom Brückenkopf Remagen aus 150 Kilometer weit bis kurz vor Paderborn vorzustoßen.

—

In der Nacht zum **Karfreitag (30.03.1945)** ziehen wir uns über Recklinghausen und Recklinghausen-Ost nach Horneburg zurück. Hier wird unsere Abteilung noch einmal mit der Artillerie zusammengeschlossen, kommt aber kaum zum Schuß, weil das Wetter den Einsatz von Flugzeugen begünstigt und die schweren Geschütze ihre Stellungen nicht verraten möchten. Die leichten Geschütze aber müssen Munition sparen und können gegen die immer größer werdende Zahl von Jagdbombern kaum noch etwas ausrichten. Diese kreisen fast völlig unbehelligt über uns und greifen wie bei einer Manöverübung alles an, was sich auf der Erde bewegt. So ist eine gute Tarnung der einzige Weg, um sich vor Verlusten zu schützen.

Unterdessen trifft die 3. US-Panzerdivision bei Schloß Hamborn südlich von Paderborn auf hartnäckigen deutschen Widerstand. Hier sind nämlich zwölf in der Senne stationierte Königstiger-Panzer mit letzter Treibstoffreserve aufgefahren, um den Vormarsch der Amerikaner zu stoppen. Die Königstiger mit ihren 8,8 cm-Kanonen sind den Sherman-Panzern überlegen und können ihnen mit einem Schuß den Turm von der Wanne schießen. Es entwickelt sich ein längeres Gefecht, bei dem 21 US-Panzer und etwa 20 weitere Panzerfahrzeuge vernichtet werden, so daß der Vormarsch für gut 36 Stunden gestoppt wird.

Als es nicht weitergeht, will sich General Rose selbst ein Bild von der Gefechtslage machen und gerät mit seiner Begleitung in zwei Jeeps und einem Schützenpanzerwagen direkt vor abziehende deutsche Königstiger.

Ein Panzer versperrt den Weg, richtet die Kanone auf die Amerikaner, und der Kommandant fordert sie aus der Turmluke auf, die Waffen niederzulegen. Der General trägt seine Pistole in einer Ledertasche am Gürtel, den er wahrscheinlich öffnen will, und macht dabei eine Bewegung, die der Panzerkommandant wohl falsch versteht, denn er gibt aus seiner Maschinenpistole einen Feuerstoß auf ihn ab. Der General wird von drei Kugeln getroffen und ist sofort tot. Seinen Begleitern gelingt die Flucht, und sie melden ihrer Einheit den Tod des Generals, der Sohn eines Rabbiners war.

Obwohl die Deutschen den Amerikaner überhaupt nicht als General erkannt haben, nehmen die Amerikaner fürchterliche Rache für den Tod des elften US-Generals auf dem europäischen Kriegsschauplatz. In blinder Wut erschießen sie etwa 100 deutsche Gefangene, darunter 16jährige Hitlerjungen. Hinter dem Friedhof in Etteln fand man 27 durch Genickschuß getötete Deutsche und hinter einer Hecke in Dörenhagen die Leichen von 18 Erschlagenen. In Nordborchen erschießen die Amerikaner acht junge Deutsche, die ihnen zufällig über den Weg laufen, und in einem Steinbruch bei Henglarn werden vier erschlagene deutsche Soldaten gefunden.

So benehmen sich die Amerikaner, wenn sie in Wut geraten, und setzen sich damit über alle Regeln zivilisierter Kriegsführung, wie sie in der Haager Landkriegsordnung stehen, einfach hinweg.

—

In der Nacht zum **Karsamstag (31.03.1945)** zieht sich unsere Batterie um weitere vier Kilometer über Meckinghoven, wo wir die Verbindungsstraße zwischen Castrop-Rauxel und Datteln überqueren, nach Oberwiese am Dortmund-Ems-Kanal zurück. Die Geschütze und den größten Teil unserer Fahrzeuge bringen wir in einem Wäldchen nordöstlich des Dorfes unter, Funk- und Fernsprechwagen finden auf einem Bauernhof im Dorfe Unterschlupf.

In dieser Nacht verlassen auch all jene Teile die Division, die nicht zur Bewegung der Kampftruppe und für ihre notwendigste Versorgung und Instandsetzung gebraucht werden. Sie sollen zunächst in den Raum Melle nordwestlich von Bielefeld verlegt werden, werden dann aber durch Funkbefehl weiter östlich bis hinter Hameln und schließlich in den Harz geschickt, wo sie eine Kampfgruppe bilden und den dortigen Stellen zum Kampf zur Verfügung stehen sollen.

Ebenfalls in Marsch gesetzt wird die Panzerjägerabteilung, nachdem sie ihre Panzer an das Panzerregiment abgegeben hat, um bei Warendorf neue Panzer in Empfang zu nehmen. So entgeht sie der Einschließung und kann später mit der Kampfgruppe im Harz vereinigt werden.

Um einen Stützpunkt für den Ausbruch der Division nach Osten zu behalten, erhält das Feldersatzbataillon, das sich auf dem Fußmarsch nach Paderborn befindet, den Befehl, nach Beckum zu marschieren und die Stadt für einen Ausbruch der Division zu halten. Die Kampfeinheiten der Division aber ziehen sich auf die Linie Hüls–Disteln zurück.

—

Am **Ostermorgen (01.04.1945)** muß die Front auf eine Linie östlich von Recklinghausen und dann auf den Kanal zwischen Datteln und Herne zurückgenommen werden. Der Divisionsgefechtsstand wird nach Nateln, zehn Kilometer nordwestlich von Soest, verlegt. Obwohl sich mittags der Nebel verzieht und die Sonne strahlend vom Himmel scheint, zeigt sich an diesem Ostersonntag kein feindlicher Flieger am Himmel, so daß der Umzug ohne Störung aus der Luft vonstatten geht.

Im Nachkriegsbericht über diesen Tag schreibt Oberstleutnant Guderian: *„Nachdem die Division bereits im Marsch auf Autobahn und Straße Unna–Werl–Soest war, erfuhr das Bild der Lage eine wesentliche Veränderung. Die Aufklärung der Division meldete: Feind ostwärts Lippstadt und bei Beckum. Feind nördlich der Lippe gegenüber Hamm, Werne, Lünen, bei Hamm noch ein eigener Brückenkopf auf dem Nordufer. Das Feldersatzbataillon meldete: Beckum verloren, Kampf um Lippstadt. Das Korps teilte mit: Alle Brücken über die Lippe zwischen Lippstadt und Hamm zerstört. Daraufhin wurde der Auftrag der Division dahingehend geändert, daß sie anstatt des Raumes südlich Beckum den Raum ostwärts Soest erreichen sollte, um von dort aus zum Angriff nach Osten antreten zu können."* – Was daraus nicht hervorgeht, ist die Tatsache, daß sich die aus dem Münsterland kommende 2. US-Panzerdivision am **1. April** bei Lippstadt mit der aus Hessen heranrückenden 3. US-Panzerdivision getroffen und damit den „Ruhrkessel" geschlossen hat.

Als wir nachmittags bei Ostereiern und Kuchen sitzen, wozu uns die Bäuerin eingeladen hat, kommt Heinz Seidel vom Funktrupp plötzlich herein und verkündet: *„Eben haben sie Warburg im Wehrmachtsbericht genannt."* Er weiß nämlich, daß ich aus Warburg bin.

Zunächst bin ich sprachlos, als ich höre, was er sagt, doch weil der Bericht in einer Stunde wiederholt wird, gehe ich mit zum Funkwagen und höre dann selbst: *„Im Raum von Warburg warfen unsere Truppen die Amerikaner zurück."*

Das hätte ich niemals erwartet: Nun sind die Amerikaner früher in meiner Heimatstadt als ich!

Am Abend beginnt dann die letzte große Fluchtbewegung unserer Abteilung quer durch den Ruhrkessel nach Osten. Zunächst fahren wir nach Waltrop und dann südwärts zur Auffahrt „Mengeder Heide" der Reichsautobahn, die wir bis zur Auffahrt „Rhynern" benutzen. Dann geht es auf kleinen Nebenstrecken weiter über Süddinker, Norddinker, Berwicke, Stocklarn, Oestinghausen, Brockhausen, Weslarn und Bad Sassendorf nach Lohne, wo die Batterie in Luftschutzstellung geht.

Von hier aus soll sich die Panzeraufklärungsabteilung 116 an einem Ausbruchsversuch beteiligen und mit der außerhalb des Kessels stehenden Panzerjägerabteilung 228 vereinigen, und unsere drei Batterien sollen den am Ausbruchsversuch beteiligten Einheiten Luftschutz gewähren.

—

Bevor es aber am **Ostermontag (02.04.1945)** überhaupt zu diesem Ausbruchsversuch kommt, wird für unsere Abteilung der Befehl widerrufen und Stellungswechsel angeordnet.

Der kann wegen des trüben Wetters auch gleich nach dem Mittagessen ins Werk gesetzt werden. Wir fahren also zurück über Bad Sassendorf, Weslarn, Brockhausen, Oestinghausen und Stocklarn nach Berwicke, von dort aus über Klotingen, Flerke, Scheidingen, Wambeln und Osterflierich nach Opsen, wo die Nachrichtenstaffel wieder auf einem Bauernhof ein Obdach findet. Während wir uns hier ein wenig häuslich einrichten, beginnt ein amerikanischer Großangriff von Süden her auf Bielefeld, und der Wehrmachtsbericht meldet einen Panzervorstoß der Amerikaner nördlich von Eisenach.

Es ist schon ein eigenartiges Gefühl, das uns bei der Gewißheit beschleicht, daß wir hier völlig eingeschlossen sind, wenn der Kessel auch noch groß genug ist, um uns eine gewisse Bewegungsfreiheit zu erlauben.

—

Am **Dienstag (03.04.1945)** bricht dann nördlich der Autobahn nach Hannover der deutsche Widerstand völlig zusammen. Nur die Stadt Bielefeld wird noch gehalten und verteidigt, während die Amerikaner bis nach Hillegossen und auf die Höhen um Oerlinghausen vordringen.

Der Wehrmachtsbericht meldet heute: *„Im Raume von Warburg und der Werra nördlich Eisenach hält der Druck des Gegners an."* Das bedeutet im Klartext, daß Warburg bereits von den Amerikanern besetzt ist.

Abends werden alle zum Appell befohlen. Einziges Thema ist die „Aufstellung eines Infanteriezuges zur Sicherung der Batterien". Hierzu werden von den Geschützbedienungen und von der Meß- und Nachrichtenstaffel Leute abgezogen. Auch Martin Schmidt und ich gehören zu den Auserwählten.

—

Die Nacht dürfen wir noch in unserem Quartier verbringen, am **Mittwochmorgen (04.04.1945)** müssen wir uns aber in einer Scheune versammeln, wo uns der Spieß noch nähere Anweisungen gibt. Dabei stellt er durch Befragung fest, daß keiner von uns praktische infanteristische Erfahrung besitzt. Selbst die drei Kanoniere, die er als MG-Bedienung bestimmt, haben seit ihrer Grundausbildung keinen scharfen Schuß mehr aus einem Maschinengewehr abgegeben.

Gleichzeitig muß er uns aber erklären, warum es erforderlich ist, aus den drei Batterien einen Infanteriezug zusammenzustellen. Er begründet es damit, daß sich die aus dem Münsterland vorstoßende 2. US-Panzerdivision am **1. April** um 13 Uhr mittags mit der von Süden heranrückenden 3. US-Panzerdivision vereinigt und damit den Kessel geschlossen hat, in dem sich die Lage ständig verschlechtert, so daß alle nur möglichen Verteidigungskräfte mobilisiert werden müssen.

Tatsächlich hatte der Feind in der letzten Nacht nordöstlich von Hamm die Lippe überschritten und bei Uentrop den Lippe-Seiten-Kanal in Bataillonstärke überquert.

Und die heutige Tagesmeldung des Oberbefehlshabers West berichtet über die „Gruppe Lüttwitz", eine innerhalb der Heeresgruppe B unter dem Kommando des Generals von Lüttwitz aus dem XXXXVII. Panzerkorps und dem LXIII. Armeekorps zusammengefaßte Einheit:

„Aus Geseke stieß der Feind mit starken Infanterie- und Panzerkräften entlang der Straße nach Westen vor, nahm Erwitte und wurde im weiteren Vormarsch auf Soest durch eigenen Gegenangriff in der Linie Waltringhausen–Schmerlecke–Merklinghausen (10 km südöstlich, östlich und nordöstlich von Soest) unter Abschuß von 10 Feindpanzern zum Stehen gebracht. Ein zweiter feindlicher Angriffskeil drang über Nateln (24 km westlich von Erwitte) bis Dinker vor.

Entlang der Autobahn versuchte der Gegner, über Uentrop (9 km östlich von Hamm) in Richtung Dortmund durchzustoßen. Über Waltrop (14 km östlich von Recklinghausen) stieß der Feind nach Süden vor und wurde nördlich von Brambauer zum Stehen gebracht. Dagegen gelang es ihm, über Ickern südlich der Autobahn nach Osten vorzustoßen und bis hart nördlich von Mengede und zum Nordrand von Castrop-Rauxel vorzudringen."

Beim abendlichen Stellungswechsel werden wir bereits auf fremde Fahrzeuge verwiesen, obwohl unsere Sachen einstweilen noch auf den angestammten Fahrzeugen bleiben. Dieses Mal fahren wir über Allen, Hilbeck und Werl nach Vierhausen, wo wir rund um die Feuerstellung Deckungslöcher ausheben müssen. Dabei kommen mir Martins Bärenkräfte sehr zustatten, denn er übernimmt ganz selbstverständlich die Hauptarbeit.

Wir heben unser Loch am Rande einer Wiese auf dem anschließenden Acker aus, und zwar so groß, daß wir darin nicht nur bequem stehen, sondern auch sitzen können. Vorsorglich haben wir uns aus einem Schuppen Schwartenbretter geholt, mit denen wir unser Loch teilweise abdecken, aber auch an den Schmalseiten einen Sitz ausstatten können. Die Karabiner stellen wir in der Mitte des Loches zusammen, denn wir haben nicht die Absicht, sie leichtfertig zu benutzen und dadurch unseren Standort zu verraten.

Rechts von uns wird ein MG-Stand eingerichtet, links neben uns folgt das nächste Zwei-Mann-Deckungsloch. Sobald die Löcher fertig sind, müssen sie ständig besetzt werden. Es darf jeweils nur einer der Insassen das Loch verlassen, etwa um auszutreten oder um Verpflegung zu holen.

Um uns nicht an die feuchte Erde lehnen zu müssen, besorgen wir uns weitere Schwarten und kleiden damit die Wände aus, damit wir beim Anlehnen einen sauberen Rücken behalten. Die meiste Zeit sitzen wir uns dann im Loche gegenüber und diskutieren die Lage.

—

Während der Feind am **Donnerstag (05.04.1945)** auf der ganzen Front zwischen der Möhne und Hamm seine Angriffe fortsetzt, sitzen wir in unserem Loche und langweilen uns.

An der Ostfront des Kessels liegt der Schwerpunkt der Angriffe beiderseits und südlich der Straße Soest–Erwitte, wo Waldhausen, Altenmellrich, Altengeseke, Seringhausen und Schallern erobert werden. Auch in Hamm erzielen die Amerikaner Geländegewinn. Die eigene Front wird heute auf eine Linie zurückgenommen, die vom Ostteil des Möhnesees über Bad Sassendorf–Soest-Nord und dann etwa entlang der Eisenbahnlinie Soest–Hamm verläuft.

Wir sitzen unterdessen den lieben langen Tag in unserem Loch, und Martin geht mir allmählich mit seinen defätistischen Äußerungen zur Lage auf die Nerven, und allmählich kann ich auch seine Pläne zum Überlaufen nicht mehr hören. Er hat nämlich ein Flugblatt gefunden, auf dem wir – um unser Leben zu retten – aufgefordert werden, den Amerikanern mit erhobenen Händen entgegenzugehen und ihnen „*I surrender*" zuzurufen.

Das liest er mir immer wieder vor und übt vor allem bei dem „*I surrender*" die gutturale amerikanische Aussprache. Für ihn ist es jedenfalls beschlossene Sache, auf keinen Fall den Helden zu spielen, sondern sich lieber kampflos zu ergeben, wie es ihm seine Oma dringend empfohlen hat.

—

Auch am **Freitag (06.04.1945)** müssen wir in unserem Deckungsloch ausharren. Allerdings sind wir es leid, uns dort gegenüberzusitzen und gegenseitig auf die Palme zu bringen, und wechseln uns nun dabei ab, in dem feuchtkühlen Erdloch zu hocken. Während einer von uns im Loch bleibt, ist der andere draußen, hält Kontakt zu den Nachbarn, besorgt Verpflegung oder bewegt sich einfach, damit die Glieder nicht steif werden und vor allem auch, um es zu keiner Erkältung kommen zu lassen, die wir gerade jetzt überhaupt nicht gebrauchen können.

Bis zum Mittag bleibt es verhältnismäßig ruhig bis auf die Jabos, die uns aber nicht weiter stören. Als wir dann gegessen haben und gemeinsam im Loche stehen, stellen wir fest, daß die Zahl der Tiefflieger ständig zunimmt. Wie es aussieht, greifen sie vor allem die nördlich an Werl vorbeiführende Eisenbahnstrecke an und nehmen gleichzeitig die verschiedenen in Werl zusammenlaufenden Straßen unter Beschuß. Und das geschieht augenscheinlich ohne Rücksicht darauf, daß Werl zur offenen Stadt erklärt wurde und von den Deutschen nicht verteidigt wird.

Von unseren Löchern aus erstrecken sich nach Norden etwa 600 Meter weit Ackerflächen, dann folgt eine Häusergruppe, die wahrscheinlich zu Blumenthal gehört.

Zunächst können wir an diesem Nachmittag nichts Auffälliges beobachten. Dafür hören wir aber aus dem Norden das mahlende Geräusch fahrender Panzer und vereinzeltes Maschinengewehrfeuer. Tatsächlich rücken an diesem Nachmittag 70 Sherman-Panzer in die Stadt Werl ein.

Wir sind natürlich sehr gespannt, ob wir Panzer zu sehen bekommen, ob sie es bei der Einnahme der Stadt bewenden lassen oder weiter nach Süden vorstoßen oder ob sie uns sogar auf einer der drei nach Süden führenden Straßen überrollen werden. Dann könnten wir noch heute in amerikanische Gefangenschaft geraten, denn mit einem Karabiner – ja, nicht einmal mit einem MG – läßt sich ein Panzer nicht aufhalten, und Panzerbekämpfungsmittel haben wir nicht. Wir sitzen also wie eine Maus in der Falle und beschließen, uns überhaupt nicht bemerkbar zu machen, sondern lieber in Gefangenschaft zu geraten als „auf dem Felde der Ehre" unser Leben zu verlieren.

Wie wir, so hocken auch unsere Nachbarn rechts und links in ihren Löchern und harren untätig der Dinge, die da kommen sollen.

Das Mahlen der Panzer wird immer lauter und das MG-Geknatter immer deutlicher. Wenn wir einen Blick aus dem Loche wagen, sehen wir bereits Lichtspurgeschosse auf die Häuser am Horizont zufliegen. Aus den Geschoßbahnen können wir erkennen, daß der Ami von mehreren Seiten her vorrückt. Dann wird das Schießen immer lauter, und bald zischen die ersten Geschosse über uns hinweg. Da hilft es nur, den Kopf einzuziehen, ins Loch abzutauchen und abzuwarten, was geschieht. Denn sich jetzt sehen zu lassen, könnte tödlich sein!

Aber es geschieht überhaupt nichts! Im Gegenteil: Der Kampflärm bricht plötzlich ab und es tritt gespenstische Ruhe ein, die nur durch das Knistern in Brand geschossener Dächer gestört wird.

Als wir es nach einiger Zeit wagen, aus unserem Loche aufzutauchen, sehen wir auf der Höhe vor uns zwischen den Häusern amerikanische Panzer stehen, die im Licht der zahlreichen Scheinwerfer, die die Amis, obwohl es erst zu dämmern beginnt und noch nicht dunkel ist, aufgestellt haben, von uns aus als dunkle Silhouetten zu sehen sind. Offensichtlich hat der Feind für heute Feierabend gemacht und seinen Vormarsch mit der Einnahme von Blumenthal zunächst einmal unterbrochen.

Nun ist guter Rat teuer! Sollen wir weiter im Loch ausharren oder uns, sobald es dunkel ist, einfach aus dem Staube machen? Das ist die Frage, die uns jetzt beschäftigt.

Während wir noch überlegen, was wir tun wollen, kommt Günter Franke, der in unserem linken Nachbarloch bis jetzt ausgehalten hat, um nachzusehen, ob wir noch da sind. Er macht uns darauf aufmerksam, daß die anderen Löcher bereits geräumt sind und auch die MG-Stellung rechts von uns verlassen ist.

Also hält auch uns nichts mehr hier. Mit Günter machen wir uns auf den Weg zu der Scheune, in der wir zu Beginn dieses Einsatzes geschlafen haben, und hoffen, dort die anderen Mitglieder des Infanteriezuges anzutreffen. Dort ist aber kein einziger Bekannter zu finden.

Die Scheune ist zwar voll schlafender Landser, aber sie tragen die Uniform der Luftwaffe. Als wir einen von ihnen wecken und nach seiner Einheit fragen, antwortet er schlaftrunken: *„Die Fünfte."*

„Das ist die 5. Fallschirmjägerdivision", sagt Martin, *„und riecht stark nach Infanterieeinsatz! Also nichts wie weg von hier!"*

So machen wir uns im Schutze der Dunkelheit auf den Weg zur Feuerstellung des leichten Flakzuges. – Doch die ist bereits verlassen worden!

„Die sind einfach abgehauen, ohne uns etwas zu sagen", stellt Martin fest und fährt fort: *„Wir müssen hier weg, das ist klar! Und dazu gibt es nur eine Richtung: Ab nach Süden!"*

Damit ist auch gleich der Entschluß gefaßt, und wir drei machen uns auf der nächsten Straße auf den Weg nach Süden. So kommen wir schon nach kurzer Zeit in den Werler Wald, wo irgend etwas los sein muß. Wir hören nämlich jemanden schimpfen und erkennen schon bald die Stimme von Stabswachtmeister Flöring, dem irgend etwas nicht zu passen scheint.

Beim Näherkommen entdecken wir eine Zugmaschine, die einen Raupenschaden haben muß, der nun von mehreren Leuten behoben werden soll. Die sind derart in ihre Arbeit vertieft, daß sie uns überhaupt nicht bemerken.

Während Günter am rechten Straßenrand weiter nach Süden geht, schleichen Martin und ich uns von der Straßenseite her an die Zugmaschine heran, klettern hinauf und versuchen, es uns zwischen den Munitionskörben ein wenig bequem zu machen. Doch außer der Plane, mit der die Munition gegen Regen bedeckt ist, gibt es hier nur harte Körbe. Aber das stört uns im Augenblick überhaupt nicht. Die Hauptsache ist, daß wir uns wieder bei unserer Batterie befinden und nicht mehr laufen müssen.

Nach einiger Zeit hören wir *„Fertig!",* die Monteure springen auf und die Zugmaschine ruckt an und setzt sich in Bewegung. Während der Fahrt sind die Granateneinschlaglöcher in der Fahrbahn noch das geringere Übel. Viel schlimmer ist, daß die feindliche Artillerie den Wald immer wieder mit Störfeuer eindeckt. Es hört sich nicht nur gräßlich an, wenn sich das Krachen wie ein Echo ein paarmal wiederholt, sondern ist auch sehr gefährlich, insbesondere für uns beiden, die wir auf der Munition sitzen. Ein kleiner Splitter würde genügen, um uns mitsamt der Munition in die Luft fliegen zu lassen. So ist die Fahrt auf der Zugmaschine bestimmt kein

Vergnügen, aber wir freuen uns über jede hundert Meter, die wir uns von der Front entfernen.

Doch nun gibt es schon wieder einen unverhofften Aufenthalt. Da sich unsere Augen inzwischen ganz gut an die Dunkelheit gewöhnt haben, erkennen wir vor uns mitten auf der Straße unseren Fernsprechwagen, der den Funkwagen im Schlepp hat und anhalten mußte, weil ein zerfetzter Baum quer auf die Fahrbahn gefallen ist Während sich Funker und Fernsprecher gemeinsam bemühen, das Hindernis zu beseitigen, stehen zwei Unteroffiziere zusammen und unterhalten sich.

Da hören wir, wie Unteroffizier Bretzke zu Unteroffizier Gueffroy sagt: *„Bei dir ist doch auch einer übergelaufen, nicht? Wer ist das denn?"*

„Der Heidt ist weg. Den hatte ich schon immer im Verdacht, daß er mal die Kurve kratzen würde", hören wir Paul Gueffroy sagen.

„Wer ist hier übergelaufen?", rufe ich mit Stentorstimme von der Zugmaschine herunter. *„Hier bin ich, falls mich jemand sucht!"*

„Ach nee, da isser ja!" meint unser neuer Nachrichtenstaffelführer scheinbar belustigt. *„Ich dachte, Sie wären übergelaufen und habe Ihnen bereits den Spieß gemeldet."*

Bevor ich etwas erwidern kann, richtet sich Martin in voller Länge auf und donnert die beiden Unteroffiziere an: *„Ihr feigen Säcke seid abgehauen und habt uns im Stich gelassen! Wir haben die Stellung bis zuletzt gehalten und wären fast in Gefangenschaft geraten, weil niemand Bescheid gesagt hat, daß wir abhauen sollten!"*

Ein weiterer Wortwechsel wird dadurch verhindert, daß nun die Zugmaschine anruckt und an den beiden Fahrzeugen vorüberzieht. Das ist wohl nur wegen des Raupenantriebs möglich, denn sonst wären wir wahrscheinlich im Bankett eingesunken, auf das wir ausweichen müssen. So aber zeichnet sich dort nur eine tiefe Raupenspur ab, bis wir vollständig auf die Fahrbahn zurückkehren können.

Nach kurzer Fahrt lichtet sich dann der Wald plötzlich, und wir kommen nach Waltringen. Im Ort biegen wir nach rechts ab und durchqueren dann auf einem besseren Wirtschaftsweg den Wald. Als wir ihn verlassen haben, sind wir kurz vor Wickede. Dort überqueren wir die Verbindungsstraße zwischen Werl und Menden, fahren weiter durch Wiehagen und erreichen nach weiteren drei Kilometern Fahrt unseren Zielort Bentrop.

Das Gros der Batterie, vor allem die Geschütze, sind längst vor uns hier angekommen und der Chef und Leutnant Werthmann suchen gemeinsam eine geeignete Feuerstellung. Hier finden wir auch den Rest des Infanteriezuges, dem wir uns wieder anschließen. Dabei stellen wir fest, daß wir eigentlich gar kein normaler „Zug" sind, denn es gibt weder einen Zugführer, noch Gruppenführer unter uns. Wir sind einfach Abgesandte der drei Batterien, die jeweils einer Batterie unterstellt werden und im übrigen zusehen müssen, wie wir zurecht kommen.

Hier sind wir nun bei der 1. Batterie und werden in einem Kuhstall einquartiert, wo wir uns auf Befehl des Chefs bis zu unserem nächsten Einsatz ausruhen sollen.

—

Während die Kanoniere am **Samstagmorgen (07.04.1945)** alle Hände voll zu tun haben, um ihre Geschütze in Stellung zu bringen, und die Fernsprecher keine Ruhe finden, weil sie eine B-Stellenleitung verlegen müssen, genießen wir es geradezu, daß sie mit ihren Rücktragen- und Verlegestangen umherlaufen müssen und wir es uns unterdessen im Stroh bequem machen können.

—

Zu allem Überfluß ist auch die ganze Hektik noch umsonst, denn die Batterie kommt weder heute noch am **Sonntag (08.04.1945)** überhaupt zum Einsatz. Die Front unserer Division verläuft nämlich auf der Linie Neheim–Höingen–Bremen–Verl–Budberg–Westhilbeck–Pelkum, der Feind greift schon am Vormittag zwischen Werl und der Lippe an und an der Ostfront gehen Höingen und Bremen verloren, so daß erneuter Rückzug angesagt ist.

—

Auch unsere Abteilung weicht am **Montagmorgen (09.04.1945)** weiter nach Süden aus. Bei diesem Stellungswechsel wird der Infanteriezug auf die Muni-LKWs verfrachtet, die inzwischen fast leergeworden sind.

Über Wickede und Wimbern fahren wir nach Barge, etwa vier Kilometer nordöstlich von Menden. Hier werden wir wieder in einem Kuhstall untergebracht, während die Fernsprecher eine B-Stellenleitung zum Westerberg bei Echthausen verlegen müssen.

Dieses Mal können wir aber nicht den anderen bei der Arbeit zusehen, denn kurz vor der Essenausgabe am Mittag kommt Unteroffizier Gueffroy zu uns und erklärt, daß dringend Fernsprecher gebraucht werden und Martin und ich auf Befehl vom Spieß ab sofort nicht mehr zum Infanteriezug gehören, sondern uns nach dem Essen auf der Vermittlung zu melden haben. Daß Martin gar kein ausgebildeter Fernsprecher, sondern Funker ist, scheint dabei offensichtlich keine Rolle zu spielen.

—

Nach unserer Ankunft beim Fernsprechtrupp werden wir sofort zur Störungssuche eingeteilt und dürfen abends auch beim Abbau der Leitungen mitwirken, denn die Batterie zieht in der Nacht zum **Dienstag (10.04.1945)** schon wieder um.

Das ist auch kein Wunder, denn der Feind dringt an allen Fronten vor und die Generale von Waldenburg und Bayerlein haben vereinbart, daß keine unnötigen Verluste mehr durch unsinnigen Widerstand entstehen sollen und daß für die Division als einzig bleibender Weg ein Durchstehen bis zu einem ehrenvollen Ende in Betracht kommt. Das bedeutet aber ein ständiges Zurückweichen vor dem überlegenen Feinde.

Dabei wird unsere Batterie heute nach Bixterhausen am östlichen Stadtrand von Sümmern verlegt. Für die zwölf Kilometer bis dorthin benötigen wir fast die ganze Nacht.

Mit Tagesanbruch wird dann auf dem Walkesberg südlich von Hallingen eine B-Stelle eingerichtet. Beim Verlegen der etwa drei Kilometer langen Leitung ist der ganze Fernsprechtrupp, zu dem auch Martin stillschweigend gezählt wird, beteiligt. Als „VB" werden Stabswachtmeister Flöring und Unteroffizier Eichholz bestimmt, während Walter Feikes und ich mit nach vorne gehen, um eventuelle Störungen von dort aus zu beseitigen. Wir bleiben also den ganzen Tag auf der B-Stelle und kehren erst am Abend ins Dorf zurück.

—

Am **Mittwoch (11.04.1945)** sind dann Rudi Pfeiffer und Bernd Linde an der Reihe, und für **Donnerstag (12.04.1945)** werden Walter und ich wieder vorgesehen.

Der B-Stellendienst ist nicht anstrengend, sondern eher langweilig, denn an der Front, deren Verlauf wir überhaupt nicht richtig ausmachen können, scheint es etwas ruhiger zuzugehen. Bei dem massierten Vormarsch der Amerikaner werden viele Orte einfach kampflos übergeben, und auch die Städte werden nicht verteidigt, damit sie nicht in den letzten Kriegstagen noch zerstört werden.

Die Nachrichtenstaffel ist hier in Bixterhausen in einem größeren Privathaus untergebracht. Der Hauseigentümer, ein Hauptmann der Reserve, ist gerade auf Genesungsurlaub zu Hause. Er hat den Vormarsch der Amerikaner während der letzten Tage genau verfolgt und zeigt uns auf einem Meßtischblatt, welche Orte bereits in amerikanischer Hand sind.

Er macht uns darauf aufmerksam, daß der Ruhrkessel bereits in zwei Teile gespalten ist und wir uns in dem kleineren östlichen Teil befinden. Und ausgerechnet am „**Freitag, dem dreizehnten**" **(13.04.1945)** prophezeit er uns, daß es hier in zwei Tagen keine deutschen Truppenverbände mehr geben wird.

—

Obwohl der Hauptmann sehr überzeugend argumentiert, können oder wollen wir nicht glauben, daß die Heeresflakabteilung 281 am **Samstag (14.04.1945)** ihren letzten Stellungswechsel macht.

Im Rahmen dieser letzten freien Bewegung unserer Abteilung fährt die 1. Batterie über Bixterheide und Griesenbrauck westlich um die Stadt Iserlohn herum und bezieht am Südrande der Stadt „In der Bremke" auf einem Bauernhof ihr letztes Quartier. Die beiden anderen Batterien besetzen die Höhen südlich der Stadt. Weil die kurzen Entfernungen zwischen den Einheiten leicht mit Funk überbrückt werden können, werden keine Fernsprechleitungen ausgelegt.

Am Nachmittag kommt noch eine Feldküche des Panzerartillerieregiments 146 zu uns und wird in einem Schuppen aufgestellt. Obwohl der Hof und seine Umgebung allein von unserer Batterie schon überbelegt ist, nehmen wir auch noch den Koch, den Küchengehilfen und ihren Fahrer bei uns auf. Die ernüchternden Ausführungen des Hauptmanns in unserem Quartier in Bixterhausen haben uns in ein eigenartiges Gefühl der Zusammengehörigkeit versetzt, so daß wir uns über jeden „Windhund" freuen, der noch nicht in Gefangenschaft geraten ist. Außerdem ist uns eine Feldküche natürlich besonders willkommen.

—

Während wir dann mit rund um den Hof aufgestellten feuerbereiten Geschützen einen schönen sonnigen **Sonntag (15.04.1945)** genießen, bricht rund um uns her – genau wie der Hauptmann es vorausgesagt hat – der deutsche Widerstand völlig zusammen.

Nachdem sämtliche Panzer ausgefallen sind und die Artillerie ihre letzte Munition verschossen hat, stellt die Masse der 116. Panzerdivision im Raume von Iserlohn ihren Widerstand ein und begibt sich in amerikanische Gefangenschaft, so daß nur unsere Abteilung als einzige intakte Einheit übrig bleibt.

An diesem Sonntag bricht die 7. US-Panzerdivision von Menden aus nach Westen durch und nimmt Sümmern ein. Die 99. US-Infanteriedivision ist in den Wald südlich von Landhausen eingedrungen, hat Hemer genommen und steht nun vor Westig. Das Oberkommando der 15. Armee und der Stab der „Gruppe Lüttwitz" geraten in Gefangenschaft, die letzten deutschen Einheiten haben sich an den östlichen Stadtrand von Iserlohn zurückgezogen, und im Süden des Kessels kapitulieren die Reste der Panzerlehrdivision bei Werdohl und Neuenrade.

Nach dem abendlichen Essenfassen läßt Oberleutnant Wilhelm die Angehörigen seiner Batterie auf dem Hof zusammenkommen, um uns das „Demobilisierungsdekret" bekanntzugeben, das der Oberbefehlshaber der Heeresgruppe B und Chef aller im Ruhrkessel eingeschlossenen deutschen Einheiten, Generalfeldmarschall Walter Model, erlassen hat.

Um eine formelle Kapitulation zu vermeiden, hat er in diesem Dekret die Auflösung der gesamten Heeresgruppe B befohlen. Damit besteht auch die 116. Panzerdivision in allen ihren Einheiten nicht mehr, und Hans Wilhelm erklärt, daß wir damit keine Soldaten mehr sind und es einem jeden von uns freisteht, ob er versuchen will, sich bis zu seiner Heimat durchzuschlagen oder hier die Übergabe aller noch verbliebenen 30.000 Männer und mehrerer tausend Fahrzeuge an die US-Streitkräfte abzuwarten, wie sie zwischen Generalleutnant Bayerlein und dem amerikanischen General Hasbrook in der letzten Nacht vereinbart worden ist.

So stehen wir nun da als Zivilisten in Uniform und versuchen, unseren neuen Status zu begreifen. Es ist ein eigenartiger Zustand: Die gewohnten Strukturen sind aufgelöst, Befehle werden nicht mehr erteilt, keiner hat einem anderen etwas zu sagen, es gibt keine Vorgesetzten und Untergebenen mehr. Das muß man erst einmal verdauen!

Nördlich von uns gibt es an diesem Abend keine einsatzfähigen deutschen Einheiten mehr. Sie wurden völlig aufgerieben, nachdem ein letzter Versuch, entlang der Eisenbahn Iserlohn– Kalthof eine Verteidigungslinie aufzubauen, mißlungen ist. Nur südlich von uns gibt es noch die 2. und 3. Batterie unserer Abteilung.

Da erreicht uns kurz vor Einbruch der Dunkelheit ein Funkspruch der 2. Batterie: *„Der Ami ist hier... wir bauen ab... auf Wiedersehen beim Ami..."*

Kurz darauf schießt die 3. Batterie ihre restliche Munition in den Nachthimmel und sprengt anschließend ihre Geschütze. Nun schließen sich auch die leichten Flakzüge der schweren Batterien an und feuern ihre letzte Munition in die Luft.

Während wir das Spiel der Lichtspurgeschosse beobachten, taucht plötzlich ein Oberleutnant der Flak bei uns auf und brüllt den Führer des leichten Flakzuges, Unteroffizier Wenzlaw, an: *„Sofort Feuer einstellen! Geschütze feuerbereit halten! Iserlohn wird verteidigt!"*

Doch wir lachen ihn nur aus und klären ihn über das Dekret des Generalfeldmarschalls Model auf. Instinktiv nimmt er seine Mütze ab und kratzt sich etwas verlegen am Kopf.

—

So geht die Geschichte der 116. Panzerdivision mit ihrer Auflösung am **15. April 1945** zu Ende, ihr Geist aber lebt weiter in dem 1952 gegründeten *„Familienverband ehemaliger Angehöriger der Windhund-Division (116.Pz.-Div.) e.V.".* Ihre Tradition wird seitdem vom Panzergrenadierbataillon 212 in der Brigade 21 „Lipperland" in der Generalfeldmarschall-Rommel-Kaserne in Augustdorf gepflegt, und für den Zusammenhalt der ehemaligen „Windhunde" sorgte bis zur Auflösung des Familienverbandes am 22. Mai 2005 die vierteljährlich erscheinende Zeitschrift *„Der Windhund".*

Die Windhund-Tradition wird seitdem weitergeführt und gepflegt durch den Verein *„Lippische Panzergrenadiere e.V.",* in dem alte und junge „Windhunde" gemeinsam ihre Erfahrungen austauschen können. Das Organ dieses Verbandes ist die zweimal im Jahr erscheinende Vereinszeitschrift „Der Klappspaten", in dem Aktuelles aus dem Verein und dem Panzergrenadierbataillon 212 berichtet wird.

Anhang 1: Abschußerfolge der Heeresflakabteilung 281

Bei Bergheim am Hürtgenwald

05.11.1944	1 Lockheed P-38 Lightning
06.11.1944	3 Lockheed P-38 Lightning
07.11.1944	1 Lockheed P-38 Lightning
	3 Republic P-47 Thunderbolt
09.11.1944	1 Lockheed P-38 Lightning
16.11.1944	1 Lockheed P-38 Lightning
	5 Avro Lancaster Bomber
17.11.1944	1 Republic P-47 Thunderbolt
18.11.1944	2 Republic P-47 Thunderbolt
	1 Lockheed PV-1 Ventura
19.11.1944	2 Republic P-47 Thunderbolt
20.11.1944	1 Republic P-47 Thunderbolt

Bei Samrée (Belgien)

23.12.1944	5 Short Stirling Bomber

Bei Lignières (Belgien)

25.12.1944	4 Avro Lancaster Bomber
	1 Republic P-47 Thunderbolt
	1 Lockheed P-38 Lightning
26.12.1944	3 Lockheed P-38 Lightning
27.12.1944	1 Boeing B-29 Superfortress
	2 Lockheed P-38 Lightning
	1 Republic P-47 Thunderbolt
02.01.1945	1 Republic P-47 Thunderbolt

Bei Dülken (Niederrhein)

10.02.1945	1 Lockheed P-38 Lightning
	1 Martin B-26 Marauder

Insgesamt　　　　　1 Boeing B-29 Superfortress
　　　　　　　　　　　1 Lockheed PV-1 Ventura
　　　　　　　　　　　1 Martin B-26 Marauder
　　　　　　　　　　　5 Short Stirling Bomber
　　　　　　　　　　　9 Avro Lancaster Bomber
　　　　　　　　　　12 Republic P-47 Thunderbolt
　　　　　　　　　　14 Lockheed P-38 Lightning

Das sind　　　　　　2 zweimotorige Bomber
　　　　　　　　　　15 viermotorige Bomber
　　　　　　　　　　26 Jagdbomber

Anhang 2: Veteranentreffen in den Ardennen

Im Mai 1998 trafen sich einige Teilnehmer an der Ardennen-Offensive, um an zwei Tagen noch einmal die Orte zu besuchen, an denen sie im Dezember 1944 im Einsatz waren. Hierüber berichtet „*Der Windhund*" in der Nummer vom Juni 1999 (Seite 10 ff.) folgendes:

Veteranen der Windhund-Division trafen sich zu einer erlebnisreichen Fahrt durch die Eifel und die Ardennen.
Nach über fünf Jahrzehnten trafen sich in Arzfeld (Eifel) unweit der luxemburgisch-belgischen Grenze Veteranen der ehemaligen 116. Panzerdivision, wegen des taktischen Zeichens eines Windhundes auch „Windhund-Division" genannt, um die Ortschaften und Stätten zu besuchen, in denen sie vor rund 55 Jahren während der Ardennen-Offensive in schweren Kämpfen standen. Für die Teilnehmer, die teils von ihren Ehefrauen begleitet wurden, war dies eine erlebnisreiche Fahrt.
Meldekopf war das Hotel „Kölner Hof" (Gasthaus Schreiber) in Arzfeld. Organisation und Leitung durch die Kampfgebiete in Eifel und Ardennen lagen in Händen von Klaus Groben aus Arzfeld, selbst Veteran des Zweiten Weltkriegs und unserem Familienverband eng verbunden. Bei der Organisation des Treffens kamen ihm die aus Vorjahrestreffen mit Veteranen der Panzerlehrdivision und der 2. Panzerdivision gemachten Erfahrungen zugute. Im Herbst 1995 hatte Klaus Groben bereits in Auw bei Prüm in der Schneifel ein deutsch-amerikanisches Veteranen-Treffen organisiert, dem auf Grund des großen Interesses, das dieses Treffen bei den Veteranen beider Seiten fand, im Mai 1999 ein zweites Treffen folgen sollte.
Mit einem modernen Reisebus des Busunternehmers „Enztalreisen" aus Arzfeld wurden an zwei Tagen Fahrten zu den verschiedenen Einsatzorten der Division unternommen. Der erste Tag führte uns über Eschfeld nach Großkampenberg und Lützkampen. Über das Busmikrofon wurden die Veteranen während der Fahrt über die Einzelheiten informiert.
Nichts deutete mehr auf die schreckliche Zeit des letzten Kriegswinters 1944/45 hin. Auf der Fahrt zur Grenze gab es nur blühende Landschaften, schmucke, zum Teil nach dem Kriege wieder aufgebaute Dörfer, sowie ein gut ausgebautes Straßennetz zu sehen. Hier und da ragten aus der Landschaft kleine Hügel hervor, die teils mit Hecken und Buschwerk bewachsen waren. Dort standen einmal Westwallbunker der sogenannten „Siegfriedlinie", die kurz nach dem Kriege auf Anordnung der französischen Besatzungsmacht gesprengt wurden und in sich zusammengefallen sind.

Erstes Besuchsziel war die Kirche „Sankta Luzia" in Eschfeld, die vor allem wegen ihrer sakralen und biblischen Ausmalung große Bewunderung hervorrief. Der Ort selbst, wie auch die in der Nähe liegenden Dörfer, waren im Herbst und Winter 1944/45 teilweise bis zu 80% zerstört worden.

Nach dem Kriege herrschte in diesem Raume reger Kaffeeschmuggel aus dem benachbarten Belgien und Luxemburg. Der geschmuggelte Kaffee diente nämlich als Tauschobjekt für Baumaterial zum Wideraufbau der zerstörten Häuser. Auch die starken Schäden an der Pfarrkirche zu Eschfeld sind mit geschmuggeltem Kaffee behoben worden.

Unmittelbar neben der Kirche liegt im Anschluß an den Gemeindefriedhof ein kleiner, liebevoll gepflegter Soldatenfriedhof. Hier ruhen 104 Soldaten, die vornehmlich zwischen dem 13. und 20. September 1944 gefallen sind, als die Amerikaner von Sevenig–Harspelt–Lützkampen aus den Versuch unternahmen, über Roscheid den Westwall zu durchbrechen. Die vielfach mit Panzerunterstützung unternommenen amerikanischen Angriffe kamen allesamt im Irsental vor der deutschen Bunkerkette zum Stehen.

Am Ortsrand konnten die Veteranen eine über einen Meter dicke, etwa zehn Meter lange aufragende Bunkerdecke sehen, um die man eine Kreuzweganlage mit einer 15. Station, die Auferstehung Christi darstellend, angelegt hat. Diese Anlage soll an die schweren Tage im Herbst und Winter 1944 erinnern.

Über Kesfeld ging die Fahrt weiter in den Raum Großkampenberg–Lützkampen, wo sich die „Windhund-Division" in der Nacht vom 15. zum 16. Dezember 1944 zum Angriff aufstellte. Ihr Auftrag lautete damals: Vorstoß nach Ouren und Überschreiten der Our in Richtung Lieler-Weiswampach.

Im Raume Großkampenberg–Lützkampen–Harspelt gab es auch die ersten schweren personellen Verluste. Einmal kamen die Panzergrenadiere wegen des amerikanischen Widerstands nicht so recht vorwärts, und als die Panzer in Ouren eintrafen, erwiesen sich die von den Amerikanern geschlagenen Our-Brücken als zu schmal und zudem für das Überqueren durch die deutschen „Panther" und „Tiger" nicht tragfähig genug.

Die Panzer mußten umkehren und konnten erst etwa 15 Kilometer weiter südlich bei Dasburg über eine von Pionieren geschlagene Kriegsbrücke, die auch für schwere Panzer ausgelegt war, über die Our setzen. Dadurch trat für die Offensive ein enormer Zeitverlust ein. Zudem wurde das Chaos an der Brücke bei Dasburg noch dadurch verstärkt, daß neben der 2. Panzerdivision und der Panzerlehrdivision sich noch weitere Einheiten, u.a. Teile der 26. Volksgrenadierdivision, an der Our-Brücke stauten.

Bei den Kämpfen im Raume Lützkampen-Großkampenberg dürften etwa vierzig Kameraden gefallen sein. Sie fanden auf dem deutschen Soldatenfriedhof in Daleiden eine würdige Ruhestätte.

Ouren, ein kleiner romantischer Ort, der fast ausschließlich vom Fremdenverkehr lebt, zeigte sich den Besuchern von seiner schönsten Seite. Etwa einige hundert Meter weiter südlich, am deutsch-belgisch-luxemburgischen Länderdreieck, besuchte die Gruppe das Europa-Denkmal. Hier verbindet eine stabile hölzerne Wanderbrücke Belgien und Luxemburg mit der Bundesrepublik Deutschland. Ein gut ausgebautes, grenzüberschreitendes Wanderwegenetz lädt Wanderer und Naturfreunde zu erholsamen Spaziergängen ein. Über Lieler und Weiswampach in Luxemburg ging es weiter nach Houffalize, das den Windhund-Veteranen aus der Zeit der Ardennenoffensive noch gut in Erinnerung ist. Im Restaurant „L'Eau Vive", das unmittelbar an der Ourthe-Brücke liegt, kehrte man zum Mittagessen ein. Das Essen war reichlich, gut und auch nicht zu teuer. Zur Begrüßung der Gruppe hatten sich auch die Präsidentin des „Städteverschwisterungskomitees Houffalize-Hillesheim", Madame Wilhelmine Bodelet, die Grußworte des Bürgermeisters Lutgen ausrichtete, und Madama Maguy Andriane, die Gattin des vormaligen, langjährigen Bürgermeisters und Komiteemitglied, eingefunden. Die Damen spendierten der Gruppe zum Essen die Getränke.

Vor der Weiterfahrt in Richtung Hotton-Marche stellten sich die Windhund-Veteranen zusammen mit ihren belgischen Gastgebern zu einem Erinnerungsfoto vor einem am Stadtrand in Richtung Bastogne stehenden deutschen „Panzer IV" auf. Dieser Panzer war nicht abgeschossen worden. Vielmehr schlug beim Versuch, die Ourthebrücke zu überqueren, eine schwere amerikanische Granate auf dieser Brücke ein, so daß die Brücke zusammenbrach und der deutsche Panzer, der weder bremsen noch ausweichen konnte in die reißenden Fluten der Ourthe stürzte. Divisionskamerad Georg Mußbach aus Korlingen bei Trier hat schon seit vielen Jahren die Pflege dieses Panzers übernommen.

Von Houffalize aus ging es dann weiter in Richtung Hotton-Marche. Viele Teilnehmer fanden es sicher als Besonderheit, daß links und rechts der Straße riesige Viehherden standen. Die Hochmoorflächen lassen hier nämlich kaum eine ackerbauliche Nutzung zu. Hans Herbst aus Mönchengladbach, der von hier ab die Führung übernahm, konnte sich auf der Fahrt nach Hotton noch an eine Vielzahl von Einzelheiten erinnern. Immer wieder, so betonte er, sei es hier zu Kämpfen mit den Verteidigern gekommen. Dabei gab es oft auch Panzergefechte, bei denen etliche amerikanische Sherman-Panzer abgeschossen wurden, darunter auch der als Denkmal aufgestellte Panzer in Wibrin. Allerdings erlitten auch mehrere deutsche Panzer das gleiche Schicksal. Denn inzwischen hatte sich der amerikanische Widerstand versteift und auf deutscher Seite wurde die

Nachschubfrage zu einem immer größer werdenden Problem. In Samrée befand sich ein großes amerikanisches Betriebsstofflager, so daß hier ein Auftanken möglich wurde. Die Teilnehmer erinnerten sich noch sehr gut an dieses Lager.

Vor Hotton stoppte damals der deutsche Vormarsch und die Panzergrenadiere mußten sich zurückziehen und Sicherungsaufgaben übernehmen. Eine am Heiligabend 1944 zum Angriff auf Verdenne eingesetzte „Kampfgruppe Bayer" konnte nicht durchdringen und wurde eingeschlossen, konnte sich in der Nacht aber teilweise aus ihrer Umklammerung befreien. Unter anhaltenden Rückzugskämpfen ging es nach Weihnachten ständig zurück – die Offensive war gescheitert.

Im Walde bei Hotton konnte man einen gut gepflegten britischen Soldatenfriedhof sehen. Hier haben etwa 60 britische Piloten und Mitglieder von Flugzeugbesatzungen, die während der Ardennen-Offensive abgeschossen wurden, eine stille und würdige Ruhestätte gefunden. Über Bastogne und Clerveaux ging es am Abend zurück nach Arzfeld in die Quartiere.

Auch der zweite Tag war mit einem umfangreichen Besuchs- und Besichtigungsprogramm ausgefüllt. Auf dem Soldatenfriedhof in Daleiden, auf dem rund 3300 deutsche Soldaten ruhen, gedachte man vor allem der eigenen gefallenen Kameraden, die zu Beginn der Ardennenoffensive und später beim Rückzug ihr Leben verloren. Heinrich Cloos aus Daleiden, der hier lange Jahre Bürgermeister war und auch Veteran der „Windhund-Division" ist, wies auf die Gedenkfeiern früherer Jahre auf dem Soldatenfriedhof von Daleiden hin, an denen auch der hochverehrte Divisionskommandeur, Generalleutnant Gerhard Graf von Schwerin, wiederholt teilgenommen hat.

Nach einer Kranzniederlegung durch den Major der Bundeswehr Peter Gorski ging die Fahrt weiter über Dasburg und Clerveaux, Orte, die vielen noch gut in Erinnerung waren, nach Recogne bei Bastogne. Der deutsche Soldatenfriedhof Recogne, auf dem rund 7000 deutsche Soldaten liegen, präsentierte sich in gutem Pflegezustand. Hier haben ebenfalls zahlreiche Angehörige der 116. Panzerdivision ihre letzte Ruhestätte gefunden. Wie Friedhofsverwalter Gustave Stenten sagte, wird der Soldatenfriedhof seit der deutschen Wiedervereinigung auch in starkem Maße von Angehörigen aus den neuen Bundesländern besucht. Auch ausländische Gruppen kämen wiederholt nach Recogne, berichtete er.

Anschließend stand der Besuch des amerikanischen Ehrenmals Mardasson am Stadtrand von Bastogne auf unserem Programm. Auch die Stadt selbst mit dem Trierer Tor, der Basilika Sankt Peter und dem historischen Stadtzentrum waren einen Besuch wert. Auf dem Marktplatz sahen wir einen Sherman-Panzer, der von einer Panzerfaust getroffen wurde. Dann ging es nach Süden ins Großherzogtum Luxemburg. Ein gutes und preiswertes Mittagessen wurde im Restaurant „Beau Coin" in Büderscheid eingenommen. In Ettelbrück erwartete Paul Heinrich aus Niederfeulen die deutsche Veteranengruppe. Er stellte uns das Patton-Museum vor, an dessen Entstehung und Einrichtung er maßgeblichen Anteil hatte. In diesem Museum konnte man die Zeitgeschichte vom Beginn des Zweiten Weltkriegs bis zum Kriegsende nachvollziehen. Vor allem werden auch die Zeit der deutschen Besatzung Luxemburgs und das große Leid dokumentiert, das der Bevölkerung während der fünfjährigen Schreckensherrschaft des Gauleiters Gustav Simon als Chef der Zivilverwaltung widerfuhr. Zuckerbrot und Peitsche lagen damals dicht beieinander. Noch heute gilt der amerikanische General George S. Patton als Befreier und großer Freund des luxemburgischen Volkes. General Patton war es auch, der als Kommandeur der 3. US-Armee kurz vor Kriegsende im süddeutschen Raum die in Gefangenschaft geratenen deutschen Soldaten kurzerhand nach Hause schickte und sich dadurch großen Ärger mit seiner vorgesetzten Dienststelle und vor allem mit General Eisenhower einhandelte. Nur wenige Kilometer von Ettelbrück besuchte die Gruppe in Diekirch ein weiteres Museum, das sich vor allem mit der Ardennenoffensive befaßt. Hier führte Klaus Groben durch die verschiedenen Abteilungen. Es ist erstaunlich, wie man die einzelnen Museumsstücke von der gewöhnlichen Gewehrkugel bis zum schweren Panzer und Geschütz in mühseliger Arbeit zusammengetragen hat und mit welch großer Realität das Museum nachgestellte Kriegsszenen den Besuchern darbietet. Die Führung fand einen abrupten Abschluß, als ein amerikanischer Veteran von einem jungen belgischen Ehepaar im Rollstuhl ins Museum gefahren wurde. Zwischen ihm und der Gruppe, die sich damals als Gegner gegenüber gelegen hatten, entspann sich sofort ein lebhafter Erinnerungsaustausch. Nach dem Museumsbesuch ging es über Vianden und Neuerburg zurück nach Arzfeld. Fazit dieses Treffens: Allen hat es gut gefallen! Besonders angenehm empfunden wurde die überall festzustellende herzliche Gastfreundschaft der Bevölkerung gegenüber den Veteranen in Deutschland, Belgien und Luxemburg.

Teilnehmer am Veteranentreffen der 116. PzDiv "Windhund-Division" vom 4. bis 7. Mai 1998 in Arzfeld

Bergsch, Alfred   (2. Battr.HFlAbt 281)

Broyer, Fritz   (8. Kp.PzRgt 16)

Gorski, Peter   (PzGrenBtl 212 in Augustdorf)

Groben, Klaus   (Organisator des Treffens)

Harens, Theo   (7. Kp.PzRgt 16)

Heidt, Heinz   (1. Battr.HFlAbt 281)

Herbst, Hans   (1. Kp.PzGrenRgt 60)

Hesker, Adolf   (Hobby-Historiker)

Krieger, Peter   (4. FernmBtl 850 in Andernach)

Leinen, Johann   (8. Battr.PzArtRgt 146)

Meyer, Heinz   (Schriftsteller)

Müller, Anton   (militärisch Interessierter)

Nitsch, Wolfgang   (Hobby-Historiker)

Roemberg, Ernst   (Stab III. Abt.PzArtRgt 146)

Siebert, Kurt   (Stab PzArtRgt 146)

Spennemann, Günter   (1. Battr.PzArtRgt 146)

Anhang 3: „1944-2004. Niemals, nimmermehr!"

Reportage aus Deutschland von Monika Wachter
Freie Journalistin, Charleroi, Belgien

Detmold ist eine typisch nordrhein-westfälische Kleinstadt zwischen Dortmund und Hannover. Der historische Stadtkern hat nicht unter dem Kriege gelitten. Die Fachwerkhäuser wurden durch keine Bombardements berührt.

Auf einer Anhöhe der Stadt ein schönes Haus, umgeben von einem mit viel Liebe gepflegten Garten, das ist es, wo Heinz Heidt mit seiner Frau lebt. Immer noch gut zu Fuß und mit guten Augen wird er in wenigen Monaten 80 Jahre alt. Hier hat er sich niedergelassen, um sich seiner Arbeit zu nähern. Als Wirtschaftsfachmann hat er seine ganze Karriere im Dienste des Finanzministers des Landes Nordrhein-Westfalen absolviert. Seine Ausbildung hat er – durch den Krieg unterbrochen – erst nach einem zweiten Studium abgeschlossen.

Ende 1943, mit 18 Jahren, begann Heinz Heidt eine Ausbildung zum Reserve-Offiziersbewerber, die es ihm ermöglichte, noch einige Monate in Deutschland zu bleiben, bevor er in eine Frontkampfeinheit eingegliedert wurde. Zu jener Zeit benötigte das Reich eine Unmenge Soldaten, die immer jünger und jünger wurden. Schließlich, als der Krieg sich seinem Ende näherte, wurde der Volkssturm, jene berühmte Truppe, die sich aus Greisen und Heranwachsenden von 16 Jahren zusammensetzte, an die Front geschickt, ohne ordentliche, quasi gar nicht vorhandene Ausbildung. Heinz Heidt kam glücklicherweise noch zu einer Einheit, die ihres Namens würdig war.

Mit 18 Jahren an die Front

November 1944: Die Wehrmacht braucht dringend neue Rekruten. In der Normandie war die deutsche Armee dezimiert worden. Jenes junge Kanonenfutter war kaum 18 Jahre alt und hatte keine Ahnung von den Grausamkeiten eines Krieges.

Heinz Heidt gehörte zu einer Nachrichtenstaffel der 116. Panzerdivision, der „Windhunde". Er mußte Fernsprechleitungen zwischen dem Kommandeur und den Flakartillerie-Batterien legen. Etwa Mitte Dezember erfuhr er, daß sich Deutschland auf einen wichtigen Angriff vorbereitete. Er war ganz aufgeregt bei dem Gedanken, endlich an einem Angriff teilnehmen zu können.

„Das war ein sehr erhebendes Gefühl, weil wir bisher immer nur an Rückzügen teilgenommen hatten. Für uns war es ganz ungewohnt, jetzt auf einmal auf der Seite der Angreifer zu sein. Nun konnten wir dieselben Erfahrungen machen wie unsere Kameraden, die schon an den Vormärschen in Rußland teilgenommen hatten, in der Hoffnung, es ihnen gleichzutun. Doch die meisten Erfahrenen waren wesentlich zurückhaltender. Sie gaben zu bedenken: ‚Vorausgesetzt, daß die Armee die notwendige Versorgung mit Munition und Treibstoff finden wird.' Unter uns kursierte nämlich die scherzhafte Redensart: ‚Vorwärts, Kameraden, wir gehen zurück!'"

An der deutsch-luxemburgischen Grenze wartete Heinz Heidt am Morgen des 16. Dezember ungeduldig auf den Beginn der Ardennenoffensive.

„Uns wurde mitgeteilt, daß der Angriff um 5.30 Uhr beginnen würde. Wir konnten vor Aufregung nicht schlafen. Wir zählten die Minuten. Dann endlich bekamen wir den Befehl: ‚FEUER'! – Sämtliche Geschütze schossen zur gleichen Zeit. Wir hatten noch nie eine solche Kampfkraft erlebt. Vor allem wir, die Jungen, waren zutiefst beeindruckt."

Der Überraschungseffekt brachte den erwarteten Erfolg. Wie „die Windhunde", deren Namen sie trugen, kamen die Soldaten der 116. Panzerdivision schnell voran. Sie durchquerten Luxemburg und drangen mit einem genauen Ziel in Belgien ein: die Stadt Marche-en-Famenne einzunehmen. Die 116er durchquerten Houffalize. In Samrée an der Straße nach La Roche-en-Ardenne erbeuteten sie ein wichtiges amerikanisches Nachschublager.

Hans Herbst traute seinen Augen nicht, als er die Riesenmenge an Munition entdeckte. Mit 20 Jahren ist er ein wenig älter als sein Kamerad. Auch er wurde in einem Lehrgang für Reserve-Offiziersbewerber ausgebildet. Er ist Kommandant eines teils mit Raupen versehene gepanzerten Fahrzeugs zum Transport der Panzergrenadiere an die Einsatzstellen.

In Samrée empfand er, als die erste Begeisterung verflogen war, ein erstes Angstgefühl: *„Während wir das Depot ausgeräumt haben, haben wir mit Entsetzen die amerikanische Munition gesehen, die an der Straße entlang aufgestapelt war. Ich habe bei mir gedacht: Oh, mein Gott, sieh nur, was die Alliierten da zusammengetragen haben. Wenn sie das alles einmal gegen uns einsetzen, dann gnade uns Gott!"*

Der Kessel von Verdenne

Der deutsche Angriff verlangsamte sich mehr und mehr. Das Ziel der „Windhunde" blieb außer Schußweite. Zwei Kilometer vor Marche-en-Famenne kam er völlig zum Stehen.

Hans Herbst war drei Tage lang von den Amerikanern eingeschlossen in das, was sie den „Kessel von Verdenne" nannten. Dort wurde ihm der Krieg mit seinem ganzen Schrecken bewußt. *„Wir konnten nicht schlafen und hatten nichts zu essen. Zum Glück hatte ich in meinem Wagen einen Vorrat vor allem an Dosen mit fettem Schweinefleisch. Aber es gab nichts zu trinken. Das war das Schlimmste. Wir konnten uns lediglich zwischendurch ein wenig den Mund befeuchten, wenn wir morgens mit den Fingern den Tau von den langen Gräsern strichen.*

Und dann gab es das feindliche Feuer. Zwei Kameraden sind an meiner Seite im Kessel von Verdenne gefallen. Ich selbst wurde gerettet, weil ich mich in einem Erdloch verkrochen hatte. Die Feuerüberfälle der Artillerie waren sehr gefährlich. Die Alliierten schossen Sperrfeuer mit Granaten, die über unseren Köpfen in tausend Stücke zerbarsten. Diese Granaten bescherten mir drei schwere Verwundungen."

Heinz Heidt hingegen hatte einen schweren Nachteil für einen Soldaten: Er konnte den Anblick von Verwundeten und Toten nur schwer ertragen. Aber diese Bilder wurden zur ständigen Erfahrung, als die Alliierten den deutschen Angriff zurückschlugen. Heinz Heidt wird sich niemals an sie gewöhnen.

Während des Rückzugs schossen die Alliierten nämlich aus allen Richtungen. Sie beschossen nicht mehr genaue Ziele wie Brücken oder Straßen, sondern aufs Geratewohl. Das konnten sie sich erlauben, weil sie mehr als genug Munition hatten. Die deutschen Soldaten standen ständig unter Druck. Sie konnten jeden Augenblick getroffen werden und fühlten sich keinen Augenblick mehr sicher.

„Wir waren ständig nervös", erinnert sich Heinz Heidt. *„Ich hatte den Eindruck, daß meine Nerven vor Anspannung ständig flatterten. Beim Anblick von Verwundeten oder Toten war ich derart erschüttert, daß ich von Kopf bis Fuß zitterte. Damals war ich 18 Jahre alt. Ich konnte es nicht begreifen. Diese Schule des Lebens war sehr hart. Wir sind von der Jugend ins Erwachsenenalter befördert worden, ohne die Gelegenheit gehabt zu haben, jung zu sein."*

Hans Herbst erinnert sich auch an seinen Weg des Grauens durch den Krieg, aber er sieht ihn anders. *„Man gewöhnt sich an den Anblick des Todes",* sagt er. *„Man tut seine Arbeit, ohne darüber nachzudenken. Ich habe zwei Kameraden gesehen, die direkt vor meinen Augen gestorben sind. Aber in dem Augenblick habe ich nur gedacht: Gott sei Dank, ich lebe noch."*

Bestimmte Ereignisse prägen ihre Erinnerungen ganz besonders. Für Heinz Heidt ist es der Abend des Heiligen Sylvester. Denn sein Batteriechef ließ die Stellungen einen Kilometer zurückverlegen. Diese als lästig empfundene Maßnahme rettete ihnen aber das Leben.

Während die Kirchturmuhr des Dorfes Lignières ihre zwölf Schläge zur Mitternacht ertönen ließ, begann ein höllisches Artilleriefeuer. Während dieses Beschusses verwandelten sich die Stellungen, welche die Kanoniere noch vor wenigen Stunden eingenommen hatten, in eine Mondlandschaft. Niemand hätte überlebt, wenn der Batteriechef nicht seinem sechsten Sinne vertraut hätte.

„Wir werden es niemals vergessen"

Der Krieg hinterläßt einen unsichtbaren, aber bleibenden Eindruck. Fünfzig Jahre später drängte er Hans Herbst dazu, der Einladung zur Einweihung einer Gedenkstätte in Verdenne zu folgen. Bei der Gelegenheit begegnete ihm Alvin Sandler, ein Veteran der 84. US-Infanteriedivision. Zu ihrer größten Überraschung stellten die beiden fest, daß sie sich genau gegenübergelegen hatten.

„*Wir waren beide im Kessel von Verdenne*", berichtet Hans Herbst. „*Alvin Sandler zeigte mir die Stelle, wo er von einem Panzerwagen mit teilweisem Raupenantrieb beschossen worden war. Er berichtete, daß zwei Geschosse nicht detonierten und erst das dritte unter meinem Fahrzeug explodierte. Er sah die Besatzung aus dem Panzerfahrzeug springen. Ich habe ihm gesagt: ‚Aber das war ich!' Nun hatte ich Gelegenheit, ihm nach so vielen Jahren zu begegnen. Wir fühlten uns sofort wie alte Freunde! Nach der ganzen Zeit ist nirgendwo ein Ressentiment zurückgeblieben.*"

Noch heute halten die beiden Veteranen gute Verbindungen zu den Belgiern der Städte und Dörfer, wo sie gekämpft haben.

„*Die Belgier haben mich 1994 eingeladen, weil sie wußten, daß ich zur 116. Panzerdivision gehörte*", erinnert sich Hans Herbst. „*Ich wurde mit offenen Armen empfangen. Heute habe ich eine Menge Freunde in Belgien. Ich kann nicht sagen, ob wir während des Krieges schlecht übereinander gedacht haben. In unserer Division war den Soldaten streng verboten, etwas von der Zivilbevölkerung zu beschlagnahmen.*"

„*Wir waren immer darauf bedacht, nicht als Eindringlinge angesehen zu werden und der Zivilbevölkerung klarzumachen, daß wir nicht freiwillig gekommen waren*", fügt Heinz Heidt hinzu. „*Die Belgier verstanden das und nahmen es uns nicht übel, vor allem nicht uns Jüngeren. Ich erinnere mich an eine Nacht, die wir mit belgischen Zivilisten verbracht haben. Wir waren mit ihnen in einem kleinen beheizbaren Zimmer. Bevor sie schlafen gingen, baten die Frauen, ob sie vor einem Herrgottswinkel ein Rosenkranzgebet sprechen dürften. Wir waren sofort einverstanden. Doch jene Inbrunst, mit der sie ihre Gebete sprachen, hat uns tief erschüttert. Sie beteten nämlich für den Frieden, den Frieden in der Welt. Und so beteten sie auch für uns.*"

Sicher hat es auch Ausschreitungen von Soldaten gegeben, die sich nicht nur schlecht benahmen, sondern auch Grausamkeiten verübten. Es hat sogar Massaker gegeben. Meist waren es Leute von der SS. Dennoch sollte man nicht die Augen davor verschließen, daß es auch solche Soldaten in der Wehrmacht gab. Aber das, das ist eben der Krieg."

Sechzig Jahre später sind die beiden Veteranen noch immer stolz, der 116. Panzerdivision des Generals Heinz Günther Guderian angehört zu haben. An ihren Fahrzeugen trugen beide das Kennzeichen der 116er, einen weißen Windhund auf schwarzem Hintergrund. Sie sind genauso stolz wie die Briten, die den Adler der RAF, der Royal Air Force, trugen.

Hans und Heinz hegen keinerlei kriegerische Gefühle. Im Gegenteil, für sie ist die Hauptsache, daß die Geschichte sich niemals wiederholt. Sie bedauern es sehr, daß man sich in Deutschland nicht stärker an diese Zeit erinnert.

„Man kann diesen Krieg nicht vergessen, man kann ihn nicht aus seinen Gedanken verdrängen", sagt Hans Herbst. *„Viele Ältere wollen nicht mehr darüber reden. Trotz allem – man denkt ständig an diese Zeit. Ich bin froh, heute in einem Europa zu leben, in dem es vermutlich niemals mehr einen Krieg geben wird."*

Die verdammte Generation

Heinz hat das Glück, daß sein neunjähriger Enkel sich für die Geschichte seines Großvaters interessiert. Heinz Heidt hat die Ereignisse in einem Kriegstagebuch aufgeschrieben. Das war eine Art Therapie für ihn.

„Jeder hat es auf seine Art verarbeitet. Einige haben verdrängt, was schlimm war, andere haben eine ruhmreiche Zeit daraus gemacht, aber man kann die Grausamkeiten nicht zum Schweigen bringen. Ich für meinen Teil habe meinen Bericht schließlich dazu verfaßt, daß meine Enkel eines Tages die Geschichte über die Jugendzeit ihres Großvaters nachlesen können.

Bisher ist die Großvätergeneration verdammt worden. Heute hat sich das ein wenig geändert. Jetzt können wir erzählen, was sich wirklich zugetragen hat. Im Stundenplan der Schulen behandelt man die Zeit nicht tiefgreifend genug. Man erzählt den Kindern nur, daß die Deutschen die Bösen waren. Ich würde es begrüßen, wenn sie objektiv unterrichtet würden und ihnen klargemacht würde, daß es Gute und Böse auf beiden Seiten gab und daß unter den Völkern im Grunde keine Feindschaften bestehen."

Den Kriegsteilnehmern wurde ihre Jugend geraubt. Nach der deutschen Kapitulation haben Heinz Heidt und Hans Herbst ihre unterbrochene Ausbildung wieder aufgenommen und ein Universitätsstudium absolviert. Aber Hans Herbst hat lange warten müssen, um sein Diplom als Technischer Ingenieur zu erwerben. Er mußte zunächst zur Unterstützung seiner Eltern arbeiten, bis er nach Jahren sein Studium aufnehmen konnte. Mit dem Zeugnis als Diplom-Ingenieur in der Tasche wurde er schließlich bei Thyssen eingestellt. Heute lebt er mit seiner Frau in einem kleinen Haus in Mönchengladbach in Nordrhein-Westfalen.

Die alten „Windhunde" haben die vergangene Zeit gut verarbeitet und ihr Leben wiederaufgebaut. Doch der Krieg hat sie für immer gezeichnet, sie sind beide durch ihre Erlebnisse geprägt, und das in gleicher Weise als Soldaten wie auch als Zivilisten.

(Vorstehende Reportage wurde am 16. Dezember 2004 im belgischen Rundfunk übertragen und ist auf den Seiten 26/27 der Beilage *„Un hiver 44"* zu der Tageszeitung *„La Libre Belgique"* vom 16. Dezember 2004 abgedruckt. Sie wurde vom Autor dieses Buches aus dem Französischen ins Deutsche übersetzt).

Schlußgedanken

Für Deutschland – nicht für Hitler – sind 18 Millionen junge Männer in den Krieg gezogen! Das können alle bestätigen, die dabei waren, und wir lassen uns nicht von Leuten, die weder Zeitzeugen noch objektive Beobachter sind, einreden, daß es anders war.

Daß wir ausschließlich für unser Vaterland gekämpft haben, bestätigen auch international anerkannte Persönlichkeiten, von denen ich hier drei zitieren will:

„Ich war 1945 der Auffassung, daß die Wehrmacht, insbesondere das deutsche Offizierskorps, identisch mit Hitler und den Exponenten seiner Gewaltherrschaft sei – und deshalb auch voll mitverantwortlich für die Auswüchse dieses Regimes. Genauso wie ich mich damals eingesetzt habe gegen die Bedrohung von Freiheit und Menschenwürde durch Hitler, so sehe ich heute in Stalin und dem Sowjetregime dieselben Erscheinungen.

*Ich habe damals in solchen Gedanken gehandelt, denn ein Soldat muß ja für einen Glauben kämpfen. Inzwischen habe ich eingesehen, daß meine damalige Beurteilung der Haltung des deutschen Offizierskorps und der Wehrmacht nicht den Tatsachen entspricht, und stehe daher nicht an, mich wegen meiner damaligen Auffassungen – sie sind auch in meinem Buch („Crusade in Europe") ersichtlich – zu entschuldigen. **Der deutsche Soldat hat für seine Heimat tapfer und anständig gekämpft.**"*

Dwight D. Eisenhower (1890-1969)
Generalstabschef der NATO-Streitkräfte in Europa (1950-1952) am 22.01.1951 gegenüber den Generalen Hans Speidel und Adolf Heusinger

*„Der durchschnittliche deutsche Soldat (...) kämpfte nicht (...), um an Sozialprestige zu gewinnen (...), **auch nicht im Glauben an die nationalsozialistische Ideologie** – tatsächlich kam in vielen Fällen wohl das Gegenteil der Wahrheit näher."*

Martin van Crevelt, israelischer Militärhistoriker
in: „Kampfkraft", 1980, Seite 203

„Ich habe erfahren, welche Tugenden, welchen Mut das deutsche Volk besitzt. Bei den deutschen Soldaten, die in großer Zahl starben, kommt es mir kaum auf die Uniform an und noch nicht einmal auf die Ideen, die ihren Geist bestimmten. Sie hatten Mut. Sie waren in diesem Sturm losmarschiert unter Einsatz ihres Lebens. Sie haben seinen Verlust für eine

schlechte Sache hingenommen, aber wie sie es taten, hat mit dieser Sache nichts zu tun. **Es waren Menschen, die ihr Vaterland liebten** *– dessen muß man sich gewahr werden."*

Francois Mitterand (1916-1996)
am 08.05.1995 in Berlin

Wenn nun die ARD für eine sechsteilige Dokumentation den Titel *„Soldaten für Hitler"* wählt, so fragt man sich allen Ernstes, was diese Verdrehung der Tatsachen eigentlich soll, zumal auch keiner der in diesen Sendungen zu Wort kommenden Zeitzeugen sich dazu bekennt, „Soldat für Hitler" gewesen zu sein.

Als Antwort bietet sich nur die Tatsache an, daß die ARD mit dem ZDF, das ähnliche Sendungen unter dem Titel *„Hitlers Helfer"* und *„Hitlers Krieger"* ausgestrahlt hat, wetteifern will in der Verunglimpfung der Väter- und Großvätergeneration, denen die Macher eigentlich dafür dankbar sein müßten, daß sie Deutschland nach dem Kriege wiederaufgebaut und den Wohlstand geschaffen haben, der heute selbstverständlich ist. Doch die ARD setzte noch eins drauf und gab über 10 Millionen Mark für eine weitere Verleumdungsserie mit dem Titel *„100 deutsche Jahre"* aus, die 52 Folgen hat.

Alle diese Projekte geben vor, zu informieren, doch schon die Wortwahl der Kommentare läßt keinen Zweifel darüber aufkommen, daß es ausschließlich um die Diffamierung und Verteufelung all dessen geht, was nur im entferntesten mit dem Dritten Reich zu tun hat. **Dabei wird die historische Wahrheit völlig ausgeblendet und den Zuschauern das von den Siegermächten des Zweiten Weltkriegs entworfene „volkspädagogisch erwünschte"** (Golo Mann) **Geschichtsbild eingehämmert** – ganz im Sinne Walter Lippmanns, der schon 1945 festgestellt hat:

„Erst wenn die Kriegspropaganda der Sieger Eingang in die Geschichtsbücher der Besiegten gefunden hat und von der nachfolgenden Generation geglaubt wird, kann die Umerziehung als wirklich gelungen angesehen werden."

Tatsächlich ist das von den Siegermächten entworfene Zerrbild der deutschen Geschichte bereits in die Schulbücher, Lexika und Internetseiten eingegangen, und viele Jüngere glauben daran, weil diejenigen, welche die Wahrheit kennen und die sie fragen könnten, 60 Jahre nach den Ereignissen alt und müde geworden oder gar verstorben sind, so daß die Nachgeborenen gar nicht mehr in der Lage sind, das ihnen Dargebotene auf seinen Wahrheitsgehalt hin zu untersuchen.

Das wird vor allem dadurch erschwert, daß im Punkt 3 der „Vereinbarung vom 27./28.09.1990" zum „Zwei-plus-Vier-Vertrag" vom 12.09.1990 festgelegt wird, daß der Artikel 7 Absatz 1 des „Überleitungsvertrages" vom 26.05.1952 in Kraft bleibt, in dem bestimmt wird, **daß die Urteile und Entscheidungen des Internationalen Militärtribunals von Nürnberg, einschließlich der darin enthaltenen „Feststellungen" zur Vorkriegs- und Kriegsgeschichte, weiterhin für die deutschen Behörden bindend bleiben.** Und danach haben sich auch die beamteten deutschen Historiker zu richten, so daß sie so manche Wahrheit über den Zweiten Weltkrieg nicht uneingeschränkt sagen oder schreiben dürfen.

Deshalb habe ich es noch einmal unternommen, alles so zu schildern, wie es wirklich war, um meinen Enkeln eine authentische Möglichkeit zu verschaffen, sich nicht in dem Lügengewirr der „politisch korrekten" Propaganda zu verfangen.

Heinz B. Heidt

Lesen Sie auch den Folgeband:

Heinz B. Heidt

Tagebuch einer Kriegsgefangenschaft

418 Tage im Gewahrsam
der US-Army 1945-1946

Brilon - Remagen - Bolbec
"Camp Philip Morris" - Flughafen Giebelstadt
Rhein-Main-Flughafen - Babenhausen

252 Seiten, kt.   ISBN 978-3-934871-03-8

Heinz Bruno Heidt, Jahrgang 1925, erlebte das Ende des Zweiten Weltkrieges als junger Soldat der 116. Panzerdivision ("Windhund-Division") im berüchtigten Ruhrkessel. Am 14. April 1945 kapitulierten die dort eingeschlossenen deutschen Verbände der Heeresgruppe B unter Generalfeldmarschall Walter Model. 325.000 Mann gingen in amerikanische Kriegsgefangenschaft.

Für Heinz Heidt begann damit eine 418 Tage lange leidvolle Odyssee durch mehrere Lager der US-Army. Er überlebte Hunger, Leid, Schikanen und Zwangsarbeit – und hielt alles Tag für Tag in zwei kleinen Taschenkalendern fest, die er durch die gesamte Gefangenschaft hindurch retten konnte und heute noch besitzt. Heidts Tagebuchaufzeichnungen sind derart interessant und fesselnd, daß ihn bereits mehrere in- und ausländische TV- und Rundfunksender als Zeitzeugen interviewte.

Wer wirklich wissen will, wie es in amerikanischer Kriegsgefangenschaft gewesen ist, sollte dieses Buch gelesen haben.

Heidts "Tagebuch einer Kriegsgefangenschaft" schließt nahtlos an das Kriegstagebuch "Fahneneid und Menschlichkeit" an.

Sämtliche Bücher bekommen Sie im Buchhandel sowie direkt hier:

Germania-Verlag
– Versandbuchhandlung –
Postfach 101117, D-69451 Weinheim
www.Germania-Verlag.de

Werner Schneider

12 Feindfahrten

Als Funker auf U-431, U-410 und U-371 im Atlantik und im Mittelmeer

Ausbildung – Einsatz – Gefangenschaft
1940–1946

176 Seiten, kt.

ISBN 978-3-934871-05-2

Werner Schneider wurde 1919 in Leipzig geboren. Den Niedergang der Weimarer Republik sowie den Aufstieg des Dritten Reiches erlebte er bewußt mit, ebenso den Ausbruch des Zweiten Weltkrieges.

Im April 1940 wurde Schneider zur Kriegsmarine einberufen und für die U-Bootwaffe ausgebildet. Als Funker war er anschließend nacheinander auf drei U-Booten im Einsatz und absolvierte insgesamt zwölf Feindfahrten, die meisten davon im Mittelmeer.

Schneiders erstes Boot war ab dessen Indienststellung im April 1941 U-431. Fast alle Männer, die auf diesem Boot gefahren sind, fielen im Krieg. Denn U-431 wurde im Oktober 1943 vor der nordafrikanischen Küste von einem englischen Flugzeug versenkt. Die gesamte Besatzung fand dabei den Tod. Wer überlebte, war entweder vorher auf ein anderes Boot versetzt worden oder befand sich auf einem Lehrgang.

Werner Schneider hatte dieses große Glück: Nach seiner zehnten Feindfahrt auf U-431 hatte er sich im Juni 1943 zu einem Funkmaatenlehrgang gemeldet. Anschliessend kam er auf U-410 zum Einsatz. Doch schon im März 1944 wurde bei einem Bombenangriff auf die französische Hafenstadt Toulon auch dieses Boot vernichtet.

Seine zwölfte Feindfahrt trat Schneider schließlich Ende April 1944 auf U-371 vor Algerien an. Diese Fahrt sollte zugleich die letzte und dramatischste werden. Nach einer wilden und erbarmungslosen Jagd sank "U-371" mit fast leeren Batterien auf den Meeresgrund. Niemand glaubte mehr daran, jemals wieder lebend hochzukommen. Als nach 35 Stunden in höchster Not ein Auftauchen doch noch gelang, war U-371 von feindlichen Zerstörern umzingelt, die sofort das Feuer eröffneten. Die Besatzung ging über Bord, U-371 wurde versenkt.

Werner Schneider und seine überlebenden Kameraden waren nun Kriegsgefangene der USA und wurden zum Baumwollpflücken nach Mississippi verschifft. Ein abenteuerlicher Fluchtversuch aus dem Gefangenenlager mißlang, Umziehungsversuche und Schikane in einem weiteren Lager folgten. Erst im November 1946 durfte Schneider nach Deutschland zurückkehren.

Kurt P. Martens

Kriegstagebuch 1939-1945

Als Offizier der Flak und Fallschirmtruppe in Frankreich, Rußland und Italien

172 Seiten, kt.

ISBN 978-3-934871-01-4

Kurt P. Martens wurde 1914 im Baltikum geboren. Seine Mutter war eine Baltendeutsche, sein Vater Ostpreuße. Den Ersten Weltkrieg mußte die Familie daher in Kriegsgefangenschaft in Nordrußland verbringen. Erst die russische Revolution erlaubte 1917 die Flucht nach Deutschland. Hier konnte die Familie wieder seßhaft werden.

1929 schloß Martens sich in Berlin der Bündischen Jugend an und führte schließlich, als entschiedener Gegner Hitlers, eine eigene Gruppe, auch als dies nach der Machtübernahme durch die Nationalsozialisten bereits gesetzlich verboten war. Das Gerichtsverfahren endete dennoch mit einem Freispruch.

1934 holten Freunde Martens aus dem Freiwilligen Arbeitsdienst in die geheime Aufrüstung der Reichswehr, dann folgte Wehrdienst bis 1937. Ein Buch, das er über Soldatentum-Entartungen der Zeit schrieb, wurde von der Gestapo bereits als Manuskript beschlagnahmt. Nach diesen unangenehmen Erfahrungen nahm Martens eine kaufmännische Stellung bei der Deutschen Lufthansa AG in Berlin an, wo unter dem späteren General der Flieger, Dr. Robert Knauß, die geheime Aufrüstung der deutschen Luftwaffe betrieben wurde, welche Deutschland im Versailler Diktat verboten worden war.

Den 1939 ausbrechenden Krieg sah Kurt P. Martens als Folge polnischer Gewalttaten und betrügerischer Vertragsbrüche der Sieger des Ersten Weltkrieges. Er nahm am Feldzug als Offizier der Flak, später der Fallschirmtruppe teil. Die Erfindung einer Geschützkonstruktion gewährte ihm besondere Freiheiten. Er wurde im Einsatz in Rußland sowie in Italien als Zug- und Kompanieführer schwer verwundet und mehrfach ausgezeichnet. Wegen geäußerter Zweifel an einem guten Kriegsausgang mußte er sich im Sommer 1944 jedoch auch vor einem Kriegsgericht verantworten.

Seine Erlebnisse während des Zweiten Weltkrieges in Frankreich, Rußland und Italien wie auch seine Sicht der Dinge, insbesondere des Nationalsozialismus, hat Kurt P. Martens in diesem Tagebuch festgehalten.

www.ingramcontent.com/pod-product-compliance
Lightning Source LLC
Chambersburg PA
CBHW032147010526
44111CB00035B/1242